Sherwin B. Nuland

Wie wir leben

SHERWIN B. NULAND

Wie wir leben

Das Wunder des menschlichen Organismus

Aus dem Amerikanischen von Sebastian Vogel

Kindler

Die Kapitel XI und XII enthalten Textauszüge, die ursprünglich im Magazin *Discover* im Februar 1995 bzw. 1991 veröffentlicht wurden; das Kapitel IX enthält einen Textauszug, der zuerst in *The New Yorker* veröffentlicht wurde. Verlag und Autor danken ferner Appleton & Lange für die Abdruckgenehmigung von Texten aus Nuland: *Physical Diagnosis*, hg. S. Kra, New York 1987.

Originaltitel: The Wisdom of the Body
Originalverlag: Alfred A. Knopf, New York

Die Folie des Schutzumschlags sowie die Einschweißfolie sind
PE-Folien und biologisch abbaubar.
Dieses Buch wurde auf chlor- und säurefreiem Papier gedruckt.

Umschlaggestaltung: Graupner und Partner, München
Umbruch: Ventura Publisher im Verlag
Druck und Bindearbeiten: Franz Spiegel Buch GmbH, Ulm
Printed in Germany
ISBN 3-463-40321-8

2 4 5 3 1

Für Euch, meine Kinder
Toria
Drew
Will
Molly

Allein oder zusammen, Ihr zeigt mir die Welten, die ich nicht kannte

Und die Menschen gehen hin und bewundern die Berggipfel, die gewaltigen Meeresfluten, die breit daherbrausenden Ströme, des Ozeans Umlauf und das Kreisen der Gestirne und vergessen darüber sich selbst.

Augustinus, *Bekenntnisse,*
Buch X, Kapitel 8

Inhalt

Prolog

Vor Jahrhunderten, als man noch kaum etwas von den Naturwissenschaften wußte, waren die Geheimnisse unseres Körperinneren für einfache Menschen eine Art Zauber, und die Gebildeten mühten sich mit Spekulationen ab. Es erschien wie ein Wunder: Da war ein geschäftiges Gebilde aus Handlungen und Gedanken – für gewöhnliche Sterbliche schier unbegreiflich –, und doch gab es hier und da einen Anhaltspunkt, daß man das Unergründliche vielleicht verstehen könnte, wenn man sich nur genügend Mühe gab. Mit der Zeit fand man tatsächlich die richtige Richtung, und die Anstrengungen wurden belohnt. Aber Faszination und Geheimnis wurden damit nicht geringer, sie nahmen sogar zu. Je mehr man wußte, desto wundersamer erschienen die verwickelten Details des Ganzen, und desto dringender wurde der Wunsch, unsere Kenntnisse über die Gewebe und Organe zu erweitern.

Je mehr man über die Zellen und die turbulenten chemischen Abläufe in ihrem Inneren wußte, desto stärker zeigte sich, daß das scheinbare Durcheinander unserer Gewebe in Wirklichkeit einem übergeordneten Zweck dient – und zwar in diesem Zusammenhang keinem theologischen oder philosophischen Ziel, sondern dem einfachen biologischen Prinzip des Überlebens. Wenn ein Organismus überleben soll, muß alles, was sich in ihm abspielt, in irgendeiner Form dazu beitragen. Darüber hinaus ist es unabdingbar, daß alle diese Vorgänge koordiniert ablaufen; nur dann ergibt sich der einzigartige Impuls zur Aufrechterhaltung des Lebens.

Die Integration aller dieser Anstrengungen scheint von einer weisen, intelligenten Instanz geleitet zu werden, die die vielen Einzelvorgänge zu einem harmonischen Ganzen zusammenführt. Der Kern des Erfolgs ist die Dynamik, mit der jede einzelne Zelle sofort auf jede Bedrohung ihrer Unversehrtheit und damit auch der Unversehrtheit des Gesamtorganismus reagieren kann. Die chemischen Verhältnisse kennen keine selbstzufriedene Untätigkeit. Erforderlich ist vielmehr ein hohes Maß an radikaler Bereitschaft – bis hin zur Instabilität –, die sofortigen Veränderungen einzuleiten, die jeder Neigung zum Ungleichgewicht entgegenwirken. Jede Störung setzt Ausgleichsmechanismen in Gang, die sie neutralisieren. Unsere stabile Natur ist ein dynamisches Gleichgewicht.

Damit die Instabilitäten aller Zellen koordiniert werden können, müssen alle Teile des Organismus untereinander ständig in Verbindung stehen, und zwar sowohl über große Entfernungen als auch lokal. Im Größenbereich der Tiere, zu dem auch der Mensch gehört, geschieht das in Form der elektrischen Energie von Nervenimpulsen, über das Blut in Form der Botenstoffe, die wir als Hormone bezeichnen, und – wenn es sich um benachbarte Zellgruppen handelt – über die spezialisierten Substanzen, die man lokale Signalmoleküle nennt. Als man diese Wege der Nachrichtenübermittlung entdeckte, waren die Wissenschaftler jedesmal zutiefst beeindruckt, wie gut das ganze System scheinbar völlig unterschiedlicher Vorgänge zusammenwirkt. Allmählich erkannten sie, welche Weisheit unserem Körper innewohnt. Und sie erkannten es nicht nur, sondern verwendeten in ihren Schriften auch diesen Begriff.

Der erste, der das automatische Zusammenwirken der vielfältigen Körpervorgänge als Weisheit *(wisdom)* bezeichnete, war Ernest Starling, einer der beiden Entdecker der Hormone. Als er 1923 vor dem Royal College of Physicians die prestigeträchtige Harveian Oration hielt, sprach er von der Regulation der Körpervorgänge, ihrer Anpassungsfähigkeit, und dem Beitrag der Hormone, die daraus ein einheitliches Gesamtsystem machen. Als Motto wählte er einen Vers aus dem Buch Hiob (38, 36): »Wer gibt die Weisheit in das Verborgene? Wer gibt verständige Gedanken?«

Seinem Vortrag gab er den Titel *The Wisdom of the Body (»Die Weisheit des Körpers«).*

Neun Jahre nach Starlings Vortrag benutzte Walter B. Cannon von der Harvard University, der viele automatisch gesteuerte, vegetative Körperfunktionen aufklärte (zum Beispiel die Regulation von Verdauung, Kreislauf und Körpertemperatur), den gleichen Titel für ein populärwissenschaftliches Buch. Er schloß sich Starling an, um so den Beitrag des englischen Wissenschaftlers zur Erforschung der körpereigenen Regulationsmechanismen zu würdigen. In der Einleitung seines Buchs zitierte Cannon den französischen Physiologen Charles Richet, der schon im Jahr 1900 festgestellt hatte: »Instabilität ist die notwendige Voraussetzung für die Stabilität des Organismus.«

Ein stabiles System ist keineswegs ein System, das sich nie verändert. Es paßt sich vielmehr ständig und augenblicklich immer neu an und erhält dadurch einen Zustand aufrecht, in dem alle notwendigen Funktionen so effizient wie möglich ablaufen können. Stabilität erfordert Veränderungen zum Ausgleich veränderter Umstände. Letztlich ist Stabilität also auf Instabilität angewiesen.

Noch ein weiteres Mal tauchte der Begriff *The Wisdom of the Body* auf, und zwar als Überschrift der vierten von zwölf Gifford Lectures, die Sir Charles Sherrington 1937/38 an der Universität Edinburgh hielt; einige Jahre zuvor hatte er für seine Untersuchungen über die Koordination der Körpervorgänge durch das Nervensystem den Nobelpreis erhalten. Zu Beginn des vierten Vortrags schlug er den Zuhörern vor, sie sollten den menschlichen Körper einmal so betrachten wie er, nachdem er sich viele Jahre lang damit beschäftigt hatte: »Im Augenblick möchte ich Sie bitten, mit einem Gefühl des Staunens heranzugehen.« Die Vorträge wurden in einem Sammelband mit dem Titel *Man on His Nature* veröffentlicht;

er faßt die Fragestellungen zusammen, die Sherrington zu seiner Lebensaufgabe machte.

Auch dieses Buch wurde von einem Mann geschrieben, der ehrfürchtig vor dem Wunder des menschlichen Organismus steht. Ich möchte damit nicht den Ruhm der großen Wissenschaftler beschneiden, die mir vorausgegangen sind, sondern ihre Visionen ehren.

Seit 35 Jahren versenke ich meine Hände in menschliche Körper. Und in einem gewissen Sinn waren auch mein Kopf und mein Herz dort. Ich glaube, ich werde mich nie von der Aufregung des Entdeckens erholen, die ich bei meinem ersten Blick auf den Körper eines narkotisierten Mitmenschen empfand. *Offenbarung* ist für das, was ich dabei erlebte, kein zu hochtrabendes Wort. Das vielfarbige, vielgestaltige System von greifbarer, pulsierender Realität, das unser innerstes Heiligtum ist, stellt für mich das schönste Kunstwerk der Natur dar, und die Kunst, seine vielfältigen Fähigkeiten zu erhalten und wiederherzustellen, ist ein Privileg, das zur Triebkraft meines ganzen Lebens wurde.

Nicht nur unser Körperbau, sondern auch die unendliche Vielfalt der Vorgänge, durch die wir von einem Augenblick des Lebens zum nächsten jene einzigartige Konstanz und Einheitlichkeit aufrechterhalten, war der Beweggrund, dieses Buch zu schreiben – alle sollten wissen, was ich erfahren habe.

Ich schreibe als Arzt, allerdings als einer, der einem Zauber unterliegt. Dieses Buch behandelt zwar naturwissenschaftliche Themen, aber ich bin kein Naturwissenschaftler, sondern klinischer Mediziner, und mein Interesse gilt zuallererst den Menschen. Mit diesem Buch begebe ich mich auf eine Entdeckungsreise zu den Grundlagen, von denen aus unsere Spezies ihre typisch menschlichen Eigenschaften entwickelt hat.

Jeder klinische Mediziner macht seine eigenen, ganz persönlichen Beobachtungen. Wie die Ärzte schon lange erkannt haben, sieht jeder von uns die Mitmenschen, die sich unserer Fürsorge anver-

trauen, ein wenig anders. In der Naturwissenschaft sind emotionale Distanz, Objektivität und Reproduzierbarkeit das Entscheidende. In der klinischen Medizin dagegen nutzt der Beobachter – also der Arzt – sich selbst und seine eigene Lebenserfahrung als Linse, durch die er alles sieht, oder als Spiegel, der alles reflektiert. Was im Labor eine Schwäche wäre, ist am Krankenbett unsere Stärke.
Gegenüber dem Grundlagenforscher hat der Arzt einige Vorteile, und einer davon ist der Abstand, mit dem er neue Erkenntnisse betrachtet. Der Nachteil, daß man in einem dichten Gehölz nicht jeden einzelnen Baum genau kennt, wird mehr als ausgeglichen durch den Überblick über den ganzen Wald und die Landschaft, zu der er gehört. Ein anderer Schwachpunkt, der meines Erachtens aber nur ein scheinbarer ist, liegt in der Notwendigkeit, daß ein Kliniker unverzüglich handeln muß. Er kann sich nicht den Luxus leisten, wie ein Grundlagenforscher alles mehrmals zu untersuchen und zu überprüfen. Manchmal, wenn der Patient es braucht, muß er sogar tätig werden, obwohl er eigentlich noch nicht soweit ist. Ständig muß er viele und oft unzusammenhängende Informationen verarbeiten und sich daraus eine Ansicht aufbauen, mit der er eine Diagnose erstellen und eine Behandlung planen kann. Auch wenn sein Wissen über irgendeinen Aspekt der menschlichen Biologie noch unzulänglich und erst im Entstehen ist, muß er am Krankenbett richtige und verantwortliche Entscheidungen treffen. Wenn der Kliniker einen Fehler macht, gibt es kein Gegenmittel, keinen Weg, um die Schritte rückgängig zu machen, mit denen er seinem Patienten geschadet hat.

Während meines langen Berufslebens habe ich mich wie alle Ärzte an die Notwendigkeit gewöhnt, mich immer wieder für eine Vorgehensweise zu entscheiden, und das trotz zwangsläufig unvollständiger Informationen, trotz unzureichender wissenschaftlicher Erkenntnisse und trotz einer sich ständig wandelnden medizinischen Kultur. Die Notwendigkeiten am Krankenbett lassen nichts anderes zu, und genau darin besteht die ärztliche Kunst.

Ich habe es mir selbst zur Auflage gemacht, daß meine Vorgehensweise immer mit den neuesten wissenschaftlichen Erkenntnissen im Einklang stehen muß, aber auch mit den Tatsachen des jeweiligen Falles, wie ich sie verstehe, mit belegten Befunden anderer und mit den immer wieder geprüften Erfahrungen eines Lebens, das dem Studium der menschlichen Natur gewidmet war. Und vor allem muß sie sinnvoll sein.

Genau auf diese Weise habe ich mir meine Auffassung vom menschlichen Körper und seinem Geist gebildet. Der Kliniker, der gewohnt ist zu handeln, auch wenn sicheres Wissen unmöglich ist, kommt nicht umhin, sich eine Vorstellung von der Biologie unserer Spezies zu machen, auch wenn er für neue Erkenntnisse aufgeschlossen bleibt. Das Buch, das mit diesen Seiten beginnt, handelt von meiner Sichtweise der Funktionen unseres Körpers.

So sind in dieses Buch alle Erfahrungen meines Lebens eingeflossen. Oder, wie Michel de Montaigne im Vorwort zu seinen *Essais* sagt: »Je suis moi-même la matière de mon livre« – Ich bin selbst der Stoff meines Buches.

Nach meiner Überzeugung sind wir mehr als die Summe unserer biologischen Teile. Und nicht nur das: In uns steckt die Möglichkeit, noch besser zu werden, als wir sind – und die Entscheidung liegt zu einem großen Teil bei uns selbst. Das versuche ich mit Geschichten von Menschen zu zeigen, die ich während meiner Berufslaufbahn als Chirurg kennengelernt habe.

So ähnlich unsere Körperteile denen der Tiere auch sein mögen, es gibt an ihnen einige Merkmale, die uns zu etwas Einzigartigem machen. Ob offenkundig wie die Kräfte unseres Gehirns oder so unauffällig wie bestimmte Anpassungen unseres Skeletts: wir besitzen Eigenschaften, die uns von allen anderen Lebewesen auf der Erde unterscheiden.

Wenn das schon für unseren Körper gilt, um wieviel stärker müssen uns dann erst die Qualitäten unserer Gedanken und Gefühle vom Tierreich abheben! Solche Fähigkeiten konzentrieren sich zwar im koordinierenden Gewebe unseres Gehirns, aber ihren Ursprung haben sie in allen Körperteilen. Wie alle anderen Körperfunktionen, so erwachsen auch die unzähligen Bruchstücke, die sich zu den menschlichen Gefühlen zusammenschließen, aus der Funktion unserer physischen Strukturen. Der einzigartige menschliche Geist ist eine Eigenschaft der organischen Struktur unseres einzigartigen menschlichen Körpers, genau wie jede Funktion das Produkt der physischen Struktur ist, aus der sie entsteht. Eine Dualität von Körper und Geist gibt es nicht – alles ist eins. Wenn René Descartes heute wieder zum Leben erwachte, würde die Neurowissenschaft ihn schnell von dieser Einheit überzeugen. Und zu dieser Einheit, der Summe unseres Menschseins, zähle ich auch die Eigenschaft, die ich am bemerkenswertesten finde und die uns mehr als alles andere zu etwas Besonderem macht: Damit meine ich eine biologisch angelegte Besonderheit, die Wunder und Rätsel zugleich ist und die ich als menschliche Lebensenergie oder Seele* bezeichnen möchte.

Trotz der Tragödien, welche die Menschen sich einzeln und als Gesamtheit zugefügt haben, und trotz alles Unheils, das wir auf der Erde anrichten, sind wir mit einer transzendenten Qualität ausgestattet, die sich Generation für Generation ausweitet und sogar unseren Hang zur Selbstzerstörung überwindet. Diese Qualität, die ich Seele nenne, durchdringt unsere Gesellschaft; sie bildet den moralischen und ästhetischen Nährstoff, der uns am Leben hält. Und nach meiner Überzeugung haben wir uns diesen Nährstoff zum größten Teil selbst geschaffen. Ohne ihn würden wir dahinwelken und in der Wildnis die Orientierung verlieren.

Die menschliche Seele ist nach meiner Definition eine Qualität des menschlichen Lebens, das Ergebnis lebendiger, natürlicher Kräfte der Neugier und Kreativität; sie ist eine Qualität, die der *Homo sapiens* im Lauf der Jahrtausende durch Versuch und Irrtum in sich

* Im Orig. »spirit« (Anm. d. Übers.).

selbst gefunden und von Generation zu Generation weitergegeben hat. Ausgehend von der organischen Struktur, zu der unsere Spezies sich vor etwa 250 000 Jahren entwickelte, haben wir sie immer wieder umgestaltet und dabei stets aufs neue verstärkt. Sie lebt, wenn wir leben, und sie stirbt, wenn wir sterben. Was von einem Menschen auch bleiben mag und ins Bewußtsein der Ewigkeit einfließt: diese großartige Errungenschaft, die ich als menschliche Seele bezeichne, existiert keinen Augenblick lang über den Augenblick des Todes hinaus. Sie ist weder Seele im theologischen Sinn* noch Schatten – sie ist das Wesen des menschlichen Lebens.

Vor fünf Jahren begann ich mit einer Untersuchung der verschiedenen Arten, wie wir aus dem Leben scheiden. Ich wollte genau wissen und erklären, welche entscheidenden Vorgänge beim Sterben in unserem Körper ablaufen und wie wir auf das Schwinden der Lebenskräfte reagieren. Dabei habe ich mich nicht nur für die Sterbenden interessiert, sondern auch für die Hinterbliebenen – Angehörige und medizinische Betreuer. Durch die Untersuchungen und das Niederschreiben erfuhr ich eine Menge, aber noch mehr lernte ich später von den vielen tausend Menschen aus der ganzen Welt, die mir schrieben oder mit mir sprachen, nachdem mein Buch *Wie wir sterben* erschienen war. Das lehrte mich über die Seele des Menschen viel mehr, als ich jemals erwartet hatte. Ich war jetzt noch mehr überzeugt, daß sie für unser Leben und Sterben von weitaus größerer Bedeutung ist, als man vielfach annimmt, und zwar gerade für solche Ereignisse, die auf den ersten Blick nur rein physiologische oder anatomische Aspekte umfassen.

Manch einer fragt nun vielleicht: Wie kann ein skeptizistischer Arzt die Frechheit besitzen, sich an eine solche Aufgabe zu wagen? Darauf möchte ich nur entgegnen: Man sollte die Möglichkeit ins Auge fassen, daß der Glaube an die Seele oder Lebenskraft, den ich meine, weder religiöse Überzeugungen noch ein Zurückgreifen auf

* Im Orig. »soul« (Anm. d. Übers.).

Übernatürliches erfordert. Nach meiner Überzeugung ist die menschliche Seele das Produkt biologischer Anpassungsmechanismen, die unsere Spezies schützen, uns am Leben erhalten und für die zukünftige Existenz der Menschheit sorgen. Sie läßt sich vom menschlichen Körper ebensowenig trennen wie der Geist* vom menschlichen Gehirn – sie ist ganz einfach eine Eigenschaft, die sich aus unserer genetisch festgelegten Struktur und Funktion ergibt. Manche sehen Gott darin, für andere ist es nur Biologie. Und wieder andere erkennen beides.

Dies ist ein ganz besonderes Buch. John Hunter und Claude Bernard, zwei der Forscher früherer Jahrhunderte, die ich bewundere, machten es sich bei ihren Forschungen zum Prinzip, nie die Veröffentlichungen ihrer Zeitgenossen und unmittelbaren Vorgänger zu lesen, wenn deren Arbeitsgebiete sich mit dem eigenen überschnitten. Sie wollten sich nicht durch die Gedanken anderer einschränken lassen. Beim Niederschreiben von Gedanken mit spekulativen Gesichtspunkten bin ich immer ihrem Vorbild gefolgt: Die Meinungen anderer habe ich erst gelesen, nachdem ich mir meine eigene gebildet hatte. Wie Hunter und Bernard untersuche ich die Tatsachen lieber direkt und nicht erst, nachdem sie durch die Gedanken anderer gefiltert wurden. Montaigne ging es genauso:

> Man macht mehr Aufhebens um Interpretationen von Interpretationen als um Interpretationen der Dinge, und über Bücher gibt es mehr Bücher als über alle anderen Themen. Wir tun nichts anderes, als uns gegenseitig zu kommentieren.

Meine Philosophie stammt von mir selbst, und mir ist bewußt, daß sie über ihren Urheber vielleicht mehr aussagt, als er selbst weiß. Schon Nietzsche hat darauf hingewiesen, daß jede Philosophie das

* Im Orig. »mind« (Anm. d. Übers.).

Selbstbekenntnis ihres Schöpfers ist, eine Art unbewußter Erinnerung.

Noch ein paar Worte zum Stil: Ich habe mich nicht der abscheulichen Verrücktheit angeschlossen, so modische Konstruktionen wie »er/sie« oder »PatientIn« zu verwenden; das gleiche gilt für verschiedene andere Beschwernisse, die man der Sprache in dem unbeholfenen Versuch, Gleichberechtigung herzustellen, aufgezwungen hat. Da ich ein Mann bin, schreibe ich »er« und »Patient«, und es sollte klar sein, daß ich damit beide Geschlechter meine. Ich tue das nicht aus Instinktlosigkeit, sondern um die Sätze lesbar zu machen. Als kompromißloser Verfechter der Gleichberechtigung von Männern und Frauen fordere ich meine Kolleginnen auf, »sie« zu schreiben. Eine solche sinnvolle Konvention ist seit langem überfällig.
Und zu guter Letzt: Es hat mir unglaublichen Spaß gemacht, dieses Buch zu schreiben, und mein Verständnis für Dinge, die mir zuvor weniger klar waren, hat sich dabei enorm vertieft. Ich habe die Hoffnung – und den innigen Wunsch –, daß jeder, der sich mit mir auf diese Reise begibt, den gleichen Spaß hat und die gleiche Anregung findet, die in meiner Geschichte über das, was wir sind, zum Ausdruck kommen soll.

Sherwin B. Nuland
New Haven, Juni 1996

I
Der Wille zum Leben

Du hast ihn wenig niedriger gemacht als Gott, mit Ehre und Herrlichkeit hast du ihn gekrönt« – mit solchen wohltönenden Hymnen preisen Redner und Psalmendichter von alters her das Wunder, das der Mensch ist. Seit wir Sterbliche unsere Gedanken über unsere Einzigartigkeit festhalten, haben wir in Sätzen voll unendlicher Ehrfurcht das Unfaßliche gerühmt, das wir sind. »Du hast ihn zum Herrn gemacht über deiner Hände Werk«, fährt der Verfasser der Psalmen fort, und nie kommt ihm ein Zweifel an der Schöpferkraft Gottes, deren höchste Vollkommenheit sicher in der Menschheit zu finden ist. »Wie sind deine Werke so groß und viel!« ruft er seinen Schöpfer an. Und die größten sind – natürlich – wir. Aber es ist paradox: Nur allzu oft nehmen wir die Wunder unseres Körpers als selbstverständlich hin, und wenn sich gelegentlich eine Unvollkommenheit kundtut, erschrecken wir. Denn wir sind zwangsläufig ein Wunder mit Fehlern. Diese Fehler und die Art, wie die Natur mit ihnen umgeht, haben etwas Faszinierendes, ebenso wie die wirklichen Wunder, aus denen wir bestehen. Und wir wissen durchaus etwas über die Wunder und die Fehler – es nützt uns, wenn wir über uns selbst und unsere Spezies soviel wie möglich in Erfahrung bringen.

Ich möchte eine Krankengeschichte erzählen; sie berichtet von einem Ereignis, das nie eingetreten wäre, gäbe es nicht eine der vielen Schwächen, die nur darauf warten, das ganze genau ausbalancierte

Gleichgewicht einer harmonischen Gesundheit durcheinanderzubringen. Es ist eine Geschichte über die inneren Ausgleichsmechanismen, die unserem Organismus von der Natur – eben jener Natur, die uns auch Fehler mitgegeben hat – eingepflanzt wurden, Mechanismen, die uns helfen, den Fehlern entgegenzuwirken und sie sogar zu überwinden. Die Geschichte erzählt von einigen Möglichkeiten der Kunst und Wissenschaft der modernen Medizin, die Unvollkommenheiten der Natur zu beeinflussen und die natürlichen Ausgleichskräfte zu nutzen; es ist die Geschichte einer Erkenntnis, die nichts weniger darstellt als einen Triumph des menschlichen Körpers und des Geistes, den er hervorbringt.

Krankheiten machen sich auf vielfältigen Wegen bemerkbar. Manchmal lauern sie wochen- oder monatelang – ja sogar für Jahre – unerkannt in uns; Tag für Tag erweitern sie ihre bösartige Macht, bis der unbestimmte Hauch einer Wahrnehmung eine unterschwellige Warnung, ja vielleicht auch nur eine Befürchtung auslöst, etwas könne nicht in Ordnung sein. Die ersten Indizien für eine solche Krankheit sind oft so ungreifbar, daß die betroffene Person überhaupt keine Veränderung bemerkt und es des Blicks oder der Berührung eines anderen bedarf, um sie wahrzunehmen. Anderen Leiden ist alles Unbestimmte fremd. Sie brechen plötzlich aus und überraschen sowohl den Patienten wie seine Angehörigen mit der überwältigenden Gewißheit einer bevorstehenden Katastrophe. Und nur allzu oft spiegelt dieser Eindruck genau die Wirklichkeit wider; die derart betroffenen Patienten sterben häufig, bevor man irgendwelche Gegenmaßnahmen ergreifen kann.

Mit einem solchen plötzlich hereinbrechenden Chaos beginnt die Geschichte des Leidensweges von Margaret Hansen.

Mrs. Hansen war eine fröhlich-optimistische, zufriedene und tief gläubige Frau. Sie war mit fünf gesunden Kindern gesegnet, und ihr stämmiger, gutaussehender Mann betete sie an. Abgesehen von den fast normalen finanziellen Problemen genoß sie das Leben, das ihr vergönnt war. Sie hatte zwar eine Ausbildung als Lehrerin, aber den Beruf hatte sie schon aufgegeben, als ihr erstes Kind Mary geboren wurde; das war 15 Jahre vor dem Beginn unserer Geschichte. Mit 42 Jahren war Marge Hansen stolz darauf, als altmodische amerikanische Hausfrau und Mutter zu gelten.

Die Krankheitsgeschichte Hansen beginnt am frühen Nachmittag eines drückend schwülen Sonntags während der Hundstage im August. Schon fast seit der Morgendämmerung hatte die unbarmherzige Hitze der verschleierten Sonne die dampfende, unbewegliche Luft aufgeheizt, die sich im Spätsommer erstickend über die riesige lauwarme Badewanne des Long Island Sound und die Küste Connecticuts legt. Kurz, es war ein entsetzlich heißer, feuchter Tag. Am Morgen hatte Marge – unklug, aber es ging ihr ja gut – in einem Strandclub in New Haven Tennis gespielt. Nach dem Match war sie so atem- und kraftlos wie der Tag selbst. Nur auf das Drängen ihrer Freundin Ann hin zwang sie ihren widerstrebenden, ausgepumpten Körper, im Swimmingpool des Clubs ein paar Runden zu drehen. Die beiden Frauen hatten ausgemacht, daß sie im Rahmen ihres sommerlichen Sportprogramms regelmäßig schwimmen wollten. Marge war erst kurze Zeit im Wasser, als plötzlich das erste Kapitel ihrer Krankheit begann. Sie beschrieb es so:

> Ich war ein paar Runden geschwommen. Mitten im Pool hatte ich auf einmal eine höchst seltsame Empfindung. Ich bin nie angeschossen worden, aber es muß das gleiche Gefühl sein – wie eine Explosion in mir, wie – wie [ich sah sie unverwandt an; sie zögerte und suchte erkennbar nach Worten, um genau zu beschreiben, was in ihr geschehen war. Dann hatte sie sie gefunden, und nun platzte sie heraus] – – – BUMM! Es war hier [sie zeigte auf einen Bereich links knapp unterhalb des Brustkorbs]. Ich wollte mich im Wasser hinstellen, aber es ging nicht. Jedesmal wenn ich mich aufrichtete, war mir, als würde ich in Ohnmacht fallen. Plötzlich fühlte ich mich sehr schwach. Nach dem ersten Knall erinnere ich mich weniger an die Schmerzen als vielmehr an den Eindruck, ich müßte untergehen.

Ann half mir, aus dem Wasser zu steigen und mich in einen Liegestuhl zu setzen. Dort fühlte ich mich wohler. Ich blieb eine Zeitlang sitzen, und ich erholte mich. Nach einiger Zeit stand ich auf und ging zu den Picknickplätzen. Wieder überkam mich das Gefühl, ich würde gleich das Bewußtsein verlieren. Ich beugte mich nach vorn und setzte mich dann unter einen Baum. Offenbar waren alle anderen besorgt darüber, wie ich aussah, und erst recht wie es mir ging. Sie schrien so etwas wie »Ruf die 911 an, tut doch was!« Jemand rief: »Sie sieht aus, als hätte sie einen Herzinfarkt!« Es war ein großes Durcheinander, und ich wollte einfach nur da raus. Also bat ich Jack, mich nach Hause zu bringen.

Jack Hansen hat nie vergessen, wie »schrecklich blaß« seine Frau war, als er zu ihr kam. Statt die zwanzigminütige Heimfahrt zu riskieren, brachte er sie in das nahe gelegene Haus von Bekannten. Dort fühlte sie sich ein wenig besser, aber jedesmal wenn sie aufstand, kehrte die Ohnmacht wieder. Erst nach mehreren Stunden hatte sie sich soweit erholt, daß die beiden wieder nach New Haven fahren konnten.

Aber dann, als wir zu Hause waren, kamen die Schmerzen wieder, und jetzt waren sie anders. Bei jeder Bewegung hatte ich einen Schmerzanfall. Er schoß in meinem Rücken hoch und in die linke Schulter. Ich dachte: ja, ich habe tatsächlich einen Herzinfarkt, denn ich hatte schon einmal gehört, daß man dann Schmerzen in Schulter und Arm bekommt. Bald darauf krümmte ich mich vor Schmerzen.
Jack brachte mich in die Ambulanz des St.-Raphael-Krankenhauses, und ich versuchte den Ärzten zu beschreiben, was geschehen war. Aber ich konnte mich nicht auf die fahrbare Trage legen. Jedesmal wenn ich es versuchte, wurden die Schmerzen unerträglich. Als ich zum Röntgen aufstehen sollte, wurde mir schwarz vor Augen, aber wenn ich mich hinlegte, wurden die Schmerzen noch entsetzlicher. Ich wußte nicht mehr, was ich tun sollte.

> Sie konnten nichts finden und gelangten zu dem Schluß, ich hätte Muskelverspannungen im Rücken. Ich bekam eine ziemlich starke Spritze und ein Rezept für Percocet.

Marge wurde aus der Ambulanz entlassen und ging nach Hause; mit der hohen Demerol-Dosis, die man ihr gegeben hatte, schlief sie in der folgenden Nacht gut. Am nächsten Tag ging es ihr etwas besser, aber die Schmerzen waren immer noch stark; sie probierte es mit Percocet, aber davon wurde ihr übel. Nachdem es zwei Tage so weitergegangen war, entschloß sie sich, lieber einen Arzt aufzusuchen.

> Ich war seit Jahren nicht beim Arzt gewesen, außer bei Dr. O'Connell, meinem Gynäkologen. Also setzte ich mich an diesem Vormittag mit dem Telefonbuch an den Küchentisch und rief wer weiß wie viele Ärzte an, um einen Termin zu bekommen – es klappte nicht. Keiner wollte mich annehmen, wenn ich mich nicht von Kopf bis Fuß untersuchen ließ und die ganze Prozedur für neue Patienten mitmachte, und außerdem sollte ich vier bis sechs Wochen warten. Was sollte ich tun? Ich war sehr verärgert. Ich weiß noch, wie ich da am Küchentisch saß und weinte; irgend etwas stimmte nicht, das war mir klar, aber ich konnte nichts tun, außer wieder in die Ambulanz zu gehen, wo sie mir schon gesagt hatten, mein einziges Problem sei ein Muskelkrampf.

Die Ohnmachtsanfälle waren mittlerweile so gut wie verschwunden, und im Laufe der folgenden Tage ließen auch die Schmerzen allmählich nach. Da die Beschwerden offenbar nur auftraten, wenn Marge aufrecht stand, verbrachte sie die meiste Zeit in gekrümmter Stellung, und sie schlief auch sitzend mit einem dicken Kissen im Rücken. Als sie sich schließlich wieder ganz und gar wohl fühlte, gelangte sie zu dem Schluß, die Ärzte in der Ambulanz hätten wohl doch die richtige Diagnose gestellt. Dennoch wurde sie nie den unbestimmten Verdacht los, irgend etwas in ihr sei nicht ganz in Ordnung. Als Jack ihr vier Wochen später ein Tennismatch vorschlug, hatte sie schon die Turnschuhe zugeschnürt, als eine Vorahnung sie zurückhielt. Irgend etwas in ihrem Körper sagte ihr, sie sei nicht ganz gesund.

Als Marge noch am gleichen Vormittag – es war der 1. Oktober 1980 – ein klemmendes Fenster aufstieß, kehrte der stechende Schmerz im Bauch und in der linken Schulter plötzlich wieder. Den ganzen übrigen Tag fühlte sie sich nicht mehr wie sie selbst, auch wenn die Schmerzen ein wenig nachließen. Sie war tatsächlich so verändert, daß sie ganz gegen ihre Art den ersten Elternabend des Schuljahres ausfallen ließ, der für diesen Tag angesetzt war.

Nach dem Abendessen ging Marge nach oben, um den fünfjährigen Tommy, ihren Jüngsten, ins Bett zu bringen. Während sie ihn wusch, spürte sie, wie die Kräfte sie plötzlich verließen. Bis der Kleine fertig gebadet hatte, war sie von einer derart umfassenden Schwäche befallen, daß sie »das Gefühl hatte, zu schweben«. Irgendwie schaffte sie es, aufzustehen und sich ins Schlafzimmer zu schleppen. Dort stolperte sie zur Bettkante und ließ sich in eine sitzende Stellung fallen; sich hinzulegen, wagte sie nicht, denn sie merkte, daß die Schmerzen, die ohnehin wieder zunahmen, im Liegen noch stärker werden würden.

> Diesmal wußte ich, daß es kein Herzinfarkt war. Meine Mutter hatte einen Schlaganfall gehabt, und das hier, so dachte ich, mußte das gleiche sein, denn mein Geist war unklar, und ich hatte dieses schreckliche Gefühl, schwach zu sein und den Boden unter den Füßen zu verlieren.

Es gelang Marge, alle Kraft zusammenzunehmen und nach Jack zu rufen. Er eilte die Treppe hinauf und fand seine Frau so blaß und benommen vor, daß sie nur noch matt auf seine besorgten Fragen antworten konnte.

Die Hansens wohnten in der Nähe des Zentrums von New Haven, und deshalb dauerte es nach Jacks Notruf nur wenige Minuten, bis der Rettungswagen eintraf. Die Patientin war noch so reaktionsfähig, daß sie protestieren konnte, als die Sanitäter ihre grüne Lieblingsjacke aufschnitten, aber sie war nicht mehr in der Lage, Fragen zusammenhängend zu beantworten. Hinlegen wollte sie sich nicht; sie bestand darauf, eine aufgerichtete und ein wenig gekrümmte Haltung einzunehmen, denn jedesmal wenn sie versuchte, sich auszustrecken, wurden die Schmerzen schlimmer. Schließlich gaben die Sanitäter nach und setzten sie auf einen Stuhl. So wurde sie die Treppe hinuntergetragen und samt dem Stuhl behutsam im Krankenwagen untergebracht. Die Sanitäter zweifelten, ob es klug sei, sie auf diese Weise zu transportieren, denn »als sie ihren Blutdruck messen wollten, war er kaum vorhanden«, wie Jack später sagte.

Als sie in der Notaufnahme des St.-Raphael-Krankenhauses in New Haven ankamen, stellte sich der »kaum vorhandene« Blutdruckwert als ungefähr 50 heraus, noch nicht einmal die Hälfte des Üblichen. Marges Haut hatte kaum mehr Farbe als das Laken auf der Trage, auf die man sie sofort legte, und der Puls lag bei 130, fast das Doppelte des Normalwertes. Sie hatte ganz offensichtlich einen Schock. Als man feststellte, daß der Unterbauch beträchtlich aufgebläht war, stand für die Ärzte in der Ambulanz fest, daß sie starke innere Blutungen hatte, und man brachte sie so schnell wie möglich in den Operationssaal. Sie war bereits so geistesabwesend, daß sie die Worte auf der Einverständniserklärung für die Operation nicht mehr verstehen konnte; also legte man Jack das Formular vor, und er kritzelte seinen Namen darunter, so schnell er nur konnte. Immer wieder hatte er gesagt (weil man ihn immer wieder danach gefragt hatte): »Nein, sie ist nicht schwanger. Soweit ich weiß, war ihre Periode immer normal.« Er spürte, daß die Ärzte ihm in dieser Hinsicht nicht trauten: Schon als sie von dem Rettungswagen über Funk erfahren hatten, daß eine 42jährige, zuvor gesunde Frau blaß und mit einem schweren Schock ins Krankenhaus gebracht wurde, hatten sie Dr. Jorge Mendez hinzugezogen, einen Frauenarzt und Geburtshelfer. Offenbar stand für alle zweifelsfrei fest, daß Mrs. Hansen nach einer durchgebrochenen Eileiterschwangerschaft an inneren Blutungen litt.

Um diesen Eindruck zu bestätigen, legte man Marge schnell auf den gynäkologischen Stuhl, und durch die Hinterwand der Scheide wurde eine Kanüle ins Becken eingeführt, ein Verfahren, das man als Kuldozentese bezeichnet. Als die Spritze sich schnell mit frischem Blut aus dem Beckenraum füllte, schien die Diagnose eindeutig festzustehen. Mendez, der fünf Meilen entfernt in seinem Freizeitclub beim Abendessen gesessen hatte, war mittlerweile ebenfalls in der Klinik eingetroffen.

In der erbarmungslosen Hektik der Ereignisse – die Patientin sank immer tiefer in den Schock und war von Minute zu Minute weniger ansprechbar – kümmerte sich offenbar niemand mehr darum, was sechs Wochen zuvor geschehen war, ja man schien sich nicht einmal daran zu erinnern. Marge selbst war mit ihrem gelegentlich aufflackerndes Rest von Bewußtsein ausschließlich auf die unmittelbare Gegenwart fixiert und auf die schwindende Möglichkeit, daß es noch eine Zukunft gab.

> Als ich in der Notaufnahme ankam, spürte ich, daß ich ernsthaft in Gefahr war – ich verlor den Boden unter den Füßen. Ich wußte, daß ich innig und schnell beten mußte, und das tat ich auch. Ich komme mir fast blöd vor, wenn ich erwähne, daß ich das helle Licht sah, von dem die Leute reden, denn es war wahrscheinlich nur der Scheinwerfer, der immer über dem Operationstisch hängt. Aber es war doch etwas Besonderes, denn alles wurde sehr, sehr hell. Ich erinnere mich an blendendhelles Licht und an ein Gefühl, als würde ich schweben. Aber ich wußte, daß meine Zeit noch nicht gekommen war. Ich spürte, daß ich leicht hätte hinwegschweben können, aber ich wollte nicht. Ich betete zu Gott, er möge mir mehr Zeit geben; ich sagte Ihm, daß

ich mein Leben liebte, und ich merkte, daß ich noch eine Menge davon hatte. Ich wollte nicht gehen.

Das waren Marges letzte bewußte Gedanken. Eilig brachte man sie eine Treppe höher in den Operationssaal; dort wartete Mendez schon auf sie, keimfrei gemacht, mit Operationskleidung und Gummihandschuhen, und das ganze chirurgische Team stand bereit, um ihren Bauch zu öffnen, sobald man die Narkose eingeleitet und sie mit sterilen Tüchern bedeckt hatte. Da die Patientin sich in einem derart kritischen Zustand befand, hatte Mendez als Vorsichtsmaßnahme auch Dr. Kevin Foley angerufen, den Chefarzt der gynäkologischen Abteilung; er war von seinem Haus in Madison, etwa 20 Meilen entfernt an der Küste von Connecticut, ebenfalls unterwegs.
In der Notaufnahme hatten sich die Ereignisse mit derart halsbrecherischer Geschwindigkeit überschlagen, daß zwischen der sirenenheulenden Ankunft des Rettungswagens und dem Wettlauf mit dem Tod im OP kaum eine halbe Stunde vergangen war. Für eine richtige Kreuzprobe für die Wahl des Transfusionsbluts war keine Zeit. Als erstes hatte man Marge in beide Unterarme große Venenzugänge gelegt und ihr Salzlösung gegeben, so schnell die Venen sie aufnehmen konnten. Aber Salzlösung ist nur ein Ersatz, und wenn die Blutung stark ist, kann sie ein schlechter Ersatz sein. Da der Blutdruck weiterhin sank, begann man schon im Aufzug zum OP mit einer Transfusion von Blut der Gruppe 0 negativ – eine Schwester mußte mühselig hinter der fahrbaren Trage herrennen und die Kunststoffbeutel an das Infusionsgestell hängen, das gefährlich von einer Seite zur anderen schwankte. Null-negativ, das sogenannte Universal-Spenderblut, ist zwar nicht gezielt auf den jeweiligen Patienten abgestimmt, aber die Gefahr gefährlicher Nebenwirkungen ist so gering, daß man sie in Kauf nehmen kann, insbesondere wenn die Alternative mit ziemlicher Sicherheit ein schneller Tod wäre. Die Ärzte in den Notambulanzen gehen nur selten so vor, und nur

dann, wenn es die einzige Chance ist. Aber hier wäre alles andere mit der fast völligen Gewißheit verbunden gewesen, daß die Patientin schnell in einen nicht mehr beherrschbaren Schockzustand geraten wäre – »verbluten« sagt man üblicherweise –, bevor man eine genaue Kreuzprobe hätte anstellen können. Während das Universal-Spenderblut in Marges Körper strömte, bemühten sich die Assistentinnen im Labor der Blutbank, so schnell wie möglich eine vollständige Kreuzprobe vorzunehmen.

Als man Marge in den OP rollte, lag der vom Anästhesisten gemessene Blutdruck bei Null, und der Puls war kaum noch zu tasten – »verdammt, er ist ganz dünn und so schwach, daß man nicht sicher sein kann«. Ein paar Minuten später war er überhaupt nicht mehr zu spüren. Mendez wartete nicht, bis die hektisch eingeleitete Narkose vollständig wirkte. Sobald sie die todkranke Patientin auf den Operationstisch gehoben hatten, desinfizierte er sie mit Jod und deckte den zunehmend aufgetriebenen Bauch mit Tüchern ab. Noch bevor der Beatmungstubus gewaltsam in Marges bewegungslose Luftröhre eingeführt war, hatte er das Skalpell in der Hand – er durfte keinen Augenblick zögern, und sie war offenbar ohnehin so abwesend, daß sie nichts spüren würde. Ohne zu wissen, ob die Patientin vollständig betäubt war, drückte er das Skalpell unterhalb des Nabels energisch durch die Haut und führte es in gerader Linie abwärts bis zum Schambein. Sie hatte einen so starken Schock, daß die kleinen Gefäße im Unterhaut-Fettgewebe kaum bluteten, als die Klinge hindurchfuhr.

Die Muskel- und Bindegewebsschichten auf beiden Seiten der Bauchwand treffen in der Mitte des Bauches zusammen und bilden dort ein kräftiges senkrechtes Gewebeband, das sich vom Unterende des Brustbeins bis in die Schamgegend erstreckt. Dieses dicke Band (die Linea alba, »weiße Linie«) durchtrennte Mendez als nächstes, um unmittelbar in die geräumige Bauchhöhle mit ihren dicht beieinanderliegenden Organen einzudringen. Sofort nachdem er das Skalpell angesetzt hatte, zuckte er mit Kopf und Schultern zurück: Ein Blutstrahl hatte ihn getroffen, der unter hohem Druck aus dem mit Blut gefüllten Bauch schoß. Wegen der aufgetriebenen Form hatte er zwar mit einer Blutung gerechnet, aber nicht mir so etwas – die Blutmenge war so groß, daß der Bauch seinen zusammengepreßten Inhalt nicht mehr fassen konnte.

Von dieser neuen Lage verblüfft, beendete Mendez schnell den Schnitt vom Nabel zum Schambein, und dann versuchte er hastig, die Bauchorgane freizulegen. Dazu schob er den Schlauch eines Absauggerätes in den überfließenden roten Sturzbach, der sich vor ihm auftat. Selbst mit Hilfe des soeben eingetroffenen Foley konnte er nicht genügend Blut entfernen, um alles deutlich zu erkennen. Man hatte den Operationstisch mit dem Kopfende nach unten schräg gestellt, um dem Schock entgegenzuwirken und zu verhindern, daß das Blut sich in den Beinen sammelte. Außerdem verbesserte sich dadurch die Blutversorgung des Gehirns, und jetzt wollten die Chirurgen ihn noch steiler stellen.

Sie riefen dem Anästhesisten diesen Wunsch zu, aber der Mechanismus des Tisches erlaubte nur eine Neigung von 30 Grad. Das war nicht genug, aber mit Hilfe der Schwerkraft und eines zweiten Absaugapparats konnten sie nun sehen, daß das Blut nicht aus dem Beckenraum kam, wie sie geglaubt hatten. Es quoll vielmehr aus einer unbekannten, nicht zugänglichen Stelle im Oberbauch, und damit war die Möglichkeit einer ektopischen Schwangerschaft ausgeschlossen.

Plötzlich erkannte Foley, daß er mit seinem Latein am Ende war und dringend jede nur mögliche Hilfe brauchte. Fast schreiend wies er die Operationsschwester an, per Notruf einen Allgemeinchirurgen – jeden, der sich meldete – in den Operationssaal kommen zu lassen. Genau in diesem Augenblick sagte der Anästhesist, die Patientin verliere das Blut schneller, als er und seine Assistenten es durch die Infusion ersetzen konnten. Der Schock war nach seinen Angaben so stark, daß sie kaum noch eine Narkose brauchte. Sich in das Unvermeidliche fügend, murmelte er die letzten Worte,

die Foley noch hörte, bevor der Notruf über die Lautsprecher quakte: »Wir verlieren sie, Kevin.«
Während alle diese hektischen Ereignisse sich dem Höhepunkt näherten, kam ich in das Krankenhaus, um ganz ohne Hektik meine allabendliche Visite zu machen. Ich fuhr in eine Parklücke, ging in Ruhe die 50 Meter zum Gebäude und schlenderte gemächlich durch den Eingang der Notaufnahme, wo ich ein paar Minuten mit dem Wachmann plauderte. Und dann plötzlich ...
In den 40 Jahren seit dem Beginn meines Medizinstudiums habe ich noch nie einen so bestürzten Notruf (oder eine so aufgeregte Stimme) gehört wie den, der jetzt, gerade als ich die Vorhalle betrat, aus den Lautsprechern unter der Decke kam: »Ein Allgemeinchirurg! Ein Allgemeinchirurg!« Es war mehr ein Schrei als eine Durchsage. »Bitte sofort in den Operationssaal – sofort – ein Allgemeinchirurg!« Und dann die ganze hektische Formel noch einmal: »Irgendein Allgemeinchirurg – sofort!«
So beunruhigend diese Worte mir auch in den Ohren gellten, so waren sie doch gleichzeitig seltsam erheiternd. Flehend und befehlend zugleich, teils Hilferuf, teils Aufruf zum Kämpfen, sprachen sie zu mir wie ein plötzlich wiederauftauchendes, uraltes Gebot. Fast im gleichen Augenblick faßte ich den einzig möglichen Entschluß. Ich hielt nur so lange inne, bis ich mich überzeugt hatte, daß ich mir das alles nicht nur einbildete oder vielleicht falsch verstand. Aber als der dringende Notruf ein weiteres Mal erklang, zeigte sich, daß er Wirklichkeit war: Besucher und Personal starrten einander in offenkundigem Unglauben oder Verwirrung an. In dem Gefühl, in mir sei ein inneres Kraftwerk angesprungen, über das ich keine Kontrolle hatte, rannte ich zum nächsten Treppenhaus und die Stufen hinauf. Ich war damals 49 und konnte immer noch drei davon auf einmal nehmen, und es erschien mir nur wie ein Augenblick, bis ich in der zweiten Etage vor dem Operationstrakt stand.
Dort wartete eine Schwester, die mir den Weg wies. In Straßen-

kleidung, unter eklatanter Verletzung der heiligen Keimfreiheit des ganzen Ortes, betrat ich den OP Nummer 6. Der Anblick, der sich an diesem hektischen Schauplatz bot, war noch dramatischer, als ich nach der Lautsprecherdurchsage erwartet hatte.
Kevin Foley stand auf der rechten Seite des Operationstisches, den Rücken zu mir, die Füße etwas auseinandergestellt, als könnte er damit seine schlanke, breitschultrige Gestalt gegen die schreckliche Herausforderung stemmen, die vor ihm lag. Auf seinen weißen OP-Schuhen glänzte feuchtes, klebriges Blut, und sogar von hinten konnte ich sehen, daß auch die Ärmel seines Chirurgenkittels blutgetränkt waren. Auf der anderen Seite des Tisches halfen (wenn das der richtige Ausdruck für ihre Versuche ist) zwei überforderte Assistenzärzte, die wie übergeschnappte Jugendliche plapperten; sie waren der Hysterie nahe und wetteiferten gleichzeitig darum, den Chef mit ihrer Kaltblütigkeit zu beeindrucken. Hinter ihnen hatte Mendez sich vom Ort des Geschehens zurückgezogen und ging nervös hin und her, die Hände unter einem sterilen Tuch gefaltet. Außer den beiden Schwestern, die Instrumente reichten, huschten einige weitere junge Frauen umher; sie versuchten, den Bereich um Foley von den blutgetränkten Tupfern freizuhalten, die er aus den Tiefen der Bauchhöhle zog und auf den Fußboden fallen ließ. Neben seinen Füßen kniete eine Hilfskraft vor einer Zweiliter-Saugflasche, und als sie den frisch ausgebluteten Inhalt in einen neben ihr stehenden größeren Behälter leeren wollte, floß ihr die schaumige Flüssigkeit über die flatternden Hände. Zwei Anästhesisten standen stocksteif am Kopfende des Tisches, hektisch damit beschäftigt, Blut von Hand in die sterbende Patientin zu pumpen. Die blauen Mullstreifen, über die sie hinwegstarrten, bedeckten zusammengepreßte Münder, die ebenso angespannt waren wie das ganze Durcheinander im Raum. In dem Tohuwabohu fehlte nur noch ein Hogarth, der die gespenstische Szene für die Nachwelt festhielt.
Mendez war gerade dabei, Foley mit seinem leicht akzentgefärbten

Englisch einen Vorschlag zuzurufen, da bemerkte er mich im Eingang und schrie meinen Namen. Als Foley sich umdrehte, um mit mir zu sprechen, sah ich, daß sein Kittel über und über mit Blut getränkt war, und Blut quoll über die Ränder des weit geöffneten Bauchschnittes in die ebenfalls vollgesogenen Abdecktücher.

Ich glaube, nur ein Chirurg kann verstehen, warum ich diese beinahe katastrophale Szene in einem paradoxen, widersinnigen Sinn seltsam beruhigend, ja sogar tröstlich fand. Bis zu diesem Augenblick hatte ich keine Ahnung gehabt, was mich erwartete – während ich die Treppen hinaufhetzte, war mir ein schwaches, doch sehr reales Gefühl gekommen. Vielleicht würde ich auf eine Situation treffen, die meine Fähigkeiten überstieg, die ich nur noch schlimmer machen konnte, so daß ich es mein Leben lang bereuen würde, daß ich auf die Durchsage reagiert hatte, anstatt mich umzudrehen und zu meinem Auto zu schleichen, bevor jemand mich sah. Aber bei allen zwiespältigen Gefühlen hatte nie auch nur die entfernteste Möglichkeit bestanden, so etwas zu tun – mich einem solchen Hilferuf zu entziehen hätte allem, was ich im Leben und in meiner Ausbildung gelernt hatte, ebenso widersprochen wie allen meinen Moralvorstellungen. Außerdem bin ich wie so viele Chirurgen geradezu besessen davon, Verantwortung zu übernehmen, und das artet in ein geradezu zwanghaftes Pflichtbewußtsein aus. Und doch war mir in den wenigen Sekunden, bis ich im OP war, ganz unerwartet und unerwünscht der lähmende Gedanke gekommen: Bin ich dabei, etwas zu vermasseln? Werde ich in einem schicksalhaften Zusammentreffen von Unzulänglichkeit und Pech meine Berufslaufbahn und damit auch mein Selbstwertgefühl zunichte machen? Bin ich unterwegs, um eine unbekannte Patientin und gleichzeitig auch mich selbst zugrunde zu richten?

Mit dieser Angst im Herzen überblickte ich die chaotische Szene im OP, und sie beruhigte mich. Mit Bauchblutungen kenne ich mich aus. Es gibt im Unterleib kein einziges Blutgefäß, das mir nicht aufs innigste vertraut wäre – manchmal ist mir, als gehörte die

ganze warme, feuchte Weite der Bauchhöhle zu mir. Sie hat mich immer als helfenden Freund willkommen geheißen, und immer habe ich alle meine geistigen und fachlichen Fähigkeiten mobilisiert, um dieses bedingungslose Vertrauen zu rechtfertigen.
Als ich nun sah, daß mein alter, vertrauter Freund in Schwierigkeiten steckte, verstummten meine Zweifel, und ich war bereit, an die Arbeit zu gehen. Während die Assistenzärzte weiterhin Blut in eine neue Flasche absaugten, setzte Foley mich schnell ins Bild. Der sonst sehr selbstbewußte Chirurg war beunruhigt, weil er den Ort der Blutung nicht finden konnte. Seine Sätze kamen in kurzen, atemlosen Stößen. Für einen Chirurgen gibt es nichts Schlimmeres als die kurze Zeitspanne, in der ihm klar wird, daß die Patientin verblutet, ohne daß er etwas dagegen tun kann.
Ich sagte ein paar Worte, die beruhigend klingen sollten, und eilte in den Umkleideraum, um den Operationskittel anzulegen. Im Vertrauen auf die Ehrlichkeit von drei Raumpflegern, die dort lässig wischten und sich über Football unterhielten, ließ ich meine Kleidung in einem Haufen vor meinem Spind liegen. Die drei Nummern des Zahlenschlosses einzustellen war keine Zeit. Auf dem Weg in den OP ließ ich den Waschraum aus und schlüpfte einfach in den Kittel, den eine Schwester mir hinhielt. Die erste Hilfsschwester zog Handschuhe über meine ungewaschenen Hände und ließ sie über die Handgelenke schnalzen, als ich Foleys Platz am Tisch einnahm. Die beiden bedrängten jungen Männer auf der anderen Seite waren mittlerweile von eilig herbeigerufenen Assistenzärzten aus der chirurgischen Station abgelöst worden.
Der Schnitt wurde von den gebogenen Stahlteilen eines Instruments offengehalten, das man als automatischen Wundsperrer bezeichnet. Während des bisher 45 Minuten dauernden Eingriffs hatte man der Patientin acht Einheiten Spenderblut und eine große Menge Flüssigkeit gegeben, aber Puls und Blutdruck waren immer noch nicht meßbar. Der leitende Anästhesist sah mich grimmig an, als er erklärte, er könne keine Werte nennen, und dann schüttelte

er langsam den Kopf als düsteren Ausdruck seiner Gewißheit, daß alle weiteren Bemühungen vergeblich waren.
Es gab wirklich nichts mehr zu verlieren. Ich verlangte eine große Schere und schnitt die blutgetränkten Tücher weg, die den Oberbauch verdeckten. Dabei überging ich die Tatsache, daß man die Haut hier zum größten Teil nicht mit Desinfektionslösung abgerieben hatte. Meine nächste Handlung war eine weitere schwerwiegende Verletzung der Grundregeln keimfreier Chirurgie, aber ich konnte es mir nicht leisten, kostbare Sekunden zu verlieren und Jodlösung auf das Operationsgebiet zu streichen. Wir mußten uns darauf verlassen, daß die Antibiotika, die man der Patientin schon in der Notaufnahme gegeben hatte, meine Mißachtung der Sterilitätslehre wiedergutmachten.
Die junge erste Operationsschwester legte mir ein Skalpell in die ausgestreckte Hand, und ich führte es vom unteren Ende des Brustbeins nach unten bis zu dem Schnitt des Gynäkologen. Mit einer Bewegung öffnete ich so die nicht desinfizierte Haut und die darunterliegende dünne Fettschicht, und ich legte das saubere weiße Bindegewebe in der Mitte frei, wie Mendez es zuvor am Unterbauch getan hatte. Mit stärkerem Druck führte ich wie er einen senkrechten Schnitt durch die Linea alba, der an Mendez' Öffnung anschloß. Der Bauch war jetzt von unten bis oben offen, vom Brustbein bis zur Scham. Ein zweiter Wundsperrer im oberen Teil des Operationsgebietes verschaffte mir ausreichend Platz, um nach dem Ursprung der Blutung zu suchen – zumindest hoffte ich das.
Nachdem der Bauch nun vollständig geöffnet war und die Wundränder von den Instrumenten weit auseinandergezogen wurden, ließ das Blut sich besser absaugen, aber immer noch konnte man die Organe nicht so gut sehen, daß sich seine Herkunft mit Sicherheit ausmachen ließ. In diesem Augenblick kam mir die Idee, es könne aus der Leber stammen. Eine derart heftige Blutung konnte entweder durch eine unerkannte Verletzung entstehen oder aber durch eine bestimmte Art von Leberkrebs, die gelegentlich bei

Frauen im gebärfähigen Alter vorkommt. Ich tastete handgelenktief in der undurchsichtigen roten Flut und ließ die linke Hand blind nach rechts oben gleiten, bis ich zwischen Daumen und Zeigefinger ein dickes Gewebestück spürte, das man Porta hepatis nennt (den Namen – er bedeutet »Leberpforte« – gaben ihm die alten Griechen, denn durch diese Stelle führen die wichtigsten Leberarterien und -venen und der Gallengang). Ich drückte alle wichtigen Lebergefäße zu, aber das hatte keinen Einfluß auf die Blutung. An der Leber lag es also offenbar nicht.

Wir mußten etwas tun, um die Blutung zumindest so weit einzudämmen, daß man mehr sehen konnte – eine der ersten Regeln, die ein angehender Chirurg lernt, lautet: Freilegen ist der Schlüssel zu Sicherheit und Erfolg. Ich hatte es versucht, indem ich den Schnitt doppelt so groß machte, aber bisher hatte es nichts genützt. Jetzt war es an der Zeit, die Blutversorgung des gesamten Bauchraums an der Quelle abzuklemmen. Das war nicht nur notwendig, damit ich mehr sehen konnte, sondern die Patientin war mittlerweile auch in einem Zustand, in dem es wenige Minuten später durch den Blutverlust zu Herzstillstand und Tod gekommen wäre. Wie die Anästhesisten mir später sagten, glaubten sie in diesem Augenblick bereits, ich hätte verloren.

Alle Körperhöhlen erhalten ihre Blutversorgung direkt oder indirekt von der Aorta, einem großen Blutgefäß, das vom kräftigsten Teil des Herzens, der linken Herzkammer, durchschnittlich 72mal in der Minute mit Blut gefüllt wird. Jeder Schlag pumpt etwa 70 Kubikzentimeter Blut in die Aorta. Das Blutgefäß führt wie ein pulsierender Schlauch auf der Rückseite des Brustkorbs nach unten; Abzweigungen führen in den Oberkörper und zum Kopf, und dann durchquert es eine Öffnung im Zwerchfell, einer dicken, querliegenden Muskelschicht, und dringt in den Bauchraum ein. Die Aorta liegt mit ihrer ganzen Länge unmittelbar auf den abgerundeten Wirbelkörpern des Rückgrats. Ich griff jetzt an diese Stelle unmittelbar unterhalb des Zwerchfells und drückte den glitschigen Schlauch zu, indem ich ihn fest gegen den großen Knochen dahinter preßte. Jetzt hörte die Blutung fast völlig auf. Zwar quoll noch eine mäßige Menge aus einem Bereich ein paar Zentimeter unter meiner Hand, aber man konnte endlich etwas sehen: Die Restblutung kam aus einem recht eng umgrenzten Bereich im linken oberen Viertel, nahe beim Eingang zur Milz – dieses dunkelrote, faustgroße Organ liegt weit außen seitlich unter dem Brustkorb, unmittelbar unter dem hinteren Teil des Zwerchfells und hinter dem schmalen Ende der Bauchspeicheldrüse.

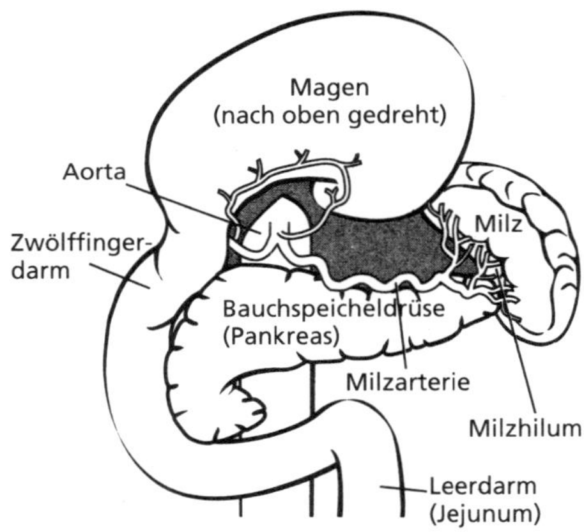

Die anatomischen Verhältnisse im Oberbauch. Der Magen wurde nach oben gedreht, damit man die Bauchspeicheldrüse sehen kann.

Die Bauchspeicheldrüse, auch Pankreas genannt, ist etwa 15 Zentimeter lang. Mit ihrem Kopf, der wie eine umgedrehte Schüssel aussieht, und dem länglichen Körper ähnelt sie einer lachsfarbenen Schlange, die quer hinten im Oberbauch liegt; ihr Hinterende weist nach links zur Mitte (Hilum) der konkaven Innenseite der Milz. Die Milzschlagader, die dieses Organ mit Blut versorgt, zweigt im rechten Winkel von der Aorta ab und zieht sich zusammen mit der zugehörigen Vene über die Oberfläche der Bauchspeicheldrüse bis zu ihrem Hinterende. Zwischen Bauchspeicheldrüse und Hilum liegt ein Zwischenraum von etwa fünf Zentimetern. Auf diesem Stück des Weges zu ihrem Bestimmungsort verlaufen die beiden Gefäße im sogenannten Milz-Gefäßstiel, einer Gewebefalte, die sich vom Hinterende des Pankreas direkt zum Hilum zieht. Von diesem kurzen Abschnitt abgesehen sind Arterie und Vene in der Regel mit zwei Dritteln ihres Umfangs in der Oberseite der Bauchspeicheldrüse eingebettet. Das Hinterende des Pankreas und das Hilum der Milz sind also durch den Gefäßstiel mit den darin liegenden Gefäßen verbunden.

Durch das Zusammendrücken der Aorta hatte ich die Blutversorgung des Bauches und der gesamten unteren Körperhälfte unterbunden, abgesehen von ein paar seitlichen Blutgefäßen, die an den Hauptgefäßen vorbei aus dem Brustkorb nach unten verlaufen. Nachdem die Durchblutung auf diese Weise drastisch vermindert war, konnte man erkennen, daß die restliche Blutung irgendwo aus dem Bereich zwischen Pankreas und Milzhilum kam. Aber obwohl ich die Blutung zum größten Teil zum Stillstand gebracht hatte, quoll aus den seitlichen Gefäßen immer noch so viel, daß die entscheidende Stelle nicht genau zu erkennen war. Diese umgrenzte Blutung konnte man bekämpfen, indem man in dem Bereich große Tamponaden anbrachte, und das wollte ich als nächstes tun.

Wenn sich irgendwo in der Nähe der Milz schnell eine große Blutmenge ansammelt, stellt sich in der großen Mehrzahl der Fälle heraus, daß sie aus einem Riß dieses empfindlichen Organs stammt. Ich nahm jetzt an, daß das auch hier die Ursache des Problems war. Meine Patientin war zwar dem Tode nahe, aber eines war klar: Wenn ich weiter auf die Aorta drückte, würde ich den Anästhesisten Zeit verschaffen, den Blutverlust zum größten Teil wettzumachen. Ich hielt die Finger fest auf dem großen Blutgefäß, während sie ihr weitere zwei Liter in die Adern pumpten, so daß der Blutdruck auf 110 stieg und ihr Zustand zumindest im Augenblick

stabil blieb. Die Unterbrechung gab mir etwa zehn Minuten, in denen ich relativ ungestört nachdenken konnte und dem übrigen Team erklärte, was ich als nächstes vorhatte. Bis dahin bestanden die Gespräche nur aus kurzen Bemerkungen von verschiedenen Mitarbeitern und den Anweisungen, die ich den beiden chirurgischen Assistenzärzten zugerufen hatte.
Ich fragte nach der Urinausscheidung der Patientin. Man hatte Marge in der Notaufnahme einen Blasenkatheter gelegt, aber eine der Schwestern teilte mir mit, der angeschlossene Beutel sei leer. Demnach kreiste so wenig Blut in ihrem Körper, daß es nicht in ausreichender Menge in die Nieren gelangte, so daß diese keine Abfallstoffe ausscheiden konnten – ein gefährliches Zeichen, wenn die Ursache nicht schnell beseitigt wird.
Während ich auf die Transfusion wartete, erläuterte ich den Assistenten meine Pläne und teilte ihnen ihre Aufgaben zu. Alles mußte wie am Schnürchen klappen, sonst würde die Patientin sterben, obwohl wir schon so weit waren, und das wußten sie beide. Der zweite Assistent stand zu meiner Linken weiter oben am Operationstisch. Ich legte meine rechte Hand auf die seine und führte sie vorsichtig an die Aorta, so daß er sie statt meiner zudrücken konnte. Auf diese Weise hatte ich alle zehn Finger zum Arbeiten frei. Da ich annahm, die Milz sei in der Nähe des Hilums gerissen, wollte ich das Organ mit Hilfe des ersten Assistenten aus dem umgebenden Gewebe freilegen, das es mit der Hinterwand der Bauchhöhle verband, und es in der Öffnung hochheben. Anschließend wollte ich den Gefäßstiel mit Milzarterie und -vene abbinden und das Organ entfernen. Alles mußte relativ schnell gehen, denn sobald ich die Tamponaden entfernte, die ich auf den Operationsbereich gedrückt hatte, würde sich wieder ein See aus Blut bilden. Aber ohne Entfernung der Tamponaden konnte ich die Stelle nicht freilegen, von der das Blut kam. Der ganze Ablauf mußte zügig vonstatten gehen, und das erforderte bei allen Beteiligten perfekte Koordination.

Ich sagte den Operationsschwestern, welche Instrumente ich benötigen würde, und wartete, bis der leitende Anästhesist mir sagte, der Zustand sei stabil und wir könnten einige sehr schnelle Schnitte vornehmen; dabei würde sie wiederum viel Blut verlieren, insbesondere wenn wir die Milz bei der hastigen Entfernung verletzten. Er gab bekannt, der Puls sei allmählich von 150 auf 100 gesunken. Ich sah ihn über die Trennwand hinweg an und wollte wissen, ob ich weitermachen konnte. Er nickte zustimmend und murmelte ein paar ermutigende Worte etwa in der Art, wie man sie dem Pitcher der gastgebenden Mannschaft zuruft, wenn alle Bases besetzt sind. Nacheinander blickte ich die ganzen vermummten Angehörigen des Operationsteams an, um festzustellen, ob sie bereit waren. Dann sagte ich in möglichst lässigem Ton und gerade so laut, daß alle im Raum es hören konnten: »Also gut, dann los.«

Im nächsten Augenblick griff ich mit der Linken hinter und über die Milz, zog sie nach vorn und unten vom Zwerchfell weg und sagte dem ersten Assistenten, er solle mit der Schere, die er schon bereithielt, einen kurzen Schnitt in dem Bindegewebe führen, welches das Organ festhielt. Sobald er das getan hatte, steckte ich den rechten Zeigefinger in den Schlitz und bewegte ihn gerade mit so viel Kraft auf und ab, daß das Bindegewebe an drei Vierteln des Milzumfangs aufriß. Schnell und blind ausgeführt, ist es keine sehr elegante Methode, aber wenn der Chirurg es eilig hat, erfüllt sie ihren Zweck. Die schlafwandlerische Sicherheit, mit der ich navigierte, hatte ich in Hunderten peinlich genauer Eingriffe gelernt, die ich im Laufe meiner Berufstätigkeit ausgeführt hatte, einer Laufbahn, in der mich dieses Organ und seine Nachbarn immer besonders fasziniert hatten.

Auch ohne die Gewebeschichten, die ich so eilig öffnete, im einzelnen zu sehen, wußte ich genau, wohin ich greifen mußte. Nach wenigen Sekunden waren alle Gewebeverbindungen zerschnitten oder zerrissen, und ich konnte die Milz herausheben, so daß sie nur noch über den Gefäßstiel mit Vene und Arterie mit der Bauchspeicheldrüse verbunden war. Nach dem Entfernen der Tamponaden hatte das Blut wieder alles so überschwemmt, daß ich den genauen Ort der Blutung immer noch nicht erkennen konnte. Aber als ich die Milz hochhob, hatte ich einen besseren Blick auf die Gefäße. Plötzlich bemerkte ich, daß die Blutung nicht aus dem Organ kam, sondern aus einem Abschnitt der zuführenden Arterie etwa 10 Zentimeter rechts von der Stelle, wo sie in die Milz eintritt. Sie war dort noch teilweise in das Hinterende des Pankreas eingelagert. Ich sagte dem zweiten Assistenten, er solle den Druck auf die Aorta einen Augenblick lang lockern, und sofort schoß ein Blutstrahl aus dem Loch in der Arterie, das einen Durchmesser von etwa drei Millimetern hatte. Als beide Assistenten ihre Absauggeräte auf diese Stelle richteten, konnte ich etwas erkennen, das mir noch nie zuvor begegnet war. Und auch in den Jahren nach jener Nacht habe ich etwas Ähnliches nicht mehr gesehen.

Die Arterienwand rund um das Loch war dünn, gedehnt und ganz offensichtlich pathologisch verändert. Sofort wurde deutlich, an was für einer Krankheit Marge Hansen fast gestorben wäre, aber von allen Angehörigen des Teams, die jetzt ungläubig auf das Loch starrten, wäre bis zu diesem Augenblick keiner auf eine solche Diagnose gekommen. Unsere Patientin litt an einem Aneurysma der Milzschlagader: Die Gefäßwand hatte sich an einer geschwächten Stelle ausgebeult, so daß sich eine sackförmige Blase gebildet hatte. Und diese Blase war geplatzt, so daß das Herz mit jedem Schlag einen dicken Blutstrahl in die Bauchhöhle pumpte. Durch das Abdrücken der Aorta hatten wir den Blutverlust soweit vermindert, daß der Zustand sich stabilisierte, aber es waren so viele seitliche Gefäße vorhanden, daß die schwere Blutung anhielt.

Nun war es nicht mehr schwierig, den geschädigten Gefäßabschnitt zu vernähen, und der erste Assistent verschloß ihn so fest, daß sämtliche Blutungen augenblicklich aufhörten. Als der andere junge Arzt seine Hand von der Aorta nahm, blieb das Operationsgebiet trocken. Der Seufzer der Erleichterung, der durch den Operationssaal ging, war vielleicht nur ein metaphorischer, aber man glaubte ihn zu hören.

Innerhalb weniger Sekunden hatte sich die ganze Atmosphäre gewandelt. Die Spannung wich, die Körper entspannten sich, und ein paar kleine Scherze machten die Runde. Ich weiß noch, wie einer der Assistenzärzte etwas über die Diskretion der Wäschereien sagte, die die Unterhosen von Chirurgen waschen. Besonders redselig – und zwar bis zur Albernheit – wurden Mendez und Foley, und es war leicht zu erkennen, warum. Wir anderen hatten immer noch harte Arbeit vor uns, aber kurz nachdem die Situation unter Kontrolle war, entfernten sich die Gynäkologen, wobei sie uns in der Tür noch Glückwünsche zuriefen. Ich bat Foley, ins Wartezimmer zu gehen und den Angehörigen unserer Patientin zu sagen, daß ihr Zustand jetzt stabil war.

Der OP 6 war voller Begeisterung darüber, daß wir ein Menschenleben gerettet hatten. Die atemlose Hektik der Unsicherheit war vorüber, es gab Lächeln und witzige Bemerkungen, sogar von der Anästhesistenmannschaft. Wir machten uns an die heikle Aufgabe, das Hinterende des Pankreas so weit freizulegen, daß wir es mit der Milz und dem Gefäßstiel herausheben konnten. Dazu übernahmen mein Team und ich unsere gewohnte Rolle als gewissenhafte Techniker: Wir arbeiteten langsam und genau koordiniert, bis das Ende der Drüse und der darin liegende erkrankte Gefäßabschnitt so weit freipräpariert waren, daß sie uns geradezu anzuflehen schienen, sie von der Patientin zu trennen. Mit Fäden band ich Arterien und Vene zwischen der Aorta und dem Aneurysma ab, so daß ich die Bauchspeicheldrüse an der Stelle, wo sie sich zum Hinterende verengte, gefahrlos und sauber durchtrennen konnte. Das Gewebestück, das ich der Schwester übergab, war ein einziger Block, der von links nach rechts das Hinterende der Bauchspeicheldrüse, den Gefäßstiel und die Milz enthielt.

Damit die vom Pankreas erzeugten proteinabbauenden Enzyme nicht aus dem offenen Ende des Organs in die Bauchhöhle gelangten, mußten wir es zunähen, und das tat ich mit einer Reihe feiner Stiche. Als letzte Maßnahme, um die ätzenden Säfte an der Verdauung des umgebenden Gewebe zu hindern, nähte ich ein benachbartes Stück Fettgewebe an den Stumpf der Bauchspeicheldrüse. Diese Prozeduren erforderten Zeit, aber wir hatten es jetzt nicht mehr eilig, und ich war entschlossen, keine weiteren Komplikationen mehr aufkommen zu lassen. Natürlich blieb eine beträchtliche Infektionsgefahr, weil wir so viele Regeln der Keimfreiheit übertreten hatten, aber dieses Risiko versuchte ich zu vermindern, indem ich alle Schnitte so sauber ausführte, daß sich im Gefolge des Eingriffs keine Ansammlungen von Blut, Gewebeflüssigkeit oder geschädigtem Zellplasma bilden konnten.

Aus solchen Überlegungen heraus machte ich einen winzigen Einschnitt an der linken Körperseite und legte ein langes Plastikrohr mit einem Durchmesser von etwa einem Zentimeter. Hier ließ sich später ein Absauggerät anschließen, das in den Tagen nach der Operation alle vielleicht auftretenden Flüssigkeitsansammlungen oder Gewebefetzen mit geringem Druck entfernen konnte. Nachdem alle Tupfer aus der Bauchhöhle entfernt waren, nahmen wir die beiden Wundsperrer heraus, und die Linea alba wurde mit Kunststoffaden und kräftigen Stichen geschlossen. Um die Gefahr einer Infektion am Einschnitt selbst so gering wie möglich zu halten, legte ich in die dünne Fettschicht unter der Haut mehrere weiche Drainagen, und dann schloß ich die Wunde mit einer feinen Hautnaht vollständig.

Erst jetzt fragte ich nach dem Namen meiner Patientin – bis zu diesem Augenblick hatte ich ihn nicht wissen wollen. Die Anonymität hatte sie vor mir verborgen – sie war ein Wesen aus Organen und Gewebe, und das hatte uns beide durch eine emotionale Distanz geschützt, die unseren gemeinsamen, gefahrvollen Weg ein wenig einfacher gemacht hatte. Da ich nicht wußte, wer sie war, blieb mein Geist frei von störenden persönlichen Gedanken. Es war besser, daß ich nichts von dem fünfjährigen Tommy, den anderen Kindern und Jack wußte; nichts davon, daß Jack und Marges vier Brüder mit ihren versammelten Familien zwischen dem Wartezimmer und der Krankenhauskapelle hin und her liefen und versuchten, ihren achtzigjährigen, weinenden Vater zu trösten. Hätte ich etwas von dieser bekümmerten Familie gewußt, wäre ich angesichts der medizinischen Katastrophe im Bauch meiner Patientin vielleicht weniger gut in der Lage gewesen, meine chirurgische Kaltblütigkeit zu bewahren, und ich hätte zuviel über die persönliche Katastrophe in ihrem Leben und dem ihrer Angehörigen nachgedacht. Daß Chirurgen den Operationsbereich so abdecken, daß man nichts mehr von diesem Menschen sehen kann, und das Gesicht des Patienten hinter einer Stoffabtrennung verstecken, hat sowohl medizinische als auch gefühlsmäßige Gründe. Diese Gründe gehen weit über die Infektionsvorbeugung hinaus – entscheidend ist vor allem, daß es sie vor der beängstigenden Realität dessen bewahrt, was sie einem Menschen antun, der wie sie selbst ist. Je größer die Gefahr, desto größer die Notwendigkeit, Distanz zu halten. Und nirgendwo gilt das so sehr wie dann, wenn wir um ein Menschenleben kämpfen.

Marge hatte vierzehn Einheiten Blut, zwei Einheiten Plasma und zwei Pakete Blutplättchen erhalten, jene Zellen, die die Blutgerinnung unterstützen. Fast die gesamte Blutmenge war während der ersten Stunde transfundiert worden. Außerdem hatte sie intravenös eine gewaltige Flüssigkeitsmenge bekommen, und jetzt setzte auch die Urinproduktion wieder ein. Als sie angezogen wurde, meldete der Anästhesist einen Blutdruck von 140.

Ich trat vom Operationstisch zurück und stolperte fast über den Schemel, auf dem Foley gestanden und mir während des Eingriffs über die Schulter gesehen hatte. Um den Tisch herum standen mehrere solche Fußbänke, denn eine kleine Armee von Zuschauern war ständig darauf- und wieder heruntergestiegen, um abwechselnd einen Blick auf das Drama im Bauch dieser unbekannten Frau zu werfen. Manche von ihnen, so die außergewöhnlich tüchtigen Mitarbeiterinnen der Blutbank, hatten gute Gründe dafür, ein paar eilige Minuten lang zu bleiben, aber es gab auch andere, die offenbar nur wegen des Nervenkitzels gekommen und wieder gegangen waren. Während der insgesamt zweistündigen Operation hatte es sich in der Abendschicht des Krankenhauses herumgesprochen, daß im OP etwas außergewöhnlich Dramatisches vorging, und eine ganze Prozession von Assistenzärzten und verschiedenen Hilfskräften hatte sterile Kittel angelegt und war in den Raum 6 gekommen, um es mit eigenen Augen zu sehen. Sie hielten sich an die Regeln des OP und waren meist so unaufdringlich, daß wir vom Operationsteam, die wir uns völlig unserer Aufgabe widmeten, sie kaum bemerkt hatten. Als Marge angezogen wurde, hatten sie sich zurückgezogen und waren wieder an ihre eigene Arbeit gegangen; zurück blieb eine Menge kleiner metallener Aussichtsplattformen, die über den ganzen Raum verstreut waren.

Mit einer Reihe kurzer Fußtritte beförderte ich Foleys verlassenen Schemel an die Wand. Als er seinen Bestimmungsort erreicht hatte, drehte ich mich um, ließ mich schwer darauffallen und lehnte mich mit dem Rücken gegen die Wand. Fast gleichgültig streifte ich die blutbeschmierten Handschuhe sowie Mütze und Maske ab, und dann starrte ich auf den blutroten, gerinnenden Fleck, der die ganze Vorderseite meines Kittels bedeckte. Bei den ersten Stichen der letzten Naht hatte ich bereits eine leichte Müdigkeit verspürt, aber jetzt überfiel mich die Erschöpfung mit ganzer Kraft. Mein Geist war froh, ja fast euphorisch über das, was ich getan hatte – ich wollte noch einmal die unbeschreibliche Erregung der Stunden durchleben, die jetzt zu Ende gingen, als seien sie ein abenteuerlicher Traum gewesen, aus dem ich jetzt erwachte. Irgend etwas in mir wollte singen und schreien, sorglos tanzen und lieben, um meinen Triumph dem Himmel und allen Zeitaltern kundzutun – ich hatte einer Frau das Leben gerettet und würde das Wunder dieser Nacht nie mehr vergessen. Aber ich war so entkräftet, daß meine hochfliegenden Gedanken keine Verbindung mehr zu meinem entnervten, gelähmten Körper mehr zu haben schienen. Ich konnte nichts tun, als dazusitzen, kraftlos und unbeweglich, den Rücken schwer gegen die blaugrüne OP-Wand gelehnt.

Ich konnte der Müdigkeit nicht gestatten, mich lange in ihren Fängen zu halten; wir mußten uns noch um ein par Kleinigkeiten kümmern. Mit einem Ausdruck sanfter Besorgnis auf dem jungen, hübschen Gesicht kam die erste Operationsschwester zu meinem Schemel, kaum einen Meter fünfzig groß in den Operationsschuhen mit den dicken Sohlen, und streckte mir ihre winzige Hand entgegen. Als ich sie ergriff, schoß mir der Gedanke durch den Kopf, daß dieses kleine, kindliche Ding dieselbe kräftige, zuverlässige Hand war, die mir über eine Stunde lang mit der prompten Genauigkeit des Experten die richtigen Instrumente gereicht hatte, oft ohne daß ich darum gebeten hatte. Was in unserem Operationssaal gelungen war, wäre ohne die Geschicklichkeit dieser Finger nicht möglich gewesen. Da schien es nur passend, daß die letzte Handlung der begabten kleinen Hände in dem Drama darin bestand, mir auf die Beine zu helfen.

Ich dankte jedem einzelnen Mitglied des Teams, das seine Sache so gut gemacht hatte, und klopfte dem ersten Assistenten auf den Rücken. Er war ein begeisterter junger Chirurg, der eilig die Stelle seines gynäkologischen Kollegen eingenommen hatte, als er hörte, daß ich die Operation weiterführte. Wir besprachen kurz seine schriftlichen Anweisungen für den ersten Tag nach dem Eingriff, und ich zog vorsichtig den Kittel aus, der von Marge Hansens gerinnendem Blut steif wurde. Mit meiner Arztkleidung, die in dem gleichen Zustand war, wollte ich ihren Angehörigen nicht gegenübertreten, und deshalb ging ich in den Umkleideraum, um frische Sachen anzuziehen. Meine Straßenkleidung lag dort immer noch auf dem Fußboden, wie ich sie zurückgelassen hatte.

Man sagt, der Angeklagte in einem Prozeß könne das Urteil vorhersagen, einfach indem er dem Obmann der Geschworenen ins Gesicht sieht, wenn er mit seinen elf Kollegen wieder in den Saal kommt. Das muß um so mehr auch für die Angehörigen gelten, die nach einer schwierigen Operation auf den Chirurgen warten. Außer Jack Hansen selbst (er sah wie ein Wikinger aus) hätte jede einzelne der ungefähr zwölf Personen, die bei meinem Eintritt in das Wartezimmer aufsprangen, aus einem jener Fernsehwerbefilme entsprungen sein können, in denen billige Telefongespräche nach Irland versprochen werden. Nicht nur Jack und Mary sowie Marges Brüder und Vater waren da, sondern auch die Schwägerinnen und einige ältere Kinder. Ich muß ein breites Lächeln auf dem Gesicht gehabt haben, denn sobald sie mich sahen, entstand in dem kleinen Raum eine geräuschvolle, freudige Atmosphäre.

Meine ersten Worte waren einfach und kamen sofort zur Sache: »Es geht ihr gut – in zehn Tagen ist sie zu Hause, völlig wiederhergestellt.« Es war wohl kaum der richtige Augenblick, um ihnen meine Besorgnis wegen der möglichen Komplikationen mitzuteilen, die eintreten konnten, wenn das abgetrennte Ende des Pankreas undicht wurde; wenn die riesige, zum Teil ohne Kreuzprobe übertragene Blutmenge nachträglich Schwierigkeiten verursachte; oder – die größte Besorgnis – wenn die Verletzung der Keimfreiheit zu Problemen führte. Ich wollte den Angehörigen meiner Patientin nur versichern, daß sie das Schlimmste hinter sich hatte und auf dem Weg in den Aufwachraum war.

Nachdem ich das ausgesprochen hatte, ließ ich mich auf einen Sessel fallen und erklärte der Familie, die sich um mich drängte, was geschehen war und was ich getan hatte. Ich schloß mit ein paar Worten, die mir schon in dem Augenblick, als ich sie aussprach, abgedroschen vorkamen; aber sie vermittelten meine ganze Ehrfurcht vor dem, was ich im Operationssaal miterlebt hatte.

Diese Worte lauteten: »Ihr Lebenswille hat sie gerettet.« Den zweiten Teil des Satzes – »... und unsere Entschlossenheit, den Kampf nicht aufzugeben« – ließ ich weg, obwohl er mir durch den Kopf schoß. Mrs. Hansen brauchte nicht zu sterben, weil ich in mir selbst und den anderen eine besondere Kraft mobilisieren konnte, und diese Kraft stammt aus inneren Reserven, die ich bis heute nicht begreife. Seit unsere besonderen genetischen Merkmale zum erstenmal die menschliche Spezies definierten, haben wir immer auf bis heute unverstandene Weise auf diese Reserven zurückgegriffen, um gegen die Gefahren zu kämpfen, die überall und immer unser Leben auf der Erde begleiten. Marge Hansen wurde durch jenen Teil des menschlichen Geistes gerettet, der in ihr und in den Mitgliedern des Operationsteams gegen ihren Tod aufbegehrte.

Eine Stunde später war Marge Hansen ansprechbar, aber noch nicht so wach, daß sie begreifen konnte, was mit ihr geschehen war. Ich würde erst nach den Operationen, die für den nächsten Morgen vorgesehen waren, mit ihr sprechen können. Kurz vor zwei Uhr in der Nacht verließ ich ihr Bett in der chirurgischen Intensivstation und fuhr über die breite, von Bäumen gesäumte Straße, die von New Haven zu meinem Heimatort Hamden führt, nach Hause. Während der kurzen Fahrt – sie dauerte nur eine Viertelstunde – befand ich mich in einer Art Tagtraum; ich durchlebte nicht nur die Ereignisse im OP noch einmal, sondern auch das ganze Drumherum, einschließlich des Zufalls, daß ich gerade im St.-Raphael-Krankenhaus war, als ich gebraucht wurde.

Die große Mehrzahl meiner Patienten – über 90 Prozent – habe ich immer im Yale-New Haven Hospital versorgt. Im St. Raphael habe ich manchmal wochenlang keine einzige Operation. Und nicht nur das: In beiden Kliniken halte ich mich nach halb acht abends in der Regel nicht mehr auf, es sei denn, ich muß wegen eines Notfalls länger bleiben oder herkommen. Wenn nichts Ungewöhnliches geschieht, ist meine Visite immer um sieben beendet. An dem Abend, als Marge Hansen in die Notaufnahme kam, hatten wir Gäste zum Abendessen, was mitten in der Woche ungewöhnlich ist. Um halb neun bemerkte ich, wie spät es schon war, entschuldigte mich und fuhr nach New Haven, um meine Patienten zu besuchen. Im St.-Raphael-Krankenhaus waren es nur zwei, beide mit recht unproblematischen Krankheiten, und deshalb suchte ich sie zuerst auf,

damit ich später ohne Zeitdruck durch die Stationen und die Röntgenabteilung von Yale-New Haven gehen konnte. Es war also ein außergewöhnliches Zusammentreffen, daß ich gerade die Notaufnahme betrat, als der Lautsprecher zum erstenmal rief.
Und das war noch nicht alles. In dem Krankenhaus waren zu diesem Zeitpunkt sicher mehrere Allgemeinchirurgen anwesend. Warum gerade ich? Und vor allem: Warum war der einzige, der die Durchsage hörte und ihr folgte, auch der einzige Allgemeinchirurg in New Haven, der sich seit über zehn Jahren besonders für Milzoperationen interessierte und deshalb mit diesem Organ mehr Erfahrungen besaß als alle anderen? Seit 1969 hatte ich über drei Jahre lang bei praktisch allen Patienten, die mit der Hodgkin-Krankheit in die strahlen- und krebsmedizinische Abteilung des Yale Hospital gekommen waren, die notwendige Milzentfernung vorgenommen. Ich hatte mehrere Artikel über das Thema in medizinischen Fachzeitschriften veröffentlicht und bei Ärzten viele Vorträge darüber gehalten. Der Zufall, daß ich nicht nur dort war, sondern auch noch wie der General Nathan Bedfort Forrest als »der Schnellste und Beste« da war, fesselte meine Gedanken und brachte ein verwirrendes Element ins Spiel, mit dem ich nie etwas zu tun haben wollte: ein Element, das manche Leute gern als Vorsehung bezeichnen.
Während mir all das durch den Kopf ging, wurde mir kaum bewußt, wie ich in meiner Straße ankam und den Wagen in der Einfahrt meines Hauses parkte. Aber als ich den Schlüssel ins Schloß steckte und daran dachte, wie ich Sarah, meiner Frau, die Ereignisse dieser Nacht schildern würde, machte des Glimmen des Tagtraums einem immer gewaltiger werdenden Triumphgefühl Platz, das ich nicht mehr auf mein Inneres begrenzen konnte. Es steigerte sich immer mehr, als ich die beiden Treppen zum Schlafzimmer hinaufstieg, wo Sarah in tiefem Schlummer lag. Ich stand an ihrem Bett und starrte auf sie herab, als sei auch sie ein Teil der Wunder dieser Nacht. Vielleicht spürte sie meine Gegenwart – oder sogar die heftige, unaussprechliche Energie, die mich zu umgeben schien. Sie

öffnete die Augen und sah mich an. Später erzählte sie mir, was sie gesehen hatte:

> Wenn du von etwas erfüllt bist, gibst du immer eine Art von elektrischen Impulsen ab – und in dieser Nacht warst du in Hochstimmung, körperlich gespannt und aufgeladen von deinem Erlebnis. Dieses Gefühl von Energie und Leistung hast du ausgestrahlt, und du hattest ja tatsächlich gerade etwas Großartiges geleistet. Irgendwie übertrug sich die Spannung auf mich, und das muß mich geweckt haben. Da warst du, das Gesicht strahlte, als hätte jemand einen Scheinwerfer darauf gerichtet, und du lächeltest. Du hattest die Hände in die Hüften gestemmt, wie du es manchmal in solchen Augenblicken tust, die Finger fast zu einer lockeren Faust geschlossen. Ich weiß noch genau, was du gesagt hast: »Du wirst nicht glauben, was gerade geschehen ist.«
> Es kommt nicht oft vor – eigentlich war es in der Zeit unseres Zusammenlebens sogar sehr selten –, daß du sagst, du habest jemanden dem Tod entrissen, aber diesmal hatte es einen tiefen Sinn, denn du hattest wirklich ein Menschenleben gerettet.

Ich setzte mich an Sarahs Bett und erzählte ihr in allen Einzelheiten die Geschichte dieser Nacht. Ich berichtete von dem Notruf, von dem Durcheinander meiner Gedanken, während ich zum OP rannte, von der Operation selbst und von meiner Begegnung mit der Familie Hansen. Als ich geendet hatte, konnten wir beide keinen Schlaf finden, also redete ich weiter. Von Zeit zu Zeit hielt ich inne, um eine Frage von Sarah zu beantworten oder um auf etwas einzugehen, was sie beobachtet hatte, aber meistens erzählte ich einfach, denn sie wollte immer mehr hören. Wie ein Märchenerzähler berichtete ich von Blutgefäßen und von der Entstehung eines Aneurysmas; von der Milz, dem Pankreas und ihren Funktionen; von den Wegen, auf denen Herz und Kreislauf versuchen, größere Blutungen unschädlich zu machen; von Blutgerinnung und Wundheilung; und schließlich sagte ich ihr zum x-ten Mal, seit wir uns kannten, es gebe nach meiner Überzeugung in der Biologie des Menschen einen spürbaren, aber noch unerforschten Faktor, der für den Lebenswillen der Patientin und die Fähigkeit des Arztes, sie zu retten, verantwortlich ist. In den folgenden Kapiteln werde ich mehr davon berichten, was ich in jener Nacht sagte, und noch vieles andere.

II

Beständigkeit durch Wandel

Die Rettung von Margaret Hansen ist eines der besten Beispiele für die Art, wie unser Organismus mit lebensbedrohlichen Ereignissen und den damit verbundenen Heimsuchungen umgeht, die ich erlebt habe.

Wissenschaftler fassen die unzähligen Methoden, mit denen biologische Gebilde auf Veränderungen in ihrem Inneren und ihrer Umwelt reagieren, unter den Begriffen *Ansprechbarkeit* und *Anpassungsfähigkeit* zusammen. Alle diese Vorgänge dienen nur einem Zweck: die Überlebenswahrscheinlichkeit zu erhöhen. Selbst ein so pessimistischer Beobachter des menschlichen Wesens wie Arthur Schopenhauer ging so weit zu behaupten, man könne in der Natur nur einen Gott erkennen: den Lebenswillen. Viele der heutigen leidenschaftslosen Forscher mit ihrem naturwissenschaftlichen Pragmatismus sind davon überzeugt, die wichtigste und vielleicht sogar einzige Triebkraft aller Lebewesen sei der Schutz ihrer DNA, die an die nächste Generation weitergegeben werden soll.

Zwar ist es schwierig, diese rein praktisch orientierte Philosophie mit ihren eigenen Mitteln zu widerlegen, aber auch die phantasielosesten Wissenschaftler müssen einräumen, daß Leben viel mehr ist als nur Biologie. Die Herrlichkeit der Natur liegt gerade darin, daß viele Tiere und Pflanzen sich weit über diese grundlegende Aufgabe hinaus entwickelt und immer kompliziertere Fähigkeiten erworben haben. Und wenn wir die Menschen betrachten, vermittelt selbst das Wort *Fähigkeiten* nur unzureichend eine Bedeutung, die wir vielleicht besser als *Kräfte* oder *Begabungen*, ja sogar wie der Psalmendichter als *Wunder* bezeichnen sollten.

Die Entwicklung des Lebens über viele Erdzeitalter hinweg hat zur Entstehung von Organismen geführt, für die Überleben und Fortpflanzung nur der Ausgangspunkt waren; von da aus brachten sie eine Fülle besonderer Fähigkeiten hervor, bis hin zu der, bewußt Freude zu empfinden und zu genießen.

Nicht nur die Freude allein, auch die Fähigkeit, sie vorwegzunehmen und über sie nachzudenken, ist ein charakteristisches Merkmal unserer Spezies. Wir sind so weit über unseren grundlegenden Selbsterhaltungs- und Fortpflanzungstrieb hinausgelangt, daß wir dabei wunderbare, bestaunenswerte Eigenschaften erlangt haben: das abstrakte Denken, die Mittel zum Aufbau und zur Erhaltung einer komplex organisierten Zivilisation, einen Altruismus, der sich so weit von der einfachen, instinkthaften Selbsterhaltung entfernt hat, daß er ihr manchmal sogar zuwiderläuft und dann als Aufopferung für andere zu einem gesellschaftlichen Ideal wird, und – vielleicht das wichtigste von allem – einen Sinn für Schönheit und Spiritualität. Alle diese Eigenschaften gehen zweifellos weit über die einfachen Erfordernisse der DNA-Übertragung hinaus, und zwar so weit, daß sie wie eine Belohnung für die Ausdauer des Menschengeschlechts wirken – wie ein zusätzlicher Lohn für die richtige Verwendung des außergewöhnlichen Gehirns, mit dem die Natur uns beschenkt hat.

Vielleicht aber, so könnte man argumentieren, läßt sich sogar unser Schönheitssinn irgendwie auf den primitiven Trieb zur Erhaltung der DNA zurückführen. Freude ist dann die Belohnung dafür, daß wir unseren Überlebensinstinkten gefolgt sind; Freude macht das Leben kostbar und erhaltenswert. Ihre verschiedenen Formen, die von den Menschen entdeckt und geschaffen wurden, seien nur im Zusammenhang der biologischen Anpassungsfähigkeit und mit dem Bau des menschlichen Körpers vollständig zu verstehen. Und dennoch hat ästhetisches Denken und Empfinden in seinem ganzen Umfang und mit all seiner Kraft eine Qualität, die sich mit dem Ziel der Lebenserhaltung allein nicht erklären läßt.

Das Wort *Bau** habe ich hier absichtlich gewählt. Als der größte Anatom aller Zeiten, der Belgier Andreas Vesalius, 1543 sein didaktisches Meisterwerk *De humani corporis fabrica* (»Über den Bau des menschlichen Körpers«) veröffentlichte, gebrauchte er das Wort *fabrica* in dem dynamischen Sinn, den es in der Renaissance hatte: Es bezeichnete nicht nur ein Gebäude, sondern auch die Vorgänge in seinem Inneren. Der menschliche Geist ist nach meiner Überzeugung etwas, das wir aus dem Bau unseres Körpers heraus erschaffen haben.

Der Bau von Margaret Hansens Körper war durch eine Schwäche der Milzarterie bedroht. Einen solchen Defekt bezeichnet man mit dem griechischen Wort *Aneurysma* (»Erweiterung«).

Es gibt im menschlichen Körper nichts, was man als einfach bezeichnen könnte. Selbst eine Arterie, die anscheinend ausschließlich dazu dient, das mit Sauerstoff und Nährstoffen beladene Blut ins Gewebe zu leiten, ist ein Gebilde von eindrucksvoller Komplexität – eindrucksvoll, aber kaum beängstigend; komplex, aber kaum unbegreiflich. Die Arterienwand mit ihren drei konzentrischen Schichten wurde nach unserem heutigen Wissen von der Natur für wichtigere Funktionen gestaltet, als man es bei einer einfachen, passiven Rohrleitung erwarten würde.

Manche dieser Funktionen dienen der Reaktionsfähigkeit. Sie wirken bei den ständigen Anpassungsvorgängen mit, durch die der Organismus sein inneres Gleichgewicht aufrechterhält und so die Lebensvorgänge unterstützt. Das Gleichgewicht sorgt für jenen Zustand der wohlgeordneten Beständigkeit, den die Biologen als *Homöostase* bezeichnen – die beiden griechischen Wörter, aus denen der Begriff zusammengesetzt ist, bedeuten »gleich erhalten«.

* Im Orig. »fabric« (Anm. d. Übers.).

Was Homöostase eigentlich ist und welche Bedeutung sie für den Organismus hat, formulierte der Physiologe Walter B. Cannon, der den Begriff in den zwanziger Jahren einführte, so: »Wenn Bedingungen auftreten, die den Organismus schädlich beeinflussen können, tauchen in der Regel im Organismus selbst Faktoren auf, die ihn schützen oder sein gestörtes Gleichgewicht wiederherstellen.«
Zur Aufrechterhaltung der Homöostase müssen alle Gewebe des Organismus koordiniert zusammenwirken, und es ist das Gefäßsystem mit Arterien und Venen zusammen mit dem Immunsystem und dem endokrinen System der Hormone, die das Ganze in dem gemeinsamen Bemühen, das Leben zu erhalten, verknüpfen.
Damit ein Gewebe auch nur annähernd normal funktioniert, müssen in der Umgebung der einzelnen Zellen stabile Verhältnisse herrschen. Diese Stabilität zu erhalten, ist die Aufgabe des Gefäßsystems: Es liefert ständig die Moleküle, die das Gewebe braucht, und sorgt zuverlässig für den Abtransport der Abfallstoffe, die durch die Lebensvorgänge entstehen. Auf diese Weise schafft es die Bedingungen, unter denen die Zellen ihre optimale Leistung erbringen.
Noch vor nicht allzu langer Zeit hielt man die Untersuchung der Zellumgebung für die fruchtbarste Methode, um die Lebensvorgänge in allem Detail kennenzulernen. Die Umgebung ist nämlich nicht nur für das Dasein der Zelle von entscheidender Bedeutung, sondern sie ist auch das Medium, über das die Zellen mit der Umwelt des Lebewesens in Kontakt stehen. Daß man der Zellumgebung so viel Beachtung schenkte, hatte unter anderem praktische Gründe: Sie war viel leichter zugänglich als das Zellinnere. In den letzten 40 oder 50 Jahren entwickelte man jedoch neue Analyseverfahren und Instrumente, mit denen man die Vorgänge und Strukturen innerhalb der Zellen unmittelbar untersuchen konnte, so auch die Funktionsweise der großen Moleküle, die an so vielen Tätigkeiten der Zellen beteiligt sind. Damit war ein neues Wissenschaftsgebiet geboren.

Den jungen Forschungszweig, der 1938 das Licht der Welt erblickte, bezeichnete man als »Molekularbiologie«. Er wurde zunächst nur zögernd anerkannt, doch durch systematische Verbesserungen in der Röntgenstrukturanalyse und Elektronenmikroskopie wurden molekularbiologische Verfahren in Gebieten wie Biochemie, Genetik und Strukturchemie rasch unentbehrlich.
Schon seit langem wußte man, daß kleine Unterschiede in Proteinen die Ursache für die Unterschiede zwischen den biologischen Arten sind. Solche Unterschiede haben ganz offensichtlich eine chemische Grundlage, und diese Grundlage aufzuklären war nun die Aufgabe der Molekularbiologen. Vor allem durch die Untersuchung der Proteine, der sogenannten Lebensmoleküle, erweiterte sich das Wissen über viele Zellfunktionen. Heute steht die Zelle viel stärker im Mittelpunkt der biologischen Forschung als ihre Umgebung. Aber all das wäre nicht möglich gewesen, hätte man nicht zuvor fast ein Jahrhundert lang das Milieu studiert, in dem die Zellen existieren.
Mitte des 19. Jahrhunderts prägte der französische Physiologe Claude Bernard den Begriff *milieu intérieur*. Dieses »innere Milieu« hielt er für die Gesamtheit der Verhältnisse, aufgrund deren das Leben gleichmäßig verlaufen kann, unabhängig davon, was in der äußeren Umwelt des Lebewesens vorgeht. Bernard wies darauf hin, daß es für ein Tier eigentlich zwei Arten der Umwelt gibt: das *milieu extérieur* (äußere Umwelt), also die Luft oder das Wasser, in dem es lebt, und das *milieu intérieur* mit den Flüssigkeiten, welche die Zellen im Körper umspülen. »Ein komplexes Lebewesen«, schrieb er, »sollte man als Ansammlung einfacher Lebewesen betrachten, die als natürliche Bausteine in dem flüssigen *milieu intérieur* leben.«
Die chemische Ähnlichkeit dieser Flüssigkeit mit Meerwasser war Anlaß für zahlreiche nächtliche Grübeleien über die Kontinuität zwischen den heutigen Tieren und ihren prähistorischen Vorfahren, die vor etwa dreieinhalb Milliarden Jahren im Meer zu Hause

waren. Bis heute, so scheint es, brauchen die Zellen ein wenig von ihrer allerersten, ursprünglichen Umwelt, um weiterleben zu können. Indem ein Tier diese innere Umwelt stabil hält, macht es sich von der äußeren Umwelt unabhängig – alle Funktionen in seinen Zellen können normal ablaufen, ungeachtet dessen, was jenseits seiner Haut vorgeht. Unsere Zellen leben nicht in der Luft, durch die wir gehen, sondern in der Flüssigkeit, die sie umspült. Das Protoplasma in unserem Inneren ist von der Außenwelt durch die ledrige Hülle der Haut getrennt, deren äußerste Schicht aus totem Gewebe besteht. Innerlich sind wir naß, und diese innere Nässe läßt uns leben. Von den Berührungsstellen zu ihren Nachbarn abgesehen sind alle Zellen (mit Ausnahme derer von Gehirn und Rückenmark) von der Nährflüssigkeit des *milieu intérieur* umgeben.

Die innere Umwelt besteht also aus dem kreisenden Blutplasma und der Nährflüssigkeit, die unsere Zellen umspült. Sie ermöglicht eine Art abgepufferten, indirekten Kontakt zwischen Außen und Innen, und gleichzeitig bietet sie den Zellen Schutz, weil sie in ihrer Umgebung für Stabilität sorgt. Damit das *milieu intérieur* in diesem Zustand des dynamischen, selbstregulierenden Gleichgewichts bleibt, müssen die vielfältigen Organe und Gewebe unseres Körpers auf die Abweichungen reagieren können, denen wir durch ständig neue Ereignisse im Inneren und um uns herum ausgesetzt sind.

Der ganze Vorgang ist also eine Zweibahnstraße gegenseitiger Abhängigkeit. Die verschiedenen Zellen, Gewebe und Organe dienen dazu, die Stabilität des *milieu intérieur* aufrechtzuerhalten, und das wiederum ist der Grund, daß die Zellen weiter funktionieren. Das Leben wird eindeutig durch eine gewaltige Zahl von Veränderungen in allen Geweben und Organen erhalten, die sich gegenseitig ausgleichen und alle dem Ziel dienen, die Stabilität der inneren Umwelt zu gewährleisten, und diese wiederum sorgt für die weitere Stabilität der Zellen. Der englische Dichter Abraham Cowley schrieb im 17. Jahrhundert etwas, das auch auf unsere heutige Welt zutrifft:

> In unsrer Welt, dem Ozean des Wandels, bleibt eins nur immer gleich:
> Beständig in der Natur ist nur das Unbeständige.

»Die Konstanz des *milieu intérieur*«, schrieb Bernard, »ist die Voraussetzung für ein freies, selbständiges Leben. Alle Lebensmechanismen, so vielfältig sie auch sein mögen, haben nur ein Ziel: die Bedingungen in der inneren Umwelt konstant zu halten.« Wäre Schopenhauer Biologe gewesen, hätte er vielleicht hinzugefügt, der Gott, den er in der Natur erkannte, müsse sicher einen großen Teil Seiner Werke im *milieu intérieur* vollbracht haben.

Bernards Erkenntnis war ein großer Schritt nach vorn, und spätere Wissenschaftlergenerationen haben sie tausendfach bestätigt. Die Homöostase, die Zuverlässigkeit und Stetigkeit der inneren Umwelt, hält uns am Leben. Der Aufbau der Arterien und Venen hat seine Ursachen ebenso wie ihre Funktionsweise in ihrer entscheidenden Bedeutung für die Aufrechterhaltung des Gleichgewichts im *milieu intérieur.* Sie sind die wichtigsten Kanäle jenes Transportsystems, das unser Inneres mit Nachschub beliefert und seine Abfälle entsorgt.

Das gesamte Organsystem, zu dem das Herz sowie alle Venen und Arterien gehören, bezeichnet man mit vollem Namen als Herz-Kreislauf-System, aber im Moment soll es nur um die Gefäße gehen. Der Begriff *Arterien* leitet sich seltsamerweise von dem griechischen Wort für Luftröhre ab; in der Antike glaubte man nämlich, diese Gefäße seien nicht mit Blut gefüllt, sondern mit dem »Pneuma«, einer luftähnlichen Substanz, die angeblich mit jedem Atemzug in die Lunge gesogen wurde und von dort über die linke Herzhälfte in die Arterien gelangte. Zur Erklärung der bekannten Tatsache, daß verletzte Arterien bluten, postulierten die Griechen eine Reihe von Verbindungen zwischen diesen Gefäßen und den blutgefüllten Venen. Nach dieser phantasievollen Vorstellung strömte das Blut in eine Arterie, sobald sie verletzt wurde. Erst der große Arzt Galen stellte im 2. Jahrhundert n. Chr. mit seinen Experimenten diese falschen Vorstellungen richtig, aber zu dieser Zeit hatte sich der Begriff *arteria* in der medizinischen Fachsprache bereits eingebürgert.

Eine Arterie ist also alles andere als ein unbewegliches Rohr. Sie ist mit ihrer dreischichtigen, biegsamen Wand ein beweglicher Schlauch und in der Lage, sich in jedem Abschnitt zu verengen oder zu erweitern, um dem wechselnden Bedarf des von ihr versorgten Gewebes oder des Gesamtorganismus gerecht zu werden. Innen ist sie zwar nur mit einer einzigen Schicht flacher Zellen ausgekleidet, aber die mittlere ihrer drei Umhüllungen enthält zahlreiche Muskeln und elastische Fasern. Die Muskelfasern ziehen sich zusammen, ohne daß wir es bewußt wollen, und werden deshalb als unwillkürliche Muskulatur bezeichnet; da sie im Mikroskop eine gewisse Ebenmäßigkeit zeigen, spricht man auch von glatter Muskulatur. In dieser Hinsicht unterscheiden sie sich von den willkürlichen Muskeln, die wir mit unserem Willen steuern und die durch mikroskopisch feine Linien quer gestreift sind.

Die gesamte glatte Muskulatur unseres Körpers – sie findet sich nicht nur in den Arterien, sondern auch im Darm und an anderen Stellen – arbeitet ohne bewußte Anstrengung und in der Regel, ohne daß wir es bemerken. Mit anderen Worten: Sie funktioniert unabhängig von unserem bewußten Willen. Den Teil des Nervensystems, der sie steuert, bezeichnet man deshalb als *autonom*. Das autonome Nervensystem übermittelt Signale an Drüsen, glatte Muskulatur und den Herzmuskel, das heißt, es kontrolliert Körperfunktionen wie die Drüsentätigkeit, die Darmperistaltik und den Puls, die automatisch weiterlaufen müssen, damit unser Organismus gesund funktioniert.

Anders als die willkürlichen Muskeln ist die glatte Muskulatur in der Regel ständig ein wenig angespannt, ein Zustand, den die Physiologen *Tonus* nennen. Je nach den sich ständig ändernden Bedürfnissen des Körpers kann das autonome Nervensystem ihr befehlen, die Kontraktion zu verstärken, und es kann sogar in einer röhrenförmigen Struktur einen ständigen Krampf erzeugen. Solche Krämpfe in der glatten Muskulatur der zuführenden Arterien sind die Ursache, wenn wir kalte Hände bekommen; und heftig zusammengezogene glatte Muskeln im Darm verursachen Bauchkrämpfe. Die mittlere Schicht der Arterienwand ist also eindeutig ihr dynamischer Teil. Außen ist diese biegsame, muskulöse und elastische Hülle von einer recht dünnen Lage aus Bindegewebe umgeben, die das Blutgefäß schützt und in dem ähnlich aufgebauten umliegenden Bindegewebe verankert.

Die größte Arterie unseres Körpers ist die Aorta, ein Blutgefäß so dick wie ein kräftiger Daumen. Sie steigt aus der kräftig pumpenden linken Herzkammer nach oben und verläuft dann in einer U-förmigen Biegung auf der linken Seite nach unten in Richtung Bauchhöhle. Im Aortenbogen zweigen große Gefäße zu Kopf und Armen ab. Weiter unten verläuft sie auf der Rückseite des Brustkorbs unmittelbar vor der Wirbelsäule, um dann das Zwerchfell zu durchstoßen und in den Bauchraum einzudringen. Genau an dieser Stelle hatte ich die Blutversorgung der unteren Körperhälfte von Marge Hansen unterbrochen, indem ich die Aorta unmittelbar unter dem Zwerchfell gegen die Wirbel drückte.

Auf der Höhe des Bauchnabels spaltet sich die Aorta in Form eines umgedrehten Y in zwei Äste auf, die schräg nach unten durch das Becken zu den Beinen und dort bis zu den Zehen verlaufen. Auf der gesamten Länge der Aorta und dieser beiden Beinschlagadern zweigen wie Nebenstraßen von einer Hauptverkehrsader Arterien ab; jede davon versorgt ein Organ oder einen Gewebebereich mit Blut.

Oder nehmen wir einen ebenso zutreffenden Vergleich: Wie große Äste, die vom Stamm eines Baumes abzweigen, spaltet auch jede von der Aorta ausgehende Arterie sich wiederum auf, so daß durch

Verzweigung und nochmalige Verzweigung immer kleinere Gefäße entstehen.
Die dünnsten Schlagadern sind die mikroskopisch kleinen Arteriolen. Die glatte Muskulatur in ihren Wänden kann sich dehnen oder zusammenziehen und so die Blutmenge steuern, die in die Kapillaren gelangt, die allerkleinsten Gefäße, die an die Arteriolen anschließen. Die Arteriole ist gewissermaßen der Pförtner für das von ihr versorgte Kapillarnetz. Der Pförtnermechanismus wirkt so gut, daß die Kapillaren des Körpers, die zusammen viele Kilometer messen, zu einem bestimmten Zeitpunkt nur zu etwas über 10 Prozent mit Blut gefüllt sind. Das ganze System ermöglicht den Transport erheblicher Blutmengen von einem Gewebe zum anderen – und sogar zwischen verschiedenen Körperteilen –, so daß es sich an den ständig wechselnden Bedarf der einzelnen Organe anpassen kann.
Die Kapillarwand ist ähnlich aufgebaut wie die innere Auskleidung der Arterien: Sie besteht – außer in Gehirn und Rückenmark – nur aus einer einzigen, recht durchlässigen Schicht flacher Zellen. Zwischen diesen Zellen und durch sie hindurch wandern Sauerstoff-, Kohlendioxid- und Nährstoffmoleküle, aber auch die Abfallstoffe der Zellen hin und her. Sie gelangen in die Flüssigkeit in der Umgebung der Zellen oder verlassen sie, so daß die Zellen umspült, ernährt und gleichzeitig gereinigt werden. Das Gleichgewicht dieses in zwei Richtungen verlaufenden Stofftransports trägt dazu bei, das *milieu intérieur* stabil zu halten und so die Homöostase zu unterstützen.
Die Kapillaren sind die entscheidenden Blutgefäße; für sie ist der ganze übrige Mechanismus mit Herz und Arterien da. Das gesamte Herz-Kreislauf-System hat nur die Aufgabe, die Inhaltsstoffe des Blutes in die Kapillaren zu befördern, damit die Homöostase aufrechterhalten wird und die Zellen normal funktionieren. Diese winzigen Gefäße haben einen Durchmesser von nur sechs Tausendstelmillimetern, und sie sind überall zu finden. Sie bilden ein

feinmaschiges Netz, das zwischen allen Zellen und Zellgruppen der Organe verläuft.

Daß das Blut nur dann in die Kapillaren gelangt, wenn es an der betreffenden Stelle für die Zellfunktion gebraucht wird, ist eine der verblüffendsten Tatsachen in der Biologie der Tiere. Durch ein umfangreiches System von Nachrichten, die durch Hormone und Nervenimpulse weitergegeben werden, teilen die einzelnen Körperteile ihre jeweiligen Bedürfnisse mit. Sie stehen ständig untereinander in Verbindung und können einander deshalb sofort informieren, wenn größere oder kleinere Anpassungen erforderlich sind, wo der Bedarf besteht und wie er befriedigt werden kann. Eine Form dieser Kommunikation wird an einem Mechanismus deutlich, der bei einer plötzlichen Blutung, wie sie bei Marge Hansen auftrat, zur Aufrechterhaltung des normalen Blutdrucks beiträgt.

In der Wand der Aorta knapp oberhalb der Stelle, wo sie aus dem Herzen austritt, liegt eine Gruppe winziger Gebilde, die man Aortenbogenrezeptoren nennt. Diese kleinen biologischen Sensoren nehmen Veränderungen in Art und Menge des Blutes in dem großen Gefäß wahr. Diejenigen, die auf den Blutdruck reagieren, nennt man Barorezeptoren (»baro« steht für »Druck« wie in »Barometer«); andere nehmen Veränderungen der Sauerstoff- oder Kohlendioxidkonzentration wahr und werden deshalb als Chemorezeptoren bezeichnet. Weitere Barorezeptoren befinden sich in den Halsschlagadern, die von der Aorta zum Kopf und Hals aufsteigen und in der medizinischen Fachsprache Carotisarterien heißen. (Das Wort »carotis« kommt übrigens vom griechischen *karotikos*, »betäubend«, denn diese Wirkung tritt ein, wenn man die Arterien abdrückt. Den gleichen Ursprung hat aus naheliegenden Gründen auch das Wort »Garotte«.)

Bei normaler Durchblutung werden die Barorezeptoren von dem Druck des pulsierenden Blutes immer in dem gleichen, vorhersagbaren Ausmaß gedehnt. Darauf reagieren sie mit einer stetigen Fol-

ge von Impulsen, die über das autonome Nervensystem in die Medulla gelangen, ein Gehirnzentrum, das die Funktion des gesamten Herz-Kreislauf-Systems steuert.
Kommt es durch eine Verletzung zu einem größeren Blutverlust, sinkt der Druck an der Wand der Aorta und auf die Barorezeptoren ab. Deshalb gelangen nun weniger Impulse zum Gehirn, und dieses reagiert darauf mit zahlreichen Warnsignalen an ein umfangreiches System autonomer Nervenfasern, die zum Herzen und zu allen Blutgefäßen des Körpers führen; auf diese Weise versucht es, den normalen Druck aufrechtzuerhalten.
Die Nervensignale erfüllen ihre Aufgabe auf unterschiedlichen Wegen. Das Herz reagiert mit einer Beschleunigung und Verstärkung seiner Schlagtätigkeit, so daß mehr Blut in die Aorta und die Carotisarterien gepreßt wird; die Arterien und insbesondere die Arteriolen ziehen sich zusammen, so daß der Blutfluß zu den Kapillaren abnimmt – auf diese Weise muß weniger Kapillarvolumen gefüllt werden; auch die Venen (in deren Wänden ebenfalls ein wenig glatte Muskulatur liegt) verengen sich – damit wird zweierlei erreicht: Einerseits nimmt das Venenvolumen ab, so daß sie weniger Blut aufnehmen, und andererseits wird das Blut schneller zum Herzen zurückgeleitet, so daß es erneut seinen Weg durch die Gewebe antreten kann. Mit allen diesen Strategien wird das verringerte Blutvolumen so gut wie möglich genutzt. Der Körper handelt klug und sorgt durch Ausgleichsmaßnahmen für die Aufrechterhaltung des Blutdrucks. Es ist ein gutes Beispiel für das, was die Biologen als Ansprechbarkeit bezeichnen.
Aber das alles hat seinen Preis. Wenn die Arteriolen sich verengen, müssen Kapillaren und Gewebe vorübergehend mit weniger Blut auskommen. Im allgemeinen vertragen sie eine solche Phase der verringerten Durchblutung gut, aber es gibt drei Ausnahmen: das Herz, das Gehirn und in geringerem Maß auch die Lunge. Diese drei Organe bleiben nur dann am Leben, wenn sie ständig mit sauerstoffreichem Blut versorgt werden. Auch hier zeigt sich die

Intelligenz unseres Körpers. Die Arteriolen, die diese lebenswichtigen Körperteile versorgen, beteiligen sich nicht an der allgemeinen Verengung. Sie bleiben weit geöffnet und ersparen damit den Gehirn-, Herz- und Lungenzellen das Opfer, das alle anderen Gewebe vorübergehend bringen müssen.

Zu den Organen, deren Blutversorgung sich durch die Verengung der Arteriolen stark vermindert, gehören natürlich auch die Nieren; das ist der Grund, warum die Urinausscheidung bei Marge Hansen zum Stillstand kam, bis der Blutdruck nach der Eindämmung der Blutung wieder anstieg. Bei geringem Blutdruck verengen sich nicht nur die Arteriolen, sondern auch die peripheren Arterien. Deshalb fühlt sich die Haut kalt an, wenn durch starken Blutverlust ein Schock eingetreten ist; verstärkt wird dieser Effekt durch die Transfusion von gekühltem Blut aus der Blutbank, das oft so schnell übertragen wird, daß es sich nicht ausreichend erwärmen kann.

Auch daß Marges Puls während ihrer Blutungen nicht zu fühlen war, lag an dem verringerten Blutvolumen und an den Krämpfen der Arterien. Gleichzeitig hatten die Barorezeptoren dafür gesorgt, daß die Herzfrequenz auf 170 Schläge in der Minute gestiegen war; hätte man die Pumpleistung des Herzens gemessen, würde man einen sehr hohen Wert gefunden haben, denn das Herz schlug nicht nur schneller, sondern auch mit größerer Kraft. Auf diese Weise kreist das Blut schneller, so daß eine geringere Menge mehr leisten kann.

Der von den Barorezeptoren in Gang gesetzte Mechanismus ist aber nicht das einzige Mittel, mit dem der Organismus auf plötzlichen Blutverlust reagiert. Die Natur hat noch andere wirksame Abwehrwaffen in ihrem Arsenal, und zur Bekämpfung lebensbedrohlicher Blutungen wird jede einzelne davon mobilisiert. Das *milieu intérieur* beteiligt sich auch selbst an dem Vorgang. Wenn die Durchblutung der Kapillaren sich verringert, ändern sich die Druckverhältnisse zwischen dem Innenraum der winzigen Gefäße und der Flüssigkeit in den Zellzwischenräumen, jenem Teil des *milieu intérieur*, den man auch als interstitielle Flüssigkeit bezeichnet. Das Gleichgewicht verschiebt sich in Richtung der interstitiellen Flüssigkeit. Um es wiederherzustellen, strömt Flüssigkeit in die Kapillaren, so daß die Flüssigkeitsmenge im Kreislauf steigt. Dabei wird das Blut zwar verdünnt, aber sein Gesamtvolumen nimmt zu. Wie umfangreich diese Verschiebung sein kann, wird daran deutlich, daß die Zellzwischenräume eines Menschen von 75 kg Gewicht etwa 11 kg interstitielle Flüssigkeit aufnehmen können. Wenn nur ein kleiner Teil davon in die Kapillaren gelangt, kann sich das stark auf die Flüssigkeitsmenge im Kreislauf auswirken. Selbst in verdünnter Form wiegt ein Liter Blut etwa ein Kilogramm.

Bei den bisher beschriebenen Reaktionen handelt es sich ganz allgemein um biophysikalische Vorgänge wie elektrische Impulse und Druckverhältnisse; chemische Wirkungen spielen dabei nur eine untergeordnete Rolle. In anderer Hinsicht ist die Chemie aber von großer Bedeutung. So produziert unser Körper unter anderem Hormone und Signalmoleküle, die ebenfalls zur Aufrechterhaltung der Homöostase beitragen.

Den Begriff »Hormon« prägten zwei Wissenschaftler des Londoner University College im Jahr 1902; sie bezeichneten damit die Wirkungen »irgendeiner chemischen Substanz«, die sie im Dünndarm entdeckt hatten. Da diese Substanz, die von bestimmten Zellen in der Darmwand gebildet wird, die Bauchspeicheldrüse zur Ausschüttung ihrer Verdauungssäfte veranlaßt, gaben sie ihr den Namen Sekretin. Die beiden Forscher, William Bayliss und sein Schwager Ernest Starling, bezeichneten weiterhin das Sekretin als »Hormon«, ein Begriff, der sich von dem griechischen Verb *hormaein* (»anregen, in Gang setzen«) ableitet. Seither bezeichnet er alle chemischen Substanzen, die von bestimmten Geweben oder Organen ausgeschüttet werden und dann mit dem Blut oder den übrigen Körperflüssigkeiten in ganz andere Gewebe oder Organe gelangen, um dort die Tätigkeit bestimmter Zelltypen zu beeinflussen. Die Hormone »veranlassen« diese Zellen dazu, bestimmte Aufgaben zu erfüllen, das heißt, sie »setzen die Tätigkeit dieser Zellen in Gang«. Ein bekanntes Beispiel ist das Hormon, das in der Schilddrüse entsteht und den Stoffwechselumsatz des Organismus steuert. Ein anderes ist das Insulin: Es wird in besonderen Zellen tief im Inneren der Bauchspeicheldrüse gebildet und wandert dann durch den ganzen Körper, um die Nutzung von Zucker und Fetten zu steuern. Es gibt Dutzende von Hormonen, und immer noch werden neue entdeckt. Sie bilden einen Mechanismus, der Informationen zusammenführt und von einem Körperteil zum anderen übermittelt.

Hormone werden von verschiedenen, auf den ganzen Körper verteilten Drüsen gebildet, aber auch von spezialisierten Zellen in Verdauungsorganen, Leber, Bauchspeicheldrüse, Nieren, Eierstöcken, Hoden und der Plazenta schwangerer Frauen. Hormondrüsen sind die Hypophyse oder Hirnanhangdrüse (die manchmal als »Oberdrüse« bezeichnet wird, weil sie die anderen Drüsen steuert) sowie Schilddrüse, Nebenschilddrüse, Nebennieren, Zirbeldrüse und Thymusdrüse. Die Gesamtheit dieser Drüsen und Zellen bezeichnet man als endokrines System; der Begriff leitet sich von den griechischen Wörtern *endon* (»innen«) und *krinein* (»absondern«) ab, denn ursprünglich sollte er andeuten, daß es sich um eine Ausscheidung nach innen handelt (ins Blut und nicht in Hohlorgane wie den Darm), die einen eigenen Steuermechanismus von Körperfunktionen darstellt.

Wie sich bei weiteren Forschungen herausstellte, war die anfängliche Vorstellung von der eigenständigen Funktion der Hormone falsch. Wie wir heute wissen, bilden sie zusammen mit dem Nervensystem und bestimmten, örtlich begrenzt wirkenden Signalmolekülen ein koordiniertes Ganzes, dessen Teile sich gegenseitig beeinflussen und gemeinsam die Funktionen im Körperinneren regulieren.

Ein gutes Beispiel für die Koordination zwischen Nervensystem und Hormonen ist der Hypothalamus, ein kleines Gebilde im unteren Teil des Gehirns. Er übt starken Einfluß auf die Hypophyse aus, die an seiner Unterseite liegt. Wie die endokrine Funktion der Hypophyse und das Nervengewebe im Hypothalamus zusammenwirken, zeigt sich besonders deutlich an der Funktion des Vasopressins, eines Hormons, das den Blutdruck konstant hält.

Wie der Name schon sagt, hat das Vasopressin etwas mit dem Zusammenpressen oder Verengen der Blutgefäße zu tun. Die Nachrichten von den Barorezeptoren wandern über die Nervenfasern nicht nur zur Medulla, sondern auch zum Hypothalamus. Dieser reagiert bei sinkendem Blutdruck auf die geringere Impulszahl, indem er dem hinteren Teil der Hypophyse die Anweisung gibt, Vasopressin auszuschütten, das dann mit dem Blut zu den Arteriolen gelangt und sie veranlaßt, sich zusammenzuziehen.

Auch der Aufbau der Hypophyse zeigt deutlich, wie die Wirkungen von Nerven- und Hormonsystem ineinandergreifen. Im Gegensatz zum vorderen Teil der Hypophyse (dem Vorderlappen) ist der hintere eigentlich keine endokrine Drüse: Er besteht aus den Fasern und Enden von Nervenzellen, die zum darüberliegenden Hypothalamus gehören. Das Hormon Vasopressin wird also eigentlich nicht von einer Hormondrüse gebildet, sondern vom Hypothalamus, einem Teil des Gehirns.

Das Vasopressin wird übrigens auch antidiuretisches Hormon genannt, denn es sorgt dafür, daß Wasser aus den Ausscheidungskanälen der Nieren zurück ins Blut gelangt, so daß das Blutvolumen steigt und die Urinproduktion abnimmt. Auch das war ein Grund dafür, daß die Ausscheidung bei Marge Hansen nicht mehr funktionierte. Mit allen diesen Methoden versucht die Natur, die Homöostase aufrechtzuerhalten.

Hätte man Marge Hansen so viel Blut übertragen, daß der Blutdruck wieder gestiegen wäre, ohne daß die Menge aber für eine normale Zahl roter Blutkörperchen ausgereicht hätte, wäre ein weiteres Hormon ins Spiel gekommen. Die Produktion roter Blutzellen nennt man Erythropoese (von den griechischen Wörtern *erythros*, »rot«, und *poiein*, »machen«). Sie spielt sich im Knochenmark ab. Unter allen Faktoren, die über ihre Geschwindigkeit mitbestimmen, ist die Sauerstoffmenge im Blut am wichtigsten. Da der Sauerstoff im Blut fast ausschließlich von den riesigen, eisenhaltigen Molekülen des Proteins Hämoglobin transportiert wird, die sich in den roten Blutkörperchen befinden, führt eine Blutung zu einem Rückgang der Sauerstoffmenge, denn dann sind weniger rote Zellen vorhanden. Dieser Rückgang regt bestimmte Zellen in der Niere zur Ausschüttung eines Hormons an, das – wie könnte es anders sein – Erythropoietin heißt; es hat die Aufgabe, das Knochenmark zur verstärkten Produktion roter Blutkörperchen zu veranlassen.

Mit Ausnahme der Erythropoese kommt das ganze Spektrum der Ausgleichsmechanismen automatisch in Gang, sobald der Blutdruck sinkt. Sie alle sollen vor allem eine ausreichende Sauerstoff- und Nährstoffversorgung gewährleisten, damit das Gehirn nicht stirbt und das Herz nicht stehenbleibt. Solange die Kompensationsmechanismen nicht überfordert sind (beispielsweise durch sehr großen Blutverlust), funktioniert das ganze System recht gut und vorhersagbar – die Abwehrmechanismen des Organismus tun genau das, was sie tun sollen. Marge Hansen erwachte aus der Narkose, ohne daß Herz oder Lunge Schaden genommen hatten. Und sobald das Blutvolumen ausreichend angestiegen war, nahmen auch die Nieren ihre Tätigkeit wieder auf. Geistig war die fröhliche Frau so wach und munter wie immer, und das Blitzen in ihren blauen Augen hatte sich nicht vermindert. Überhaupt wies während ihrer Genesung und in der ganzen Zeit danach nichts darauf hin, wie nahe sie dem Tod gewesen war.

Es war bereits kurz von den lokalen Signalmolekülen die Rede. Diese chemischen Verbindungen werden von den Zellen eines bestimmten Gewebes abgegeben und verursachen eine Veränderung in der unmittelbaren Umgebung, die notwendig ist, entweder um einem Reiz entgegenzuwirken oder um einen Vorgang zu verstärken (zum Beispiel das Wachstum eines Gewebeabschnitts). Die Zellen produzieren solche lokalen Signalmoleküle als Reaktion auf Veränderungen, die sie in ihrer unmittelbaren Nachbarschaft wahrnehmen. Solche Substanzen sind beispielsweise die Prostaglandine, eine Gruppe von Verbindungen, von denen einige örtlich begrenzt für die Verengung oder Erweiterung kleiner Blutgefäße sorgen, wenn das umliegende Gewebe mehr Sauerstoff oder Nährstoffe braucht. Wie man also leicht erkennt, gibt es eine beträchtliche Vielfalt von Mechanismen, die untereinander in Wechselwirkung treten und die Homöostase aufrechterhalten. Was immer noch zum Leben gehören mag: es ist auch ein großer Balanceakt.

Daß Marges Herz-Kreislauf-System sofort reagierte, liefert uns einen Einblick in die unzähligen anderen Selbstregulationsmechanismen unseres Körpers. Eine Blutung ist zwar ein Notfall, der schnelles Handeln erfordert, aber es gibt auch viele andere Wege, auf denen die Gewebe überwacht und Störungen korrigiert werden. Überall geben die Zellen Nebenprodukte ihrer Funktion ab. Diese Stoffe gelangen ins *milieu intérieur* und bewirken dort, daß sich die Eigenschaften des Blutes im Kreislauf ändern, und das wiederum setzt Reaktionen zur Aufrechterhaltung des Gleichgewichts in Gang. So lösen beispielsweise ein Rückgang der Sauerstoffmenge oder eine Zunahme des Kohlendioxid- oder Säuregehalts in der interstitiellen Flüssigkeit um die Zellen der willkürlichen Muskeln sofort eine Reaktion aus, durch die sich die Blutmenge im betroffenen Bereich ändert, so daß Sauerstoff geliefert wird, während Kohlendioxid und Säuren abtransportiert werden. Die Menge chemischer Substanzen wie Adrenalin und der verschiedenen blutdruckregulierenden Hormone im Blut schwankt je nach dem Bedarf der Gewebe von einem Augenblick zum nächsten, und damit erreichen sie ähnliche Wirkungen. Unsere Zellen leben, indem sie Informationen über ihre sich ständig ändernden Bedürfnisse abgeben, und diese Informationen wandern über Gewebeflüssigkeit, Blut und Nerven zu anderen Zellen, die darauf reagieren können. Die Veränderung als solche setzt den ganzen Mechanismus in Gang, der letztlich die Rückkehr zur Homöostase möglich macht. Die Gesamtheit der verketteten Nachrichten und der daraufhin erfolgenden Feinabstimmung ist die Summe des Lebens im biologischen Sinn.

Und noch etwas muß erklärt werden. Als Marge Hansen ihre Beschwerden beschrieb, erinnerte sie sich sehr deutlich daran, wie der Schmerz in die Schulter schoß und wie sie sich nicht hinlegen konnte, weil der Schmerz in der ausgestreckten Lage noch schlimmer wurde. Das Liegen war so unangenehm, daß man sie im Krankenwagen sitzend zur Klinik bringen mußte. Warum hat jemand bei einer Verletzung im Bauchraum Schmerzen in der Schulter, die beim Hinlegen stärker werden? Die Antwort ergibt sich aus einer seltsamen Eigenschaft des Nervensystems. Die Nerven, die Empfindungen vom Zwerchfell weiterleiten, entspringen in denselben Abschnitten des Rückenmarks wie diejenigen, die Impulse von der Schulter transportieren. Wenn Marge sich hinlegte, strömte das ausgetretene Blut in der Bauchhöhle zum Zwerchfell und reizte es, so daß eine Flut von Schmerzimpulsen zum Rückenmark gelangte, und von dort wurde die Empfindung über die Schmerzbahnen ans Gehirn weitergeleitet, wo sie ins Bewußtsein gelangte. Da Informationen von Zwerchfell und Schulter in benachbarten Nerven übermittelt werden, schreibt die Hirnrinde ihnen einen falschen Ursprung zu: Sie glaubt, die Schulter schmerze anstelle des Zwerchfells oder zusätzlich zu ihm. Dieses Phänomen bezeichnet man als fortgeleiteten Schmerz; es ist eines der ersten Dinge, die ein Medizinstudent lernen muß, wenn er sich mit Diagnose befaßt.

Das Stück der Milzarterie, das Marge Hansen fast umgebracht hätte, wurde zusammen mit der Milz und dem kleinen Teil des Pankreas, wo sich das Aneurysma befand, ins pathologische Labor geschickt. Der zerstörte Abschnitt der Arterie wurde gefärbt, auf einen Objektträger geklebt und unter das Mikroskop gelegt; was der Pathologe dort sah, beschrieb er als »degenerative Veränderungen, wie man sie in einer kleinen Gruppe von Frauen jenseits des gebärfähigen Alters beobachtet«.

Marge litt also an einer typischen Frauenkrankheit. Das Leiden befällt bevorzugt Mütter, und zwar insbesondere diejenigen, die das Kinderkriegen sehr hochschätzen und es deshalb mehrmals unternehmen. Ein solches Aneurysma kommt meist bei Frauen vor, die fünf oder mehr Schwangerschaften hinter sich haben; genau an diesem Punkt befand sich Marge Hansen in der Notaufnahme, als der Abend der denkwürdigen Operation begann.

Die Gewebsschwäche, die zur Ausbeulung von Marge Hansens Milzarterie geführt hatte, bezeichnet man in der Fachsprache als »Fibrodysplasie«. Eine Dysplasie ist eigentlich eine Entwicklungsstörung, doch verwenden die Pathologen den Begriff für jede Abweichung im Zellgewebe, auch in Form oder Größe. Ob es nun an den Wirkungen der Schwangerschaftshormone oder an der verstärkten Durchblutung der Milz während des Embryonalwachstums liegt, jedenfalls wird die mittlere Schicht in der Wand der Milzarterien bei manchen Frauen dünner. Die Ursache ist ein bisher ungeklärtes Verschwinden von Muskelzellen und eine ebenso rätselhafte Fragmentierung der elastischen Fasern. Begünstigt wird der Vorgang vermutlich durch die beiden Hormone Elastin und Relaxin, deren Menge während der Schwangerschaft ansteigt; sie haben eigentlich die Aufgabe, Muskeln und Bänder zu entspannen und weicher zu machen, um so der zunehmenden Größe des ungeborenen Kindes und den Erfordernissen der Entbindung Rechnung zu tragen.

Das Ganze ist ein Beispiel dafür, wie unser Körper uns manchmal hinters Licht führt. Hormone, die auf bestimmte Umstände reagieren sollen, haben in vielen Fällen unerwünschte Nebenwirkungen, die unmittelbar mit ihren nützlichen Effekten zusammenhängen. Elastin und Relaxin erfüllen ihre Aufgabe, indem sie das fasrige und elastische Gewebe in den Gelenken der Schwangeren dünner machen, und zwar insbesondere im Beckenraum. Solche Veränderungen sind notwendig, damit das Becken die größer werdende Gebärmutter aufnehmen kann und damit später genügend Platz für die Entbindung zur Verfügung steht. Aber gleichzeitig werden unter dem Einfluß der Hormone in manchen Fällen auch die Wände der Blutgefäße dünner, und für diese Veränderung ist die Milzarterie besonders anfällig.

Nach mehreren Schwangerschaften wird die Gefäßwand allmählich immer schwächer, und schließlich beult sie sich an einer Stelle aus, wie ein alter Autoreifen mit einer Schwachstelle. Nach und nach bildet sich ein dünnwandiges Aneurysma, das einer kleinen Blase ähnelt und oft einen Durchmesser von noch nicht einmal einem Zentimeter hat. Es kann an jeder beliebigen Stelle der Arterie auftreten. Und da das Blut mit einem Druck von 120 mm Hg (entsprechend 160 mbar) von innen dagegendrückt, muß die betroffene Frau schon großes Glück haben, wenn es nicht irgendwann platzt.

Dieses Glück hatte Marge an jenem Sonntagnachmittag im August verlassen, als sie »eine Explosion in mir – BUM!« spürte. Diesen ersten Vorfall hatte sie überlebt, weil der Körper Krankheiten einzudämmen versucht und weil die Milzarterie anatomisch günstig liegt: Sie befindet sich neben der Bauchspeicheldrüse in der Milzkapsel, einem relativ kleinen, abgegrenzten Raum im hinteren Teil der Bauchhöhle. Die Milzkapsel sieht ein wenig aus wie eine flache Tasche, die mit ihrer Vorderseite an die Hinterwand des Magens grenzt. Wenn das Aneurysma platzt, füllt die Kapsel sich schnell mit Blut, aber da es zunächst kaum daraus entweichen kann, wird die Blutung durch den Druck, der sich in der Milzkapsel aufbaut, zum Stehen gebracht. Es entsteht ein großes Blutgerinnsel, welches das gerissene Gefäß zusätzlich zusammendrückt.

Der Druck in der Milzkapsel war die Ursache der Bauchschmerzen, an denen Marge Hansen während der sechs Wochen bis zum endgültigen Zusammenbruch litt. Oft setzen sich solche Blutungen trotz des Gerinnsels in geringem Umfang fort, bis der Druck des eingeschlossenen Blutes so groß wird, daß die Milzkapsel es nicht mehr festhalten kann. Wenn es soweit ist, dringt das Blut in die gesamte Bauchhöhle ein, und wenn man dann nichts tut, stirbt die Patientin schnell. Diese von den Ärzten so genannte »Doppelruptur« tritt bei etwa 25 Prozent aller Personen auf, bei denen ein Aneurysma der Milzarterie platzt.

Die Erkrankung ist sehr selten; nach den zuverlässigsten Zahlen, die ich beschaffen konnte – sie stammen aus Röntgenreihenuntersuchungen und Obduktionsbefunden –, tritt das Aneurysma bei weniger als einem Prozent der Gesamtbevölkerung auf, und von diesen Personen hat noch nicht einmal jede fünfte ein Symptom wie Schmerzen. Einen Gefäßriß erleben weniger als zwei Prozent von dem ursprünglichen einen Prozent, das heißt, bei höchstens zwei von 10 000 Personen tritt ein Riß in einem Aneurysma der Milzarterie auf. Frauen sind dabei viermal häufiger betroffen als Männer, und die Hälfte dieser Frauen hat fünf oder mehr Schwangerschaften hinter sich. Wenn jemand alle Voraussetzungen mitbrachte, um aus heiterem Himmel eine solche Katastrophe zu erleben, dann war es Marge Hansen. Und wenn es je eine Frau gab, die auf diese Attacke der Natur mit dem ganzen Arsenal der Mechanismen antworten konnte, die dieselbe Natur ihr mitgegeben hatte, damit sie trotz aller Störungsversuche die Homöostase aufrechterhalten konnte, dann war es ebenfalls Marge Hansen.

III

Nymphen, Lymphe und der Krebs

Die Venen sind nicht die einzigen Gefäße, die Flüssigkeit zum Herzen leiten. Schon in der Blütezeit der griechischen Antike fand der große Arzt Hippokrates ein umfangreiches Gefäßsystem, das eine milchigweiße Flüssigkeit aus den Eingeweiden ableitete. Wie er richtig erkannte, handelte es sich dabei um abgebaute Fettsubstanzen. Aber es sollte noch über zwei Jahrtausende dauern, bis man die Verbindung dieser winzigen Gefäße mit dem Blutkreislauf richtig nachzeichnen konnte, und erst nach einem weiteren Jahrhundert hatte man das gesamte komplizierte System enträtselt, in dem sie einen relativ kleinen Bestandteil bilden. Dieses Gefäßnetz bezeichnet man heute als Lymphsystem.

Wie man nach und nach erkannte, besteht das Lymphsystem (auch lymphatisches System genannt) bei weitem nicht nur aus den Gefäßen, die verdaute Fette aus dem Darm abtransportieren. Seine viele Kilometer langen, verflochtenen Bahnen haben vielmehr in ihrer großen Mehrzahl die Aufgabe, überschüssige Flüssigkeit aus den Zellzwischenräumen aufzunehmen und wieder in den Blutkreislauf einzuschleusen. Da diese Flüssigkeit farblos und durchsichtig ist, nannte man sie Lymphe. Das Wort läßt sich auf das lateinische *lympha* zurückführen, das sich seinerseits auf Umwegen von den Nymphen der griechischen Mythologie ableitet, Göttinnen der Quellen und Seen. Die Ärzte der Antike stellten fest, daß diese kleinen, mit einer wäßrigen Flüssigkeit gefüllten Kanäle häufig parallel zu den Venen verliefen, und nannten die Flüssigkeit

Lymphe. Sie besteht im wesentlichen aus interstitieller Flüssigkeit, die auf dem Weg zurück ins Blut ist.

Im vorangegangenen Kapitel habe ich von dem Stofftransport gesprochen, der durch die Kapillarenwand hin und her verläuft, so daß Flüssigkeit und Nährstoffe in den interstitiellen Raum gelangen können, während Abfallprodukte und Flüssigkeit zurück in die Kapillaren fließen. Wieviel Substanz in die jeweilige Richtung fließt, hängt von mehreren Faktoren ab; der wichtigste ist schlicht der Druckunterschied zwischen Innen- und Außenseite des Gefäßes – oder mit anderen Worten das Druckgefälle zwischen dem Innenraum der Kapillare und dem interstitiellen Raum, in dem sie liegt. Am Übergang zwischen Arteriole und Kapillare ist der Druck höher als an der Stelle, wo die Kapillare in die kleinste Vene übergeht, und zwar einfach deshalb, weil der Druck des aus den Arteriolen kommenden Blutes im Kapillargeflecht immer weiter absinkt. Das hat zur Folge, daß die Flüssigkeit am Übergang zur Arteriole, wo der Innendruck höher ist, eher aus der Kapillare herausgedrückt wird, während sie an der Mündung zur Vene wegen des niedrigeren Drucks wieder in das Gefäß zurückfließt. Insgesamt entsteht so ein Gleichgewichtszustand. Anders sind die Verhältnisse dagegen bei chemischen Substanzen: Über ihren Transport bestimmen die Konzentrationen beiderseits der Kapillarenwand. Chemische Substanzen wandern in der Regel von dem Bereich mit höherer zu dem mit niedrigerer Konzentration, um die Moleküldichte auszugleichen.

Je nach den Umständen kehrt häufig weniger Flüssigkeit in die Kapillare zurück, als zuvor aus ihr ausgetreten ist, so daß der Überschuß in der interstitiellen Flüssigkeit verbleibt. Diesen Vorgang auszugleichen ist eine der beiden Hauptaufgaben des Lymphsystems, das parallel zu den Venen verläuft. Es beginnt mit winzigen Strukturen, die wie Kapillaren aussehen. Diese vereinigen sich zu größeren Gefäßen, die schließlich in eine große Vene (die Unterschlüsselbeinvene) münden; diese Stelle liegt im unteren Teil des

Halses, kurz bevor die Vene ihren Inhalt in das Herz entläßt. Das Lymphsystem bildet also den Abfluß für überschüssige interstitielle Flüssigkeit und nimmt auch Proteine auf, die aus den Kapillaren austreten.

In den Wänden der kleinsten Lymphgefäße überlappen sich die einzelnen Zellen, aber fest verbunden sind sie nicht. Durch diese Anordnung können die Zellen wie eine Ventilklappe nach innen gedrückt werden, wenn der Druck auf der Außenseite größer ist als im Gefäß. Sind die Verhältnisse umgekehrt, schließt sich der Ventilmechanismus, und aus dem Lymphgefäß kann nichts mehr austreten. Deshalb nehmen diese Kanäle besonders wirksam Proteinmoleküle und andere große Gebilde auf. Proteinmoleküle, die aus den Kapillaren in die Zellzwischenräume gedrückt wurden, sind für den umgekehrten Weg zu groß. Die Lymphkanäle sind besser durchlässig, so daß die Moleküle in sie eindringen und zu Bestandteilen der Lymphe werden. Erleichtert wird die Protein- und Flüssigkeitsaufnahme durch den geringen Druck in den Lymphgefäßen, der deutlich unter dem in den Kapillaren liegt.

Die Flüssigkeit in den Kanälen mit allen ihren Inhaltsstoffen ist die Lymphe. Besondere Lymphgefäße in der Darmwand bilden einen der Wege, auf denen verdaute Nährstoffe aufgenommen werden und ins Blut gelangen. Diese Substanzen hatte Hippokrates beobachtet.

Die größeren Lymphgefäße haben ähnlich wie die Venen eine dreischichtige Wand. Je nachdem, wo ihr langer Weg bis zur Unterschlüsselbeinvene beginnt, verlaufen sie durch Rumpf, Beine, Arme und Hals. Von den Bewegungen der Muskeln und Organe vorangetrieben, wandert die Lymphe aus allen Körperteilen in die Mitte, wo sie sich mit dem Blut in der Unterschlüsselbeinvene mischt. Auf ihrem Weg liegen in regelmäßigen Abständen schwammartige, wie eine Nuß geformte Zwischenstationen, die Lymphknoten, in denen sie sich vorübergehend sammelt.

Ein Lymphknoten hat in der Regel einen Durchmesser von weniger als einem Zentimeter und besteht aus einer Faserkapsel, die ein schwammartiges System von Hohlräumen umschließt. Durch die Hohlräume sickert die Lymphe wie durch einen Filter, und schließlich verläßt sie den Knoten auf der anderen Seite, um ihren Weg in den Blutkreislauf fortzusetzen. In diesen kleinen Gebilden spielt sich eine Menge ab – mehr darüber später. Ihre Tätigkeit hat mit der zweiten Funktion des Lymphsystems zu tun: der Vorbeugung und Bekämpfung von Krankheiten.

Da die winzigen Lymphkanäle für relativ große Moleküle wie die Proteine passierbar sind, können sie auch andere Partikel und Strukturen aufnehmen, beispielsweise Bakterien, Viren, Gewebebruchstücke und Krebszellen. Da das Lymphsystem an der Krankheitsbekämpfung beteiligt ist, greift es solche Gebilde an, und in der Regel gelingt es ihm, sie zu zerstören. Hin und wieder aber versagt das Lymphsystem nicht nur, sondern es verschlimmert die Sache sogar, weil es Krankheitserregern oder Krebszellen einen bequemen Weg von einem Organ zum anderen bietet.

Die Rolle des Lymphsystems bei Krebserkrankungen ist ein Beispiel für die manchmal widersprüchliche Beziehung unseres Körpers zu den Kräften, die auf seine Zerstörung aus sind. Unter außergewöhnlichen Umständen versagen die Abwehrmechanismen, und dann tragen die Strukturen und Funktionen, die von Natur aus unserem Überleben dienen sollen, zum Untergang bei. Ein solcher Fall war auch das Aneurysma der Milzarterie.

Sollte man *ein* Merkmal nennen, durch das bösartige Tumore sich ganz besonders von anderen Geweben oder Wucherungen unterscheiden, dann ist es ihre Fähigkeit zur Ausbreitung in Bereiche, mit denen sie nicht unmittelbar in Berührung kommen. Diese Ausbreitung, die man als Metastasierung bezeichnet (nach dem griechischen Ausdruck für »Umzug, Auswanderung«), ist bei Krebs die häufigste Todesursache. Fast immer transportiert das Lymph- oder Blutgefäßsystem die Krebszellen von ihrem Entstehungsort an andere Stellen, wo sie sich erneut einzunisten versuchen.

Krebs entsteht, weil die DNA in den Zellen eines bestimmten Gewebes durch einen chemischen oder physikalischen Einfluß, Karzinogen genannt, verändert wird. Die dadurch entstehenden genetischen Verhältnisse sorgen dafür, daß die betroffene Zelle sich unkontrolliert vermehrt. Diesen Vorgang kann man an mehreren Stellen unterbrechen, unter anderem auch ganz am Anfang durch eine Korrektur der DNA-Veränderung mit Methoden, die in Kapitel 5 genauer beschrieben werden. Außerdem verfügen wir über Immunkräfte und andere Mechanismen (so über Gene, welche die Vermehrung von Tumorzellen unterdrücken), die unter normalen Umständen verhindern, daß der ungeordnet wachsende, bösartige Tumor sich festsetzen kann.

Aber auch wenn der Körper die erste Schlacht gegen den neu entstehenden Krebs verliert, gibt er nicht auf. Zunächst tut er soviel wie möglich, um den Tumor einzudämmen. Von den vielen bösartigen Zellen, die sich dort lösen und in die Blut- oder Lymphkapillaren gelangen, erreichen nur sehr wenige ein anderes Organ. Und noch weniger Zellen können die Abwehrkräfte des Organs überwinden und sich dort so gut einnisten, daß sie als Metastase selbständig weiterwachsen.

Wie viele Zellen den Weg in die Blut- oder Lymphgefäße finden, hängt von mehreren Faktoren ab; der wichtigste ist wahrscheinlich die Wachstumsgeschwindigkeit des ursprünglichen (primären) Tumors. Wächst er schnell, lösen sich mehr Zellen. Andere bedeutende Faktoren sind die Größe des Tumors und der Zeitraum, seitdem er entstanden ist. Die große Mehrzahl (vermutlich über 90 Prozent) der Zellen, die in die Blutgefäße gelangen, werden in den Kapillarnetzen von Leber und Lunge eingefangen und zerstört. Zu diesem Zweck wirken mehrere tödliche Kräfte auf sie ein, von einfachen mechanischen Verletzungen in den Flüssigkeitswirbeln des Kreislaufs bis zu dem komplexen Immunsystem, das schon durch den primären Tumor aktiviert wurde. Das Immunsystem bedient sich der Antikörper, spezialisierter Proteinmoleküle, um Krebszellen auf ganz ähnliche Weise zu zerstören wie Bakterien oder Viren; außerdem mobilisiert es in den Lymphknoten eine weitere Gruppe von Zellen (die T-Zellen), welche Krebszellen, mit denen sie in Berührung kommen, abtöten können. (Ausführlicher wird die Immunantwort in Kapitel X beschrieben.

Das Immunsystem hat in unserem Organismus die Aufgabe, zwischen körpereigenen und körperfremden Substanzen zu unterscheiden. Man kann auch sagen, es kennt den Unterschied zwischen »Selbst« und »Nichtselbst«. Alles Fremde, das es als Nichtselbst erkennt, versucht es zu beseitigen. Da viele (allerdings nicht alle) bösartige Zellen Elemente besitzen, die »Nichtselbst« sind, widmet sich eine Hauptrichtung der modernen Krebsforschung dem Ziel, die Überwachungs- und Zerstörungsfähigkeiten des Immunsystems zu verstärken.

Die Bedeutung der Lymphgefäße und Lymphknoten zeigt sich beispielhaft an ihrer Rolle bei Metastasen des Brustkrebses. Wenn der Tumor größer wird, dringen seine Zellen in die Lymphkapillaren und größere Lymphgefäße ein. Manche von ihnen werden von der Lymphe weitergetragen und erreichen schließlich den nächstgelegenen Lymphknoten oder eine Lymphknotengruppe. Bei den meisten Brustkrebspatientinnen sind dies die Lymphknoten in der Achselhöhle; diese wirken für die von der Brust kommenden Tumorzellen wie ein Filter. Und nicht nur das: Der Tumor löst in den Lymphknoten auch die Produktion von Zellen aus, die versuchen, ihre bösartigen Gegenspieler umzubringen.

Für eine ähnliche Produktion von Immunzellen sorgt der Tumor auch in weiter entfernten, nicht unmittelbar betroffenen Knoten und in der Milz. Die Lymphknoten verfügen also über mehrere Strategien, mit denen sie das bösartige Geschehen bekämpfen können, wenn es sie erreicht. Leider wirkt keine dieser Strategien in allen Fällen vollständig: Manchmal verläßt eine erhebliche Zahl von Tumorzellen den Lymphknoten unversehrt und gelangt in das anschließende Lymphgefäß. Mit der Lymphe gelangen diese Zellen ins Blut, das sie zum Herzen und von dort zu Organen wie Leber, Lunge und Knochen trägt.

Fassen wir zusammen: Krebszellen werden in ihrer großen Mehrzahl im Blut durch das Zusammenwirken der beschriebenen Faktoren abgetötet, aber wenn ausreichend viele von ihnen in den Kreislauf gelangen, überleben einige Zellen und Zellklumpen, so daß sie sich im Kapillargeflecht eines weit entfernten Organs einnisten können. Die Abwehrkräfte des Körpers sind so stark, daß nur etwa 1/10 Prozent der im Blut kreisenden Tumorzellen die mechanische Zerstörung und die Angriffe des Immunsystems überstehen. Und selbst wenn sie den gefährlichen Weg hinter sich gebracht haben, haben die hartnäckigen Überlebenden keinerlei Gewähr, daß sie sich an dem neuen, endlich erreichten Aufenthaltsort festsetzen können. Wie beim ausgesäten Samen hängt ihr Erfolg letztlich von den Boden- und Klimaverhältnissen ab. Ist das Organ entgegenkommend, bilden sich Blutgefäße zur Versorgung des neuen Gewebestückes, so daß es weiterwachsen kann.

Wenn man in der Achselhöhle einer Frau mit Brustkrebs sogenannte »positive Lymphknoten« findet, heißt das, daß sich bösartige Zellen im Knoten eingenistet haben und sich dort vermehren. Die winzigen von der Brust kommenden Lymphgefäße münden in größere Kanäle, die ihren Inhalt zu den Knoten in der Achselhöhle leiten. Manche Lymphbahnen führen zwar auch zu anderen Knoten, beispielsweise unter dem Brust- und Schlüsselbein, aber die meisten verlaufen zur Achselhöhle. Wenn die natürlichen Abwehrkräfte es nicht schaffen, die bösartigen Zellen in den Lymphbahnen zu beseitigen, setzen einige davon sich in einem oder mehreren Knoten unter der Achsel fest.

Früher glaubte man, der Brustkrebs und andere Krebserkrankungen breiteten sich von ihrem Entstehungsort unmittelbar zu den Lymphknoten aus. Für Operationen ergab sich daraus die logische Folgerung, das umgebende Gewebe inklusive des Bereichs mit den Lymphknoten weiträumig auszuschneiden. Das entsprechende

Verfahren, radikale Brustamputation genannt, wurde 1883 von William Halsted und anderen Chirurgen eingeführt; die Heilungserfolge verbesserten sich daraufhin dramatisch, erreichten aber nie den hohen Wert, den man erwartet hatte. Erst viele Jahre später erkannte man, daß positive Knoten in der Achselhöhle nur eines bedeuten: Der Krebs hat von der Brust aus bereits andere Körperbereiche besiedelt. Nichts spricht aber dafür, daß ein Tumor, der sich dort eingenistet hat, auf die Lymphknoten beschränkt ist. Man mußte vielmehr akzeptieren, daß positive Lymphknoten ein Hinweis darauf ist, daß die Krankheit entfernte Gewebe befallen hat. Nachdem man das erkannt hatte, änderten sich die Zielsetzungen der Chirurgie. Man nahm nur noch den eigentlichen Tumor heraus, weil er die Quelle der losgelösten Zellen ist. Gleichzeitig entnimmt der Chirurg in vielen Fällen auch einige Lymphknoten aus der Achselhöhle, die dann mikroskopisch untersucht werden; an ihnen kann man (allerdings nur in der Tendenz) feststellen, wie wirksam der Krebs bereits an anderen Stellen Metastasen bildet. Der nächste Schritt ist die Chemotherapie: Sie macht Blut und Lymphe keimfrei, stört das Wachstum beginnender Metastasen oder tötet sie ganz ab. Auf der Grundlage dieses Verfahrens entwickelte man für relativ kleine Tumore eine Operation, bei der nur noch der Tumor selbst und ein Streifen des umgebenden Gewebes herausgenommen wird. Um sicherzustellen, daß sich in dem verbleibenden Brustgewebe keine weiteren bösartigen Herde entwickeln, behandelt man die Patientin anschließend mit Röntgenbestrahlungen.

Als man viele Frauen auf der Grundlage dieser neuen Erkenntnisse behandelte, stellte sich heraus, daß das Verfahren gut wirkt, wenn der Tumor einen Durchmesser von höchstens fünf Zentimetern hat. Für Frauen, deren bösartige Geschwulst größer ist, stehen die Überlebenschancen bei vollständiger Entfernung der Brust besser. Mit diesem Wissen kann man seit den siebziger Jahren für jede einzelne Patientin eine »maßgeschneiderte« Therapie mit unterschiedlichen Kombinationen von Operation, Chemotherapie und Bestrahlungen vornehmen. Zu den Faktoren, die über die Wahl der Behandlungsmethode bestimmen, gehören Tumorgröße, positiver Lymphknotenbefund, mikroskopische Untersuchung des Krebsgewebes und verschiedene Hormonuntersuchungen, die seit jener Zeit entwickelt wurden.

Die Brustkrebspatientinnen profitierten in mehrfacher Hinsicht von den neuen Erkenntnissen über die biologischen Grundlagen ihrer Krankheit. Man legte großen Wert auf die Früherkennung, so daß sich viel weniger Frauen einer Brustamputation unterziehen mußten; die Heilungsrate bei bösartigen Erkrankungen der Brust nahm stetig zu, und auch wenn keine vollständige Heilung gelingt, überleben die betroffenen Frauen länger und bei besserer Gesundheit als je zuvor.

Vor etwa zwölf Jahren hatte ich eine Patientin, an deren Krankheitsgeschichte die Bedeutung der Lymphgefäße und -knoten für die Entstehung von Brustkrebs besonders deutlich wird. Aber nicht nur das: Ihre Erlebnisse sind ein Musterbeispiel für einen Ablauf, der für die Beziehung zwischen dem Krebs und dem von ihm angegriffenen Körper charakteristisch ist.

Ich erkannte es schon bei unserem ersten Zusammentreffen: Sharon Fisher war eine jener sanften, freundlichen Frauen, deren schnelles, liebenswürdiges Lächeln einem echten Glauben an das Gute im Menschen entstammt. Je besser ich sie kennenlernte, desto mehr fühlte ich aber, daß das Gute, das sie in anderen sah, in Wirklichkeit aus ihr selbst kam und von den Augen ihres Gegenübers wie von einem Spiegel zurückgeworfen wurde. Die Quelle ihres Optimismus war eine gewisse Reinheit der Erwartungen. Ihre Mitmenschen versuchten oft, solchen Erwartungen auch gerecht zu werden, und manchmal, so glaube ich tatsächlich, tun Ereignisse auf eine gewisse Weise genau das gleiche. Aber nicht immer.

Ein chirurgisches Untersuchungszimmer ist ein kleiner, abgeschlossener Raum. Er ist leer bis auf die spärliche medizinische Einrichtung – Schränke, ein breites Regal und ein Waschbecken.

Der Mittelpunkt der kahlen kleinen Kammer ist die schmale, gepolsterte Liege, auf der sich alle wichtigen körperlichen und seelischen Vorgänge abspielen. Über der Liege hängt wie ein starr und kalt blickendes Zyklopenauge die Operationsleuchte, bereit, den engen Kreis ihres erbarmungslos eindringenden, alles erhellenden Lichtes an Stellen fallen zu lassen, die sonst in bescheidener Schicklichkeit verborgen bleiben. Den untersuchenden Augen und Händen des Arztes ist alles erlaubt. Ohne das Duo der *dramatis personae* hat der Ort eine Atmosphäre völliger Keimfreiheit und emotionsloser Bereitschaft.

Sind Arzt und Patientin anwesend, ändert sich alles – insbesondere wenn sie sich zum erstenmal begegnen, und ganz besonders wenn es sich bei der Patientin um eine Frau mit einem Knoten in der Brust handelt. Das wirklich Bedeutsame ist aus ihrer Sicht die respektgebietende, mit weißem Kittel und Stethoskop ausgestattete Figur, bei der es sich auch heute noch meist um einen Mann handelt. Die beunruhigte, verängstigte Patientin kann dem Arzt vielleicht kaum ins Gesicht sehen, aber sie nimmt jede seiner Bewegungen sehr genau wahr und findet in jedem gemurmelten Satz eine tiefe Bedeutung – angefangen schon bei den ersten Worten der Begrüßung. Seine körperliche Größe scheint zuzunehmen und eine ängstliche Erwartung zu erfüllen.

Für einen Arzt, der seinen Beruf beherrscht, gilt genau das Umgekehrte. Die Patientin füllt den Raum aus, scheint ihn mit dem offenkundigen Umfang ihrer Bedürfnisse und ihrer drängenden Sorge völlig einzunehmen. Die Atmosphäre ist beschwert von dem Bewußtsein, daß man Entscheidungen treffen muß, bevor man diesen Ort verläßt, Entscheidungen, die alle weiteren Begegnungen der beiden Personen prägen und die Zukunft für eine von ihnen dramatisch verändern werden. Der Arzt spürt, wie die Symbole seines Berufsstandes auf die neue Patientin wirken, und tut sein Bestes, um nicht bedrohlich zu erscheinen. Er versucht, seine Erscheinung ganz buchstäblich kleiner zu machen, um keinen unangebrachten

Einfluß darauf auszuüben, was zwischen ihm und der Frau vorgeht, einer Frau, die ihm ihre Sorgen und vielleicht sogar ihr Leben anvertraut hat. Diese ersten Augenblicke verlangen von ihm, daß er nicht nur die ärztliche Wissenschaft, sondern auch die ärztliche Kunst mit ihrem verwickelten Wesen beherrscht. Diese Fertigkeit haben manche Ärzte in großem Maße. Und manche haben davon keine Ahnung.

Sharon Fisher saß schüchtern auf der Kante des Untersuchungstisches und wartete auf mich. Man hatte ihr eines jener Wegwerfnachthemden gegeben, bei denen man nie genau weiß, wie man sie anziehen soll, und nun saß sie höchst seltsam bekleidet da. Es war der 2. Mai 1985. Wie sie mir später erzählte, war sie beunruhigt, aber sie fühlte sich sicher. Ihr Hausarzt hatte ihr gesagt, er schicke sie nur deshalb zum Chirurgen, damit eine Verdickung in ihrer linken Brust überprüft würde und damit sich bestätigte, was er selbst fast sicher annahm: daß es nichts bedeutete. Und ohnehin hatte sie allen Grund, ihren charakteristischen Optimismus beizubehalten: Sie war im sechsten Monat einer ruhigen, unkomplizierten Schwangerschaft und sah zusammen mit Curtis, ihrem Mann, einem weiteren Kind entgegen, das ebenso fröhlich und schön werden würde wie die dreijährige Jessica. Sobald diese Routineuntersuchung vorüber war, so sagte sie sich, würde sie mit Curt nach Hause fahren, und in ihr Alltagsleben würde wieder ruhige Gleichmäßigkeit einkehren. Eigentlich wollte Sharon an diesem Tag gar nicht in meine Praxis kommen. »Es war fast, als hätte ich es vergessen wollen. Wenn ich nicht zum Chirurgen ginge und keine Biopsie machen ließe – vielleicht würde es dann einfach verschwinden. Es wäre nicht da.«

Die Ereignisse, die Sharon in meine Praxis geführt hatten, waren alles andere als ungewöhnlich. Meist konnte ich einer jungen Frau versichern, die Verdickungen in ihrer Brust seien zwar ein wenig ungewöhnlich, aber sie unterschieden sich nicht so stark von den Allerwelts-Schwangerschaftssymptomen, daß weitere Untersuchungen angebracht wären. In der Regel ist nicht einmal eine Biopsie notwendig. Sharon hatte zehn Tage zuvor nach der Gymnastik eine schmerzende Stelle im oberen Teil ihrer linken Brust bemerkt. Als sie eine Woche später zur Schwangerschafts-Routineuntersuchung ging, erwähnte sie die Beobachtung gegenüber der Hebamme, und diese riet zu einer chirurgischen Untersuchung. Der Frauenarzt war der gleichen Ansicht und rief bei mir an.

Ich hatte es mir seit langem zur Regel gemacht, Patientinnen mit Brustbeschwerden sofort in der nächsten Sprechstunde zu untersuchen, ganz gleich, wie voll der Terminkalender war. Kaum ein Problem im Leben einer Frau ist so beängstigend wie die Entdeckung eines Knotens. Keine Patientin sollte länger als unbedingt nötig warten müssen, sei es bis zum Trost einer gutartigen Diagnose oder bis zu jenem anderen Trost, der sich einstellt, wenn man weiß, daß Diagnose und Therapie in Gang gekommen sind.

> Die Hebamme und der Frauenarzt glaubten nicht, daß es Krebs war, vor allem weil ich schwanger war, aber sie wollten auf Nummer Sicher gehen. Ja, ich war nervös und ängstlich, aber da ich ein Kind erwartete, hielt ich es für sehr unwahrscheinlich, daß es etwas Bösartiges war. Ich war jung, und Krebs, vor allem Brustkrebs, brachte ich immer mit älteren Menschen in Verbindung. Außerdem hatte in meiner Familie noch nie jemand einen Tumor gehabt. So war ich zwar beunruhigt, rechnete aber damit, daß alles in Ordnung sein würde.

Mir ging es genauso, aber nur während der ersten Minuten. Sharon berichtete mir von Vorerkrankungen, und was ich da hörte, beruhigte mich: Zwischen ihren Schwangerschaften hatte man eine Brustentzündung namens fibrozystische Mastopathie diagnostiziert, und sie hatte so starke Schmerzen gehabt, daß der Frauenarzt ihr bis zum Abklingen ein Medikament verschrieben hatte. Außerdem beruhigten mich die gleichen Überlegungen wie Sharon – ihre Schwangerschaft, ihr jugendliches Alter von 35 Jahren und ihre unauffällige Familiengeschichte. In einer schmerzenden Brust befindet sich nur selten ein Tumor. Aber ich schrieb damals gerade ein Kapitel für ein Lehrbuch über medizinische Diagnostik, und ein Ratschlag, den ich darin den Medizinstudenten und Assistenzärzten gab, ging mir auch hier nicht aus dem Kopf:

> Eine Frau, deren Brust untersucht wird, kann unmöglich ruhig bleiben. Ob sie es nun offen ausdrückt oder es irgendwie schafft, nach außen die Contenance zu wahren: nur die Versicherung des Arztes, daß alles in Ordnung ist, kann ihren beängstigenden Phantasien Einhalt gebieten. Sie hat zuviel gelesen und vielleicht auch zuviel selbst erlebt, als daß sie diesen Teil der Untersuchung mit so etwas wie einem ruhigen Gewissen durchstehen könnte. Unabhängig davon, ob sie die bedrohliche Statistik kennt, nach der bei jeder elften Amerikanerin irgendwann im Lauf ihres Lebens Brustkrebs gefunden wird, weiß sie sicher, daß die Krankheit sehr häufig vorkommt und einen verheerenden Verlauf nehmen kann. Zumindest hat sie Angst vor Operationen, vor Entstellung und den Beschwerden der Therapie. Oft reichen ihre Befürchtungen noch viel weiter, bis hin zu entsetzlichen Phantasien mit dem Verlust des Selbstbewußtseins, der Liebe und des Lebens selbst.
>
> Den Arzt sollte es nicht überraschen, wenn selbst eine völlig routinemäßige Brustuntersuchung solche seelischen Irrwege heraufbeschwört. Sei es die jährliche Vorsorgeuntersuchung, die Einstellungsuntersuchung oder die genaue Überprüfung durch den Chirurgen: so etwas wie eine angstfreie Prozedur gibt es aus der Sicht der Patientin nicht. Das ist einer der Gründe, warum es keine oberflächliche Brustuntersuchung geben darf. Zuviel steht auf dem Spiel, als daß man diesen Teil der Untersuchung bei irgendeiner Patientin oberflächlich oder eilig handhaben dürfte.

Selbst einem Arzt, der diesen Rat mißachtet und Sharon nur oberflächlich untersucht hätte, wäre die Verdickung nicht verborgen geblieben, die im oberen Teil ihrer linken Brust zu sehen war und fast ein wenig vorstand. Dieser Bereich, der etwa sieben mal fünf Zentimeter maß, reagierte empfindlich auf den sanften Druck meiner untersuchenden Hände und fühlte sich knotiger an als das übrige Brustgewebe. Eigentlich war er nicht nur fest, sondern sogar dick und hart.

Noch beunruhigender war ein weiterer Befund. Wie das darunterliegende Brustgewebe, so war auch die Haut der Brustwarze verhärtet und verdickt. Ihr oberer Teil hatte unregelmäßige Runzeln, die ganz anders aussahen als das feine Streifenmuster auf der anderen Brustwarze, und die Runzeln erstreckten sich ein wenig über den Rand des rosabraunen Warzenhofes hinaus. Die Haut in diesem Bereich sah aus wie eine Orangenschale und fühlte sich auch so an, nur mit dem Unterschied, daß sie die leichte Rotfärbung einer Entzündung zeigte. Es ist eine charakteristische Art von Schwellungen, und sie verkündet Unheil. In der Regel entsteht sie, weil Krebszellen die winzigen Lymphgefäße blockieren, die aus diesem Teil der Brust die Flüssigkeit ableiten. In meinem Lehrbuchkapitel hatte ich zu diesem Thema geschrieben: »Manchmal spürt man den Tumor, der soviel Unheil anrichtet, als große Masse im Gewebe, aber oft sind die Verdickungen und das Ödem [örtliche Schwellung] so groß, daß man nur eine allgemeine Schwellung feststellen kann.«

In solchen Situationen kommt die milde Version des lange eingeübten, undurchdringlichen Medizinergesichts sehr gelegen. Während ich munter weiterredete, beendete ich die Untersuchung von Sharons Brust und Achselhöhlen; sorgfältig tastete ich ihren schwangeren Bauch und die Lymphknoten am Hals ab, um mich davon zu überzeugen, daß es an diesen Stellen keine Anzeichen für bösartiges Wachstum gab. Zumindest im Augenblick hatte ich keinen Hinweis, daß die Erkrankung meiner Patientin, so beunruhigend sie war, sich über die Brust hinaus ausgedehnt hatte.

Der einfachste und naheliegende nächste Schritt war eine Feinnadelbiopsie. Dazu betäubt man die Haut und das darunterliegende Fettgewebe, führt eine dicke Kanüle unmittelbar in den Knoten ein und zieht an dem Kolben der zugehörigen Spritze. Auf diese Weise saugt man ein wenig Gewebe und Flüssigkeit an, die später von einem Pathologen mikroskopisch untersucht werden.

Ich erklärte Sharon, was ich vorhatte. Jetzt war ihre Zuversicht, daß es nichts Schlimmes war, erschüttert: »Als die Biopsie gemacht war, hoffte ich immer noch, es wäre alles in Ordnung, aber ich hatte das Gefühl, daß es nicht so war. Ich wußte, daß irgend etwas nicht ganz stimmte.«

Sharon hatte recht, sogar mit dem »ganz« vor dem »stimmte«. Der Pathologe ordnete die Präparate in die Kategorie 4 ein: »vermutlich bösartig«. Erst in der Kategorie 5 tritt »eindeutig« an die Stelle von »vermutlich«. Wir brauchten einen sicheren Nachweis. Kein Arzt und keine Patientin würde wissentlich mit der gefährlichen Krebstherapie beginnen, wenn die Diagnose zuvor nicht zweifelsfrei feststeht.

Insbesondere vor dem Hintergrund der Schwangerschaft entschloß ich mich zu einem diagnostischen Eingriff. Zwei Tage später brachte Curt seine Frau in die Station für ambulante Operationen, und ich entnahm unter örtlicher Betäubung ein keilförmiges Gewebestück aus dem Knoten. Als das Skalpell durch das Gewebe schnitt, konnte ich mit den Fingerspitzen seine sandige Beschaffenheit spüren, was alle Zweifel an der Bösartigkeit beseitigte. Der Pathologe fror die Gewebeprobe ein und teilte mir sofort seinen Befund mit. Der Tumor sah nicht nur aggressiv aus, sondern seine Zellen waren auch in den Lymphgefäßen der Brust zu erkennen, wo sie zu ihrer nächsten Heimat unterwegs waren: zur Achselhöhle.

Ich ging in den Aufwachraum, um mit meiner Patientin zu sprechen. Sie hatte sich schon angekleidet und saß wie Curt auf einem unbequemen Holzstuhl neben der fahrbaren Trage, um auf mich zu warten. Sie hatte mit der schlechten Nachricht gerechnet, und obwohl ich sie ihr in zuversichtlicherem Ton beibrachte, als vielleicht gerechtfertigt war, hatte es auf sie eine verheerende Wirkung.

> Es war schrecklich, das zu hören. Es ist so ein furchtbares Gefühl des Sinkens. Als erstes dachte ich an meine Kinder. Ich war schwanger und machte mir Sorgen um das Baby. Ich nahm an, daß Sie nicht warten wollten – es mußte sofort etwas unternommen werden. Aber die Schwangerschaft war schon so weit fortgeschritten, daß ich das Kind nicht verlieren wollte. Welchen Weg würde ich gehen müssen? Außerdem war meine Erfahrung, daß man mit Krebs immer stirbt – mit dieser Einstellung war ich groß geworden. Aber ich glaube, ich habe nie daran gedacht, daß ich sterben würde. Ich spürte einfach, daß ich es durchstehen würde. Es mußte einen Weg geben. Zu hören, daß man mir die Brust abnehmen mußte, war schrecklich, aber im Mittelpunkt stand immer das Überleben. Erst jetzt, als ich erfuhr, daß es bösartig war, fing das Weinen an, vorher nicht.

Ich sagte den Fishers, der Tumor sei offenbar so groß, daß etwas anderes als die Brustamputation nicht in Frage kam. Was die Lage in der Achselhöhle anging, gab ich mich optimistisch. Ich hatte Sharon mehrmals untersucht und nie harte oder vergrößerte Lymphknoten gespürt – ganz offensichtlich ein gutes Zeichen. Allerdings bemerkt man krebsartige Knoten in 25 Prozent der Fälle trotz sorgfältiger Suche nicht, und das sagte ich Sharon und Curt auch, damit sie nicht noch entsetzter waren, falls dort ebenfalls ein Tumor entdeckt würde. Sie mit der Nachricht zu verängstigen, daß man in den Lymphbahnen mikroskopisch kleine Krebszellen entdeckt hatte, erschien mir dagegen im Augenblick nicht sinnvoll, denn es bedeutete, daß die Wahrscheinlichkeit bei Sharon viel höher als eins zu vier war. Ich wollte, daß meine Patientin seelisch in möglichst guter Verfassung war, wenn wir sie am nächsten Tag in den Operationssaal schoben, und es erschien mir gerechtfertigt, mich vorübergehend auf eine sichere Statistik zu-

rückzuziehen. Das heißt, es erschien mir für uns beide gerechtfertigt.
Am Morgen des nächsten Tages wurde Sharon in das Yale-New Haven Hospital aufgenommen, und ein paar Stunden später operierten wir sie. »Es war ein nervenaufreibender Morgen. Ich wartete in meinem Zimmer und weinte, nicht nur wegen des Tumors, sondern auch wegen des Babys in mir.«
Wir entfernten die Brust und alle Lymphknoten in der Achselhöhle, ließen aber die Muskulatur am Brustkorb intakt. Das Verfahren wird herkömmlicherweise als modifizierte Radikalmastektomie bezeichnet, heute nennt man es meist Radikalmastektomie mit Ausräumung der Achselhöhle. Der Pathologe untersuchte das entnommene Gewebe und fand in zwei der 37 Lymphknoten Krebstumore, die über die Lymphbahnen dorthin gelangt waren. Von allen schwangeren Frauen mit Metastasen in den Achselhöhlen sind fünf Jahre nach der Operation nur noch 47 Prozent am Leben, und auch von diesen haben viele wieder Krebs, der sie später das Leben kostet.
An jenem Tag, als ich Sharon sagen mußte, daß die Lymphknoten positiv waren, arbeitete ich bereits seit 20 Jahren als Chirurg. In dieser ganzen Zeit hatte ich keinen Weg gefunden, um es mir mit so etwas leichtzumachen. Und der großen Mehrheit meiner Kollegen, so vermute ich, geht es genauso. Wir befassen uns mit Medizin in der Erwartung, Menschen helfen zu können, und obwohl wir wissen, daß die Macht der Krankheiten uns manchmal Enttäuschungen bereitet, tragen wir immer die Überzeugung in uns, daß unser Wille und unsere umfangreichen Kenntnisse letztlich Sieger bleiben werden. Wenn wir vor einem medizinischen Problem stehen, das sich mit jedem neuen Diagnose- oder Therapieversuch unseren Fähigkeiten mehr zu entziehen scheint, verlieren wir ein wenig von dem Glauben an unsere Versprechen, und dann fragen wir uns, welches neue, bisher noch unentdeckte Unheil als nächstes auf uns zukommt. Und irgendwo mitten in diesem Dilemma müs-

sen wir unser Wissen dem Mann oder der Frau mitteilen, die zu uns gekommen sind und Hilfe suchen, die wir immer weniger geben können. Deshalb überbringen wir schlechte Nachrichten mit einer Mischung aus Kummer um den Patienten und um uns selbst – und auch mit der Frustration darüber, daß wir es nicht besser können. Ganz gleichgültig, wie oft ich Patienten oder Angehörigen schon sagen mußte, daß die Wahrheit nicht den Hoffnungen entspricht, immer hatte ich das Gefühl, ich hätte sie irgendwie im Stich gelassen.

Eine derart schlechte Nachricht zu überbringen ist schon schlimm genug, aber noch schlimmer ist es, wenn die Empfängerin eine fünfunddreißigjährige Frau im siebten Monat einer bis dahin glücklichen Schwangerschaft ist. In solchen Augenblicken hat es seinen Grund, wenn der Arzt sanft spricht – wenn er sanft zur Patientin ist, ist er auch sanft zu sich selbst. Es hat etwas seltsam Beruhigendes, wenn man einander in die Augen sieht und die Last teilt. Manchmal hilft es, dem anderen die Hand zu halten, als ob nicht nur Worte zwischen den beiden Menschen ausgetauscht werden, die immerhin eine Art Kameraden sind und gemeinsam auf eine schwierige Reise gehen.

> Ich bekam große Angst, als ich hörte, daß die Knoten positiv waren, aber es waren nicht besonders viele, und ich dachte immer noch: Es gibt einen Weg, da herauszukommen, manche Leute überleben auch, und ... Nun ja, ich hatte einfach keine Zeit, um richtig krank zu sein ... ich hatte keine Zeit zum Sterben. Ich entschied mich einfach ... wissen Sie, ich mußte da durch.

Eines wußten zu diesem Zeitpunkt weder Sharon noch ich: Das Schlimmste stand noch bevor. Wenn eine Frau Brustkrebs hat, wird der Tumor routinemäßig daraufhin untersucht, ob er auf die weiblichen Geschlechtshormone Östrogen und Progesteron anspricht. Die langfristigen Aussichten hängen ganz allgemein damit zusammen, ob dieser Test positiv oder negativ verläuft. Bei der Untersuchung von Sharons Tumor gab es keinerlei Anzeichen, daß er auf eines der beiden Hormone reagierte, ein weiterer schwerwiegender Befund, der zu allem anderen noch hinzukam. Ich versuchte mich mit dem Gedanken zu beruhigen, daß das negative Ergebnis falsch sein konnte, denn der Test wird manchmal durch den hohen Hormonspiegel während der Schwangerschaft verfälscht.

Als die Pathologen die gesamte Brust untersuchten, bestätigte sich, daß es sich um einen sehr großen Tumor handelte. Seine Hauptmasse hatte einen Durchmesser von knapp acht Zentimetern, außerdem lagen auch mikroskopisch kleine Wucherungen in den Milchgängen. In allen Bereichen des Tumors konnte man sehen, wie die Krebszellen in die Lymphgefäße einwuchsen.

Viel Grund zu Optimismus gab es nicht. Die Größe des Tumors, das Eindringen in die Lymphgefäße, der Befall der Lymphknoten, die fehlende Reaktion auf die Hormone – das alles waren schlechte Zeichen. Bei der großen Mehrzahl der Frauen mit solchen Befunden kehrt die Krankheit rasch wieder, in der Regel innerhalb von zwei Jahren. Die Überlebenswahrscheinlichkeit nach fünf Jahren lag für eine so weit fortgeschrittene Erkrankung bei 25 Prozent, viel niedriger, als ich allein aufgrund der positiven Knoten angenommen hatte. In meinem Brief an Sharons Frauenarzt schrieb ich: »Ich befürchte, die langfristige Prognose ist nicht gut angesichts der weiten Ausbreitung des Tumors in der Brust selbst und seiner klinischen Ausprägung. Vielleicht habe ich unrecht, das wäre wunderbar.«

Aber ich rechnete nicht damit, daß ich unrecht hatte. Ich sprach mit Sharon und Curt über die Notwendigkeit einer Chemotherapie und machte einen Termin mit dem Krebsspezialisten. Er wollte erst nach der Entbindung mit der Behandlung beginnen, denn er fürchtete mit gutem Grund, das Baby könne sonst Schaden nehmen. Selbst im siebten Monat hielt er das für ein Risiko, und deshalb entschloß er sich, bis nach der Geburt des Kindes zu warten.

Den entschlossenen Fishers erschien das als gute Gelegenheit, um Urlaub zu machen. Sie packten Jessica ins Auto und fuhren für eine Woche in ein Ferienhaus in Orleans bei Cape Cod. Als sie Ende Juni zurückkamen, sah ich erfreut, daß die Operationswunde ausgezeichnet verheilte und daß meine Patientin guter Dinge war, bereit, die nächste Therapiephase anzufangen. Curt blieb wie während der ganzen Diagnose- und Operationsprozedur der starke, ruhige Neuengland-Yankee.

> Er war während der ganzen Geschichte da. Er zeigt seine Gefühle nicht offen, doch ich bin sicher, daß es auch für ihn eine Katastrophe war, aber er war stets ruhig und zuverlässig. Er sagte immer nur, wir müßten einen Schritt nach dem anderen tun.

Am 22. August brachte Sharon ein gesundes, knapp vier Kilo schweres Mädchen auf die Welt, das sie Victoria nannte. Über den Namen freute ich mich besonders, denn mein ältestes Kind heißt ebenfalls Victoria. Und wie meine Tochter, so würde man auch das Baby Tori oder Toria nennen. Tori wurde wie Jessica drei Jahre zuvor mit Kaiserschnitt entbunden. Gleichzeitig wurden die Eileiter abgebunden. Im Wochenbett unterzog Sharon sich den Tests, die man aufgeschoben hatte, bis das Baby unversehrt auf der Welt war – Röntgenaufnahmen des Brustkorbs, Knochenscan und eine Mammographie der rechten Brust; Hinweise auf neue oder verbliebene Krankheitsherde zeigten sich dabei nicht. Zwei Wochen später begann die Chemotherapie.

Sharons Krebsspezialist entschied sich für drei Wirkstoffe namens Cyclophosphamid, Methotrexat und Fluoruracil. Diese Kombination war etwa zehn Jahre zuvor zum Standard geworden, denn damals hatte sich in umfangreichen Versuchsreihen gezeigt, daß die drei Medikamente zusammen eine optimale Krebsbekämpfung bei relativ wenigen unerträglichen Nebenwirkungen ermöglichten.

Cyclophosphamid gehört zu einer Wirkstoffgruppe, die man als alkylierende Agenzien bezeichnet. Sie töten die Krebszellen, indem sie den Informationscode in ihrer DNA verändern. Solche Schäden können die Zellen kaum reparieren, und deshalb ist Cyclophosphamid in der Regel ein sehr wirksames Präparat.
Methotrexat und Fluoruracil gehören zur Gruppe der Antimetabolite: Sie ähneln in ihrer Molekülstruktur bestimmten Stoffwechselzwischenprodukten, die auf dem biochemischen Reaktionsweg zur Herstellung neuer DNA entstehen. Deshalb können sie in einem gewissen Sinn die richtigen Verbindungen nachahmen. Indem Methotrexat und Fluoruracil diese unentbehrlichen Stoffwechselprodukte ersetzen oder mit ihnen konkurrieren, stören sie die DNA-Synthese, und damit hindern sie die Krebszellen an der Vermehrung.

> Die Chemotherapie war übel – das ist der beste Ausdruck dafür. Eigentlich ging es mir nicht so schlecht wie vielen anderen. Der Krebsspezialist sagte mir, ich müsse damit rechnen, daß mir die Haare ausfielen und daß ich richtig krank würde. Ich weiß noch, wie ich sagte, ich würde keinen Kahlkopf bekommen. Meine Haare wurden dünner, aber ich verlor sie nie ganz.
> Die ganze Zeit über war mir übel. Ich kam nach Hause, kroch ins Bett, bis das Schlimmste vorüber war, und stand dann wieder auf, um mich um das Übliche zu kümmern. Manchmal war ich sehr müde, aber die Übelkeit war nicht schlimmer als morgens während der Schwangerschaften. Ich erbrach eigentlich nie, bis zur allerletzten Behandlung – ich glaube, ich konnte mir selbst erst jetzt die Erlaubnis geben, krank zu sein, weil es vorüber war.

Mitte Februar 1986 war die Chemotherapie abgeschlossen. Sharon, der Krebsspezialist und ich machten uns auf eine langfristige Behandlung gefaßt. Abwechselnd untersuchten wir sie mehrmals im Jahr, um uns davon zu überzeugen, daß es weder einen Rückfall noch einen neuen Tumor gab, und bei jedem Arztbesuch wuchs ihre Entschlossenheit, sich immer auf das Überleben zu konzentrieren. Diese Entscheidung hatte sie getroffen, sobald sie die Diagnose erfuhr, und weder sie noch Curt hatten jemals die Absicht, davon abzuweichen.

Ich selbst hatte erst dann das Gefühl einer guten langfristigen Prognose, als Sharon ohne jedes Anzeichen für Probleme die Zweijahresmarke überschritt. Nach diesem Jahrestag glaubte ich zum erstenmal, das unerwartete »Wunderbare« könnte eintreten. Aber ein Jahr später war mein kleiner Vorrat an Optimismus in Gefahr: Sharon kam mit einem kleinen Knoten in meine Praxis, und er lag in der verbliebenen Brust genau an der Stelle, wo auf der anderen Seite der Tumor gewesen war. Die darüberliegende Haut sah völlig normal aus und fühlte sich elastischer, weniger hart an als ihr Spiegelbild zuvor. Ohne ihre Vorgeschichte wäre ich sicher gewesen, daß es sich nur um einen kleinen Herd einer Mastitis handelte. Ich riet ihr, in drei Wochen wiederzukommen, weil dann ihre Monatsblutung gerade ein paar Tage zurücklag.

Bei der nächsten Untersuchung hatte sich nichts verändert. Wieder hatte der Knoten nichts Besorgniserregendes – außer daß er in der Brust einer Frau auftauchte, bei der man drei Jahre zuvor eine umfangreiche Krebserkrankung gefunden hatte. Ich entschloß mich, noch einmal zwei Wochen zu warten.

Als Sharon wiederkam, sah der fragliche Bereich genauso aus wie beim ersten Mal. Allmählich sah ich in meiner Methode der genauen Beobachtung eher eine Verzögerungstaktik denn kluges Abwarten, und deshalb entschloß ich mich jetzt zu einer Biopsie.

Fast drei Jahre nachdem Sharon und Curt die schlechte Nachricht der Krebserkrankung erfahren hatten, kamen sie wieder in denselben Operationssaal für ambulante Patienten, und wieder entnahm ich ein Stück Brustgewebe. Diesmal war der Knoten so klein, daß ich ihn vollständig entfernen konnte. Innerhalb von 30 Minuten hatten wir das Gewebe tiefgefroren und unter dem Mikroskop untersucht. Krebs war nicht vorhanden. Es handelte sich nur um eine fibrozystische Mastopathie, jene völlig gutartige Entzündung, an der Sharon auch früher schon gelitten hatte.

Zwölf Jahre liegt jetzt jener Frühlingsnachmittag zurück, an dem Sharon und Curt Fisher in meinem Sprechzimmer saßen und mit mir die vor uns liegenden Möglichkeiten besprachen. Ich war damals zwar sehr direkt gewesen, hatte aber im Zusammenhang mit der Behandlung eine Zuversicht zu vermitteln versucht, die ein wenig über meine wahren Erwartungen hinausging. Ich achtete genau darauf, alle Fragen völlig aufrichtig zu beantworten, aber wenn die Antworten auch alles andere als Optimismus vermittelten, hielt ich meine Worte doch mit der einzigen sicheren Erkenntnis im Zaum, die ich in meiner langen Medizinerlaufbahn gewonnen habe: Eine Krankheit zeigt sich bei jedem Betroffenen auf einzigartige Weise und nimmt einen einzigartigen Verlauf. Eine gute oder schlechte Prognose ist eine Aussage über Wahrscheinlichkeiten, nicht über Tatsachen. Jeder Mensch spricht anders auf die Behandlung an. Statistik und ärztliche Erfahrung sind nur als allgemeine Richtschnur nützlich. Ob die Zahlen nun günstig oder ungünstig aussehen: über den Ausgang der Krankheit in dir und mir entscheiden letztlich Faktoren in uns, die wir nicht kennen können. Sie werden wahrscheinlich noch auf Jahrzehnte oder Jahrhunderte hinaus unbekannt bleiben, ja vielleicht sogar für immer. Die objektiven Erkenntnisse der biologisch-medizinischen Wissenschaft haben uns näher an die wahren Quellen der Heilung herangeführt, aber immer noch liegt ein langer Weg vor uns.

Sharon hatte das alles intuitiv verstanden, und meine Erklärungen bestätigten nur, was sie bereits wußte. Aber schon in diesem frühen Stadium hatte sie über ihren eigenen Beitrag zur Genesung und zum Überleben nachgedacht. Vor kurzem fragte ich sie, ob sie es mit irgend etwas anderem versucht habe, insbesondere mit den alternativen Heilverfahren, die in den letzten Jahren so beliebt geworden sind. Darauf erwiderte sie:

Das wichtigste ist, daß man die ärztlichen Anweisungen befolgt. Aber auch, glaube ich, daß wir innere Stärke haben. Man hört, wie Leute sagen: »Ich weiß nicht, was ich täte, wenn ich wüßte, daß ich Krebs habe, oder wenn mir sonst etwas Schreckliches zustößt«, aber ich bin überzeugt, daß die Stärke da ist – man muß sich nur darauf verlassen, wenn es soweit ist.

Das heißt, man neigt zum Aufgeben, wenn man keine positive Einstellung hat, und bei der Einstellung können diese anderen, nichtmedizinischen Dinge uns helfen. Ich meine damit Dinge wie Meditation, Visualisierungen und die Philosophie der Gurus, die uns mit guten Gedanken heilen wollen, und sogar die Verwendung von Kristallen, wenn man an so etwas glaubt.

Ich machte die Chemotherapie zur gleichen Zeit wie die Mutter einer Freundin von Jessica, bei der man die Hodgkin-Krankheit diagnostiziert hatte. Nun ist das eine Krankheit, mit der die meisten Leute angeblich ganz gut fertig werden. Aber sie war einfach entschlossen, es nicht zu schaffen – und so kam es auch. Es ging ihr gut, aber sie mußte ins Krankenhaus, weil ihr von der Chemotherapie so schlecht war. Sie sollte nach Hause entlassen werden, und als ich anrief und fragte, ob ich sie besuchen könne, sagte man mir, sie habe einen Herzinfarkt gehabt und sei gestorben. Ich glaube, sie war von Anfang an überzeugt, daß es Krebs war und daß sie es nicht überleben konnte. Also lag sie die meiste Zeit im Bett und zog sich die Decke über den Kopf. Mir ging es immer viel besser, wenn ich einfach weitermachte, jeden Tag. Ich kenne eine Menge Leute, die Krebs hatten oder denen anderes Schlimmes widerfuhr. Offenbar geht es ihnen gut, solange sie eine positive Einstellung haben, auch wenn sie dadurch vielleicht nicht länger leben.

Ich bin nicht besonders religiös, aber ich glaube, daß es etwas gibt – ein höheres Wesen –, und jeder von uns braucht etwas, woran er glauben kann. Ich wurde als Baptistin erzogen, aber ich habe mich davon gelöst; allerdings habe ich immer noch die Bibel gelesen und versucht, nach ihrer Lehre zu leben. Heute gehen wir in eine Kirche der

Kongregationalisten, aber zu der Zeit, als ich die Krebsbehandlung machte, waren wir kirchlich nicht gebunden.

Aufgeben ist eine Art Selbstmord. Dazu haben wir nach meiner Überzeugung kein Recht. Es gibt andere, die uns brauchen, seien es die Kinder oder entferntere Verwandte. Vielleicht dient jeder von uns auf Erden einem Zweck. Vielleicht haben wir kein Recht, aufzugeben. Es ist eine Art Egoismus, wenn man sich entschließt, nicht mehr mitzumachen. Während der Chemotherapie dachte ich an manchen Tagen: »Die Behandlung ist so schlimm, ich gehe nicht mehr hin.« Aber dann erkannte ich, daß ich es tun mußte, um zu überleben – ich mußte einfach leben. Daß ich durchhielt, lag nicht nur daran, daß ich für andere verantwortlich war, sondern auch an dem anderen Wesen, das in meinem Körper heranwuchs. Ich konnte nicht aufgeben – nicht nur meinetwegen oder wegen der Menschen, die schon da waren, sondern auch ihretwegen.

Sharon sprach von dem Teil des menschlichen Charakters, der sie aufrecht hielt. Aber es wäre falsch, darin einen unentbehrlichen Faktor bei der Genesung von Krankheiten zu sehen. Manche Menschen geben nicht auf und sterben dennoch – und andere, die aufgeben, leben trotz ihrer »falschen Einstellung« weiter. Wir erinnern uns gern an diejenigen, bei denen das Ergebnis die Geisteshaltung widerspiegelt, und vergessen die anderen. Sharon erzählt die Geschichte einer jungen Frau, die den Preis für ihren Pessimismus bezahlte, und sie legt auf solche Dinge großen Wert. Was die Wirkung des Optimismus auf die Lebensqualität in der verbleibenden Zeit angeht, hat sie sicher recht, und vielleicht stimmt es auch, daß er sich gar nicht so selten auf die Lebensdauer auswirkt. Meine klinischen Erfahrungen lassen mich auf widersprüchlichen Überzeugungen sitzen. Für jede Sharon Fisher kenne ich auch eine tote Optimistin.

IV
Sympathie und Nervensystem

Am Ende des ersten Kapitels saß ich bei Sarah am Bett und erzählte ihr »die Geschichte dieser Nacht«. Solche Geschichten verweisen auf die Wurzeln der menschlichen Seele; für die einen allerdings ist sie gottgegeben, für die anderen ein Produkt der Natur.

In meinen Augen ergibt sich Marges Geschichte aus der Natur. Daß sie überlebte, hatte sie einer Reihe biologischer Mechanismen in ihr und in den Mitgliedern des Operationsteams zu verdanken, Mechanismen, die mit verblüffender Präzision einsetzen, wenn man sie braucht. Es sind natürliche Phänomene. Manche davon, beispielsweise die Wirkungen des Adrenalins und der Endorphine, sind so unmittelbar biochemischer Natur, daß man sie hätte messen können, wenn jemand Lust gehabt hätte, Blutproben zu entnehmen und zu analysieren. Andere sind bei unserem derzeitigen, unvollständigen Wissen nicht den Untersuchungen zugänglich, die man in Labors ausführen kann. Noch vor nicht allzu langer Zeit hielt man die Reaktionen der Menschen, die wir heute auf Hormone und Enzyme zurückführen, für die Folgen der persönlichen Aufmerksamkeit eines oder mehrerer Götter. Jetzt sehen wir die Sache in der Regel anders, und auch für Spirituelles haben wir häufig eine andere Sichtweise. Daß solche Dinge sich als wissenschaftlich erklärbar erweisen, macht sie nicht weniger göttlich.

Noch in der Mitte des 19. Jahrhunderts glaubten viele Gelehrte und praktisch alle einfachen Leute, den Lebewesen wohne eine unerklärliche Form von Energie inne, durch die sie sich völlig von unbelebten Dingen unterscheiden. Diese hypothetische Energie bezeichnete man als »Lebenskraft«, und die Wissenschaftler und Gelehrten, die an sie glaubten, nannte man »Vitalisten«. Die Theorie des Vitalismus war von religiösen Überzeugungen unabhängig – nichts an ihr erforderte zwangsläufig eine übernatürliche oder theologische Erklärung. Zwar setzten manche Vitalisten, so schon Aristoteles im 4. Jahrhundert v. Chr., die Lebenskraft der Menschen mit der Seele gleich (die übrigens nach Aristoteles' Auffassung im Herzen angesiedelt war), viele andere dagegen sahen keine Verbindung zu Geist oder Seele. Aber natürlich gab es auch jene wissenschaftlich weniger gebildeten Menschen, die zu Anhängern des Vitalismus wurden, weil sie den unbekannten, unerklärlichen Faktor für gottgegeben hielten.

Viele weltliche Vitalisten waren überzeugt, man könne den Ursprung der Lebenskraft nicht mit den bekannten Prinzipien der Physik oder Chemie erklären, andererseits behaupteten einige besonders hartnäckige Vertreter dieser Theorie, man werde eines Tages erkennen, daß sie bisher unentdeckten Naturgesetzen folgt. Wenn sich das als richtig erwies, so ihre Überlegung, könnte man diese einzigartige Form der Energie auch im Labor genauer untersuchen.

Gegen Ende des 19. Jahrhunderts ließ die Vorliebe für den Vitalismus zumindest unter den Wissenschaftlern nach; jetzt klärte man in den vielen Forschungslabors, die in Europa und in geringerem Umfang auch in Nordamerika entstanden, immer mehr biochemische und physiologische Vorgänge auf. Die »Mechanisten«, die im Gegensatz zu den Vitalisten physikalisch-chemische Erklärungen für die Lebensvorgänge suchten, hatten die Auseinandersetzung gewonnen und alle außer ein paar Verbohrten überzeugt, daß sie recht hatten.

Dennoch lebt die Vorstellung des Vitalismus, wenn auch vielleicht in abgeschwächter Form, im Geist all derer weiter, die einfach nicht glauben wollen, daß es keine unerklärliche Energie gibt und daß das Leben nicht mehr ist als eine Abfolge chemischer Reaktionen. Streng philosophisch betrachtet sind die grundlegenden Annahmen des Vitalismus ungeachtet der vielen gegen sie sprechenden experimentellen Befunde letztlich ebensowenig zu widerlegen wie die Existenz Gottes, einfach weil manche ihrer Anhänger dem vitalen Prinzip eine nichtphysikalische Körperlosigkeit zuschreiben.

Die Gruppe derer, die den Vitalismus in irgendeiner Form noch nicht ganz aufgegeben haben, reicht quer durch das ideologische Spektrum, von den bedingungslos Gläubigen bis zu den überzeugtesten Atheisten. Bei einigen Vertretern dieses letztgenannten Extrems ist die Skepsis derart stark ausgeprägt, daß sie sogar ihre eigene skeptische Überzeugung in Frage stellen. Sie lassen die Möglichkeit offen, daß Lebewesen tatsächlich eine nichtmaterielle Eigenschaft besitzen, die unbelebten Gegenständen fehlt. Das sind die echten Skeptiker: immer bereit zu der Erkenntnis, daß alles möglich ist, ungeachtet aller gegenteiligen Beobachtungen.

Gegen das Prinzip des Vitalismus sprechen so überwältigend viele Belege, daß kaum ein Wissenschaftler des 20. Jahrhunderts sie jemals in Frage gestellt hat. Für die moderne Wissenschaft ist die physikalisch-chemische, mechanistische Weltanschauung zum Grundprinzip geworden. Ob Einzeller oder Mensch – immer kann man zeigen, daß die Eigenschaften des Zustandes, den wir Leben nennen, sich auf nachweisbare natürliche Vorgänge zurückführen lassen, und viele dieser Vorgänge hat man auch im Labor nachvollzogen. Selbst hartnäckige, zu spät geborene Vitalisten können nicht bezweifeln, daß zumindest die mechanistischen Grundlagen des Lebens mit jedem Jahrzehnt deutlicher erkennbar werden.

Alle Bestrebungen des wissenschaftlichen Denkens richteten sich auf die Befreiung von der Notwendigkeit, die Funktionsweise der Natur anders als mit chemischen und physikalischen Wechselwirkungen zu erklären. Eine der klarsten Beschreibungen der Vorgehensweise, mit der Wissenschaftler der Natur ihre Geheimnisse

entringen wollen, stammt von William Harvey, einem englischen Arzt, der im 17. Jahrhundert den Blutkreislauf entdeckte. Harvey äußerte die sichere Überzeugung, daß die mechanistischen Antworten, die ein neugieriger Geist sucht, durch genaues, vorurteilsfreies Beobachten zu finden sind.
»Die Natur selbst muß unser Ratgeber sein«, schrieb er 1651. »Ihre Wege müssen unsere Wege sein. Denn solange wir uns auf unsere eigenen Augen verlassen und von den geringeren zu den höheren Dingen emporsteigen, werden wir zuletzt Zugang zu ihren tiefsten Geheimnissen finden.« Die einfache Formulierung »von den geringeren zu den höheren Dingen«, geschrieben vor fast dreieinhalb Jahrhunderten, ist eine der nüchternsten Definitionen aller Zeiten für das induktive Überlegen, das logische Grundprinzip naturwissenschaftlicher Forschung.
Dennoch vertrete ich ohne Zögern die Ansicht, daß der Mensch auf irgendeine bisher unbekannte Weise mehr ist als die Summe seiner biologischen Teile, daß aus dem Angeborenen etwas geformt wurde, das größer ist als das Angeborene – daß wir mit unserer natürlichen Ausstattung den Stoff gemacht haben, aus dem der Geist ist, mit allen Bedeutungen dieses Wortes. Aber wie, so kann man zu Recht fragen, kann ich mit dieser Formulierung dem Vorwurf entgehen, ich spräche von einer anderen Form des Vitalismus?
In Wirklichkeit hat das alles nichts mit Vitalismus zu tun. Meine Formulierung setzt keine »Energie« – und auch keine Substanz – voraus, die über das aus chemischen und physikalischen Untersuchungen Bekannte hinausgeht. Nach meiner Vorstellung folgt jeder Bestandteil des menschlichen Körpers und aller anderen Lebewesen den gut erforschten Prinzipien biologisch-physikalischer Systeme, die der Untersuchung mit wissenschaftlichen Standardmethoden zugänglich sind. Ich postuliere für das menschliche Gewebe keine einzigartige Eigenschaft, die man nur verstehen kann, wenn man zuvor neue Naturgesetze entdeckt. Die menschliche Seele, von der ich gesprochen habe, läßt sich mit bereits bekannten

Prinzipien aufklären. Nach der Terminologie von Vitalisten und Mechanisten stehe ich mitten im mechanistischen Lager. Mein Begriff hat keine »immaterielle« Quelle.
Die Eigenschaft, die ich Seele nenne, ist von ihrem Wesen her ein Produkt der Organisation und des Ineinandergreifens der vielfältigen physikalischen und chemischen Phänomene, die uns ausmachen. Sie hat damit zu tun, wie die verschiedenen Körperteile in Verbindung stehen und von jenem Meisterwerk der Evolution koordiniert werden, das wir als menschliches Gehirn bezeichnen. Daß ein derart komplizierter, vielzelliger Organismus funktioniert und ein einheitliches Ziel verfolgt, ist die Folge unzähliger verschiedenartiger Nachrichten und Integrationsfähigkeiten, und diese ergeben sich ihrerseits aus dem Ziel der Natur, das schlicht darin besteht, den Organismus vor dem Sterben zu bewahren.
Vernunft, Bewußtsein und Ethik kann man nicht auf die gleiche Weise untersuchen wie die Geschwindigkeit eines Impulses in einer Nervenfaser oder die Adrenalinmenge, die für die Verengung einer Arteriole gebraucht wird – sie sind unmeßbare Eigenschaften. Aber wenn wir diese abstrakten und letztlich nicht definierbaren Faktoren in unserem Leben verstehen wollen, sind wir dennoch darauf angewiesen, uns mit ihren biologischen Grundlagen vertraut zu machen – denn sie ruhen auf einem biologischen Fundament. Sie sind Beispiele dafür, auf welchen Wegen wir unsere biologische Funktionsweise zum Aufbau philosophischer Gedankengebäude benutzt haben, die weit über die Notwendigkeiten von Überleben und Fortpflanzung hinausgehen; damit sind wir in Bereiche vorgestoßen, die weder von den Beschränkungen des reinen Instinkts noch durch die Notwendigkeiten des Weiterlebens von Zellen begrenzt werden.
Wenn ich mit meiner Behauptung, der menschliche Geist entwickele sich aus den Möglichkeiten, die in der biologischen Natur des Menschen stecken, auch nur annähernd recht habe, kann man ihn nur auf eine einzige Weise erforschen: Man muß zunächst ein-

mal soviel wie möglich über die physischen Gesichtspunkte unseres Körpers wissen, von den Atomen bis hin zu den Organen.
Für diejenigen, die Biologie für Schicksal halten, sind wir nicht mehr und nicht weniger als der Stoff, aus dem unsere Zellen sind. Diesen überzeugten Reduktionisten würde ich antworten: Die Biologie hat uns die Zutaten gegeben, aber wir haben die Biologie zur höchsten Blüte geführt, indem wir aus ihren Gaben ein Wunder geschaffen haben. Wir haben Fähigkeiten gefunden oder vielleicht auch aufgebaut, die uns auf alle möglichen Irrwege oder vielleicht auch ins Nirgendwo hätten führen können. Durch umfangreiches Experimentieren mit dem Rohmaterial des Selbsterhaltungstriebes haben wir die Menschheit erfunden.
Während wir die Zutaten der Biologie allmählich zu dem Eintopf namens Mensch zusammenkochten, gingen aus der siedenden Soße des Instinkts die Beweggründe und Sehnsüchte hervor, die dem menschlichen Leben sein besonderes Aroma verleihen. Während unsere stets neugierige Spezies mit immer neuen Experimenten auf die wandelbare Welt um uns und in uns reagierte, schufen wir langsam und unmerklich das Phänomen der heutigen Zivilisation.
Den Menschen versteht man nur, wenn man die Biologie versteht. Struktur und Funktion organischer Substanzen sind die unentbehrlichen Ausgangspunkte für jede Untersuchung des Menschlichen und des Geistes. Vermutungen über die menschliche Natur sind wertlos, wenn sie nicht bei beobachteten, reproduzierbaren Befunden beginnen, die man belegen kann, indem man ihren Wahrheitsgehalt immer wieder überprüft. Wenn wir also versuchen wollen, jene schwer faßbare Qualität zu erhellen, die der menschliche Geist darstellt, sollten wir mit unseren Bemühungen von der festen Grundlage der Naturforschung ausgehen. Damit nehmen wir die Arbeiten von Aristoteles wieder auf, vielleicht sogar mit der gleichen Sichtweise. Ziemlich zu Beginn seines großen biologischen Werkes »Über die Teile der Tiere« drückte Aristoteles seine Faszination beim Beobachten der Lebenserscheinungen aus, und das mit

Worten, die uns heute sehr vertraut vorkommen: »In allen Dingen der Natur ist etwas Wunderbares.«
Wenn wir dem Vorschlag William Harveys folgen und die Natur als unseren Ratgeber wählen, können wir die Eigenschaften nennen, die für Lebewesen charakteristisch sind:

Atmung
Kreislauf
Ansprechbarkeit
Anpassungsfähigkeit
Verdauung
Nährstoffaufnahme
Assimilation
Ausscheidung
Bewegung
Wachstum
Fortpflanzung

Ich versuche nicht, die Eigenschaften in der Rangfolge ihrer Wichtigkeit aufzuzählen, denn alle sind völlig unentbehrlich, wenn ein Organismus weiterleben soll. (Eine Ausnahme ist der Kreislauf, den es bei Einzellern im üblichen Sinn des Wortes nicht gibt.) Statt dessen habe ich die Reihenfolge unter dem Gesichtspunkt der Priorität für einen Menschen gewählt, dessen Leben in einem Notfall – zum Beispiel bei Atem- oder Herzstillstand – aufrechterhalten werden soll. Wenn ein solcher Notfall eintritt, muß es zuallererst darum gehen, einen Weg für die Sauerstoffzufuhr freizumachen, und als nächstes muß der Blutkreislauf wiederhergestellt werden. Andere lebenserhaltende Funktionen wie Verdauung, Nährstoffaufnahme, Assimilation, Ausscheidung und Bewegung kommen später an die Reihe; letztlich kann ein Mensch nur überleben, wenn sie alle funktionieren. Wachstum und Fortpflanzung schließlich, die letzten beiden besonderen Eigenschaften der Lebewesen, sind nicht unbedingt notwendig, um den Tod des Individuums zu verhindern, aber sie sind entscheidend für die Fortpflanzung seiner Zellen.

Die folgende Beschreibung gilt zwar ganz allgemein für alle Lebensformen, aber im Einzelfall werde ich mich auf dich und mich beschränken, Klasse Säugetiere, Ordnung Primaten, Familie Hominiden, Gattung *Homo*, Spezies *sapiens.*

Atmung ist ein Vorgang, durch den ein Lebewesen Sauerstoff aus der Umgebung aufnimmt und nutzt, wobei das Kohlendioxid, das als Abfallprodukt entsteht, abgegeben wird.

Der Kreislauf hat in einem vielzelligen Lebewesen wie dem Menschen die Aufgabe, Sauerstoff, Nährstoffe sowie verschiedene Zellbestandteile und chemisch aktive Substanzen zu den Geweben und einzelnen Zellen zu transportieren und die Abfallprodukte der Zelltätigkeit zu beseitigen. Beim Menschen und allen anderen Wirbeltieren wird der Kreislauf durch die Pumptätigkeit des Herzens angetrieben.

Die Ansprechbarkeit, früher auch *Reizbarkeit* genannt, ist die Fähigkeit der Lebewesen, Veränderungen in der Umwelt wahrzunehmen und in geeigneter Weise darauf zu reagieren. Ein Fremdkörper in der Haut erzeugt zum Beispiel Schmerzen, Rötungen, Hitzegefühle und Schwellungen; es sind die charakteristischen Kennzeichen einer Entzündungsreaktion, des Mittels, mit dem der Organismus auf eingedrungene Fremdstoffe reagiert; sie dient dazu, das fremde Material auszugrenzen und dann zu zerstören oder abzustoßen. Das Ganze ist ein einfaches Beispiel für die vielfältigen Möglichkeiten der Lebewesen, veränderte Umstände wahrzunehmen und sich mit ihrer Anpassungsfähigkeit darauf einzustellen, so daß sie am Leben bleiben und die DNA so gut schützen, daß sie neue Generationen hervorbringen können. Zur Anpassungsfähigkeit gehört auch unsere viel kompliziertere Gabe, mit Hilfe der Umwelt unser Wesen zu beeinflussen. Die Tatsache, daß es Reaktions- und Anpassungsfähigkeit gibt, straft diejenigen Lügen, die in ererbten Eigenschaften den einzigen oder unbedingt vorherrschenden Einfluß auf das Verhalten sehen, ganz zu schweigen von dem Bündel an Eigenschaften, das wir unter der unbestimmten Überschrift »Intelligenz« zusammenfassen.

Verdauung, Nährstoffaufnahme und Assimilation hängen eng zusammen. Die Verdauung des Menschen verwandelt Nahrung in einfachere Substanzen, die von den dünnwandigen Blut- und anderen Gefäßen der Magen- und Darmwand aufgenommen werden können. Der Kreislauf trägt diese Stoffe zu allen anderen Organen, wo sie assimiliert werden, das heißt, sie werden zu Molekülstrukturen umgesetzt, die der Zellfunktion nützen. Die Abfallprodukte dieser Funktion müssen über den Kreislauf in die Nieren transportiert werden, wo die Ausscheidung stattfindet. Manche Produkte der Zellen und auch schädliche Chemikalien im Blut werden auf andere Weise abgebaut, beispielsweise durch die Entgiftungsmechanismen in der Leber.

Die Bewegungen des Menschen bestehen nicht nur aus so deutlich sichtbaren Tätigkeiten wie dem Gehen oder dem Greifen nach einem Getränk, sondern auch aus von selbst ablaufenden, inneren Bewegungen, die für die Lebenserhaltung unentbehrlich sind, wie der Herzschlag oder die wellenförmigen Bewegungen des Darms, die man als Peristaltik bezeichnet.

Durch Wachstum nimmt die Körpergröße zu, aber auch einzelne Gewebe oder Organe können wachsen, wenn veränderte Umstände es erfordern. Die Leber kann sich zum Beispiel nach Verletzungen oder Krankheiten zu einem großen Teil regenerieren, wenn noch genügend gesundes Gewebe vorhanden ist; und das Lymphgewebe schwillt an, wenn es lokale oder allgemeine Infektionen bekämpft.

Fortpflanzung ist zwar nicht notwendig, um das Leben eines einzelnen Menschen zu erhalten, aber sie ist eine Fähigkeit aller Lebewesen und unentbehrlich für das Weiterbestehen der Art. Nach der Selbsterhaltung ist der Schutz der DNA im Interesse der nächsten

Generation die höchste Priorität der Lebewesen. Die Fortpflanzungsfähigkeit hängt davon ab, daß alle anderen Merkmale des Lebendigen gut funktionieren, aber diese können umgekehrt auch störungsfrei ablaufen, wenn ein Individuum niemals Nachkommen erzeugt. Und doch gibt es hier ein großes Aber. Wenn unsere Zellen die Fähigkeit verlieren, durch Zweiteilung Nachkommen hervorzubringen, würden wir schnell zugrunde gehen. Wachstum und Wundheilung hängen vollständig davon ab, daß Zellen sich teilen können und sich auf diese Weise fortpflanzen. Demnach ist Fortpflanzung zumindest im mikroskopischen Maßstab für uns als Individuen ebenfalls unentbehrlich. Wie ich in einem früheren Kapitel bereits erwähnt habe, formulieren manche Biologen das Thema sehr drastisch: Jeder einzelne Organismus hat ausschließlich den Zweck, seine DNA an die nächste Generation weiterzugeben – das allein ist die Funktion aller Lebewesen. So betrachtet, hat die Fortpflanzung bei Vielzellern wie uns die geringste Priorität für die Erhaltung unseres eigenen Lebens, aber die höchste für die Erhaltung unserer Art.

Diese Liste führt zwar alle biologischen Funktionen auf, die für Lebewesen charakteristisch sind, aber man sollte darin nicht den Versuch sehen, den tiefgründigen und unglaublich vielschichtigen Begriff *Leben* zu definieren. Selbst in den genauesten Beschreibungen aller Haken und Ösen unserer Physik und Chemie fehlt etwas, und zwar etwas sehr Bedeutendes. Schon viele Wissenschaftler haben ihre Frustration darüber zum Ausdruck gebracht, daß wir auch heute nur wenig über die *Organisation* unserer biologischen Fähigkeiten wissen: Sie sind derart eng verflochten und koordiniert, daß die Wunder von Geist und Körper entstehen, ganz zu schweigen vom Wunder der Seele, die über die reine Wechselwirkung von Molekülen hinauszuwachsen scheinen.

Einer dieser Wissenschaftler war der Physiologe Otto Loewi. Er wies als erster nach, daß Impulse über die Lücke zwischen der Faser einer Nervenzelle und der nächsten mit Hilfe chemischer Substanzen übermittelt werden und nicht, wie man bis dahin angenommen hatte, durch elektrische Wellen. Später zeigte Loewis Freund Andrew Dale, daß es sich bei der Substanz, die den Zwischenraum zwischen Nervenende und aktiviertem Muskel überwindet, um Acetylcholin handelt. Durch die Arbeiten von Loewi und Dale (die für ihre Entdeckungen 1936 gemeinsam den Nobelpreis bekamen) war der Mechanismus der Signalübertragung in unserem Körper endgültig aufgeklärt. Für ein Phänomen, das jahrtausendelang als undurchdringliches, rätselhaftes Wunder gegolten hatte, war eine im Labor erarbeitete, mechanistische Erklärung gefunden.

Aber auch angesichts seiner Entdeckungen wehrte sich etwas in Loewi dagegen, das Staunen über dieses Geheimnis aufzugeben. Er verlor nie seine funkensprühende Neugier, ob es nicht noch etwas anderes gibt. Als Wissenschaftler widmete er sein Leben dem Nachweis, daß das Ganze nicht mehr ist als die Summe seiner physikalischen und chemischen Einzelteile, aber in seinem Inneren hatte er auch eine verspielte Seite, und gelegentlich tat er lächelnd einen Ausspruch wie den, der von seinem Neffen festgehalten wurde: »Daß das Budapester Streichquartett so schön spielt, läßt sich niemals mit ein bißchen Acetylcholin in Nerven und Muskeln erklären.« Nachdem Loewi 1961 im Alter von 88 Jahren gestorben war, zitierte ihn sein Neffe mit dem Ausspruch: »Die biologische Wissenschaft umfaßt spirituelle Werte, die sich mit der materialistischen Einstellung der heutigen Naturwissenschaft niemals erklären lassen.«

Natürlich ist Naturwissenschaft nicht immer nur materialistisch – und falls Zweifel bestehen sollten: die wenigsten Naturwissenschaftler stehen dem Leben zynisch gegenüber. Gar nicht selten stellen dieselben Wissenschaftler, die während ihres ganzen Berufslebens materialistische oder mechanistische Antworten suchen, auch die drängendsten Fragen nach den geheimen Quellen solcher Rätsel; das Staunen, das die unersättliche Neugier solcher Wissen-

schaftler antreibt, ist nichts anderes als das Staunen über die Wunder der Natur. Otto Loewi war mit seiner Ehrfurcht nicht allein. Sie wird nicht geringer, wenn man nach biochemischen oder physikalischen Ursachen der Wunder sucht; im Gegenteil: In mancherlei Hinsicht wächst die Ehrfurcht sogar, wenn man nachweisen kann, daß man keine magische Lebenskraft bemühen muß, um eines der bestgehüteten Geheimnisse der Natur zu lüften. Die unglaublich komplizierten biologischen Wechselwirkungen, die so fehlerlos koordiniert werden, daß daraus so offenkundige Phänomene wie der menschliche Geist oder die elektrische Aktivität zur Anregung des Herzschlages hervorgehen, sind für mich heute noch ebenso spannend – ja eigentlich sogar noch spannender – wie zu der Zeit, als ich ein kleiner Junge war und ihnen göttliche (das heißt übernatürliche) Ursachen zuschrieb. Und das Wissen, daß sogar diese Koordination von Faktoren gelenkt wird, die Experimenten immer stärker zugänglich werden – nun ja, ich staune darüber.
Die von der modernen Wissenschaft geschaffene Freiheit, keine magischen Kräfte heraufbeschwören zu müssen, ist aber noch nicht einmal das, was mich am meisten begeistert. Von einem Skeptiker wie mir geäußert, mag es paradox klingen, aber die größte Begeisterung ergibt sich aus meiner Überzeugung, daß das Ganze tatsächlich mehr ist als die Summe seiner Teile.
Physikalische, chemische und genetische Eigenschaften haben vielleicht die Voraussetzungen für die Verflechtung unserer geistigen und körperlichen Funktionen geschaffen und uns eine angeborene Anpassungsfähigkeit verliehen, aber wie wir diese Fähigkeit nutzen, ist das wahre Geheimnis unserer Spezies, und es geht über die Beschränkungen des reinen Überlebens hinaus. Indem wir nicht bei den grundlegenden Bedürfnissen bleiben, die von unseren molekularen Funktionen befriedigt werden, nutzen wir unsere einzigartigen biologischen Eigenschaften auf immer neue Weise.
Die komplizierten Schaltkreise in unserem Gehirn und das physiologische Hormongleichgewicht haben uns schon vieles ermöglicht,

aber sie schaffen auch die physikalisch-chemischen Voraussetzungen, um noch weiterzugehen. Wie der Homo sapiens über die Jahrtausende hinweg Prinzipien des Vorausdenkens geschaffen und eine Kultur aufgebaut hat, hätte man nach meiner Überzeugung allein aufgrund unserer Kenntnisse über Anatomie und Physiologie nicht voraussagen können. Man muß auch andere Faktoren in die Überlegungen einbeziehen.

Ganz allmählich nutzten wir immer stärker unsere angeborenen und später entwickelten Nervenverbindungen, chemische Botensubstanzen und Gehirnzentren; Stück für Stück bildeten sich in uns über die Zeitalter hinweg die Nervenbahnen und Verbindungen, die das abstrakte Denken ermöglichen, das entscheidende Kennzeichen unserer Spezies. Diese Errungenschaft, die sich allmählich herausbildete, ständig anpaßte und rastlos vorwärtsstrebte, führte uns auf den Weg vom *Homo* zur Humanität.

Weit stärker als jedes Tier nutzten wir die erweiterten Fähigkeiten unseres Gehirns, um unsere Reaktionen auf die Umwelt besser zu koordinieren. Wir wurden immer unabhängiger von den Gefahren der Umgebung, und im selben Maße hatten wir immer mehr Gelegenheit, die Früchte dieser Unabhängigkeit zu genießen. Nachdem unsere Spezies sich nicht mehr ständig um das reine Überleben kümmern muß, steht es ihr frei, die Aufmerksamkeit auf die Lebensqualität zu richten und persönliche Beziehungen zu entwickeln, die über die Erfordernisse der eigenen Sicherheit hinausgehen.

Einige Eigenschaften, die wir als menschlich bezeichnen, haben wir mit Hilfe von Strukturen und Fähigkeiten geschaffen, die auch bei allen Wirbeltieren und vielen anderen Arten zu finden sind. Diese Strukturen und Fähigkeiten dienen uns gewissermaßen als Vermittler: Unser bewußtes Denken tritt durch sie mit automatischen inneren Funktionen (beispielsweise mit Kreislauf und Verdauung) in Kontakt, die sonst nicht dem Willen unterworfen sind. Dieses automatisch und nach innen wirkende Gebilde ist das autonome

Nervensystem, ein eigener Teil der gesamten Nervenausstattung; es besteht aus einem weitverzweigten Netz von Nervenzellen, Schaltkreisen und chemischen Substanzen, die in unserem Inneren gleichmäßige Verhältnisse aufrechterhalten. Es wacht über unser Inneres und verfolgt gleichzeitig genau, was um uns herum vorgeht, um darauf zu reagieren. Das autonome Nervensystem ist die Brücke zwischen unserem Handeln und dem Wissen darüber einerseits und der Zelltätigkeit andererseits. Alle anderen Teile des Nervensystems dagegen arbeiten in Beziehung zur Umwelt.

Das autonome Nervensystem gab es bei den niederen Tieren schon lange bevor sich die bewußte Steuerung entwickelte – es ist der älteste und einfachste Teil des Nervensystems. Erst in einem viel späteren Evolutionsstadium bildete sich eine tatsächliche Wahrnehmung der Umgebung heraus und damit die Fähigkeit, das Verhalten willkürlich auf den Input der Außenwelt abstimmen zu können. Ein Wurm hat zum Beispiel weder ein Gehirn noch ein Rückenmark. Beide tauchen erst bei den Wirbeltieren auf; alle anderen Arten besitzen sie nicht.

Bei den Wirbeltieren (zu denen auch wir gehören) kann man zwischen einem *zentralen* und einem *peripheren* Teil des Nervensystems unterscheiden. Zum Zentralnervensystem gehören Gehirn und Rückenmark, das periphere Nervensystem besteht aus allen anderen Nerven und leitet die Impulse von den inneren Geweben und der Körperperipherie zum Zentralnervensystem. Das autonome Nervensystem ist einer der beiden Teile des peripheren Systems – den anderen bezeichnet man als *somatisch* (von griechisch *soma*, »Körper«).

Das periphere System – sowohl der autonome als auch der somatische Teil – besitzt Empfangsvorrichtungen, die Reize aus dem Körperinneren und von der Körperoberfläche aufnehmen und über die Nerven an Gehirn und Rückenmark weiterleiten. Diese Empfangsstrukturen – sie befinden sich in Haut, Muskulatur und inneren Organen – sind empfindlich für die Vorgänge in der Um-

gebung und in der inneren Welt der stetig ablaufenden Körperfunktionen. Gehirn und Rückenmark verarbeiten die ankommenden Informationen und teilen ihre Reaktionen über das periphere System den einzelnen Körperteilen mit.
Die Beziehungen zwischen den Teilen des Nervensystems kann man folgendermaßen darstellen:

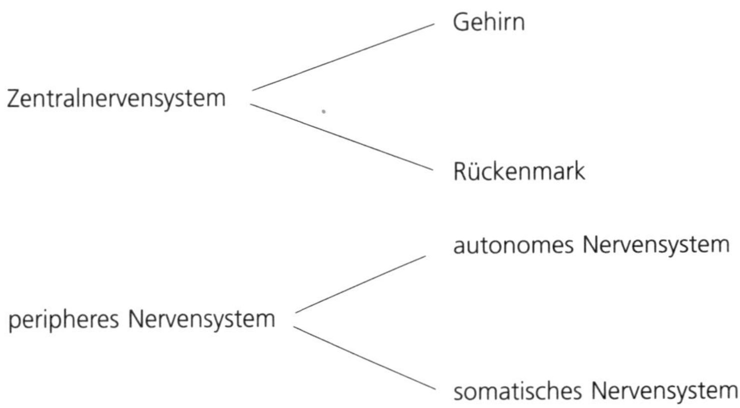

Die autonomen Mechanismen arbeiten in Koordination mit den übrigen Teilen des Nervensystems. Anatomisch laufen beide teilweise parallel oder sind sogar ineinander eingebettet. Und das ist noch nicht alles: Autonomes und somatisches System bedienen sich in diversen Geweben derselben Rezeptorstrukturen, und ihre Impulse werden im Zentralnervensystem teilweise von denselben Zentren verarbeitet. Das autonome System wird von Zentren im Hirnstamm gesteuert, insbesondere vom Hypothalamus und von der Medulla. Wie ich später noch genauer erläutern werde, kontrolliert der Hypothalamus vor allem Reaktionen, die sofortiges Handeln verlangen; außerdem führt er die Reaktionen des autonomen Systems mit denen anderer Gehirnbereiche zusammen, unter anderem mit solchen, die mit Bewußtsein und Gefühlen zu tun haben. Die Medulla ist eher für Routineaufgaben (die sogenannten vegetativen Funktionen) zuständig, zum Beispiel für Verdauung, Schwitzen und die normale Atemtätigkeit.

Obwohl sich die Tätigkeit des autonomen Systems also in vielerlei Hinsicht von der anderer Teile des Nervensystems unterscheidet, fügt sie sich nahtlos in das ganze Spektrum ein, das bei höheren Gehirntätigkeiten wie bewußtem Denken und Gefühlsleben beginnt und bei bewußtlos-chemischen Vorgängen wie den molekularen Vorgängen in den Zellen endet. Bei allen höheren Tieren ist das autonome Nervensystem entscheidend mitverantwortlich für den ständigen Nachrichtenaustausch zwischen den Körperteilen, der dazu dient, ihre Tätigkeit zu koordinieren und so in Zellen, Geweben, Organen und dem ganzen Organismus stabile Verhältnisse zu schaffen. Da es eine Verbindung zwischen Gedanken und Molekülen herstellt – und da die Gedanken des *Homo sapiens* bei weitem komplexer sind als die unserer nächsten Verwandten unter den Tieren –, ist seine bewundernswerte Tätigkeit ein fruchtbares Gebiet, um nach den Ursachen der besonderen Eigenschaften zu suchen, die uns zu Menschen machen.

Das autonome Nervensystem steuert die Tätigkeit der unwillkürlichen Muskulatur, der Blutgefäße und der Drüsen. Es leitet sensorische Eindrücke über sein Geflecht aus Nervenfasern und Zellen zum Hypothalamus und zur Medulla, so daß dort geeignete Reaktionen ausgelöst werden können: Ein Darmmuskel erhält die Anweisung, sich zusammenzuziehen oder zu entspannen, ein Blutgefäß verengt oder erweitert sich, oder eine Drüse erzeugt mehr, weniger oder gar kein Produkt.

Wie bereits erwähnt, deutet das Wort »autonom« darauf hin, daß das System offenbar unabhängig vom bewußtseinsfähigen Willen arbeitet. Seine Nervenzellen und Fasern gehören zu zwei Typen mit unterschiedlicher Funktion, die das sympathische und das parasympathische Nervensystem bilden. Auch hier wecken die Begriffe ganz bestimmte Gedanken. Als *Sympathie* bezeichneten die Nachfolger von Hippokrates in ihren Schriften einen besonderen

Einklang der Organe, durch den das eine reagiert oder eine Anomalie zeigt, wenn ein anderes geschädigt wird. Eine solche Verbindung sah man beispielsweise zwischen Gebärmutter und der weiblichen Brust, als seien sie eine Art Geheimgesellschaft. In späteren Jahrhunderten bezeichnete man mit dem Begriff Situationen, in denen Organe durch Vorgänge oder Behandlungen an anderen Körperstellen beeinflußt werden. Als man im 17. Jahrhundert einige anatomische Bestandteile des sympathischen Systems identifizierte und später seine Funktion immer weiter aufklärte, benutzten die vom antiken Denken beeinflußten Ärzte die Begriffe »sympathisch« und »parasympathisch«, denn diese Nerven waren ganz offensichtlich für einige Wirkungen verantwortlich, die man zwei Jahrtausende zuvor »Sympathie« genannt hatte.

Die beiden Teile des autonomen Nervensystems balancieren ihre Wirkungen im Interesse der allgemeinen Homöostase gegenseitig aus. Das parasympathische System sorgt für langsame, stetige Abläufe; es regelt gewöhnlich die üblichen Vorgänge des Alltagslebens, so die normalen Darmbewegungen und den Herzschlag. Diese Tätigkeiten werden im allgemeinen von Zentren in der Medulla gesteuert. Das sympathische System dagegen springt in Situationen ein, die eine schnelle Aktion notwendig machen, zum Beispiel wenn man sich aufregt. Es hemmt die allgemeinen Instandhaltungsfunktionen des parasympathischen Systems und übernimmt die Reaktion auf plötzlich auftretende, gefährliche oder erregende Reize. Die Palette der Reaktionen, die das sympathische System ermöglicht, hat man unter dem Schlagwort »Flüchten oder kämpfen« zusammengefaßt. Gesteuert werden sie von Zentren im Hypothalamus.

Die Organstrukturen sind in der Regel mit Nervenfasern beider Systeme verbunden, aber oft sind die des einen in größerer Zahl vorhanden, so daß dieses System vorherrscht. Verschiedene Teile oder Funktionen eines Organs können von Fasern unterschiedlicher Systeme dominiert werden: So steuert beispielsweise das sympathische System die Blutgefäße im Darm, aber die Darmperistaltik steht unter der Kontrolle des parasympathischen Systems. Wie die Balance zwischen den beiden Systemen zustande kommt, zeigen schon wenige Beispiele. Sympathische Erregung erweitert die Pupillen, parasympathische zieht sie zusammen; sympathische Reize verlangsamen die Darmperistaltik, parasympathische verstärken sie; sympathische Anregung vermindert die Tätigkeit der Speicheldrüsen, parasympathische regt sie an. In einigen Fällen arbeiten beide Systeme auf das gleiche Ziel hin, zum Beispiel wenn auf die Erektion, die durch parasympathische Anregung erfolgt, die sym-

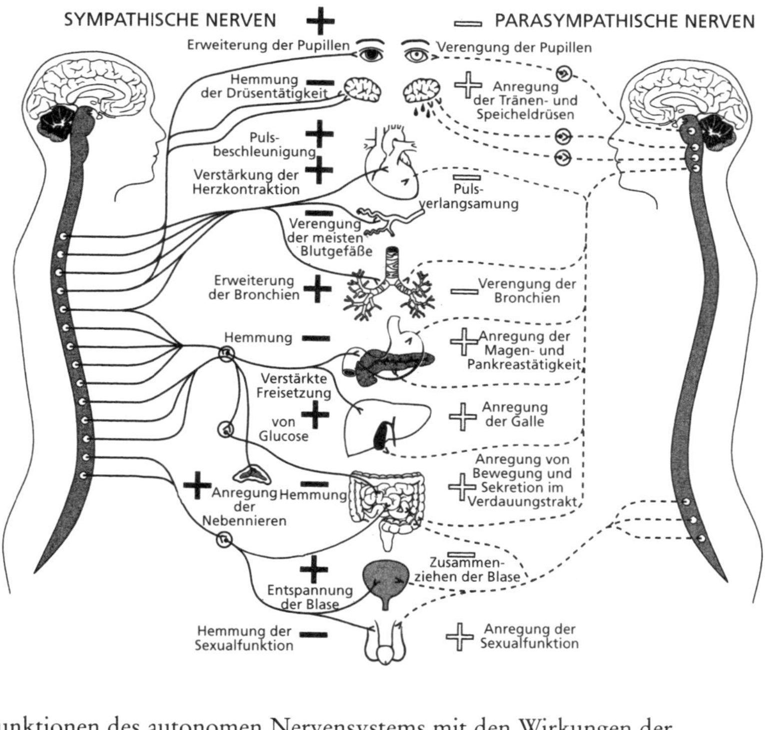

Funktionen des autonomen Nervensystems mit den Wirkungen der sympathischen und parasympathischen Impulse

pathisch gesteuerte Ejakulation folgt. Nebenbei gesagt, Erektion und Ejakulation sind Beispiele für Funktionen, die bei uns wohl kaum so autonom ablaufen wie bei Tieren.

Da es vielleicht schwierig ist, sich zu merken, welche Tätigkeiten von welchem System gesteuert werden, hält man sich am besten an folgende allgemeine Regel: Das sympathische System reagiert auf dringende oder gefährliche Situationen. Es verengt die Blutgefäße, steigert Geschwindigkeit und Kraft des Herzschlags, erweitert die Luftwege in der Lunge, sorgt für Ausschüttung von Glucose, die im Blut schnell als Energiequelle zur Verfügung steht, erweitert die Pupillen, verschiebt Blut vom Darm zum Herzen und zur willkürlichen Muskulatur – alles Vorgänge, die in Notfällen für Auseinandersetzungen, schnelles Handeln oder Flucht gebraucht werden. Das parasympathische System dagegen sorgt für die eher langfristigen, vegetativen Funktionen. Es verlangsamt den Herzschlag, verstärkt die Peristaltik und die Spannung der Muskeln in der Darmwand, regt die Produktion von Speichel und Verdauungssäften an und zieht die Blase zusammen, so daß wir Wasser lassen können. Wie man leicht erkennt, sorgen die beiden Systeme durch ihr Zusammenwirken für die Stabilität im Organismus und für die Sicherheit unseres Lebens. Auf diese oder jene Weise, getrennt oder gemeinsam, ermöglichen sie die Reaktion auf alles Lebensfeindliche in unserer Umwelt, ob es nun plötzlich auftaucht oder ein Faktor ist, mit dem man ständig fertig werden muß.

Zwischen den beiden Systemen besteht noch ein weiterer auffälliger Unterschied. Um in den von ihnen versorgten Geweben ihre Wirkungen zu entfalten, setzen sie an ihren Nervenenden unterschiedliche Neurotransmitter frei. Die parasympathischen Fasern schütten Acetylcholin aus, den gleichen Botenstoff, dem wir schon an den Nervenenden der willkürlichen Muskulatur begegnet sind. Der Neurotransmitter des sympathischen Systems dagegen ist (abgesehen von wenigen Ausnahmen wie den Nerven, die zu Schweißdrüsen, Blutgefäßen und Nebennieren führen) das Nor-

adrenalin, das wie sein enger Verwandter, das Adrenalin, vom inneren Teil der Nebennieren gebildet wird.
Die Nebennieren schütten also nicht nur Noradrenalin ins Blut aus, sondern auch Adrenalin, das ähnliche Wirkungen hervorruft. Ausgelöst wird die Produktion durch Acetylcholin, das (eine Ausnahme von der allgemeinen Regel) an den Enden der in die Drüse eindringenden sympathischen Nervenfasern freigesetzt wird. Offensichtlich hat die Reaktion des Flüchtens oder Kämpfens eine Menge Reserven. Ebenso deutlich erkennt man auch, daß es zwischen Hormon- und Nervensystem zahlreiche Verflechtungen und Querverbindungen gibt.
Zwischen dem autonomen und dem übrigen Nervensystem besteht eine anatomische Beziehung. Die sympathischen Fasern verlaufen neben den sogenannten Spinalnerven des somatischen Nervensystems, die auf der Höhe von Brustkorb und Bauch vom Rückenmark ausgehen. Die parasympathischen Fasern liegen parallel zu den Kranialnerven, mehreren Strängen, die vom Hirnstamm ausgehen, und zu einigen somatischen Nerven, die das Rückenmark auf der Höhe des Kreuzbeins ganz am unteren Ende der Wirbelsäule verlassen. Der wichtigste Strang des parasympathischen Systems ist der Vagusnerv, dessen Fasern mit Herz, Lunge und Verdauungsorganen verbunden sind. (Das lateinische Wort *vagus* bedeutet »wandernd«; der Nerv heißt so, weil er sich von der Medulla den Hals hinunterzieht und durch den Brustkorb in die Bauchhöhle verläuft; von dort aus gehen seine Verzweigungen überallhin.)
Wenn man wissen will, wie die autonomen Nerven auf Gewebe und Organe einwirken, muß man bedenken, daß alle Abläufe im Organismus sich aus den Wechselwirkungen der Moleküle in den Zellen ergeben. Die Zellen der betreffenden Gewebe tragen auf ihrer Membranhülle Rezeptoren (nicht zu verwechseln mit den Strukturen zur Aufnahme von Reizen, die auf Seite 132 erwähnt wurden), die auf Acetylcholin, Noradrenalin oder Adrenalin ansprechen. Rezeptoren sind hochspezialisierte Proteinmoleküle, die

sich mit den Molekülen der Neurotransmitter verbinden und daraufhin eine bestimmte Tätigkeit der Zelle anregen oder hemmen. So setzen beispielsweise die Wechselwirkungen zwischen Noradrenalin und bestimmten Noradrenalinrezeptoren auf der Membran einer Muskelzelle in der Arteriolenwand eine Kette chemischer Reaktionen in Gang, die den Muskel zur Kontraktion veranlassen (das geschieht allerdings nicht, wenn das Blutgefäß einen willkürlichen Muskel versorgt). Diese Kontraktion, die auch in allen benachbarten Muskelzellen nach dem gleichen Mechanismus einsetzt, verengt die Arteriole, so daß die Durchblutung des von ihr versorgten Gewebes vermindert wird.

Den Beschreibungen auf den letzten Seiten zu folgen war nicht ganz einfach, aber vielleicht wird die Sache klarer, wenn wir als Beispiel einen Vorgang aus dem wirklichen Leben betrachten.

Ich trete gedankenlos vom Bürgersteig auf die Fahrbahn, da erschreckt mich das Quietschen von Reifen: Der Fahrer hat gebremst, um mich nicht zu überfahren. Plötzlich erkenne ich die Gefahr, und eine ganze Abfolge von Ereignissen setzt ein. Die Sinnesreize von meinem Ohr laufen durch den Hörnerv zum Hörzentrum im Hirnstamm, dem unteren Teil meines Gehirns, wo sie augenblicklich verarbeitet werden, und dann gelangen sie in den Hypothalamus. Dort tragen sie zu einer allgemeinen Angstreaktion bei, deren sich mein Gehirn sofort bewußt wird. Der Hypothalamus, der ja die Tätigkeit des sympathischen Nervensystems steuert, setzt die Impulsübertragung in dem geeigneten sympathischen Nerv in Gang, was an den Nervenenden auf den Arteriolen, die meine inneren Organe versorgen, zur Ausschüttung von Noradrenalin führt. Gleichzeitig übermitteln weitere sympathische Nervenfasern Impulse zum mittleren Teil meiner Nebennieren, und diese schütten Adrenalin aus, das unmittelbar ins Blut gelangt und zur Gesamtreaktion beiträgt. Das Noradrenalin verbindet sich mit den Rezeptoren auf den Membranen der glatten Muskelzellen in den Arteriolenwänden, und im Inneren dieser Zellen beginnt daraufhin eine Reihe chemischer Reaktionen, die schließlich zur Kontraktion der Muskelzellen führen. Dadurch verengen sich diese Blutgefäße, so daß die Durchblutung meines Darms und anderer Organe sich vermindert. Dieser Teil der Angstreaktion hat also den Darm eines erheblichen Blutvolumens beraubt, aber wohin fließt das Blut statt dessen? Es gelangt unmittelbar an die Stellen, wo es am dringendsten gebraucht wird, nämlich in die Beinmuskeln, mit denen ich zur Seite springe. Da die sympathischen Fasern, die zu den Blutgefäßen in meiner willkürlichen Muskulatur führen, paradoxerweise Acetylcholin ausschütten, führt die Angstreaktion zu einer Erweiterung dieser Gefäße, so daß mehr Blut hindurchströmt.

Insgesamt hat die Sofortreaktion meines sympathischen Nervensystems Blut vom Darm in die Beine verschoben. Müßte ich vor einem Säbelzahntiger fliehen, würde ich jeden Tropfen dieser zusätzlichen Blutmenge ebenso brauchen wie alle anderen Elemente der Reaktion – die erweiterten Pupillen, durch die mehr Licht in meine Augen gelangt, die verstärkte Pumpleistung des Herzens, das schneller und kräftiger schlägt, die erweiterten Luftwege, durch die mehr Sauerstoff und Kohlendioxid ausgetauscht werden können, die energiereiche Glucose, die meine Leber ausgeschüttet hat. Das alles hilft mir, mit der lebensbedrohlichen Situation fertig zu werden und zu entkommen, so daß ich Nachkommen mit der gleichen wertvollen Fähigkeit zur Streßbewältigung erzeugen kann.

Gleichzeitig habe ich einige völlig willkürliche Dinge getan – zumindest *erscheinen* sie willkürlich, weil meine willkürliche Muskulatur sie ausführt. Die Signale aus meinem Ohr werden nach der Verarbeitung im Hörzentrum des Gehirnstammes nicht nur zum Hypothalamus weitergeleitet, sondern auch an andere Stellen. Sie laufen durch motorische Bahnen im Rückenmark und von dort über die entsprechenden somatischen Nerven zu den Muskeln in Bein und Rumpf, mit denen ich springe. Andere Verknüpfungen übermitteln eine Nachricht an die Großhirnrinde, den denkenden

Teil meines Gehirns, um ihn über den »willkürlichen« Teil der Reaktion in Kenntnis zu setzen und ein bewußtes Gefühl für die Gefahr zu erzeugen. Auf diese Weise beteiligen sich niedere und höhere Gehirnzentren an der Reaktion auf das erschreckende Geräusch der quietschenden Reifen.

Aufgrund der Nachricht an die höheren Zentren erkenne ich, was das Geräusch bedeutet, und dann beurteile ich die Situation, um gegebenenfalls weitere willentliche Handlungen zu unternehmen. Schon an meinem Sprung habe ich vieles – die Richtung und die Stelle, wo ich lande – absichtlich gewählt; sobald ich die Gefahr bewußt wahrnehme und die Elemente der Angstreaktion die nachfolgenden Ereignisse in Gang gesetzt haben, treffe ich blitzschnell Entscheidungen darüber, welche Bewegungen meinem Ziel am besten dienen. Sobald die erste Reaktion einsetzt, weiß ich davon. Ich beobachte nicht nur mein äußerliches Verhalten, sondern die Signale aus dem autonomen System machen mir auch einen Teil der sympathischen Reaktion eindringlich bewußt. Ich spüre das Pochen meines rasenden Herzens in der Brust, die Atmung beschleunigt sich, und ich spüre Anspannung in meinen Gedärmen.

Alle diese Elemente – Bewußtes und Unbewußtes, Willkürliches und Reflexhaftes, höhere und niedere Gehirnzentren sowie das zentrale, periphere, somatische und autonome Nervensystem – tragen gemeinsam dazu bei, die Stabilität und das Leben zu erhalten. Die Grenzen sind unscharf, und niemand weiß, wo Moleküle und Bewußtsein zusammenkommen, um sich gegenseitig ihre Intentionen zu realisieren.

Den Teil der Angstreaktion, der vom Hörzentrum über das Rückenmark und die somatischen Nerven zur willkürlichen Muskulatur läuft, erlebt man im täglichen Leben relativ häufig, und er ist für das Überleben von erheblicher Bedeutung. Mit bewußter Wahrnehmung, aber ohne vollständige bewußte Kontrolle, springen wir vor einem Auto zur Seite, oder wir gehen auf andere Weise einer drohenden Gefahr aus dem Weg.

In der heutigen Welt ist es natürlich nicht damit getan, daß man durch die plötzliche Aktivität des sympathischen Systems einer Schädigung entgeht. Sie setzt wieder ein, wenn der Fahrer mich beschimpft und den rechten Mittelfinger in einer obszönen Geste ausstreckt. Ohne nachzudenken, zeige ich ihm wütend und frustriert die geballte Faust, aber da ist er schon in einer Abgaswolke verschwunden. Jedesmal wenn ich während des restlichen Tages an diesen Idioten denke, legt mein autonomes Nervensystem mit einem kurzen Schub der Überaktivität los – nicht so stark, wie wenn ich meiner Unachtsamkeit zum Opfer zu fallen drohte, aber immer noch ausreichend, damit ich es wahrnehme.
Irgendwo zwischen dem bewußten Teil des Gehirns und der Funktion von Hypothalamus, Medulla und vielleicht noch anderen Bereichen kann man unter bestimmten, bisher nicht erklärlichen Umständen willentlich auf das autonome Nervensystem einwirken. Diese Zusammenhänge sind noch kaum erforscht, aber man kann empirisch nachweisen, daß sich die Reaktionsfähigkeit der sympathischen und parasympathischen Nerven manchmal durch Entspannungsübungen, Selbsthypnose und ähnliche Verfahren verändern läßt. Die Großmeister der Meditation haben bekanntermaßen sogar die Fähigkeit entwickelt, so scheinbar autonome Funktionen wie Herzschlag, Blutdruck und Darmperistaltik mit dem Willen zu steuern. Die Aufklärung solcher Vorgänge liegt noch in weiter Ferne, aber man wird die Verbindungen in den Verzweigungen des autonomen Nervensystems finden, und vielleicht kann man eines Tages das bewußte Denken zuverlässig in den Dienst der Homöostase und der emotionalen Ausgeglichenheit stellen.
Die gerade beschriebene Angstreaktion ist nur ein Beispiel für ein Kennzeichen der Lebewesen, das vermutlich den Schlüssel zum Überleben darstellt: Nur weil unser Körper in organisierter Form auf Reize reagiert, kann es Leben geben, können Lebewesen gedeihen. Bei den Tieren erkennt man die Koordination der Reaktionen schon auf der Ebene der Einzeller, und bei den komplexen Le-

bensformen nimmt sie an Umfang und Kompliziertheit erheblich zu. Die erstaunliche gegenseitige Abhängigkeit aller Körperteile eines Menschen beruht auf verschiedenen Formen eines Phänomens, das man zumindest im übertragenen Sinn als »Wahrnehmung« bezeichnen kann; eine Wahrnehmung, die durch die Tätigkeit des Nerven-, Hormon- und Kreislaufsystems überall vorhanden ist, weil diese Systeme in irgendeiner Form mit jeder einzelnen Zelle in Verbindung stehen. Von den vielen charakteristischen Eigenschaften unseres Menschseins könnte keine einzige existieren, gäbe es nicht diese raffiniert verflochtenen, vielfältigen Signalübertragungssysteme.

Aber was ich hier als »Wahrnehmung« bezeichne, ist nicht das gleiche wie die rationalen Gedanken *bewußter* Wahrnehmung. Ich meine vielmehr eine Mischung von Fähigkeiten wie instinktmäßige Sensibilität, unterbewußte Wahrnehmung und auch Ebenen des Wissens, die unseren Methoden zur Untersuchung der Informationsübertragung nicht (zumindest noch nicht) zugänglich sind. Nach meiner Überzeugung wird die Verflechtung und Koordination innerhalb eines Organismus zumindest teilweise erst durch diese Art der Wahrnehmung möglich.

Ich stelle mir eine solche Wahrnehmung als Teil eines bruchlosen Spektrums vor; darin finden sich Arten des Empfindungsvermögens, die eine nahtlose Verknüpfung zwischen den einfachsten und den kompliziertesten Teilen des Organismus herstellen und den Informationsaustausch zwischen ihnen erlauben. Ich bin mittlerweile überzeugt, daß ein gewisser Gesamteindruck, eine Wahrnehmung des allgemeinen Musters von Vorgängen und Organisation in den Zellen, über dieses bruchlose Spektrum nach »oben« übermittelt wird, so daß er auf immer höhere Ebenen gelangt und sich in unserer Interpretation äußerer Ereignisse und unseren Reaktionen auf sie niederschlägt. Auf diesem Weg beeinflußt der Konflikt in den Zellen, der Widerstreit zwischen ab- und aufbauenden Kräften, nach meiner Überzeugung unser Leben und sogar unsere Kultur, und er spiegelt sich darin wider. In unseren Zellen wie in unserem täglichen Leben sind dieser Konflikt und die damit verbundene Instabilität, der wir mit unserem Streben nach Gleichgewicht und Homöostase entgegenarbeiten, die Grundprinzipien für unser ganzes Sein.

Die Reaktion auf eine plötzliche Gefahr ist ein Beispiel für instinktives Verhalten – wir überleben zu einem großen Teil durch unseren Instinkt. Dieser Begriff wird von Philosophen, Psychologen und Naturwissenschaftlern unterschiedlich interpretiert, aber eine allgemein anerkannte grundlegende Definition findet sich vielleicht im Lexikon. Mein Webster's Dictionary formuliert sie so: »Instinkt: angeborene Neigung, sich auf artspezifische Weise zu verhalten; natürliche, nicht erworbene Art, auf Reize zu reagieren; das Saugen ist z. B. bei Säugetieren ein *Instinkt.*«

Das Wort stammt von dem zusammengesetzten lateinischen Verb *instinguere*, »antreiben, reizen«; es besteht aus der Vorsilbe *in-* (»an, auf«) und dem Verb *stinguere* (»stechen«). Daß damit etwas Unwillkürliches gemeint ist, wird auch deutlich, wenn man *stinguere* auf seine indoeuropäische Wurzel zurückführt: *steig* bedeutet »spitz« oder »scharf«.* In der heutigen Bedeutung eines »angeborenen Impulses« oder einer angeborenen, für eine bestimmte Tierart charakteristischen Neigung gibt es den Begriff »Instinkt« seit dem 16. Jahrhundert. Die verflochtenen Regelkreise im Nervensystem und biochemische Vorgänge wie die hormonelle Steuerung der Körperfunktionen bestimmen die Instinkte, mit denen wir Menschen die allgegenwärtigen Gefahren der Umwelt bestehen konnten.

Mit anderen Worten: Unabhängig davon, ob uns das Wirken des Instinkts ins Bewußtsein dringt, es ist uns angeboren wie ein Trieb; in einem grundlegenden Sinn ist es das Resultat eines Reizes. Ob wir es bewußt wollen oder nicht – immer stacheln unsere angebo-

* Auch das deutsche »stechen« leitet sich davon ab (Anm. d. Übers.).

renen Triebe uns an, am Leben zu bleiben und uns fortzupflanzen. Instinkte und die Formen der Wahrnehmung, an der die Instinkte meiner Ansicht nach beteiligt sind, erfordern die koordinierte Tätigkeit aller Faktoren der körperlichen Reaktionsfähigkeit. Alle Elemente, an denen Teile des Nervensystems mitwirken, sind auf die Aufnahme-, Verarbeitungs- und Übertragungsfähigkeiten einer bemerkenswert hochspezialisierten Zellgruppe angewiesen, eines der Wunder in der biochemischen und physikalischen Konstruktion der Natur. Wenn man die Reaktionsmechanismen unseres Organismus ganz verstehen will, muß man wissen, wie diese Zellen ihre Aufgabe erfüllen.

Die grundlegende Funktionseinheit des Nervensystems ist die Nervenzelle, auch Neuron genannt. Sie ist so hoch entwickelt und so gezielt auf eine bestimmte Tätigkeit abgestimmt, daß sie sich nicht fortpflanzen kann. Die einzelnen Strukturen und Bausteine in ihrem Inneren werden zwar ständig repariert und ersetzt, aber eine tote Nervenzelle ist für immer verloren.

Nervenzellen haben die Aufgabe, Veränderungen in ihrer Umgebung wahrzunehmen und daraufhin entsprechende Nachrichten zu übermitteln, so daß eine Reaktion erfolgen kann. Die Zellen des Nervensystems bilden ein riesiges Geflecht von Verarbeitungsstationen und Leitungen, dessen Einfluß bis in alle Winkel unseres Körpers reicht. Noch in den entlegensten Teilen seines Einflußbereichs nimmt es Vorgänge wahr, führt sie zusammen und koordiniert sie. Damit hat es in mancherlei Hinsicht ähnliche Aufgaben wie das Blut- und Hormonsystem, aber die Übertragung durch die Neuronen erfolgt wesentlich schneller: Nervenimpulse pflanzen sich durchschnittlich mit 50 Meter pro Sekunde fort, worbei die Geschwindigkeit zwischen 0,5 und 100 Meter je Sekunde schwanken kann. Besonders schnell ist die Übertragung meist bei Reflexreaktionen (beispielsweise bei plötzlichen Schmerzen), langsamere Vorgänge findet man dagegen im autonomen Nervensystem.

Im Gehirn bewegen sich die Impulse mit etwa 20 Meter pro Sekunde.

Es gibt viele Formen von Neuronen, doch der grundlegende Aufbau ist immer der gleiche. Jede derartige Zelle besteht aus einem Zellkörper, der zwei Arten von Fortsätzen trägt. Die erste sind die *Dendriten*, die Reize aus der unmittelbaren Nachbarschaft aufnehmen, beispielsweise von anderen Neuronen, Sinnesrezeptoren in der Haut, Muskeln oder Organen. Jede Nervenzelle besitzt viele Dendriten, und jeder Dendrit hat viele Verästelungen – daher auch

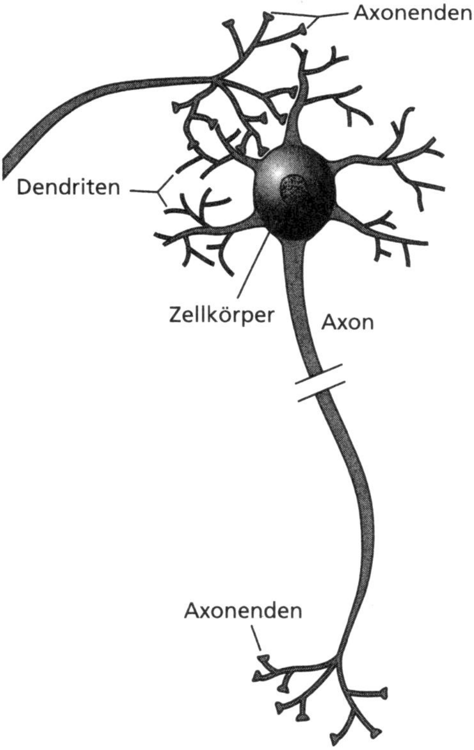

Eine typische Nervenzelle und die Beziehungen zwischen Dendriten, Axon und Zellkörper.

der Name dieser Fortsätze, der von dem griechischen *dendron* (»Baum«) kommt. Über die vielen Dendritenäste ist der Zellkörper jedes Neurons mit zahlreichen Reizquellen verbunden. Ein einzelner langer Fortsatz, das *Axon* (griechisch für »Achse«), leitet die Impulse vom Zellkörper zu anderen Neuronen und ihren Dendriten oder unmittelbar zu Muskel- und Drüsenzellen. Das Axon ist wie die Dendriten vielfach verzweigt und deshalb ebenfalls mit mehreren aufnehmenden Strukturen verknüpft. Durch die Verzweigungen kann jede Nervenzelle eine gewaltige Zahl von Verbindungen mit anderen Teilen des Nervensystems eingehen. Eine Nervenzelle kann mehrere hundert Dendriten besitzen, aber sie hat immer nur ein Axon.

Die Verbindungsstelle, an der die Impulse von einer Nervenzelle zur nächsten übertragen werden, bezeichnet man als *Synapse* (von dem griechischen *synaptein*, »verbinden«). Dort geht die Nachricht von den Verzweigungen eines Axons auf die Verzweigungen eines Dendriten oder auch unmittelbar auf den Zellkörper über. Die Verbindung von Axon und Dendrit erinnert an Michelangelos großartiges Bild »Die Erschaffung Adams« an der Decke der Sixtinischen Kapelle im Vatikan: Gottes rechter Arm streckt sich zu Adams linker Hand aus, aber die Finger berühren sich nicht ganz. Zwischen ihnen bleibt ein winziger Zwischenraum, den das übertragene Wesen überwinden muß.

Michelangelo wollte sicher andeuten, daß ein Funke von göttlicher Energie von Gott auf den Menschen übersprang, und ganz ähnlich stellte man sich anfangs auch die Übertragung der Nervenimpulse an der Synapse vor. Diese Hypothese erschien zwar einleuchtend, aber sie bestätigte sich in späteren Untersuchungen nicht. Wenn der Impuls an dem winzigen Zwischenraum ankommt, schüttet das Axon in den Spalt eine chemische Substanz aus. Neben Acetylcholin und Noradrenalin kennt man noch etwa 50 weitere derartige Neurotransmitter. Ihre Moleküle heften sich an Rezeptoren auf der Membran des Dendriten oder des Zellkörpers; durch die Bindung ändert das Rezeptormolekül seine Form, und das wiederum führt zur Öffnung sogenannter Ionenkanäle in der Membran der Zelle, die den Impuls aufnimmt. Daraufhin fließen chemische Substanzen durch die Membran, so daß der Impuls in die neue Zelle gelangt. Der Neurotransmitter stimuliert oder hemmt die aufnehmende Zelle, je nachdem, welche Kanäle er öffnet. Derselbe Neurotransmitter kann beide Wirkungen haben; welche davon zum Tragen kommt, hängt von den besonderen Umständen ab.

Ein Neuron wird nie allein tätig. Es wirkt immer an einer gemeinsamen Antwort auf einen Vorgang in seiner Umgebung mit, und dabei senden zahlreiche Nervenzellen Impulse über ihre verzweigten Axone und Dendriten zu verschiedenen Bestimmungsorten. Ganze Netze und Regelkreise aus Nervenzellen treten in Wechselwirkung; dabei können nur zwei oder auch viele Millionen Zellen beteiligt sein – der Durchschnitt liegt ungefähr bei 1000 Neuronen, die über exzitatorische (anregende) oder inhibitorische (hemmende) Synapsen in Verbindung treten. Da die Axone häufig in getrennten Gruppen gebündelt verlaufen und sich dann wieder in unterschiedliche Richtungen verzweigen, können solche Nachrichten über große Strecken und praktisch gleichzeitig an mehrere Stellen übermittelt werden.

Nervenzellen mit gleicher Funktion liegen oft gebündelt an einer bestimmten Stelle – einem sogenannten Kern – im Gehirn oder Rückenmark. In der Neurologie versteht man unter einem Kern – den man nicht mit dem Zellkern verwechseln darf – eine Ansammlung von Neuronen, die gemeinsam Informationen erzeugen, verändern oder übertragen. Ein Kern ist sozusagen der Brennpunkt eines Gehirnzentrums, beispielsweise des Atemzentrums in der Medulla oder des Temperaturzentrums im Hypothalamus.

Allgemein kann man drei Klassen von Neuronen unterscheiden: Sensorische Neuronen nehmen Reize auf und leiten sie zum Rückenmark und Gehirn weiter; interneuronale Neuronen, auch kurz Interneuronen genannt, führen die Informationen im Gehirn und Rückenmark zusammen und koordinieren sie – ihre Axone sind kurz, denn sie leiten die Nachrichten nur lokal weiter; motorische Neuronen schließlich tragen Information zu den Zellen, auf die sie wirken, beispielsweise in Muskeln oder Drüsen.

Was wir hochtrabend »Nervenimpuls«, »Signal« oder sogar »Nachricht« nennen, ist in Wirklichkeit nichts anderes als eine winzige elektrische Ladung; sie entsteht, wenn in einer Nervenzelle oder -faser auf einen Reiz hin bestimmte chemische und physikalische Veränderungen stattfinden. Die Ladung beträgt etwa 90 Millivolt und läuft am Axon entlang wie ein Schnellzug auf einem schnurgeraden Gleis. An der Synapse angekommen, sorgt sie für die Ausschüttung des Neurotransmitters. Eine Nervenzelle kann bis zu 50 000mal pro Minute »feuern«.

Der Impuls stellt (zumindest im übertragenen Sinn) eine Art Information dar, die von einem Teil des Nervensystems zum anderen übermittelt wird. Über die umfangreichen Verzweigungen der Axone und Dendriten kann ein Impuls, der in einer kleinen Gruppe sensorischer Zellen entsteht, sich in weit auseinanderliegende Bereiche des gesamten Systems verbreiten. So löst zum Beispiel das plötzliche laute Quietschen der Autoreifen an vielen Stellen in meinem Körper fast gleichzeitig autonome, reflexhafte und bewußte Reaktionen aus, obwohl der Reiz seinen Ursprung an einer winzig kleinen Stelle hat.

Die Schallwellen von den quietschenden Reifen treffen auf mein Trommelfell und versetzen es in Schwingungen, die sich im Mittelohr über eine Anordnung aus drei kleinen Knöchelchen fortpflanzen. Der erste dieser Knochen ist mit der Innenseite des Trommelfells verbunden, und der dritte mit einem feinen Häutchen, dem ovalen Fenster, das den Eingang zum Innenohr darstellt. Die Bewegung der Knochen verstärkt die Schwingungen des Trommelfells ungefähr um das Zwanzigfache und leitet sie zum ovalen Fenster weiter; von dort pflanzen sie sich im Innenohr zur Schnecke (Cochlea) fort, und im Inneren dieser Struktur befinden sich Zellen, welche die mechanische Energie der Schwingungen in die elektrische Energie eines Nervenimpulses umformen können. Der so entstehende Impuls wird chemisch über Synapsen auf die Faserenden des Hörnervs weitergegeben, und von dort gelangt er in das Hörzentrum meines Gehirns. Nachdem er als plötzliches Geräusch erkannt und als »Gefahr« eingestuft ist, laufen die Informationen gleichzeitig über mehrere Nervenbahnen zu anderen Gehirnzentren, so daß die zuvor beschriebenen Reaktionen hervorgerufen werden. (Das Innenohr hat übrigens eine Doppelfunktion. Es beherbergt neben der Schnecke auch drei halbkreisförmige, flüssigkeitsgefüllte Kanäle, die Lageveränderungen des Kopfes relativ zur Schwerkraft wahrnehmen und diese Information zum Gehirn leiten. Deshalb sind diese Kanäle ein wichtiger Teil des Gleichgewichtssinnes.)

Im peripheren Nervensystem laufen häufig viele Axone parallel in einer gemeinsamen Umhüllung; ein solches kabelähnliches Gebilde bezeichnen wir als Nerv. In der Regel enthält ein einziger Nerv Tausende von Axonen. Tragen sie Nachrichten von der Peripherie zum Rückenmark, bezeichnet man sie als sensorische Fasern; Axone, die Informationen in umgekehrter Richtung transportieren, nennt man motorische Fasern; als dritten Axontyp enthalten die Nerven auch autonome Fasern. In den größeren Nervensträngen bilden die Axone dieser drei Typen – sensorische, motorische und autonome – jeweils ein eigenes, abgegrenztes Bündel. Die Bündel sind ihrerseits je nach dem Bestimmungsort der motorischen Impulse und nach der Herkunft sensorischer Reize weiter unterteilt. Das heißt, ein großer Nervenstrang kann Fasern aller drei Typen enthalten, die in seinem Inneren eigene Gruppen bilden, die je nach Bestimmungsort und Herkunft sowie nach den jeweils übermittelten Informationen organisiert sind. Je weiter sie vom Rückenmark entfernt sind, desto stärker trennen sich die Untergliederungen der einzelnen Nerven. Die Parallele zu einem Strom- oder Telefonkabel liegt auf der Hand.

Verfolgt man einen größeren Nervenstrang mit allen drei Elementen von der Peripherie zum Zentralnervensystem, so stellt man fest, daß er sich kurz vor seinem Eintritt ins Rückenmark in zwei Äste oder Nervenwurzeln aufteilt. Die eine, »dorsale Nervenwurzel« genannt, tritt auf der Rückseite ins Rückenmark ein, die andere, »ventrale«, von vorn. Die dorsale Wurzel enthält die sensorischen Anteile, das heißt, sie übermittelt Signale aus Haut, Muskeln und inneren Organen; die ventrale Wurzel ist der motorische Teil: Über sie laufen die Signale zu Drüsen, Muskeln und anderen Strukturen, die den Anweisungen folgen.

Wie bereits erwähnt, entspringen die sensorischen Signale in spezialisierten Zellen oder kleinen vielzelligen Aufnahmestrukturen in Haut, Muskeln und inneren Geweben. Diese Empfangsstrukturen können einen Reiz wahrnehmen und in einen Nervenimpuls umsetzen. Sie nehmen die Signale in dendritenähnlichen Fortsätzen auf, die sie zum Zellkörper weiterleiten. Ein Beispiel sind die spezialisierten Zellen in der Schnecke des Innenohrs.

Jede reizempfindliche Zelle oder Struktur spricht nur auf Reize eines ganz bestimmten Typs an, auf andere aber nicht. Dabei kann es sich um mechanische Einflüsse (beispielsweise Druck oder die Schwingungen der Schallwellen) oder um chemische Einwirkungen, Temperatur, Schmerz oder Licht handeln. Die Rezeptoren sind so stark spezialisiert, daß beispielsweise leichte und grobe Berührungen sowie starker Druck von separaten Strukturen aufgenommen werden; und die Geschmackssensoren sprechen entweder auf süß, bitter, sauer oder salzig an, auf die drei anderen Geschmacksrichtungen aber nicht. (Obwohl es nur diese vier Typen von Geschmackssensoren gibt, können wir beim Essen sehr vielfältige Eindrücke wahrnehmen, weil das Gehirn die Impulse dieser Sensoren mit denen einer umfangreichen Sammlung von Geruchssensoren koordiniert. Der Geschmack im Mund ergibt sich aus der Mischung von beiden. Deshalb macht Essen auch keinen Spaß, wenn man Schnupfen hat.)

Die Impulsumwandlung ist eine Art Übersetzung. Die reizempfindliche Zelle oder Struktur nimmt die Nachricht in einer Sprache auf (chemisch, mechanisch oder auf andere Weise) und überträgt sie in eine andere, den elektrischen Impuls, der den allgemeinen Dialekt der Nervenleitung darstellt. Die Zellen eines Rezeptors können nur Reize eines einzigen Typs in diese allgemeine Sprache übersetzen. Man kann sich die Rezeptoren wie eine Gruppe von Dolmetschern bei den Vereinten Nationen vorstellen, von denen jeder nur eine Fremdsprache beherrscht und nur auf diese im Sprachengewirr in seinem Kopfhörer achtet. Er übersetzt das Gehörte und leitet es als Morsecode weiter.

Ein sensorischer Reiz, der über einen peripheren Nerv und die Nervenwurzel ins Rückenmark gelangt, kann dort auf eine oder beide von zwei Arten weiterverarbeitet werden. Er wird über die Interneuronen unmittelbar zu den motorischen Neuronen des Rückenmarks und von dort in deren Axone geleitet, so daß ein Reflex ausgelöst wird, ohne daß Verbindungen zu höheren Zentren gebraucht werden; oder aber er wird zum Gehirn übermittelt. Das Rückenmark hat also eine Doppelfunktion: Es dient einerseits als Nervenzentrum, das Signale aufnimmt und Reflexreaktionen auslöst, und andererseits als Zwischenstation zwischen peripheren Nerven und Gehirn.

Wenn ein Nervenimpuls von einem sensorischen Neuron im Rückenmark zum Gehirn aufsteigt, wandert er an einem Axon entlang, und dieses Axon liegt mit anderen, welche die gleiche Information übermitteln, in einem Bündel. Es gibt eine ganze Reihe solcher aufsteigenden Bahnen, und die Axone in jeder davon entspringen an Neuronen, die für einen bestimmten Sinneseindruck zuständig sind. Jede sensorische Faser transportiert Nachrichten eines ganz bestimmten Typs, beispielsweise Schmerz, Berührung, Wärme oder andere. Die Berührungsempfindung hat also ihren eigenen Weg zum Gehirn, und das gleiche gilt für Druck, Schmerz, Temperatur und andere. Jede dieser Nervenbahnen überträgt die jeweiligen Sinneseindrücke an eine eigene Stelle im Thalamus, einer Struktur, die im unteren Teil des Gehirns über dem Hypothalamus liegt. Im Thalamus wird die Information näher bestimmt und interpretiert, dann gelangt sie nach oben in die Großhirnrinde, den denkenden Teil des Gehirns. Die Rinde erkennt, woher das Signal kommt, und handelt entsprechend. Außerdem zweigen von den aufsteigenden Nervenbahnen seitliche Äste ab, die zu bestimmten Teilen weiter unten im Gehirn laufen und dort die autonomen Reaktionen in Gang setzen.

Auf diese Weise läuft eine einzige Wahrnehmung, beispielsweise nachdem man sich auf einen Reißnagel gesetzt hat, zunächst über die dorsale Nervenwurzel ins Rückenmark und von dort in verschiedene Richtungen. Das führt dazu, daß fast gleichzeitig verschiedene Reaktionen einsetzen, vom Reflex des Aufspringens vom Stuhl (der ausschließlich vom Rückenmark ausgelöst wird) über einen leichten Anstieg des Pulses und andere kleine Anzeichen der Flüchten-oder-kämpfen-Reaktion (die automatisch vom Hypothalamus in Gang gesetzt werden) bis hin zu dem (von der Hirnrinde ausgehenden) Fluch über den hirnrissigen Idioten, der den verdammten Nagel hier liegengelassen hat.

Gleichzeitig setzen andere körperliche Reaktionen ein; das erfordert die koordinierte Tätigkeit verschiedener Mechanismen, die durch ihr abgestimmtes Wirken dafür sorgen, daß das Sitzen auf dem Reißnagel keinen dauerhaften Schaden anrichtet. An der winzigen Stichwunde am Gesäß taucht ein Tropfen Blut auf, und das ruft sofort die Blutgerinnungs- und Entzündungsmechanismen auf den Plan, deren Aufgabe darin besteht, den Schaden auf das unmittelbare Umfeld der Verletzung zu begrenzen. Die Arteriolen, die den betroffenen Bereich versorgen, ziehen sich zusammen, so daß nur sehr wenig Blut austritt; innerhalb weniger Minuten bildet sich ein Blutgerinnsel, und die schützenden weißen Blutzellen sowie das Blutplasma mit seinen heilungsfördernden Proteinen sind ebenfalls vor Ort; sie haben ohne weiteres die Wände der Kapillaren durchquert, deren Durchlässigkeit eigens zu diesem Zweck größer wird. In kürzester Zeit hat der Körper ein ganzes Arsenal von Kräften mobilisiert, die gegen die plötzliche Bedrohung seiner Unversehrtheit ankämpfen.

Der neurologische Anteil der Reaktion wird ausschließlich durch die Impulse in den Nervenfasern in Gang gesetzt. Wir sprechen zwar bildhaft von einer Nachricht, aber in Wirklichkeit ist der Impuls nur eine schnell wandernde elektrische Ladung, die sich aufbaut, wenn der ursprüngliche Reiz an der Membranhülle der Nervenzelle bestimmte chemische und physikalische Veränderungen auslöst. An den Synapsen, in den Neuronen und in den Nervenzentren laufen alle möglichen Filtervorgänge ab, aber der grundlegende Mechanismus der Signalübermittlung ist immer der gleiche: Im Neuron kommt es zu recht simplen chemischen und physikalischen Veränderungen, durch die eine winzige elektrische Ladung entsteht.

Das Ganze hat noch eine zusätzliche Dimension. Wie bereits erwähnt, kann ein Impuls, der zu einem Neuron des Zentralnervensystems gelangt, dort zweierlei Wirkungen haben: Er kann die Zelle anregen oder hemmen. Da ein Neuron ständig viele Signale gleichzeitig empfängt, ergibt sich der Gesamteffekt aus der Summe der anregenden minus der Summe der hemmenden Impulse. Nur wenn auf diese Weise ein Schwellenwert überschritten wird, gibt das Neuron seinerseits ein Signal ab. Wenn also viele solche Zellen zusammenwirken, kann der Gesamteffekt irgendwo in einem breiten Spektrum vom ganz Schwachen bis zum sehr Starken liegen. Die veränderliche Stärke der Signale, die insgesamt an einem großen Axonbündel entlanglaufen, fügt der Vielseitigkeit möglicher Reaktionen eine weitere Dimension hinzu.

Wir sind uns zwar bewußt, daß Nachrichten über Reize wie Schmerz oder Temperatur unaufhörlich zum Gehirn fließen, aber manchen anderen Empfindungen, die für ein gleichmäßiges Leben ebenfalls von beträchtlicher Bedeutung sind, schenken wir viel weniger Beachtung. Die meisten Menschen haben zum Beispiel nicht die leiseste Ahnung von der Propriozeption (»Eigenwahrnehmung«), der Fähigkeit, Haltung und Bewegungen von Gliedmaßen, Rumpf und Kopf zu erkennen. Meine Frau und ich schlendern vom Vorfrühling bis zum Spätherbst fast jeden Abend ein wenig durch die Straßen unseres Stadtviertels, versunken in manchmal ernste, manchmal auch alberne Gespräche, und keiner von uns verschwendet auch nur einen Gedanken auf die Position unserer Füße oder die Koordination der vielen willkürlichen Bewegungen bei jedem einzelnen Schritt. Aber wenn man die Augen schließt und dann die Haltung eines Fußes, einer Hand oder sogar einer Fingerspitze beschreiben soll, kann man das fehlerlos tun. Die Haltung eines Körperteils, der sich bewegt, erkennen wir durch das Zusammenwirken der Propriozeption und des geistigen Bildes, das unser Gehirn sich vom Körper macht. Mit der gleichen Sicherheit können wir auch bei geschlossenen Augen mit der Fingerspitze die Nase treffen. Wenn Muhammad Ali wie ein Schmetterling durch die Ring flatterte und wie eine Wespe zustach, sorgte eine Vielzahl physiologischer Steuerungsmechanismen in seinem Körper für fehlerlose Bewegungen und für die richtigen Zeitpunkte bei den einzelnen Schlägen, aber am wenigsten war er sich wahrscheinlich der Propriozeption bewußt. Das gleiche galt für Vladimir Horowitz an dem Abend, als Otto Loewi in der Carnegie Hall unter den Zuhörern saß, und auch für mich, als ich das feine Gewebe rund um Marge Hansens Bauchspeicheldrüse durchtrennte.

Das Wissen über die Stellung unserer Körperteile, aber auch die Steuerung der willkürlichen Muskelbewegungen beginnt bei winzigen Rezeptorstrukturen, die sich in großer Zahl in unseren Gelenken, Sehnen und Muskeln befinden. Die Reize, die auf die Zellen dieser Rezeptoren treffen, werden von sensorischen Nerven über die Nervenwurzeln zum Rückenmark weitergeleitet; dort überqueren sie auf chemischem Weg die Synapsen und werden zu Bestandteilen eines Reflexbogens, und über andere Synapsen hin-

weg laufen sie an ihren jeweiligen Nervenbahnen entlang zur Medulla im Hirnstamm, dem untersten Teil des Gehirns. Von dort werden sie in die gegenüberliegende Gehirnhälfte zum Thalamus weitergeleitet (das ist der Grund, warum die rechte Gehirnhälfte Reize von der linken Körperseite verarbeitet und umgekehrt), und dann wandern sie weiter zu den Sinnesfeldern der Hirnrinde. Alle drei Teile – Medulla, Thalamus und Hirnrinde – sorgen durch Koordination und Integration der ankommenden Signale dafür, daß motorische Reize in umgekehrter Richtung durch das Rückenmark geleitet werden, das nun seinerseits die Bewegungen der zugehörigen Muskeln und die erforderlichen autonomen Reaktionen koordiniert und integriert. Das alles spielt sich ab, ohne daß wir uns auch nur das geringste vornehmen müssen. Wegen solcher perfekt abgestimmter Reaktionsfolgen können wir gehen, Klavier spielen oder einander auf die Nase schlagen; die Freiheit dazu ergibt sich aus der ganz selbstverständlichen Sicherheit, daß alles so abläuft, wie wir es erwarten.
Ich bin in engem Kontakt mit einem Mann aufgewachsen, der einen großen Teil seiner propriozeptiven Fähigkeiten verloren hatte. Max Tailor war, wie viele Männer mittleren Alters, die ich in meiner Jugend kennenlernte, ein jüdischer Einwanderer, der im ersten Jahrzehnt des 20. Jahrhunderts mit den großen Einwanderungswellen aus den verarmten Gettos Osteuropas in die Vereinigten Staaten gekommen war und sich hier ein besseres Leben erhoffte. Aber wenn überhaupt, dann stellte sich dieses bessere Leben für ihn nur langsam ein. Er stammte zwar aus einer Schneiderfamilie (deshalb traf er diese Wahl, als er seinen jiddisch-slawischen Zungenbrecher von Namen ablegte und einen eher amerikanisch klingenden Namen annahm), war aber selbst nicht nach der Familientradition ausgebildet und mußte sich mit einer Anlerntätigkeit als Näher in einer Fabrikhalle der New Yorker Bekleidungsindustrie zufriedengeben. Die Tailors wohnten im fünften Stock desselben Mietshauses ohne Aufzug, in dem auch ich groß wurde. Max ver-

diente gerade so viel, daß er seine Frau und seine beiden Söhne ernähren konnte – jedenfalls hätte es gereicht, wenn ihn nicht schon vor dem 40. Lebensjahr die Propriozeption langsam verlassen hätte, zu einer Zeit, als seine Jungen noch klein waren. Jetzt kamen sie nur noch knapp über die Runden.

Der neurologische Prozeß verlief allmählich, aber unaufhaltsam, und im Laufe von 15 bis 20 Jahren verschlechterte Max' Zustand sich immer mehr. Solange er lebte, fand man die Ursache der zunehmenden Behinderung nicht, und Max starb ohne Diagnose. Das heißt, er segnete das Zeitliche ohne ärztliche Diagnose – zu diagnostizieren gab es genug, oder zumindest mußte man schmerzliches Mitleid empfinden, und zwar nicht nur mit Max selbst, sondern auch mit allen seinen Angehörigen: Sie lebten in jenem Zustand der Angst, der Enttäuschung und letztlich der Hoffnungslosigkeit, der einen angesichts des körperlichen und seelischen Verfalls eines geliebten Menschen gefangenhält. In der Familie herrschten starke Spannungen, denn Max' Söhne begriffen so wenig von der immer schlimmer werdenden Tragödie, daß sie die Erklärung in nichtkörperlichen Ursachen wie fehlender Willenskraft suchten. Herb, der Junge in meinem Alter, beklagte sich mehr als einmal voller Zorn, sein Vater scheine in einer Weigerung gefangen zu sein, sich selbst zu helfen. Von psychosomatischen Vorgängen wußte man damals – oder zumindest in einer solchen Familie – nichts, aber was es bedeutete, war klar, auch wenn die Worte zum Ausdrücken seiner ängstlichen Verbitterung fehlten. Herb war wütend auf die unbekannte Krankheit, auch wenn es ihm das Herz brach, dem erbarmungslosen Verfall seines Vaters zuzusehen.

Dennoch ließen sie sich alle vier nicht unterkriegen. Max und Fannie Tailor waren nach Amerika gekommen, um sich einen Traum zu erfüllen, aber schon bald stellten sie fest, daß erst ihre Kinder den Traum wahr machen konnten. Wie die Söhne und Töchter vieler Immigranten, so wurden auch Herb und sein Bruder Joe für ihre Eltern zu Führern durch das verwirrende Chaos der Neuen

Welt – die den Charakter des Neuen, Fremdartigen auch nach Jahrzehnten nicht verlor. In der kleinen, vom Pech verfolgten Familie herrschte das Prinzip, wonach – gute Gesundheit vorausgesetzt – kein Hindernis harter Arbeit und Bildung Widerstand leisten konnte. Und so kam es auch. Beide Jungen strengten sich an, und beide hatten Erfolg. Max erhielt sich bei allen Schwierigkeiten einen hochentwickelten Sinn für Ironie, und sie wurde im Laufe der Zeit zum beherrschenden Thema seiner Gespräche, so daß zumindest eine Art Galgenhumor in sein düsterer werdendes Leben kam. Er hätte sich ein sarkastisches Glucksen nicht verkneifen können, hätte er länger gelebt und gesehen, was aus seinen Söhnen wurde: Joe verwaltet Geld, das Max und Fannie nie hatten; und Herb ist Professor für englische Literatur, die Max und Fannie nie zu lesen gelernt hatten.

Max war während seiner Krankheit kostenlos in städtischen Krankenhäusern von New York behandelt worden. Als sein Zustand sich verschlechterte, wurden die Klinikaufenthalte häufiger, und seine Angehörigen hatten zunehmend das Gefühl, in der Schuld der Ärzte zu stehen. Als er gestorben war, kamen seine Söhne mit einem der Neurologen überein, eine Obduktion vorzunehmen. Sie stellten eine Bedingung: Der Bericht sollte an einen alten Freund geschickt werden, der sich damals in New Haven zum Chirurgen ausbildete. Dieser alte Freund, so sagten sie den Ärzten, hatte Max fast während seines ganzen Lebens gut gekannt und würde genau wissen, wie die Befunde zu erklären seien. Auf diese Weise erfuhr ich endlich, was ich da zwei Jahrzehnte lang miterlebt hatte.

Als erstes – ich war acht oder neun Jahre alt – hatte ich bemerkt, daß der Vater meines Freundes einen seltsamen Gang hatte. In dieser ersten Zeit schien ihm nur das Gleichgewicht ein wenig Schwierigkeiten zu bereiten, und nach einiger Zeit setzte er die Füße bei jedem einzelnen, mühsamen Schritt vorsichtig auf, offenbar mit einer bewußten Willensanstrengung. Mit der Zeit gewöhnte er sich einen Gang an, den ich nur als watschelnd oder wiegend bezeichnen kann; breitbeinig ließ er seine Füße nacheinander auf das Pflaster fallen. Beim Gehen starrte er ständig nach unten, als wolle er sich überzeugen, daß seine Beine dahin gingen, wohin er wollte.

Als ich fünfzehn war, bedeutete es für mich eine echte Überwindung, bei den Tailors zu Mittag zu essen. Max' Hände zitterten zwar nicht, aber seine Versuche, den Löffel zum Mund zu führen, wurden auf ebenso katastrophale Weise vereitelt, und ich brauchte eine ganze Weile, um herauszufinden, warum: Max wußte nicht genau, wo seine Hände sich in einem bestimmten Augenblick befanden, wenn er sich nicht ständig darauf konzentrierte. Wir anderen konnten einen Becher oder eine Gabel ohne Nachdenken an die Lippen führen, aber er mußte solche Bewegungen offenbar genau vorausplanen. Trotz aller Anstrengung verschüttete er ständig Suppe oder ließ feste Nahrung fallen, die auf seinem Schoß oder auf dem Fußboden landeten.

Und wenn er sein Ziel schließlich erreicht hatte, kaute er auf irgendwie unkontrollierte Art. Ich habe nie eine Mahlzeit mit ihm erlebt, bei der er nicht halbzerkaute Essenspartikel um den Mund gehabt hätte. Er konnte sich nicht mehr richtig rasieren, und wo er Partien ausgelassen hatte, blieben glänzende feuchte Nahrungsteile in den Stoppeln hängen. Das ging so weit, daß ich ihn nicht mehr über den Tisch hinweg ansehen konnte, ohne daß mich eine Welle der Übelkeit packte. Seine Söhne versuchten zwar, ihn zu beruhigen, aber er muß gewußt haben, wie peinlich er ihnen war. Als ich auf die Zwanzig zuging, konnte ich mich nicht mehr überwinden, bei Tailors zu essen.

Es gab auch andere Probleme; zum Teil wußte ich nur davon, weil Herb mir davon erzählte. Alle paar Wochen hatte Max einen Anfall mit starken Schmerzen in den Schienbeinen; sie traten so plötzlich und aus heiterem Himmel auf, daß er manchmal laut aufschrie, aber immer war nach ein paar Minuten alles vorüber. Außerdem litt er immer wieder über längere Zeit hinweg und ohne erkennbare

Ursache an Bauchschmerzen. Die Ärzte, die ihn dann untersuchten, zuckten nur die Schultern und sagten: »Max hat wieder seinen Anfall.« Aber sie hatten keine Ahnung, was das eigentlich bedeutete. Wenn mir in späteren Jahren ein Patient Symptome beschrieb, die bedeutungslos, jedoch nicht zu erklären waren, beruhigte ich ihn immer so: »Ja, das wissen wir – wirklich!« Jedesmal wenn ich diese Worte murmelte, mußte ich an Max denken.

Zu allem anderen kam noch der Gestank. Max war immer von einem leichten Uringeruch umgeben; das verstand ich nicht, bis Herb mir berichtete, sein Vater habe offenbar die Blase nicht vollständig unter Kontrolle. Er machte sich oft in die Hose, ohne es zu merken. Nach einiger Zeit konnte er die Blase nicht mehr richtig entleeren, und das führte immer wieder zu Harnwegsinfektionen, die letztlich zu seinem Tod beitrugen.

In den letzten zehn Jahren seines Lebens hatte man bei Max verschiedene Diagnosen gestellt; alle sprachen von einer Erkrankung aus der großen Kategorie der multiplen Sklerose, bei der das Rükkenmark an zahlreichen Stellen geschädigt wird, so daß es durch die Beteiligung verschiedener Teile des Nervensystems zu vielfältigen Symptomen kommt. Aber keine diagnostische Möglichkeit paßte ganz zu Max' Symptomen. Völlig erklären ließ sich das Krankheitsbild erst nach seinem Tod.

Bei der mikroskopischen Untersuchung nach der Obduktion zeigte sich eine deutliche Degeneration der Nervenwurzeln und der aufsteigenden Bahnen im hinteren Teil des Rückenmarks. Die Ursache war ohne Zweifel eine weit zurückliegende, unerkannte Rückenmarksinfektion. Die betroffenen Bereiche waren eingeschrumpft, und an die Stelle der Nervenfasern war narbenartiges Gewebe getreten. Und bei den zerstörten Abschnitten handelte es sich genau um diejenigen, die propriozeptive Reize zum Gehirn übermitteln. Die Schmerzen in Beinen und Bauch waren offenbar durch die Beteiligung der dorsalen sensorischen Nervenwurzeln entstanden, die mißtönende Nachrichten ans Gehirn schickten. Ihr

Verfall war auch der Grund, daß Max seine Blase nicht mehr kontrollieren konnte.
Ich berichtete meinem Freund Herb über die Befunde und schilderte ihm, wie sich alle Symptome mit den mikroskopischen Befunden erklären ließen. Seine Reaktion überraschte mich nicht. Er weinte ein paar Minuten lang leise vor sich hin, und als er schließlich sprach, war er voller Reue und Schuldgefühle: Er hatte wirklich geglaubt, sein Vater habe die Familie jahrelang mit einer eingebildeten Krankheit terrorisiert, die sich »nur in seinem Kopf abspielte« und ihm Mitgefühl und Macht verschaffen sollte. Herb sagte, er habe nie verstanden, warum Max mit seinem Körper Dinge nicht schaffte, die für alle anderen selbstverständlich waren. Erst jetzt, als es zu spät war, wußte er es.

V
Grundbaustein des Lebendigen: Die Zelle

Unsere Kenntnisse über den menschlichen Körper haben sich nicht kontinuierlich erweitert. Den ersten großen Schritt vorwärts gab es im goldenen Zeitalter der griechischen Antike, und zwar nicht nur durch die Beobachtungen und spekulativen Gedanken von Aristoteles, sondern auch durch die eher pragmatischen Untersuchungen der Ärzte, die seit dem 5. Jahrhundert v. Chr. in der Nachfolge von Hippokrates ausgebildet wurden.

Der herausragendste Vertreter dieser hippokratischen Tradition war der Arzt Galen, der aus Kleinasien stammte und im 2. Jahrhundert n. Chr. in Rom praktizierte. Seine Arbeiten führten zwar zu neuen Erkenntnissen über die Biologie des Menschen, aber seine Autorität war so groß, und er hatte seine Botschaft, er wisse alles, was sich zu wissen lohne, so nachdrücklich verkündet, daß er damit für 1400 Jahre neue Entdeckungen behinderte.

Erst durch die »Kulturrevolution« der Spätrenaissance lockerte sich Galens eiserner Griff auf das Wissen, und nun konnte man den menschlichen Körper wieder vorurteilsfrei untersuchen. Seit dem 16. Jahrhundert war das unvoreingenommene Beobachten Ziel der medizinischen Forschung, aber Ärzte und Wissenschaftler stießen weiterhin an Grenzen, weil es noch nicht die Instrumente gab, mit denen sie ihre fünf Sinne hätten ergänzen und ihre Befunde objektivieren können. Trotz solcher Einschränkungen wurden experi-

mentelle Methoden und induktives Denken innerhalb eines Jahrhunderts zu den wichtigsten Triebkräften des wissenschaftlichen Fortschritts. Die Kunst der klinischen Medizin war die Kunst des Arztes, das Gesehene und Gehörte vor dem Hintergrund der wachsenden Kenntnisse über das Krankheitsgeschehen zu deuten.
Im 19. Jahrhundert lenkte die Erfindung dreier neuer Instrumente den Weg des medizinischen Fortschritts von der ärztlichen Kunst weg hin zu wissenschaftlicher Objektivität. Im Jahr 1819 kam das Stethoskop auf, und damit fand im buchstäblichen wie im übertragenen Sinn die erste Distanzierung zwischen Arzt und Patient statt. Ein neu entdecktes Gesetz der Optik ermöglichte 1830 die Korrektur der Linsenaberration, und nun wurde das bereits im 17. Jahrhundert erfundene Mikroskop erstmals zu einem nützlichen Hilfsmittel: Die Ärzte konnten jetzt immer kleinere Teile ihrer Patienten untersuchen. Und 1895 entdeckte Wilhelm Conrad Röntgen die nach ihm benannten Strahlen, so daß man selbst kleine Gewebeproben von den Patienten immer weniger benötigte; an ihre Stelle trat ein Schattenbild auf einer fotografischen Platte.
Von diesen drei Neuerungen hatte das Mikroskop die umfassendsten Auswirkungen. Die Forschung mit den neuen optischen Instrumenten kam einer Offenbarung gleich: Wie man nun erkannte, ist die Grundeinheit des Lebendigen weder ein Organ noch ein Gewebe, sondern ein winziges, mit bloßem Auge nicht erkennbares Gebilde, dessen Bedeutung man bis dahin völlig unterschätzt hatte. Dieses winzige Partikel von großer struktureller Bedeutung bezeichnete man schon seit 200 Jahren als Zelle. Die verbesserten Linsen zeigten sehr schnell, daß die Zelle das kleinste Wesen ist, das unter geeigneten Umweltbedingungen selbständig leben kann. Erst bei ihr beginnt deshalb eigentlich die Geschichte von Struktur und Funktion des menschlichen Organismus – und letztlich auch von Menschsein und Geist.
Daß es Zellen gibt, wußte man schon, lange bevor man sie mit genauen Vergrößerungshilfsmitteln eingehend studieren konnte. Der

englische Universalgelehrte Robert Hooke veröffentlichte 1665 ein Buch mit dem Titel *Micrographia* und beschrieb darin seine Untersuchungen an verschiedenen Tieren und Pflanzen, die er mit einem einfachen Mikroskop durchgeführt hatte. Wie er zum Beispiel feststellte, besteht eine dünne Korkscheibe »aus gar vielen kleinen Schachteln«, die er »Poren oder Zellen« nannte, abgeleitet von dem lateinischen *cellula*, »kleiner Raum«. Er schätzte ihre ungefähre Größe ab und gelangte zu dem Schluß, daß ein Kubikzoll Kork »etwa zwölfhundert Millionen oder 1 259 712 000 Zellen enthält, was fast unglaublich erscheint, würde unser Mikroskop es uns nicht mit Sicherheit vor Augen führen«. Hooke, der die Bedeutung neuer Befunde (und die zeitlose Wichtigkeit der Erstentdeckung) immer einschätzen konnte, schrieb:

> Ich erkannte diese nicht eher (und es waren tatsächlich die ersten *mikroskopischen* Poren, die ich jemals sah und die vielleicht überhaupt jemals gesehen wurden, denn ich hatte keinen Autor und keine Person getroffen, die sie vorher schon einmal erwähnt hätten), aber als ich mir über ihre Entdeckung Gedanken machte, schienen sie mir der wahre, verständliche Grund für alle *Phaenomena* des Korks zu sein.

Hookes Entdeckung war viel folgenschwerer, als ihm selbst klar war. Noch zwei Jahrhunderte sollten vergehen, bevor man erkannte, daß die Zellen, die Hooke gesehen hatte, eine – allerdings tote – Form der Bausteine waren, aus denen alle Lebewesen aufgebaut sind. Von Zeit zu Zeit tauchte in einer wissenschaftlichen Abhandlung ein Hinweis auf die Zellen auf, aber eigentlich wußte niemand so recht, was man mit den kleinen »Schachteln« anfangen sollte. Erst nach 1830, als man die Linsen entscheidend verbessert hatte, wurden in schneller Folge neue Befunde möglich, und sie führten schließlich zu der Vorstellung, die man heute als Zelltheorie bezeichnet.

Den ersten Schritt in Richtung der Zelltheorie unternahm der schottische Botaniker Robert Brown 1831 mit einem Bericht, wonach alle Pflanzenzellen, die er mit seinem neuen Mikroskop untersucht hatte, im Inneren eine Art kugelförmige Struktur besaßen, die er *nucleus* taufte, vom lateinischen *nucula*, »kleine Nuß«. Sieben Jahre später veröffentlichte der Deutsche Matthias Schleiden, ebenfalls ein Botaniker, einen Aufsatz, der zu einem Meilenstein werden sollte; darin äußerte er seine Überzeugung, daß alle Pflanzengewebe ausnahmslos aus Zellen aufgebaut sind. Im Laufe des folgenden Jahres vertrat Schleidens Freund Theodor Schwann die Ansicht, das gleiche treffe auch auf Tiere und eigentlich auf alle Lebewesen zu.

Schwann untermauerte seine Behauptung zwar mit einer Fülle unmittelbarer Belege, aber vielen erschien sie dennoch zu revolutionär und vielleicht sogar ketzerisch. Da er niemanden beleidigen und auch die Lehren seiner Kirche nicht verletzen wollte, holte der fromme Katholik zunächst die Genehmigung seines Bischofs ein, bevor er sein Buch veröffentlichte; es erlangte für die Geschichte der Biologie eine so grundlegende Bedeutung, daß man von amerikanischen Studenten noch 100 Jahre später verlangte, den deutschen Titel auswendig zu zitieren. Auch ich war eines der vielen Opfer dieser fehlgeleiteten Pädagogik, und wenn man mich fragt, kann ich es heute noch: *Mikroskopische Untersuchungen über die Übereinstimmung in der Struktur und dem Wachsthum der Thiere und Pflanzen.*

Nachdem Schwanns Schrift erschienen war, fehlte der Zelltheorie nur noch ein grundlegendes Element. Die Frage, die es zu beantworten galt, lautete: Woher kommt eine Zelle – aus welchem organischen Material entsteht sie? Innerhalb der nächsten 15 Jahre löste man mit Hilfe des Mikroskops auch dieses Rätsel. Die Antwort kam 1855 von Rudolf Virchow, dem angesehensten Mediziner seiner Zeit, der damals Professor für Pathologie an der Universität Würzburg war, und bestand aus einem einzigen, wohltönenden lateinischen Satz: *Omnis cellula ex cellula* – Jede Zelle geht aus einer schon vorhandenen Zelle hervor. Mit dieser Behauptung und den Belegen, die sie stützten, wischte Virchow Dutzende von Spekulationen vom Tisch, wonach Lebewesen spontan aus ungeformter oder sogar anorganischer Materie entstehen sollten. Wenige Jahre später schrieb Louis Pasteur in einer Reihe von Aufsätzen für eine französische Wissenschaftszeitschrift den endgültigen Nachruf auf die Vorstellung, die lange unter dem Begriff »Spontanzeugung« bekannt war. Von nun an war klar, daß die Erhaltung des Lebens von der Fortpflanzung bereits vorhandener Lebewesen abhängt, und der Schlüssel zu dieser Kontinuität war die Zweiteilung einer Ausgangszelle in zwei gleiche Tochterzellen. Auf diese Weise verdoppelt die Natur unablässig die kleinsten lebendigen Einheiten, die zu einem unabhängigen Dasein fähig sind. Der Nachweis, daß das Leben der Zellen im Mittelpunkt steht, erwies sich, was die Struktur angeht, als wichtigste Erkenntnis der Biologie.

In den folgenden 100 Jahren bestätigte die gesamte physiologische Forschung, wie wichtig eine stabile Umgebung für die Zelle ist. Unter dem Einfluß von Claude Bernard brachten mehrere Forschergenerationen in immer raffinierteren Untersuchungen des *milieu intérieur* mehr und mehr darüber in Erfahrung, welche Umweltbedingungen erfüllt sein müssen, damit die Zellen dauerhaft weiterleben können und damit Gewebe und Organe optimal funktionieren. In den letzten Jahrzehnten jedoch (und vor allem durch die Fortschritte der Biochemie sowie durch technische Neuerungen wie das Elektronenmikroskop) ist die Zelle selbst in den Mittelpunkt der Aufmerksamkeit gerückt. Das Wissen über ihre Struktur und ihre Molekülbausteine hat sich schnell erweitert und wächst immer noch mit so atemberaubender Geschwindigkeit, daß die meisten von uns nicht mehr folgen können. Die schwer nachvollziehbaren Erkenntnisse übersteigen die Begriffsfähigkeit der großen Mehrheit von Normalbürgern, die nicht Spezialisten für dieses oder jenes wissenschaftliche Teilgebiet sind.

Im folgenden möchte ich eine Art »Grundwissen« über die biologischen Eigenschaften von Zellen vermitteln. Ich habe versucht, schwerverständliche Einzelheiten wegzulassen; statt dessen schneide ich bewußt manche Themen mehrmals an, um sie mit Sicherheit verständlich zu machen. Das Ergebnis ist vielleicht kein Meisterwerk an Vollständigkeit, aber es wurde in der Annahme geschrieben, daß wir alle bei dem gleichen Ausgangspunkt beginnen: bei Null.

Die etwa 75 Billionen Zellen unseres Körpers, jede mit einem Durchmesser von 0,005 bis 0,02 Millimeter, machen ungefähr zwei Drittel unseres Körpergewichts aus. Jede Zelle hat drei charakteristische Strukturmerkmale: eine Membranhülle, die den Zellinhalt wie eine Haut von der Umgebung abgrenzt, einen Zellkern mit der DNA und das Zytoplasma, das den gesamten Zellinhalt mit Ausnahme des Zellkerns umfaßt.
Die Membran ist eine dünne Schranke, die genau auswählt, was sie in die Zelle hinein- oder aus ihr herausläßt. Zunächst könnte man

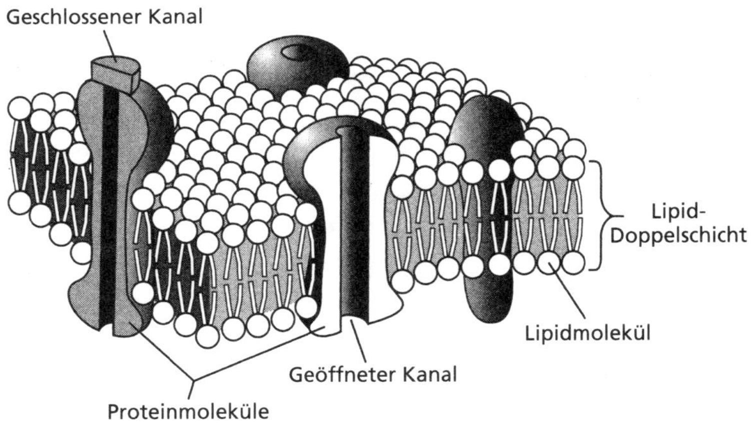

Ein Ausschnitt aus einer typischen Zellmembran mit der Doppelschicht aus Lipiden (Fettsubstanzen) und mehreren Kanalproteinen.

meinen, eine solche Abgrenzung müsse etwas sehr Festes sein, aber in Wirklichkeit ist die Zellmembran weder ganz flüssig noch ganz fest; ihre Eigenschaften liegen irgendwo dazwischen, so daß man sie am besten als halbfest bezeichnet. Sie ist zwar eine zusammenhängende Schicht, aber glatt ist sie nicht: Zellen können die verschiedensten Formen haben – ihre Gestalt hängt unter anderem von ihrer Funktion ab. Da die Membranoberfläche mancher Zellen zur Effizienzsteigerung möglichst groß sein muß, hat die Natur sie mit allen möglichen Einstülpungen und Ausbeulungen ausgestattet, so daß die Zelloberfläche meist recht unregelmäßig geformt ist. Manchmal erkennt man sogar fingerähnliche Fortsätze, so zum Beispiel bei den Zellen von Geweben, die – wie in Darm und Gallenblase – hauptsächlich Absorptionsaufgaben haben.

Unabhängig von ihrer Form ist jede Zellmembran eine flexible Doppelschicht aus Fettsubstanzen, deren Konsistenz man mit dünnflüssigem Maschinenöl verglichen hat. In der Membran schwimmen Proteinmoleküle, und zwar so, daß sie in die fettige Doppelschicht eingebettet sind. Manche dieser Proteine ragen aus der Zelle heraus, manche ins Zellinnere, und manche durchspannen auch die ganze, etwa 0,000008 Millimeter dicke Membran, so daß ein Teil des Moleküls nach innen, ein anderer nach außen weist. Diese Proteine erfüllen einzeln oder in Gruppen bestimmte Aufgaben: Manche regulieren den Stofftransport in die Zelle und aus ihr heraus, indem sie Poren oder selektiv wirkende Kanäle bilden; andere dienen als Anheftungsstellen für Moleküle aus der Nachbarschaft, die Signale von benachbarten Zellen oder aus der Umgebungsflüssigkeit übermitteln – solche Proteine nennt man Rezeptoren; wieder andere wirken als Enzyme, das heißt als Katalysatoren für chemische Reaktionen, und noch andere stellen Verknüpfungen zwischen den Zellen her.

Manche Moleküle durchqueren die Zellmembran passiv; andere brauchen dazu aktive Hilfsmittel. Ist zum Beispiel die Konzentration oder der Druck der Teilchen auf einer Seite der Membran höher als auf der anderen, haben beide Seiten das Bestreben, durch passive Vorgänge wie Diffusion oder Osmose einen Ausgleich zu schaffen. Verlangen die Bedürfnisse der Zelle jedoch, daß eine Substanz *gegen* ein solches Druck- oder Konzentrationsgefälle transportiert wird, muß der Transport aktiv und unter Energieverbrauch durch die eingebetteten Proteinkanäle erfolgen. Aktiver Transport verlangt von der Zelle physikalische Arbeit. Die dazu notwendige Energie stammt aus chemischen Reaktionen, bei denen im Zellinneren energiereiche Moleküle gespalten werden. Der aktive Transport durch die Membranen verbraucht 40 Prozent der gesamten in der Zelle benötigten Energie.

Unter bestimmten Umständen sind noch andere Mechanismen notwendig, damit Substanzen in die Zelle eintreten oder sie verlassen können. Verbreitet sind vor allem das Einschließen (durch diesen Vorgang, den die Biologen als Endozytose bezeichnen, werden in der Regel Bakterien und andere große Teilchen aufgenommen) und das Ausstoßen (Exozytose genannt) blasenartiger Ausstülpungen, die von innen durch die Membran geschoben werden.

Mit allen diesen Methoden bestimmt die Membran über den Inhalt der Zelle, und sie steuert sowohl die Aufnahme von Nährstoffen als auch die Ausscheidung der Abfallsubstanzen und anderer schädlicher Stoffe. Sie ist selektiv durchlässig. Die Rezeptoren auf der Zelloberfläche sind immer in Alarmbereitschaft und nehmen die nie endenden Veränderungen in der Umgebung wahr – sie setzen die Prozesse in Gang, durch die es zu einer geeigneten Reaktion kommt. Auf diese Weise ist die Membran jeder einzelnen Zelle entscheidend an den Verhaltensmustern beteiligt, mit denen ganze Lebewesen – du und ich – sich auf die ständigen Wandlungen in ihrer Umgebung und in ihrem Inneren einstellen.

Aber jetzt zum Zellkern. Ein Kern ist das Wesentliche oder der wichtigste Teil einer Sache. Robert Brown ahnte offenbar schon 1831, welche beherrschende Bedeutung das Gebilde hatte, das er als Zellkern bezeichnete. Zumindest aber erkannte er, daß es das beherrschende Element des Zellaufbaus ist. Daß er auch den Mittelpunkt der Tätigkeit einer Zelle darstellt, konnte Brown noch nicht wissen. Seine zentrale Bedeutung erhält der Zellkern, weil er das Material enthält, das die Zellfunktionen steuert und die Vererbung bestimmt. Dieses Material ist eine chemische Verbindung namens Desoxyribonukleinsäure, mit der Kurzbezeichnung (nach dem englischen Namen) auch DNA genannt. Kein Wunder, daß die Biologen eine Zelle auch »Einflußbereich des Zellkerns« nennen.

Der Zellkern ist von einer Doppelmembran eingeschlossen, der Kernhülle; sie ist in regelmäßigen Abständen von Poren durchlöchert, die verschiedenen Substanzen den Ein- und Austritt gestatten. Der wichtigste Bestandteil des Zellkerns ist das Chromatin, eine Riesenzahl locker geknäuelter Fadenstrukturen, die sich während der Fortpflanzung enger zusammenwinden und dann Chromosomen genannt werden – beim Menschen 46 Stück. Jedes Chromosom besteht aus einem einzigen DNA-Molekül und einer beträchtlichen Menge Protein, das als Gerüst dient und etwa die gleiche Masse hat wie die DNA. Ein DNA-Molekül ist eine sehr lange Kette und enthält die Gene. Da es zu den Verbindungen gehört, die man Nukleinsäuren nennt, bezeichnet man die Faser, die durch die Verbindung mit den Proteinen entsteht, auch als Nukleoprotein.

In ihrem Normalzustand ist die DNA im Zellkern nicht ausgestreckt, sondern zu einem komplizierten Knäuel gefaltet. Das Chromosom, das man in einem normalen optischen Mikroskop erkennt, ist in Wirklichkeit ein Bündel aus gefalteter DNA und ihrem Proteingerüst. Auseinandergefaltet und aneinandergekettet wäre die gesamte DNA der 46 Chromosomen aus einer einzigen menschlichen Zelle fast zwei Meter lang.

An dieser Stelle kann ich sehr gut den Genbegriff einführen. Gene sind biologische Informationseinheiten, deren Inhalt von einer Generation zur nächsten weitergegeben werden kann. Das Gen – je-

der Mensch besitzt 50 000 bis 100 000 solche Gebilde – ist also eine Erbeinheit, und es besteht aus einem Stück DNA. Jedes Gen ist ein abgegrenzter Abschnitt eines DNA-Moleküls. Allerdings enthält nur ein kleiner Bruchteil der DNA in einer Zelle – vermutlich weniger als zehn Prozent – auch Gene. Ein Gen ist also nicht mehr und nicht weniger als eine chemische Struktur, die sich irgendwo auf dem DNA-Molekül befindet. Wer nun aber glaubt, mehr sei das Leben nicht, der läßt sich ein X für ein U vormachen. Was genau ist aber ein DNA-Molekül?
Die Moleküle aller Nukleinsäuren sind lange Ketten aus Nukleotiden; in der DNA sind mehrere Millionen solcher Untereinheiten hintereinander angeordnet. Manche Nukleinsäuren (eine davon ist die DNA) bestehen nicht aus einem, sondern aus zwei solchen Strängen, die umeinander gewunden sind und eine Doppelspirale bilden wie die beiden Schlangen des Äskulap. (Die Wissenschaftler, die sich manchmal gern geheimnisvoll ausdrücken, sprechen von der Doppelhelix.)
Jedes Nukleotid in einem DNA-Strang enthält seinerseits drei Molekülbausteine, die zu einer Einheit verbunden sind: einen Zucker namens Desoxyribose, ein stickstoffhaltiges Molekül, das man als Base bezeichnet, und ein Phosphat, ein Molekül aus Phosphor und Sauerstoff. Da es vier verschiedene Basen gibt (sie heißen Guanin, Zytosin, Thymin und Adenin), gibt es auch vier verschiedene Typen von Nukleotiden, die man dementsprechend als Gunaninnukleotid, Zytosinnukleotid, Thyminnucleotid und Adeninnukleotid bezeichnet.
Das DNA-Molekül ist so aufgebaut, daß der Base jedes Nukleotids im einen Strang der Doppelhelix eine Base des benachbarten Nukleotids im anderen Strang gegenübersteht. Das Ganze ähnelt einer Strickleiter, deren Seile irgendwie umeinander gedreht wurden, oder einer Wendeltreppe mit Geländern auf beiden Seiten. Jede Sprosse oder Stufe besteht dabei aus zwei Basen, die quer durch die Doppelhelix miteinander verbunden sind. Dieses Prinzip bezeich-

nen die Wissenschaftler als Basenpaarung. Guanin kann sich nur mit Zytosin paaren, und Thymin verbindet sich nur mit Adenin. Wenn man die Basenpaare entlang der Doppelhelix betrachtet, sieht es so aus, als könne jedes Paar auf jedes beliebige andere folgen, das heißt, es gibt eine Riesenzahl möglicher Reihenfolgen oder Sequenzen. Wie groß diese Zahl tatsächlich ist, kann man sich vor Augen führen, wenn man weiß, daß die DNA einer einzigen Zelle drei Milliarden Basenpaare enthält. In jedem unserer 46 Chromosomen befinden sich bis zu 100 Millionen Basenpaare.
Der grundlegende Aufbau der DNA ist bei allen Tieren und Pflanzen der gleiche; die Arten unterscheiden sich nur durch die Reihenfolge, in der die Basenpaare hintereinander aufgereiht sind. Diese Sequenz – die Anordnung der Basen auf der Länge eines DNA-Moleküls – bestimmt die genetische Information, die von einer Generation zur nächsten weitergegeben wird. Die Nukleotidsequenzen sind sich sehr ähnlich: Sie unterscheiden sich beim *Homo sapiens* und seinem nächsten Verwandten, dem Schimpansen, nur in einem Prozent – aber was ist das für ein Prozent!
Manchmal kommt es in der Sequenz der Basenpaare einer Art zu kleinen Veränderungen; die Folge sind Mutationen, Abwandlungen der Erbinformation. Mutationen, die den Widrigkeiten der Umwelt widerstehen können, überleben. Mutationen, die sich als besonders widerstandsfähig erweisen, setzen sich gegenüber den weniger robusten Varianten durch. In dieser kurzen Aussage stecken das Geheimnis der natürlichen Selektion, das Geheimnis der Evolution und das Geheimnis der Erhaltung des Lebens auf der Erde.
Um zu verstehen, wie die DNA sich verdoppelt (die Wissenschaftler sprechen statt von Verdoppelung lieber von Replikation), braucht man sich nur einmal vorzustellen, daß die beiden Stränge sich auseinanderwinden und trennen. Jetzt sind es zwei Einzelstränge, jeder eine Kette aus mehreren Millionen Nukleotiden. Die Basen – Guanin, Zytosin, Thymin und Adenin – ragen wie abge-

brochene halbe Sprossen aus einer unglaublich langen, in der Mitte geteilten Leiter heraus. Freie Nukleotide schwimmen im Zellkern in Hülle und Fülle herum, und aus jedem davon ragt eine Base, welche die zugehörige komplementäre Base in dem DNA-Strang finden kann. Da Guaninnukleotide sich nur mit Zytosinnukleoti-

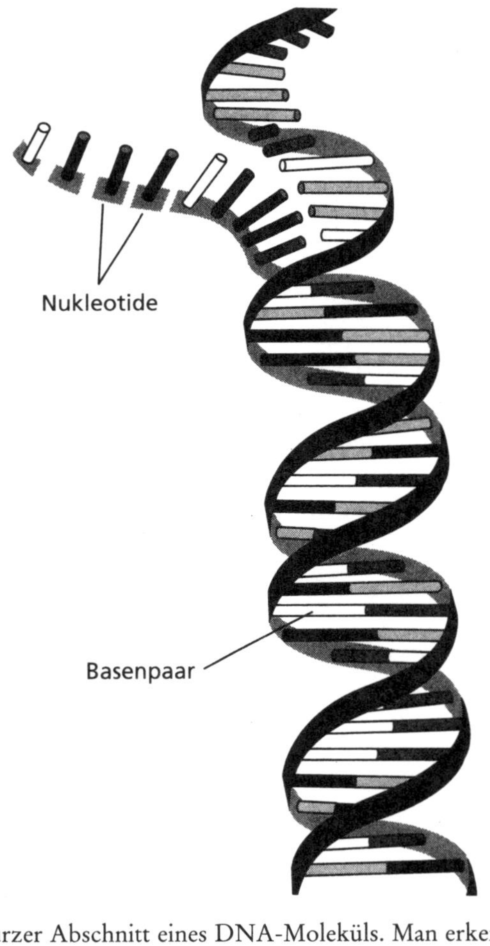

Ein kurzer Abschnitt eines DNA-Moleküls. Man erkennt, wie sich die beiden Stränge zu Beginn der Verdoppelung auseinanderwinden.

den und Thyminnukleotide sich nur mit Adeninnukleotiden verbinden, sieht der Strang, der sich auf diese Weise neu bildet, genauso aus wie der, an dessen Stelle er tritt. Das Endergebnis ist eine neue Doppelhelix, und sie ist genauso aufgebaut wie diejenige, die sich zuvor auseinandergewunden hat.

In Gang gesetzt und gesteuert wird der ganze Vorgang von bestimmten Enzymen (den sogenannten Replikationsenzymen) im Zellkern. Ein Enzym ist ein Protein, das eine chemische Reaktion beschleunigt, indem es die für den Reaktionsbeginn erforderliche Energie vermindert. Deshalb setzen Enzyme häufig Abläufe in Gang, die ohne sie nie stattfinden würden. Enzyme sind Katalysatoren, und jedes der vielen tausend Enzyme in unserem Körper katalysiert eine ganz bestimmte Reaktion.

Es gibt nicht nur Enzyme, die während der Replikation für das Auseinanderwinden, Neuverbinden und Korrekturlesen sorgen; andere reparieren auch Schäden, die der DNA durch Chemikalien, Strahlung und andere gefährliche Einflüsse zugefügt werden. Ständig wandern Gruppen von Enzymmolekülen an den vielen DNA-Strängen entlang und suchen nach geschädigten oder anomalen Abschnitten, die sie dann sofort in Ordnung bringen. Ein sogenanntes Exzisionsreparatur-Enzym schneidet zum Beispiel fehlerhafte Abschnitte heraus und baut sie dann mit Molekülen aus der unmittelbaren Umgebung richtig wieder auf. Im Bereich des Zellinneren sind diese Mechanismen ein weiteres Beispiel für das Bestreben des gesamten Organismus, die Homöostase aufrechtzuerhalten.

Alle Enzyme und die anderen Proteine, die zu einer Zelle gehören, werden, gesteuert von der chemischen Information in der DNA, aus Einzelbausteinen zusammengesetzt. Der Inhalt der Information ergibt sich aus der Reihenfolge der Nukleotide in dem unglaublich langen Molekül. Auch auf die Gefahr hin, zu langweilen, wiederhole ich das zuvor Gesagte: Ein DNA-Molekül ist eine lange Kette aus Nukleotiden; eine Sequenz dieser Nukleotide bildet ein Gen; ein Gen ist also eine abgegrenzte Nukleotidsequenz in der DNA – ein kurzer DNA-Abschnitt; nicht alle DNA-Abschnitte sind Gene – tatsächlich sind es die allermeisten nicht. Wie man also leicht erkennt, ist jedes DNA-Molekül eine lange Kette mit eingestreuten Genen, zwischen denen »stumme«, anscheinend bedeutungslose Abschnitte liegen. Ob diese stummen Abschnitte eine Funktion haben, und wenn ja, welche, weiß man bisher nicht. Die Gene haben in ihrer großen Mehrzahl die Aufgabe, die Synthese von Proteinen zu steuern.

Wenn Wissenschaftler deshalb vom *genetischen Code* sprechen (wieder einer dieser netten, nur allzu vertrauten Begriffe aus der Biosprache), meinen sie damit den Zusammenhang zwischen den Nukleotidsequenzen in der DNA und den Sequenzen der Bausteine (den Aminosäuren) in den Proteinmolekülen, die letztlich anhand der in der DNA enthaltenen Information synthetisiert werden – oder mit anderen Worten: den Zusammenhang zwischen den Genen und den Proteinen, deren Herstellung sie in Gang setzen.

Die Proteine sind die vielgestaltigste Gruppe biologischer Moleküle und können eine breite Palette von Tätigkeiten ausführen. Neben den bereits erwähnten Katalysatorproteinen oder Enzymen gibt es viele andere Gruppen: Strukturproteine, aus denen unter anderem Muskeln und Knochen aufgebaut sind; Regulationsproteine, beispielsweise die Hormone und zahlreiche Proteine, welche die Aktivität der Gene steuern; Kanalproteine, die als Poren oder Tore wirken und Moleküle in die Zellen oder aus ihnen hinausbefördern; Rezeptorproteine, die Signale aufnehmen; und schließlich die Antikörper, Proteine, die als Waffen dienen und den Organismus gegen eingedrungene Fremdsubstanzen verteidigen.

Ein Proteinmolekül besteht aus einer oder mehreren Polypeptidketten. Ein Polypeptid ist eine Kette aus drei oder mehr Aminosäuren; jedes Gen (das heißt jeder kurze DNA-Abschnitt) trägt den Code für einen bestimmten Typ von Polypeptidketten. Diese Information muß nun so entschlüsselt und übermittelt werden, daß sie der Zelle die Anweisung geben kann, das zu dem Gen gehörige Protein herzustellen. Ich muß hier darauf hinweisen, daß der Begriff »kurz« relativ ist, wenn ich damit die DNA-Länge eines Gens beschriebe. Der Abschnitt des DNA-Fadens, der ein Protein codiert, ist im Durchschnitt immer noch mehrere tausend Basenpaare lang.

Wenn die Wissenschaftler den Code eines bestimmten Gens entschlüsselt haben, wissen sie, welche Nukleotidsequenz (also welches Gen) eine bestimmte Polypeptidkette und damit auch ein bestimmtes Protein entstehen läßt. Deshalb ist die derzeitige Aufregung in der Wissenschaftlergemeinde nicht verwunderlich, soll so etwas doch innerhalb der nächsten zehn Jahre für alle Gene des Menschen möglich werden. Man braucht nur an die Folgen für unsere Spezies zu denken, wenn wir jedes unserer Gene einzeln betrachten und seine Bedeutung für das doppelte Ziel der Selbsterhaltung und Fortpflanzung identifizieren können.

Wie viele biochemische Reaktionswege, so verläuft auch derjenige, auf dem die Gene ihre Aufgabe der Herstellung von Polypeptidketten erfüllen, indirekt. Er erfordert eine Zwischenstufe in Form einer anderen Nukleinsäure, der Ribonukleinsäure oder kurz RNA. In gewisser Hinsicht kann man sich die RNA als »DNA-Übersetzer« vorstellen. Wie die DNA ist sie eine Kette aus Nukleotiden, aber zwischen den beiden Verbindungen gibt es drei wichtige Unterschiede: Die RNA ist ein Einzelstrang, ihr Zuckeranteil ist nicht Desoxyribose, sondern Ribose, und anstelle der Base Thymin enthält sie das Uracil, das sich aber wie Thymin mit Adenin verbinden kann.

Die Synthese der RNA verläuft ganz ähnlich wie der Vorgang bei der Replikation der DNA. Zunächst öffnet sich der »Reißverschluß« der DNA, aber nur in einem bestimmten Abschnitt: Die beiden Stränge winden sich in einem begrenzten Stück des Moleküls auseinander. Anschließend heften sich freie Nukleotide aus der Umgebung, die Ribose und Uracil enthalten, unter Mitwirkung von Enzymen an die DNA, so daß eine Nukleotidsequenz entsteht, die dann zu einem neuen RNA-Molekül wird. Diese RNA trennt sich von der DNA, und deren Doppelstrang schließt sich wieder. Die DNA ist also eine Art Matrize für die RNA, und den Vorgang des Umschreibens von DNA in RNA bezeichnet man als *Transkription*. Bei der nun folgenden *Translation* dient die RNA ihrerseits als Matrize für die Synthese einer Polypeptidkette. Insgesamt wird also eine Information, die in einem kurzen DNA-Abschnitt (dem Gen) codiert ist, in eine codierte Information in der RNA umgeschrieben (transkribiert) und dann in ein bestimmtes Polypeptid umgesetzt, das zu einem Molekül oder Molekülteil eines Proteins wird. Francis Crick, der Mitentdecker der Doppelhelixstruktur der DNA, faßte den ganzen Ablauf prägnant in eine einprägsame Formulierung: DNA macht RNA macht Protein.

Die Translation ist also der Vorgang, bei dem bestimmte Aminosäuren nach den Anweisungen im RNA-Molekül aufgereiht und zur Polypeptidkette verknüpft werden. Sie läuft im Zytoplasma ab, nachdem die RNA den Zellkern durch die Kernporen verlassen hat.

Wie man bei genauer Betrachtung der Proteinsynthese erkennt, sind mehrere Elemente erforderlich: eine Informationsquelle – die Nukleotidsequenz (das Gen) in der DNA; ein Weg, um die Information in einer zum Entschlüsseln geeigneten Form zu übermitteln – das geschieht durch die Transkription, also die Synthese von RNA; und eine Methode, um die Information zu entschlüsseln und zur Proteinsynthese zu verwenden – dieser Vorgang ist die Translation, bei der die RNA als Matrize für die Herstellung der Polypeptidkette dient. Gesteuert wird der ganze Ablauf von Enzymen, die Proteine sind und selbst auf dem gleichen Weg hergestellt wurden. Als biologische Katalysatoren können Enzyme die chemischen Vorgänge in den Lebewesen gewaltig beschleunigen, wobei jedes Enzym an einer ganz bestimmten Reaktion mitwirkt. Enzyme sind auch am Aufbau und Umsatz der vier wichtigsten Mole-

kültypen beteiligt, die lebende Zellen brauchen: Proteine, Fette, Kohlenhydrate und Nukleinsäuren. Das heißt, die DNA ist durch die Herstellung der Enzyme und anderer Proteine die Grundlage, von der alle Strukturen und Funktionen der Zelle abhängen.
Entsprechend zeigt sich eine Anomalie in einem winzigen Abschnitt des DNA-Moleküls als Veränderung des von diesem Abschnitt erzeugten Proteins. Schon ein einziges defektes Gen kann weitreichende Krankheitserscheinungen hervorrufen. Eine besonders verheerende derartige Krankheit ist die Sichelzellanämie, eine Anomalie der Hämoglobinsynthese.
Die Sichelzellanämie tritt mit geringer Häufigkeit bei Menschen aus Saudi-Arabien, Indien und dem Mittelmeerraum auf, vorwiegend aber trifft man sie bei Farbigen an, die aus Afrika stammen. In den USA sind fast ausschließlich die Afroamerikaner betroffen. Da ihre Ursache ein sogenanntes rezessives Gen ist, tritt sie in der voll ausgeprägten Form, an der etwa 75 000 Amerikaner leiden, nur dann auf, wenn man von jedem Elternteil ein defektes Gen erbt. Wer das Gen nur von einem Elternteil mitbekommt, hat nur in äußerst seltenen Fällen Symptome, kann den Defekt aber selbst weitervererben.
Personen mit Sichelzellanämie besitzen ein fehlerhaftes Hämoglobin, weil wegen des Gendefekts ein Polypeptid im Hämoglobinmolekül geschädigt ist. Die Ursache ist eine einzige falsche Aminosäure in der Polypeptidkette. Unter bestimmten Bedingungen bilden die anomalen Hämoglobinmoleküle in den roten Blutzellen große Klumpen, die sich zu kristallähnlichen Strukturen zusammenlagern und die Zellmembran so verformen, daß die ganze Zelle wie eine Sichel aussieht. Zur Sichelbildung kommt es unter anderem bei einer geringen Sauerstoffkonzentration im Blut. Verstärkt wird dieser Effekt, wenn das Blut zu konzentriert ist (zum Beispiel bei Flüssigkeitsmangel) oder wenn sein Säuregehalt zunimmt (was bei schweren Infektionskrankheiten vorkommt).
Menschen mit der Sichelzellanämie leiden an Blutarmut (Anämie),

denn die veränderten roten Blutzellen verlieren ihre natürliche Elastizität und können sich deshalb nicht mehr gut durch die Kapillaren zwängen, was ihre Lebensdauer erheblich vermindert. Wegen ihrer verzerrten Form und der unregelmäßigen Membran verklumpen sie leicht, so daß sie die Blutgefäße verstopfen. Die so entstehende verminderte Durchblutung des Gewebes kann Schmerzen verursachen, die manchmal sehr stark und sogar unerträglich werden. In solchen Fällen spricht man von einer Sichelzellkrise. Wenn viele Gefäße blockiert sind, stirbt das betroffene Gewebe ab, die Folge sind zum Beispiel Absterben der Knochen, Hautgeschwüre oder sogar Organversagen. Am häufigsten von allen Organen geht die Milz zugrunde, weil sie im Laufe der Jahre mit immer weniger Blut versorgt wird. Wenn der Patient in die Pubertät kommt, ist sie in der Regel bereits zu einem funktionsunfähigen Knoten von der Größe einer Pflaume zusammengeschrumpft. Der Ausfall der Milztätigkeit wirkt sich schädlich auf das Immunsystem aus, und die Folge ist eine erhöhte Anfälligkeit für Infektionskrankheiten.
Als Chirurg brauchte ich Patienten mit Sichelzellanämie nicht zu behandeln, außer bei Problemen, die sekundär als Folge der Krankheit auftraten. Häufig muß man bei solchen Personen zum Beispiel die Gallenblase entfernen, weil beim ständigen Abbau der Hämoglobinmoleküle bestimmte Substanzen frei werden, die sich zusammenlagern und Gallensteine bilden. Aber die Frage, wie diese eine genetische Abweichung das tägliche Leben beeinflußt, machte mich dennoch so neugierig, daß ich einen meiner Kollegen aus der hämatologischen Abteilung bat, mir ein Treffen mit Mural Penn zu vermitteln; die Leidensgeschichte dieses 35jährigen Afroamerikaners (der wegen seines zweiten Namens Kiplyn meist Kip genannt wurde) zeigt beispielhaft einige der Gefahren, die diese Krankheit mit sich bringt, und deshalb wurde er einmal sogar gebeten, vor einer Gruppe von Medizinstudenten einen Vortrag darüber zu halten. Bevor Kip mir seine Geschichte erzählte, konnte ich mir überhaupt nicht vorstellen, wie verheerend sich eine einzige falsche

Aminosäure, die wegen eines winzig kleinen Gendefekts eingebaut wird, auf das Leben eines Menschen auswirken kann.
Für die meisten Betroffenen ist die Sichelzellanämie unabänderbar und ununterbrochen das beherrschende Element in ihrem Leben. In keinem Augenblick weicht das Wissen, daß die schreckliche Krise jederzeit eintreten kann. Jede Erkrankung, jeder heiße Sommertag, jede größere Anstrengung kann den gefürchteten Schmerzanfall mit sich bringen, der mehrere Tage lang anhält und nur mit hochdosierten Schmerzmitteln gelindert werden kann, wobei im Laufe der Jahre wegen der wachsenden Wirkstofftoleranz immer größere Mengen nötig sind. Kip Penn war buchstäblich Hunderte Male in der Ambulanz des Yale-New Haven Hospital, um sich Schmerzmittel geben zu lassen, und er wurde so oft stationär behandelt, daß er die Klinikaufenthalte heute nicht mehr zählt. Allein wegen Lungenentzündung, für die Personen mit Sichelzellanämie besonders anfällig sind, war er fast zwanzigmal im Krankenhaus.
Auch zwischen den Krisen leidet Kip immer an starker Anämie. Der Anteil der roten Blutzellen im Blut (der Hämatokritwert) liegt bei ihm in der Regel bei 24 Prozent, während der Krankheitsschübe sinkt er bis auf 18 Prozent ab. Der Normalwert für Gesunde ist fast 42 Prozent. Das bedeutet nicht nur, daß er für Anstrengungen keine Reserven hat, sondern sein Gewebe erhält auch ständig weniger Sauerstoff, als es braucht. Das führte bei ihm wie bei vielen Betroffenen zu einer Wachstumsstörung. Kip ist 1,67 Meter groß und wiegt 59 Kilo. Seine kleine, schmächtige Gestalt entspricht dem, was medizinische Lehrbücher als »asthenisch« bezeichnen.
Noch eine andere Eigenschaft teilt er mit vielen anderen, die an Sichelzellanämie leiden: Er war zwölf Jahre lang drogensüchtig.
Ich fragte Kip nach seiner Kindheit und Jugend. Er sagte:

> Ein Kind mit Sichelzellanämie fühlt sich anders – man ist ausgeschlossen. Ich konnte nicht dasselbe machen wie die anderen Kinder, vor allem keinen Sport. Also versuchte ich, in Dingen wie Zeichnen

und Kunst gut zu sein, wo man sich nicht körperlich anzustrengen braucht. Ich war meist ein Einzelgänger, weil ich mit der Meute nicht mithalten konnte.
Ich hatte schon früher mehrere Krisen, aber als man mir nach meiner Erinnerung zum ersten Mal Schmerzmittel gab, war ich elf. Als ich das Medikament bekam – Mann, das war gut, als der Schmerz aufhörte. Sie gaben mir Demerol, und danach hatte ich große Hoffnungen – ich dachte, ich könnte den Schmerz jedesmal ausschalten, wenn er kam. Von da an wußte ich, daß ich nicht mehr längere Zeit Schmerzen ertragen mußte – wenn ich einen Anfall hatte, brauchte ich nur ins Krankenhaus zu gehen und mir die Arznei zu holen, und die würde den Schmerz schon stillen.
Viele Leute haben noch nie etwas von der Sichelzellanämie gehört, und wenn ich sagte, ich hätte sie, machten sie als erstes mit den Fingern ein Kreuzzeichen, als wollten sie einen Vampir vertreiben – Mensch, geh bloß weg! Sie fragten mich, warum ich gelbe Augen hätte. [Die Abbauprodukte des Hämoglobins sammeln sich im Blut und verursachen oft Gelbsucht.] Es war mir peinlich, darüber zu reden, denn ich war anders – bei den anderen wurden die Augen nicht gelb und so etwas. An der Highschool kam ich in der Klasse nur schwer mit, weil ich so oft krank war. Ich war sehr dünn, und Magerkeit war etwas Schlechtes. Zunehmen konnte ich nicht. Also zog ich mich zurück, und deshalb bin ich heute ein Einzelgänger.

Meist traten die Krisen bei Kip im Winter ein, entweder aufgrund einer Lungenentzündung oder weil »die Kälte einem in die Knochen fährt«; seltener waren sie in der Sommerhitze, wenn er so stark schwitzte, daß er an Wassermangel litt. Die Anfälle trieben ihn immer wieder in die Notambulanz, und oft mußte er tage- oder wochenlang im Krankenhaus bleiben. Da er wie alle Betroffenen sehr anfällig für Infektionskrankheiten war, bekam er einmal einen großen eitrigen Abszeß unter dem Kiefer, der unter Vollnarkose mit einem großen Schnitt chirurgisch geöffnet werden mußte.

Durch die Infektion waren die Haut und das darunterliegende Gewebe am Rachen so stark angeschwollen, daß man einen Luftröhrenschnitt machen mußte, damit er nicht erstickte. Die Narben, die bei offenem Hemdkragen deutlich zu sehen sind, erinnern ihn ständig daran, wie oft er nur knapp dem Tod entgangen ist.
Bei manchen Krisen hat Kip die Schmerzen vorwiegend in Armen und Beinen, aber meist sind sie im Bauch am schlimmsten. Den Grund erklärte mir sein Hämatologe: Die kleinen Blutgefäße, die die Vorderseite der Wirbelsäule und die Bauchmuskeln versorgen, werden von Klumpen aus roten Blutzellen blockiert. Die Wirkung ähnelt einem starken Muskelkater, der tagelang bestehenbleibt.

> Es fühlt sich an, als hätte jemand ein Stück von meinem Darm in der Hand und drückte rhythmisch daran herum, wie ein Puls. Es kann sehr schwach oder extrem stark sein. Ich hatte schon so schlimme Schmerzen – wissen Sie, ich wollte nur noch, daß mich jemand umbringt, und dann wäre es vorbei, so weh hat es getan. Ich hatte das bei der Sichelzellanämie Übliche – die Gallenoperation und die Lungenentzündung und den Abszeß am Hals, als ich Anfang zwanzig war. Hepatitis B hatte ich auch, aber das kam vom Drogenspritzen. Damals war ich so krank, daß die Ärzte meinen Eltern sagten, sie würden bei den Begräbnisformalitäten helfen und alles das. Ich belog die Ärzte und sagte, ich hätte es von sexuellen Kontakten, denn ich wollte sie nicht wissen lassen, daß ich mir schon illegale Drogen verschaffte und spritzte.

Das schlimmste Erlebnis mit seiner Krankheit hatte Kip mit Anfang zwanzig. Zweieinhalb Jahre lang tauchte er durchschnittlich dreimal im Monat in der Notambulanz auf, und jedesmal dauerte der Anfall drei bis vier Tage. In dieser Zeit hatte er den Abszeß, die Hepatitis und mehrere Male Lungenentzündung. Aber alle diese Krankheiten waren nicht so schlimm wie diejenige, die er für die schwerste seines Lebens hält.

Ich schlief drüben im Haus meiner Eltern. [Kip stammt aus einer ganz normalen Arbeiterfamilie. Sein Vater war Fernfahrer, und seine Mutter hatte verschiedene Jobs von der Büglerin bis zur Haushaltshilfe. Eine ältere Schwester ist verheiratet und hat zwei Kinder.] Auf einmal wachte ich mit quälenden Schmerzen auf. Sie fingen im Bauch an, aber bald hatte ich sie vom Kopf bis zu den Zehen. Hohes Fieber – über 40. Ich rief nach meinem Vater. Er kam herein und hob mich vom Boden auf, wo ich zusammengekrümmt lag. Ich war aus dem Bett gerollt und auf den Fußboden gefallen, weil ich nicht einmal mehr aufstehen konnte. Er brachte mich in die Ambulanz. Ich war dort ein häufiger Besucher – eigentlich mißbrauchte ich die Notambulanz, um mir Medikamente zu verschaffen und mich wohl zu fühlen.

An diesem Abend hatte eine bestimmte Ärztin Dienst, bei der ich schon ziemlich oft gewesen war. Sie gehörte zu denen, die unerbittlich sind, wenn jemand das System mißbraucht. Mir ging es damals wirklich schlecht, und sie war anfangs anscheinend nicht begeistert, mich zu sehen; sie gab mir nur die geringstmögliche Schmerzmitteldosis, weil sie dachte, ich mache ihr was vor, wissen Sie. Wenn ich ins Krankenhaus kam, hatte ich immer ein bißchen Schmerzen, aber nicht immer so starke, wie ich vorgab.

Als ich zur Tür hereinkam, gab sie mir 150 Milligramm Demerol [das Doppelte der üblichen Dosis für einen Patienten von Kips Größe], aber das linderte den Schmerz überhaupt nicht. Dann ließ sie mich drei Stunden allein. Ich wälzte mich herum und schrie vor Schmerzen. Mein Vater wurde allmählich richtig wütend, also muß die Ärztin ihm wohl gesagt haben, »ich hätte ihm auch so viel geben können, daß er fertig ist, dann hören Sie ihn überhaupt nicht mehr«, wissen Sie. Dann gab sie mir intramuskulär zehn Milligramm Morphium, fünfmal hintereinander im Abstand von zehn Minuten, aber es hatte überhaupt keine Wirkung. Bis dahin hatte sie auch meine Blutwerte aus dem Labor, und die waren wirklich niedrig, also wußte sie, daß ich ihr nichts vormachte. Zwanzig Minuten nach dem ersten Morphium gab sie mir nochmal zehn Milligramm intravenös, und dann ließ der Schmerz soweit nach, daß ich sitzen konnte. Danach war ich zwei Wochen im Krankenhaus, und alle zwei bis drei Stunden bekam ich 150 Milligramm Demerol.

Damals hatte Kip angefangen, sich illegal Drogen zu beschaffen. Auch dabei mißbrauchte er das System: Er täuschte Schmerzen vor und brachte damit eine zu mitleidige, vertrauensselige Assistenzärztin dazu, ihm jede Woche gewaltige Mengen Demerol und Methadon zu verschreiben. Der Schwindel funktionierte ein paar Monate ganz gut, aber dann machten die Kollegen der Ärztin Vorhaltungen und wiesen sie darauf hin, wie sehr ihr Mitleid hier fehl am Platz war. Bis dahin hatte Kip eine Abmachung mit einem seiner Drogendealer gehabt: Die beiden trafen sich an einer nahegelegenen Straßenecke, nachdem Kip seine wöchentliche Ration von 100 Tabletten Demerol à 100 Milligramm und die gleiche Anzahl 10-Milligramm-Pillen Methadon abgeholt hatte. Der Dealer zahlte 900 Dollar für die ganze Ladung, zehn Prozent unter dem Schwarzmarktwert, als Anreiz, damit Kip bei keinem anderen kaufte. Dieses Geld setzte Kip in Kokain um und verarbeitete den Stoff zu Crack, nach dem er süchtig war. Er hatte mit normalem Kokain angefangen, aber nach ein paar Jahren stieg er auf Crack um, das damals gerade zunehmend beliebt wurde.
Kip nahm Drogen aus einer Situation heraus, die bei seiner persönlichkeitszerstörenden Krankheit recht häufig ist:

Irgendwann macht man eine Phase durch, wo man eine Menge echte Schmerzen hat, und das sagt man den Ärzten auch. Aber irgendwie, irgendwo glauben sie einem nicht, daß das alles wirklich stimmt. Deshalb bekommt man nicht soviel Medikamente, wie man braucht, und dann sucht man etwas anderes, um die Schmerzen abzutöten, und oft sind das die Drogen. Ich habe mit Kokain angefangen. Mein eigener Onkel hat es mir verschafft. Manchmal habe ich auch Percocet, Perco-

> dan und Tylox benutzt – Heroin habe ich auch probiert, aber das mochte ich nicht, es war zu stark für mich. Nach einiger Zeit war Crack meine Lieblingsdroge. Ich habe es sechs oder sieben Jahre lang geraucht. Davor habe ich mir eine Mischung aus Kokainpulver und Wasser gespritzt, die in 90 Prozent der Fälle nicht keimfrei war.
> Crack wird mit starken Chemikalien gereinigt, wie Ether und Ammoniak. Echtes Crack habe ich nie geraucht – was ich verwendet habe, heißt Base. Ich habe es auf die natürliche Base zurückgeführt, indem ich es mit Backpulver gemischt und mit Wasser gekocht habe. Dabei kommen die Verunreinigungen heraus, und das Kokain ballt sich zu einer kleinen Kugel zusammen, die beim Abkühlen des Wassers hart wird. Das raucht man dann in einer Pfeife. Es macht Knackgeräusche, und deshalb nennt man es Crack, aber ich hab eigentlich die Base geraucht. Ich nenne es nur Crack, damit die Leute wissen, um was es geht.

Um seine Gewohnheit beibehalten zu können, wurde Kip zum Dealer – »es war eine Art Statussymbol, Drogen zu verkaufen und Geld zu verdienen. Ich hab so viel Geld gemacht, daß ich einen Teil davon an Verwandte geschickt habe, die weit weg wohnten, so daß ich nicht herankommen konnte. Sie sparten es für mich, denn ich wußte, daß ich es brauchen würde, wenn ich mit dem allem hier Schluß mache. Ich wollte immer irgendwann Schluß machen können.« Aber seine Sucht wurde immer schlimmer.
Kip führte ein gefährliches Leben. Vier Jahre lang, von 1991 bis zum Juli 1995, schien er kaum noch am Leben zu sein. Er schlief auf der Straße und in verlassenen Häusern, war in Schlägereien verwickelt, schoß und wurde angeschossen, überfiel Krankenschwestern, die nach der Spätschicht aus dem St.-Raphael-Krankenhaus kamen. Seine Welt schrumpfte auf ein Gebiet von vier quadratischen Häuserblocks im Drogenviertel von New Haven. Eine lange Narbe auf seiner Stirn erinnert an eine Rauferei, bei der er sich im Hochgefühl und der falschen Sicherheit des Kokainrausches mit

drei stärkeren Männern angelegt hatte, die ihn ausrauben wollten und ihn dabei bewußtlos schlugen. Irgendwann schnitt er seiner Freundin in einem Wutanfall in die Kehle – glücklicherweise nicht so tief, daß sie ernstlich verletzt gewesen wäre. Heute sagte er: »Ich war das Übliche.« Und während der ganzen Zeit hatte er eine Sichelzellkrise nach der anderen. Immer wieder war er in der Notambulanz, und oft mußte er im Krankenhaus bleiben.

Und doch wußte Kip inmitten der ganzen Selbsterniedrigung und bei allem Elend, daß er aufhören mußte. Es war so schlimm geworden, daß selbst seine engste Familie ihn nicht mehr sehen wollte. Seine verängstigte Mutter sagte zum Beispiel: »Ich weiß nicht, wer das ist hinter diesen Augen. Wenn es wieder mein Sohn ist, kannst du wiederkommen.«

Dann, im Februar 1995, hatte Kips Vater einen schweren Herzinfarkt. Als Mrs. Penn ihren Sohn fand und ihm die Nachricht überbrachte, war er gerade auf dem Drogentrip. Noch heute macht er sich Vorwürfe, weil er sich nicht zusammennehmen und ins Krankenhaus gehen konnte.

Zunächst schien Mr. Penn sich gut zu erholen, aber er muß gewußt haben, daß er nicht mehr lange leben würde. Ein paar Tage nach dem Infarkt sprach er mit seinem Sohn und appellierte an den Rest von Verantwortungsgefühl, den die Drogen noch nicht zerstört hatten: »Kip, du mußt dich unbedingt um deine Mutter kümmern.« Als er zwei Wochen später starb, veränderte sich etwas für Kip.

Die Drogensucht hatte begonnen, weil Kips Onkel ihn mit Kokain vertraut gemacht hatte. Onkel Jerome Perry war immer das Vorbild des jungen Mannes gewesen: »Er war mein Idol« – ein schlagfertiger, redegewandter Charmeur, den die Frauen unwiderstehlich fanden und der offenbar immer wußte, wie man einen Schritt vor der Selbstzerstörung stehenbleibt. Aber auch er hatte seine Grenzen. Als er an den Rand des Abgrunds geriet, kehrte er eines Tages um und beschloß, seine Gewohnheit aufzugeben. An dem Morgen, als sein Bruder bestattet wurde, hatte er fast ein Jahr lang keine Drogen mehr genommen und lebte mit Schicksalsgenossen in einer Wohngemeinschaft in Willimantic in Connecticut, von New Haven aus quer durch den halben Staat. Er bot seinem Neffen dort einen Platz an. So kam es, daß derselbe Mann, der Kip zu den Drogen verführt hatte, auch zu seinem Retter wurde.

Als ich Kip kennenlernte (es war zufällig der Jahrestag des Todes seines Vaters), war er seit fünf Monaten clean. Mit seiner Sucht war er ohne jedes Therapie-, Beratungs- oder Entzugsprogramm fertig geworden. Er hatte es allein geschafft – es war ein Triumph der Willenskraft.

Der Lohn ging über das Naheliegende hinaus. Am wichtigsten war, daß seither keine einzige Sichelzellkrise mehr aufgetreten ist, mit ziemlicher Sicherheit deshalb, weil Kip jetzt viel stärker darauf achtet, die Auslöser zu vermeiden, beispielsweise Flüssigkeitsmangel, eisige Kälte, Lungenentzündungen, Kokain und körperliche Überanstrengung. Am Tag nach unserer Unterhaltung hatte er bei einem Autohändler in Willimantic ein Vorstellungsgespräch als Verkäufer. »Ich greife nach dem Mond«, sagte er, »und wenn es schiefgeht, bin ich immer noch zwischen den Sternen.« Abgesehen davon, daß die Astronomie nicht ganz stimmt, ist das auch ein Allgemeinplatz – als ich es hörte, fragte ich mich, ob hier für den Unachtsamen noch die Falle bereitlag, in die jene leichtgläubige, drogenverschreibende Ärztin gestolpert war. Aber nach allem, was Kip Penn in den letzten zwölf Monaten gezeigt hatte, klangen diese Worte aus seinem Mund wie ein Schwur.

Als ich Kip fragte, wo er in zehn Jahren gern wäre, erwiderte er, ohne zu zögern: »Ich möchte Arzt werden.« Mit 35 Jahren, nur einem Highschool-Abgangszeugnis und belastet durch seine Krankheit sowie eine sicher begrenzte Lebenserwartung, scheint dieses Ziel außerhalb seiner Möglichkeiten. Aber für einen Mann mit der Entschlossenheit, sich nach zwölf Jahren von der Drogensucht zu lösen und gleichzeitig mit den katastrophalen Schädigungen der Sichelzellanämie zu kämpfen – nun, unmöglich ist es nicht. Wenn es mißlingt, wird er vermutlich immer noch zwischen den Sternen sein.

Wie mittlerweile deutlich geworden sein sollte, sind die Gene und Proteine, die über unser Wesen bestimmen, nicht mehr und nicht weniger als chemische Verbindungen. Bei aller Komplexität sind sie nur Moleküle, und ein Molekül ist schlicht eine Gruppe von Atomen, die durch die Energie ihrer Bindungen zusammengehalten werden. Das Wort »Molekül« kommt aus dem Lateinischen und bedeutet »kleine Menge« – das heißt, es bezeichnet eine kleine Menge von Atomen. Die gleichen Atome, aus denen wir Menschen bestehen, finden sich auch als Grundbausteine in der lebenden und leblosen Materie im Universum. Und doch sind die Reichhaltigkeit und Vielseitigkeit des menschlichen Lebens meiner Überzeugung nach Produkte unseres molekularen und zellulären Ich: Das eine erwächst aus dem anderen.

Man hat 3,6 Milliarden Jahre altes Gestein analysiert; damals gab es noch kein Leben. Wie sich herausstellte, enthält es alle Atome, die man auch in den Molekülbestandteilen der Lebewesen findet. Demnach standen die Grundbestandteile des heutigen Menschen schon zu einer sehr frühen Zeit ohne weiteres zur Verfügung, und zwar nicht nur in der festen Erde selbst, sondern auch in der Atmosphäre. Zur Entstehung des Lebens war nur noch eine Energiequelle nötig, damit die Atome sich zunächst zu einfachen und dann zu immer komplizierteren Molekülen verbinden konnten. Allen Hinweisen zufolge spielte sich genau das tatsächlich ab.

In einem Experiment, das seither unzählige Male in zahlreichen Variationen nachvollzogen wurde, ließ Stanley Miller, damals Student der University of Chicago, 1953 Aminosäuren aus ganz gewöhnlichen Gasen entstehen, die in jener Erdfrühzeit in der Atmosphäre vorhanden gewesen sein müssen. Harold Urey, sein Vorgesetzter, hatte den schweren Wasserstoff (auch Deuterium genannt) entdeckt, eine Leistung, für die er 1934 mit dem Chemie-Nobelpreis belohnt wurde. Ureys Deuteriumforschung und andere Arbeiten mit radioaktiven Atomen brachten ihn schließlich zur Untersuchung der Atmosphäre und der Entstehung der Planeten im Sonnensystem. Dabei gelangte er zu der Überzeugung, die Uratmosphäre der Erde müsse der heutigen Gashülle des Jupiter geähnelt haben; demnach war sie ein Gemisch aus Wasserdampf und einfachen Gasen – Wasserstoff, Methan und Ammoniak –, deren Moleküle aus nicht mehr als vier Atomen bestehen. Weder Wasser noch eines dieser Gase enthält Atome eines anderen Elements als Kohlenstoff, Sauerstoff, Wasserstoff und Stickstoff.

Miller mischte diese Atmosphäre in einem Glasgefäß zusammen und bombardierte sie eine Woche lang immer wieder mit elektrischen Entladungen, um die Blitze nachzuahmen. Am Ende dieser Zeit zeigte die Analyse des Gemisches, daß es eine Reihe komplexer Verbindungen enthielt, wie sie auch von Lebewesen gebildet werden, darunter auch einige Aminosäuren.

Millers Entdeckung ließ ein ganz neues Forschungsgebiet entstehen, die abiotische Chemie (*abiotisch* heißt »ohne Leben«); sie beschäftigt sich mit den Vorgängen, durch die vor etwa dreieinhalb Milliarden Jahren das Leben entstand. Wie man nachweisen konnte, können viele komplexe Moleküle, die von Lebewesen erzeugt werden, auch aus Atomen und einfachen Verbindungen aus der Atmosphäre entstehen, wenn eine Energiequelle und geeignete Umweltbedingungen vorhanden sind. Seit jenen ersten Experimenten haben Miller und seine Mitarbeiter, die heute an der University of California in San Diego arbeiten, 13 der 20 in Lebewesen vorkommenden Aminosäuren hergestellt. Und nicht nur Aminosäuren, sondern auch Zucker, Lipide (fettartige Substanzen) und sogar Nukleotide (von denen manche die Bausteine von DNA und RNA sind) können sich unter abiotischen Bedingungen bilden.

In den letzten Jahren haben Millers Arbeitsgruppe und andere mit ihren Experimenten plausible Erklärungen dafür gefunden, wie eine ganze Reihe von Bausteinen solcher Substanzen entstanden sein könnten. Zugegeben: Manche Chemiker haben ihre Zweifel, was Millers Planung der Versuche und die Interpretation der Ergebnisse angeht, und sehen deshalb darin keinen schlüssigen Beweis, daß das Leben tatsächlich so entstanden ist, wie er behauptet. Es gibt auch mehrere andere Theorien, aber alle – ausgenommen eine einzige, wonach die ersten organischen Moleküle mit Kometen, Meteoriten oder interplanetarem Staub auf die Erde gelangt sind – gehen davon aus, daß das Leben auf unserem Planeten aus Molekülen hervorging, die sich auf irgendeine Weise aus einfachen, anorganischen Substanzen gebildet hatten.

An alledem ist nichts Wundersames – wenn Hunderte von Jahrmillionen zur Verfügung stehen und die richtigen Bedingungen für das zufällige Zusammentreffen von Atomen herrschen, verbinden sich die Atome bei Energiezufuhr zu immer komplexeren Formen. Die relativ wenigen Arten von Atomen, die in organischer Materie vorkommen, bilden schließlich so viele verschiedene Kombinationen, daß unter der riesigen Molekülvielfalt nach den Gesetzen des Zufalls zwangsläufig auch Nukleotide sein müssen. Und nachdem dieser entscheidende Punkt einmal erreicht war, war es kein sehr weiter Weg, bis die DNA und dann das Leben auftauchten. Damit war der Weg frei für Mutationen und das Überleben derjenigen Formen, die sich am besten an die Erdatmosphäre anpassen konnten. Alles andere ergibt sich nun von selbst, und schließlich hat der Homo sapiens seinen ersten zögernden Auftritt. Er ist eine wandelnde Ansammlung von Molekülen, die letztlich aus Atomen von Kohlenstoff (chemisches Symbol C), Sauerstoff (O), Wasserstoff (H), Stickstoff (N), Schwefel (S), Phosphor (P), Magnesium (Mg), Kalium (K), Calcium (Ca), Eisen (Fe) und einigen anderen Elementen zusammengesetzt sind. In der Schule lernte ich eine Eselsbrücke für die wichtigsten unter den relativ wenigen Elementen, die in Lebewesen vorkommen: S. P. COHNS MgK (ausgesprochen wie Magic) CaFe. Damals sagte man, der ganze Chemikalienhaufen in einem Menschen sei 98 Cents wert, gerade soviel wie 19 U-Bahn-Fahrkarten von der Bronx nach Battery in New York und drei Kaugummis.

Wenn es stimmt, was die Wissenschaftler in ihrer großen Mehrheit annehmen – daß das Leben erstens das zwangsläufige Ergebnis einfacher, nach den Gesetzen der Thermodynamik ablaufender chemischer Reaktionen war, daß zweitens die Entstehung zahlreicher Molekülkombinationen von den Gesetzen des Zufalls bestimmt war und daß drittens einige dieser Strukturen nach den Gesetzen der natürlichen Selektion überlebten –, ist es dann nicht möglich, daß es anderswo im Universum ebenfalls Leben gibt, wenn dort ähnliche Atmosphären- und Energieverhältnisse herrschen? Vielleicht nicht nur möglich, sondern wahrscheinlich? Vielleicht nicht nur wahrscheinlich, sondern so gut wie sicher?

Mit diesen Fragen haben sich viele der klügsten Köpfe unserer Zeit beschäftigt. Mich faszinieren besonders einige Sätze, die Christian de Duve kürzlich geschrieben hat, ein belgischer Biochemiker, der 1974 für seine Untersuchungen über Struktur und Funktion von Zellen den Nobelpreis erhielt. Im Zusammenhang mit den abiotischen Vorgängen, aus denen die Bestandteile lebender Zellen hervorgingen, meint er:

> Diese Vorgänge waren unter den Bedingungen, die auf der präbiotischen Erde [d. h. auf der Erde vor Beginn des Lebens] herrschten, unvermeidlich. Außerdem müssen diese Vorgänge überall und immer ablaufen, wenn ähnliche Voraussetzungen gegeben sind …
>
> Das alles veranlaßt mich zu der Schlußfolgerung, daß Leben eine notwendige Ausprägungsform der Materie ist, die unter geeigneten Bedingungen entstehen muß … Es dürfte viele solche Orte geben, vielleicht bis zu einer Million in jeder Galaxie … Leben ist eine kosmische Zwangsläufigkeit. Das Universum ist voller Leben.

Der gleichen Ansicht wie de Duve sind viele Wissenschaftler, die sich mit den abiotischen Ursprüngen des Lebens befaßt haben. Sie betonen, es müsse kein Zufall im üblichen Sinn gewesen sein, daß die vielgestaltigen Moleküle sich zu den komplexen Strukturen der Proteine zusammenfanden, die heute die Lebenserscheinungen lenken. Vielleicht war die Entstehung des Lebens unter den chemischen und physikalischen Bedingungen, die vor Jahrmilliarden auf der Erde herrschten, tatsächlich unvermeidlich. Mit diesen Atomen und dieser speziellen Energiequelle war das Ergebnis demnach durch die Gesetze von Physik und Chemie vorbestimmt. Eine solche Vorstellung, daß unter bestimmten Bedingungen nur das tatsächlich eingetretene Ergebnis möglich war, bezeichnet man als Determinismus. Natürlich ist es bei keinem Phänomen möglich, diese Behauptung tatsächlich zu beweisen.

Bedeuten die unverletzlichen Gesetze von Physik, Chemie, Energie, Zufall, Wahrscheinlichkeit und auch natürlicher Selektion, daß das, was unter den jeweiligen Bedingungen vorbestimmt ist, auch zum Schicksal wird?

Schon das Wort »Schicksal« sollte diejenigen aufhorchen lassen, die jede Mitwirkung eines Gottes ausschließen. Im Gegensatz zu den Agnostikern, die einfach sagen, man könne solche Dinge derzeit nicht in Erfahrung bringen, müssen diejenigen, die sich als Atheisten bezeichnen, wohl die Tatsache unseres tiefen Unwissens über letzte Prinzipien anerkennen (sogar in einer Zeit, da wir leichthin über Urknall, Superstrings, Quanten und Quarks reden), über die Ursprünge dessen, was wir als Naturgesetze bezeichnen, und über die Herkunft von Energie und Materie. Nach meiner Überzeugung wird man diese Mysterien eines Tages mit der gleichen Methode von Hypothese, Experiment und Vernunft lösen, die uns auch Erkenntnisse über abiotische Chemie und alle anderen Wissensgebiete geliefert hat. Wenn es neue Untersuchungsmethoden gibt, wird man auch neue Theorien aufstellen und sogar neue Grundprinzipien entdecken. Aber obwohl ich zuversichtlich bin, daß die

Wissenschaft auf dem Weg ist, alles zu erklären, hinterläßt unser derzeitiges Unwissen bei mir eine Leere, die ebenso groß ist wie die Lücken in unserem Wissen, eine Art Krankheit dessen, was manche Menschen als Seele bezeichnen. Wohl genau diese Krankheit versucht die Menschheit zu heilen, indem sie immer und immer wieder an dem lebensbejahenden, lebenserweiternden Gebäude weiterbaut, das der menschliche Geist für mich ist.
Wenn wir dem Philosophen Gottfried Wilhelm Leibniz zustimmen, der im 17. Jahrhundert behauptete, es gebe keine Seele ohne Körper, dann gibt es sicher auch keinen Geist ohne Zellen. Zu ihnen müssen wir deshalb jetzt zurückkehren. Bisher war nur von der Membran und vom Zellkern die Rede. Zu beschreiben bleibt noch der übrige Inhalt der Zelle, den man Zytoplasma nennt. Nachdem unsere namenerfindenden Vorfahren das Wort »Zelle« aus dem Lateinischen abgeleitet hatten, hielten sie sich bei der Benennung ihres Inhalts an das Griechische: *kytos* heißt »Höhlung«, und *plasma* ist »etwas Geformtes«; demnach ist das Zytoplasma das geformte Material in der Zelle, aber in Wirklichkeit ist es noch mehr. Es besteht aus einer halbflüssigen Masse, dem Zytosol, und darin eingelagert sind Tausende von Strukturen, welche die Tätigkeiten der Zelle ausführen und sie mit Energie versorgen.
Die Zelle erhält ihre Form durch ein unregelmäßiges Geflecht aus verschiedenartigen Proteinfasern, das man sinnfällig als Zytoskelett bezeichnet. Im Zytosol liegen zahlreiche abgegrenzte Räume, Organellen genannt, die wie der Zellkern von einer Membran umgeben sind. Jeder Organellentyp hat eine eigene Funktion, beispielsweise Verdauung, Synthese, Modifikation und Transport von Proteinen und anderen Substanzen, Abfallbeseitigung und die Gewinnung von Energie für die verschiedenen Tätigkeiten der Zelle. Da ihre Namen in manchen Fällen aus eher abgelegenen Dialekten der Biologensprache stammen, wäre es nachlässig, sie nicht aufzuführen, aber ich will sie nicht näher beschreiben und damit Verwirrung stiften. Ohne besondere Reihenfolge nenne ich als wichtige

Organellen: Golgi-Apparat, Lysosomen, Mitochondrien, endoplasmatisches Retikulum und Ribosomen. Auch der Zellkern selbst ist eigentlich ein Organell.

Kurz gesagt werden alle Funktionen, die in den vorangegangenen Kapiteln als charakteristische Eigenschaften der Lebewesen genannt wurden, in jedem Augenblick unseres Lebens von jeder einzelnen Zelle ausgeführt, und zwar zu einem großen Teil an oder in den Organellen. In jedem Moment laufen in jeder Zelle Millionen molekulare Wechselwirkungen ab. Wären sie nicht geräuschlos, würde das Getöse des ständigen Wirbels von Überwachung, Befehlen und Tätigkeiten in den Zellen einem winzigen Phantasiegeschöpf, das sie hören könnte, in den Ohren schmerzen. Der Lärm aus einem einzigen Organ wäre unerträglich, und von einem ganzen Menschen – nun ja, ihn könnte man noch im Nachbarland hören. Die Atmosphäre chaotischer Geschäftigkeit läßt sich mit der lärmenden Unordnung in einer belebten Fabrikhalle vergleichen, in der alle rasenden Maschinen und schreienden Arbeiter sich in demselben Raum befinden, vereint in der Dynamik jener angestrengten Arbeit, die trotz ständiger, plötzlicher Veränderungen die Gleichförmigkeit eines einzigen Produkts gewährleistet. Dieses Produkt ist das Leben.

Damit einem vor Staunen der Mund offenbleibt, braucht man keine genauen Kenntnisse in Physiologie, wenn man überlegt, was alles in einem Menschen steckt. Ralph Waldo Emerson wußte nichts von ultramikroskopischen Feinheiten wie endoplasmatischem Retikulum und Ribosomen, als er schrieb: »Ein Augenblick im Leben eines Menschen ist eine so gewaltige Tatsache, daß er aller Erfindung ihren Glanz nimmt.« Unsere umfangreichen molekularbiologischen Kenntnisse lassen den Unterkiefer nur noch weiter herunterfallen, und das Staunen wird immer größer. Das unhörbare Getöse des Lebens ist die Symphonie, aus der sich der Choral des Geistes und der Seele erhebt.

Wie die Maschinen in einem Industrieunternehmen, so sind auch die Zellen mit allen ihren Funktionen auf leicht verfügbare Energie angewiesen, wobei Energie definiert ist als Fähigkeit, Arbeit zu verrichten. Ein Atom kann nur deshalb existieren, weil die Teilchen, aus denen es besteht (Elektronen, Protonen und Neutronen), von Bindungen aus Energie zusammengehalten werden. Ganz ähnlich ist es auch bei den Molekülen: Sie existieren, weil ihre Atome durch die Energie von Bindungen verknüpft sind. Energie sorgt also dafür, daß der Mensch ein zusammenhängendes Gebilde ist. Und praktisch alle Energie auf der Erde stammt letztlich von der Sonne; Tiere und Pflanzen nehmen sie auf, so daß sie in unsere Nahrung einfließt. Sie läßt die Bindungen entstehen, welche die Nährstoffmoleküle zusammenhalten.

Alle Moleküle enthalten also Energie, aber bei manchen ist der Gehalt wesentlich größer als bei anderen, weil der Zusammenhalt ihrer Bindungen besonders viel Energie erfordert. Die wichtigste Verbindung, die in allen Lebewesen als Energieträger dient, heißt Adenosintriphosphat oder kurz ATP. Damit ihre Bestandteile nicht auseinanderfallen, ist sehr viel Energie notwendig, und selbst dann ist die Verbindung nicht besonders stabil: Sie zerfällt nicht nur leicht, sondern setzt dabei auch noch eine beträchtliche Energiemenge frei.

Das ATP hat die Aufgabe, Energie in der Zelle von einer Stelle zur anderen zu transportieren und sie dann für die verschiedenen chemischen Reaktionen bereitzustellen. Da in den Zellen ständig Tausende solcher Reaktionen und Wechselwirkungen ablaufen, spielt das ATP natürlich eine herausragende Rolle. Die Energie im ATP wiederum stammt aus der Glucose – dieser einfache Zucker wird in den Zellen zu Kohlendioxid und Wasser gespalten. Das Ganze läuft folgendermaßen ab: Bei der Verdauung der Nahrung wird Glucose frei, die von den winzigen Blutgefäßen in der Darmwand aufgenommen wird und dann mit dem Blut zu allen lebenden Körperzellen gelangt. Im Zellinneren wird sie zu Kohlendioxid und Wasser gespalten, und dabei wird Energie frei. Diese Energie geht in ATP-Moleküle ein, die ständig neu aufgebaut werden, und sorgt dort für die Bindungen, welche die Moleküle zusammenhalten. Das ATP trägt die Energie zu den Stellen in der Zelle, wo chemische Reaktionen stattfinden, und wird dort wieder abgebaut, wobei die Energie frei wird. Das ATP transportiert also die Energie in den Zellen von der Glucose zu den Verbindungen, die sie brauchen, um die für ihre normale Funktion erforderlichen Wechselwirkungen auszuführen. Zu diesem Zweck wird ATP pausenlos abgebaut und neu gebildet. Die primäre Energiequelle des Organismus ist die Glucose, und die stammt letztlich aus der Nahrung.

Unsere Zellen sind so sehr auf das ATP angewiesen, daß die Menge dieser Verbindung, die sie an einem Tag abbauen, größer ist als unser Körpergewicht. Da wir ständig essen und atmen, nehmen wir immer wieder Energie auf, so daß wir neues ATP aufbauen und Energie »nachladen« können. Jedes Molekül dieser mit Energie vollgepackten Verbindung gleicht einer winzigen Batterie, die täglich Tausende oder Millionen von Malen aufgebraucht und wieder geladen wird.

Das alles ist faszinierend, und vieles bleibt auch heute noch rätselhaft. Aber Atome, Moleküle und Energieaustausch haben nichts mit einem Wunder zu tun. Wer so etwas sucht, der sucht vergeblich. Das Wunder liegt nicht in unserem Fleisch, sondern darin, wie wir es benutzen. In den ersten Stadien des Tierlebens begaben sich Fleisch und Instinkt auf einen langen Weg; er wies in die Richtung, in der die Lebewesen sich anpassen mußten, so daß sie überleben und neue Wesen ihrer Art hervorbringen konnten. Als Fleisch und Instinkt immer kompliziertere Mittel fanden, um mit der Flut der ständig neuen Reize in ihrer Umwelt fertig zu werden, entwickelten sich die höheren Formen der Tiere mit dem *Homo sapiens* an der Spitze. Aber am Anfang steht immer die Zelle.

VI
Biologie, Schicksal und freier Wille

In der Lehre, die historisch denkende Wissenschaftler immer noch als Zelltheorie bezeichnen, gibt es drei Grundprinzipien: Die Zelle ist der Grundbaustein aller Lebewesen; alle Lebewesen bestehen aus einer oder mehreren Zellen; und jede Zelle geht aus einer bereits vorhandenen Zelle hervor.

Das Mittel, das die Vererbung von Zelle zu Zelle möglich macht, ist die Fortpflanzung durch Zweiteilung. Jeder der Nachkommen (herkömmlicherweise Tochterzellen genannt) muß neben der vollständigen Ausstattung mit Zytoplasmabestandteilen auch eine genaue Kopie der DNA aus der Ausgangszelle mitbekommen. Dazu muß sich die DNA vor der Zellteilung auf die beschriebene Weise verdoppeln, und die Zytoplasmastrukturen – beispielsweise Organellen, Enzyme und RNA-Moleküle – müssen so vermehrt und angeordnet werden, daß sie sich richtig auf die beiden Tochterzellen verteilen.

Ich habe die DNA-Verdoppelung als einfachen Vorgang beschrieben, und das ist sie eigentlich auch. Aber bei aller Einfachheit erfordert sie doch eine verwickelte Organisation: Eine Riesenzahl von Basenpaaren – in jeder Körperzelle etwa sechs Milliarden – müssen einmal und nur einmal kopiert werden, und zwar genau im richtigen Augenblick im Leben der Zelle und mit höchster Genauigkeit. Noch komplizierter wird das Ganze, weil die DNA auf 46 Chromosomen verteilt ist, und die Verdoppelung ihrer einzelnen Abschnitte muß im Vorfeld der Zellteilung zu unterschiedli-

chen Zeitpunkten einsetzen. Ist es verwunderlich, daß die Wissenschaftler, die heute die verwickelte Organisation dieses Vorganges untersuchen, sich seinen vielen Teilen mit dem gleichen ehrfürchtigen Staunen nähern, das die Gläubigen jahrtausendelang bei der Betrachtung der Wunder empfanden, die sie Gott zuschrieben?
Wissenschaft ist ein Glaubenssystem. Wenn man es sich zu eigen macht, beeinflußt das unter Umständen die Vorstellungen von der Funktion Gottes, aber es muß sie nicht zunichte machen. Solche Entscheidungen trifft man viel eher aufgrund tiefster eigener Überzeugungen und Bedürfnisse als aufgrund der jeweils akzeptierten Tatsachen, und das gilt für Agnostiker ebenso wie für Gläubige. Zwar haben sich viele Wissenschaftler entschlossen, ihre Überzeugungen beispielsweise auf die Thermodynamik zu gründen, aber andere haben einfach ihre Philosophie neu durchdacht und einen neuen, starken Glauben gefunden.
Mit Ausnahme der Ei- und Samenzellen sind alle Zellen eines Menschen diploid (griechisch *diploos*, »doppelt«), das heißt, jede von ihnen besitzt zwei vollständige Chromosomensätze, die von den beiden Eltern stammen. Den 23 Chromosomen vom Vater entsprechen weitere 23 von der Mutter, insgesamt sind es also 46. Da die Gene für die gleiche Eigenschaft in den beiden einander entsprechenden elterlichen DNA-Strängen an der gleichen Stelle liegen, bezeichnet man die Chromosomen eines solchen Paars auch als homolog. Die Geschlechtszellen dagegen (Ei- und Samenzellen) sind *haploid* (griech. *haploos*, »einfach«): Sie besitzen nur jeweils 23 Chromosomen.
Die haploide DNA in jeder Zelle eines Lebewesens ist für die jeweilige Spezies charakteristisch. Die »Geographie« dieser DNA, ihre Genreihenfolge, nennt man *Genom*. Das Genom einer biologischen Art ist also ihre vollständige Ausstattung mit Erbfaktoren. Wenn Wissenschaftler von der Kartierung des menschlichen Genoms sprechen, meinen sie damit den Nachweis jedes einzelnen unserer etwa 50 000 bis 100 000 Gene und seiner Lage auf den

23 unglaublich langen Molekülen, die beim Menschen die haploide DNA ausmachen. Diese Arbeit soll im Jahr 2005 beendet sein. Dann wird man einen vollständigen Genkatalog zur Verfügung haben, der dem Katalog der Titel und Standorte in einer Bibliothek ähnelt.

Als *Mitose* bezeichnet man den Vorgang, durch den die beiden Tochterzellen bei der Zellteilung die gleiche Anzahl an Chromosomen und die gleiche Zytoplasmamenge wie die Ausgangszelle er-

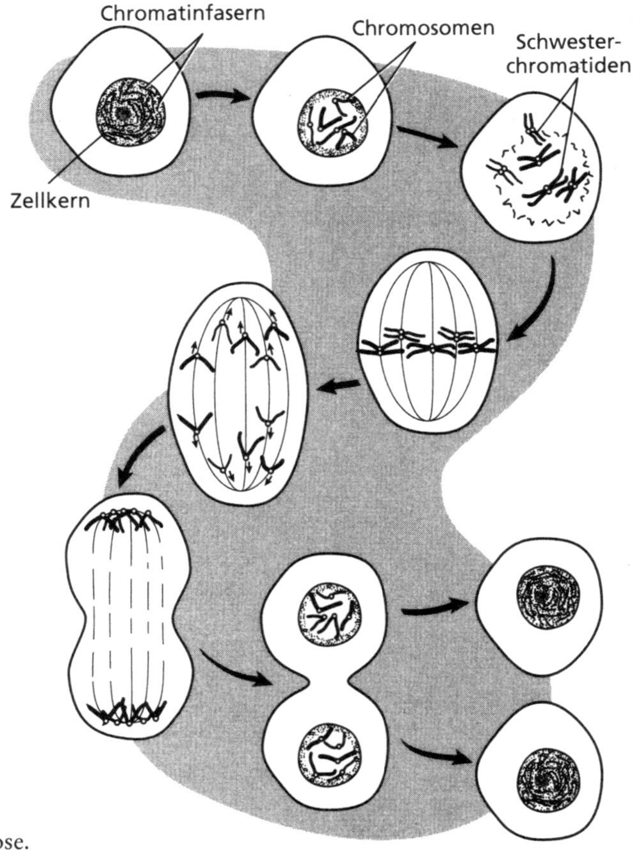

Die Mitose.

halten. Ei- und Samenzellen unterscheiden sich von allen ihren Kollegen im Körper. Da sie haploid sind und aus einer diploiden Vorläuferzelle (dem *Spermatogonium* bzw. *Oogonium*) hervorgehen, muß die Teilung dieser Vorläuferzelle so abgewandelt sein, daß nur die haploide Zahl von jeweils 23 Chromosomen weitergegeben wird. Diese abgewandelte Mitose nennt man *Meiose*. Gäbe es sie nicht, besäße die neue Zelle, die sich durch die Vereinigung von Samen- und Eizelle bildet (die *Zygote*), 96 Chromosomen.
Wenn die Mitose bevorsteht, verdichtet sich das Chromatin im Zellkern zu 46 erkennbaren Chromosomen, die im Mikroskop wie unterschiedlich lange Fäden aussehen. (Das griechische *mitos* bedeutet »Faden«.) Die DNA hat sich zuvor wie in Kapitel 5 beschrieben verdoppelt. Die Chromosomen spalten sich in der Mitte auf, aber ihre Hälften, die *Schwesterchromatiden*, bleiben noch eine Zeitlang verbunden; ein wenig später trennen sie sich und wandern zu den gegenüberliegenden Zellpolen. Das ist möglich, weil die Membranhülle des Zellkerns mittlerweile zerfallen ist, so daß sie ins Zytoplasma gelangen können. Wenn die Chromosomen sich auf diese Weise aufgeteilt haben, bildet sich um die Zelle herum eine Furche, wie wenn die Zellmembran eingeschnürt wird und eine »Taille« bekommt. Die Furche wird immer tiefer, und schließlich sind aus einer Zelle zwei geworden, jede mit der Hälfte des Zytoplasmas und allen Genen ihrer Vorgängerin.
Die Meiose ist ein wenig komplizierter, denn sie dient dazu, die Chromosomenzahl eines Spermatogoniums oder Oogoniums zu halbieren, und die dabei entstehenden Samen- oder Eizellen (auch Geschlechtszellen oder Gameten genannt) müssen von jedem Chromsomenpaar ein Chromosom abbekommen. Das erfordert zwei aufeinanderfolgende Teilungen, die häufig Meiose I und Meiose II genannt werden.
Während dieser Zellteilungen kommt es zum Austausch oder »Crossover« kleiner DNA-Abschnitte zwischen den homologen Chromosomen der 23 Paare; die Folge ist eine neue Mischung (Re-

kombination) der Gene. Eigentlich entsteht dabei neue DNA, die in jedem Chromsom Gene von beiden Eltern enthält. Die genetische Rekombination ist eine der Ursachen für die unterschiedlichen Eigenschaften der kleinen Jungen und Mädchen, die das beabsichtigte Ergebnis dieser bemerkenswert gut gesteuerten Vorgänge sind.

Wenn die beiden derart neu aufgebauten Chromosomen der Paare sich in der Meiose I trennen, kann jedes von ihnen zu jedem Zellpol wandern; es ist also nicht so, daß sich alle mütterlichen Chromosomen zur einen Seite und alle Chromosomen vom Vater zur anderen bewegen. Deshalb befindet sich schließlich an jedem Pol der vollständige Satz von 23 Chromosomen, aber sie sind eine zufällige Mischung aus mütterlichen und väterlichen Beiträgen, und jedes von ihnen hat Gene mit dem anderen Partner ausgetauscht. Auf diese Weise enthält jede der bei der Teilung entstehenden Zellen die Gene beider Eltern, und zwar in sehr vielfältigen Kombinationen. Diese zufällige Anordnung – in Verbindung mit den Auswirkungen des Crossover zwischen den homologen Chromosomen – führt dazu, daß jede Samen- oder Eizelle eine von 8,4 Millionen möglichen Kombinationen des väterlichen und mütterlichen genetischen Materials enthält. Nach manchen Schätzungen ist diese Zahl sogar noch größer. Wenn sanfte Musik und Mondschein ihre Wirkung tun und die Zeugung stattfindet, finden die so entstandenen Samenzellen ihren Weg zu einer ähnlich erzeugten Eizelle. Hat eine Samenzelle Erfolg, wird die diploide Zahl von 46 Chromosomen wiederhergestellt, und es kommt zu der zufälligen Mischung von Eigenschaften, die von zahllosen Generationen der beiden elterlichen Linien beigesteuert wurden.

Beim Menschen und bei vielen Tieren hat die Meiose auf weiblicher Seite noch einen zusätzlichen Kniff. Bei den beiden Zellteilungen erhält nur eine der vier Tochterzellen fast das gesamte Zytoplasma, das heißt, eine Tochterzelle ist sehr groß, und die anderen sind sehr klein. Als Eizelle dient nur das große Exemplar, denn die anderen enthalten so wenig Zytoplasma, daß sie nicht alle zum Leben erforderlichen Funktionen ausführen können; wie nicht anders zu erwarten, schrumpfen sie deshalb ein und sterben ab. Im Oogonium entstehen durch die Meiose also nicht vier gleichartige Zellen, sondern nur eine große: die Eizelle.

Wenn die Millionen möglichen Genkombinationen in einer Eizelle mit ähnlich vielen in der Samenzelle zusammentreffen, ergibt sich eine so große Zahl, daß man sie fast nicht berechnen kann (und ich schon gar nicht). Aus dieser Riesenzahl von Möglichkeiten erwächst die Vorstellung vom Vorrat der Gene oder »Genpool«. Ein Naturvolk oder jede andere Gruppe, deren Männer und Frauen promiskuitiv zusammenleben, besitzt einen großen Vorrat an genetischen Variationsmöglichkeiten, aus dem die Nachkommen ihre eigenen Erbmerkmale beziehen.

Wie aber die Vererbung über die Merkmale der Nachkommen bestimmt, hängt, wie sich mittlerweile herausstellt, nicht nur von den Genen selbst ab. Die Genkombination in der befruchteten Eizelle oder in dem daraus hervorgehenden Menschen bezeichnet man als den Genotyp dieser Person. Aber wenn man wissen will, wie sich ein Individuum nach der Geburt entwickelt, ist die Kenntnis des Genotyps nur der Anfang. Die tatsächliche innere und äußere Erscheinung nennt man Phänotyp (von griechisch *phainein*, »sichtbar machen«). Der Phänotyp erwächst aus den Wechselbeziehungen zwischen dem Genotyp und seiner Umgebung; er wird von der Umwelt des Gens, der Umwelt der Zelle und der Umwelt des ganzen Menschen bestimmt. Außerdem hängt er davon ab, wie die einzelnen Gene des Genotyps untereinander in Wechselwirkung treten.

Ein Beispiel für den zuletzt genannten Faktor ist die Augenfarbe. Sie wird durch die gemeinsame Wirkung vieler Gene bestimmt, die alle zur Produktion des Pigments Melanin beitragen. Je nachdem, wie diese Gene sich ausprägen und zusammenwirken, kann das Kind blauäugiger Eltern eine ganze Palette blauer Farbtöne zeigen.

Von der Ausprägung oder Expression der Gene, einem weiteren Element bei der Festlegung des Ergebnisses, wird im nächsten Kapitel eingehender die Rede sein.

Um uns auf (sehr, sehr) einfache Weise die Wirkung der rein *äußeren* Umwelt deutlich zu machen – also der Umwelt, die den ganzen Menschen umgibt –, können wir uns zwei Jungen vorstellen, die eine ganz unterschiedliche genetische Veranlagung zum Aufbau von Muskelmasse haben – nennen wir sie einfach Johnny Stark und Johnny Mager. Wenn Mager nun ernsthaft Bodybuilding betreibt, während sein Freund Stark seine Zeit mit Veilchenzüchten verbringt, kann Mager durchaus stärker als Stark werden, während Stark magerer als Mager bleibt. Oder denken wir an ein kleines Mädchen mit den genetischen Voraussetzungen, als Erwachsene sehr groß zu werden. Diese Möglichkeit verwirklicht sich nicht, wenn sie zufällig in schlechten Verhältnissen lebt und nicht ausreichend ernährt wird. Zu Beginn des 20. Jahrhunderts waren solche Umwelteffekte weit verbreitet: Damals wurden die Kinder der Einwanderer in den USA regelmäßig größer als ihre schlechternährten Eltern.

Eine noch wichtigere Rolle für die Entstehung des Phänotyps aus dem Genotyp spielt die *innere* Umwelt. Der Stimmbruch, den Jungen in der Pubertät durchmachen, ist von Genen abhängig, welche die Entwicklung des Kehlkopfes und der darin liegenden Stimmbänder steuern. Aber damit sich diese Gene ausprägen können, muß eine bestimmte, sehr geringe Mindestmenge des männlichen Geschlechtshormons Testosteron vorhanden sein. Sinkt der Testosteronspiegel im Blut aus irgendeinem Grund ab, reift der Kehlkopf nicht normal aus, und die Stimme des Jungen bleibt höher, als man es aufgrund seines Genotyps erwarten würde.

Als Beispiel, wie innere und äußere Umwelt gemeinsam den Phänotyp beeinflussen können, möchte ich meinen eigenen Versuch nennen, einer möglichen genetisch vorbestimmten Krebserkrankung zu entgehen. Meine Mutter und mein Bruder starben an

Dickdarmkrebs, und deshalb denke ich vielleicht öfter als die meisten anderen Menschen über die Zusammenhänge zwischen Genotyp und Phänotyp nach. Meine in der Statistik bewanderten Kollegen sagen mir, ich hätte eine mindestens doppelt so große Chance, an der Krankheit zu sterben, wie jemand ohne diese beunruhigende Familiengeschichte. Allein dieses eine Organ sorgt in den Vereinigten Staaten jedes Jahr für 100 000 neue Krebsfälle, und etwa 56 000 Menschen sterben daran; damit steht der Dickdarm als Ausgangspunkt tödlicher Krebserkrankungen an zweiter Stelle hinter der Lunge. Daß ich zur Risikogruppe für eine solche Krankheit gehöre, macht mich ziemlich nervös.

Damit der Dickdarmkrebs ausbricht, müssen mehrere genetische Anomalien zusammenkommen, die sich über Jahre hinweg ansammeln. Sie haben nach unserer heutigen Kenntnis mehrere Ursachen – unter anderem gehen Stücke aus den Chromosomen verloren, und die Enzyme, die solche Defekte aufspüren und beheben, wirken nicht mehr richtig. Der Krebs selbst beginnt mit der Vermehrung von Zellen in der Darmwand, und wenn weitere genetische Defekte hinzukommen, wachsen Polypen heran. Polypen sind Gewebswucherungen, die kleinen, aber üppig wachsenden Bäumchen ähneln; sie haben einen kurzen Stamm und ragen in den Darminnenraum hinein. Vor zehn Jahren wurden in meinem Darm mehrere Polypen gefunden, darunter ein recht großer. Ich habe also allen Grund zu der Annahme, daß ich den Genotyp meiner Familie für die Krebserkrankung trage und daß er dabei ist, auch bei mir sein übliches Werk zu tun. (Ein Gen, das krebsartige Veränderungen hervorrufen kann, nennt man Onkogen, nach dem griechischen *onkos*, Tumor.) Aber seine bisherigen Wirkungen müssen nicht unbedingt bedeuten, daß der Phänotyp mit Polypen und Krebs erneut auftritt. Es gibt einige Möglichkeiten, die Wahrscheinlichkeit dafür zu verringern.

Eine Fülle von Befunden weist darauf hin, daß Faktoren in unserer äußeren Umwelt die Entstehung von Dickdarmkrebs beeinflussen, und der wichtigste unter ihnen ist die Ernährung. Wie sich in Studien an großen Bevölkerungsgruppen herausstellte, steigt die Häufigkeit dieser Krebserkrankung, wenn man viel tierisches Fett und wenig Ballaststoffe zu sich nimmt. In Industrieländern, wo viel Fleisch verzehrt wird, ist die Krankheit zehnmal häufiger als in weniger wohlhabenden Gebieten, wo die Menschen sich vorwiegend pflanzlich und deshalb mit viel Ballaststoffen ernähren. Durch welchen Mechanismus der Krebs im einzelnen entsteht, ist nicht sicher bekannt; einer Theorie zufolge steigern Fette die Menge der Gallensäuren und bestimmter Bakterien im Darm, und diese erzeugen ihrerseits andere chemische Verbindungen, die genetische Veränderungen und eine verstärkte Vermehrung der Zellen in der Darmwand auslösen. Die Zellen, die sich so schnell vermehren, bilden Wucherungen und werden dann bösartig.

Wie Fett sich im einzelnen auf die Genexpression auswirkt (und ob es überhaupt wirkt, indem es das Verhalten der Gene beeinflußt), ist bisher nicht bekannt, aber mit großer Sicherheit vermindert sich bei geringerer Fettaufnahme die Wahrscheinlichkeit, daß eine genetische Veranlagung sich zu Krebs auswächst. Nachdem die Polypen entdeckt wurden, aß ich sehr viel weniger Steaks, Schnitzel und alle anderen Fleischsorten, die für ihren hohen Fettgehalt bekannt sind. Damit meine Polypen nicht zu Krebs werden konnten, wurden sie von einem Magen-Darm-Spezialisten mit dem Kolonoskop entfernt, einem langen, schlauchförmigen Instrument. Ein Jahr später beseitigte er bei einer Nachuntersuchung ein paar kleine neue Wucherungen. Seit 1989 wurden bei mehreren Darmspiegelungen keine neuen Polypen mehr gefunden. Vor zwei Jahren nahm ich in mein Gesundheitsprogramm geringe Aspirindosen auf, denn in mehreren großen Studien hatte sich gezeigt, daß diese Maßnahme zusätzlichen Schutz bietet; die Gründe sind nicht geklärt, aber sie haben ziemlich sicher mit Einflüssen auf die Genexpression zu tun. Durch den geringeren Fettverzehr habe ich das *milieu intérieur* und vermutlich auch die innere Umwelt meiner Darmzellen verändert und damit aller Wahrscheinlichkeit nach auch das Risiko beeinflußt, daß meine genetische Veranlagung zum Tragen kommt. Durch die Darmspiegelungen hat sich meine äußere Umwelt verändert, denn damit werden Polypen entfernt, die trotz meiner Versuche zur Beeinflussung des Phänotyps entstehen; die Chancen, daß ich Krebs bekomme, vermindern sich dadurch um etwa 90 Prozent, so ein neuer Bericht des National Polyp Study Workshop, das seinen Sitz am Memorial Sloan-Kettering Center in New York hat.

Vor diesem Hintergrund bekommt der alte Ausspruch, Biologie sei Schicksal, einen ganz neuen Sinn. Selbst wenn man auf seiner Wahrheit beharrt, muß man notgedrungen anerkennen, daß sogar unsere genetischen Veranlagungen, die scheinbar am stärksten vorprogrammierten biologischen Eigenschaften, sich nicht nur verändern lassen, sondern sich unter veränderten Umständen sogar wandeln *müssen*. Noch stärker spricht etwas anderes gegen die Vorstellung von einer unveränderlichen Biologie: Mit ganz und gar bewußtem, willentlichem Handeln können wir das scheinbar steife Korsett der Biologie erheblich weicher machen.

Die ererbten chemischen und physikalischen Eigenschaften eines Menschen können offenbar auf viele verschiedene Arten in die Entwicklung seines Lebens eingreifen. Manche dieser Einflüsse sind unglaublich stark, andere lassen sich fast völlig verändern. Am einen Ende des Spektrums möglicher Ergebnisse stehen diejenigen körperlichen und geistigen Eigenschaften, die unter der unerschütterlichen Kontrolle innerer Einflüsse stehen – genetischer und solcher aus der inneren Umwelt. Für solche Merkmale gilt das Wort von Horaz: »Man kann die Natur mit der Mistgabel austreiben, und doch kommt sie immer schnell zurück.« Das andere Extrem sind Reaktionen auf bewußte und auch unbewußte Entscheidungen darüber, wie wir leben wollen. Die Glücksspieler wußten es schon, lange bevor die moderne Naturwissenschaft sich von der Philosophie abgenabelt hatte: Es liegt nicht nur an den Karten, die man bekommt, sondern auch daran, wie man mit ihnen spielt. Im 17. Jahrhundert sagte man so etwas eleganter und nicht selten mit der besonderen Autorität, die ein geistliches Gewand verleiht. Der anglikanische Priester Jeremy Taylor schrieb 1650 über das von ihm so genannte »heilige Leben« genau das gleiche, allerdings in besserer Prosa: »Wir sind in der Welt wie Männer, die an Tischen spielen; die Chance liegt nicht in unserer Hand, das Spiel aber sehr wohl.«

Die Tatsache, daß ein so großer Teil des Spiels jenseits unserer bewußten Kontrolle liegt, sollte uns nicht den Blick auf unsere Umwelt und unsere Beziehung zu ihr verstellen, und wir sollten wissen, wie das Äußere unser Innenleben beeinflussen kann – auch solche inneren Faktoren, die scheinbar ebenso weit außerhalb unserer Reichweite liegen wie die Funktion der Gene. Selbst wenn die Umwelt keinen Einfluß auf das Ergebnis hätte: ganz auf sich selbst gestellt tun unsere ererbten Gene vielfach Dinge, die wir nicht schon deshalb vorhersagen können, weil wir ihren ursprünglichen Zweck kennen. Das Endprodukt, ein Kind mit seinen eigenen, einzigartigen Eigenschaften, ist bei weitem nicht nur das Ergebnis einer biologischen Form von Kombination und Anpassung.

Da diploide Lebewesen wie wir für jedes Merkmal zwei Gene tragen, die von unseren beiden Eltern stammen, glaubte man lange, der Phänotyp hänge nur davon ab, welches dieser beiden Gene dominiert. Wenn das stimmen würde, wäre jeder Mensch eine Mischung aus den unveränderten Eigenschaften der Eltern, aber wenn wir unsere eigenen Kinder oder uns selbst betrachten, erkennen wir sofort, daß das nicht stimmt. Bei aller Ähnlichkeit hat niemand genau die gleiche Nase, die gleiche Körperbehaarung, die gleiche Wölbung des Pos und die gleiche Neigung zur Arterienverkalkung wie der Vater in Verbindung mit genau den gleichen langen Ohrläppchen, der Daumenform, den breiten Füßen und der hohen Taille der Mutter. So wäre es, wenn ein Gen eines Paars immer exprimiert würde (weil es dominant ist), das andere (rezessive) aber nicht. In Wirklichkeit kann ein Gen in unterschiedlichem Ausmaß über sein Gegenüber auf dem anderen Chromosom dominant sein. Deshalb gleicht der Phänotyp bei einem bestimmten Merkmal in der Regel nicht genau dem von Mutter oder Vater. Außerdem unterscheidet sich der Phänotyp eines Kindes häufig auch deshalb stark von dem beider Eltern, weil viele körperliche Eigenschaften durch das Zusammenwirken mehrerer Gene entstehen, so daß der Phänotyp nicht nur durch die zuvor beschriebene Rekombination, sondern auch durch solche Wechselbeziehungen bestimmt wird. Eine dieser Eigenschaften ist die bereits erwähnte Augenfarbe.

Und auch wenn man den entstehenden Phänotyp genau kennt, hat man keine Gewähr, daß man das Gesamtergebnis vorhersagen kann, denn diese scheinbar unveränderliche Ansammlung von Eigenschaften wird nicht in ein Vakuum hineingeboren. Sobald ein Mensch den Mutterleib verlassen hat, steht er unglaublich vielen Dingen und Ereignissen gegenüber, auf die er sich einstellen muß. Für jeden dieser äußeren Einflüsse gibt es eine kleinere oder größere Auswahl an Reaktionsmöglichkeiten. Nachdem unsere Gehirnkapazität sich zu den heutigen üppigen Ausmaßen entwickelt hat, haben wir Menschen bemerkenswert gute Möglichkeiten, unsere Umwelt zu beeinflussen und unsere Reaktionen auszuwählen. Gedächtnis, Vorstellungsvermögen, Altruismus und ein vernunftbegabter freier Wille, alles Eigenschaften, die in (ich würde sogar sagen: von) unserer Spezies weit entwickelt wurden, sind die Hilfsmittel, mit denen wir unter geeigneten Voraussetzungen ein scheinbar festgelegtes biologisches Schicksal zu der wandelbaren Mischung umformen können, die unser Menschsein ausmacht.

Zu diesen vielgestaltigen Einflüssen und Wirkungen kommt noch die Möglichkeit hinzu, daß Gene *Mutationen* durchmachen. Das Wort kommt vom lateinischen *mutare*, »verändern«. In der Biologie bezeichnet es kleine, vererbbare Abwandlungen, die von Zeit zu Zeit in einzelnen Genen in der DNA auftreten. Es handelt sich um Veränderungen an den Nukleotidmolekülen, und sie können auf unterschiedliche Weise zustande kommen. Typisch sind zum Beispiel falsche Basenpaarungen während der DNA-Replikation oder das Wandern von DNA-Abschnitten an andere Stellen des Moleküls. Auch manche Moleküle, Mutagene genannt, können die Basen verändern. Besondere Enzyme in den Zellen sind darauf spezialisiert, solche Schäden zu beheben, und meist gelingt ihnen das auch. Aber manchmal versagen sie. Durchschnittlich ereignet sich in einer Million Basenverdoppelungen eine Mutation, das heißt, sie sind sehr selten. Dennoch sind es bei jeder Spezies so viele, daß die Gesamtzahl der Mutationen, die den Reparaturenzymen entgehen, über längere Zeit hinweg recht groß wird.

Mutationen können rein zufällig und von selbst eintreten oder aber aufgrund eines Faktors in der äußeren oder inneren Umwelt, beispielsweise durch Strahlung oder Chemikalien. Bei den DNA-Veränderungen unterscheidet man je nach ihrer Wirkung auf den Organismus drei Kategorien: solche, die für Überleben und Fortpflanzung nützlich sind, solche, die den Organismus schädigen, und solche, die keines von beiden tun.

Schädliche Mutationen führen in der Regel zum Tod des betroffenen Individuums oder seiner Nachkommen. Neutrale Mutationen dagegen wirken sich nicht auf das Überleben aus; das kann mehrere Gründe haben: Entweder lassen sie neue Proteine entstehen, die für die Zelle relativ unwichtig sind; oder sie treten so spät in der Entwicklung auf, daß die umgebenden normalen Zellen sie unwirksam machen; oder sie wandeln das Protein nicht so ab, daß seine Funktion sich verändert. Und eine schädliche Mutation, die sich in den Zellen eines Erwachsenen ereignet, wirkt sich natürlich in der Regel viel weniger aus, als wenn sie im Embryo geschieht.

In dem riesigen Bereich zwischen schädlichen und neutralen Mutationen gibt es eine ganze Reihe von Möglichkeiten. In dieser Grauzone finden sich Zellen, deren Funktion zwar beeinträchtigt ist, aber nicht so stark, daß sie den Tod herbeiführen. Taucht eine ausreichende Zahl solcher veränderter Zellen auf, sind sie für den gesamten Organismus oder den ganzen Menschen eine Behinderung, aber der Zustand ist noch mit dem Leben vereinbar. Entwickelt sich ein geschädigter Embryo zu einem geschädigten Fötus, steht die Geburt eines geschädigten Kindes bevor. Diese Situation liegt mehr als 3000 Erkrankungen des Menschen zugrunde (von denen die meisten glücklicherweise sehr selten sind); meist entstehen sie, weil die Zellen irgendein Enzym nicht produzieren können. Eine der bekanntesten derartigen Krankheiten ist die Phenylketonurie, bei der das Fehlen eines ganz bestimmten Enzyms zu geistiger Behinderung führt. Nebenbei bemerkt, ist die Phenylketonurie auch ein Beispiel für eine genetisch bedingte Erkrankung, die man durch richtige Umweltbedingungen beheben kann, genauer gesagt durch eine Diät, in der die Aminosäure Phenylalanin nur in sehr geringen Mengen vorkommt.

Von Zeit zu Zeit tritt aber auch eine Mutation auf, mit deren Hilfe ein Lebewesen besser mit seiner Umwelt fertig wird. Durch solche Veränderungen steigt die Wahrscheinlichkeit, daß die Pflanze oder das Tier mehr Erfolg hat und sich in der Konkurrenz um Nahrung oder Paarungspartner durchsetzen kann. Die neue Form herrscht nach einiger Zeit vor und produziert mehr Nachkommen, was ihren Vorteil weiter verstärkt. In der Regel führt das dazu, daß die alte Form schließlich ausstirbt. Dieser Vorgang, natürliche Selektion genannt, ist der Grund, daß die heutigen Pflanzen und Tiere in der Evolution aus weniger fortgeschrittenen, niederen Formen hervorgehen konnten.

Charles Darwin sah das Endergebnis dieses natürlichen Vorgangs optimistisch. Im vorletzten Absatz seines Werks *Die Entstehung der Arten* schrieb er: »Und da die natürliche Zuchtwahl nur durch und für das Gute jedes Wesens wirkt, so werden alle körperlichen und geistigen Begabungen der Vollkommenheit zustreben.«

Nachdem wir gesehen haben, auf welchen Wegen eine Genausstattung zur Entwicklung ganz anderer Eigenschaften führen kann, als man vorausgesagt hätte, können wir zur Meiose und einigen noch ausstehenden Erklärungen zurückkehren. Neben den bestimmenden Einflüssen auf die Entwicklung treten gelegentlich auch völlig anomale Ereignisse auf. Es braucht sicher nicht besonders betont zu werden: Ein so komplizierter Vorgang wie die Meiose ist selbst in allen Stadien fehleranfällig, und es ist schon erstaunlich, daß solche Fehler nur bei jedem hundertsten lebend geborenen Kind auftreten. Der häufigste unter diesen wenigen Fehlern ist eine unvollständige Trennung der Chromosomenpaare, auch Chromosomenfehlverteilung oder *Nondisjunction* genannt. Tritt sie ein, entsteht eine Samen- oder Eizelle, die ein bestimmtes Chromosom nicht nur einmal, sondern zweimal enthält; eine andere trägt es dafür gar nicht und stirbt ab. Wird eine Eizelle mit einem solchen überzähligen Chromosom von einer normalen Samenzelle befruchtet, kommt es in der Zygote (der befruchteten Eizelle – der Begriff kommt vom griechischen Wort für »zusammenspannen«) zu einer sogenannten *Trisomie*. Eine solche Zygote und alle Zellen des aus ihr entstehenden Fötus tragen von einem bestimmten Chromosom drei Exemplare, insgesamt also 47 Chromosomen.

Die Chromosomen sind unterschiedlich groß; man hat sie vom größten zum kleinsten von 1 bis 22 durchnumeriert. Eine Ausnahme ist nur Nummer 21, das kleiner ist als Nummer 22. Die Zahlenreihe endet bei 22, denn das 23. Chromosom bestimmt über das Geschlecht des Kindes und heißt zur Unterscheidung von den anderen entweder X oder Y. Frauen tragen zwei X-Chromosomen, Männer ein X und ein Y. Die 22 anderen Chromosomen nennt man auch *Autosomen*.

Die Trisomie-21, der genetische Defekt mit drei Chromosomen Nummer 21 in der befruchteten Einzelle, wurde Mitte des 19. Jahrhunderts, als man das Krankheitsbild zum erstenmal erkannte, als mongoloider Schwachsinn bezeichnet (eine Terminologie, die für jene medizinisch einfältige Zeit typisch ist). Heute spricht man vom Down-Syndrom nach dem Wissenschaftler, der es als erster

beschrieb. Das zusätzliche Chromosom stammt in allen bekannten Fällen der Krankheit von der Mutter.
Kinder mit Down-Syndrom sind nach meiner Überzeugung ein besonders gutes Beispiel, daß Umweltfaktoren darüber mitbestimmen, wie Gen- oder Chromosomenanomalien das Leben eines Menschen tatsächlich beeinflussen. Die Diagnose »Down-Syndrom« trifft in den USA für ungefähr 20 Prozent aller Patientinnen und Patienten in Einrichtungen für geistig Behinderte zu. In 95 Prozent dieser Fälle handelt es sich um eine reine Trisomie-21 aufgrund einer Chromosomenfehlverteilung; die übrigen sind kompliziertere Chromosomenanomalien. Man weiß zwar mit Sicherheit, daß die Trisomie und das von ihr hervorgerufene Ungleichgewicht in der Genausprägung die Ursache des Down-Syndroms ist, aber mit der genauen Aufklärung des Entstehungsmechanismus steht man noch ganz am Anfang.
Bevor man die Fruchtwasseranalyse (Amniozentese) allgemein anwandte, wurde in Amerika etwa eines von 1200 Kindern mit einem Down-Syndrom geboren, so daß jährlich ungefähr 3000 Fälle zusammenkamen. Bei rund einem Viertel davon handelte (und handelt) es sich um Kinder von Müttern über 40. Zwar können Frauen aller Altersstufen Kinder mit Down-Syndrom zur Welt bringen, aber die Häufigkeit steigt mit dem Alter der Mutter an. Um zu erklären, warum die Wahrscheinlichkeit der Chromosomenfehlverteilung mit dem Alter zunimmt, hat man verschiedene Theorien formuliert, aber das sind Spekulationen; etwas Sicheres weiß man nicht.
Heute nimmt man üblicherweise vor der Geburt eine Fruchtwasseruntersuchung vor, die eine zu 99,4 Prozent genaue Voraussage ermöglicht. Bei diesem Verfahren wird eine Kanüle durch die Gebärmutterwand eingeführt, und man entnimmt eine Probe des Fruchtwassers; dieses enthält Zellen des Fötus, die man dann mikroskopisch und mit anderen Methoden auf angeborene Anomalien untersuchen kann. Stellt man dabei eine schwerwiegende Ab-

weichung vom Normalen fest, ist ein Schwangerschaftsabbruch möglich, falls die Eltern dies wünschen.

Der Intelligenzquotient von Kindern und Erwachsenen mit Down-Syndrom ist in der Regel um einen Mittelwert von ungefähr 45 verteilt, das heißt, sie sind geistig mäßig behindert. Darüber hinaus sind aber weitere Gesundheitsprobleme vorhanden, so in 40 Prozent der Fälle ein angeborener Herzfehler, der lebensbedrohlich werden kann. Besorgniserregend bleibt auch während des ganzen Lebens eine Anfälligkeit für verschiedene Infektionskrankheiten, die auf angeborene Immunstörungen zurückgeht. Auch Schilddrüsenunterfunktion, Hörschwäche und grauer Star kommen häufig vor, und aus nicht geklärten Gründen ist der Muskeltonus schlecht. Die Alzheimerkrankheit kommt bei Patienten mit Down-Syndrom sechs- bis zehnmal häufiger vor als in der Gesamtbevölkerung und bricht auch in viel jüngeren Jahren aus. Alle diese Probleme zusammen sind die Ursache, daß noch nicht einmal die Hälfte der Patienten mit Down-Syndrom das 30. Lebensjahr erreicht, und nur drei Prozent werden älter als 50. 80 Prozent von denen, die keinen angeborenen Herzfehler haben, können aber den 30. Geburtstag feiern.

Welche Absichten Down auch gehabt haben mag, als er seine Patienten als Mongolen bezeichnete, in jedem Fall vermittelt das Wort ein zutreffendes Bild von bestimmten äußeren Merkmalen, so daß die Ärzte es nach wie vor im Kopf haben. Was Down für Rassenmerkmale hielt, sind vorwiegend die Folgen eines abnormen Aufbaus von Knochen und Haut in Schädel und Gesicht. Der Kopf ist kurz und hat eine breite Stirn. Der Eindruck eines allgemein flachen Gesichts verstärkt sich durch den schwach entwickelten Oberkiefer und eine kleine Nase ohne vorstehenden Nasenrücken. Die besonderen »mongoloiden« Merkmale erkennt man an den weit auseinanderstehenden Augen: Die Öffnung zwischen Ober- und Unterlid ist schmal und schräg gestellt, und am inneren Augenwinkel nahe der Nase befindet sich eine Hautfalte. Dennoch ist die Bezeichnung irreführend: Bei Asiaten zieht sich die Falte über die gesamte Oberseite des Auges, beim Down-Syndrom dagegen ist sie auf den inneren Augenwinkel beschränkt.

Auch einige andere sichtbare Merkmale erwecken beim Kinderarzt schon unmittelbar nach der Geburt den Verdacht auf eine Trisomie-21. Am wichtigsten sind ein vergrößerter Abstand zwischen erstem und zweitem Zeh sowie nur eine einzige Linie auf der Handfläche. Die Ohren sind klein, am Hals befindet sich besonders viel Haut, und die Knochen der Gliedmaßen sind ungewöhnlich kurz.

Ich hatte das Glück, mit einem jungen Mann mit Trisomie-21 befreundet zu sein; seine Leistungen sind zwar vielleicht kein uneingeschränkter Triumph über die Biologie, aber zumindest machte er ihre Versuche, seiner Unabhängigkeit im Wege zu stehen, mit erstaunlichem Erfolg zunichte. Er heißt Kirk Selden und war einer der Kapitäne in der Mannschaft, die Connecticut, meinen Heimatstaat, 1995 bei den Paralympics vertrat. Es war, als wollte er das gutbelegte Symptom der schlechten Muskelspannung und Kraftlosigkeit ins Gegenteil verkehren: Seine olympische Disziplin war das Gewichtheben.

Mit seinen 23 Jahren hatte Kirk Selden viel mehr als nur ein paar angeborene Behinderungen ins Gegenteil verkehrt. Sein Leben ist sogar geradezu ein Musterbeispiel für das andere Gesicht des Down-Syndroms. Wenn man nach den Ursachen seiner Erfolge sucht, gelangte man wie fast immer in solchen Fällen unmittelbar in sein Elternhaus. Welche Einstellung dort herrschte, faßte Debbie, Kirks Mutter, fast in Form eines Merksatzes zusammen, als wir kürzlich darüber sprachen. Über die Zielsetzung, mit der sie und ihr Mann Van sowohl Kirk als auch seinen jüngeren Bruder Christopher (der nicht am Down-Syndrom leidet) großgezogen haben, sagte sie: »Wir wollten, daß sie sich selbst mögen.« Mit diesem einfachen Satz formulierte Debbie Selden das Prinzip, nach dem alle engagierten Eltern die ihnen anvertrauten jungen Menschen – behindert oder nicht – großziehen. Daß solche Bemühungen zumindest manchmal vom Erfolg gekrönt sind, liegt unter anderem an einer glücklichen Fähigkeit, sich mit den heranwachsenden Kindern zu identifizieren. Unsere Reaktionen auf ihr Verhalten (einschließlich seiner weniger bewundernswerten Seiten) werden dadurch geprägt, daß wir uns daran erinnern, wie wir selbst in ihrem Alter gelebt haben, und gleichzeitig ihren Weg des Erwachsenwerdens bewußt verfolgen. Wir versuchen eine Atmosphäre zu erzeugen, die dem allgemeinen menschlichen Wunsch nach Verständnis gerecht wird.

Wenn in einem Haushalt das Gefühl herrscht, daß jedes seiner Mitglieder bemüht ist, die anderen zu verstehen und sogar zu schätzen, verfügt ein Kind in der Regel über einen festen Nährboden, auch in jenen manchmal langwierigen Phasen der inneren Unruhe, in denen der Wunsch, von den Eltern oder sonstjemandem verstanden zu werden, ganz weit in den Hintergrund rückt. Wenn es Zeit ist, aus dem Haus zu gehen, werden die Wurzeln des Verstehens allein deshalb, weil sie so tief im Boden des Zuhauses verankert sind, flexibel und stark, so daß sie auch über die Entfernung wachsen können. Die Kinder, die am tiefsten verwurzelt sind, reisen – im übertragenen und manchmal auch buchstäblichen Sinn – zuversichtlich zu den Zielen, die von Heim und Herd am weitesten entfernt sind. Wenn sie bei anderen Menschen und an anderen Orten neue Wurzeln schlagen, bleiben die alten erhalten; immer bleiben sie Verbindungen des Beistands, und sie reichen zunehmend tiefer.

Es erscheint banal: Wenn man einen anderen verstehen will, muß man in der Lage sein, sich in ihn hineinzuversetzen und die Welt mit seinen Augen zu sehen. Ähnliches haben so viele Religionen und philosophische Schulen formuliert, daß es praktisch zu einem Grundgesetz geworden ist. Mit geringfügigen Abwandlungen hat jede Kultur mit ihrer eigenen Version zu der Lehre beigetragen: Die Basis von Ethik und Moral liegt darin, sich in die emotionale Situation des anderen zu versetzen.

Das Sich-Einfühlen in einen anderen ist die Grundlage dessen, was Christen seit dem 17. Jahrhundert als goldene Regel bezeichnen; sie wurde aber schon 1600 Jahre zuvor in den Evangelien von Matthäus (7, 12) und Lukas (6, 31) vertreten. Auch diesen beiden waren andere zuvorgekommen: Konfuzius um fünf Jahrhunderte, Aristoteles um vier, und Rabbi Hillel um die Länge eines Menschenlebens. Hillel gelangte zu seiner Anweisung natürlich durch eine Erweiterung des Zitats aus dem Dritten Buch Mose (19, 18): »Liebe deinen Nächsten wie dich selbst.«
Aber nirgendwo wird das Prinzip, sich in einen anderen hineinzuversetzen, so raffiniert ausgedrückt wie in den Werken eines jungen Dichters. Paradoxerweise bedient er sich der Prosa, um seinen Lesern mitzuteilen: »Das große Hilfsmittel der Moral ist die Phantasie.« Phantasie, so macht er deutlich, versetzt uns in die Lage, einander zu verstehen und durch das Verständnis Liebe zu empfinden. Und Liebe wiederum ist die Grundlage der Moral. Der 29jährige Percy Bysshe Shelley schreibt in *A Defence of Poetry*:

> Das größte Geheimnis der Moral ist die Liebe; oder ein Heraustreten aus unserem eigenen Wesen, und die Identifikation unser selbst mit dem Schönen, das in Gedanken, Handlungen oder Personen liegt und nicht unser eigenes ist. Damit ein Mensch wirklich gut ist, muß er eine starke, umfassende Phantasie haben; er muß sich selbst an die Stelle eines anderen und vieler anderer versetzen; die Schmerzen und Freuden seiner Spezies müssen seine eigenen werden.

Shelley beschreibt, wie man mit Hilfe der Phantasie durch die anderen das Schöne um uns aufnehmen kann; wie man Schönheit durch Augen und Geist derer erlebt, die sie bereits entdeckt oder vielleicht auch geschaffen haben. Aber er sagt uns auch etwas anderes: Ohne sich Denken und Fühlen eines anderen vorzustellen, können wir ihn nicht verstehen und deshalb auch nicht lieben, und ohne Liebe gibt es keine Moral. Und weiterhin erklärt er uns, wie ich glaube, daß die Phantasie, mit der wir uns selbst und die Welt um uns durch die Augen anderer sehen, allem anderen vorausgehen muß, denn ohne sie können wir diejenigen, die von uns abhängig sind, nicht wirklich kennenlernen. Unsere Gabe der Phantasie versetzt uns in die Lage, ihr Inneres zu begreifen und zu erkennen, was ihnen fehlt und was nur wir ihnen geben können.

Ich möchte hinzufügen, daß wir nicht nur durch die Augen der anderen sehen müssen, sondern auch *in* die Augen der anderen, die uns selbst widerspiegeln. Freuden und Leiden derer, die uns brauchen, müssen unsere eigenen werden, wenn wir die Erwartungen erfüllen wollen, die sie und wir selbst in uns setzen.

Aber um uns das Bewußtsein anderer mit »starker, umfassender Phantasie« vorzustellen, brauchen wir zumindest *ähnliche* Erfahrungen, auf die wir unsere Vorstellungen gründen können. Ohne sie fehlt uns der Zugang zu den Wahrnehmungen und Interpretationen derer, in deren Welt wir uns versetzen wollen. Das Publikum, an das sich Shelley sowie die Theologen und Philosophen wandten, war im wesentlichen auf Menschen wie seinesgleichen ausgerichtet, mit einer Gemeinsamkeit, die wir menschliche Natur nennen. Wie kann man aber soziale Phantasie entwickeln, wenn es um jemanden geht, dessen Wahrnehmung der Umwelt durch den Schleier der geistigen Behinderung getrübt ist?

Die Antwort ist möglicherweise viel einfacher, als man annimmt. Unser Vorstellungsvermögen arbeitet zu einem großen Teil, ohne daß wir uns bewußt anstrengen oder es auch nur wahrnehmen. Unser Verhalten gegenüber anderen wird praktisch automatisch von der Annahme geprägt, daß sie im wesentlichen so sind wie wir. Wenn wir jemandem freundlich begegnen, rechnen wir mit einer bestimmten Reaktion, und wenn wir feindselig sind, erwarten wir eine andere – und in der Regel bekommen wir, was wir uns vorgestellt haben. Unsere Probleme im Umgang mit anderen ergeben sich gewöhnlich nicht daraus, daß unser Gegenüber unberechenbar wäre, sondern weil wir uns selbst nicht bewußt sind, welche Moti-

ve wir haben und was wir anderen zu verstehen geben. Im großen und ganzen verstehen wir unser Gegenüber viel besser als uns selbst. Unerwartete Reaktionen kommen meist nicht deshalb zustande, weil der andere unsere Botschaft falsch verstanden hat, sondern weil er sehr deutlich etwas vernimmt, vom dem wir nicht wußten, daß wir es vermittelt haben. Wir interpretieren andere in vielerlei Hinsicht besser als uns selbst.
Behinderte sind keine Wesen von einem anderen Stern. Man muß keinen komplizierten Code knacken, um in ihrem Geist geheimnisvolle Botschaften lesen zu können. Kein Schlüssel muß das versiegelte Tor öffnen, das uns Zutritt zu den verschlungenen Wegen ihres angeblich undurchdringlichen Geistes verschafft. Wenn es sich nicht um eine sehr schwere Behinderung handelt und wenn sie nicht noch durch hohe Hürden wie starken Autismus vergrößert wird, gelten hier dieselben Grundregeln des zwischenmenschlichen Umgangs wie bei allen anderen. Stillschweigend und ohne sich dessen bewußt zu sein, verlangen die Behinderten in ihrer großen Mehrzahl von uns, daß wir uns an Shelleys Prinzip halten und unsere moralische Phantasie als Schlüssel zum Verstehen betrachten.
Die heutigen medizinischen und psychologischen Vorstellungen über die Erziehung Behinderter gehen davon aus, daß sie im wesentlichen die gleichen Entwicklungsstadien durchmachen wie ihre normal intelligenten Altersgenossen. Selbst wenn geistige Fähigkeiten, die ausschließlich von körperlichen Faktoren bestimmt sind, durch biologische Beschränkungen in ihrer Entwicklung behindert werden, kann man durch die Betonung der sozialen und emotionalen Entwicklung die Voraussetzungen für ein erfülltes, nützliches Leben schaffen. Die vollständige Integration in den Familienalltag ist der erste Schritt auf einem Weg, der zur Teilnahme am Gemeinschaftsleben führt.
Nach dieser Vorstellung darf man die Mehrzahl der Behinderten nicht so behandeln, als hätten sie aufgrund irgendwelcher beson-

derer psychischer Verhältnisse nicht die gleichen Bedürfnisse wie wir oder als würden sie nicht von ähnlichen Erfahrungen geprägt. Soziale und emotionale Entwicklung ist für sie ebenso der Schlüssel zur gesellschaftlichen Integration wie für Menschen mit normaler Intelligenz. Wenn eine Familie die anfängliche Trauer über die Behinderung des Kindes überwinden kann und seine Leistungen nicht nur akzeptieren, sondern auf sie stolz sein kann, wird das heranwachsende Kind dieses Vertrauen reichlich belohnen.

Ich habe in vielerlei Hinsicht von dem Kontakt mit den Seldens profitiert, aber insbesondere hat ihr gegenseitiger Umgang mich in der Überzeugung bestärkt, daß die Alltäglichkeiten wichtig sind. Die Einstellungen, Launen, kleinen Vorkommnisse, Gesprächsfetzen, gemeinsam erlebten Schmerzen und Freuden – alles Dinge, die sich im andauernden Umgang miteinander von selbst ergeben – machen unser Leben aus, nicht die großen Ereignisse. Solche Ereignisse sind – besonders wenn sie unerwartet eintreten – zweifellos in der Lage, unserem Leben eine neue Richtung zu geben, aber der Hintergrund der vielen Jahre des täglichen Lebens, vor dem sie auftreten, bestimmt entscheidend über das Ausmaß solcher Veränderungen mit. Wie der Mann sagte: Es kommt darauf an, wie man die Karten ausspielt. Das ist die Summe der Kindererziehung: Jeden Tag, in jedem Augenblick, lehren wir unsere Kinder das Leben. So etwas wie entscheidende Zeiten und unbedeutende Zeiten gibt es nicht – es ist alles Zeit, und an einem Geist, der sich entwickelt, geht nichts unbemerkt vorüber.

Tatsächlich gehört die Stetigkeit in der Erziehung von Kindern mit Down-Syndrom zu den größten Problemen. Van Selden meint dazu: »Viele Eltern werden nur schwer mit der alltäglichen Belastung fertig, denn es ist wirklich anstrengend.« Notwendig sind langes, sorgfältiges Beobachten des Kindes und vor allem Phantasie.

Ich glaube, ich konnte mich in ihn hineinversetzen, und zwar nicht, weil er das Down-Syndrom hat, sondern weil er ein Mensch ist, der Lebensphasen durchmacht. Er ist jetzt 23, aber ich muß berücksichtigen, daß er in mancherlei Hinsicht ein Zehnjähriger ist, und dann muß ich mein Verhalten auf einen Zehnjährigen einstellen. Es war nicht einfach, aber mittlerweile kenne ich ihn dazu gut genug. Manchmal vergessen wir fast, daß er behindert ist, und dann sagt er auf einmal, er müsse jetzt das Fernsehen einschalten und sich die Power Rangers oder eine andere Kindersendung ansehen.

Wie alle diese Kinder, so hat auch Kirk seine Stärken und Schwächen. Wir geben uns Mühe, die Stärken zu finden und zu fördern, und gleichzeitig halten wir die Schwächen so gering wie möglich.

Wie wichtig es ist, Stärken und Fähigkeiten zu finden, zeigt sich besonders deutlich an den Überlegungen, die hinter den Olympischen Spielen für Behinderte stehen. Wenn ein behinderter junger Mensch an den Spielen teilnimmt, hat er jahrelang trainiert und dabei nicht nur seine Fähigkeiten gestärkt, sondern auch sein Gefühl, zu etwas nütze zu sein. Selbst Einzelsportarten erfordern Teamarbeit mit Trainern und anderen Aktiven der gleichen Sportart. Wie sich in systematischen Untersuchungen des Yale Child Study Center gezeigt hat, »ist die ständige aktive Teilnahme an den Olympischen Spielen der Behinderten mit einer bemerkenswerten Verbesserung der zwischenmenschlichen Fähigkeiten verbunden – das Schließen von Freundschaften, die Kommunikation mit anderen und die Teilnahme am Gemeinschaftsleben werden einfacher. Das Niveau der Arbeit und der Freundschaft unter den Teilnehmern ist sogar weit größer als ihre im Test nachgewiesene Intelligenz und erreicht die Werte von Personen mit normalem Intelligenzniveau.« Dr. Elisabeth Dykens, die Leiterin der Studie, meint dazu: »Die Möglichkeit, an den Paralympics teilzunehmen, stärkt nicht nur sportliche Leistungen und Motivation, sondern auch die zwischenmenschlichen Fähigkeiten, die am Arbeitsplatz und zu einer verantwortungsvollen Teilnahme am Familien- und Gemeinschaftsleben notwendig sind.« Wenn man bedenkt, daß geistige Behinderung nicht nur durch einen Intelligenzquotienten unter 75 definiert ist, sondern auch durch nachweisbare Mängel im zwischenmenschlichen Umgang, sagt diese Äußerung eine Menge darüber aus, was man mit hochgesteckten Erwartungen alles erreichen kann. Ein geistig Behinderter muß sich sozial entwickeln, und das schließt manchmal auch eine gewisse intellektuelle Entwicklung ein. Aber das alles ist meist nur dann nützlich, wenn man viel von ihm erwartet und hohe Ansprüche stellt.

Die Seldens hatten fast vom Augenblick der Geburt ihres Sohnes an Erwartungen an ihn und an sich selbst. Kirk war Debbies und Vans erstes Kind. Sie war eine fünfundzwanzigjährige Logopädin, und er stand mit 31 am Beginn einer Karriere im öffentlichen Dienst des Staates Connecticut. Sie hatten alles richtig gemacht – pflichtschuldigst besuchten sie die Elternschule, erfuhren alles mögliche über Schwangerschaft und Säuglingspflege, und bereiteten sich auf das Wunder der Elternschaft vor. Wie bei allen Paaren mit problemlosem Leben und besten Zukunftsaussichten war die erste Schwangerschaft eine sehr aufregende Zeit. Die ganzen neun Monate lang gab es an ihrem blauen Himmel keine einzige Wolke. Genau zur richtigen Zeit während der ersten Wehen brachte Van seine Frau ins Krankenhaus. Wehen und Entbindung waren so unkompliziert wie die ganze Schwangerschaft. Kirk kam auf genau durchdachte, natürliche Weise auf die Welt. Sanft legte man den Jungen in Debbies Arme, damit sie jenen ersten glücklichen Blick auf ihn werfen konnte, den Eltern so freudig erwarten und mit dem eine Lebensgeschichte voller Erinnerungen beginnt.

> Sobald ich ihn sah, wußte ich es. »Irgend etwas stimmt nicht – dieses Kind hat ein Down-Syndrom«, sagte ich mir. Ich hatte in einer Klasse mit Vorschulkindern gearbeitet, und zwei von ihnen hatten es, deshalb war es mir sehr vertraut, und auch von anderen Kindern, mit de-

nen ich gearbeitet hatte. Der Frauenarzt sagte, es stimmte nicht, aber ich wußte es besser. Dann gab er mir Beruhigungsmittel, und ich wußte nicht, warum. Ein paar Stunden später kamen sie zu mir und sagten, ich hätte recht.

Man schwebt in den höchsten Höhen, und dann fällt man in wenigen Sekunden in die tiefste Tiefe – man freut sich auf das Kind, will unbedingt Mutter werden, und dann wird einem klar, daß das Kind, das man erwartet hat, nicht das ist, das man hat.

Ich war am Boden zerstört, aber Van nicht. Er weinte sich erst aus, und dann sagte er: »Sag mal, ändert die Tatsache, daß dieses Kind nicht perfekt ist, irgend etwas an dem Grund, warum wir ein Kind haben wollten? Nein, oder?« Nicht lange davor war er in Vietnam bei der Artillerie gewesen, und irgendwie sah er deshalb die Dinge aus einem Blickwinkel, zu dem ich damals nicht fähig war. Ich weiß nicht, ob ich alles so leicht geschafft hätte, wenn Van nicht gewesen wäre. Er hatte nicht nur unglaublich viel Verständnis für meine Gefühle, sondern er war auch absolut begeistert von seinem Sohn.

Ich fragte Van nach seiner Meinung. Debbies fast perfekte Aussprache der Logopädin wird durch den weichen Rhythmus eines kaum merklichen Südstaatenakzents abgemildert, den sie seit ihrer Kindheit als Tochter eines Geistlichen in Mississippi leicht und locker auf der Zunge trägt. Van dagegen spricht mit der achtunggebietenden Genauigkeit des Soldaten und der knappen Direktheit eines Beamten, der für sich selbst geradesteht und immer bereit ist, die nächste Herausforderung anzunehmen. Sein Bauch ist flach, der Rücken gerade, und er sieht seinen Gesprächspartnern in die Augen. Aber dieses eherne Bild wird glücklicherweise von einem augenzwinkernden Lächeln und regelmäßigen Ausbrüchen eines albernen Humors Lügen gestraft. Wie seine Frau, so braucht und genießt auch er die Gesellschaft von Menschen, die ernste Dinge ohne Getue anpacken.

> Im Leben muß man sich oft umstellen. Das weiß ich schon lange, aber seit ich in Südostasien war, ist es mir noch klarer geworden. Man stellt sich um und geht weiter, das war's. Das ist meine Philosophie.

Vans Umstellung und die Entschlossenheit, weiterzumachen, kamen fast augenblicklich, aber Debbie brauchte länger. Mehrere Wochen lang fühlte sie sich deprimiert und distanziert, aber im Pessimismus zu verharren hätte nicht zu ihr gepaßt. Schließlich fand sie sich vernunftmäßig damit ab, und dann folgte das vollständige Wiederauftauchen aus den trüben Gedanken nach der Geburt ihres Babys. Das alles dauerte nur ungefähr zwei Wochen. »Am Ende machte ich mit der Situation meinen Frieden, und zwar nicht nur im Kopf, sondern auch im Herzen.«

Die beiden hatten sich so gut mit der Behinderung ihres Kindes abgefunden, daß die nächste Entscheidung leichtfiel. Die Ärzte sagten den Eltern, es gäbe drei Möglichkeiten.

> Sie sagten, wir könnten Kirk mit nach Hause nehmen und mit ihm wachsen und ihn lieben lernen – aber dann werde er uns das Leben vergällen. Oder wir könnten ihn mit nach Hause nehmen, die Distanz zu wahren versuchen und ihn mit fünf oder sechs in ein Heim geben; und die dritte Möglichkeit bestand darin, ihn sofort wegzugeben.

Sie zögerten keinen Augenblick. Kirk kam mit nach Hause, und nun begann der Ernst des Lebens. Debbies Erfahrung in der Sonderschulerziehung brachte die Seldens zu dem Entschluß, die Entwicklung der verbalen und motorischen Fähigkeiten ihres Kindes nachdrücklich voranzutreiben. Heute formuliert Debbie es so: »Ich hatte immer das Gefühl, wir könnten und sollten noch mehr tun.« Nach ein paar Monaten brachten sie Kirk ins Boston Children's Hospital und ließen sich über die Frühförderung beraten. Als sie nach Connecticut zurückkamen, hatten sie ein ganzes Therapieprogramm in der Tasche. Mit 14 Monaten kam Kirk in New Haven

in einen Sonderkindergarten. Daß er das jüngste Kind war, das jemals dort aufgenommen wurde, sagt eine Menge über die Ansichten seiner Eltern aus. Es war der Beginn einer Erziehung, die bis zum 21. Geburtstag andauerte.
Im Kindergarten machte Kirk sich gut, aber mittlerweile hatte ein anderer Unglücksfall die Familie heimgesucht. Als Kirk ein Jahr alt war, hatte Debbie ein kleines Mädchen zur Welt gebracht, das in jeder Hinsicht normal war – nur hatte es einen schweren angeborenen Herzfehler. Das Kind starb mit vier Monaten nach einer Herzoperation. Aber aller Kummer jener Zeit durfte die Aufmerksamkeit für Kirks Entwicklung nicht beeinträchtigen.
Als Kirk drei Jahre alt war, schlugen die Leiter des Sonderkindergartens vor, ihn in eine normale Tagesstätte zu geben, denn sie meinten, daß er von der Gesellschaft normaler Altersgenossen und ihrem Vorbild besonders profitieren würde. Eine Einrichtung zu finden, die ein Kind mit Down-Syndrom aufnahm, war gar nicht einfach, aber Debbie gab nicht auf, und schließlich fand sie eine sehr gute. Als Kirk im Schulalter war, kam er in eine staatliche Schule mit sonderpädagogischem Zweig. Dort blieb er, bis er 21 wurde. In all diesen Jahren behandelten die Kinder aus der Umgebung Kirk als ganz normalen Nachbarsjungen. Debbie sagt: »Die jungen Leute in unserer Gegend haben ihn immer akzeptiert, obwohl sich ihr Leben und ihre Aktivitäten trennten, als sie in die Pubertät kamen. So ist es bis heute: Wenn sie von irgendwoher kommen und Kirk auf der Straße treffen, stehen sie um ihn herum und unterhalten sich wie mit jedem anderen, obwohl ihr Leben einen so unterschiedlichen Verlauf genommen hat.«
Von Anfang an beteiligten sich Debbie und Van aktiv an Gruppen, die Behinderte unterstützten. Eines Abends sagte Van zu mir: »Wenn du Kinder haben willst, mußt du an ihrem Leben Anteil nehmen – ob sie behindert sind oder nicht. Deshalb haben wir beide uns sehr bald an Aktivitäten beteiligt, die mit geistiger Behinderung zu tun haben.« Als Kirk noch klein war, fand Debbie eine

Selbsthilfegruppe für Eltern behinderter Kinder, die sich auch jetzt noch gelegentlich trifft, obwohl die Kinder mittlerweile erwachsen sind. Beide arbeiteten in der Association for Retarded Citizens mit, und Van war in führender Position und sogar als Vorsitzender in einer Organisation namens Vantage Group tätig, deren Ziel die Einrichtung von Wohngemeinschaften für behinderte junge Erwachsene ist. Mittlerweile besitzt Vantage fünf solche Wohnungen, darunter auch die, in der Kirk lebt. Außerdem wirkte Van im Beratergremium des Department of Mental Retardation von Connecticut mit. Debbie spricht über solche Tätigkeiten mit fast missionarischem Eifer:

> Es ist uns wichtig, geistig behinderten Menschen ein besseres, einfacheres Leben zu ermöglichen, und wir versuchen, manche Sitten und Werte in der Gesellschaft zu verändern – ein offeneres System zu schaffen, das bereit ist, alle Menschen zu akzeptieren. Eigentlich ist mein ganzes Leben in dieser Richtung verlaufen, auch schon bevor wir Kirk hatten, und ich habe meine Berufslaufbahn weiterhin auf dieses Ziel ausgerichtet.
>
> Wir wollten immer dafür sorgen, daß andere nicht das gleiche Trauma erleiden wie wir, als Kirk in dem Krankenhaus in Hartford geboren wurde. Auf einmal hatten wir ein Kind mit besonderen Bedürfnissen, und niemand hatte eine Antwort auf unsere Fragen. Wir organisierten Fortbildungsveranstaltungen für die angehenden Ärzte im Yale New Haven Hospital und versuchten alles mögliche, um sie über diese Dinge zu informieren. Und immer wenn es nötig war, sprachen wir mit Eltern von Kindern mit Down-Syndrom. Wir hatten einen 24-Stunden-Telefondienst, und manchmal fuhren wir mitten in der Nacht los, weil die Eltern gerade dann mit uns reden wollten.
>
> Wenn Eltern sich darauf nicht einstellen können, liegt es daran, daß sie das Kind nicht akzeptieren, und nie verschwindet diese Wut, dieses »Warum gerade ich?« Wir haben Bekannte, die sich nie ganz damit abgefunden haben.

Als Kirk zwei Jahre alt war, adoptierten seine Eltern ein Mischlingskind, das sie Christopher nannten. Die enge Bindung, die sich zwischen den beiden Jungen entwickelte, ist mit der größte Lohn für die Solidarität, die in der Familie gefördert wurde. »Unsere größte Freude ist, daß sie soviel Freude aneinander haben. Die beiden sind so, wie wir sie uns erträumt haben.«
Als Kirk zehn und Christopher acht war, trat in der Familienhierarchie eine Änderung ein. Der jüngere Sohn paßte auf einmal wie ein älterer Bruder auf Kirk auf. Eines Tages bestand Christopher zum Beispiel darauf, die Stützräder vom Fahrrad des zwölfjährigen Kirk abzuschrauben. Die beiden arbeiteten den ganzen Nachmittag, und als Van abends nach Hause kam, waren sie fertig – Kirk fuhr unter dem stolzen Blick seines Bruders spazieren.
Mit dem Sport begann Kirk 1980, als er acht Jahre alt war. Nacheinander interessierte er sich für mehrere Sportarten: Basketball, Schwimmen, Skifahren, Leichtathletik und Baseball. Er kann nicht schnell genug denken, um in Mannschaftssportarten besonders gute Leistungen zu erbringen, und deshalb konzentrierte er sich auf Einzeldisziplinen wie das Gewichtheben.
Van war im Behindertensport sehr aktiv. Er gehörte 1995 zum Organisationskomitee der World Games in New Haven, eines Wettbewerbs, der neun Tage dauerte und 7200 behinderte Sportler aus 140 Ländern in die Stadt brachte. Es war für die Seldens eine großartige Woche und in vielerlei Hinsicht der Höhepunkt dessen, was sie seit über 20 Jahren Tag für Tag angestrebt hatten. Kirk kämpfte in zwei Sportarten, die er seit sieben Jahren trainiert hatte: im Stehendheben und im Bankdrücken. Von begeisterten Nachbarn und seiner ganzen Familie angefeuert, schaffte er 120 Kilo im Stehendheben und 68 Kilo im Drücken, was ihm jeweils eine Bronzemedaille und für beide Disziplinen zusammen Silber einbrachte. Sein breites Siegerlächeln war der entwaffnendste Ausdruck unverhohlenen Triumphes, den ich jemals bei einem Sportler gesehen

habe. Selbst die Siegerehrung war nichts gegenüber diesem offenen, unbeschwerten Grinsen über das Erreichte.
Kirk hat etwas Angenehmes, das man fast körperlich spüren kann. An dem Abend, als ich ihn kennenlernte, trug er eine schwarze Hose, ein blütenweißes Hemd und eine sorgsam gebundene Krawatte. Als Van uns vorstellte, sah er mir nach der Art seines Vaters geradeheraus in die Augen, schluckte heftig, streckte seinen kurzen, gedrungenen Arm aus und schüttelte mir sachlich die Hand, ein klein wenig vorsichtig, aber mit der Festigkeit eines wohlerzogenen Gentleman. Er ist 1,75 Meter groß, wiegt 63 Kilo und sieht rundlich und weich aus wie die meisten Menschen mit Trisomie-21. Aber der Eindruck des Weichen ist, von Gesicht und Händen abgesehen, eine Täuschung. In Wirklichkeit ist Kirk ein stämmiger, muskulöser Mann.
Später saßen wir am Küchentisch und unterhielten uns über seine Eltern, seinen Bruder und sein Zuhause.

> Ich glaube, ich liebe sie sehr. Sie sind friedlich. Wenn man Probleme hat, geht man einfach zu Debbie oder Van. Mein Vater ist friedlich. Er ist zu allen nett. Er hat mir nie weh getan, und meinem Bruder und Mama auch nicht. Er ist sehr angenehm – und meine Mama auch. Ich bin froh über Debbie und Van, weil sie sehr gute Söhne großgezogen haben.
> Chris ist mein Bruder, und er ist auch nett und friedlich. Wenn man ihn kennt, ist er für einen da. Wenn man mit ihm Probleme hat, sagt er gar nichts. Wir gehen raus und spielen Basketball, dann kommen wir rein und sehen fern. Manchmal spielen wir Billard.

Kirk erzählte mir, wie er bei den Special Olympics Präsident Clinton kennenlernte und zu ihm sagte, die First Lady sehe in Wirklichkeit viel besser (er gebrauchte das Wort »schöner«) aus als im Fernsehen. Auch über sein Zusammentreffen mit Claude van Damme und Arnold Schwarzenegger hatte er nur Gutes zu berich-

ten. Schwarzenegger und seine Schwiegereltern, die Familie Shriver, waren die treibende Kraft hinter den Erfolgen der Spiele gewesen: Sie hatten die Veranstaltung ins Leben gerufen, und jetzt wurde sie von Tim geleitet, dem Schwager des Schauspielers. Als ich fragte, wie der Muskelmann als Mensch sei, antwortete Kirk mit einem wissenden Lächeln. »Arnold«, sagte er, wobei er die Vokale in seiner typischen Sprechweise etwas mühsam formte, »redet gern.« Zumindest mit mir spricht Kirk mit einer Art besonderer Absichtlichkeit, als ob er seine Worte genau auswählt. Etwa nach jedem halben Dutzend Wörtern setzt ein leichtes Stottern ein, das sich als kleine Verzögerung zwischen dem ersten Konsonanten und dem folgenden Vokal äußert. Nach meiner Beobachtung geht es etwas schneller, wenn er mit seinen Eltern oder Freunden spricht, und von Zeit zu Zeit feuert er sogar einen kurzen, schnellen Satz ab. Die Gründe für diese vorsichtige Sprechweise dürften verwickelter sein, als es zunächst scheint – es liegt nicht nur daran, daß er mehr Zeit zum Denken braucht. Als ich ihn einmal fragte, was nach seiner Ansicht das größte Problem sei, wenn man mit einem Down-Syndrom aufwächst, antwortete er, als ob er über andere spräche: »Nun ja, sie haben Schwierigkeiten mit dem Sprechen. Beim Down-Syndrom hat man Probleme mit dem Sprechen.« Als ich nachbohrte, rückte er Stück für Stück mit seinen eigenen Schwierigkeiten heraus: Er kann die Ausatmung nur schwer mit der Lautproduktion koordinieren, oder zumindest erscheint es ihm so.
Wie praktisch alle Menschen mit Trisomie-21, so sieht auch Kirk mit seinem rundlichen, untersetzten Körperbau ein wenig wie ein Kind aus, und dieser Eindruck verstärkt sich, weil er den Laut l geringfügig, aber merklich verschluckt. Sein allgemein angenehmes Wesen, das schnelle Lächeln, das so oft vom Grinsen über einen albernen Gedanken begleitet ist, und das Kindergesicht bringen eine äußere Erscheinung zuwege, die man nur als unwiderstehlich bezeichnen kann. Er strahlt buchstäblich seine unbefangene Freude über das Zusammensein mit anderen aus. Als wir an jenem ersten

Abend am Küchentisch saßen, mußte ich mehr als einmal dem Drang widerstehen, aufzustehen, ihn zu umarmen und einen Kuß auf seine rundliche Wange zu drücken, wie ein liebender Onkel es mit seinem Neffen vielleicht getan hätte. Ich bin sicher, daß er es verstanden und sich darüber gefreut hätte. Er ist die Wärme der spontanen Zuneigung gewohnt.

Diese Sicherheit, was die Gefühle der anderen ihm gegenüber angeht, ist nur ein Teil jenes allgemeinen Selbstvertrauens, auf das Van und Debbie mich vorbereitet hatten. Kirk nimmt Komplimente vorbehaltlos an, als seien sie das Natürlichste auf der Welt, und zeigt seine Leistungen mit berechtigtem Stolz vor. Wenn man ihn lobt, sagt er: »Ja, das stimmt.« Er hat keine Zweifel, daß er bei den nächsten Behindertenspielen viel mehr als seine jetzigen 120 Kilo schaffen wird, und formuliert es so: »In mir steckt noch mehr.«

Die letzten beiden Jahre wohnte Kirk mit zwei anderen behinderten jungen Männern in einem kleinen Haus etwa drei Kilometer von seinen Eltern entfernt. Es gehört mitsamt den Möbeln der Vantage Group und wird von einem Verwalter betreut, der den größten Teil des Tages dort ist. Die drei Bewohner halten alles peinlich in Ordnung. Beim Einkaufen, Kochen und Putzen wechseln sie sich ab, und das machen sie viel besser, als ich es von den Wohngemeinschaften der Studenten in Yale gewohnt bin. Kirk hat sein großes, aufgeräumtes Zimmer mit Erinnerungsstücken aus seinem Leben geschmückt, wie jeder junge Mann es tun würde. Neben mehreren großen Fotos von seiner Familie sind sportliche Auszeichnungen, Medaillen, Bilder (darunter eines mit dem redseligen Arnold) und Urkunden auffällig zur Schau gestellt, als könnte jeden Augenblick eine junge Frau zu Besuch kommen, die man beeindrucken will. Und natürlich ist so etwas nicht nur möglich, sondern es geschieht sogar häufig. Kirk hatte in den letzten Jahren mehrere Freundinnen und pflegt zahlreiche Bekanntschaften mit anderen Behinderten, mit denen er zur Schule gegangen ist. Soweit Van und Debbie feststellen konnten, gab es allerdings keine sexuellen Beziehungen – zumindest bis jetzt.

Die drei jungen Männer kommen gut miteinander aus. Die beiden anderen – sie heißen beide Jeff – haben ebenfalls Trisomie-21, die bei einem durch einen leichten Autismus noch erschwert wird. An dem Abend, als ich sie besuchte, schienen sie an ihrer Gesellschaft viel Spaß zu haben – sie neckten sich und alberten herum wie hochgestimmte Verbindungsstudenten. Kirk machte mich mit Jeff und Jeff bekannt, und sie bezogen mich sofort in ihre Späße ein. Die Gesellschaft lebhafter junger Menschen versetzt mich immer sehr schnell in einen ähnlichen Geisteszustand, und ich konnte nicht anders, als auch die eine oder andere alberne Bemerkung dazwischenzuwerfen. Einige Zeit später, als ich in der Tür stand und aufbrechen wollte, legte Kirk mir seinen kräftigen rechten Arm um die Schulter und zog mich so unerwartet plötzlich zu sich heran, daß ich ins Stolpern geriet. Nachdem er mich mit seinem unnachgiebigen Griff bewegungslos gemacht hatte, rief er: »Ich mag den Burschen!«

An diesem Abend tat Kirk etwas noch Denkwürdigeres. Ich war ihm als Dr. Nuland vorgestellt worden und hatte ihn dann zu überreden versucht, mich kurz Shep zu nennen, aber er belegte mich mit einem anderen Namen: Dreimal nannte er mich Dr. Nudelman – ein bemerkenswerter Fehler, denn Nudelman war tatsächlich unser Familienname, bevor mein Cousin Sol irgendwann in der dreißiger Jahren den Namen Nuland erfand und damit bei uns allen die Wandlung zu echten Yankees beschleunigte.

Kirk ist berufstätig, und es ist nicht seine erste Stelle. Er arbeitet drei Stunden täglich in einem Restaurant der Kette »Red Lobster«, wo er das Mobiliar reinigt und sich um das Besteck kümmert. Das macht ihm viel mehr Spaß als seine ehrenamtliche Tätigkeit in einem nahe gelegenen Pflegeheim. Die alten Leute, mit denen er dort Dame oder ähnliches spielen soll, sind überhaupt nicht begeistert, und das nimmt ihm die Freude.

Das Lesenlernen war für Kirk sehr anstrengend, und noch schwieriger wurde es durch eine leichte Lese- und Schreibschwäche. Erst in den letzten Jahren haben Debbies Ausdauer und Geschicklichkeit Früchte getragen, so daß er jetzt handgeschriebene Notizen und Gedrucktes lesen und verstehen kann. Seine liebste Freizeitlektüre, so erklärte er mir, sei »The Little Engine That Could«. Debbie bezeichnet die Eroberung der Lesefähigkeit zu Recht als den höchsten Berg, den sie zusammen mit ihrem Sohn erklommen hat.

Debbie und Van Selden wußten etwas über sich selbst, und sie hatten eine Ahnung, als ihr Sohn noch in der Wiege lag. Ihnen war völlig klar, daß sie das Kind keinem Heim oder anonymen Pflegekräften überlassen konnten. Und sie ahnten, daß sie auch zu etwas anderem nicht in der Lage waren: Sie brachten es nicht übers Herz, ihren Sohn weniger zu lieben oder mit größerer Distanz zu behandeln, nur weil er behindert war. Schon lange bevor sich allgemein die Überzeugung durchsetzte, daß die Integration in Familie und Gemeinschaft die optimalen Entwicklungsaussichten bietet, sagte ihr Herz ihnen das, was die Fachleute erst jetzt allmählich erkennen. Obwohl man in puncto Erziehung und zwischenmenschlichem Umgang auf Kirk besonders Rücksicht nehmen mußte, war an seinem Bedürfnis, verstanden zu werden, nichts Besonderes. Ihre moralische Phantasie und ihre Unfähigkeit, ihre Gefühle zurückzuhalten, führten zu einer Verflechtung von Erfahrung und Biologie, die sich in ihrem Sohn und seiner Anpassung an seine Umwelt manifestiert. Wer nicht Bescheid weiß, hält Kirks Leistungen vielleicht für ein Wunder. Debbie und Van jedoch hatten nichts anderes erwartet.

VII
Der Liebesakt

Ich habe behauptet, Menschen seien in irgendeiner Weise mehr, als man nach der Untersuchung ihrer biologischen und chemischen Zusammensetzung erwartet. Müßte es dann nicht auch möglich sein, die Grundlagen jener bisher kaum greifbaren Eigenschaften zu finden, die über die reine Biologie hinausgehen? Verfügen wir über Hilfsmittel, um ohne religiöse oder agnostizistische Vorurteile das Wesen des Menschseins zu ergründen, das die Lücke zwischen unserer natürlichen Ausstattung und dem, was wir daraus gemacht haben, schließt?

Um diese Fragen zu beantworten, müssen wir uns zunächst einmal die heutigen biologischen Kenntnisse ansehen. Sonst fehlen uns die nötigen Hintergrundinformationen, an denen sich jede Theorie messen lassen muß. Nur wenn wir von gesichertem Wissen ausgehen, können wir mit Unsicherem und mit unseren gemeinsamen Erfahrungen, die über die bloßen Erfordernisse des Überlebens der DNA hinausgehen, vernünftig umgehen. Die ganze lange Geschichte der Erweiterung wissenschaftlicher Kenntnisse hat ihre Grundlage in dem Bestreben, Erfahrungen und Phänomene zu begreifen, die man sonst nur mystischen Kräften zuschreiben konnte. Endlos beobachtete man Fähigkeiten, Wandelbarkeit und Reaktionen der Menschen, und doch entziehen sie sich auch heute noch der Deutung, vielleicht weil man glaubte, sie gehörten irgendwie nicht in das Gebiet wissenschaftlicher Forschung. Aber wie Shakespeare in der »Komödie der Irrungen« sagt: »Jedes Warum hat ein

Wozu.« Philosophie ist ohne Naturwissenschaft ebenso unzulänglich wie Naturwissenschaft ohne Philosophie.

Wenn jede Zelle in meinem Körper die gleiche DNA in sich trägt und von derselben befruchteten Eizelle abstammt, wie kommt es dann, daß ich aus so vielen verschiedenen, leicht unterscheidbaren Zelltypen bestehe, die sich in etwa 200 Kategorien einteilen lassen? Und wie kommt es, daß die Zellen jeder Kategorie auf ganz bestimmte Funktionen spezialisiert sind? Wenn beispielsweise eine Zelle in der Darmwand und eine Muskelzelle genau die gleiche DNA haben, warum sehen sie dann aus, als wären sie überhaupt nicht verwandt? Warum kann eine Muskelzelle sich zusammenziehen (wozu eine Darmzelle nicht in der Lage ist), während eine Darmzelle Verdauungsenzyme herstellt (was die Muskelzelle nicht kann)?

Die Antwort ist eigentlich nicht besonders schwierig, dennoch bedurfte es jahrzehntelanger Forschung in Hunderten von Labors, bis man sie gefunden hatte. Aussehen und Funktionen einer Zelle hängen von den Proteinen ab, aus denen sie besteht. Verschiedene Proteine fügen die Zellbausteine zu unterschiedlichen Strukturen zusammen, so daß sie unterschiedlich aussehen und unterschiedliche Dinge tun. Die Zellen jedes Typs nutzen ihre DNA auf ihre eigene Weise und schaffen Produkte, die auf ihre jeweilige Aufgabe zugeschnitten sind.

Alle Zellen haben aber auch viele Proteine gemeinsam, denn alle müssen bestimmte grundlegende Tätigkeiten ausführen, um am Leben zu bleiben. Mangels eines besseren Begriffs können wir sie als »Haushaltsproteine« bezeichnen. Neben diesen Grundfunktionen besitzt jede Zelle auch aufgabenspezifische Proteine, die in anderen Zelltypen entweder gar nicht oder nur in sehr geringen Mengen vorkommen. Die Hauptaufgabe der roten Blutzellen ist der Sauerstofftransport, und dazu enthalten sie viele riesige Moleküle eines Proteins namens Hämoglobin. Außerdem besitzen sie besondere Proteine für ihre untergeordneten Aufgaben und natürlich die voll-

ständige Ausstattung mit den Haushaltsproteinen. Entsprechend enthalten die Darmzellen Verdauungsenzyme. Und so weiter.
Die Zellen entwickeln ihre besonderen Eigenschaften, indem sie nur einen Teil ihrer DNA nutzen, und zwar denjenigen, der die Proteine für die jeweiligen Funktionen entstehen läßt. Dazu laufen Vorgänge ab, die man als Ein- und Ausschalten der Gene ansehen kann. Von der Riesenzahl an Proteinen, die unsere DNA in den 23 Chromosomen herstellen kann, produziert jede Zelle nur einen kleinen Teil, wobei Art, Menge und Zeitpunkt der Synthese genau gesteuert werden. Wenn es ein Gen für ein bestimmtes Protein gibt, bedeutet das also nicht unbedingt, daß die betreffende Polypeptidkette auch tatsächlich produziert wird. Die große Mehrzahl der Proteine wird *nicht* hergestellt.
Anders ausgedrückt: Jede Zelle verfügt über Methoden, um die Ausprägung der Gene zu kontrollieren. Dazu hemmt sie manche Abschnitte der DNA, während sie andere aktiviert. Diese Tätigkeit, selektive Genexpression genannt, wird von Enzymen und Hormonen ausgeführt, aber auch von Molekülen, die man aus naheliegenden Gründen als Genrepressoren und Genaktivatoren bezeichnet. Mit Hilfe der selektiven Genexpression können die Zellen nicht nur steuern, welche Genprodukte erzeugt werden, sondern sie bestimmen auf diese Weise auch darüber, in welcher Menge, in welcher Lebensphase einer Zelle und bei welcher ihrer Tätigkeiten sie auftauchen.
Wie diese Vorgänge ablaufen, ist bis heute nicht in allen Einzelheiten geklärt, und in jedem Fall füllen sie ganze molekularbiologische Lehrbücher. In unserem Zusammenhang ist vor allem wichtig, daß die Genexpression in jedem Schritt zwischen der DNA und ihren Endprodukten beeinflußt werden kann. Die erste und vermutlich wichtigste Kontrollstelle ist das Umschreiben der DNA in RNA: Besondere Mechanismen in der Zelle bestimmen darüber, welche Gene gelesen werden und wieviel RNA entsteht. Als nächstes kann die RNA abgewandelt werden, entweder durch chemische Verän-

derung ihrer Moleküle oder indem Enzyme gezielt bestimmte Stücke aus ihren Molekülketten herausschneiden. Danach gibt es Mechanismen, die auswählen, welche RNA-Moleküle (Transkripte) in Protein umgesetzt werden, und auch bei den Eigenschaften der Proteine selbst sind Abwandlungen möglich. Und während alle diese Vorgänge einzeln oder gemeinsam auf die Genexpression einwirken, wird auch die Enzymaktivität so gesteuert, daß sie ebenfalls über die Menge der erzeugten Proteine mitbestimmt.

Die Steuerung der Genexpression setzt sich auch dann fort, wenn eine Zelle hochspezialisiert ist und im Gesamtorganismus ihre besondere Aufgabe erfüllt. Ein Beispiel ist die Reaktion ausgereifter Zellen auf Signalsubstanzen wie die Hormone, die ganz bestimmte Gene aktivieren oder hemmen. Da diese Vorgänge umkehrbar sind, entsteht eine Dynamik, die immens zu unserer Fähigkeit beiträgt, auf Umweltveränderungen zu reagieren, ob der Reiz nun auf einzelne Zellen oder den gesamten Organismus einwirkt.

Wegen der selektiven Genexpression werden in jeder einzelnen Zelle nur etwa sieben Prozent der Gensequenzen aus der DNA in RNA umgeschrieben. Das reicht immer noch, um eine Fülle von Proteinen für die Riesenzahl der ständig in einer Zelle ablaufenden Vorgänge zu bilden. Eine Vorstellung vom Umfang dieser Vorgänge kann man sich verschaffen, wenn man ein paar Zahlen betrachtet: Eine typische menschliche Zelle synthetisiert etwa 20 000 verschiedene Proteine, die meisten davon nur in sehr geringen Mengen. Von diesen 20 000 Molekültypen sind aber etwa 2000 mit jeweils über 50 000 einzelnen Molekülen vertreten. Das heißt, selbst wenn wir nur diejenigen Proteine betrachten, die mit mehr als 50 000 Molekülen vorhanden sind, kommen wir auf mindestens 100 Millionen Proteinmoleküle in einer einzigen Zelle. Diese gewaltige Zahl vermittelt eine Vorstellung von der riesigen Vielfalt der biochemischen Vorgänge in uns, und alle stehen im Dienst ständiger Wachsamkeit und Anpassung, damit das Leben weitergehen kann. Hinzu kommt noch, daß manche Moleküle, die in geringerer

Zahl vorhanden sind, gerade einige der wichtigsten Aufgaben in den Zellen erfüllen. Es spricht für unseren biologischen Erfolg, daß wir Tag für Tag weiterleben, ohne etwas von den turbulenten Vorgängen zu bemerken, die uns lebendig halten. Und wir bemerken auch nicht, daß die Vorgänge, die uns aufrecht halten, auch die Möglichkeit in sich tragen, sie zu unserer Bereicherung zu nutzen. Die von der Großhirnrinde beaufsichtigte Bereicherung des menschlichen Daseins ist das beispiellose Ergebnis von Billionen zellulärer Wechselwirkungen.

Da die Genexpression nicht nur von Enzymen und Hormonen gesteuert wird, sondern auch von einer ganzen Reihe anderer Faktoren in der Zelle und ihrer Umgebung, liegt es auf der Hand, daß das *milieu intérieur* diese Faktoren beeinflußt. Solche Einflüsse sind nicht nur wichtig, wenn die Zygote zum Embryo und dann zum Fötus heranwächst, sondern auch im ausgewachsenen Menschen. Sie behalten ihre Bedeutung während des ganzen Lebens. Das Genom bestimmt also nicht allein über Entwicklung und Körperfunktionen des Erwachsenen, über die Interpretation der Umwelt und – letztlich – über Wahrnehmung und Verhalten. Auch die Umwelt (deren Wahrnehmung ihrerseits teilweise vom Genom abhängig ist) spielt eine wichtige Rolle. Auf allen Stufen dieser Vorgänge ist unser Sein als ganzes davon abhängig, wie wir uns auf die Vorgänge in unserem Umfeld einstellen, und zwar auf allen Ebenen von den Zellen bis zur Gesamtheit aller äußeren Lebensumstände.

Dem Vorgang, durch den die Genexpression aus einer einzigen befruchteten Eizelle (Zygote) 200 verschiedene Zelltypen mit unterschiedlicher Größe, Form und Funktion macht, hat man einen Namen gegeben. Da er die Unterschiede oder Differenzen zwischen den Zellen entstehen läßt, nennt man ihn Differenzierung. Unterschiedliche Genexpression ist die Ursache der Differenzierung zu Muskel-, Blut-, Darm-, Schilddrüsen-, Nerven- und Leberzellen, um nur einige zu nennen. Die Differenzierung formt aus dem an-

fänglichen organischen Ton einen erkennbaren Menschen oder auch eine Rose.
Zuvor ist die Zygote vorhanden. Vor der Zygote kommt die Befruchtung. Und zumindest beim Menschen steht vor der Befruchtung ein besonderes Ereignis: der Geschlechtsverkehr.
Um das außergewöhnliche Phänomen des Geschlechtsaktes zu verstehen, müssen wir uns zunächst einige Kenntnisse über die biologische Ausstattung aneignen, die wir für dieses entscheidende Vorhaben mitbringen. Unsere Fortpflanzungsorgane unterscheiden sich in einer wichtigen Hinsicht vom übrigen Körper: Von der Wirkung bestimmter dort gebildeter Hormone einmal abgesehen, tragen sie nicht zum Überleben bei. Aber als wollten sie dieses eklatante Privileg wiedergutmachen, tragen sie alles dazu bei, daß wir uns fortpflanzen können.
Ladies first.
Alle weiblichen Fortpflanzungsorgane sind dazu da, die Bedürfnisse der Eierstöcke zu erfüllen. Das ganze System aus Gebärmutter, Eileitern, Scheide und äußeren Geschlechtsorganen hat nur eine einzige Funktion: Es soll sicherstellen, daß das Produkt der Eierstöcke – die Eizelle – gut behandelt wird. Die daran beteiligten Hormone haben daneben auch andere Aufgaben, die aber ihrer Hauptfunktion, die Eierstöcke bei ihrer Aufgabe zu unterstützen, untergeordnet sind.
Die Eizelle hat nur ein Ziel: nicht unbefruchtet zu sterben. Alle Leidenschaften und Liebesgedichte, alle Rauschzustände und roten Rosen, mit denen die Menschen das süße Vorspiel der Befruchtung ausschmücken, stehen im Dienst der Eizelle. Königreiche stürzen, festgefügte Charaktere brechen zusammen, große Symphonien werden geschrieben – und hinter allem steht ein einziger Instinkt, der nach Befriedigung verlangt: Die Eizelle muß ihren Willen haben. Dieses Verlangen ist so zielgerichtet, daß es den Geist der Menschen verdreht und anheizt, und zwar auf Wegen, die wir noch kaum verstehen. Mit Tarnung und Vorwänden, Fallen stellend und

lockend, macht die kleine Verführerin das Ziel so erstrebenswert, daß es manchmal unerreichbar scheint und deshalb nur um so heftiger verfolgt wird. Unsere Kollegen aus der Psychiatrie haben den psychosexuellen Täuschungsmanövern von Frauen und Männern alle möglichen Namen gegeben, um ein Ereignis in den Griff zu bekommen, das – hinter zahlreichen verzerrenden Schleiern verborgen – biologisch dennoch eine der einfachsten und direktesten Lebenserscheinungen ist.

Unterdrückt, regrediert, besetzt, sublimiert, symbolisiert, gehemmt, fixiert, verdrängt, übertragen – das sind ein paar Bezeichnungen für die Ausweichmanöver, mit denen unser Geist versucht, die unmittelbare Konfrontation mit dem eigentlich einfachen Bedürfnis unserer Fortpflanzungszellen zu vermeiden, seinen Partner zu finden. Es wäre so einfach, und bei Tieren, deren beschränktes Gehirn im Gegensatz zu unserem kein psychisches Durcheinander anrichtet, ist es einfach. Aber es beim Einfachen zu belassen ist nicht die Art der Menschen. Bei uns reichen die einfachsten Reize aus, damit alle möglichen Signale über alle möglichen Wege laufen, und was biologisch ziemlich eindeutig ist, machen wir zu etwas höchst Kompliziertem. Sexuelle Fortpflanzung ist für uns offenbar zu direkt – deshalb haben wir diesen gewaltigen Ballast auf uns genommen, den wir als Sexualität bezeichnen. Der erste Anflug sinnlicher Gedanken löst eine Flutwelle möglicher Reaktionen aus und führt uns in Bereiche der seelischen Begegnung, die kein anderes Lebewesen kennt; er verlangt Entscheidungen, die unser Leben tiefgehend prägen – und durch uns und Millionen andere auch den Zuschnitt einer ganzen Kultur.

Daß dem Homo sapiens im Zusammenhang mit dem Geschlechtsakt eine solche Fülle geistig-seelischer Möglichkeiten zur Verfügung steht, ist die Folge der gesamten neurologischen und biochemischen Kräfte, die uns die natürliche Selektion verliehen hat und die weit über alle Fähigkeiten unserer engsten Verwandten im Tierreich hinausgehen. Dieser Überfluß ist für uns Segen und Fluch zu-

gleich. Unsere geistigen Höhenflüge, die ihre Wurzeln vielfach in der Sexualität haben, sind von Folgen begleitet, für die wir in der Münze des Seelenfriedens teuer bezahlen. Und doch wollen wir es nicht anders, denn mit der Trauer würden wir auch das Glück verlieren. Ohne Sexualität wären wir kaum mehr als eine Ansammlung von Überlebensstrategien mit dem bewußtlosen Bestreben der Eizelle, daß ein Samen in sie eindringt.
Der blinde Drang der Eizelle hat zwar in den Gesetzen von Chemie und Physik eine nachweisbare Grundlage, gleichzeitig ist er aber auch eine der gewaltigsten Urkräfte bei der Schaffung dessen, was wir als menschliche Natur bezeichnen. Ob sublimierte oder pervertierte Sexualität nun, wie manche behaupten, die Triebkraft hinter wirklich allem ist oder nicht: in jedem Fall durchdringt sie unser Denken und Fühlen so sehr, daß sie zumindest zu den wichtigsten Triebkräften gehört. Daß der Drang, sich fortzupflanzen, bei allen anderen Tieren einer der wichtigsten Beweggründe ist, wissen wir – warum sollte es bei uns anders sein? Wäre es nicht so, würde unsere Spezies aussterben.
Entsprechend wird es vielleicht immer einen Streit um Huhn oder Ei geben, aber wenn es um Menschen und Eizellen geht, sollte es nicht zu einer ähnlichen Debatte kommen. Die Eizelle war zuerst da und verlangte, daß ihre Befehle befolgt wurden. Auch wenn sie sich hinter dem koketten Kostüm verbirgt, das wir Sexualität nennen, verkörpert Frau Eizelle das Prinzip der Arterhaltung. Und nicht nur das: Sie verkörpert auch das Prinzip des Lebens.
Die Eizelle muß ihren Willen haben, und dafür sorgt der Instinkt des gesamten Organismus. Durch das Labyrinth und den Sumpf widersprüchlicher Triebe suchen wir einen Weg zur Fortpflanzung unser selbst, und dabei sind wir zwischen den konkurrierenden Kräften von Instinkt und Gewissen hin und her gerissen. Oft kommen wir vom direkten Weg ab und landen bei etwas Wunderbarem wie der Musik oder dem Glauben. Dieses Phänomen bezeichnen die Psychiater als Sublimation des Sexualtriebs, aber wir sehen dar-

in eine Art glücklichen Zufall und freuen uns über die Entdeckung. Manchmal stoßen wir aber statt dessen auch auf Schwierigkeiten, und auch das muß in unser Sein aufgenommen werden. Und der ganze verzwickte, unsichere Weg wird um keinen Deut dadurch einfacher, daß wir ihn auf Geheiß unseres Unbewußten beschreiten, und ebenso durch sein (vielfach verschleiertes) Ziel: die einfache Notwendigkeit, die Eizelle zu befruchten.

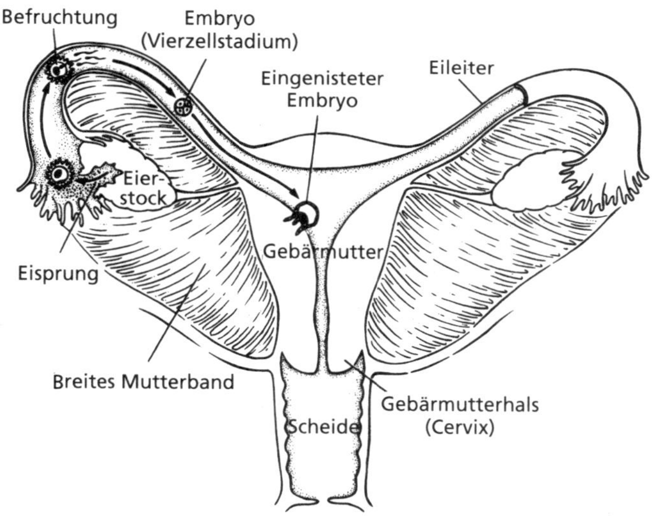

Die weiblichen Fortpflanzungsorgane mit den aufeinanderfolgenden Schritten von Eisprung, Befruchtung und früher Embryonalentwicklung

Am Anfang und Ende des Weges stehen die Eierstöcke; sie produzieren nicht nur die Eizellen, sondern auch die weiblichen Geschlechtshormone Östrogen und Progesteron. Anatomisch ähnelt das ganze System mit Gebärmutter, Eileitern, Eierstöcken und dem Gewebe, das sie zusammenhält, einem kleinen Vogel mit ausgebreiteten Flügeln, den man von unten betrachtet. Sein kurzer, gedrungener Körper ist die Gebärmutter, und die Flügel sind die Falten des Stützgewebes, an dessen oberem Rand die beiden etwas dickeren Eileiter liegen. Unter den »Flügeln« hängen auf beiden Seiten die Eierstöcke, zwei eiförmige, zweieinhalb mal dreieinhalb Zentimeter große Gebilde, die seitlich neben den offenen Enden der Eileiter liegen.

Wenn die Eierstöcke im Embryo angelegt werden, enthalten sie insgesamt fast zwei Millionen Oozyten, diploide Zellen, die zu Eizellen werden können. Jede Oozyte ist von einem Eifollikel umgeben, einem flüssigkeitsgefüllten Bläschen aus zwei Zellschichten. Die Meiose I beginnt schon im Embryo, kommt aber noch vor der Geburt des Mädchens zum Stillstand, und zwar in dem Stadium vor der Trennung der homologen Chromosomen. Erst in der Pubertät setzt sich dann der Vorgang fort; zu dieser Zeit sind noch etwa 30 000 bis 40 000 Oozyten vorhanden, und von diesen werden nur etwa 400 gebraucht (nämlich eine im Monat während der nächsten 35 bis 40 Jahre). Sie stammen aus beiden Eierstöcken, ohne daß es eine geordnete Reihenfolge gäbe.

Seinen Anfang nimmt der ganze Vorgang im Gehirn. *Toujours le cerveau*, immer das Gehirn. Bewußt oder unbewußt, automatisch, autonom oder vom Willen gesteuert, schlafend oder wach – alles liegt im Gehirn. Das autonome Nervensystem (siehe Kapitel 4) steht zum größten Teil unter der Kontrolle des Hypothalamus, der die Reaktionen des Systems auf Veränderungen der inneren und äußeren Umwelt koordiniert. Wie bereits erwähnt, hat man den Hypothalamus auch als »Gehirn des autonomen Nervensystems« bezeichnet. Zusammen mit der Medulla ist er an vielfältigen Reaktionen des alltäglichen Daseins beteiligt, so an Appetit, Schlaf, Wasserhaushalt des Organismus und dem großen Bereich der Gefühle, insbesondere an Sexualverhalten, Freude, Wut und Angst. Wer sich beispielsweise einmal gefragt hat, wie die Körpertemperatur gesteuert wird, sollte an den Hypothalamus denken. Dort befindet sich eine Ansammlung von Zellen, die die Temperatur des Blutes überwachen und stabil halten.

Unter anderem ist der Hypothalamus auch eine Drüse: Er stellt die sogenannten »Releasinghormone« her. Diese veranlassen die unmittelbar unter dem Gehirn liegende »Oberdrüse«, die Hirnanhangdrüse oder Hypophyse, andere Hormone zu produzieren, die ihrerseits weitere Drüsen aktivieren. Wir werden in diesem Buch noch mehrere derartige Vorgänge kennenlernen; einer von ihnen spielt eine entscheidende Rolle für den Ablauf, um den es hier geht. Wenn ein Mädchen in die Pubertät kommt, beginnt im Hypothalamus in regelmäßigen Abständen die Ausschüttung des Gonadotropin-Releasinghormons oder kurz GnRH. Die Herkunft des Begriffs »Gonadotropin« ist ein gutes Beispiel dafür, wie einfach die wissenschaftliche Terminologie ist. »Gonaden« (griechisch *gone*, »Samen«) ist der Oberbegriff für Hoden und Eierstöcke. »Tropin« kommt von *tropein*, »wenden«, und dieser Wortbestandteil bezeichnet alle Arten von Veränderungen. Gonadotropin ist also eine Substanz, die in Hoden oder Eierstöcken eine Veränderung herbeiführt. Der erhöhte GnRH-Spiegel veranlaßt die Hypophyse, zwei Hormone auszuschütten: das follikelstimulierende Hormon (FSH) und das luteinisierende Hormon (LH); beide setzen in den Eierstöcken des Mädchens die Funktionen des Erwachsenenalters in Gang, zweifellos eine Veränderung von beträchtlichen Ausmaßen. Einige Zeit später setzen die Monatsblutungen ein. Zu Beginn des Menstruationszyklus regt das FSH den Follikel einer Oozyte dazu an, sich zu vergrößern und zu einer Kugel aus vielen Zellschichten heranzureifen. Einige dieser Zellen produzieren einen großen Teil des weiblichen Geschlechtshormons Östrogen, andere bilden Progesteron. Ungefähr am 14. Tag des Zyklus hat sich im Blut soviel Östrogen angesammelt, daß die Hypophyse zu einer verstärkten Ausscheidung des luteinisierenden Hormons (LH) angeregt wird, das bis dahin nur in geringer Menge produziert wurde. Der ausgereifte Follikel mit der darin enthaltenen Oozyte ist mittlerweile an die Oberfläche des Eierstocks gewandert und ragt wie eine Blase etwa einen Zentimeter weit hervor. Die Eizelle in seinem Inneren hat die Meiose wiederaufgenommen und die erste Zellteilung vollendet; ihre Produkte sind die sogenannte sekundäre Oozyte mit dem größten Teil des Zytoplasmas und das Polkörperchen, eine sehr kleine, nutzlose Zelle, die bald darauf einschrumpft und abstirbt.

Der plötzliche Anstieg des LH-Spiegels löst den Eisprung (Ovulation) aus: Der Follikel öffnet sich und drückt die Oozyte in die Bauchhöhle wie Zahnpaste aus einer Tube, und zwar nahe beim Eingang zum Eileiter. Die Reste des Follikels bleiben nach dem Eisprung auf der Oberfläche des Eierstocks, aber seine Zellen verwandeln sich unter dem weiteren Einfluß des LH in ein gelbliches, rundliches Gebilde, den Gelbkörper (Corpus luteum), der vorwiegend Progesteron und auch ein wenig Östrogen produziert. Kommt es zur Schwangerschaft, scheidet der Gelbkörper weiterhin Hormone aus, die den Vorgang unterstützen. Findet keine Befruchtung statt, degeneriert die kleine Struktur im Laufe der folgenden zwölf Tage, und der Östrogen- und Progesteronspiegel im Blut geht zurück. Der Hypothalamus jedoch fährt in diesen zwölf Tagen nach dem Eisprung unter dem Einfluß des erhöhten Progesteron- und Östrogenspiegels seine GnRH-Ausschüttung zurück und signalisiert damit der Hypophyse, daß sie weniger FSH und LH produzieren soll. Am Ende der zwölf Tage sind Progesteron- und Östrogenspiegel niedrig, wenn keine Schwangerschaft vorliegt; daraufhin sorgt das GnRH wieder für einen Anstieg der FSH-Produktion, und der Zyklus beginnt von vorn.

Warum der Gelbkörper sich nach etwa zwölf Tagen zurückbildet, wenn keine Schwangerschaft eintritt, ist nicht genau geklärt; vermutlich ist ein weiterer chemischer Einfluß die Ursache: Es scheint sich um einen Vorgang der Selbstzerstörung zu handeln, der von den Prostaglandinen ausgelöst wird; diese örtlich wirkenden Hormone werden vom Gelbkörper selbst produziert und beeinträchtigen seine Funktion.

Letztlich sind alle diese Schritte des Menstruationszyklus das Ergebnis von Rückkopplungsschleifen. Ein Abfall der Menge eines Hormons im Blut wird durch einen Aktivitätsanstieg der nächsten nachgeschalteten Drüse ausgeglichen, deren Hormon wiederum andere Drüsen aktiviert; die nun gebildeten Hormone senken ihrerseits die Produktion der Substanz, die den ersten Mengenrückgang ausgelöst hatte.

Konkret: Am Ende des weiblichen Zyklus wirkt der niedrige Progesteronspiegel sich nicht nur unmittelbar auf die Hypophyse aus, sondern er veranlaßt auch den Hypothalamus, mehr GnRH zu bilden. Die Folge ist ein Anstieg der FSH-Menge, und das wiederum regt den reifenden Follikel dazu an, den Östrogenspiegel so weit zu steigern, daß das LH in erheblich größerer Menge entsteht. Das LH wiederum setzt den Eisprung in Gang, der Progesteronspiegel steigt erheblich an, und der Gelbkörper bildet sich. Progesteron und Östrogen veranlassen den Hypothalamus, die GnRH-Produktion zu drosseln, und zwar zusätzlich zu ihrem Signal an die Hypophyse, weniger FSH und LH auszuschütten.

Am Ende des Zyklus zerfällt der Gelbkörper mit der Folge, daß der Progesteron- und Östrogenspiegel wieder sinken, was den GnRH-Spiegel steigen läßt – und das Karussell macht eine neue Runde.

Diese gegenläufige Wirkung der Hormone, bei denen eines auf die wechselnde Menge eines anderen reagiert und daraufhin die Ausschüttung eines dritten und weitere Abläufe in Gang setzt, ist ein weiteres Beispiel für die vielfältigen Rückkopplungsmechanismen, welche die Menge der Proteine und anderer Substanzen im Blut regulieren, so daß sie überall im Organismus als Hormone und Enzyme wirken können. Das Ganze wirkt kompliziert, und das ist es auch, insbesondere wenn noch lokal wirksame Hormone wie die Prostaglandine hinzukommen, die nicht zu der Rückkopplungsschleife gehören, sie aber dennoch beeinflussen. Aber hinter allen diesen Mechanismen steckt ein einfaches Grundprinzip: Der Organismus ist ständig um Ausgleich bemüht – er hat das Bestreben, sein Gleichgewicht aufrechtzuerhalten, und gleichzeitig wollen alle Organe die Aufgaben ausführen, für die sie existieren und als einzige geeignet sind.

Östrogen und Progesteron haben neben den hier beschriebenen Wirkungen noch viele weitere Effekte. Östrogen sorgt bei der heranwachsenden jungen Frau für die Entwicklung der sekundären Geschlechtsmerkmale wie der Brust, für die typisch weibliche Verteilung des Körperfetts unter der Haut (insbesondere an Gesäß und Hüften), für eine Vermehrung der kleinen Hautblutgefäße, für die Verbreiterung des Beckens und für ein charakteristisches Fettpolster unter der jetzt behaarten Haut des Schambereichs, dessen leichte Wölbung man seit der Antike als *mons veneris* oder Venushügel bezeichnet. Venus war die römische Liebesgöttin, und daß der Name gut gewählt ist, ist ebenso offensichtlich wie die kleine Erhebung, wenn sie sich unter enger Kleidung abzeichnet. Außerdem sorgt das Hormon dafür, daß die Fortpflanzungsorgane der jungen Frau größer werden.

In der ersten Woche des Menstruationszyklus bewirkt der steigende Östrogenspiegel, daß die Gebärmutterschleimhaut dicker wird und sich darauf vorbereitet, eine befruchtete Eizelle aufzunehmen. Wie bereits erwähnt, werden während der ersten zwölf bis vierzehn Tage des Zyklus relativ geringe Progesteronmengen ausgeschüttet, aber wenn sich der Gelbkörper bildet, entsteht neben dem Östrogen auch dieses Hormon in erheblich größerer Menge. Der steigende Progesteronspiegel regt die verdickte Gebärmutterschleimhaut zur Bildung einer nährstoffreichen Flüssigkeit an. Die Zahl der Blutgefäße nimmt zu, damit der Bedarf des neuen Gewebes gedeckt wird und damit die Bestandteile des Fruchtwassers transportiert werden können, die eine Art Gebärmutterversion der Muttermilch darstellen.

Gelangt eine befruchtete Eizelle in die Gebärmutter, steht die warme, weiche Schleimhaut bereit, um sie aufzunehmen. Weder ein Frauenarzt noch ein Psychiater hätte sich einen besseren Platz aus-

denken können, um ein Kind auf die Herausforderungen der Außenwelt vorzubereiten.
Sollte sich die ganze Vorbereitung als unnötig erweisen, verschwendet die Gebärmutter keine weitere Zeit. Durch die Abnahme des Östrogen- und Progesteronspiegels im Blut verengen sich die neuen Arterien in der Schleimhaut, die dadurch von der Sauerstoff- und Nährstoffversorgung abgeschnitten wird. Das neugebildete Gewebe stirbt ab, die Kapillaren bluten, und die ganze Masse wird im Laufe der folgenden drei Tage als Menstruationsblutung durch die Scheide abgestoßen.
Über das prämenstruelle Syndrom ist viel Unsinn und auch einiges Sinnvolle geschrieben worden, und ich möchte dem nichts hinzufügen. Aber ist es angesichts dieser langen Beschreibung der Eierstockfunktion und der damit verbundenen Hormonschwankungen – mit Vergleichen wie Karussell und Schleifen; Achterbahn oder Sturm wären ebenso zutreffend – eigentlich ein Wunder, daß so viele Frauen an den betreffenden Tagen unter Stimmungsschwankungen leiden? Eigentlich muß man sich wundern, daß sie nicht viel mehr tun.
Verglichen mit den Frauen haben es die Männer einfach. Sie brauchen sich nicht mit monatlichen Unannehmlichkeiten herumzuschlagen. Das einzige, womit sie fertig werden müssen, sind die Pubertät zu Beginn der fortpflanzungsfähigen Jahre und eine unterschiedlich lange Phase an ihrem Ende, einem Abbau, der manchmal als »Wechseljahre des Mannes« bezeichnet wird. Ansonsten segeln die Männer in ruhigem Fahrwasser. Eigentlich gibt es für Jungen und Männer im Zusammenhang mit dem Fortpflanzungsapparat nur eine körperliche Sorge: Sie müssen es vermeiden, einen Schlag in die Hoden zu bekommen. Und dann ist da natürlich die Frage, wie man(n) sie so oft benutzen kann, wie man möchte.
Die Hoden sind nierenförmige Organe von etwa 5 mal 3 Zentimetern Größe, die sich im Hodensack, einer Tasche aus Haut und Bindegewebe, leicht hin und her schieben lassen. Unmittelbar un-

ter der Haut des Hodensacks und eng mit ihr verbunden liegt der Dartos, eine dünne Schicht aus unwillkürlicher Muskulatur, die Hodenverletzungen zu vermeiden hilft. Sie achtet ständig auf verschiedenartige Reize, die mit Angst, Schmerz oder Lust zu tun haben können, und kann sich zusammenziehen, so daß die Hoden näher zur Bauchhöhle gezogen werden. Bei dieser lobenswerten Tätigkeit hilft ihm auch der Kremaster, eine dünne Muskelschicht rund um die Blutgefäße und Samenstränge, die von den Hoden ausgehen. Der Kremaster zieht sich immer unwillkürlich zusammen und holt damit wie der benachbarte Dartos die Hoden näher an den Körper. Sein Verhalten ist so vorhersehbar, daß der Arzt es zur Überprüfung der Reflexe verwenden kann. Bei einem Schlag auf die Innenseite des Oberschenkels kontrahiert sich der Kremaster, und der Hoden hebt sich.

Dartos und Kremaster reagieren während der Pubertät und im jungen Mannesalter besonders empfindlich und werden dann manchmal zum Anlaß für amüsante und/oder bestürzende Situationen. Als ich 15 Jahre alt war, stand ich einmal in einer Baseballpartie auf einem Hartplatz in der heimatlichen Bronx, dem Jerome Avenue Lot, in der ungewohnten Position des Shortstop. Ich war auch in den besten Zeiten meines Lebens nie ein begabter Infieldspieler, und nachdem man mir diese entsetzliche Position zugewiesen hatte, schweifte meine Aufmerksamkeit schon bald vom Spiel ab; ich dachte nämlich daran, wie ich meinen Körper gegen flach geschlagene Bälle schützen könnte. Und wie es der Zufall wollte, kam ein solcher, sehr hart geschlagen, im ersten Inning auf mich zu, noch bevor ich alle meine Pläne zur Selbsterhaltung entwickelt hatte. Ich war so in Gedanken versunken, daß die rasende Kugel bei mir war, bevor ich sie noch richtig wahrnahm. Ich versuchte, mich richtig zum Ball zu stellen, aber im letzten Augenblick machte das steinharte Ding auf der unebenen Aschenfläche einen plötzlichen Sprung, prallte von der Spitze meines ausgestreckten Handschuhs zur Innenseite meines linken Beins. Die beiden Bälle, meiner und

das Lederding, stießen mit einem entsetzlichen Schlag aufeinander, der selbst zwar kaum zu hören war, mich aber wie einen Elefantenbullen mit eingeklemmtem Leistenbruch schreien ließ.
Ich brauche wohl nicht zu betonen, daß Dartos und Kremaster sich blitzschnell zusammenzogen. Irgendwie blieb ich stehen – vermutlich wollte ich nicht umfallen, weil ich fürchtete, jeder Lagewechsel würde meine ohnehin unerträgliche Pein verstärken. Scheinbar nach einer Ewigkeit – in Wirklichkeit können es nur wenige Minuten gewesen sein – ließ der Schmerz nach, Dartos und Kremaster entspannten sich, und mein Hodensack glitt vorsichtig wieder in das Gewebe meiner Unterhose. Ich wechselte auf meine gewohnte Position im rechten Feld – dort hätte mich zwar ein Flugball erwischen können, aber zumindest bestand nach menschlichem Ermessen keine Chance, daß ich entmannt würde. Die nächsten Wochen hielt ich mich vom Jerome Avenue Lot fern.
Man kann unmöglich die Anatomie, Körperfunktionen und Verhaltensweisen der Menschen untersuchen, ohne immer wieder ins Staunen zu geraten, und sei es auch nur wegen einer banalen Geschichte wie der mit dem Hodensack. Immer wieder zeigt sich, daß Reaktions- und Anpassungsfähigkeit der Schlüssel zu Überleben und Fortpflanzung sind. Was weiß eine Muskelfaser im Dartos von den Samenzellen, die sie rettet, oder von einem Kuß? Und warum ist der wilde Reflex zum Schutz der Hoden mit dem leidenschaftlichen Wunsch gekoppelt, einen anderen Menschen im sanften Mondlicht einer Frühlingsnacht in den Armen zu halten – eine Umarmung, die zu einer andersgearteten Umarmung und schließlich zu einem Höhepunkt führen soll, der ebenfalls wild und schützend zugleich ist, auch wenn er letztlich der Arterhaltung dient?
Bei der wissenschaftlichen Feinanalyse grundlegender Phänomene wie Rückkopplungsschleifen und biochemischer Prinzipien, die ein Genom ermöglichen, verliert man leicht den Weg aus dem Auge, der unausweichlich auf den Geschlechtsakt und die verstärkende Beziehung zwischen ihm und der Liebe führt. Mit diesen

beiden Triebkräften, die beide das Ergebnis natürlicher Selektion darstellen, sind wir auch über jene Reaktionen, die unserem Überleben und der Arterhaltung dienen, weit hinausgegangen. Zu dem, was anfangs nur Molekularbiologie war, haben wir Absicht hinzugefügt: Die Menschen haben Romantik, Schönheit, Ordnung, Gesellschaft und Kultur geschaffen. Irgendwie ist dies alles in unser Bewußtsein gedrungen, auch wenn wir damit unsere Ursprünge und die Absichten der Natur hinter uns lassen. Indem wir darüber hinausgehen, erreichen wir etwas schwer Faßbares jenseits dessen, was vielleicht unser einfaches Ich ist.

Teilweise finden wir dieses Etwas in der Dichtung. Die folgenden Zeilen stammen von einem Dichter, der von Genetik oder Evolution keine Ahnung hatte:

> Nicht Mensch allein, nein, alles, was durchstreift
> den Wald, am Himmel fliegt, in Fluten reift,
> sich selbst liebt, doch nicht nur sich selbst allein.
> Zu zweit sucht jed' Geschlecht vereint zu sein.
> Die Lust nicht endet, wenn sie sich gepaart:
> Sie lieben drittens sich in ihrer Art.*

Alexander Pope spürte es schon lange vor Darwin und den Psychobiologen: Der Drang zur Kontinuität ist so tief in das Gewebe des Menschseins verflochten, daß wir ihm mit der Art, wie wir unsere Liebe ausdrücken, seine Form verleihen. Wir haben gelernt, mit Hilfe der Liebe das Kind zu nähren, das Produkt der Vereinigung, die ihre Erfüllung ist, und wir finden Freude nicht nur in der Vereinigung selbst, sondern auch in dem, was sie nach sich zieht.

Für fast alle der vielen hundert Billionen Samenzellen, die ein Mann im Laufe seines Lebens produziert, ist der Ruf der Eizelle ein Sirenengesang: Er verspricht frühes Absterben, wenn er unbe-

* Übersetzung von E. Breidert.

achtet bleibt, und schmählichen Untergang an den Felsen und Klippen des weiblichen Genitaltraktes, wenn man ihm folgt. Aber einigen wenigen flüstert er zu, etwas von ihnen werde in den nächsten Generation und darüber hinaus erhalten bleiben. Ihre Nukleotidkombinationen leben in der charakteristischen Haarfarbe der Nachkommen oder darin, daß sich der kleine Finger auch nach außen krümmen läßt. Mehr ist nicht notwendig: 300 Millionen Samenzellen werden auf einen Schuß losgelassen und rennen um die Wette – oder schlagen vielmehr gewaltig mit den Schwänzen, um für sich und ihre 23 Chromosomen ein Stück vom ewigen Leben zu erhaschen. Einige schlagen nicht mit dem Schwanz, weil sie keinen haben. Nimmt man noch jene hinzu, die zwei Schwänze, einen eingerollten Schwanz oder eine Anomalie des Kopfes haben, kommt man auf einen Anteil von 20 Prozent, der von vornherein keine Chance hat, den Bestimmungsort zu erreichen.

In jedem Hoden liegen dichtgepackt etwa 800 bis 900 dünne Schläuche, die jeweils ungefähr 75 Zentimeter lang sind. In den Wänden dieser insgesamt rund 600 Meter langen, gewundenen Kanäle liegen die Spermatogonien, aus denen durch Meiose die Samenzellen (Spermatozoen) hervorgehen. In den kleinen Lücken zwischen den Kanälen befinden sich Zellhaufen, die männliche Geschlechtshormone produzieren.

Eine Samenzelle besteht aus einem ovalen Kopf mit den 23 Chromosomen, einem kurzen zylinderförmigen Körper und einem sehr langen Schwanz. Vorn am Kopf ist eine kegelförmige Kappe befestigt, das Akrosom; es enthält Enzyme, die bestimmte chemische Schranken abbauen und so das Eindringen in die Eizelle erleichtern – für den unwahrscheinlichen Fall, daß die ganze Reise erfolgreich beendet wird, so daß ihre Dienste gebraucht werden. Im Schwanz der Samenzelle befindet sich ein großer ATP-Vorrat als Energielieferant für die peitschenartigen Bewegungen, mit denen sich die Zelle durch die weiblichen Fortpflanzungsorgane bewegt. Auf ihrem Weg von den Samenkanälen zur Spitze des Penis, wo sie ausgestoßen werden, kommen die Spermatozoen an verschiedenen kleinen Hilfsorganen und röhrenförmigen Strukturen vorbei, die Enzyme und nährstoffhaltige Flüssigkeiten zu ihrer Gesunderhaltung beisteuern. Das größte dieser Organe ist die Prostata, eine kastanienförmige Drüse, die auf der Unterseite der Blase liegt, knapp oberhalb der Stelle, wo die Samenzellen in den Penis gelangen. Das Gemisch aus den Samenzellen und den Produkten dieser verschiedenen Drüsen nennt man Samenflüssigkeit oder Sperma.

Aus den Kanälen im Hoden gelangen die Samenzellen in den drei bis vier Meter langen, gewundenen Kanal des Nebenhodens, der oben auf dem Hoden liegt. Dort können sie vorübergehend gespeichert werden, und das Akrosom macht physikalische und chemische Veränderungen (die sogenannte Kapazitation) durch, die seine Fähigkeit, in die Eizelle einzudringen, verbessern; eine weitere Kapazitation findet statt, wenn die Samenzellen den weiblichen Eileiter erreichen. Der Nebenhodengang mündet in ein sehr langes, dünnes, peitschenförmiges Gefäß mit muskulösen Wänden, das man als Vas deferens oder Samenleiter bezeichnet. Ihn durchtrennt der Chirurg, wenn ein Mann sich operativ sterilisieren läßt. Er ist bei jedem Mann leicht zu finden: Man braucht dazu nur den Hodensack zwischen Daumen und Zeigefinger zu nehmen und danach zu tasten.

Von Arterien, Venen und einigen Nerven begleitet, verläuft der Samenleiter von seinem Ursprung aus etwa 45 Zentimeter weit zunächst nach oben in die Bauchhöhle und dann hinter der Harnblase nach unten, wo er schließlich in den Ductus ejaculatorius mündet. Dieser Gang ist eigentlich der letzte Abschnitt des Samenleiters, und in ihn entleert sich auch eine kleine Ausstülpung, das Samenbläschen, das weitere flüssige Bestandteile zur Samenflüssigkeit beiträgt. Die beiden Gänge treten in die Prostata ein, vereinigen sich dort und münden schließlich in die Harnröhre, durch die auch der Urin aus der Blase zu der Öffnung an der Spitze des Penis fließt.

Der Penis ist knapp unterhalb des Schambeins am Rumpf befestigt. Eine seiner bemerkenswertesten und am seltensten erwähnten Eigenschaften besteht darin, daß er kein Fett enthält. Das heißt: Unabhängig davon, ob das Körpergewicht zu- oder abnimmt, wird der Penis keinen Millimeter größer oder kleiner. Auch Wunschdenken hilft in dieser Hinsicht nicht.

Eine auffälligere Besonderheit (wenn sie nicht bei religiösen Riten oder durch eine Operation entfernt wurde) ist die Vorhaut, eine haubenartige Hautfalte, über deren Wert von alters her gestritten wird; der prahlerische David schnitt 200 toten Philistern die Vorhaut ab, um Saul die gruseligste Mitgift zu liefern, die jemals verlangt wurde. (Eigentlich hatte der hinterlistige König von dem ehrgeizigen Verehrer seiner Tochter nur die Hälfte dieser Zahl verlangt, denn er nahm an, der eingebildete junge Emporkömmling würde bei dem Unternehmen ums Leben kommen. Aber der übereifrige Superman David verdoppelte den Einsatz und erreichte damit seine beiden Ziele: Er bekam das Mädchen und schüchterte seinen ohnehin ängstlichen Monarchen noch mehr ein. Die Geschichte endet mit den unheilvollen Worten: »Da fürchtete sich Saul noch mehr vor David.«)

Der Penis selbst besteht aus drei getrennten Zylindern aus einem schwammigen Gewebe, die in Form eines Dreiecks angeordnet sind: Zwei von ihnen liegen parallel auf der Oberseite, der dritte darunter in der Mitte. Die oberen werden auch Schwellkörper oder Corpora cavernosa genannt, weil sie Hohlräume enthalten; sie sind etwas dicker als der untere, der Corpus spongiosum heißt. In der Mitte des Corpus spongiosum verläuft die Harnröhre. An der Spitze verdickt sich der Penis zur Eichel (Glans), die in ihrer zarten Haut zahlreiche Nervenenden trägt und deshalb sehr empfindlich ist.

Ebenfalls höchst empfindlich und mit schwammartigem Gewebe ausgestattet ist die entsprechende Struktur bei Frauen, die Klitoris. Sie enthält zwei kleine Schwellkörper und besitzt eine weiche Spitze, die ganz ähnlich funktioniert wie die Eichel des Mannes. Die noch nicht einmal zwei Zentimeter lange und nur wenige Millimeter breite Klitoris liegt vorn an den äußeren weiblichen Geschlechtsorganen, ganz in der Nähe der Stelle, wo sich die kleinen Schamlippen vereinigen. Unmittelbar hinter ihr befindet sich die Öffnung der Harnröhre. Diese Strukturen sind wie der Scheideneingang durch die großen Schamlippen geschützt, zwei weiche, von vorn nach hinten verlaufende Falten. Der ganze Bereich wird von der Schambehaarung bedeckt. Die Scheide oder Vagina ist ein 8 bis 10 Zentimeter langes Rohr, dessen Wand Faser- und Muskelgewebe enthält. Bei Frauen, die noch nie Geschlechtsverkehr hatten, liegt unmittelbar am Scheideneingang hinter den kleinen Schamlippen eine dünne Gewebeschicht mit einer Öffnung in der Mitte. Dieses empfindliche Zeichen der Unberührtheit ist das sagenumwobene Jungfernhäutchen (Hymen), das seit alten Zeiten als verehrter, sicherer Beweis für die Unschuld eines Mädchens gilt. Minnesänger, Dichter, Romanschriftsteller und ihre Vorgänger in antiken Kulturen entzückten ihr Publikum mit aufregenden Geschichten von blutigen Bettlaken und der Rache ganzer Stämme, wenn das Leintuch nach der Hochzeitsnacht nicht das Zeichen dafür trug, daß das Hymen bis dato unversehrt gewesen war. Es ist eigentlich ein höchst paradoxes Gebilde: Seine Unversehrtheit galt immer als Maß für die Ehre eines Mannes, der von ihm repräsentierten männlichen Werte.

Die Untersuchung des Jungfernhäutchens ist in puncto »sittlichem« Verhalten jedoch kaum eine Entsprechung zum DNA-Test – sein Fehlen wäre vor Gericht als Beweis nutzlos, und wenn es vorhanden ist, kann man auch nichts Sicheres sagen. Ein unfehlbares Zeichen der Jungfräulichkeit ist es wohl kaum. Das dünne Häutchen kann sehr unterschiedlich gebaut sein: Für manche Frauen ist es ein erhebliches Hindernis auf dem Weg zum Liebesgenuß, bei anderen gibt es dem geringsten Druck nach und blutet kaum, und bei wieder anderen fehlt es völlig. Und nicht nur das – in der

25. Auflage des Anatomielehrbuches von Gray steht eine Zeile, über die meine Studienkollegen und ich uns schon vor 25 Jahren amüsierten: »Es bleibt unter Umständen bei der Kopulation erhalten und kann deshalb nicht als Zeichen der Jungfräulichkeit angesehen werden.« Diese wenigen trockenen (oder sollte ich sagen: blutleeren?) Worte sind der einzige persönliche Kommentar des Herausgebers, der in den ganzen 1478 Seiten des Bandes zu entdecken ist. Nachdem wir viel über seine Existenz spekuliert hatten, gelangten wir zu dem Schluß, daß der Verfasser wohl kurz zuvor in einer Liebesaffäre hinters Licht geführt worden war.

Die Scheide verläuft nach innen und oben bis zum untersten, kragenförmigen Teil der Gebärmutter, dem Gebärmutterhals (Cervix). Unmittelbar an die Hinterwand der Scheide grenzt der Enddarm; die beiden Hohlräume sind nur durch eine dünne Bindegewebsschicht getrennt.

Die Form der Gebärmutter läßt sich am besten mit einer auf dem Kopf stehenden Birne vergleichen. Ihr schmaler Teil entspricht dem Gebärmutterhals, und der obere, breite Abschnitt ist der Hauptteil der Gebärmutter. Die muskulöse Gebärmutterwand ist innen mit einer drüsenbesetzten Schleimhaut ausgekleidet, dem Endometrium, das als Reaktion auf die Hormonzyklen auf- und wieder abgebaut wird; das abgestoßene Gewebe wird dann als Monatsblutung über den Muttermund und die Scheide abgegeben.

Vergleicht man die Gebärmutter mit einem Vogelkörper, entsprechen den Flügeln zwei dünne, breite Gewebeschichten, die sich seitlich an das Organ anschließen. An ihrem oberen Rand liegen, wie bereits erwähnt, die Eileiter, die beiderseits aus dem oberen Teil der Gebärmutter entspringen. Die beiden Gewebeschichten bezeichnet man als »breites Mutterband«. An seiner Unterseite sind rechts und links die Eierstöcke befestigt; sie liegen so dicht an den offenen Enden der Eileiter, daß die Eizelle, die aus einem geplatzten Follikel kommt, leicht ihren Weg hineinfinden kann.

Diese eingehende Beschreibung der männlichen und weiblichen Anatomie soll den Hintergrund liefern für jenen Augenblick, wenn sich ein Paar paart und die Samenzellen des Mannes ihren gefahrvollen Weg zur Eizelle der Geliebten antreten. Es ist zwar offensichtlich nicht unbedingt notwendig, erleichtert aber den ganzen Vorgang, wenn er in einer Atmosphäre von Werbung, Verführung, Phantasie und Zuneigung stattfindet – kurz gesagt: in jener romantischen Sphäre, die nicht nur die Menschen, sondern auch zahlreiche Angehörige des Tierreichs genießen. Anders als bei Tieren sind beim Menschen aber das Ausmaß der Zuwendung, das wir aufbringen können, und die emotionalen (wenn es einem lieber ist, kann man auch sagen: psychologischen) Begleiterscheinungen. Damit meine ich die ganze Palette der Phänomene, die sich aus dem Geschlechtsakt ergeben, und insbesondere die Sexualität. Wir haben um den Liebesakt eine eigene Kultur aufgebaut, die alle anderen Teile unserer gesamten Kultur durchdringt. Mehr als jeder andere einzelne Faktor sind ihre Erfüllung oder Sublimation die Triebkräfte, die den menschlichen Geist formen.
Die sexuelle Erregung eines Mannes wird durch Phantasie und seine fünf Sinne angestoßen. Er hat etwas gedacht, gesehen, gefühlt oder gerochen. Vielleicht hat jemand ein verführerisches Wort zu ihm gesagt, ein Liedtext oder der Rhythmus sinnlicher Musik hat ihn in einen empfänglichen Geisteszustand versetzt. Nicht nur die Berührung eines Kusses, sondern schon der Gedanke daran reicht unter Umständen aus, um sein Verlangen zu wecken. Meist wirken mehrere solche Faktoren zusammen, aber wenn ein Mann in der richtigen Stimmung ist, genügt schon der kleinste Reiz, damit sein Blut zum Becken und dessen Anhängsel strömt. Bei der Frau wächst das Verlangen meist eher allmählich und weniger plötzlich als bei ihrem Partner, aber im wesentlichen sind dafür die gleichen Reize verantwortlich, wobei vielleicht die Phantasie eine größere Rolle spielt als bei ihm. Wer wahrnimmt, wie der Partner oder die Partnerin wachsend erregt ist, der reagiert darauf auch selbst mit

gesteigertem Verlangen. Sexualität ist eine Sache der Gegenseitigkeit.

Wenn das Begehren beim Mann erwacht, erweitern sich die zum Penis führenden Arterien und Arteriolen; den Befehl dazu erteilen Impulse der parasympathischen Nerven. Daraufhin fließt mehr Blut in die Hohlräume der Schwellkörper. Während sich die Zylinder füllen, wächst das Organ in allen Richtungen, Temperatur und Druck in dem immer pralleren Gewebe steigen an. Die Venen, durch die das Blut abfließen könnte, werden von den Schwellkörpern zusammengedrückt. Diese Faktoren und die Tätigkeit des parasympathisch angeregten Musculus ischiocavernosus, der die Venen ebenfalls zusammendrückt, lassen den Innendruck steigen; der Penisschaft wird noch steifer, bis er hart und fest aufrecht steht wie ein dicker Stab aus Fleisch, der in einem Winkel von etwa 20 Grad aus den Lenden des Mannes herausragt. Sein Ende ist von der weich gerundeten Eichel gekrönt. Bereit und voller Erwartung, hat das männliche Begattungsorgan den Zustand der vollständigen Erektion erreicht.

Gleichzeitig hat sich der ganze körperliche und seelische Erregungsmechanismus auf die bevorstehende Steigerung eingestellt. Die Muskeln straffen sich, und in bestimmten Körperteilen setzt eine verstärkte Durchblutung ein, so in Lippen, Ohrläppchen, Brust und der Schleimhaut in den Nasenöffnungen – alles Stellen, an denen sich kleine Bereiche erektionsfähigen Gewebes befinden. Dartos und Kremaster haben sich zusammengezogen und drücken die Hoden gegen die Körper wie bei meinem Erlebnis mit dem Baseball (allerdings unter angenehmeren Umständen).

Wenn es soweit ist, wird das Begehren von Sekunde zu Sekunde stärker, die bewußte Selbstkontrolle geht teilweise verloren, insbesondere wenn der Mann noch jung und unerfahren ist. In dem unbekümmerten Drang, einen überwältigenden Trieb zu befriedigen, dessen Erfüllung keine Sekunde mehr hinausgeschoben werden kann, schlägt man manchmal alle Vorsichtsmaßregeln in den Wind.

Wenn alles klappt, führt der Mann die geschwollene Spitze der Eichel zwischen die Schamlippen der Partnerin und dringt mit der ganzen Länge seines Penis in die Scheide ein. Dieser Vorgang, Penetration genannt, wird nicht nur durch die Scheidenfeuchtigkeit erleichtert, sondern auch durch geringe Mengen eines schleimigen Sekrets, das aus der Penisspitze sickert. Dann beginnt das, was die Sexratgeber in phantasielos-handwerklichem Stil als Stoßen bezeichnen: Der Mann bewegt das Becken vor und zurück, so daß die Eichel immer wieder durch die ganze Länge der Scheide wandert und dabei sanft an ihren feuchten Wänden entlanggleitet. Diese Reibung zwischen der Außenseite des Mannes und der Innenseite der Frau erzeugt zahllose erotische Signale, die von den vielen Nervenenden in der Eichel über die sensorischen Nerven des Penis nicht nur zum Gehirn, sondern auch ins Rückenmark gelangen. Dort werden weitere Impulse ausgelöst, die zurück zum Becken wandern und den Reflexbogen vervollständigen.

Der Reflexbogen ist zwar ein Regelkreis ohne Beteiligung des Bewußtseins, aber er wird durch weitere Signale verstärkt, die aus dem höchst erregten Bewußtsein des lustvoll stoßenden Mannes stammen. Puls und Atmung rasen, um mit dem erhöhten Blutdruck und der wachsenden Ekstase in seinem Kopf mitzuhalten. Wenn Häufigkeit und Stärke der Erregungsreize im Reflexbogen und vom Gehirn eine kritische Schwelle überschreiten, entlädt sich plötzlich alles in den gleichzeitig eintretenden Erscheinungen von Orgasmus und Samenerguß (Ejakulation), die wie die Explosion eines perfekt koordinierten Feuerwerks ablaufen.

Von den Impulsen zu einigen willkürlichen Muskeln abgesehen, sind alle Signale über Fasern des autonomen Nervensystems gelaufen. Im Augenblick des Höhepunkts feuern die sympathischen Fasern eine Salve von Impulsen an die unwillkürliche Muskulatur in der Wand des Samenleiters ab, so daß er sich rhythmisch zusammenzieht und Samenzellen aus dem Nebenhoden in den Ductus ejaculatorius befördert. Die gleichen Fasern sorgen auch für Kontraktionen von Prostata und Samenbläschen, und zwar mit so genauer zeitlicher Koordination, daß ihr Inhalt im gleichen Augenblick wie die Samenzellen dort ankommt. Auf diese Weise mischt sich alles zur Samenflüssigkeit, dem Ejakulat. Es besteht zu 95 Prozent aus den Sekreten von Prostata und Samenbläschen; den Rest bilden die Samenzellen.

Wenn der perfekt synchronisierte Vorgang so weit vorangeschritten ist, laufen plötzlich Nervenimpulse über einen winzigen Nervenstrang, den Nervus pudendus (lat. *pudere*, »sich schämen«) zu einem dünnen, aber höchst wichtigen Muskel, dem Schwellkörpermuskel (Musculus bulbocavernosus). Diese federförmige Struktur entspringt unmittelbar vor dem Darmausgang, verläuft nach vorn und umfaßt die Peniswurzel. Der Nervenimpuls veranlaßt den Schwellkörpermuskel zu einer Reihe kräftiger Kontraktionen, die den Samen durch die Harnröhre nach außen und in die aufnahmebereite Scheide treiben. Das kraftvolle Pulsieren bei der Entladung des Samens erklärt, warum man das Ganze nach dem lateinischen Wort für »hinauswerfen« auch als Ejakulation bezeichnet.

Aber es gibt noch etwas anderes, ohne das vermutlich keiner (und schon gar nicht so gern) diese unelegante Beckengymnastik betreiben würde. Dieses andere ist der Orgasmus.

Beim Mann kann der Orgasmus ohne Ejakulation und die Ejakulation ohne Orgasmus eintreten, aber in der Regel sind beide gekoppelt. Das Wort stammt von dem griechischen *orgaein*, »schwellen«. Irgendwann in ferner Vorzeit muß die Vorstellung aufgekommen sein, daß etwas bis zum Platzen anschwillt – zumindest ist der Orgasmus das Herausplatzen einer Erregung, die nicht mehr zu beherrschen ist.

Eigentlich ist der Orgasmus eine Entspannung. Sein seelischer Teil entlädt sich in einer derartigen Flutwelle, daß das bewußte Erleben ihn mit den rein körperlichen Aspekten vermengt. Auf dem Höhepunkt der Muskelkontraktion gelangen Signale höchster Lust zum Gehirn und erzeugen dort etwas, das man am besten als Ausbruch der Ekstase bezeichnet, die die Sinne auf allen Wahrnehmungsebenen überwältigt. Gleichzeitig beginnt die Lockerung der angespannten Muskeln im Becken und an anderen Stellen. Der Gefühlssturm beim Orgasmus hat in der menschlichen Natur nicht seinesgleichen. Nietzsche schrieb darüber: »Grad und Art der Geschlechtlichkeit eines Menschen reicht bis in den letzten Gipfel seines Geistes hinauf.«

Nachdem die Ejakulation beendet ist, geben sympathische Nerven den Blutgefäßen im Penis den Befehl, sich ein wenig zusammenzuziehen. Gleichzeitig lockern sich der Schwellkörpermuskel und andere angespannte Muskelpartien. Das Blut verläßt den Penis, und die Erektion geht zurück. Der Orgasmus läßt allmählich nach, und zurück bleibt ein starkes körperliches Nachglühen aus dem Schambereich, das mehrere Minuten anhält. Dann folgen ein Gefühl der Entspannung und eine angenehme Müdigkeit. Manchmal überkommt Mattigkeit oder sogar Trauer den erschöpften Liebhaber. In diesem Augenblick, wenn die vielleicht noch unbefriedigte Lust der Partnerin sich in dem Wunsch nach mehr Sex oder zumindest Zärtlichkeit äußert, möchten Männer sich oft am liebsten ganz entspannen und ihren eigenen Gedanken nachhängen.

Es dauert mindestens zehn Minuten, in der Regel noch länger, bis Phantasie und Gefühle die Reflexe erneut in Gang bringen können. Meist hat der Mann in den folgenden Stunden oder Tagen – bei manchen Männern dauert diese Phase auch Wochen – keine starken sexuellen Begierden mehr. Ein kluger Liebhaber wird die Zeit des »Nachglühens« gut nutzen.

Der sinnliche Höhepunkt von Mann und Frau ist zeitlich keineswegs so gut koordiniert, wie Sexfilme und schlechte Romane ihrem Publikum gern vormachen. Das heißt nicht, daß es nie geschieht, aber die Erwartung, der Orgasmus müsse bei beiden gleichzeitig stattfinden, wird in der Realität häufiger enttäuscht als erfüllt. Das erste Hindernis hat mit der langsamer wachsenden Erregung der Frau zu tun. Das zweite ist anatomischer Natur. Nachdem die natürliche Selektion dafür gesorgt hatte, daß unsere Spezies sich auch ohne gleichzeitigen Orgasmus fortpflanzt, brauchte sie keine anatomischen oder physiologischen Varianten mehr zu begünstigen, die diesem so sehnlich gewünschten Ziel gedient hätten. Wäre es anders – hätten sich also die Frauen des frühen Homo sapiens oder der Neandertaler dem Geschlechtsverkehr verweigert, wenn sie nicht genau gleichzeitig mit dem Partner zum Höhepunkt kamen –, wäre die Welt heute voll von schnell kommenden Frauen, deren Klitoris in der Scheide liegt. Oder aber der Fortbestand unserer Spezies würde durch Vergewaltigung gesichert, und die Zivilisation sähe ganz anders aus – wenn es sie überhaupt gäbe.

Die schlechte »Koordination« hat ihre Ursache darin, daß der Ausgangspunkt für den Orgasmus bei den allermeisten Frauen nicht in der Scheide liegt, sondern in der Klitoris, jenem länglichen kleinen Gebilde, das ausschließlich zu diesem Zweck vorhanden ist. Sie entspricht dem Penis und enthält ebenfalls zwei hautbedeckte Schwellkörper sowie ein umfangreiches Geflecht von Nervenenden. Bei sexueller Erregung erigieren die Schwellkörper nach genau dem gleichen Mechanismus wie der Penis. Da die Klitoris sehr weit vor der Scheidenöffnung liegt, wird sie durch die Bewegung des Penis kaum unmittelbar stimuliert, allerdings bewirkt das dadurch verursachte rhythmische Ziehen an den Schamlippen eine gewisse Erregung. In bestimmten Stellungen (zum Beispiel wenn die Frau über dem Mann kniet und sich nach vorn beugt) reibt das Schambein des Mannes ein wenig an der Klitoris, aber das reicht in der Regel nicht aus, um den Orgasmus herbeizuführen. Wirksam und zuverlässig läßt sich die Klitoris meist nur direkt stimulieren, sei es mit der Hand oder durch eine andere Technik. Dabei läßt sich der zeitliche Ablauf aber nur schwer so koordinieren, daß beide Partner gleichzeitig zum Höhepunkt gelangen, insbesondere weil er bei Frauen häufig langsamer einsetzt als bei Männern.

Mit dem richtigen sinnlichen Vorspiel wird die Frau irgendwann die Beine öffnen, so daß der Mann zwischen ihnen seine Stellung einnehmen kann. Durch das Spreizen der Oberschenkel liegt der Scheideneingang frei, und wenn die Partnerin durch Reize, die ihr etwas bedeuten, stimuliert wurde, ist die Scheide jetzt entspannt; ihre Wände trennen sich, um den Penis des Partners aufzunehmen. Schon in den ersten Erregungsstadien hat sich durch Signale der autonomen Nerven die Durchblutung des Beckens verstärkt, die Klitoris ist steif geworden, die Schamlippen sind geschwollen, und ein schleimiges, ein wenig stechend riechendes Sekret macht die Scheide geschmeidig.

Die Menge dieses Sekrets ist von Frau zu Frau verschieden: Das gleiche Maß der Erregung läßt es in manchen Fällen reichlich, bei anderen nur in geringem Umfang entstehen. Besonders bei jüngeren Frauen wird nicht selten soviel Flüssigkeit gebildet, daß sie zwischen den Schamlippen nach außen dringt und Haut, Haare und die vielleicht noch vorhandene Unterwäsche naß macht. Genau wie beim Mann werden auch andere Körperregionen jetzt stärker durchblutet; dies zeigt sich besonders deutlich an den Brüsten, wo das Erektionsgewebe in den Warzen hart wird. Herz- und Atemtätigkeit beschleunigen sich, die Frau atmet schwerer.

Mittlerweile ist die Muskelanspannung im Beckenraum gewachsen, bis schließlich in der Scheide und ihrer Umgebung unwillkürliche Zuckungen eintreten. Der Penis ist jetzt in ganzer Länge eingedrungen und bewegt sich, fest gegen die erogenen Bereiche in der Scheide gedrückt, ein und aus. Selbst die Klitoris wird durch die rhythmische Bewegung der Schamlippen gereizt. Manche Frauen gelangen dabei zum Orgasmus, aber die meisten brauchen die unmittelbare Stimulation der Klitoris. Unabhängig davon, wann er stattfindet, gleicht der weibliche Orgasmus physiologisch in vielerlei Hinsicht dem des Mannes, aber die Kontraktionen im Becken sind zahlreicher. Unter Umständen spürt der Partner rhythmische Zuckungen in der Scheide. In jüngster Zeit ist häufig zu hören, daß Frauen in Art und Stärke ein viel breiteres Spektrum von Orgasmuserlebnissen haben können als Männer. Solche Befunde mögen umstritten sein, aber eines ist sicher: Abweichungen vom üblichen Reaktionsmuster kommen viel häufiger vor, als man früher gedacht hatte.

Ich habe hier nur in Umrissen die Anatomie und Physiologie eines Vorganges beschrieben, dessen einzige biologische Funktion die Befruchtung der Eizelle ist. Darüber zu schreiben gleicht dem Versuch, eine allgemeingültige Beschreibung aller Wohnungen verschiedener Menschen zu geben. Da alle Angehörigen unserer Spezies ein gewisses Grundbedürfnis nach Obdach haben, werden alle unsere vielgestaltigen Wohnungen bestimmte Ähnlichkeiten aufweisen. Die vielen Kulturen und gesellschaftlichen Gruppen, in die wir aufgeteilt sind, diktieren Variationen des allgemeinen Themas, und darüber hinaus gibt es noch eine Fülle individueller oder von den Umständen bestimmter Unterschiede. Und vermutlich ist keine andere Körperfunktion so weit genetisch vorbestimmt und doch so empfänglich für äußere Einflüsse und individuelle Abweichungen wie die, mit der wir uns fortpflanzen.

VIII
Ein Kind wird geboren

Man hat den menschlichen Körper aus gutem Grund mit einer idealen Gesellschaft verglichen, deren Billionen Bürger in Gruppen mit besonderen Aufgaben aufgeteilt sind und alle für das Wohl des Ganzen arbeiten. Eine Muskelzelle ist beispielsweise auf das Zusammenziehen spezialisiert und bildet zusammen mit ähnlich ausgestatteten »Mitbürgern« eine Organisation, die wir Muskel nennen; eine Fettzelle kann bestimmte Nährstoffe speichern und bildet mit ihren Nachbarn die Gemeinschaft des Fettgewebes; eine Drüsenzelle ist dazu ausgerüstet, eine bestimmte chemische Substanz für die Gesunderhaltung anderer Gewebe zu produzieren und auszuscheiden – und sie verbindet sich mit gleichartigen Zellen, die ebenfalls diese Substanz ausscheiden, zur Zellgemeinschaft einer Drüse wie der Schilddrüse, oder sie wird zum Bestandteil einer funktionstragenden Zellschicht wie der Mageninnenwand; eine Nervenzelle kann Signale aus unserem Inneren und von außen zusammenführen und über den langen Fortsatz ihres Axons weiterübermitteln – und diese Zellen verbinden sich zu den kleinen Gruppen der Nervenzentren und Ganglien sowie zu einer großen Gemeinschaft, dem Gehirn; ihre Fortsätze bilden die Organisation der Übertragungsstränge, die wir Nerven nennen.

Unser Körper erfüllt seine Aufgaben durch Arbeitsteilung – wir bestehen aus verschiedenen Geweben, die jeweils eine eigene Funktion haben. Es gibt vier Hauptgruppen von Geweben: Epithelien (Hautgewebe), Bindegewebe, Muskelgewebe und Nervengewebe.

Innerhalb dieser Gruppen findet eine weitere Spezialisierung statt. Eine Form des Epithelgewebes ist beispielsweise das Drüsenepithel an der Innenwand des Verdauungstraktes, dessen Zellen Schleim und Verdauungsenzyme in den Darm abgeben. Zu den vielen spezialisierten Formen des Bindegewebes gehören Sehnen, Knochen und Fett. Bei den Muskeln unterscheidet man drei Kategorien: die willkürliche Muskulatur, auch Skelett- oder quergestreifte Muskulatur genannt, die unwillkürliche oder glatte Muskulatur und den Herzmuskel. Die verschiedenen Arten der Nervenzellen haben ein breites Aufgabenspektrum, von dem später noch genauer die Rede sein wird.

Jedes dieser Gewebe leistet in irgendeiner Form einen hochspezialisierten Beitrag zu dem großen Ziel, in jedem Augenblick alle Abläufe im Organismus in Gang zu halten. Jedes Gewebe führt nicht nur die zahllosen Funktionen aus, die für sein eigenes Überleben notwendig sind, sondern es trägt mit der ihm zugewiesenen Tätigkeit zum Wohle des Ganzen bei.

Um möglichst effizient arbeiten zu können, wirken verschiedenartige Gewebe in größeren Struktureinheiten zusammen, die wir als Organe bezeichnen. Jedes Organ koordiniert die Beiträge aller spezialisierten Zellgruppen in seinen Geweben und führt so die Aufgabe(n) aus, für die es zuständig ist: In den Nieren sorgen mehrere Gewebe gemeinsam dafür, daß das Blut von Giftstoffen befreit wird und daß der Flüssigkeits- und Chemiehaushalt des Organismus stabil bleibt; die Leber kann mit ihren vielfältigen Geweben bestimmte Nebenprodukte der breitgefächerten chemischen Reaktionen im Körper beseitigen und produziert außerdem Galle, die zur Verdauung der Nahrungsfette beiträgt; manche Gewebe im Magen durchmischen die heruntergeschluckte Nahrung und schieben sie mit wellenförmigen Peristaltikbewegungen in den Darm, während andere Zellverbände chemische Substanzen zu ihrer Verdauung ausscheiden; die verschiedenen Gewebe im Eierstock sorgen gemeinsam dafür, daß dieses Organ die Fortpflanzungs-

zellen herstellen kann, und dienen außerdem als Quelle für manche weiblichen Hormone – und so weiter, und so weiter.
Es ist, als vereinigten sich mehrere Zellgemeinschaften mit unterschiedlichen Fähigkeiten zu den großen Städten der Organe. Mehrere Organe wirken in einem Städtebund namens Organsystem zusammen, das der Koordination eines großen Arbeitsbereiches im Organismus dient. Man unterscheidet zwölf solche Organsysteme: Skelett, Muskulatur, Haut, Verdauungssystem, Ausscheidungssystem, Atemwege, Kreislauf, Lymphsystem, endokrines oder Hormonsystem, Nervensystem, Immunsystem (dessen Tätigkeiten in die des Lymphsystems übergehen) und Fortpflanzungssystem.
Manche dieser Systeme, beispielsweise die für Verdauung und Ausscheidung, bilden mit allen ihren Teilen eine zusammenhängende Einheit; andere dagegen, wie das Hormon- oder Immunsystem, bestehen aus verstreut liegenden Organen, Geweben oder sogar einzelnen Zellgruppen, die ähnliche Aufgaben erfüllen. Zum Hormonsystem gehört eine ganze Reihe von Strukturen, einerseits abgegrenzte Organe wie die Schilddrüse, andererseits aber auch Zellgruppen, die in verschiedene, vorwiegend anderen Aufgaben dienende Organe eingestreut sind. Das Immunsystem verteilt sich mit den Lymphknoten und kleinen Einheiten in Organen wie Milz, Leber und Lunge über den ganzen Körper.
Zwar leistet jedes System einen einzigen Hauptbeitrag (oder höchstens zwei) zur Stabilität des Ganzen, aber darüber hinaus hat es in der Regel weitere Nebenaufgaben. Die Bauchspeicheldrüse (Pankreas) gehört zum Beispiel zum Verdauungssystem, denn ihre Zellen scheiden bestimmte Verdauungsenzyme in Gänge aus, die zum Darm führen. Sie ist aber auch ein wichtiger Bestandteil des endokrinen Systems: Andere Zellen stellen das Hormon Insulin her und geben es in die umliegenden Blutkapillaren ab. Endokrine Gewebe tragen zur Steuerung der Körperfunktionen bei: Sie produzieren Hormone und andere Signalsubstanzen, die aus den Zellen unmit-

telbar ins Blut abgegeben werden, und besitzen daher keinen Ausführungsgang.
Das auffälligste Merkmal der verschiedenen Zell- und Gewebetypen, Organe und Systeme ist ihre räumliche und funktionelle Organisation, insbesondere die Koordination ihrer vielfältigen Tätigkeiten. Wäre in der Evolution kein Organisationsplan entstanden, gäbe es heute kein Leben, das über einzellige Strukturen hinausgeht. (Natürlich hängt auch das Leben der Einzeller von höchst komplizierten, zusammenwirkenden Vorgängen in ihrem Inneren ab.) Aber das Wort »Plan« bringt Probleme mit sich, denn damit verbindet man in der Regel eine Absicht oder sogar einen bewußten Willen. Eine solche Absicht möchte ich nicht unterstellen, und was den bewußten Willen angeht – genau gegen diese Vorstellung richtet sich meine Argumentation. Ich möchte nur sagen – sogar nachdrücklich behaupten –, daß vielzellige Organismen gegenüber den Einzellern einen Überlebensvorteil haben, und dieser Vorteil nimmt in immer komplexeren Organismen weiter zu, einfach deshalb, weil sie den Unwägbarkeiten der Umwelt weniger stark ausgeliefert sind als ihre einfacher gebauten Vettern.
In der Evolution der Tiere nahm die Komplexität immer weiter zu, bis schließlich die Gruppe der mit einem Rückgrat ausgestatteten Wirbeltiere entstand. Auch sie entwickelten sich weiter, und vor ungefähr 200 Millionen Jahren tauchten die Säugetiere auf. Seit etwa 70 Millionen Jahren sind sie auf der Erde die beherrschende Tiergruppe, weil sie aufgrund ihrer physiologischen Komplexität unterschiedliche Funktionen ausführen können, die ihnen das Überleben unter vielfältigen Umweltbedingungen ermöglichen. (Die Vorherrschaft gilt in allen Bereichen außer in der Zahl. Bei den Insekten wurden bereits 850 000 Arten beschrieben, und vermutlich harren noch mehrere hunderttausend weitere der Entdeckung. Als vor etwa 75 Millionen Jahren die Säugetierordnung der Primaten auf der Bildfläche erschien, war es insbesondere ihr komplexes Gehirn, das ihnen die Anpassung an ein so breites Spektrum von

Lebensbedingungen ermöglichte. Das hochspezialisierte Gehirn erlaubte hochspezialisierte Verhaltensweisen, und das führte zum Erfolg in der Konkurrenz um die verfügbaren Ressourcen.

Als sich bei den höheren Primatenarten ein immer komplexeres Gehirn entwickelte, verlängerte sich auch die Zeit, in der die Jungen nach der Geburt von den Eltern abhängig waren. Die Gehirngröße bei den ersten Arten der Gattung *Homo* lag bei 60 Prozent der Gehirngröße heutiger Menschen (800 gegenüber 1400 Milliliter). Damit der größere Schädel der höheren Primaten den Geburtskanal im Becken der Mutter passieren konnte, mußte er den Mutterleib in einem früheren Stadium der Gehirnentwicklung verlassen als bei den Vorfahren, denn später wäre er dafür zu groß gewesen. Das heißt, das Kind war bei der Geburt noch nicht entfernt in der Lage, für sich selbst zu sorgen. Als das Gehirn allmählich immer kompliziertere Fähigkeiten entwickelte (wobei seine Größe zunahm, so daß die Geburt immer früher erfolgen mußte), dauerte es immer länger, bis das Denkvermögen des Neugeborenen ausgereift war und bis es so viel gelernt hatte, daß es sich in die Sozialsysteme der Primaten einfügen konnte.

Beim modernen Menschen mit seiner Fähigkeit zum abstrakten Denken mußte die Phase der Abhängigkeit sich notgedrungen weiter verlängern, damit ausreichend Zeit für die Wissensvermittlung zur Verfügung stand und damit das Kind sich die Denkmuster aneignen konnte, die unsere Spezies im Laufe von Jahrtausenden entwickelt hatte. Außerdem können die Kinder in der zusätzlichen Zeit mehr Erfahrungen sammeln, und das in einer Lebensphase, in der sie leicht zu prägen sind und noch keine festgefahrenen Denkmuster besitzen. Auf diese Weise können die heranwachsenden Mitglieder unserer Spezies die vielen Ereignisse aufnehmen, an denen sie während der langen Phase der Unreife beteiligt sind, und angemessen darauf reagieren. Das hat zur Folge, daß ein noch aufnahmebereites, formbares Gehirn die Erlebnisse der verschiedenen Kindheits- und Jugendperioden mit ihren ständig wechselnden

Reizen in sich aufsaugt. Auf diese Weise nimmt der Geist, Denken und Fühlen, nach und nach Gestalt an. Er ist der Ausdruck des organisierten Verhaltens unseres Gehirns.

Die Zellen und Gewebe des Gehirns sind darauf spezialisiert, Reize aufzunehmen, Signale zusammenzuführen und zu interpretieren, Impulse zu übermitteln und darauf zu reagieren. Mit seinen differenzierten Fähigkeiten leistet es wie alle Organe einen unentbehrlichen Beitrag zum Überleben und zur Erleichterung der Fortpflanzung.

So wie jede Zelle in uns auf Signale reagiert und sich darauf einstellt, um die dynamische Stabilität zu erhalten und optimal zu funktionieren, müssen auch die unglaublich vielfältigen Funktionen, die wir »Geist« nennen, so reagieren, daß das dynamische Gleichgewicht erhalten bleibt und daß ihre Möglichkeiten so gut wie möglich genutzt werden. Der Geist ist letztlich ein Produkt unserer Körpergewebe und sollte deshalb den gleichen Gesetzmäßigkeiten für Erhaltung und Überleben unterliegen. Wie das Gehirn, das seine wichtigste anatomische und physiologische Basis darstellt, funktioniert auch der Geist zweifellos so, daß möglichst ein Zustand der »geistigen Homöostase« aufrechterhalten wird. Daß ihm das vielleicht weniger gut gelingt als dem Körper, aus dem er erwächst, ändert nichts an den allgemeinen Prinzipien, die seine Tätigkeit bestimmen.

Wie alle Zellgesellschaften des Organismus, so paßt sich auch das Nervengewebe an die jeweiligen Umstände an. Aber da es in einzigartiger Weise dafür ausgestattet ist, Informationen mit anderen Körperbestandteilen auszutauschen, sind seine Anpassungsmöglichkeiten größer, denn es kann sich auf die Bedürfnisse der anderen Körperteile einstellen. Die Integration der verschiedenen Teile des Gehirns und seine Fähigkeit, sehr schnell auf Signale aus allen anderen Geweben zu reagieren, sind die Grundlage des Geistes, des abstrakten Denkens und der vielen höchst erstaunlichen Fähigkeiten, die ich als die menschliche Seele bezeichne.

Möglich wird das alles durch die geeignete Organisation der Zellen und ihrer Fähigkeiten. Die Biologen weisen gern darauf hin, daß der Schlüssel zum Leben und Überleben einer Tier- oder Pflanzenart weniger in ihrer organischen Struktur liegt als vielmehr in der Organisation und Koordination der einzelnen Strukturbestandteile, die gemeinsam den Bedürfnissen des Ganzen dienen. *Unsere* Einzigartigkeit, die Einzigartigkeit des Menschen, erklärt sich aus der Organisation und Koordination unseres biologisch hoch entwickelten Gehirns und seiner höheren geistigen Fähigkeiten, aber auch aus der erlernten Ordnung und Kontrolle, die unsere Spezies bei ihrer Anwendung walten läßt.

Die koordinierte Funktion der verschiedenen Körperteile und ihr Zusammenwirken zum Zweck der Stabilität oder Homöostase – wobei sie gleichzeitig die kleinen Veränderungen durchmachen, die zum Weiterleben und zur Fortpflanzung gebraucht werden – sind schlicht und einfach atemberaubend. Spätestens seit Aristoteles die erste Abhandlung über Embryologie mit dem Titel *Über die Entstehung der Tiere* verfaßte, wahrscheinlich aber auch schon sehr viel früher, beschäftigten sich in jeder Generation einige der klügsten Denker mit der Frage, wie aus einer befruchteten Eizelle ein vollständiger Mensch wird, in dem jedes Gewebe und jedes Organ genau im richtigen Augenblick die richtige Aufgabe erfüllt, und alles im Dienst der dynamischen Stabilität, auf der Überleben, Wachstum und Fortpflanzung beruhen. In jüngster Zeit hat die Forschung einige Elemente dieser Vorgänge aufgeklärt und damit ihre nie endende Faszination nur weiter verstärkt.

Alles beginnt natürlich damit, daß eine der 300 Millionen Samenzellen, die durch den Erguß in der Scheide freigesetzt werden, in die Eizelle eindringt. Es dauert nur etwa acht Minuten, bis die Samenzellen den Gebärmutterhals passiert und ihren Weg durch die Gebärmutter gefunden haben (was sie blind tun, so daß in dem ziellosen Gewimmel nur wenige die richtige Richtung einschlagen), um dann den Eileiter hinauf und zur Eizelle zu schwimmen. In je-

der Minute gehen Millionen von ihnen verloren und sterben; nur ungefähr 1000 Samenzellen gelangen bis in den Eileiter.
Damit beim Menschen die Befruchtung stattfinden kann, müssen die Samenzellen ihren Weg in den letzten fünf oder sechs Tagen vor dem Eisprung antreten. Die Chance auf eine Befruchtung liegt bei 1:10, wenn der Verkehr fünf Tage vorher stattfindet, und wächst bis auf 1:3 am Tag des Eisprungs. *Nach* dem Eisprung ist es zu spät. Das heißt, die Samenzelle, die letztlich den Sieg davonträgt, wartet in der Regel mit einer Menge Kollegen, bis die Eizelle den Eileiter erreicht. Man kann sich geradezu vorstellen, wie sie das neu ankommende Gebilde anstarren, das etwa 85 000mal so groß ist wie sie selbst. Es ist unbedingt erforderlich, daß der Sieger bereitsteht, denn eine Eizelle lebt nur 12 bis 24 Stunden; Samenzellen dagegen überleben bis zu sechs Tagen.
Ist der Kontakt hergestellt, sorgen mehrere chemische Substanzen an der Oberfläche von Samen- und Eizelle für Bedingungen, unter denen nur eine einzige Samenzelle in das Ei eindringen kann; den Schwanz läßt sie dabei zurück. Im gleichen Augenblick macht die Zellmembran der Eizelle eine biologisch bisher nicht genau geklärte Umwandlung durch, so daß sie für alle anderen Samenzellen, die es bis zu ihrer Oberfläche geschafft haben, undurchdringlich wird. Sofort anschließend finden mehrere weitere Ereignisse statt. Die Eizelle beendet die Meiose II, und der winzige Polkörper trennt sich von ihr; die Kernmembranen von Samen- und Eizelle lösen sich auf, so daß die väterlichen und mütterlichen Chromosomen sich zur diploiden Zahl 46 zusammenfinden können. Anschließend teilt sich die Zygote in zwei Tochterzellen. Diese verdoppeln sich immer wieder, und dabei werden die Zellen ständig kleiner, denn sie müssen sich noch das gleiche Zytoplasma teilen. Während dieser Teilungen wird die Zygote durch Kontraktionen der Eierstöcke und kleine, auf ihrer Innenfläche liegende haarähnliche Fortsätze (Cilien oder Wimpern) in die Gebärmutter befördert.
Etwa nach drei Tagen hat der runde Klumpen, der jetzt aus sech-

zehn Zellen besteht, die Gebärmutter erreicht. In den folgenden drei Tagen wächst die Zellzahl weiter, und in der Mitte der Kugel bildet sich ein Hohlraum. Am siebten Tag hat sich die Hohlkugel aus Zellen in der Gebärmutter eingenistet, deren Schleimhaut durch die Gelbkörperhormone auf dieses Ereignis vorbereitet wurde und üppig gewachsen ist. Bald darauf hüllt die Schleimhaut den kleinen Zellklumpen völlig ein.

Jetzt beginnt die Differenzierung der Zellen, die ich gleich noch genauer beschreiben werde. In der vierten bis achten Woche werden alle wichtigen Organe angelegt. Nach acht Wochen hat sich das Gewebe der Gebärmutterwand mit den äußeren Zellen des Embryos zu einer schwammartigen Struktur verbunden, der Plazenta (von griechisch *plakous*, »Kuchen«), in der zahlreiche Blutgefäße verlaufen. Da sie die Aufgabe hat, den Embryo zu ernähren, ist auch die geläufige Bezeichnung »Mutterkuchen« durchaus angebracht. Die voll ausgebildete Plazenta ist ein Organ von 20 Zentimeter Durchmesser und 2,5 Zentimeter Dicke, das meist an der Rückwand der Gebärmutter liegt. Sie scheidet große Mengen von Östrogen und Progesteron sowie andere Hormone aus und sorgt für den Austausch von Sauerstoff, Kohlendioxid, Nährstoffen und Abfallsubstanzen zwischen Mutter und Embryo. Zu ihren Hormonen gehören auch die Gonadotropine, die den Gelbkörper zu weiterer Progesteronproduktion anregen, so daß die Gemärmutermuskeln sich nicht zusammenziehen und den Embryo austreiben. Die Plazenta erzeugt so viele Hormone, daß man die Eierstöcke der Mutter schon in einem frühen Stadium der Schwangerschaft entfernen könnte, ohne das ungeborene Kind zu gefährden. Der Embryo ist zu diesem Zeitpunkt bereits von einer schützenden Membranblase umgeben. Sie ist mit dem Fruchtwasser (Amnionflüssigkeit) gefüllt und dient als Kissen oder Puffer. Auch die 2 Zentimeter dicke und 1,5 Meter lange Nabelschnur hat sich gebildet; durch sie verlaufen zwei Arterien und eine Vene, die Blut zwischen Plazenta und Embryo transportieren. Am Ende der achten Woche sind fast alle inneren Organe in einer Frühform vorhanden, aber der Embryo ist immer noch kaum drei Zentimeter lang und wiegt nur wenige Gramm. Winzige Arme und Beine, ja sogar Finger und Zehen sind bereits zu erkennen. Die Ausbildung des Kopfes hat begonnen, Ohren und Augen sind ebenfalls zu unterscheiden. Zentralnervensystem und Muskeln sind bereits in der Lage, auf kleine Reize zu reagieren. Von jetzt an bezeichnet man die frühere Zygote nicht mehr als Embryo, sondern als Fötus.

In Gang gesetzt und in Bewegung gehalten wird der ganze zeitlich genau gesteuerte Ablauf, indem seit der Befruchtung immer genau die richtigen Gene an- und abgeschaltet wurden. Zahlreiche Hormone sind aufgetaucht; sie stammen nicht nur aus Eierstöcken, Gebärmutter und Plazenta, sondern auch aus Hypothalamus, Bauchspeicheldrüse, Schilddrüse, Hypophyse und Nebennieren. Auch alle möglichen mütterlichen und kindlichen Enzyme sind auf der Bildfläche erschienen und steuern die vielfältigen Vorgänge zur Entwicklung des Kindes und zur Aufrechterhaltung der Schwangerschaft. Allmählich spielen die Hormone aus dem Fötus selbst eine immer größere Rolle für seine Reifung und die spätere Entbindung. Bis zum Ende der Schwangerschaft wirken die Hormone unter dem Einfluß des Fötus immer genau dann, wenn sie gebraucht werden. Manche davon werden vom mütterlichen Organismus und der Plazenta gebildet und erleichtern die Entbindung, weil sie Gelenke und Bänder im Beckenbereich lockern, andere sorgen für kräftige Kontraktionen der Gebärmutter, die das Baby austreiben. So ist die Schwangerschaft auf vielerlei Weise ein Wechselspiel zwischen Mutter und Kind. Von der Befruchtung an begeben sich diese beiden Menschen auf eine Reise, die in ihren verschiedenen Ausprägungsformen nie zu Ende geht.

Wir kehren jetzt noch einmal zum Anfang zurück und betrachten die Vorgänge, die sich in den Zellen des Embryos abspielen und zur Differenzierung mit ihren gerade beschriebenen Folgen führen.

Die Embryonalentwicklung ist von Anfang an voller Lebenskraft. Es ist, als gerate die menschliche Biologie bei der Schaffung neuen Lebens in Überschwang. Jede Einzelheit wird so genau kontrolliert und überwacht, daß alles wie von selbst abzulaufen scheint; in Wirklichkeit wird aber jeder Vorgang durch das Zusammenwirken molekularer Ereignisse in Gang gesetzt und zu Ende gebracht. Beim Betrachten dieses Wunders können selbst kaltblütige Laborwissenschaftler – ja vielleicht sie sogar mehr als andere – sich nicht eines Gefühls der tiefen Verbundenheit mit jenen ehrfurchtsvollen Vorfahren erwehren, die Jahrtausende vor den ersten Erkenntnissen der Wissenschaft dem Komplex aus chemischen und physikalischen Kräften, den wir Natur nennen, den Ehrentitel »Mutter« gaben.

Die sichtbare Entwicklung des Embryos muß denen, die sie als erste an Tieren beobachteten, geradezu magisch erschienen sein, aber im Vergleich zu den Vorgängen in den Zellen, die ihre Ursache sind, wirkt sie fast einfach. Erst in den letzten Jahren hat man manche dieser Vorgänge aufgeklärt, und mittlerweile weiß man immerhin, wo man weiterforschen muß, um die chemischen Signale kennenzulernen, die einer Zygote befehlen, zum Kind zu werden. Die Frage, wie die Riesenzahl der Zellnachkommen einer Zygote zur Differenzierung in bestimmte Gewebe und Organe veranlaßt wird, ist derzeit eines der aufregendsten Themen an der vordersten Front der biologischen Forschung.

Die Zelldifferenzierung folgt einem einzigen Grundprinzip: Sie ist das Ergebnis selektiver Genexpression. Alle Zellen, die letztlich aus einer Zygote hervorgehen, besitzen die gleichen Gene. Wenn diese Gene zu geeigneten Zeitpunkten in der Entwicklung aktiviert oder gehemmt werden, entstehen je nach Bedarf Zellen mit unterschiedlicher Struktur und Funktion, und diese Zellen nehmen im Embryo ihren richtigen Platz ein. Die meisten Steuerungsmechanismen, die über die Genexpression bestimmen, setzen bei der Transkription an.

In allen Phasen der Embryonalentwicklung werden Zellgruppen auf komplizierte Weise umgeordnet. Chemische Signale sagen den Zellen, in welcher Position sie zueinander stehen und wie sie sich räumlich anordnen müssen, damit die vollständig differenzierten Gewebe und Organe entstehen. Diese vielen Mechanismen, die zur Spezialisierung und Anordnung der Gewebe führen, fassen die Biologen unter dem Begriff *Musterbildung* zusammen.

Der erste Vorgang der Musterbildung findet sogar noch vor der Befruchtung statt. Es ist fast ein Akt mütterlicher Voraussicht: Während der Reifung der Oozyte – also der Zelle, die sich zur Eizelle weiterentwickelt – verteilen sich die verschiedenen Organellen, Proteine und DNA-Moleküle in festgelegten Bereichen des Zytoplasmas. Wenn die Zygote sich nach der Befruchtung teilt, erhält jede Tochterzelle einen Teil dieses Zytoplasmas und unterscheidet sich deshalb von ihren ein, drei, sieben, fünfzehn und mehr Geschwistern. Von diesen Zellen findet nicht nur jede ganz gezielt ihre vorbestimmte Position in der ersten Zellkugel, sondern es ist, als enthielte sie in ihrem Zytoplasma Anweisungen aus der Eizelle, die ihr sagen, welches Gewebe sie hervorbringen soll.

Sobald sich eine Zellgruppe bildet, tritt sie mit anderen Gruppen in Wechselwirkung. Dazu produzieren manche Zellgruppen zum Beispiel Hormone oder andere Substanzen, die einer benachbarten Gruppe eine bestimmte Anweisung geben, beispielsweise die, sich an eine andere Stelle zu bewegen oder ein neues Protein zu synthetisieren. Solche chemischen oder physikalischen Wirkungen nennt man *Induktion* – eine Tätigkeit der Zellen wird in Gang gesetzt oder induziert. Die Signalsubstanz diffundiert dabei durch das *milieu intérieur* von einer Zellgruppe zur anderen.

Alle diese Vorgänge dienen dem großen Ziel des Wachstums, aber es gibt da keine simple, direkte Abfolge. Manche Gewebe sind nur während einer kurzen Phase der Embryonalentwicklung erforderlich; sie erfüllen zu einer bestimmten Zeit eine bestimmte Funktion, wären aber der weiteren Entwicklung im Weg, wenn sie erhalten blieben. Deshalb werden sie durch Vorgang des *programmierten Zelltods* beseitigt, der wie alle anderen Teile der Embryonalentwicklung im Genom festgeschrieben ist. Ein einfaches Beispiel sind Hände und Füße: Sie werden zunächst als paddelartige Strukturen angelegt, in denen sich verdickte »Strahlen« befinden. Zum richtigen Zeitpunkt stirbt das Gewebe zwischen den Strahlen, und es bleiben Finger bzw. Zehen übrig. In wenigen Fällen läuft dieser Vorgang nicht vollständig ab, und dann kommt das Kind mit »Schwimmhäuten« zwischen den Fingern zur Welt, so daß ein Chirurg das tun muß, was das Genom versäumt hat.

Die Zellen reagieren also auf vielfältige Weise auf chemische Signale in der Umgebung und in ihrem Inneren, die ihnen befehlen, gruppenweise in verschiedene Teile des Embryos zu wandern. Dort lagern sie sich mit anderen Gruppen an ganz bestimmten Stellen zu größeren Strukturen zusammen. Diese Umordnungsbewegungen finden an festgelegten Punkten im Leben des Embryos statt. Die raffinierte Choreographie, die eine Frau oder einen Mann entstehen läßt, wird vom Genom gesteuert; dort liegen nicht nur die Anweisungen für die Produktion von Proteinen, sondern auch die für Zeitpunkt und Reihenfolge ihrer Herstellung. Während der Embryo Form annimmt, werden Gene von Signalen aus dem Zellinneren und der Umgebung an- und abgeschaltet. Je nach den Erfordernissen in den umgebenden Flüssigkeiten und Geweben geben Moleküle in der Zellumgebung das Signal, die jeweiligen Gene zu exprimieren oder ihre Expression einzustellen. Durch solche Vorgänge differenzieren sich die mehr als 200 Zelltypen, aus denen wir bestehen, und gleichzeitig werden sie zu ihrer endgültigen Position im Körper dirigiert.

Unter den vielen Genen, die allen Zellen im Körper eines Embryos oder Erwachsenen gemeinsam sind, ist auch eine Gruppe von mindestens 38 »Hauptregulationsgenen«, die zu Beginn der Embryonalentwicklung den Grundbauplan des Körpers anlegen. Diese sogenannten Hox-Gene liegen auf den Chromosomen in der gleichen

Reihenfolge wie die Körpersegmente, deren Baupläne sie darstellen. Die Gene für die Ausbildung des Kopfes liegen also vor denen für den Bauchbereich. Hox-Gene legen unter anderem die senkrechte Körperachse fest und bestimmen darüber, welche Zellgruppen sich an bestimmten Stellen anordnen und sich zu spezialisierten Geweben und Organen entwickeln. Wie bereits erwähnt, wird selbst das Schicksal der Zellen, die Arme und Beine hervorbringen, schon sehr frühzeitig festgelegt, wahrscheinlich bereits zu Beginn der Umordnungsphase.

Wenn der Embryo in dieser Weise angelegt ist, bilden die Zellen drei abgegrenzte Schichten, aus denen später alle Körpergewebe entstehen. Sie heißen von außen nach innen Ektoderm, Mesoderm und Endoderm. Alle teilen sich bald darauf in Untergruppen von Zellen auf, aus denen dann gezielt die einzelnen Gewebe und Organe hervorgehen.

Aus dem Ektoderm entstehen das Nervensystem und die äußere Hautschicht; das Mesoderm entwickelt sich zu Skelett, Muskeln, Kreislauf, Lymphsystem, Ausscheidungs- und Fortpflanzungsorganen, bringt aber auch die Milz und das Bindegewebe von Verdauungstrakt und Haut hervor; und das Endoderm wird zur inneren Auskleidung von Atmungs-, Ausscheidungs- und Verdauungssystem. Damit das geschieht, müssen verschiedene Zellgruppen in den drei Schichten wandern, sich winden, sich drehen, gleiten, Falten bilden, sich biegen, länger werden, sich aufspalten, verschmelzen, sich verdicken, dünner werden, sich erweitern, sich zusammenziehen, Hohlräume und Taschen bilden, sich abschnüren, aneinander haften und sich trennen. Viele hundert Millionen Tänzer treten auf und bilden gemeinsam die Form der Gewebe und Organe. Jede Bewegung und Veränderung ist vom genetischen Code choreographiert, denn er veranlaßt einzelne Zellgruppen zur Synthese der Proteinmoleküle, die benachbarten Gruppen sagen, was sie tun sollen. Diese Art der Signalübermittlung setzt sich in anderer Form während des gesamten Lebens fort und erfüllt im Organismus ständig zahlreiche Aufgaben, aber sie beginnt schon im Embryo. Wie Charles Sherrington es in seinem Buch *The Wisdom of the Body* so treffend formulierte: »Der ganze erstaunliche Prozeß, durch den ein Individuum entsteht, ist ein organisiertes Unternehmen der Spezialisierung zahlloser zusammenwirkender Einheiten.« Die Differenzierung des Gewebes beginnt so früh, daß schon zu Beginn der vierten Woche ein röhrenförmiges Gebilde vorhanden ist, aus dem später das Herz wird. Es ist nicht zu übersehen, denn es schlägt bereits.

Wie zuvor erwähnt, ist die Organentwicklung am Ende der achten Woche so weit fortgeschritten, daß man den entstehenden Menschen nicht mehr als Embryo bezeichnet. Er heißt jetzt Fötus und wächst weiter heran, während die Organe verschiedene Reifungsphasen durchmachen. Die schwangere Frau bereitet sich darauf vor, Mutter zu werden. Die großen Östrogen- und Progesteronmengen aus der Plazenta sowie die steigende Konzentration des Hypophysenhormons Prolactin sorgen für eine beträchtliche Vergrößerung der Brust, die oft auf das Doppelte ihrer sonstigen Größe wächst. Ein großer Teil ihres Fettanteils wird von Drüsengewebe verdrängt. Das in der Plazenta gebildete Progesteron hemmt die Milchproduktion, so daß die Brust erst dann Milch erzeugt, wenn die Plazenta sich nicht mehr im Körper befindet und das Neugeborene Hunger hat.

Nach der Entbindung fließt die Milch nicht ohne weiteres durch die Milchgänge in der Brust und die Brustwarzen. Sie muß vielmehr von abgewandelten Muskelzellen, welche die Brustdrüsen umgeben, herausgedrückt werden. Die Natur, auch hier in der Rolle der nährenden Mutter, hat zu diesem Zweck einen höchst bemerkenswerten Signalmechanismus geschaffen. Wenn das Kind saugt, leiten Nervenenden in der Brustwarze sensorische Impulse zum Hypothalamus, der daraufhin die Hypophyse veranlaßt, ein Hormon namens Oxytocin auszuschütten. Das Oxytocin regt die Muskelzellen um die Milchdrüsen zur Kontraktion an.

Die gleichen sensorischen Impulse von der Brustwarze regen den Hypothalamus auch dazu an, der Hypophyse die ständige Prolactinproduktion zu befehlen; sie bleibt so lange erhalten, wie Milch aus der Brust entnommen wird, sei es vom Kind oder mit künstlichen Mitteln. Bleibt die Milch in der Brust, wird die Prolactinausschüttung gehemmt, und innerhalb einer Woche kommt die Milchproduktion zum Erliegen.

Dieses strikt biologische Phänomen, das die körperlichen und gleichzeitig die seelischen Bedürfnisse von Mutter und Kind erfüllt, hat etwas Rührendes an sich. Zwar lassen sich beide Seiten größtenteils auf Instinkte zurückführen, aber offenbar sind sie nicht nur das. Der Oxytocinreflex ist eine jener natürlichen Vorrichtungen, die einer mütterlichen Kraft dienen, und diese Kraft hat nach meiner Überzeugung in unserer Spezies etwas entstehen lassen, das über die reinen, angeborenen Triebe hinausgeht. Das Muttersein beginnt mit instinktiven Verhaltensweisen, aber die allermeisten Frauen überschreiten irgendwann die Grenze zwischen dem, was nur in den pragmatischen Augen der natürlichen Selektion nützlich ist, und jenem anderen, das dem Geist und der Seele dient. Es erscheint wie ein anders formuliertes »Loewi-Prinzip«: Die Schönheit des Bildes einer stillenden Mutter läßt sich mit ein wenig Oxytocin um die Milchdrüsen niemals erklären.

Die Biologie trägt zum Ganzen viel mehr bei als nur Nervenimpulse, Hormone und Botenmoleküle. Sie liefert auch eine anatomische Schönheit, deren Wirkung zwar durch Gefühle erheblich verstärkt wird, mit ihrer doppelten Pracht aber ein einzigartiges Wunder des Körperbaus ist. Damit meine ich die weiblichen Brüste, die nicht nur Dichter und Liebhaber faszinieren, sondern auch die Wissenschaftler, wenn auch aus anderen (manchmal allerdings durchaus ähnlichen) Gründen. Sir Astley Cooper vom Guy's Hospital in London war um 1820 Englands führender Chirurg, und zu seinem Beitrag zur Wissenschaft gehören eingehende Untersuchungen der gesunden und erkrankten Brustdrüsen. In einer seiner Veröffentlichungen findet sich folgendes Lob auf die Brust der stillenden Mutter:

> Die natürliche Schrägstellung der Mamilla, der Brustwarze, nach vorn und außen, mit der leichten Aufwärtswendung der Warze, ist eine der schönsten Einrichtungen der Natur, sowohl für die Mutter als auch für das Kind. Für die Mutter, weil das Kind auf ihrem Arm und Schoß in der bequemsten Stellung zum Saugen ruht; würden nämlich Warze und Brust unmittelbar nach vorn weisen, müßte das Kind davor von den Händen der Mutter in einer höchst unbequemen, ermüdenden Position gestützt werden, statt auf ihrer Seite und in ihrem Arm zu liegen. Aber die Natur hat es weise eingerichtet: Wenn das Kind auf dem Arm der Mutter ruht, berührt sein Mund unmittelbar die Warze, die nach außen gewandt ist, um ihn zu empfangen, während der untere Teil der Brust ein Kissen bildet, auf dem die Wange des Kindes ruhig liegt. So kommt es, daß wir immer die Einfachheit, Schönheit und Nützlichkeit dieser Abweichungen von einem Körperbau bewundern müssen, den ein Mann in seiner Phantasie für ausgewogen, natürlich und zweckdienlich halten würde.

Die menschlichen Gefühle, die ein Neugeborenes erweckt, haben schon Milliarden Männer auch in den abgelegensten Winkeln der Erde gespürt. Und doch erscheinen sie jedesmal, wenn sie sich einstellen, beispiellos. Um sie ein wenig genauer zu beschreiben, möchte ich von der Geburt eines meiner Kinder erzählen.

Sarah und ich heirateten 1977. Ich war damals sechsundvierzig, sie neunundzwanzig. Schon lange zuvor waren wir mit meinen beiden halbwüchsigen Kindern ganz selbstverständlich und fast ohne es zu merken zu einer engverbundenen Familie zusammengewachsen. Meine erste Ehe war zwar nicht glücklich gewesen, aber sie hatte zwei glückliche Folgen. Ich möchte den Versuchungen des Vaterstolzes widerstehen und nur eines festhalten: Die damals fünfzehnjährige Victoria und der zwölfjährige Andrew hielten in mir jenen unermüdlichen Mut lebendig, der mir trotz meiner manchmal übermächtigen Zweifel über die schlimmste Phase eines mit zu vielen Kämpfen und Sorgen belasteten Lebens hinweghalf. Die letzten Jahre vor der Scheidung hatten in mir Verwirrung, Depressionen und eine entsetzliche Unsicherheit hinterlassen. Ich lebte damals eingehüllt in einen undurchdringlichen Nebel der Verzweiflung, und mich verließ die fröhliche Selbstsicherheit, die seit frühester Kindheit mein zuverlässiger Begleiter gewesen war. Unfähig, sie wiederzufinden, und unfähig, ohne sie zurechtzukommen, verlor ich die Orientierung. Ich hatte mich tatsächlich selbst verloren.

Die Kinder – allein die Tatsache, daß es sie gab – waren die einzige beruhigende Wahrheit, die mich aufrecht hielt. Sosehr auch die Verzweiflung meinen Weg durch die trostlosen Zeiten des Tages hemmte, immer konzentrierte ich mich auf Victoria und Andrew wie auf ein Hoffnung weckendes Leuchtfeuer, das mir den Weg wies und mich zu ihnen zurückführte. Solange sie dort jenseits des undurchdringlichen Nebels standen, würde ich darum kämpfen, sie nicht zu verlieren. Und so war es auch.

Es war, als sollte alles Vergangene wiedergutgemacht werden: Das Auftauchen aus der Verzweiflung war eine Zeit der unerwarteten Begeisterung und des Neuanfangs, und zwar durch Sarah, die mit ihrer liebenswerten Gegenwart in unser dreier Leben trat. Es war für uns alle eine herrliche Zeit, die ihren Höhepunkt drei Jahre später an einem Mainachmittag fand, als wir heirateten.

Ein Jahr später verließen wir das Haus am Meer, das ich gemietet hatte, und kauften eines jener gutgepflegten Vorstadthäuser, wie man sie aus den Filmen der dreißiger Jahre kennt: Garten, grüner Rasen vor dem Haus, und eine beträchtliche Hypothek – und das alles auf rund 1000 Quadratmetern. »Die Spießer sollen die Welt erben!« rief ich aus, und wir gingen daran, uns die Spießigkeit zu schaffen, die wir seitdem pflegen. Seit ich mich einmal verirrt hatte, weiß ich die einfachen Dinge besser zu schätzen.

An meinem ansonsten himmelblauen Horizont gab es zu jener Zeit nur eine einzige Wolke: Sarah wünschte sich mit mir ein Kind. Ich wußte zwar, daß es keine Wolke war, die einen Sturm ankündigt, dennoch drückte ich mich vor den Konsequenzen. Es waren die letzten Tage meines fünften Lebensjahrzehnts, und bei dem Gedanken, den Papa eines Neugeborenen zu spielen, wurde mir der Kragen meines Hemdes plötzlich zu eng. Anfangs hatte ich eigentlich gar nicht heiraten wollen, denn in meiner Vermessenheit hatte ich angenommen, Sarah würde auf Dauer mit dem häuslichen Arrangement zufrieden sein, das mir so gutgetan hatte. Aber schließlich hatte sie ihren Willen bekommen, und das mit sehr glücklichem Ergebnis. Jetzt war sie wiederum entschlossen, ihren Willen durchzusetzen. Unnötig zu sagen, daß es ihr gelang.

Daß die Kinder begeistert waren, als Sarah schwanger wurde, überraschte mich nicht, denn sie hatten sich schon lange ein Schwesterchen oder Brüderchen gewünscht. Viel mehr wunderte ich mich, als ich bemerkte, wie ich selbst, der widerwilligste aller Erzeuger, mich über die ganze Zeit der Schwangerschaft ebenso freute wie sie. Die Erregung wuchs, als der entstehende Nuland deutlicher zu erkennen war, und gedämpft wurde sie nur, weil Sarah darauf bestand, daß ich Kurse für werdende Eltern besuchte. Ein solches Gemeinschaftserlebnis ist für einen erwartungsvollen Vater in den Zwanzigern oder Dreißigern etwas ganz anderes als für einen Fünfzigjährigen, und so alt war ich, als die Ankunft des kleinen Erdenbürgers bevorstand.

Anfangs trug ich es mit Humor, obwohl ich fast zwanzig Jahre älter war als der zweitälteste Vater in der Gruppe, und als einziger hatte ich schon zuvor Schwangerschaften miterlebt. Aber ich bin kein sehr geselliger Mensch. Mein Alter und meine Abneigung gegen Männerkumpanei schlossen einen lockeren Umgang aus. Die endgültige Entfremdung trat am zweiten Kursabend ein: Die muntere junge Krankenschwester fragte jeden von uns, was wir draußen in der realen Welt beruflich täten. Sie nannte das »den an-

deren etwas über sich mitteilen«, was das Verbundenheitsgefühl stärken sollte. Aber das klappte nicht. Von nun an behandelte man mich mit Respekt und einer etwas unangenehmen Distanz.
Das schlimmste Treffen war aber jenes, zu dem die redselige Leiterin einige frühere Teilnehmerpaare anschleppte, damit sie uns von ihren Geburtserlebnissen berichteten. Bei der Auswahl hatte sie offenbar die gleichen Kriterien angewandt, mit denen man auch Kandidaten für Fernsehshows sucht. Ein überspanntes Duo nach dem anderen ergötzte uns mit Erzählungen über die stürmische Aufregung, wenn man sich gemeinsam über schwere Wehen und eine frische Plazenta freut (vielleicht war das auch das einzige, worauf ich mich konzentrieren konnte). Ich zappelte in diesem Sturzbach von Klischees, die um mich herum blubberten und brodelten, bis ich in der Flut des verbalen Zuckersirups zu ertrinken glaubte.
Doch ich hielt durch. Ich lernte sämtliche Atemtechniken und alles andere, was während der Entbindung meine Aufgabe sein würde, entschlossen, der perfekte Helfer und Partner zu werden. Als Victoria und Andrew geboren wurden, gab es so etwas wie eine Elternschule noch nicht, oder zumindest wußten ihre Mutter und ich nichts davon. Aber auf der Erde hatte sich seit jener Zeit einiges geändert, unter anderem die Art, wie man Kinder auf die Welt bringt. Bei meinen ersten derartigen Erlebnissen erblickte der Säugling das Licht der Welt durch eine Öffnung in grünen chirurgischen Abdeckungen; sein Kopf glitt keimfrei zwischen den rasierten, desinfizierten Schamlippen der Mutter hindurch in die bestens ausgebildeten Arme eines ebenfalls keimfreien, mit Kittel und Gummihandschuhen ausgerüsteten Mitglieds der amerikanischen Gesellschaft für Geburtshilfe und Gynäkologie. Der nägelkauende Papa jener Zeit lief derweil im Wartezimmer auf und ab und hoffte ängstlich auf neue Nachrichten von Mutter und Kind. Da ich zum ärztlichen Personal der Klinik gehörte, ließ man mich bei der Geburt meiner älteren Kinder zwar unmittelbar nach der Entbindung in den Kreißsaal, aber dieses Privileg genossen nur sehr wenige Vä-

ter. Die anderen überließ man sich selbst, und zur Ablenkung hatten sie nur ihre Zigaretten und ein paar Leidensgenossen. Damals war die Entbindung ein ganz und gar medizinischer Vorgang. Für Gefühle und Staunen blieb herzlich wenig Raum, zumindest so lange, bis das Baby im Arm der Mutter lag und der allmächtige Arzt gnädig seine Zustimmung gegeben hatte.

Das alles hat sich durch die Frauenbewegung geändert. Ihre Haltung in der Sache war direkt und einfach: In der Schwangerschaft sah man einen natürlichen Vorgang, bei dem erfahrene Personen ein wenig helfen müssen. Der Frauenarzt sollte ihn nur soweit begleiten, daß Komplikationen verhütet werden, und er soll Mutter und Kind aus Problemen befreien, falls die Natur eine ihrer seltenen Launen hat. Solange kein Anlaß zum Kaiserschnitt besteht, sind medizinische Eingriffe bei den allermeisten Entbindungen nicht notwendig; erfolgt sie auf dem natürlichen Weg, sollte jede Frau die Möglichkeit haben, sie von einer ausgebildeten Hebamme durchführen zu lassen, wobei der Arzt nur im Hintergrund bereitsteht.

Die medizinische Wissenschaft der Geburtshilfe hat gewaltig dazu beigetragen, gesundheitliche Schäden bei Mutter und Kind zu verhindern. Aber genau deshalb sind wir heute so weit, daß die Überwachung durch den Arzt ausreicht; sein aktives Eingreifen ist bei einer vaginalen Entbindung nur noch in Ausnahmefällen erforderlich. Die Auffassung, es gebe bei einer Entbindung so viele Möglichkeiten einer Katastrophe, daß jeder Schritt unter Einsatz aller ärztlichen Technik getan werden muß, hat keine medizinischen, sondern historische und gesellschaftliche Gründe. Medizinische Technik bei einer Routineentbindung bereitzuhalten ist das eine; sie wie selbstverständlich einzusetzen ganz etwas anderes.

In allen Zellen und Geweben unseres Körpers geht so viel Staunenswertes vor, und an kaum etwas davon können wir bewußt Anteil nehmen oder es auch nur beobachten. Warum sollten wir uns also der Möglichkeit berauben, an einem der größten Wunder un-

seres Körpers bewußt teilzunehmen, und es den ausgefeilten Fähigkeiten eines medizinischen Spezialisten überlassen?
Nicht nur das Ende, sondern auch den Anfang des Lebens haben wir viel zu sehr den Ärzten überlassen. Die Frauenbewegung hat uns in Erinnerung gerufen, was in unserer Kultur nach und nach in Vergessenheit geraten war: Die Geburt eines Kindes durch die Scheide ist ein natürlicher Vorgang. Der Arzt hat dafür zu sorgen, daß es so bleibt, und korrigieren muß er den Verlauf nur, wenn die Natur einen Haken schlägt. In den allermeisten Fällen ist die Ausrüstung eines Operationssaales für unseren Eintritt in die Welt ebensowenig erforderlich wie die vergeblichen letzten Wiederbelebungsversuche, wenn wir sie verlassen.
Glücklicherweise hat die Gynäkologengemeinde sich diese Erkenntnis zu eigen gemacht, und ihre Gültigkeit beweist sich jeden Tag viele tausendmal in Kreißsälen und Wohnungen überall auf der Welt. Und ich – gerade ich, der ich während meiner ganzen beruflichen Laufbahn an der vordersten Front der Apparatemedizin stand – war der Nutznießer des aufgeklärten Rückzugs von genau den Positionen, die immer meine Basis gewesen waren. Und ebenso profitierten meine Frau und die zwei Kinder, die wir in die Welt setzten, von der neuen Erkenntnis, die nichts anderes war als eine uralte Weisheit.
Hören wir einmal zu, wie Sarah die Schwangerschaft beschreibt. Fast die halbe Welt hat es erlebt und wird es erleben; und die andere Hälfte hat in allen Einzelheiten davon gehört oder wird davon hören. Und doch ist es – mehr noch als das Vatersein – immer wieder etwas Neues.

> Es hatte etwas Geheimnisvolles und sehr Intimes. In den ersten drei Monaten wollte ich mit niemandem darüber reden außer mit den engsten Angehörigen – den Kindern, meinen Eltern –, denn wenn es eine Fehlgeburt wird, will man nicht, daß die Leute einen bemitleiden. Also behält man seine Gefühle weitgehend für sich. Es erinnert mich

daran, was Maria über den kleinen Jesus dachte, nachdem sie ihn zur Welt gebracht hatte: Sie »behielt alle diese Worte und bewegte sie in ihrem Herzen«. Für mich begann die Bewegung aber schon, sobald ich schwanger war. Es war das gleiche Gefühl, das vermutlich alle Mütter beim ersten Mal haben: Das will ich für mich behalten und in meinem Herzen bewegen.

Man weiß, daß der Körper sich verändern wird, aber das geschieht noch lange nicht. Man ist müde, die Brüste werden größer, und man wird in der Taille dick, aber die Welt merkt erst nach vier oder fünf Monaten, daß man schwanger ist, und bis dahin ist es die eigene, private Welt. Dieser kleine Mensch entsteht in mir.

Ich weiß noch, wie neugierig ich deine Bücher gelesen habe, weil ich wissen wollte, was mit dem Embryo geschieht, und ich dachte daran, wie sich die Zellen teilen. Es war ein aufregender Gedanke, daß so etwas sich in meinem Körper abspielt. Alles war so intim und ungewöhnlich. Und es war etwas Wunderbares daran.

Es gehörte mir; ich konnte es für mich behalten und darüber nachdenken. Die ganze Zeit über bildeten sich Organe, und in mir wurde ein Mensch geschaffen. Und es wußte niemand außer uns – und meistens sogar niemand außer mir.

Die Schwangerschaft war einfach. Ich machte weiter wie immer, nur mein Körper veränderte sich. Erst im letzten Monat hatte ich das Gefühl, als wäre er nicht mehr meiner – er gehörte diesem kleinen Wesen in mir. Nichts schien seinen gewöhnlichen Sinn zu haben: Mein Körper hatte sich so gewaltig verändert, als ob aus meiner Mitte ein anderes Universum herausragte. Du kennst ja die Scherze: Ich konnte meine Füße nicht mehr erreichen; ich hatte Schwierigkeiten beim Hinsetzen; ich hatte Schwierigkeiten beim Aufstehen; ich hatte Schwierigkeiten mit dem Schlafen; ich hatte Schwierigkeiten mit der Verdauung. Gegen Ende fühlte ich mich wirklich elend.

Warum? Weil kein Platz war. Kein Platz für *mich*. Dieses Kind hatte die Macht über meinen Körper übernommen. Es war ständig unbequem.

Am Tag bevor die Wehen begannen, sagte eine Bekannte zu mir: »Du siehst aus wie ein reifer Pfirsich.« So etwas nennen wir Östrogenröte. Die Haut hatte ihre Farbe verändert und fühlte sich straff an – überall. Mir war, als sei jeder Teil von mir aufgebläht. Hände und Füße waren aufgebläht, und das Gesicht auch. Ich hatte auch kleine Schwellungen, aber das war nicht der Kern der Sache.

Bevor der kleine Bursche geboren wurde, ging ich mit sechs Kissen im Rücken schlafen, und ich dachte: »Lieber Gott, ich kann nicht erwarten, daß dieses Kind aus mir herauskommt, damit ich nachts wieder schlafen kann.« Dann wurde mir klar, was für ein Dummkopf ich war. Wenn er auf der Welt wäre, würde ich keine Nacht mehr schlafen können, denn ich würde ihn alle drei Stunden stillen müssen. Aber es war fast egal, denn ich spürte genau, daß ich es nicht mehr erwarten konnte, diese Last loszuwerden. Es ist wie ein grundlegender tierischer Instinkt: Man kann es nicht abwarten, dieses Ding aus dem Körper zu bekommen und das eigene Ich wiederzugewinnen. An diesem Punkt der Schwangerschaft fühlt man sich nur noch wie ein Behälter. Und genau das ist man auch – ein Behälter.

In der Nacht zum 15. September 1981 wachte Sarah gegen zwei Uhr morgens auf, weil sie glaubte, sie müsse Wasser lassen. Sie stand auf und wurde sofort zornig auf sich selbst – das Bett war naß. »Na großartig«, dachte sie, »zu den Schmerzen auch noch die Erniedrigung – das kann ich gerade gebrauchen!« Sie hatte das Bett naß gemacht, das stimmte, aber nicht so, wie sie es meinte. In Wirklichkeit war es ein wenig Fruchtwasser.

Sie hatte das erlebt, was umgangssprachlich »Platzen der Fruchtblase« genannt wird. Das Reißen dieser Häute ist bei vielen Frauen das erste Anzeichen, daß die Wehen begonnen haben. Bei anderen kündigen sie sich blutig an: Der Schleimpfropf, der sich in der Scheide schwangerer Frauen bildet, wird zusammen mit ein wenig Blut aus umliegenden Blutgefäßen ausgestoßen.

In diesem Augenblick spürte Sarah die ersten leichten Unterleibskrämpfe. Sie fühlten sich nicht so an, wie man es ihr vorausgesagt hatte, sondern waren »ohne Anfang, Mitte oder Ende«, wie sie es formulierte. Sie weckte mich und sagte, es sei ähnlich wie bei den Menstruationskrämpfen, die sie als junges Mädchen erlebt habe. Meine benommene Antwort hat sie nie vergessen: »Ja, gut. Geh wieder schlafen.« Sie war viel zu aufgeregt, um meinen Rat anzunehmen, und kurz darauf stupste sie mich, bis ich wieder wach war. Diesmal versuchte ich sie abzulenken: Ich sagte, sie solle eine Liste aller Leute zusammenstellen, die ich nach der Geburt des Kindes anrufen sollte. Sarah macht mit Vergnügen alle möglichen peinlich genauen, langen Listen, und ich wollte nur, daß sie beschäftigt war und mich nicht wieder beim Schlafen störte, bis es wirklich an der Zeit war, etwas zu unternehmen. Ich bin es seit langem gewohnt, mitten in der Nacht geweckt zu werden, und deshalb fällt es mir nicht schwer, sofort wieder in Morpheus' Arme zurückzukehren. Genau das tat ich auch jetzt.

Sarah hatte für das Krankenhaus noch nichts gepackt, und nachdem sie die Liste fertig hatte, entschloß sie sich, ein paar Sachen zusammenzusuchen. Sie hatte ein kleines Buch mit Anweisungen, was zu tun war, aber das konnte sie zunächst nicht finden. Nachdem sie eine Zeitlang in unserem Schlafzimmer im zweiten Stock rumort hatte, ging sie nach unten und suchte weiter. Als sie auch dort das Gesuchte nicht fand, nahm sie eine kleine Tasche und steckte Dinge hinein, die sie für notwendig hielt, und auch einige, von denen sie das nicht glaubte.

> Es war, als wollte ich ein Nest bauen – das Nest fertigmachen für diesen Menschen, wie er auch sein mochte. Ich bin überzeugt, daß es genau das war: ein Nestbauinstinkt – wenn jemand geboren wird, muß alles bereit sein.

Ich wachte gegen fünf Uhr morgens auf und sah, daß Sarah wirklich nicht mehr schlafen konnte. Ihre Beschwerden nahmen allmählich Gestalt an. Als sie vorschlug, wir sollten Marshall Holley anrufen, unseren Frauenarzt, versuchte ich sie abzuhalten: »Nein, ich glaube, er braucht den Schlaf mehr als unseren Anruf. Und ohnehin wäre es eigentlich an der Zeit, daß meine Haare geschnitten werden.« Sarah hatte schon wenige Wochen nach unserer ersten Begegnung begonnen, mir die Haare zu schneiden, und seitdem habe ich keinen Fuß mehr in einen Friseursalon gesetzt. Wir gingen nach unten in die Küche, und die Prozedur des Stutzens begann. Ich war entschlossen, Sarah bei Laune zu halten und Marshall erst zu der zivilisierteren Zeit von sieben Uhr anzurufen. Als ich ihn schließlich am Telefon hatte, schlug er vor, wir sollten uns um neun Uhr in seinem Sprechzimmer treffen.

Als wir dort eintrafen, ging es mit den Wehen schon zügig voran. In den wenigen Minuten, als Sarah auf dem Untersuchungstisch lag, erweiterte sich der Muttermund von drei auf fünf Zentimeter. Das Sich-Öffnen des Muttermunds ist definitionsgemäß das erste Stadium der Entbindung – die beiden anderen sind die eigentliche Geburt und die Nachgeburt, bei der die Plazenta ausgestoßen wird. Bei zehn Zentimetern kommt es durch die starke Dehnung des Muttermunds und des oberen Scheidenabschnitts zur maximalen Ausschüttung des Hormons, das die Gebärmutter veranlaßt, das Kind auszutreiben. Bei Sarah war erst die Hälfte erreicht – wir hatten also offensichtlich noch jede Menge Zeit.

Das Kind würde zwar an diesem Tag zur Welt kommen, aber es würde noch Stunden dauern; deshalb stellte Marshall uns vor die Wahl: Sie konnte entweder sofort ins Krankenhaus gehen oder zu Hause warten. Sarah entschied sich für die zweite Möglichkeit, insbesondere nachdem Marshalls Hebamme Linda Lisk sagte, sie würde herüberkommen und nach ihr sehen.

Ich brachte meine Frau nach Hause, beruhigte sie und fuhr sofort wieder in die Klinik, denn ich hatte für zehn Uhr eine Operation angesetzt. Mit vermeintlich völliger Sicherheit versprach ich ihr, um zwölf wieder zu Hause zu sein.

Da Linda erklärt hatte, die Wehen kämen regelmäßiger, wenn eine Frau sich bewegt, bereitete Sarah alles für das Abendessen vor: Sie nahm ein Hähnchen aus der Gefriertruhe und legte es in den Ofen. Während sie in der Küche werkelte, nahmen die Kontraktionen einen eindeutigen Rhythmus an. Sie waren jetzt so stark, daß sie auf dem Höhepunkt ihre Tätigkeit unterbrechen mußte, bis der Schmerz wieder nachließ.
Sarah hatte jetzt ständig Schmerzen im Rücken, und wenn die Wehen sich steigerten, wurde es so schlimm, daß sie »nur noch sterben wollte«. Linda rief alle 20 Minuten an und schlug jetzt vor, sie solle einen Stapel Kissen auf den Boden legen und sich mit dem Gesicht nach unten hineinsinken lassen. Theoretisch soll der leichte Druck bewirken, daß das Baby, das mit dem Kopf nach unten in ihr liegt, in den Geburtskanal eintritt. Kaum hatte sie das getan, beschleunigten sich die Wehen, ihre Stärke nahm deutlich zu, und sie konzentrierten sich auf den Unterleib.
Es ging bei Sarah zwar etwas schneller als üblich, aber ansonsten verlief die Wehenentwicklung typisch. Die Gebärmutter drückte das Baby mit ihren Kontraktionen allmählich in den Geburtskanal, so daß es die richtige Stellung für die Entbindung einnahm. Vom Augenblick der Empfängnis über die Geburt bis zum Stillen beruht alles auf dem scheinbar wundersamen natürlichen Ablauf höchst komplizierter Ereignisse, und alles hat seine Ursache in der koordinierten Produktion von Enzymen und Hormonen, die genau dann aktiviert werden, wenn sie für den nächsten Schritt gebraucht werden. Daß ich das alles in einem einzigen, atemlosen Satz geschrieben habe, ist kein Zufall. Jeder Punkt wäre der ununterbrochenen Kontinuität, die ich nachahmen möchte, im Weg.
Was setzt eigentlich die Wehentätigkeit in Gang? Wann ist im Organismus einer Frau der Punkt erreicht, an dem sie es nicht mehr erträgt, »ein Behälter« zu sein, aus dem »dieses Ding« heraus muß, damit sie sich selbst wiedergewinnen kann? Die Antwort findet sich zum größten Teil wieder einmal bei den Hormonen.

Das Oxytocin, das Hypophysenhormon, das die Milch aus der Brust drückt, setzt auch die kraftvollen Kontraktionen der glatten Muskulatur in der Gebärmutterwand in Gang. Durch den während der Schwangerschaft allmählich ansteigenden Östrogenspiegel wird die Gebärmutter für die Wirkung des Oxytocins immer empfindlicher. Gegen Ende der 38. Schwangerschaftswoche hat der Östrogenspiegel seinen Höhepunkt erreicht, und auch die Gebärmutter spricht am besten auf das Oxytocin an. Vermutlich erreicht die Dehnung des Gebärmutter- und Scheidengewebes am Ende der Schwangerschaft einen kritischen Punkt, so daß Nervenimpulse zum Hypothalamus geschickt werden, der seinerseits der Hypophyse die Oxytocinproduktion befiehlt. Die Dehnung, die der Kopf des Babys verursacht, trägt erheblich zur Wirkung des Oxytocins bei, aber sie löst außerdem auch über das Rückenmark einen direkten Nervenreflex aus, der die Kontraktionen weiter verstärkt.
Bei dieser Gelegenheit versucht der kleine Mensch wohl zum ersten Mal, seinen Kopf durchzusetzen. Aber bei der Geburt ist es wie bei allem anderen so, daß der Kopf allein nicht genügt. Ein paar Hormone helfen. Also greift der kleine Tropf mit ein paar kleinen Tropfen ein: Oxytocin aus der Hypophyse des Fötus trägt ebenfalls zu den Kontraktionen bei. Und nicht nur das: Zuvor haben andere Hormone aus Hypophyse und Nebennieren des Ungeborenen die Zahl und Aktivität der Oxytocinrezeptoren in der Gebärmutter wachsen lassen.
Diese Flut von Ereignissen, welche die Wehen vorbereiten, in Gang setzen, zum erfolgreichen Abschluß bringen und für die Nachwirkungen sorgen, hat etwas Wunderbares. In einem gewissen Sinn teilt das Kind selbst der Mutter genau mit, was es von ihr braucht, ob starke Gebärmutterkrämpfe ihm beim Verlassen des Mutterleibes helfen sollen oder ob ein kleiner Druck auf die Milchdrüse ihm in der Außenwelt die erste Nahrung verschaffen soll. Es sind verblüffende Beispiele für die Wechselbeziehungen zwischen Mutter

und Kind, von denen beide Seiten profitieren und die sich in dieser oder jener Form, körperlich oder seelisch, während ihres ganzen Lebens fortsetzen werden. Es gibt vielleicht dem berühmten Satz von John Donne einen noch tieferen Sinn: »Niemand ist eine Insel, ganz für sich allein.«
Aber zurück zu Sarah, die wir mit starken Wehen allein zu Hause verlassen haben. Das Oxytocin erfüllte seine Aufgabe in der Gebärmutter sehr wirkungsvoll:

> Die Wehen kamen jetzt schnell und heftig. Ich rief in deinem Büro an und wollte wissen, wo du bleibst, denn es war schon halb eins, und du warst nicht da. Es war klar, daß das Kind bald kommen würde, und ich geriet ein wenig in Panik. Deine Sekretärin sagte, du seist unterwegs. Nun ja, ungefähr eine Minute später kamst du durch die Tür galoppiert wie die kanadische berittene Polizei. Im Hereinstürmen sagtest du: »Okay, Sal, da bin ich – fahren wir!« Ich wußte genau, daß ich schon den Übergang erreicht hatte, die fortgeschrittene aktive Phase. Jeder Schmerz war größer als der vorangegangene. Du warst wirklich nahe und wolltest mir helfen, aber ich wollte dich nur von mir fernhalten, weil ich nicht genug Luft bekam. Ich spürte, wie alle meine tierischen Instinkte ins Spiel kamen. Ich wußte, daß ich irgendwohin fahren mußte, um dieses Kind zu bekommen – ich wußte, daß mein Mann mich liebte und mir helfen wollte, aber jetzt konnte mir niemand helfen. Deshalb mußte ich dich abwehren und sagen: »Schon gut. Du kannst leicht sagen ›fahren wir‹, aber ich muß es zu meiner Zeit tun.«
> Wir gingen zum Auto, und ich schaffte es, einzusteigen. Es nieselte, was die Sache nicht einfacher machte. Noch schlimmer war, daß auf der Whitney Avenue [der Hauptstraße von Hamden, wo wir wohnen, nach New Haven] gebaut wurde, so daß wir eine Umleitung fahren mußten. Du versuchtest, mich aufzuheitern, aber ich wollte nicht sprechen. Schließlich hatten wir die Baustelle hinter uns und bogen in die Whitney Avenue ein. In diesem Augenblick schnitt dich so ein

Kerl mit dem Wagen, und du fluchtest, wie du es in solchen Augenblicken immer tust. Das war ein wenig zuviel.

Ich weiß noch, wie ich durch Nebenstraßen fuhr und schließlich auf die Whitney Avenue kam. Der andere Wagen schnitt uns, als ich gerade beschleunigen wollte, und ich begann meine Tirade wie immer, wenn mir jemand zuhört: »Hast du gesehen, was der Idiot gerade gemacht hat? Der verdamm ... Da verlor Sarah die Geduld: »Shep, bitte, gib Ruhe – bring mich einfach ins Krankenhaus!«
Von da an verdichtete sich alles, und ich fuhr mit zielstrebiger Entschlossenheit, die mich mehrere rote Ampeln und ein paar Stoppschilder mißachten ließ, bis wir schließlich vor dem Eingang des New Haven Hospital standen. Auch dort war eine Baustelle. Man hatte den Platz zum Aussteigenlassen von Patienten verlegt. Als ich ihn gefunden hatte, eilte ich in das Gebäude, um nach einem Rollstuhl zu greifen, aber Sarah konnte nicht warten. Sie hievte sich allein aus dem Wagen und schleppte sich durch den Hintereingang. Dort fand ich sie, nach dem Aufnahmeschalter suchend. Auch den hatte man um ein paar Korridore verlegt.
Ich setzte meine gebärende Frau in den Rollstuhl und schob sie in das neue Aufnahmezimmer, schnell wie ein hungriger Landarbeiter wenn es Essen gibt. Unser plötzliches Auftauchen machte auf die träge Schwester keinerlei Eindruck – sie fing an, umständlich ein Krankenhausarmband fertigzumachen. Heftig machte Sarah ihr klar, daß für solche Formalitäten keine Zeit war, es sei denn, sie wollte die Entbindung gleich hier auf ihrem hübschen kleinen Schreibtisch haben. Das, gefolgt vom unverkennbaren Stöhnen einer werdenden Mutter, trieb die Pförtnerin soweit an, daß sie »Nuland« auf ein Stück Papier kritzelte und es hastig an einem Kunststoffband befestigte, das sie Sarah um das Handgelenk band. Dann eilten wir in die Entbindungsstation.
Die Wehen kamen jetzt in Abständen von zwei Minuten oder weniger und dauerten etwa eine Minute, wobei sie sich vor dem Ab-

ebben noch quälend steigerten. In der Zeit dazwischen blieb ein ständiger und recht starker Schmerz.
Ob Marshall Holley noch rechtzeitig in die Klinik kommen würde, war nicht sicher, aber Linda wartete schon auf uns. Sie half Sarah, ein Kliniknachthemd anzuziehen, brachte sie zum Entbindungsbett und untersuchte sie. Die Oberseite des Kopfes drückte durch den Scheideneingang, der ihn umgab wie eine Krone.
Fast unmittelbar darauf war es bereits Zeit, zu pressen. Marshall war noch nicht da, aber Dr. Effie Chang, seine Mitarbeiterin, kam zu uns und untersuchte Sarah, um Lindas Befunde zu bestätigen. Wir waren mit Linda in den Monaten zuvor sehr vertraut geworden, und Effi erfüllte bereitwillig unseren Wunsch, diese erfahrene Hebamme die Entbindung vornehmen zu lassen. Kurz darauf traf Marshall ein; er stellte sich einfach daneben und verströmte das ihm eigene Flair onkelhafter Wärme. Lächelnd und wortlos sah er zu, wie Linda beruhigend zu Sarah sprach und sie sanft streichelte. Sie hatte ganz eindeutig das Ziel, sich sowenig wie möglich einzumischen und gleichzeitig dafür zu sorgen, daß Sarah ihrem eigenen Körper nicht im Weg stand.
Sarah erinnerte sich später, Linda habe während der ganzen Entbindung etwas Engelhaftes gehabt. Ihre blonden Haare waren lang und gelockt, und um die Stirn lag ein Kranz aus kleinen Löckchen, als ob sie einen Heiligenschein trüge. Wenn sie schon kein Engel war, dann zumindest die gute Fee der Geburten. Ihre Stimme war ruhig und kaum zu vernehmen. Während ich ihr zusah und gelegentlich quer durch den Raum zu Marshall blickte, war ich dankbar für das Gefühl von Frieden und Natürlichkeit, das sie der Situation gaben, die auch leicht hätte chaotisch sein können.
Das Bett, auf dem Sarah unser Kind zur Welt brachte, sah nicht anders aus als das bequeme breite Bett zu Hause in unserem Gästezimmer, nur konnte man seinen unteren Abschnitt herausziehen, damit der Geburtshelfer bei Bedarf näher an den Ort des Geschehens treten konnte. Es hatte keine Auflagen für die Beine, und auch

sonst hatte der ganze Raum nichts, was an einen Operationssaal erinnerte. Auf einem Tisch in der Ecke lag verpackt ein keimfreies Entbindungsbesteck für alle Fälle, aber ansonsten war alles so heimelig wie in dem Zimmer, wo das Kind meiner Vermutung nach empfangen wurde.

Eine Krankenschwester stellte sich auf die linke Seite des Bettes und drückte Sarahs gebeugtes Knie und den Oberschenkel so weit wie möglich nach oben und hinten. Ich ging nach rechts und machte es dort genauso, wobei ich mich zu erinnern suchte, was ich in dem Vorbereitungskurs über Hilfestellung und Unterstützung beim richtigen Atmen gelernt hatte. Ich wußte gerade noch so viel, daß ich mir hilfreich vorkam, aber der Vorbereitungskurs stand in diesem Augenblick nicht im Mittelpunkt meiner Gedanken. Wichtig war einfach, daß ich da war und den immer noch bestrumpften Fuß meiner Frau mit einer Hand in der richtigen Stellung hielt, während ich mit der anderen die ihre faßte und so eine feste Verbindung zwischen uns herstellte. Was sie körperlich durchmachte, konnte ich mir unmöglich ausmalen, aber das Wesentliche, was zwischen uns geschah, war die Einheit unseres gemeinsamen Lebens. Sie fand für mich in diesen Augenblicken ihren vollkommensten Ausdruck.

Ich war dabei, weil ich an der Geburt meines Kindes teilhaben und Sarah so gut wie möglich helfen wollte, aber was jetzt in mir vorging, hatte ich nicht erwartet. Ein mächtiges Gefühl wuchs in meiner Brust. Ich konnte den Blick nicht von dem geliebten Gesicht wenden, und selbst in seinen Verzerrungen hatte es noch die selige Ausstrahlung des Wunderbaren, das wir erschaffen hatten. Ich sah sie durch einen Tränenschleier, das einzige äußere Anzeichen der unendlichen Gefühle, die in meinem tiefsten Inneren aufwallten. Aber Sarah hatte naheliegendere Dinge im Kopf:

> Wir waren erst ganz kurz in dem Raum. Ich mußte fast sofort pressen. Für alles andere war keine Zeit mehr – deshalb hatte ich auch noch

die Socken an. Und ich war nicht an einen Herzton-Wehen-Schreiber angeschlossen.

Das Bedürfnis, zu pressen, war so stark, daß Linda mir sagen mußte, wann ich aufhören sollte. Mein ganzer Körper wollte niederkommen, aber sie sorgte dafür, daß ich es genau im richtigen Augenblick tat. Jetzt war das, was ich im Vorbereitungskurs gelernt hatte, wirklich nützlich. Wenn ich nicht pressen sollte, konnte ich mich auf die Atemtechnik konzentrieren, und das war viel besser, als wenn ich mir nur vorgenommen hätte, nicht zu pressen. Wenn man nichts zu tun hat, außer sich selbst etwas zu sagen, funktioniert es nicht – der Körper macht einfach, was er will. Aber wenn man sich auf die Atmung konzentriert und auf alles, was damit zusammenhängt, wird der Körper vom Geist beeinflußt und nicht umgekehrt. Der Geist herrscht über die Materie, und das ist sehr wichtig.

Ich machte Geräusche, wie ich sie von mir selbst noch nie gehört hatte, guttural und leise, wie ein knurrendes Tier – der reine Instinkt. Nie habe ich mich so sehr mit der biologischen Welt verbunden gefühlt.

Ich glaube, ich preßte dreimal, und dann war Will geboren. Es war einfach verblüffend, wie dieser Mensch aus mir herauskam. Was ich empfunden habe? Jede Frau wird dir das gleiche sagen. Ganz ehrlich: Es fühlt sich an wie ein riesiger Stuhlgang – ist es nicht schrecklich, das so auszudrücken? Aber dieser ganze Teil der Anatomie ist so eng miteinander verbunden. Alle Nerven und Muskeln fühlen sich an wie ein Ganzes, und deshalb hat man das Gefühl, daß man das größte Ding los wird, das jemals aus dem Körper herausgekommen ist. Man spürt keinen nackten Schmerz da unten, sondern eher ein Brennen. Man merkt, wie sich alles dehnt. Dann macht man den Dammschnitt, und das ist eine echte Erleichterung.

Beim Dammschnitt durchtrennt man das Gewebe in der Umgebung der Scheide, um die Geburt zu erleichtern. Vor allem wenn eine Frau das erste Kind zur Welt bringt, besteht sonst die Gefahr, daß ein Riß auftritt, wenn der Kopf des Babys sich ins Freie zwängt. Diesen Riß nimmt man mit dem Dammschnitt vorweg, damit keine gezackte, große Wunde oder womöglich eine Verbindung zum Enddarm entsteht. In der Regel nimmt man dazu eine örtliche Betäubung vor, und dann vergrößert man die Scheidenöffnung unten rechts mit einer Schere. Nach der Entbindung wird der Schnitt sofort vernäht.

Als Will geboren war, legte Linda ihn mir sofort auf den Bauch. Dann gab Marshall dir eine Schere und ein paar Klammern, und du solltest die Nabelschnur durchschneiden. Ich betrachtete mein Baby, und es sah mich mit diesem direkten Blick an. Das verwirrte mich ein wenig, denn ich hatte nicht damit gerechnet. Er war toll – es war ein tolles Gefühl. Ich wollte ihn sofort stillen, denn so steht es in den Büchern, aber Linda sagte: »Jetzt noch nicht. Er hat neun Monate lang deine Stimme gehört – jetzt will er dich erst einmal ansehen.« Was für ein großartiger Augenblick – er hatte deine und meine Stimme neun Monate lang gehört, und plötzlich war es geschehen, plötzlich war er da.
Für eine Frau ist es etwas ganz Besonderes. Natürlich bin ich nicht allein schwanger geworden. Ich wollte so sehr, daß du daran teilhast, mir zuredest und mich streichelst – aber weißt du was? Ich war so mit mir selbst beschäftigt und mit dem, was da vorging, daß ich zwar das Bild sah, wie du neben mir stehst und mich festhältst, aber eigentlich bekam ich nichts mit, außer dem, was Linda sagte. Irgendwie war ich nur auf mich und sie konzentriert und auf den Versuch, es so zu machen, wie sie es sagte. Nicht einmal Marshall gehörte dazu. Und dann, nachdem Will geboren war, erweiterte sich das Bild, und du warst ein großer Teil davon. Jetzt nahm ich dich ganz stark wahr, und uns beide mit unserem Baby, und das Küssen und Umarmen und Weinen. Meine Tränen flossen, sobald ich ihn sah. Ich weiß noch genau, wie ich ihn ansah, als sie ihn mir auf den Bauch legte, und dann sagte ich diese Worte, die wir all die Jahre nicht mehr vergessen haben: »Er ist bezaubernd.«

Vergessen hat Sarah – vermutlich weil sie es nie richtig gehört hatte –, was ich sagte, als Will draußen war. Es war das letzte, womit ich vorher gerechnet hatte, aber dann kam mir dieser Gedanke: »Sal, weißt du noch, was sie uns in dem Vorbereitungskurs für kitschiges Zeug erzählt haben, wie toll sich das alles anfühlt? Aber so kitschig ist es gar nicht!« Man sagt, im Schützengraben gebe es keine Atheisten. Ich möchte hinzufügen: Es gibt auch keine Zyniker bei der Geburt des eigenen Kindes.
In dieser Nacht begriff Sarah die Größe der Gefühle, die sie für ihren kleinen Sohn empfinden würde.

> Besonders eindringlich erinnere ich mich an etwas, das in dieser ersten Nacht geschah. Ich schlief tief und fest, als eine Schwester hereinkam. Sie war eine besonders liebenswürdige Frau, und sie sagte zu mir: »Mrs. Nuland, Ihr Kind braucht Sie.« Sie schaltete das Licht ein, half mir aufzustehen und gab mir etwas zu trinken. Dann ging sie hinaus und brachte diesen neuen Menschen herein. Er war frisch gebadet, und ich sah ihn zum ersten Mal so. Seine Haare waren rötlichblond, und er sah aus wie Pfirsich und Sahne.
> Sie legte ihn mir in den Arm. Alles an ihm war sauber und frisch und wunderschön. Ich spürte diese unglaubliche Welle der Mutterliebe. Es war eine Art von Liebe, die ich zuvor nicht gekannt hatte, und ich hatte nicht mit einem so tiefgreifenden Gefühl gerechnet. Es war etwas Elementares.

Ja – niemand ist eine Insel, auch keine Frau, vor allem nicht wenn ein Kind geboren wird. Dieses »Da ist ein Mensch, der mich braucht« ist der Ausgangspunkt für den ganzen Komplex der zwischenmenschlichen Beziehungen, der das Kind zunächst in die Familie und später in die ganze Gesellschaft führt. Aber vielleicht beginnt alles auch schon früher, bei Zuneigung und gegenseitiger Abhängigkeit, auf denen der *Homo sapiens* seine Kultur aufgebaut hat. Vielleicht beginnt es schon bei der Empfängnis, in dem Augenblick, da die Beziehung zwischen einem entstehenden und einem vorhandenen Menschen ihren Anfang nimmt. Von da an setzt die Expression ganz bestimmter Gene jene Abfolge von Ereignissen in Gang, durch die zwei Lebewesen sich gegenseitig in ihrer Entwicklung beeinflussen. Diese ersten wechselseitigen Abhängigkeiten haben wir zwar mit den meisten Tieren gemeinsam, aber in unserer Spezies setzen sie sich in körperlichen und emotionalen Verflechtungen fort, die ihnen eine besondere Bedeutung verleihen. Einer der Gründe für diese Verflechtungen, von denen alle Beteiligten profitieren, ist unsere ureigene Art des Gebärens.

Der Geburtsvorgang selbst ist eigentlich eine Fortsetzung des Prinzips der Musterbildung, bei der Signale aus der Umgebung der betroffenen Zellen einen ganz bestimmten Ablauf in Gang setzen. Am Ende der Schwangerschaft ergibt sich beim Menschen eine Schwierigkeit, die im Tierreich einzigartig ist. Das Becken der Frau ist als einziges so geformt, daß der Fötus mit dem Gesicht zur Seite in den Geburtskanal eintreten und sich dann um 90 Grad drehen muß, so daß er schließlich mit dem Gesicht nach unten zur Welt kommt. Die Ursache für diese Notwendigkeit liegt vermutlich in entwicklungsgeschichtlichen Veränderungen des Beckens, das sich verengte und umformte, damit die Beine unter uns in der Mitte stehen und den aufrechten Gang ermöglichen. Deshalb ist der Ausgang viel schwieriger zu passieren als bei anderen Primaten, und dann muß auch noch ein sehr viel größerer Kopf hindurchpassen. Das verengte Becken und der größere Kopf machen die Geburt so schwierig, daß die Mutter dabei Hilfe braucht. Selbst Schimpansenweibchen, unsere nächsten Verwandten im Tierreich, verstecken sich bei der Geburt und bringen das Junge allein zur Welt, aber Frauen brauchen Unterstützung. Manche Anthropologen haben um diese Tatsache großes Aufheben gemacht. Wegen der anatomischen Schwierigkeiten verbessert sich der Fortpflanzungserfolg eines Individuums, wenn bei der Geburt Hilfe bereitsteht. Nach dieser Überlegung scheint es, als sei das Bedürfnis nach solcher Hilfe ein Ergebnis der natürlichen Selektion, und die Hilfe selbst wäre dann ein Selektionsfaktor. Man hat behauptet, durch die körperlichen Schwierigkeiten bei der Entbindung würden Zuwendung und intensive Kommunikation zu wertvollen Eigenschaften, weil ohne sie nur wenige Geburten gelingen. Wenn das stimmt, haben wir Menschen die *biologischen* Voraussetzungen, um auf Faktoren anzusprechen, die uns zu Gruppen einander unterstützender Individuen zusammenführen. Dann ist nicht nur der Mutterinstinkt gegenüber »diesem Menschen, der mich braucht«, sondern das ganze biologisch vorbestimmte Umfeld der Geburt ein entscheidender Anreiz für die Schaffung zwischenmenschlicher Beziehungen, Kulturen und Gesellschaftsordnungen. Besonders glaubhaft wird diese Theorie, weil sie mit allen Vorgängen in den 38 Wochen vor der Entbindung im Einklang steht, wenn sich die Nachkommen einer einzigen Zelle differenzieren, Gewebe und Organe bilden, reifen und geboren werden, alles aufgrund der biologischen Wechselbeziehung zwischen Mutter und Kind.

Das sind plausible Ideen, und noch überzeugender werden sie, weil sie mit allgemeinen Prinzipien übereinstimmen, welche die Wechselwirkungen zwischen Zellsystemen, die Entwicklung des Embryos und auch die körperlichen und seelischen Reaktionen der Mutter bestimmen. Wenn man eine These von der Ebene der Zelle auf die Gesellschaft überträgt, muß man vorsichtig sein, aber manchmal sind die Spekulationen, die sich aus der Beobachtung natürlicher Vorgänge ergeben, einfach zu naheliegend, als daß man sie übergehen könnte. Die Gründe, warum niemand eine Insel ist, scheinen biologische Wurzeln zu haben, auch wenn sie bisher nicht nachgewiesen sind. Die direkte Linie der chemischen und physikalischen Prinzipien, die Moleküle mit Zellen, mit Geweben, mit Organen, mit dir und mir verbindet – und mit der ganzen Gemeinschaft der Menschen –, erweist sich immer mehr auch als Grundlage jener Produkte unserer Anatomie und Physiologie, die wir als Geist und Seele bezeichnen.

IX
Das Herz der Dinge

Das Herz der Geschöpfe ist die Grundlage des Lebens,
der Fürst von allem, die Sonne ihres Mikrokosmos,
von der alle Vegetation abhängt,
aus der alle Lebenskraft und Stärke fließt.

William Harvey, M. D., 1628
Brief an Charles I. von England

In einem einzigen Satz faßte William Harvey, der Entdecker des Blutkreislaufs, das Lob auf das Herz in poetischen und gleichzeitig biologisch zutreffenden Worten zusammen. Er schrieb in der großen Tradition derer, die von der Allmacht und Rätselhaftigkeit der Natur in Bann geschlagen waren – einer Natur, die ein Gebilde aus Fleisch erschafft und es dann sich selbst überläßt, gelenkt von verborgenen, sich selbst erzeugenden inneren Mechanismen von majestätischer Macht. Die Überlieferungen und Literaturen aller Völker sind voll von solchen Bekenntnissen zur geheimnisvollen Souveränität des Herzens.

In irgendeiner dunklen Höhle erkannten die primitiven Menschen, daß dieses Ding einerseits ein Eigenleben hat – keine Willenskraft schien in der Lage zu sein, den Rhythmus seiner unendlich pulsierenden Kraft auch nur um einen Deut zu verändern; andererseits aber schlägt es in Zeiten der Furcht oder Wut schneller, es hüpft und stolpert, und in der Ruhe eines Sommerabends wird seine Tätigkeit weicher und langsamer, als ob seine Stimmung der Gelassenheit des unbesorgten Geistes entspräche. Aber was war zuerst da? Erwächst Sturm oder Ruhe auf dem Meer der Gefühle aus dem Rhythmus des Herzens, oder kommen die Leidenschaften woanders her, und das Herz arbeitet dann auf ihr Geheiß?

Hippokrates lehrte das eine, Aristoteles das andere. Aristoteles war sich seiner Sache sicher: Für ihn war das Herz nicht nur der Sitz der Seele, sondern auch der Gefühle: »Die Bewegungen des Schmerzes und der Freude, und ganz allgemein aller Empfindungen, haben ihren Ursprung ganz klar im Herzen und finden darin ihr endgültiges Ende.« Für Aristoteles war das Herz die zentrale Schaltstelle, von der aus unser Leben geleitet wird.

Die Nachfolger von Hippokrates – und auch sein Zeitgenosse Platon – waren dagegen überzeugt, das Gehirn sei der Ort der Gefühle und alle anderen Teile seien ihm untergeordnet. Wie Aristoteles vertraten sie aber die Ansicht, das Leben hänge von einer angeborenen Qualität ab, die sie »tierische Wärme« nannten und die im Herzen angesiedelt sein sollte. Für Aristoteles und andere waren Puls und Herzkontraktionen die Folge der inneren Wärme des Herzens, die das Blut und damit auch alle anderen Körperteile erwärmte. Aristoteles' Gedanken in dieser Hinsicht gründeten sich vor allem auf seine eingehenden Untersuchungen am sich entwickelnden Embryo, bei dem der Herzschlag das erste erkennbare Lebenszeichen ist. Nachdem er diesen deutlichen Hinweis hatte, kann man gut verstehen, warum er aus seinen Beobachtungen schloß, das Herz sei der Quell allen Lebens.

Der Glaube an eine Art angeborener Wärme – wobei die Lunge das Blut kühlen sollte, wenn es zu heiß wurde – blieb bis ins 17. Jahrhundert lebendig. Als man anfing, induktiv Schlüsse zu ziehen und zu experimentieren, suchten die Forscher nach einer chemischen Quelle für die Körperwärme. Bis man sie fand, sollte noch viel Zeit vergehen, aber inzwischen hatten sich im volkstümlichen Denken

viele phantasievolle Ideen über die Bedeutung des Herzens für das Leben breitgemacht, und manche davon sind bis heute nicht wieder verschwunden, zumindest in den kreativen Köpfen der Dichter und Verliebten – und dafür sollten wir dankbar sein.
William Harvey schrieb 1628 ein kleines Buch mit 78 Seiten, dessen Veröffentlichung den bedeutendsten Wendepunkt im medizinischen Denken des Abendlandes darstellt. In seiner *Exercitatio anatomica de motu cordis et sanguinis in animalibus* (»Die Bewegung des Herzens und des Blutes«) wies er nach, daß das Blut nicht aufgebraucht und in der Leber ständig neu gebildet wird und daß es von dort nicht über die Venen ausgeschickt wird und daß die Venen das Gewebe nicht nach Art von Ebbe und Flut mit Blut durchtränken. Das war damals die verbreitetste von mehreren konkurrierenden Theorien, aber *De motu cordis* versetzte ihnen allen den Todesstoß. Mit quantitativen und qualitativen Methoden machte Harvey eine Reihe leicht nachvollziehbarer Beobachtungen und Messungen. Die Erkenntnis, zu der er dabei gelangte, faßte er in einem weithin schallenden Satz zusammen, der den gesamten Inhalt seines 14. Kapitels bildet:

> Man muß deshalb zu dem Schluß gelangen, daß das Blut im Körper der Tiere sich ständig im Kreis bewegt und daß die Tätigkeit oder Funktion des Herzens darin besteht, dies durch Pumpen zuwege zu bringen.

Und dann setzte er auf dieses kompakte Paket, das sich als das größte Geschenk erweisen sollte, das je ein Forscher der medizinischen Wissenschaft machte, noch eine rote Schleife: »Das ist der einzige Grund für die Bewegung und den Schlag des Herzens.« Damit wollte er zweifellos den falschen Glauben seiner Leser an die mystischen Eigenschaften des Herzens begraben, die Könige und Gemeine gleichermaßen liebten. Wahrscheinlich fiel seine Botschaft auch bei Charles auf fruchtbaren Boden – zumindest muß

der königliche Patient Trost daraus geschöpft haben, daß sein Arzt so fest an die Unentbehrlichkeit des Herzens glaubte, daß er sie mit der des Königs selbst verglich. (Offenbar hatten nicht alle Untertanen die gleiche hohe Meinung von ihrem Monarchen, denn Charles wurde 1649 als Volksfeind hingerichtet; sein Nachfolger als »der Fürst aller« war Oliver Cromwell.)
Zunächst wurden die Konsequenzen aus Harveys Entdeckung nicht allgemein gewürdigt (manche Gruppen erkannten sie nicht einmal an), aber *De motu cordis* ebnete den Weg für eine Fülle weiterer Untersuchungen, mit denen man die Funktion des Herzens mit ihren verschiedenen Elementen wie Blutdruck, Puls und Tätigkeit des Herzmuskels genauer aufklären wollte. Im späten 18. Jahrhundert zogen die Ärzte allmählich Nutzen aus den Entdeckungen, die sich auf Harveys Prinzipien gründeten, und lernten die Krankheiten des Herzens besser zu verstehen. In den ersten Jahren des 19. Jahrhunderts kam die Methode des Abklopfens auf, mit der man die Größe des Herzens durch leichte Schläge auf den Brustkorb abschätzen kann. Das Stethoskop wurde 1817 eingeführt, und ungefähr um die gleiche Zeit wurde die Obduktion zur Routine. Durch die körperliche Untersuchung der Lebenden und die Obduktion der Toten konnte man im 19. Jahrhundert eine Fülle neuer Erkenntnisse über das Herz gewinnen, und 1895 begann mit der Entdeckung der Röntgenstrahlen eine Reihe technischer Neuerungen, die schließlich zu unserem heutigen umfangreichen Wissen über viele Aspekte der Herzanatomie und -physiologie führten.
Am einfachsten stellt man sich das Herz als zwei Pumpen vor, die wie siamesische Zwillinge auf ihrer ganzen Länge verbunden sind und in der Mitte des Brustkorbs liegen. Wie die meisten siamesischen Zwillinge unterscheiden sie sich gerade so sehr, daß man sie leicht auseinanderhalten kann. Sie besitzen zwar ein gemeinsames System elektrischer Leitungsbahnen und führen ihre meisten Tätigkeiten gleichzeitig aus, haben aber unterschiedliche Aufgaben. Um sie zu erfüllen, bestehen sie fast vollständig aus Muskelgewebe.

Jede der beiden Pumpen besteht aus einem Vorhof (Atrium) und der darunterliegenden eigentlichen Herzkammer (Ventrikel). Die Vorhöfe müssen nicht besonders kräftig sein, denn ihre Kontraktion befördert das Blut nur in die unmittelbar anschließende Herzkammer. Die Ventrikel dagegen haben Wände aus Muskeln, die links bis zu 1,5 Zentimeter und rechts etwa 1 Zentimeter dick sind. Die linke Pumpe, die muskulöser und deshalb kräftiger ist, kann auf das Blut in ihrem Inneren einen viel höheren Druck ausüben. Dieser Druck ist so stark, daß das Blut in alle Arterien des Organismus gepreßt wird, auch wenn sie noch so weit vom Herzen entfernt sind. Die linke Herzkammer muß so kräftig sein, weil sie das Blut viel weiter und gegen einen erheblich höheren Widerstand bewegen muß (man denke nur an die vielen tausend – ja zehntausend – Kilometer elastischer Arterien, Arteriolen und Kapillaren in allen Körperteilen) als ihr Gegenüber. Unter normalen Umständen erfordert das einen Druck, der einer 120 Millimeter hohen Queck-

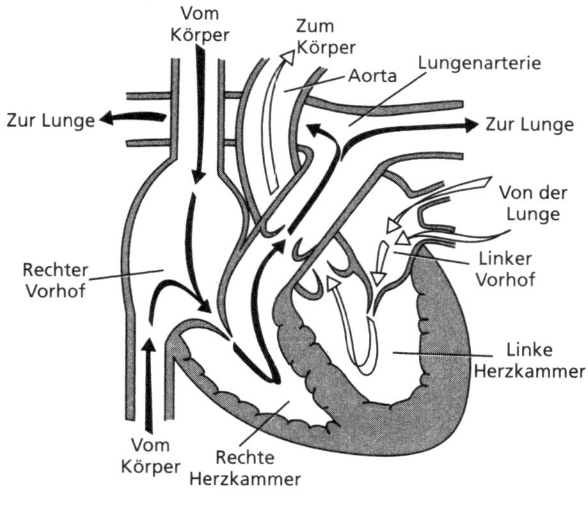

Das Herz. Der Weg des sauerstoffarmen Blutes ist durch schwarze, der des sauerstoffreichen Blutes durch weiße Pfeile gekennzeichnet.

silbersäule entspricht bzw. einer Wassersäule von etwa 1,75 Metern Höhe.
Die rechte Herzkammer braucht das Blut nur durch die benachbarten, viel weniger Widerstand bietenden Blutgefäße in der Lunge zu befördern. Der Druck liegt deshalb hier nur bei etwa 35 Millimeter Quecksilbersäule. Dieser Unterschied ist der Grund, daß man schon seit Jahrhunderten zwischen einem großen und einem kleinen Kreislauf unterscheidet. Den größeren nennt man auch Körperkreislauf, der kleinere heißt Lungenkreislauf.
Die Wand zwischen den beiden Herzhälften ist die Herzscheidewand (Septum); sie ist zwischen den Vorhöfen dünn, zwischen den Herzkammern aber sehr viel dicker. Diese beiden Trennwände gehen ineinander über, aber da sie zwischen unterschiedlichen Kammern liegen, tragen sie verschiedene Namen: Sie heißen Vorhofseptum (Septum interatriale) und Kammerseptum (Septum interventriculare). Zwischen dem Vorhof und der zugehörigen Herzkammer liegt ein Ventil aus zwei oder drei empfindlichen Segelklappen, die das Ventil entweder dicht verschließen oder sich öffnen, so daß das Blut hindurchströmen kann. Das rechte Ventil besteht aus drei Segelklappen und wird deshalb auch Trikuspidalklappe genannt; links befinden sich zwei Segelklappen, und bei geschlossenem Ventil bilden sie eine Form, die an eine umgedrehte Bischofsmütze (Mitra) erinnert – daher die Bezeichnung Mitralklappe. Den Ausgang aus den Herzkammern bildet links und rechts jeweils ein Ventil mit drei sogenannten Taschenklappen. Alle vier Herzventile lassen das Blut nur in einer Richtung durch. Sobald der Druck in der Kammer bzw. dem Blutgefäß hinter ihnen ansteigt, schließen sie sich, so daß ein Zurückfließen des Blutes verhindert wird.
Das Blut, das aus den unteren Körperteilen zurückkehrt, sammelt sich in einem großen Blutgefäß, der unteren Hohlvene, die in den rechten Vorhof mündet. Entsprechend gelangt das Blut aus Kopf und oberer Körperhälfte durch die obere Hohlvene zum Herzen.

Bevor wir uns jetzt genauer ansehen, was von einem Herzschlag bis zum nächsten geschieht, möchte ich einen kurzen Überblick darüber geben, was wir erfahren werden.
Der Herzschlag ist schlicht und einfach wieder einmal eines dieser Wunder zeitlicher Koordination, von deren fehlerlosem, verläßlichem Funktionieren das Leben des Menschen abhängt. »Wieder einmal« – nachdem wir schon so viele erstaunliche Aspekte der menschlichen Biologie kennengelernt haben, ist die Aussicht, etwas über eine weitere Errungenschaft aus dreieinhalb Milliarden Jahren der Evolution zu erfahren, kaum überraschend. Allmählich gewöhnen wir uns an diese Wunder der Biologie, und wir rechnen damit, daß alles reibungslos funktioniert.
Aber offensichtlich funktioniert es manchmal nicht. Und nicht nur das: Es geht dauernd etwas schief. Ob durch die ständigen molekularen Einflüsse, die zum Leben der Zellen gehören, oder durch die Einflüsse aus der Umwelt, die Teil unseres täglichen Lebens auf der Erde sind – jedenfalls wird die DNA dauernd verändert, Zellen verlieren die Kontrolle über ihr Wachstum, die Produkte der ganz normalen Verdauung beschädigen die Wände unserer Arterien, Gewebe werden durch die chemischen Wirkstoffe vergiftet, die wir genußhalber zu uns nehmen; die Bedrohungen für unser Leben sind immer und überall vorhanden. Daß wir so viele davon überstehen und daß es die Organe, die so ununterbrochen angegriffen werden, überhaupt gibt, liefert eine Menge Aufschlüsse über die natürliche Selektion. Entscheidend dafür ist die Fähigkeit unseres Organismus, zahllose kleine Fehler zu korrigieren, die in jedem Augenblick die in der Evolution entstandenen Funktionen gefährden. Wir passen uns an, unsere molekularen Reaktionen ändern sich, wir reparieren uns selbst – wir parieren jeden Schlag, und alles, damit das Karussell des Lebens sich reibungslos dreht. Erst der Wandel macht das Gleichbleiben möglich. Und selbst das Gleichmaß ändert sich ständig, damit das dynamische Gleichgewicht im Leben der Zellen erhalten bleibt, das unserem Leben in der Welt

sein dynamisches Gleichgewicht verleiht. Konstanz durch Wandel – das ist die Grundlage für die Homöostase des vielzelligen, denkenden Lebewesens, das ein Mensch darstellt.

An keinem anderen Organsystem wird dieses Prinzip so deutlich wie am Kreislauf. Einen Eindruck von seiner Anpassungsfähigkeit hat uns bereits die Geschichte von Marge Hansen vermittelt. Jetzt kommen wir zum Herzen der Dinge.

In einem durchschnittlichen Menschenleben von 75 Jahren läuft der Schlagzyklus des Herzens mindestens 2,5 Milliarden Male, wobei viele Millionen Liter Blut bewegt werden. Während Sie ruhig im Sessel sitzen und dieses Buch lesen, leistet Ihr Herz doppelt soviel Arbeit wie die Beinmuskeln, wenn Sie so schnell wie möglich laufen. Die ganze tänzerische Schönheit der molekularen Wechselwirkungen und der Zelldifferenzierung wäre umsonst, gäbe es nicht das zuverlässige, ununterbrochen arbeitende Herz. Und diese Zuverlässigkeit hat ihre Grundlage ihrerseits in den Billionen chemischer Reaktionen, die in jedem Augenblick in diesem aus Zellen bestehenden Apparat ablaufen.

Am interessantesten ist im allgemeinen der Teil der Herztätigkeit, den wir körperlich wahrnehmen. Bewußt oder unbewußt achten wir immer auf die Signale unserer Organe, und oft reagieren wir darauf nicht nur instinktiv, sondern mit voller Absicht und in dem Bewußtsein um die Folgen unserer Entscheidungen. Auch das unterscheidet uns Menschen von den Tieren. Der *Homo sapiens* hat für seine Körperfunktionen ein Bewußtsein, das Tiere nicht kennen. Wir spüren, wie unser Herz schlägt, wir hören das Rumoren unseres Darms, wir sehen und riechen unsere Ausscheidungsprodukte; das gleiche tun auch viele Tiere, aber nur wir haben ein nützliches Gespür dafür, was es bedeutet. Bewußt und unbewußt reagieren wir anders als jedes Tier auf starke ebenso wie unterschwellige innere Signale, die uns sagen, wir sollten an unserem Verhalten etwas ändern. Wir nehmen unser Inneres, ja vielleicht sogar unsere Zellen wahr, wie es nur ein mit Denken begabtes Lebewesen kann. Wir bleiben also nicht nur am Leben, weil wir auf äußere Reize reagieren, sondern auch weil wir uns auf Einflüsse aus unserem Inneren einstellen. Nur indem wir auf die innere Stimme hören, können wir uns gegen die Stimmen aus der Umwelt wappnen. Wenn wir sagen, wir folgen dem Diktat unseres Herzens, meinen wir damit viel mehr als nur Gewissen oder Romantik.

Den körperlichen Teil seines Diktats äußert das Herz so deutlich, daß man ihn tatsächlich hören kann, vorausgesetzt, man verstärkt ihn mit einem Stethoskop oder elektronisch. Die Töne entstehen durch die Muskelkontraktion, das Schließen der Herzklappen und das Blut, das durch die Kammern strömt – mit einem Wort, durch seine Pumptätigkeit.

Als ich ein paar Seiten weiter vorn sagte, die beiden Pumpen seien gleichzeitig tätig, meinte ich damit, daß sowohl die beiden Vorkammern als auch die Ventrikel sich jeweils im gleichen Augenblick zusammenziehen. Während der Kontraktion der Herzkammern entspannen sich die Vorhöfe, und umgekehrt. Die Kontraktion der Herzkammern bezeichnet man als *Systole* – dieses griechische Wort, das auf das zweite Jahrhundert n. Chr. und den Arzt Galen zurückgeht, bedeutet »Zusammenziehen«. Die Entspannungsphase heißt *Diastole* nach dem griechischen Verb *diastellein* (»trennen«), weil sie zwei aufeinanderfolgende Systolen trennt.

Zu Beginn des Schlagzyklus gelangt das Blut passiv aus den Hohlvenen in den rechten und aus den Lungenvenen in den linken Vorhof. Etwa 70 Prozent des Bluts fließen sofort weiter in die Herzkammern, den Rest befördern die Vorhöfe durch ihre Kontraktion (die Vorhofsystole) dorthin. (Keine der vier Kammern entleert sich vollständig; nach jeder Kontraktion bleibt eine geringe Blutmenge zurück.) Anschließend entspannen sich die Vorhöfe (Vorhofdiastole), und die Ventrikel ziehen sich zusammen. Ihre Systole läßt den Innendruck steigen, und die Segelklappen schließen sich, so daß kein Blut zurück in die Vorhöfe fließt. Elektrische Reize oder Hormone sind dazu nicht erforderlich – die Herzklappen schließen sich rein mechanisch, einfach weil der Druck sie nach oben schiebt. Es ist das gleiche Prinzip wie bei den Ventilen einer Wasserpumpe.

Durch die Systole wird der Inhalt der Herzkammern in die Lungenarterie und die Aorta gepreßt, so daß der Druck in diesen großen Blutgefäßen steigt. Dadurch schließen sich die Taschenklappen, so daß der Rückweg wiederum versperrt ist. Am Ende des Zyklus durchläuft das gesamte Herz eine kurze Diastole, und dann beginnt der ganze Vorgang von neuem.

Beim Schließen der Ventile entsteht ein leises, dumpfes Geräusch, das man leicht hören kann, wenn man einem anderen das Ohr auf die Brust legt. Der erste Schlag stammt jeweils von den Segelklappen, der zweite von den Taschenklappen am Eingang zur Lungenarterie und Aorta. Das Ganze klingt ungefähr wie »lab-dap, lab-dap, lab-dap« mit einer Geschwindigkeit von etwas mehr als einem Mal je Sekunde. Besser kann man das Geräusch mit der Stimme nicht nachahmen, aber es kommt der Wirklichkeit schon recht nahe. Medizinstudenten imitieren das Herz schon seit Generationen auf diese Weise.

Manche Krankheiten können die Funktionsfähigkeit der Ventile beeinträchtigen, meist weil die Klappen vernarben oder weil Calcium und andere Substanzen sich auf ihnen ablagern. Wenn die Klappen sich aus solchen Gründen nicht mehr vollständig schließen (was man als Herzklappeninsuffizienz bezeichnet), fließt das Blut in die vorherige Kammer zurück, und wenn sie sich nicht mehr richtig öffnen (Herzklappenstenose), wird es am Weiterfließen gehindert. Gelegentlich wird ein Kind mit einer festsitzenden oder zu lockeren Herzklappe geboren; das führt zu ähnlichen Symptomen wie bei einer Krankheit, die man sich später im Leben zuzieht. Insuffizienz und Stenose lassen an charakteristischen Stellen im Schlagzyklus sogenannte Herzgeräusche entstehen. An ihnen kann der Arzt oft feststellen, um was für eine Schädigung es sich handelt. Ist sie mit dem Stethoskop nicht zu hören, läßt sie sich

mit einem der vielen anderen modernen Diagnoseverfahren nachweisen.
Wie wir noch sehen werden, steuert das Herz seinen Rhythmus selbst, aber zusätzlich reagiert es auch auf Signale, die von weit her kommen. Diese Signale teilen ihm die Bedürfnisse der anderen Körperteile mit, und das Herz reagiert darauf mit Beschleunigung, Verlangsamung, Verstärkung oder Abschwächung seiner Kontraktionen. Übertragen werden die Impulse, die ihm diese Anweisungen geben, durch Fasern des autonomen Nervensystems oder unmittelbar durch die Hormone Adrenalin und Noradrenalin, die vom inneren Teil der Nebennieren, dem Nebennierenmark, produziert werden. In dieser Hinsicht ähnelt das Herz vielen anderen Organen, deren Funktion ebenfalls vom autonomen Nervensystem und bestimmten Hormonen beeinflußt wird.
Wenn auf Signale des sympathischen Nervensystems hin Adrenalin und Noradrenalin ausgeschüttet werden, steigen Geschwindigkeit und Kraft des Herzschlages; Acetylcholin dagegen, dessen Produktion von den parasympathischen Nerven in Gang gesetzt wird, läßt die Schlaggeschwindigkeit sinken, beeinflußt aber die Kraft der Kontraktionen nicht. Das liegt daran, daß die Herzkammern zwar viele sympathische, aber fast keine parasympathischen Nervenfasern enthalten. Dieser anatomische Sachverhalt ist ein Beispiel für die in Kapitel 4 beschriebene Dominanz eines der beiden autonomen Systeme.
Die autonomen Nerven beeinflussen die Geschwindigkeit und Kraft des Herzschlags, indem sie auf den inneren Schrittmacher des Herzens (den Sinusknoten, der noch genauer beschrieben wird) und den Herzmuskel selbst einwirken. Die elektrische Aktivität in Sinusknoten und Herzmuskel ist von der Calcium- und Kaliumkonzentration in ihren Zellen abhängig, und diese wird ihrerseits dadurch bestimmt, wie viele Ionen (geladene Atome) dieser beiden Elemente die Zellmembran passieren können. Wenn sich Noradrenalin oder Acetylcholin an ihre zugehörigen Rezeptoren auf

der Zellmembran binden, verändert diese ihre Durchlässigkeit so, daß der Durchtritt von Kalium und Calcium erleichtert oder gehemmt wird. Auf diese Weise paßt sich die elektrische Aktivität den Erfordernissen des Organismus an. Als ich wegen der quietschenden Reifen des plötzlich bremsenden Autos erschrak (siehe Kapitel IV), veranlaßte mein Hypothalamus das Nebennierenmark, Hormone auszuschütten, die dann zusammen mit den sympathischen Nerven dafür sorgten, daß Calcium in die Zellen meines Herzens einströmte, so daß diese mehr Impulse aussandten, den Puls beschleunigten und ihn verstärkten.

Wie andere Körperteile, so zeigt auch das Herz eine verblüffende Mischung aus Abhängigkeit und automatischer Eigenständigkeit. Hormone und autonome Nerven beeinflussen zwar Kraft und Geschwindigkeit seiner Schläge, aber der Rhythmus ist nicht von äußerer Beeinflussung durch Nerven oder Botenstoffe abhängig. Seine unerschütterliche Regelmäßigkeit und die Tatsache, daß es überhaupt schlägt, sind das Ergebnis eines in ihm selbst entstehenden Reizes, den der Sinusknoten bei jedem Schlag neu erzeugt. Dieser liegt oben in der Rückwand der rechten Vorkammer dicht neben der Einmündung der oberen Hohlvene. Er besteht aus einem winzigen ovalen Gewebestück und dient als Schrittmacher für die Koordination der Herzschläge. Seine Impulse laufen über ein verzweigtes Faserbündel zu einer Relaisstation zwischen Vorhof und Herzkammern, dem Atrioventrikular- oder AV-Knoten. Von dort werden sie über einen weiteren verzweigten Faserstrang, den man auch His-Bündel nennt, zu den Ventrikelwänden weitergeleitet. (Der Name erinnert an den Schweizer Anatomen W. His, der das Bündel 1893 entdeckte.) Der Sinusknoten, der die Signale erzeugt, der AV-Knoten, der sie weitervermittelt, und die Fasern, die sie übertragen, bestehen aus spezialisierten Muskelzellen, die sich in den langen Zeiträumen der Evolution an diese Aufgabe angepaßt haben. Zusammenfassend bezeichnet man sie als Reizleitungssystem des Herzens.

Kreislauf und Pumptätigkeit haben die Aufgabe, das Blut auf einen Weg zu bringen, den William Harvey als »ständig im Kreis« beschrieb.

Jetzt endlich sind wir so weit, daß wir uns diesen Kreis genauer ansehen können; dazu folgen wir einem Blutstropfen, der aus einer der Hohlvenen in den rechten Vorhof des Herzens gelangt. Ob er nun zu dem Teil des Vorhofbluts gehört, der durch die Schwerkraft von selbst in die Herzkammer fließt, oder zu der kleineren Menge, die durch die Kontraktion des Vorhofs dorthin befördert wird: in jedem Fall wird unser Blutstropfen kurz darauf durch die Kammersystole in die Lungenarterie gedrückt und gelangt dann in ihren rechten oder linken Ast. Leicht und mit geringem Widerstand bewegt er sich durch die immer enger werdenden Verästelungen in der Lunge, bis er schließlich die Kapillaren an einem der 300 Millionen Lungenbläschen (Alveoli, Einzahl Alveolus) erreicht.

Am Lungenbläschen findet die eigentliche Atmung statt. Nur zwei dünne Schichten trennen hier das Blut von der Luft und dem Sauerstoff, der es nach seiner langen Reise in die entferntesten Winkel des Körpers wiederauffrischt. Die beiden Schichten sind die dünne, nur aus einer Zellage bestehende Kapillarwand und die ebenfalls sehr dünne Wand des Lungenbläschens. Da sie so dünn sind, stören sie die Diffusion des Sauerstoffs ins Blut und des Kohlendioxids nach außen kaum.

Wenn der Sauerstoff die beiden Schichten passiert hat und in die Kapillare eingedrungen ist, verbindet er sich fast vollständig – nämlich zu 98 Prozent – mit dem Hämoglobin, einem eisenhaltigen Protein in den roten Blutzellen, dessen riesige Moleküle aus mehreren zehntausend Atomen bestehen. Die restlichen zwei Prozent lösen sich im Blutplasma. Das Hämoglobin trägt den Sauerstoff zu den Körpergeweben. Gleichzeitig diffundiert Kohlendioxid, das als Abfallprodukt des Zellstoffwechsels vom Blut in die Lunge transportiert wird, durch die Wand des Lungenbläschens in die Luft, die anschließend ausgeatmet wird.

Ich habe den Gasaustausch hier im Hinblick auf sein Gesamtergebnis dargestellt, aber daß er so reibungslos funktioniert, liegt wieder einmal an einem jener Systeme aus höchst raffinierten und genau koordinierten Vorgängen, die für alle Lebewesen typisch sind und die wir an dem kompliziertesten davon – uns – am meisten bewundern. Die Atmung wird möglich, weil in unserem Körper bestimmte Prinzipien der Physik und Chemie von Gasen und Flüssigkeiten ebenso harmonisch zusammenwirken wie die Mechanik der Atmung, der Aufbau der Luftwege, die charakteristischen Eigenschaften des Lungengewebes, das Verhalten der Hämoglobinmoleküle und eine Reihe spezialisierter Nervenreflexe. Intensität und Geschwindigkeit der Atmung werden von kleinen Veränderungen im Säure-, Sauerstoff- und Kohlendioxidgehalt des Blutes beeinflußt, und zwar immer so, daß ein Zustand der Bereitschaft aufrechterhalten wird. Wir gähnen, wir keuchen, wir atmen schneller oder langsamer – alles automatisch und um bestimmte Bedürfnisse des Blutes und der von ihm versorgten Zellen zu befriedigen. Reihenfolge und zeitlicher Ablauf des harmonischen Konzerts der Atmung werden wie alle Musik unseres Körpers von regulierenden Nerven und Hormonen sowie von den anatomischen und physiologischen Eigenschaften der beteiligten Gewebe dirigiert. Sie sorgen gemeinsam für ständige Überwachung und gewährleisten, daß der Vorgang mit spontaner Regelmäßigkeit abläuft, so daß sogar eine so bewußte Tätigkeit wie das Atmen ohne absichtliche Steuerung abläuft.

Wenn das Blut die Lungenkapillare verläßt und in die kleinsten Verästelungen der Lungenvene eintritt, verleiht ihm das sauerstoffbeladene Hämoglobin eine hellrote Farbe. Es gelangt in den linken Vorhof und dann in die Herzkammer, die es mit ihrer Systole in die Aorta und schließlich in die Kapillaren des Körperkreislaufs befördert. Dort findet ein anderer Austausch statt.

Mit Ausnahme von Knochen, Knorpel, Hornhaut des Auges, Hoden und Innenohr ist im ganzen Organismus keine Zelle weiter als 1/50 Millimeter von der nächsten Kapillare entfernt – das ist etwa ein Drittel der Dicke eines menschlichen Haars. Die Kapillare tritt mit den benachbarten Zellen durch eine besonders dünne Abgrenzung des *milieu intérieur* in Verbindung, denn ihre Außenfläche wird von der interstitiellen Flüssigkeit umspült. Der Stoffaustausch zwischen dem Blut und dieser Flüssigkeit erfolgt durch die nur eine Zellschicht dicke (oder besser gesagt dünne) Kapillarwand.

In den Kapillaren fließt das Blut viel langsamer als in den Arterien. Das hat mehrere Gründe: Der Querschnitt des ganzen riesigen Kapillarnetzes in einem Gewebebereich ist um so vieles größer als der der zuführenden Arterie, daß dieser Faktor allein zu einer erheblichen Geschwindigkeitsabnahme führt. Und dann sind die Gefäße mit sechs bis sieben Mikrometer (ein Mikrometer ist ein Tausendstelmillimeter) so dünn, daß die Blutzellen sie nur eine nach der anderen passieren können, und auch das nur, weil sie elastisch sind und sich ein wenig verformen. Schließlich kommt noch der Widerstand der Arteriolen hinzu, die den Eingang zu dem Kapillarnetz bilden; er ändert sich mit den örtlichen Bedingungen und wird auch von Signalen aus größerer Entfernung beeinflußt. Offenbar tragen also viele Faktoren dazu bei, daß das Blut in diesen winzigen Gefäßen so gemächlich fließt; es hat schätzungsweise nur etwa ein Tausendstel der Geschwindigkeit des Sturzbaches in der Aorta. Daß das Blut so langsam dahinschleicht, ist auch unbedingt notwendig, denn sonst bliebe für den Gas- und Nährstoffaustausch nicht genügend Zeit. Trotz aller verschlungenen Wege bleibt das Blut nur etwa eine Sekunde lang in einer Kapillare, bevor es wieder in die kleinsten Venen gelangt. In dieser kurzen Zeit muß es seine Last abladen und neue aufnehmen.

In der Kapillare trennt sich der Sauerstoff vom Hämoglobin wie ein Fahrgast, der aus einem Eisenbahnwagen aussteigt. Er passiert die dünne Schicht der interstitiellen Flüssigkeit und dringt zusammen mit den Nährstoffen, die das Blut ebenfalls herantransportiert hat, in die Zellen ein. Das Hämoglobin verliert dabei seine hellrote Farbe und wird ein wenig dunkler. Kohlendioxid diffundiert aus den Zellen in die Kapillare; es löst sich zu 9 Prozent im Plasma, verbindet sich mit dem Hämoglobin (27 Prozent) und bildet durch chemische Wechselwirkungen mit dem Wasser Bikarbonat (64 Prozent); in dieser Form gelangt es in die Lunge. In den Lungenkapillaren laufen die chemischen Vorgänge in umgekehrter Richtung ab, und das freigesetzte Kohlendioxid tritt in die Lungenbläschen ein, von wo es mit dem nächsten Atemzug ausgeatmet wird. Von anderen Abfallstoffen der Zellen wird das Blut in Leber und Nieren gereinigt.

Es ist kein Wunder, daß William Harvey das Herz als »eine Art inneres Tier« bezeichnete, das »Blut, Leben, Gefühl und Bewegung besitzt«. Und er fährt fort: »Es ist, als wäre das Herz ein Fürst des Commonwealth, in dessen Person die erste und höchste Regierungsgewalt ruht; und von dem als Ursprung und Grundlage alle Macht im Tiere stammt und abhängt.«

Aber auch Fürsten können krank werden und sogar versagen. Wenn das Herz Hilfe braucht, stehen verschiedene medizinische Therapiemethoden zur Verfügung, manche mit Medikamenten, andere mit Operationen. Wenn nichts mehr hilft, muß das Herz wie ein Fürst ersetzt werden. Einen Regenten auszutauschen ist meist recht einfach, vor allem weil viele Anwärter in den Startlöchern stehen. Beim Herzen liegen die Dinge anders, denn Tennyson hatte mit seiner Formulierung »ein freundlich Herz ist mehr als eine Krone« vielleicht in einem umfassenderen Sinne recht, als er selbst glaubte. Es gibt nicht nur zu wenig Ersatzherzen, sondern sie helfen auch nicht jedem Königreich (das heißt jedem Menschen). Findet man aber ein geeignetes Spenderorgan, läuft die Transplantation in den Brustkorb des Patienten nach einem weitgehend standardisierten, einfachen Verfahren ab. Die Herztransplantation ist zwar noch kein chirurgischer Routineeingriff, aber sie ist so verbreitet, daß sie schon lange keinen Anlaß zum Staunen mehr bietet.

Die folgende Geschichte handelt von einem verpflanzten Herzen und von dem Mann, in dessen Brust es jetzt seit sieben Jahren friedlich seinen Dienst tut.
Die Vorstellung, es könne Tiere aus den Einzelteilen mehrerer Lebewesen geben, ist mindestens so alt wie die Ilias, mit ziemlicher Sicherheit aber sogar noch viel älter. Homer beschreibt ein Tier, das er »Chimaira« nennt, »ein Ding von unsterblicher Machart, nicht menschlich, vorn Löwe und hinten Schlange, eine Ziege in der Mitte, aus dessen Nüstern die schrecklichen Flammen eines leuchtenden Feuers schlagen«. Andere, die mit weniger Phantasie begabt waren als die Dichter der Epen, hielten solche erdachten Tiere für derart absurd, daß das Wort »chimera« im heutigen Englisch (nach Websters Dictionary) »ein unmögliches oder müßiges Phantasiegebilde« bezeichnet. Nun ja, mein Webster war offenbar schon bei seinem Erscheinen veraltet, zumindest was Chimären angeht. Die Biologen meinen mit dem Wort heute ein Tier aus Zellen unterschiedlichen genetischen Ursprungs oder, wie das neueste Oxford English Dictionary es formuliert, »ein Lebewesen, dessen Zellen nicht alle von derselben Zygote abstammen«. Der Mann, über den ich berichten möchte, und jeder andere Mensch, der eine Gewebetransplantation überlebt hat, ist also eine Chimäre.
Legenden über gelungene Transplantationen sind in der abendländischen Kultur wohlbekannt. Im vierten Jahrhundert verewigten sich die Brüder Cosmas und Damian, indem sie eine Reihe von Wunderheilungen vollbrachten; am berühmtesten wurde die angebliche Verpflanzung des gesunden Beines eines Spenders aus Äthiopien auf einen Glöckner, der eine Amputation hinter sich hatte. Solche Mythen über Transplantationen wurden über die Zeitalter hinweg überliefert, denn sie rühren an eine Saite im menschlichen Geist, die mit der Hoffnung auf ewiges Leben zu tun hat. Wenn es möglich wäre, abgenutzte oder kranke Körperteile durch neue zu ersetzen, müßte man nicht sterben, oder zumindest könnte man die schwindende Lebensenergie wiederherstellen.

Aber nicht alle Geschichten über Transplantationen sind bloße Legenden. Hinduistische Chirurgen bauten schon im 7. Jahrhundert verletzte Nasen aus der eigenen Haut des Opfers wieder auf. Solche Operationen hatten natürlich nichts mit Chimären zu tun, aber man weiß, daß der schottische Chirurg John Hunter es schon im 17. Jahrhundert in London irgendwie bewerkstelligte, einen menschlichen Zahn in den Kamm eines Hahns einzupflanzen und die Hoden eines Hahns auf einen anderen zu übertragen. Aber solche vereinzelten Erfolge führten nicht weiter, so faszinierend ihre Folgen auch hätten sein können.

Heute sieht die Sache anders aus: Wir leben in einem Zeitalter der wissenschaftlichen Wunder. In den großen Kliniken rund um die Welt kommen jeden Tag Menschen aus dem Operationssaal mit einem Herzen, einer Lunge, einer Niere oder einer Bauchspeicheldrüse, die ihr Leben im Körper eines anderen begonnen haben. So unterzog sich zum Beispiel ein Mann, den ich Anthony Cretella nennen möchte, im Juli 1989 einer Herztransplantation. An seiner Operation, dem postoperativen Verlauf und der Genesung gab es nichts, was Kardiologen und Chirurgen nicht als Routine bezeichnen würden. Das ist vielleicht das Erstaunlichste von allem: daß eine so komplizierte, technisch anspruchsvolle Operation, die noch zur Mitte unseres Jahrhunderts jenseits aller Hoffnungen zu liegen schien, so schnell vom Phantasiegebilde zur allgemeinen chirurgischen Praxis wurde.

Ich bin Allgemeinchirurg. Während meiner Ausbildung, die ich Anfang der sechziger Jahre abschloß, lernten wir die verschiedenen Herzoperationen auszuführen, die damals möglich waren (und das waren schon nicht wenige). Mir war klar, daß ich mich von Charakter und Temperament her nicht zum Herzchirurgen eignete, aber ich bewahrte mir immer eine gewisse Ehrfurcht vor den verwickelten Verhältnissen am Herzen und vor den Ärzten, die sie behandelten. Und wie die meisten anderen staune ich darüber, was in der Transplantationsforschung in so kurzer Zeit erreicht wurde.

Eines Tages wollte ich es mit eigenen Augen sehen. Teile der Transplantationsprozedur hatte ich schon beobachtet, aber noch nie hatte ich einen Patienten während der gesamten Operation und der nachfolgenden Genesung begleitet. Deshalb bat ich Dr. George Letsou, den Transplantationsspezialisten des Yale-New Haven Hospital, mir Bescheid zu sagen, wenn er mit seinem Team die nächste Herzverpflanzung vornehmen wollte.

Die muskulösen Wände des Herzens werden nicht von dem Blut in seinen vier Kammern versorgt, sondern von einem Gefäßsystem, das in seine Oberfläche eingebettet ist und den oberen Teil des Herzens wie ein Kranz umgibt. Deshalb bezeichnet man diese Arterien als Herzkranzgefäße. Von ihnen zweigen größere Äste ab, die nach unten zur Spitze des Herzens verlaufen und sich auf diesem Weg in kleinere Gefäße aufspalten, so daß das ganze Herz mit hellrotem, nährstoffreichem Blut aus der Aorta versorgt wird. Wenn sich die Herzkranzgefäße durch Krämpfe oder Ablagerungen in ihrem Inneren (Arteriosklerose) verengen, reagiert das Herz wie ein überanstrengter Wadenmuskel: Krämpfe treten auf. Der dabei entstehende Schmerz heißt »Angina pectoris« – das lateinische Verb *angere* heißt »würgen«, und *pectus* bedeutet »Brust«. Wer jemals einen solchen Anfall erlitten hat, kann bestätigen, daß man dieses Symptom nicht zutreffender benennen kann. Die betroffene Person spürt vorn in der Brust eine starke Enge oder ein Drücken, als ob eine Faust das Leben aus dem Körper drücken wollte. Oft strahlt der Schmerz in den Hals und einen oder beide Arme aus, meist in den linken. Glücklicherweise dauert ein solcher Anfall gewöhnlich nicht lange – in der Regel weniger als eine Minute.

Erste Berichte über die Angina pectoris gab es schon, Jahrhunderte bevor man ihre Ursache kannte; sie beschreiben geisterhaft blasse Patienten, die zunächst entsetzliche Todesangst verspüren, sich dann aber beruhigen und ihr normales Aussehen wieder annehmen, wenn der Anfall vorüber ist. Wie man aber schon seit langem wußte, wird ein Patient, bei dem die Krankheit einmal angefangen hat, sie kaum jemals wieder los. Der große englische Arzt William Heberden schrieb 1768: »Das Ende der Angina pectoris ist bemerkenswert. Denn wenn keine Zufälligkeiten eingreifen, sondern die Krankheit ihrem Höhepunkt zustrebt, brechen die Patienten plötzlich zusammen und gehen fast augenblicklich zugrunde.«

Sie gehen zugrunde, weil sie einen Herzinfarkt erleiden: Ein Teil des Herzmuskels, der von einem verengten Ast der großen Herzkranzgefäße versorgt wird, ist so lange von der Blutzufuhr abgeschnitten, daß er sich nicht mehr erholen kann und abstirbt. Ist der geschädigte Bereich groß genug, bringt er den inneren Rhythmus des Herzens durcheinander, und es kommt zum sogenannten Kammerflimmern, einer Folge unkoordinierter Zuckungen und Kontraktionen. Wenige Minuten später tritt der Tod ein, denn im Zustand des Kammerflimmerns pumpt das Herz kein Blut mehr – es gibt keine Systole.

Eine der genauesten historischen Beschreibungen der Angina pectoris hinterließ John Hunter, der 1793 selbst an der Krankheit starb. Er war ein untersetzter, rothaariger Feuerkopf, und sein aufbrausendes, streitlustiges Wesen war allgemein bekannt. Er lernte nie, Auseinandersetzungen zu meiden, obwohl sein an Blutmangel leidender Herzmuskel die Warnung der Angina jedesmal herausschrie, wenn er sich seiner Wut überließ. Während der Anfälle stellte er sich oft vor einen Spiegel, so daß er sich Aufzeichnungen über sein Aussehen und die Symptome machen konnte. Hunter forderte seine Herzkranzgefäße geradezu heraus, ihren letzten Tribut zu fordern. Er sagte gern: »Jeder Schuft, der mich ärgert und reizt, hat mein Leben in der Hand.« Im Sitzungssaal des Londoner St. George's Hospital, während einer hitzigen Personalversammlung, ereilte Hunter ein massiver Herzinfarkt. In einem Sturm von Angst und Schmerzen lief er aus dem Zimmer. Wenige Augenblicke später brach er in den Armen eines Kollegen, der auf dem Korridor stand, leblos zusammen.

Der erste Infarkt verläuft bei den meisten Patienten relativ leicht.

Der Herzmuskel erholt sich, und der geschädigte Bereich vernarbt. Kommen weitere Infarkte hinzu, wird der Narbenbereich immer größer, und schließlich ist das Herz so geschwächt, daß seine Pumpleistung nicht mehr ausreicht. Diesen Zustand bezeichnen die Ärzte als Herzversagen. Tritt es ein, staut sich das Blut in Lunge, Leber und anderen Organen, weil das Herz es nicht mehr ausreichend in Bewegung hält.

Das Herz von Anthony Cretella war noch nicht so geschwächt, daß es versagte, aber er war der schwerste Fall von Angina pectoris, den die Ärzte jemals gesehen hatten. Die Schmerzattacken waren unberechenbar geworden. Einen solchen Zustand bezeichnen die Herzspezialisten als instabile Angina pectoris, weil die Anfälle auftreten, ohne daß körperliche oder seelische Belastungen sie auslösen. Selbst bei völliger Ruhigstellung in der Herz-Intensivstation des Yale-New Haven Hospital hatte Cretella häufig Anfälle, so daß man den Krämpfen mit Betäubungsmitteln und großen, intravenös und oral gegebenen Nitroglyzerindosen entgegenwirken mußte. Seine ratlosen Ärzte hatten die Schmerzspezialisten der Anästhesieabteilung um Hilfe gebeten, aber auch dort wußte man keine Lösung.

Die Vorgeschichte war eine seit dreizehn Jahren bekannte Herzerkrankung, die aber wahrscheinlich schon viel länger bestand und zu Ablagerungen in den Gefäßen geführt hatte. Den ersten Herzinfarkt hatte Cretella, der bei der Transplantation 51 Jahre alt war, im Jahr 1978 erlebt, und danach folgten midestens zwei Jahre mit Angina pectoris. Kurz nach dem Infarkt hatten die Ärzte in Mystic in Connecticut, seiner Heimatstadt, ihn nach New Haven geschickt; dort sollte er Dr. Lawrence Cohen konsultieren, einen Professor für Kardiologie der Yale School of Medicine.

Cretellas Cholesterinspiegel lag damals bei 260, weit über dem Normalwert von ungefähr 200. Werte bis 239 rechnet man noch zum oberen Grenzbereich, aber 260 war ohne Frage ein sehr schlechter Wert. Er rauchte und hatte nichts gegen die etwa zehn

Kilo Übergewicht getan, die er bei seiner Größe von 1,70 Meter mit sich herumschleppte. Da Cretella erst 39 war, machten die Ärzte sich Sorgen um seine Zukunft. Auch ein anderes Problem beunruhigte sie, und sie wollten sicher sein, daß Dr. Cohen es erfuhr: In ihrem Überweisungsschreiben bezeichneten sie Cretella als »ruhelosen Menschen, der nie stillsitzen kann«.

Cohens Befund war ermutigender, als er selbst erwartet hatte. Wie sich bei der Untersuchung des Herzens herausstellte, beschränkte sich die Arteriosklerose bisher im wesentlichen auf die rechte Koronararterie; die linke war noch völlig gesund. Der betroffene Muskelabschnitt war nicht groß, und nachdem die Narbenbildung abgeschlossen war, hatte die Angina pectoris aufgehört. Cohen war der Ansicht, Cretella könne das Fortschreiten der Arteriosklerose verhüten, wenn er abnahm und das Rauchen aufgab. Außerdem riet er seinem Patienten zu entspannterem Verhalten.

Bei den meisten Patienten hätte das wohl gereicht, aber für Anthony Cretella änderte es gar nichts. Er hielt sich lieber an die Überzeugung, die wichtigste Ursache seiner Herzkrankheit sei etwas, für das er selbst keine Verantwortung trug: seine familiäre Vorgeschichte. Später erklärte er mir seine Theorie in der insensiblen Art, die nicht nur seine Redeweise, sondern seine ganze Weltsicht kennzeichnet. Er sprach in kurzen, sparsamen Sätzen. Seine Stimme hatte keinen Tonfall – sie hob sich nicht und senkte sich nicht. Wie sein Gesicht verriet sie keinerlei Emotionen, als fürchtete er, schon diese kleine Anstrengung könne seine restlichen Energievorräte aufbrauchen. Cretellas Haut hatte die Blässe chronischer Krankheit und Erschöpfung. Der Kontrast zu seinen schwarzen Haaren und dem dicken Schnauzbart gab ihm etwas Bleiches, das sein Gesicht wie eine Alabastermaske aussehen ließ.

> Ich bin damit geboren. Sie konnten nichts machen – es ist meine Konstitution. Mit Anfang Dreißig hatte ich das Gefühl, daß ich alt werde. Aber auf mich hat keiner gehört. Ich hatte eine Menge Jobs – ich habe

> Lkws gefahren und alles mögliche gemacht –, und es ist mir immer gutgegangen. Dann bekam ich eine Schreibtischarbeit, und von da an hatte ich das Gefühl, daß ich alt werde. Dann fing auch die Arterienverkalkung an. Ich glaube, ich hatte es die ganze Zeit in mir. Als ich mich an den Schreibtisch setzte, wurde das Blut dick. Sechs oder sieben Jahre vor dem Herzinfarkt habe ich gesagt, daß mit mir etwas nicht stimmt. Wissen Sie, ich hätte es wissen müssen, denn meine Mutter hatte es damals schon mit dem Herzen und mit den Arterien. Ich habe mich auch drum gekümmert, aber die haben bei mir nichts gefunden. Es war wie immer. Natürlich wehre ich mich gegen Schmerzen. Ich achte einfach nicht drauf. Ich hatte dauernd Schmerzen, und sie haben gedacht, es wäre mein Nabelbruch.

Die meisten seiner Aussagen werden durch die ärztlichen Berichte bestätigt. Als Cretella zwei Jahre vor dem ersten Infarkt über Schmerzen klagte, hatte man einen Belastungstest durchgeführt, und das ohne Befund. Der Schmerz war für einen Nabelbruch nicht typisch – er ist dann eher brennend –, aber der Belastungstest erschien seinen Ärzten überzeugend.
»Ich bin weggetreten – kalter Schweiß, und dann bin ich weggetreten«, fuhr er fort. »Meine Frau ist jedesmal verrückt geworden. Und das fünf, sechs Jahre lang.« Ich stimmte ihm zu: Es war vermutlich schon damals das Herz gewesen, und die Schmerzen waren im Rückblick wahrscheinlich kleine Anginaanfälle.
»*Große* Anfälle«, erwiderte er, »und dann hatte ich den Infarkt.«
Cretellas Widerspenstigkeit und seine Weigerung, seine Eßgewohnheiten zu ändern und das Rauchen aufzugeben, hatten vier Jahre später einen zweiten Herzinfarkt zur Folge. Im März 1982 kam Cretella wieder nach New Haven, um sich das erste Mal am Herzen operieren zu lassen; es war eine Bypassoperation: Man entnimmt ein kurzes Stück aus einer Beinvene und fügt es zwischen der Aorta und hinter dem verengten Gefäßabschnitt ein. Bei Cretella waren drei Bypässe notwendig.

Die Operation war erfolgreich, und Cretella blieb, was seine Lebensweise anging, immer noch nachlässig. Offenbar glaubte er, sein Problem sei jetzt behoben. Das einzige Zugeständnis nach der Bypassoperation bestand darin, daß er seinen Zigarettenkonsum von einer ganzen auf eine halbe Packung am Tag reduzierte. Er hatte eine Reihe unbefriedigender Jobs und eine gescheiterte Ehe hinter sich, die 1969 geschieden worden war. Seine derzeitige Arbeit machte ihm zwar Spaß, und seit 1975 war er zum zweiten Mal – und diesmal sehr glücklich – verheiratet; dennoch konnte er nicht zu innerer Ausgeglichenheit finden. Er war angespannt, jähzornig und alles andere als optimistisch. Trotz allem hielten die Bypässe sieben Jahre; in dieser Zeit hatte Cretella keine Symptome und führte in allen wesentlichen Bereichen ein normales Leben.

Im April 1989 kehrte die Angina pectoris wieder. Am 5. Mai überwies sein Kardiologe ihn zu einer gründlichen Untersuchung an das Lawrence and Memorial Hospital in New London. An diesem Tag rauchte Cretella die letzte Zigarette seines Lebens.

Die Diagnose war ernüchternd. Zwei der drei Bypässe waren völlig blockiert, und der dritte war nur noch zu fünf Prozent durchlässig. Die noch offenen kleineren Herzkranzgefäße beschrieb der Kardiologe als »verschwindend wenige«. Kein Gefäß war hinter einer Verengung noch so weit offen, daß man eine zweite Bypassoperation hätte versuchen können. Am 10. Mai wurde Cretella ins Yale-New Haven Hospital verlegt.

Die Angina pectoris verschlimmerte sich schnell. Da keine Aussicht bestand, die Durchblutung des Herzmuskels durch eine Operation wiederherzustellen, blieb nur eine Hoffnung. Dr. Cohen erklärte Cretella, ohne die Transplantation eines gesunden Herzens mit gesunden Herzkranzgefäßen liege seine Chance, das nächste Jahr zu überleben, bei weniger als 20 Prozent. Widerwillig und verängstigt willigte Cretella ein, seine Daten aufnehmen zu lassen, so daß man ihn auf die Liste der Patienten setzen konnte, die auf ein Spenderorgan warteten.

Cohen hatte genau überlegt, bevor er Cretella eine Transplantation anbot. Spenderorgane sind knapp, und ein verpflanztes Herz macht oft einen Vorgang durch, den die Kardiologen als beschleunigte Arteriosklerose bezeichnen; sie ist langfristig eine der wichtigsten Ursachen für Mißerfolge. Die Herzkranzgefäße des verpflanzten Organs sind für die Bildung von Verengungen viel anfälliger als die eines gesunden Menschen. Bei Transplantationspatienten, die weiterhin rauchen und einen hohen Cholesterinspiegel haben, besteht ein hohes Risiko, daß die Gefäße sich schnell wieder verschließen. Und Cohen machte seine Patientenauswahl vor allem davon abhängig, ob sie bereit waren, sich an seine Anweisungen zu halten.
Cohen wog die widersprüchlichen Faktoren gegeneinander ab:

> Im Zusammenhang mit Cretella hatte ich zwei ganz unterschiedliche Gedanken. Einerseits war er offenbar ganz wild darauf, sich zugrunde zu richten. Am besten war er als Neunmalkluger mit sehr harter Schale zu beschreiben, der auftrat wie Graf Rotz. Was mich absolut nervte und frustrierte: Da ist ein Bursche von 49 oder 50 Jahren, der hat eine dreifache Bypassoperation hinter sich, eine schlimme Vorgeschichte – und raucht immer noch. Auch seine Herzmedikamente nahm er sehr unregelmäßig. Die andere Seite war seine Frau, die ihm völlig ergeben war. Ich habe selten jemanden mit soviel echter Betroffenheit erlebt. Später sah ich sie öfter, und ich weiß, daß sie nichts vorspielte.

Ein weiterer Faktor war ganz eindeutig Dr. Cohens Charakter. Anders als viele hochrangige Universitätsmediziner, die mit großen akademischen Verpflichtungen belastet sind, leitet Cohen eine große Facharztpraxis. Daß er als Facharzt so beliebt ist, hat mit seiner Persönlichkeit sicher ebensoviel zu tun wie mit seinen fachlichen Fähigkeiten. Er strahlt eine sanfte Freundlichkeit aus, die nicht nur die Beziehungen zu seinen Patienten prägt, sondern auch die zu den Kollegen und den jungen Ärzten, die er ausbildet. Seine

Stimme ist leise; er spricht langsam und sehr bewußt wie jemand, der es gewohnt ist, daß man ihn nach seiner Meinung fragt, aber schwerfällig ist er nicht. Er hat einen Sinn für klugen Humor, und seine blaugrauen Augen strahlen mitfühlendes Verständnis aus. Obwohl er den Gipfel der Spezialisierung repräsentiert, ist Cohen ein altmodischer Arzt: Er interessiert sich vor allem für die Menschen, und das merken diese Menschen sofort. Trotz Cretellas früheren, unverantwortlichen Verhaltens wollte Cohen ihm nicht die emotionale Unterstützung verweigern, die er für die Operation und die Zeit danach brauchen würde.

Cohen hatte bereits festgestellt, daß Cretella die grundlegenden Voraussetzungen für eine Transplantation erfüllte: Er war noch keine 55 Jahre alt, hatte ein Herzleiden im Endstadium mit einer Lebenserwartung von weniger als einem Jahr, litt nicht an anderen bedeutenden Krankheiten oder Infektionen und hatte eine gesunde Lunge. Jetzt mußte Cretella sich einer psychosozialen Anamnese unterziehen, damit nicht nur Cohen, sondern auch alle anderen überzeugt waren, daß er und seine Angehörigen (Cretella hat einen Sohn und zwei Töchter) in der Lage waren, der neuen Herausforderung zu begegnen. Seine Einstellung zu der Krankheit, seine Fähigkeit, eine ganz bestimmte Lebensweise einzuhalten, das Ausmaß der familiären Unterstützung, seine Aussichten auf eine für ihn befriedigende Zukunft – all das wurde von einem Team aus Sozialarbeitern, Krankenschwestern und Ärzten beurteilt.

Die nächste Frage betraf Cretellas Krankenversicherung. Zur großen Erleichterung aller besaß er eine Police, die jeden Cent der Kosten abdeckte. Wenn kein derart umfassender Versicherungsschutz besteht, müssen Sozialarbeiter und andere alle Hebel in Bewegung setzen, um eine Geldquelle zu finden. Kein Krankenhaus kann ein Herz auf eigene Kosten verpflanzen – der Eingriff kostet im Durchschnitt über 125 000 Dollar –, und kaum ein Patient kann aus eigener Tasche die Medikamente bezahlen (damals mindestens 5000 Dollar im Jahr, heute über 6000 Dollar).

Nun wurden mit Cretella und Susan, seiner Frau, die Transplantation und ihre Folgen eingehend durchgesprochen, damit sie den ganzen Ablauf einschließlich möglicher Probleme und Komplikationen genau verstanden. Angesichts seines fast sicher bevorstehenden Todes faßte Cretella den Entschluß, seine Lebensweise zu ändern. Später beschrieb er mir seine Gefühle an jenem 18. Mai 1989, als man ihm mitteilte, daß man ihn endgültig in die Liste der Anwärter aufgenommen hatte, und dabei war er wieder ganz der alte:

> Ich hatte schrecklichen Schiß; ich dachte, ich stehe neben mir. Aber ich wollte es. Nicht daß ich ein neues Herz wollte, aber ich wollte einfach noch leben. Ich hätte alles getan, um am Leben zu bleiben. Manche Leute sagen: »Ich bin so krank, ich möchte lieber sterben«, aber manche sagen auch: »Ich will leben – tut für mich, was ihr könnt.« Und genau das habe ich gesagt.

Nachdem die medizinische Wissenschaft erkannt hatte, daß der regelmäßige Rhythmus des Herzens nicht durch äußere Nervensignale zustande kommt, sondern durch Reize, die es in seinem Sinusknoten selbst erzeugt, war eines der wichtigsten vermuteten Hindernisse für eine Transplantation beseitigt: Wenn man ein Herz einem anderen Menschen eingepflanzt hat, kann es von selbst wieder zu schlagen beginnen.

Bevor aber die Herztransplantation Wirklichkeit werden konnte, mußte man zwei schwierige Probleme lösen; eines davon ist bis heute nicht zur vollen Zufriedenheit überwunden. Die erste Schwierigkeit war rein technischer Natur: Wie bringt man ein Herz einfach und sicher in die Brust des Empfängers? Die dazu erforderlichen Methoden entwickelten Wissenschaftlerteams in verschiedenen Ländern, und die eigentliche chirurgische Vorgehensweise, mit der man das fremde Herz mit den großen Blutgefäßen verbindet, blieb praktisch unverändert, seit Dr. Norman Shumway und Dr. Richard Lower sie 1960 zum ersten Mal beschrieben. Die technischen Einzelheiten der Herztransplantation sind zwar kompliziert, aber im Repertoire der modernen Chirurgie sind sie bei weitem nicht die schwierigste Herausforderung.

Problematischer war und ist etwas anderes: Man muß den Organismus des Empfängers davon überzeugen, daß er das neue Herz nicht als gefährliche Fremdsubstanz behandelt. Der Chirurg Gaspare Tagliacozzi aus Bologna beschrieb schon im 16. Jahrhundert ein Phänomen, das er als »die Kraft und Macht der Individualität« bezeichnete. Zu jener Zeit amputierte man als Strafe für verschiedene Verbrechen die Nase, und Tagliacozzi versuchte, die Gesichter der Betroffenen wiederherzustellen. Wie er dabei feststellte, heilt Haut, die man dem Patienten selbst entnimmt, richtig fest, die Haut eines anderen aber nicht. Demnach, so seine Theorie, verfügt jeder Mensch über eine geheimnisvolle Fähigkeit, fremdes Gewebe zu erkennen und abzutöten.

Weshalb das Gewebe jedes Menschen etwas Einzigartiges ist, blieb fast 300 Jahre lang ein Rätsel – bis man zu Beginn des 20. Jahrhunderts die grundlegenden Eigenschaften des Immunsystems entdeckte. Mit der Immunabwehr beschäftigen sich einige der kompliziertesten biologisch-medizinischen Forschungsarbeiten unseres Jahrhunderts, aber ihre Ergebnisse lassen sich in einem Prinzip zusammenfassen, das schon Tagliacozzi hätte vorhersagen können, wenn er etwas von Zellen gewußt hätte: Die Zellen und Körperflüssigkeiten erkennen, daß bestimmte Elemente in dem verpflanzten Gewebe von einem anderen Individuum stammen, und produzieren daraufhin Substanzen, die dieses Gewebe gezielt zerstören. Diese Spielart der Fremdenfeindlichkeit hat sich in der Geschichte der Menschheit als nützlich erwiesen, denn wir konnten mit ihrer Hilfe Infektionskrankheiten bekämpfen und uns von giftigen körperfremden Proteinen befreien, die unseren Körper sonst zugrunde richten würden. Andererseits bringt sie aber selbst auch Probleme mit sich, unter anderem Allergien und Immunreaktionen, die unter Umständen tödlich verlaufen können, wie die Transfusionsreaktion

und manche Überempfindlichkeiten gegen Medikamente oder Lebensmittel.
Moderne Technik bringt moderne Schwierigkeiten mit sich. Die Bluttransfusion, die häufigste Art der Gewebeverpflanzung, wurde erst zu einer ungefährlichen Methode, als man erkannt hatte, daß jeder Mensch eine von vier Arten der Immunität besitzt. Die Übereinstimmung ist zwar nie hundertprozentig, aber wenn Spender und Empfänger zur gleichen Gruppe gehören, ist die Immunantwort nicht so stark, daß ernste Schwierigkeiten auftreten.
Blut ist ein Gewebe, aber Herz und Leber sind Organe, die aus mehreren Gewebetypen bestehen, und deshalb sind die Probleme des Zusammenpassens und der Verträglichkeit hier verwickelter; ein Spenderorgan wird vom Organismus des Empfängers immer abgestoßen, es sei denn, Spender und Empfänger sind eineiige Zwillinge. Die größte Herausforderung der modernen Transplantationschirurgie bestand darin, die Immunantwort des Empfängers so abzuschwächen, daß sie das Spenderorgan nicht zerstört.
Zu diesem Zweck kann man die Fähigkeit des Empfängers, auf Fremdgewebe zu reagieren, herabsetzen, oder aber man macht das Spendergewebe weniger fremdartig, indem man diejenigen Faktoren (seine sogenannten Transplantationsantigene), die es so bedrohlich machen, hemmt. Die zweite Methode ist bisher nicht gelungen, und deshalb konzentrieren die Wissenschaftler sich auf Verfahren, mit denen man die Kraft der Immunantwort vermindern kann. Dabei stellt sich das Problem, daß man mit der Immunität des Empfängers auch seine Widerstandskraft gegen Infektionskrankheiten schwächt. Auf dem schmalen, schwer erkennbaren Grat zwischen beidem bewegt sich der Transplantationschirurg. Unterdrückt er das Immunsystem des Patienten nicht stark genug, wird das verpflanzte Organ abgestoßen; geht er zu forsch vor, nehmen die Infektionen überhand. Für dieses gefährliche Spiel gibt es zwar allgemeine Richtlinien, aber keine unfehlbaren Regeln: Jeder Patient ist anders.

Im Jahr 1970, nachdem man schon viele Jahre geforscht und mit wenig zufriedenstellenden Medikamenten experimentiert hatte, grub ein Wissenschaftler des Schweizer Pharmakonzerns Sandoz während seines Urlaubs ganz buchstäblich einen neuen Wirkstoff aus: das Cyclosporin. Der Pharmaforscher war auf einer Campingreise in Norwegen. Er wußte, daß ganz gewöhnliche Erde sich als Schatztruhe für Antibiotika erwiesen hat, und suchte deshalb nach Substanzen, die sich bei der Jagd nach neuen Medikamenten als nützlich erweisen könnten. Eine Bodenprobe aus Norwegen, die er in sein Labor brachte, enthielt eine neue Verbindung, die mehreren seiner Kollegen so interessant erschien, daß sie damit experimentierten. Man untersuchte den Wirkstoff mit Unterbrechungen vier Jahre lang, bis sich schließlich herausstellte, daß er das Immunsystem außer Funktion setzen kann.
Von 1974 bis 1980 studierte man die Verbindung sehr eingehend. Im Jahr 1980 erhielten Dr. Shumway aus Stanford und Dr. Thomas Starzl von der University of Colorado, zwei weltweit führende Transplantationsspezialisten – Shumway für das Herz, Starzl für die Leber –, so viel Cyclosporin, daß sie es am Menschen erproben konnten. Aufgrund ihrer Studien erhielt das Medikament 1983 von der Food and Drug Administration* die Zulassung. Seither ist Cyclosporin neben den Steroiden, synthetischen Formen der Hormone aus der Nebennierenrinde, zum wichtigsten Hilfsmittel für die Immunsuppression geworden. Kürzlich wurde ein neues Medikament namens Nizoral eingeführt, das den Cyclosporinbedarf um 80 Prozent vermindert und damit die Medikamentenrechnung sinken läßt, denn eine Jahresdosis davon kostet nur 350 Dollar.
Noch zwei andere immununterdrückende Medikamente sind von Bedeutung. Der eine, ein Wirkstoff namens Azathioprin, ist weniger wirksam als Cyclosporin und hat mehr Nebenwirkungen. Der

* Die Food and Drug Administration (FDA) ist die US-Arzneimittelbehörde (Anm. d. Übers.).

zweite ist ein Protein namens Anti-Lymphozytenglobulin und wird nur für kurze Zeit unmittelbar nach der Operation gegeben; er wirkt unmittelbar gegen die Killerzellen des Empfängerorganismus und schädigt andere Gewebe nicht. In den sieben Jahren, seit die Transplantation bei Anthony Cretella vorgenommen wurde, haben weitere Untersuchungen zu bedeutenden Veränderungen in der Therapie geführt. Wie sich herausstellte, kommen mindestens 60 Prozent der Patienten nach einer Herztransplantation gut mit einer Behandlung zurecht, die nur aus Cyclosporin und Azathioprin besteht. Das Anti-Lymphozytenglobulin ist für Sonderfälle mit starker Abstoßung des transplantierten Organs reserviert. Mit der geringeren Verwendung von Steroiden vermeidet man nicht nur deren Nebenwirkungen, sondern man vermindert auch die Häufigkeit der beschleunigten Arteriosklerose, zu der sie beträchtlich beitragen.

Seit 1983 gab es im Transplantationswesen große Fortschritte, und nachdem man das Immunsystem mit dem Cyclosporin so wirksam unterdrücken kann, wurde die Größe das wichtigste Kriterium bei Herzverpflanzungen. Zu der Zeit, als Cretella operiert wurde, sagte mir ein Mitglied des Chirurgenteams: »Grundsätzlich können wir jedes Herz verpflanzen, das von der Größe her paßt.«

Eine gelungene Transplantation ist ein Triumph der Organisation. Der Chefchirurg leitet zwar das ganze Unternehmen, aber dafür, daß alle Elemente zusammenpassen, sorgt der sogenannte Transplantationskoordinator. Als Cretella operiert wurde, hatte Yale das Glück, Gail Eddy auf diesem Posten zu haben. Eddy, die elf Jahre lang als Schwester in der Intensivstation gearbeitet hatte und dann in das Transplantationsteam geholt wurde, trug immer einen Pieper in der Tasche; wenn sie nicht gerade im Urlaub oder auf Dienstreise war, stand sie sieben Tage in der Woche in Bereitschaft, seit sie diese Tätigkeit vor zwei Jahren angetreten hatte. Wenn man sie fragte, was sie für den Ablauf tue, erwiderte sie einfach: »Alles außer der Operation.«

Eddy organisiert die Erfassung und Untersuchung der Patienten, bezieht die Angehörigen in die Planung ein, steht ständig mit der New England Organ Bank in Boston in Kontakt, beaufsichtigt Ärzte und Schwestern in der Ambulanz für prä- und postoperative Patientenversorgung, stellt Daten über Organe, Medikamente und Flüssigkeitsbedarf für jeden einzelnen Patienten zusammen, erhält als erste Nachricht von der Organbank, wenn ein Spenderherz zur Verfügung steht, sorgt für die Ausrüstung das Transportteams, welches das Organ in Empfang nimmt, und überwacht seinen gesamten Weg. Sie ist diejenige, die den ängstlich wartenden Angehörigen die gute Nachricht von der gelungenen Verpflanzung überbringt, und steht ihnen in ihrer Trauer zur Seite, wenn der Eingriff fehlschlägt.

Gail Eddy weiß nicht, ob sie an einen Zustand glauben soll, den man als »Burnout« bezeichnet und der so viele Menschen in ihrem Beruf heimsuchen soll. Als ich sie kennenlernte, trug sie seit dreizehn Jahren ohne Pause große Verantwortung, aber sie sagt, sie habe das nie als quälend empfunden. Den Grund sieht sie in der Befriedigung, die ihr diese Arbeit gibt und die Erschöpfung mehr als aufwiegt. Ich fragte sie, wie man sich mit einer solchen ständigen Belastung fühlt, worauf sie erwiderte: »Nun ja, es ist Leben im höchsten Maße, nicht?«

Während Cretella von Eddy untersucht wurde, ließen seine Symptome aus unerklärlichen Gründen ein wenig nach, und das hatte zur Folge, daß er auf der Dringlichkeitsliste im Computer der Organbank um einige Stufen nach unten rutschte. Am 24. Mai durfte er nach Hause gehen. Aber es war nur eine kurze Atempause. Am 1. Juni hatte Cretella einen besonders langen Anginaanfall und wurde mit einem neuen, allerdings nur kleinen Infarkt in das Lawrence and Memorial Hospital eingeliefert. Als sein Zustand drei Tage lang stabil war, verlegte man ihn in das 80 Kilometer entfernte Yale-New Haven Hospital; dort kam er sofort auf die kardiologische Intensivstation, wo er eine Nitroglyzerininfusion erhielt.

Während des Aufenthalts im Lawrence and Memorial Hospital waren Cretella Zweifel an der Transplantation gekommen. Er war erleichtert, als sein Gemeindegeistlicher zu Besuch kam und ihm erklärte, er verletze mit dem Eingriff keine Lehren seiner Kirche.

> Daraufhin ging es mir ein wenig besser. Ich bin kein religiöser Mensch, aber gläubig bin ich schon. Als die Transplantationen aufkamen, gehörte ich zu denen, die das nicht akzeptierten. Ich meine, etwas in Ordnung zu bringen ist gut. Aber etwas ersetzen – na ja, ich glaubte, das ist nicht richtig. Ich weiß nicht, warum. Und wenn ich an die Verpflanzung dachte, hatte ich ein Problem damit. Ich glaube, wenn sie mich vor zehn Jahren gefragt hätten, hätte ich nein gesagt. Diesmal blieb mir nichts anderes übrig. Wie viele Leute lehnen ab? Keiner, stimmt's? Da haben Sie Ihre Antwort. Ich glaube, die Leute wissen nicht, wie sie mit dem Gedanken an den Tod fertig werden sollen.

Als Cretella wieder ins Yale-New Haven Hospital kam, stand er auf der Liste der Anwärter fast ganz oben. Als die Angina sich verschlimmerte, nahm sein Verständnis zu. Er hatte sich mittlerweile entschlossen, trotz seiner Ängste alles zu tun, was man von ihm verlangte. Die Aufzeichnungen der Krankenschwestern in der Intensivstation sprechen von Angstzuständen und regelmäßig wiederkehrenden Depressionen, aber sie beschreiben ihn auch als einen Mann, »der gut mit der Krankenhaussituation fertig wird, mit hervorragender Einstellung und großen Hoffnungen«.

> In dieser Zeit hat meine Persönlichkeit sich wirklich verändert. Ich bin nicht wirklich kontaktfreudig, aber ich weiß, wie das geht. Wir haben uns einen Spaß daraus gemacht. Die Schwestern waren toll. Sie kamen rein, blieben bei mir, und wir machten dummes Zeug. Immer mal wieder habe ich meine Krankenakte geklaut, und darin stand:

»Wenn er keine Witze macht, stimmt etwas nicht.« Das Witzemachen war ein Schritt höher als – als das, was ich bin – und deshalb konnte ich tun, was ich tun mußte.

Susan Cretella versuchte während der ganzen Zeit, sich auf ihre Arbeit zu konzentrieren – sie war Sekretärin – und die fast allabendlichen Besuche bei ihrem Mann mit Fahrzeiten von einer Stunde zu organisieren. In der Woche, als man Cretella sagte, man habe ihn endgültig auf die Liste der Empfänger gesetzt, erfuhr Susan, daß ihre Mutter, die ganz in der Nähe wohnte, einen Gehirntumor hatte und eine hochdosierte Chemotherapie bekommen mußte. Die Sozialarbeiter des Yale-New Haven Hospital brachten Susan mit der American Cancer Society in Kontakt, so daß ihr die Belastung, ihre Mutter immer wieder zum Arzt bringen zu müssen, abgenommen wurde, aber allmählich forderten die ständigen Sorgen ihren Tribut. Noch gelang es ihr, ruhig zu bleiben und auf ihren Mann stabilisierenden Einfluß zu nehmen.

Am Donnerstag abend in Cretellas dritter Krankenhauswoche kam Dr. Christian Gilbert, der Assistenzarzt der herzchirurgischen Abteilung, in die Intensivstation und teilte ihm mit, möglicherweise stehe ein Spenderherz zur Verfügung. Cretella versuchte, weder Hoffnung noch Panik aufkommen zu lassen; das gleiche hatte er ein paar Wochen zuvor schon einmal gehört, und dann hatte man ihm einige Stunden später gesagt, das Organ habe sich nicht als gesund genug erwiesen. Aber diesmal paßte offenbar alles. Nicht nur die Blutgruppen stimmten überein, sondern das neue Herz hatte auch genau die richtige Größe für den leeren Raum, den sein eigenes Herz nach der Entnahme hinterlassen würde.

Susan Cretella war gerade aus New Haven nach Hause gekommen, als ihr Mann anrief und ihr die gute Nachricht mitteilte. Sie setzte sich mit seinem Sohn und seinen beiden Töchtern in Verbindung, und auch mit seiner Cousine, die sie an diesem Tag schon einmal mit dem Auto mitgenommen hatte. Zusammen fuhren sie so schnell wie möglich zum Krankenhaus. Als sie in die Station kamen, fand dort eine Art Feier statt. Cretella beschrieb es folgendermaßen:

> Es war wie eine große Party. Die Schwestern und alle anderen waren fast ausgelassen. Alle waren aufgedreht, das ganze Krankenhaus. Ich bekam Brustschmerzen, also pumpten sie mich mit Demerol voll, und ich hob ab. Es war eine tolle Party.

Die New England Organ Bank, eine Vermittlungsinstitution, der das Yale-New Haven Hospital angeschlossen ist, hatte Gail Eddy angerufen und ihr mitgeteilt, in einem großen Krankenhaus in Massachusetts, etwa 230 Kilometer von New Haven entfernt, stehe möglicherweise ein Spenderherz zur Verfügung. Es gehörte einem hirntoten jungen Mann, dessen Todesursache keine Schäden am übrigen Körper hervorgerufen hatte und der mit Beatmungsgeräten am Leben erhalten wurde. Es bestand keinerlei Aussicht, daß er wieder genas, und alle Organe in Brust- und Bauchhöhle waren völlig gesund.

Kurz nach Mitternacht flog ein Team unter Leitung von Dr. Graeme Hammond mit einer zweimotorigen Turbopropmaschine, die das Yale-New Haven Hospital gechartert hatte, vom Tweed-New Haven Airport ab. Als Hammonds Assistent war George Letsou dabei, ein Transplantationsspezialist aus Yale. Und wie immer flog Gail Eddy mit, um jeden Schritt zu beaufsichtigen. Gegen halb eins setzten sie in der Stadt in Massachusetts auf, dann rasten sie mit einem Krankenwagen zur Klinik. Dort erwartete sie eine jener Enttäuschungen, die diese so komplizierten medizinischen Unternehmungen begleiten können. In diesen frühen Morgenstunden waren nur zwei Operationssäle in Betrieb, und beide waren durch Notfälle belegt. Man konnte den Spender erst holen, wenn einer von ihnen frei wurde.

Das Anästhesieteam im Yale-New Haven Hospital hatte nicht mit der Verzögerung gerechnet. Man hatte Anthony Cretella in den Operationstrakt gebracht und ihm als Vorbereitung auf die Vollnarkose ein Beruhigungsmittel gegeben. Seine ganze Familie begleitete ihn bis zum OP, und als man ihn durch die elektronisch gesteuerten Schwingtüren in den keimfreien Bereich schob, verabschiedete er sich mit einem breiten Grinsen und einer siegessicher geballten Faust.

Als ich um zwei Uhr morgens eintraf, saß Dr. Kevin Morrison, der Anästhesist, bei ihm in einem abgedunkelten Raum und versuchte mit sanfter, ruhiger Stimme die Ängste zu vertreiben, die wiedergekehrt waren. Cretella glitt in einen leichten Schlummer, und ich zog mich ins Arztzimmer zurück, um neben einem schnarchenden Assistenzarzt ein Nickerchen zu machen. Kurz nach fünf weckte mich eine Schwester mit einer leichten Berührung an der Schulter. Gail Eddy hatte angerufen und ihnen mitgeteilt, daß der Spender in Massachusetts jetzt in den Operationssaal gebracht wurde; Hammond und Letsou bereiteten sich auf die »Ernte« vor.

Ich zögere jedesmal, für die Entnahme eines Spenderorgans das Wort »Ernte« zu verwenden, aber es gibt keinen besseren Begriff für diesen Vorgang. Das Transplantationsteam kommt im Krankenhaus des Spenders zusammen, koordiniert den zeitlichen Ablauf und die chirurgischen Maßnahmen auf die Minute genau und nimmt die Früchte des Lebens mit – manchmal Leber, Nieren, Bauchspeicheldrüse, Herz und Lunge –, um sie Menschen einzupflanzen, die sonst sterben würden. Sorgfältig behandelt, ernährt mit Salzlösungen und Antibiotika, geht es den Organen gut, und die Patienten, die sie erhalten, erholen sich gewöhnlich so weit, daß sie wieder ein erfülltes Leben führen können.

Das ist alles noch so neu, daß unsere Gesellschaft es nicht als etwas Alltägliches betrachtet, und das dürfte auch der Grund sein, warum Spenderorgane so schwer zu beschaffen sind. Vielen Menschen erscheinen Transplantationen als etwas in weiter Ferne Liegendes. Tausende von Menschen sterben, während sie auf einen Spender warten. Und etwa 20 000 potentielle Spender läßt man jedes Jahr sterben, ohne ihre Organe zu nutzen, entweder weil niemand an eine Familie herantreten will, die über den Verlust eines jungen Angehörigen trauert, oder weil die potentiellen Spender – und die meisten von uns sind potentielle Spender, und sei es auch nur für Haut – keine entsprechende Verfügung getroffen haben, als sie noch dazu in der Lage waren. Mehrere europäische Länder sind das Problem mit der sogenannten Widerspruchslösung angegangen: Die Ärzte dürfen davon ausgehen, daß ein hirntotes Unfallopfer mit der Organentnahme einverstanden ist, solange die Angehörigen nicht widersprechen. In den Vereinigten Staaten hat man eine solche Verfahrensweise bisher nicht in Erwägung gezogen.

Da ich bei Anthony Cretella war, konnte ich die Organentnahme in Massachusetts nicht sehen, aber ich habe die Prozedur mehrmals miterlebt, und die Einzelheiten aus diesen frühen Morgenstunden erfuhr ich von Hammond und Letsou. Die Angehörigen des jungen Mannes hatten nur sein Herz zur Verfügung gestellt; in der Regel wird die Zustimmung für mehrere Organe erteilt, und das Herz wird als letztes entnommen. Die Möglichkeit, ohne Verzögerung vorzugehen, erleichterte dem Team aus Yale seine Aufgabe; nachdem Gail Eddy sich vergewissert hatte, daß der Spender mit den richtigen Infusionen und Medikamenten versorgt war und daß sein Herz einwandfrei funktionierte, gingen sie an die Arbeit.

Hammond und Letsou teilten den Brustkorb senkrecht in der Mitte des Brustbeins, öffneten das Perikard, den faserigen Beutel um das Herz, und schnitten alle Bänder und Gewebestränge weg, die am Herz und den großen Gefäßen – Hohlvenen, Aorta und Lungenarterie – befestigt sind. Als sie so weit waren, daß sie das Herz entnehmen konnten, rief Eddy im Yale-New Haven Hospital an, damit man dort beginnen konnte, Cretella zu operieren. Man hatte dem Spender Steroide und Antibiotika gegeben, und jetzt wurde in sein Blut der Gerinnungshemmer Heparin injiziert, damit sich keine Blutklumpen bildeten. Der Herzschlag wurde mit Kaliumlösung zum Stillstand gebracht.

Gail Eddy hielt genau fest, wann die Klemmen an die großen Gefäße angelegt wurden: um 5.34 Uhr. Jetzt arbeiteten die beiden Chirurgen sehr schnell. Mit langen, raschen Schnitten legten sie das Herz und die Gefäße frei. Zwanzig Minuten später rief Eddy wieder in New Haven an: Sie verließen jetzt die Klinik. Das Herz befand sich im innersten von vier konzentrischen Behältern, die alle mit eiskalter Salzlösung gefüllt waren. Die Behälter steckten ihrerseits sicher in einer Kühlbox, die George Letsou auf dem Schoß hielt, während der Krankenwagen zum Flughafen raste. Das bereitstehende Flugzeug hob sofort ab und landete kurz darauf in New Haven. Eine weitere schnelle Fahrt zum Krankenhaus, und um 6.32 Uhr teilte Eddy dem OP telefonisch mit, daß sie angekommen waren. Der Spurt von Klinik zu Klinik hatte genau 58 Minuten gedauert.

Während dieser Zeit wurde Cretella auf die Einpflanzung des neuen Herzens vorbereitet. Man hatte ihm die Immunsuppressiva Cyclosporin und Azathioprin gegeben, und in Kürze würde er eine Dosis Steroide erhalten. Ebenso hatte er sorgfältig ausgewählte Antibiotika bekommen. Während das Chirurgenteam sich wusch, injizierte Kevin Morrison ein schnell wirkendes Narkosemittel in Cretellas Venenzugang und setzte einen Beatmungstubus in die Luftröhre ein. Als alle Venenzugänge und Arterien-Überwachungsleitungen angelegt waren, bestrich Christian Gilbert die ganze Vorderseite des Patienten mit jodhaltigem Desinfektionsmittel; dann legte er sterile Tücher darüber.

Ein paar Minuten bevor die Narkose eingeleitet wurde, war Dr. John Baldwin, der Leiter des Transplantationsteams, in den OP gekommen. Baldwin lächelt nicht so leicht – zumindest nicht während der Arbeit. Er ist ein stämmiger, blonder Mann mit jungenhafter Ausstrahlung, damals 41 Jahre alt. Trotz seines jugendlichen Äußeren strahlt er Pflichtbewußtsein aus, und er verhält sich in der ruhigen, aber kompromißlosen Art eines Mannes, der sich seiner Bedeutung bewußt ist.

Als Anthony Cretella operiert wurde, war Baldwin seit eineinhalb Jahren in New Haven. Er war von der Stanford University gekommen, wo er unter Norman Shumway einer der strahlendsten Sterne im führenden Transplantationszentrum der Welt gewesen war. Schon Monate vorher hatte man sein Kommen laut verkündet, und das mit gutem Grund. In den zehn Jahren zuvor war es mit der herzchirurgischen Abteilung von Yale bergab gegangen, bis sie weit hinter den anderen, hervorragenden klinischen Abteilungen herhinkte. Zwei aufeinanderfolgende Dekane und ein hart arbeitendes Suchgremium hatten keinen geeigneten Kandidaten überreden können, die Herausforderung des Wiederaufbaus anzunehmen. Ein herausragender Herzchirurg nach dem anderen kam nach New Haven, sah sich die Aufgaben des Abteilungsleiters an und behauptete dann, es sei nicht zu machen.

Um Baldwin nach New Haven zu locken, hatte der Dekan ihm eine Menge versprochen. Nachdem man ihm unangefochtene Autorität zugesichert und ihn innerhalb weniger Monate zum ordentlichen Professor ernannt hatte, war Baldwin ohne Zögern darangegangen, seine Macht mit einer Reihe harter Maßnahmen zu etablieren, und zwar nicht nur in den rechtmäßigen Domänen des Chirurgen, sondern auch im Territorium der Radiologen, Kardiologen und anderer Gruppen. Er hatte das Harvard College mit Auszeichnung abgeschlossen, war Rhodes Scholar* und hatte wichtige Beiträge zur Entwicklung der kombinierten Herz-Lungen-Transplantation geleistet. Baldwin vereinigt in sich die seltene Kombination aus hervorragenden chirurgischen Fähigkeiten und der Begabung zu erstklassiger Forschung. Und er strahlt ein uner-

* Rhodes Scholar: Inhaber eines Stipendiums der Rhodes Scholarship, einer Stiftung für Hochbegabte, die von dem Briten Cecil Rhodes gegründet wurde (Anm. d. Übers.).

schütterliches Selbstvertrauen aus. Man kann unmöglich mehr als ein paar Sätze mit ihm wechseln, ohne das Flair von zurückhaltender Selbstsicherheit zu bemerken. Selbst Lob scheint bei einem Mann, der sich seines Werts so sicher ist, überflüssig zu sein.
Als alles vorbereitet war, nahmen die Angehörigen des Teams ihre Plätze ein, und Gilbert führte unter Baldwins Leitung einen Schnitt durch die Narbe von Cretellas Bypassoperation. Als nächstes teilte er mit einer Säge das Brustbein in der Mitte. Innerhalb des Brustkorbs war die Präparation nicht einfach. Die vorangegangene Operation hatte um das Herz herum eine Masse aus hartem Narbengewebe hinterlassen, und jetzt waren in langwieriger Arbeit die lebenswichtigen Strukturen von ihren Anhängseln zu trennen. Verstärkt wurden die Schwierigkeiten durch Blut, das ständig aus den vernarbten Schichten sickerte. Im Gegensatz zu vielen anderen Chirurgen spricht Baldwin während einer Operation nicht viel. Seine Äußerungen beschränken sich auf Anweisungen und Bemerkungen zum Fortschritt des Eingriffs. »Einfach nach unten schneiden – nicht so viel drehen.« »Saftig ist er, der Junge.«
Die Präparation in dem vernarbten Gewebe wurde mit peinlicher Sorgfalt fortgesetzt. Um 6.55, genau 80 Minuten nach dem ersten Einschnitt, erhielt Cretella eine Dosis Heparin, damit sein Blut nicht gerann. In der Anfangszeit der Herzchirurgie waren die Hemmung der Blutgerinnung und ihre spätere Aufhebung ein gewaltiges Problem. Heute ist es einfach: Man injiziert einen einzigen Wirkstoff in einer zuvor berechneten Menge, und wenn die Gerinnungshemmung nicht mehr gebraucht wird, gibt man das Gegenmittel Protamin.
Bei Cretella wurde der Gerinnungsmechanismus gehemmt, damit das Blut in der Herz-Lungen-Maschine nicht verklumpte, jenem Apparat, der während der eigentlichen Transplantation die Aufgaben von Herz und Lunge übernimmt. Die Herz-Lungen-Maschine ist ein Wunder der Technik, das wie das Herz selbst vom Prinzip her ganz einfach erscheint. Durch einen Einschnitt im rechten Vor-

hof schiebt man in beide Hohlvenen dicke Kanülen, die dann mit der Maschine verbunden werden. Dorthin wird nun das Blut vom Herzen umgeleitet; es fließt in einen Behälter und dann in eine sauerstoffgefüllte Kammer, wo es sich auf der großen Oberfläche einer sehr dünnen Membran aus Polypropylen verteilt. Mit dieser Anordnung ahmt man die natürliche Lungenfunktion nach, das heißt, der Sauerstoff kann von der Membran leicht ins Blut übergehen. Das sauerstoffreiche Blut wird dann über eine Kanüle in der Aorta wieder in den Körper des Patienten gepumpt.

Das Prinzip ist also einfach, aber es waren über zwei Jahrzehnte hartnäckiger Anstrengungen erforderlich, bis Dr. John Gibbon aus Philadelphia eine Herz-Lungen-Maschine entwickelt hatte, mit der ihm 1953 die erste Operation am offenen Herzen gelang. Als ich 1956 im Yale-New Haven Hospital zum ersten Mal eine Herz-Lungen-Maschine bediente, hatte ich mich zusammen mit dem ganzen Team mehrere hundert Stunden lang im Labor vorbereitet; für die jungen Assistenzärzte, die heute in der Herzchirurgie ausgebildet werden, ist das Gerät eine Selbstverständlichkeit.

Nachdem man das Heparin injiziert hatte, wurden die Kanülen gelegt, Klemmen wurden eingestellt, und die Umleitung des Blutes begann. Um 7.19 Uhr gab Baldwin die Anweisung, den Thermostaten der Herz-Lungen-Maschine zu drosseln und Cretellas Körpertemperatur auf 28 Grad zu senken. (Bei niedrigerer Temperatur verlangsamt sich der Stoffwechsel, so daß das Gewebe bei Sauerstoffmangel länger überlebt.) Die Aorta wurde abgeklemmt und dann unmittelbar über dem Herzen durchtrennt; das gleiche geschah mit der Lungenarterie. Cretellas Herz durfte blutleer ein paar letzte Schläge machen, dann schnitten Baldwin und Gilbert es heraus; sie ließen nur einen Rand zurück, der aus den Rückwänden der Vorhöfe bestand.

Das schlagende Herz ist noch ein kleineres Wunder im Vergleich zu dem unbegreiflichen Zustand ganz ohne Herz. Ich stand am Kopf des Operationstisches neben dem Anästhesisten und starrte

auf den riesigen leeren Raum in Cretellas Brust. Obwohl er jetzt kein Herz hatte, lebte und atmete er – zumindest in einem gewissen Sinn. Zwei Meter weiter, auf einem kleinen Stahltisch, wartete in der Nährlösung das neue Herz. Hammond brachte es zum Operationstisch, wo Baldwin die Aorta, die Lungenarterie und die Vorkammern so zurechtschnitt, wie er sie haben wollte. Ohne großes Aufheben wurde das Herz, das die Anwesenden als »Transplantat« bezeichneten, in Cretellas Brust eingesetzt, und Gilbert fing an, es in seiner neuen Umgebung festzunähen.
Die beiden Chirurgen vermittelten keinerlei Eindruck von Hektik oder auch nur von Schnelligkeit. Sie sprachen untereinander sehr wenig, und zu den Schwestern und dem Anästhesisten sagten sie außer knappen Anweisungen fast gar nichts. Baldwin leitete den Ablauf mit kurzen, nüchternen Sätzen, die keinerlei Ermutigung oder Kritik enthielten. Gilbert wußte, was er zu tun hatte; ein paar Worte von seinem Chef, und aus einer sehr guten wurde eine perfekte Naht. Gelegentlich gab es einen Hinweis auf mögliche Gefahren und eine knappe Ermahnung. Ich spürte eine Atmosphäre von Teamarbeit, aber keinerlei Wärme. Und es gab auch nicht die Scherze, mit denen Chirurgen oft die Spannung lindern, wenn bei jeder Bewegung viel auf dem Spiel steht. Die Szene erinnerte mich an einen jener alten Filme, in denen zwei Safeknacker mit äußerster Vorsicht und ohne erkennbare Eile arbeiten, obwohl es immer ein Wettlauf gegen die Zeit ist.
Ich erlebte mit, wie eine Reihe sehr genau plazierter Nähte mit Polypropylenfaden angebracht wurde, welche die Vorhöfe des Spenderherzens mit ihrer Rückwand an dem verbliebenen Rand von Cretellas eigenem Herzen befestigten. Die Vorhofwand läßt sich erstaunlich leicht nähen; sie ist weich und elastisch, so daß das Gewebe von Spender und Empfänger sich gut aneinanderlegen kann und eine flüssigkeitsdichte Verbindung bildet. Das Herz lag jetzt an seinem Platz, und aus seiner Oberseite ragte der schlauchförmige Stumpf der orangegelben Aorta heraus; von diesem kurzen

Gefäßstück aus verliefen die Herzkranzgefäße des Spenders nach unten in den Herzmuskel hinein. Gilbert vernähte diese Öffnung rundherum mit Cretellas wartender Aorta; dabei bezog er viel Gewebe mit ein, damit die Naht später den Kräften des Blutes standhielt, die das Herz mit einem Druck von mindestens 120 Millimeter Quecksilbersäule in die Gefäße drücken. Als die Naht fertig war, wurde die Klemme an der Aorta gelöst, und das sauerstoffhaltige Blut aus der Maschine strömte in die Herzkranzgefäße, um Cretellas Ersatzherz zu ernähren. Seit dem Augenblick, als man das Spenderherz in der anderen Stadt abgeklemmt hatte, war es genau zwei Stunden und einundvierzig Minuten ohne Blutversorgung gewesen.

Die letzte Naht verband die Lungenarterien von Spender und Empfänger; auch sie wurde schnell fertiggestellt. Das Herz gehörte jetzt Cretella. Dennoch war es sich seiner neuen Umgebung offenbar noch unsicher, und obwohl Blut hineingeströmt war und nur noch zum Teil durch die Maschine geleitet wurde, schien es zu zögern, ob es mit seinem eigenen Rhythmus beginnen sollte. Statt dessen zitterte es, als sei es schüchtern. Es zeigte die unkoordinierten Bewegungen des Kammerflimmerns. Baldwin versuchte, es mit ein paar elektrischen Impulsen in Schwung zu bringen, die er über paddelförmige Elektroden auf die Herzkammern leitete, aber das Herz blieb widerspenstig. Als nächstes befestigten Baldwin und Gilbert an der Oberfläche des Herzens dünne Drähte, die mit einer äußeren Stromquelle verbunden wurden – einem Schrittmacher, der den Herzschlag erzwingen würde, bis Sinusknoten und Muskulatur sich ein wenig mehr zu Hause fühlten, was voraussichtlich erst einige Tage nach der Operation der Fall sein würde.

Mir machte die Widerspenstigkeit des Herzens Sorgen. Jeder, der eine Reihe von Verpflanzungen miterlebt hat, kennt einige Fälle, in denen das Transplantat trotz Schrittmacher und Medikamenten nie den richtigen Rhythmus findet. Aber vielleicht war ich der einzige im Raum, der sich fragte, ob Cretella nur deshalb soviel mitge-

macht hatte, um nun wegen eines nicht funktionierenden Transplantats zu sterben. Baldwin wußte es besser, und sein Team ebenso. Er wartete geduldig, gab ab und zu dieses oder jenes anregende Medikament, und allmählich verbesserte sich der Schlagrhythmus. Nach etwa fünfundvierzig Minuten war er so kräftig, daß er deutliche, gesunde Töne verursachte und anzeigte, daß er von den Drähten unabhängig war. Nun wurden noch ein paar winzige undichte Stellen an den verschiedenen Nähten in Ordnung gebracht, die Herz-Lungen-Maschine wurde abgeschaltet, und die Kanülen der Umleitung wurden herausgezogen. Um 9.40 Uhr, etwas mehr als zwei Stunden nachdem man das alte Herz entfernt hatte, war Anthony Cretella wieder auf sich gestellt.
Mit Protamin wurde die Wirkung des Heparins aufgehoben, und durch die Brustkorbwand wurden einige große Drainagen gelegt, dann begann man, die Wunde zu schließen. Das Brustbein wurde mit Edelstahldrähten zusammengefügt und die Haut zusammengeklammert. Um 11.30 Uhr lag Cretella in einem speziell ausgestatteten, separaten Raum der Herz-Intensivstation.
Wenn man mich fragt, was mich an dem gerade Erlebten am meisten beeindruckt hat, fällt mir die Antwort leicht: die Ruhe während der ganzen Sache. Es gab dabei nichts von der summenden Überaktivität, die ich oft beobachtet habe, wenn ein Operationsteam angesichts einer gewaltigen Aufgabe unsicher ist. Es gab kein Gefühl der Aufregung, des Risikos oder der drohenden Gefahr, wie es sonst manchmal über solchen Ereignissen schwebt. Die Stimmung war von gedämpftem Optimismus und der fraglosen Erwartung des gewohnten Erfolgs geprägt. Nicht nur Baldwin und Gilbert kannten ihre Aufgabe genau, sondern auch alle anderen – Ärzte, Schwestern und Techniker. Irgendwie hatte Baldwin der ganzen Truppe seine Einstellung eingeimpft: »Das machen wir, und wir machen es gut.« Sein deutlich zur Schau gestelltes Selbstbewußtsein hätte anderswo vielleicht arrogant gewirkt, aber in diesem Operationssaal war es angebracht, und es war zur Führungsqualität ge-

worden. Allein diese zwei Stunden waren es wert, daß Baldwin in Yale war, und vielleicht noch mehr.
Neues Leben oder kein neues Leben – Anthony Cretella wollte einfach nicht glauben, daß es ihm besserging. In den folgenden drei Wochen brauchte er eine Menge Anstöße. Er durchlebte Anfälle von Pessimismus, die schnell zu Depressionen werden konnten; die Abgeschiedenheit seines Einzelzimmers verschlimmerte alle düsteren Gedanken, die ihm durch den Kopf gingen. Weder die fröhliche Hemdsärmeligkeit der Schwestern noch Gilberts häufige Versicherung, er mache gute Fortschritte, schienen zu wirken.
Gilbert, der schon viele Herztransplantationen durchgeführt hatte, sah in seinem Patienten einen extremen Fall nervösen Mißtrauens:

> Er war einer der ängstlichsten Burschen, die ich je erlebt habe. Nie war er sicher, daß alles in Ordnung war. Immer fragte er: »Geht es mir gut?« Und er glaubte uns nie. Über jeden Herzschlag und jeden Schluckauf machte er sich Gedanken.

Cretella sah die Sache anders:

> Gilbert war der Beste, und ich bekam am meisten aus ihm heraus, aber ich mußte immer drängeln. Sie kamen mit der ganzen Mannschaft rein und machten ihren Kram, und dann sagten sie: »Ach, es ist alles in Ordnung.« Dann fragt man etwas, und sie wollen schon durch die Tür. Immer hört man das gleiche: »Machen Sie sich keine Sorgen, wir bringen das schon in Ordnung.« Jedesmal wenn ich eine Frage stellte, sagten sie: »Ihnen fehlt nichts, was wir nicht in den Griff bekommen.« Das haben sie mir gesagt, als mein Puls achtzehn Stunden lang bei 170 bis 200 war; »machen Sie sich keine Sorgen«. Wie soll man sich da keine Sorgen machen? Die sind eine andere Sorte von Menschen.

Dr. Cohen war in den Hintergrund getreten. Als Gail Eddy und die Chirurgen die Planung in die Hand nahmen, spielte er nur noch eine Nebenrolle. »Cretella wußte damals, daß meine Besuche für seine medizinische Versorgung nicht notwendig waren«, sagte er. »Er wußte, daß ich wirklich als Freund kam.«

Ein Freund war genau das, was Cretella jetzt brauchte. Mit Dr. Cohen konnte er reden, und das für ihn sehr wichtig. »Dr. Cohen kam abends und unterhielt sich mit mir, das hat mich aufgebaut und ermutigt«, erzählte mir Cretella. Ich fragte Cohen, wie sein Patient die Behandlung durch die Chirurgen empfunden habe, und darauf hin sagte er etwas Interessantes:

> Ich glaube, Herzchirurgen sind tatsächlich anders, und vor allem die Transplantationschirurgen. Ein Herzchirurg hat eine bestimmte Mentalität – er spielt Gott, und ich glaube, er ist überzeugt, daß er irgendwie alles in Ordnung bringen kann. Aber das hat natürlich seine Kehrseite: Wenn etwas schiefgeht, sind andere schuld – dem Herzchirurgen kann man nichts vorwerfen. Der Patient ist schuld, oder ein Mitglied des Operationsteams, oder eine andere Abteilung. Ich habe kaum einmal gehört, daß ein Herzchirurg gesagt hätte: »Ich habe Mist gemacht.« Für Cretella war es wichtig, den Überblick zu behalten – er ist so ein Mensch. Wenn er sich über die Chirurgen beklagte, sagte er damit in gewisser Weise, daß sie ihm das Heft aus der Hand nahmen. Manche Patienten sind froh, wenn sie sich ganz und gar in die Obhut ihres Chirurgen begeben können, und wenn der sagt: »Machen Sie sich keine Sorgen, ich kümmere mich darum«, hilft ihnen das wirklich. Aber Patienten wie Cretella wollen das Gefühl haben, daß sie die Sache in der Hand haben, und die macht eine solche Antwort wütend.

Eine routinemäßige Genesung ist nicht unbedingt unkompliziert. Trotz der immununterdrückenden Medikamente erlebt fast jeder Patient in der ersten Zeit nach der Operation eine gewisse Abstoßungsreaktion. Die Diagnose dieses Zustands erfolgt durch eine Biopsie des Herzmuskels, und solche Eingriffe werden mehrmals während des Krankenhausaufenthalts und in größeren Abständen auch nach der Entlassung durchgeführt. Der Pathologe kann Hinweise auf Probleme schon wenige Stunden nach der Biopsie geben, und wenn solche Indizien gefunden werden, behandelt man mit einer vorübergehend erhöhten Steroiddosis; in der Regel bessert sich daraufhin der Zustand des Patienten.

Am siebten Tag nach der Operation ging ich in den OP, um Cretellas erste Biopsie mitzuerleben. Gott mag am siebten Tag geruht haben, aber Transplantationschirurgen haben offenbar trotz aller Gefühle der Gottähnlichkeit niemals einen Tag frei. Gilbert nahm auf der rechten Halsseite eine örtliche Betäubung vor und schob mehrere Drähte und Katheter in die Halsvene; der letzte war so dick, daß man durch ihn ein Bioptom über die obere Hohlvene bis in die rechte Herzkammer einführen konnte. Das Bioptom ist ein biegsames, drahtähnliches Instrument mit pinzettenförmigen Klauen am Vorderende. Den Blick auf den Röntgenschirm gerichtet, näherte Gilbert die Biopsiesonde der Innenwand von Cretellas Herz, und als die Spitze in den Muskel eindrang, drückte er den Handgriff. Die Zange schloß sich und ergriff ein kleines Stück Muskelgewebe; dann zog er sie zurück. Eine bereitstehende Assistentin brachte die Probe sofort ins pathologische Labor. Die erste Biopsie ließ keine Anzeichen einer Abstoßungsreaktion erkennen. Als das Ganze eine Woche später wiederholt wurde, waren geringfügige Veränderungen zu erkennen, und man begann mit einer verstärkten Prednisonbehandlung. Bei der nächsten Biopsie nach weiteren sechs Tagen zeigte sich eine Besserung, aber bei der dann folgenden hatte sich der Zustand wieder ein wenig verschlechtert, und es wurden wiederum drei Tage lang erhöhte Prednisondosen angeordnet. Schließlich, nach der Biopsie vom 1. August, war eindeutig klar, daß das Problem überwunden war. Das Herz sah gut aus, und Cretella konnte nach Hause gehen.

Er hatte die Intensivstation am Ende der zweiten Woche verlassen; die leichte Abstoßungsreaktion und ein paar Tage mit erhöhter

Temperatur waren Routine. Aber Cretella litt weiterhin an Depressionen. Seine freudlose Geisteshaltung besserte sich erst, als er die immer stärkeren Anzeichen seiner Genesung nicht mehr ignorieren konnte. Schließlich war er überzeugt, daß er wie 80 Prozent aller Patienten mit einer Herztransplantation ein Jahr nach der Operation noch am Leben und guter Dinge sein würde. Nachdem er den Eingriff selbst und die Phase danach überlebt hatte, lag diese Wahrscheinlichkeit sogar weit über 80 Prozent. Patienten, die nicht wieder zu rauchen anfangen und den Cholesterinspiegel niedrig halten, sind mit einer Wahrscheinlichkeit von 70 Prozent noch fünf Jahre nach der Operation bei guter Gesundheit, aber dieser Wert sinkt auf 50 Prozent, wenn sie vom Weg der Tugend abweichen, und liegt dann nach sieben Jahren unter Umständen bei nur noch 20 Prozent.

Cretella wurde am 12. August aus dem Krankenhaus entlassen, und zehn Tage später fuhr ich nach Mystic, um ihn zu besuchen. Die Cretellas wohnten in der ersten Etage eines zweistöckigen Mietshauses gegenüber der Fabrik, in der er arbeitete. Auf einem handgeschriebenen Schild an der Tür stand: WILLKOMMEN SUE UND TONY, und die Wohnung war fröhlich und angenehm eingerichtet. Als ich in ihrer schönen, peinlich sauberen Küche saß, konnte ich verstehen, welch wichtigen Einfluß Susan Cretella auf ihren Mann hatte. Während meines Besuchs spielte ein Radio im Nebenzimmer leise beliebte Melodien aus den fünfziger und sechziger Jahren – der Jugendzeit der beiden –, und irgendwann konnte ich Brenda Lee singen hören: »All alone with just the beat of my heart.«

Wir sprachen über das Rauchen, und wir sprachen über das Trinken. (Cretella trinkt in Gesellschaft viel, und es gab Zeiten, als es noch darüber hinausging.) Seine Antworten auf meine Fragen beruhigten mich nicht – insbesondere als ich wissen wollte, ob er bei seinem Entschluß bleiben würde, in seinem ganzen Leben keine Zigarette mehr anzurühren.

Ich hoffe. Aber ich würde niemals nie sagen. Daran glaube ich nicht. Ich würde nie sagen: »Ich tue den Rest meines Lebens dieses oder jenes« – nicht morgen und nicht zu irgendeiner Zeit in meinem Leben. Das Saufen konnte ich immer in Grenzen halten – ich hab' sogar mal drei Monate lang aufgehört. Aber Zigaretten sind was anderes – keine Kontrolle. Ich hab's versucht. Ich meine, nach der Bypassoperation habe ich für ein halbes Jahr aufgehört. Und wie oft ich für zwei oder drei Wochen aufgehört habe, weiß ich nicht mehr. Ich sage auch jetzt nicht, daß ich für immer aufhören kann. Ich habe keine Ahnung, wie es morgen aussieht, oder in einer Woche, oder in einem Jahr. Man raucht und trinkt, weil man sich die ganze Zeit beschissen fühlt. Beinahe hätte ich auch Drogen genommen, aber ich habe es nicht getan. Ich hatte immer das Gefühl, daß ich nach Zigaretten süchtig war. Ich kann mir selbst auf den Wecker gehen wegen der Trinkerei, und dann höre ich auf, aber ich weiß nicht, ob ich das auch mit den Zigaretten schaffe.

Gegen Ende meines Besuchs wandte sich die Unterhaltung einem Thema zu, das ich eigentlich nicht zur Sprache bringen wollte. Wie fühlt man sich mit dem Herz eines anderen Menschen in der Brust? Wie sich herausstellte, gab Cretella sich viel Mühe, nicht darüber nachzudenken.

Ich weiß es noch nicht – ich weiß es wirklich noch nicht. Wenn ich merke, daß ich daran denke, versuche ich, es zu vergessen. Wissen Sie – ich denke: Was ist es? Eine Frau? Ein Mann? Schwarz? Orange? Weiß?

Ich fragte ihn, was ihm am liebsten wäre.

Auch das weiß ich noch nicht. Solche Fragen kann ich überhaupt nicht beantworten. Es verwirrt mich, jetzt darüber zu reden. Ich glaube, es liegt daran, daß ich nicht weiß, was morgen ist; ich sitze hier und fühle mich wohl, und plötzlich macht etwas in mir klick, und dann werde ich nervös, und alles geht wieder von vorne los. Irgend etwas in meinem Körper verändert sich, als ob jemand auf einen Knopf drückt. Ich habe mit einem anderen Transplantationspatienten geredet – bei ihm sind es schon fünf Jahre, und er sagt, es passiert ihm immer noch.

Susan Cretella sagt, ihr Mann verfalle gelegentlich offenbar in eine Art Trance, und das manchmal für Stunden. Sie meint, er denke dabei wohl an nichts, sondern sein Geist versuche, dem Gedanken an den Menschen zu entkommen, dessen Herz er in sich trägt. Natürlich konnte ich ihm die Einzelheiten nicht mitteilen, aber wie schon mehrere Ärzte vor mir versuchte ich ihn zu beruhigen, indem ich ihm von dem ausgezeichneten Gesundheitszustand des Spenders erzählte.
Aber die Gesundheit des Spenders war nicht das, was ihm Sorgen machte; es war viel komplizierter. Ich sagte zu ihm: »Der Spender war ein Mensch, auf dessen Herz Sie stolz sein können. Damit meine ich seinen Charakter, was für ein Mensch er war.«
Aber auch das entsprach nicht genau dem, was Cretella im Kopf hatte.

Wenn Sie sagen, was für ein Mensch er war, was meinen Sie damit? Rasse, oder Farbe, oder alles? Eines dieser Dinge – ich weiß nicht, ob es mich beunruhigen würde – war die Frage, ob es ein Schwarzer war oder nicht. Ich glaube, das würde mir etwas ausmachen. Es fiel mir eines Tages ein. Weil, wissen Sie, die sagen einem, es spielt keine Rolle, wessen Herz man bekommt. Und ich sitze da und denke, ich glaube das nicht; ehrlich, ich glaube das nicht. Wissen Sie, ein Frauenherz oder ein Chinesenherz oder ein farbiges Herz, das Herz eines Jungen oder eines Mannes. Diese Leute haben unterschiedliche Stoffe in ihrem Körper. Ist mir egal, wie viele Tests die gemacht haben. Jeder sagt mir, was für ein tolles Herz ich bekommen habe – na ja, Sie wissen schon.

Als Cretella verstummte, blickten seine dunkelbraunen Augen beunruhigt. Seine plötzlich veränderte Ausstrahlung kam überraschend, denn sie war so ganz anders als sein üblicher unveränderlicher Gesichtsausdruck. Er erklärte, er sei besorgt, daß ich in seinen Bemerkungen einen »diskriminierenden« Unterton entdecken könne. Aber ich glaube nicht, daß seine Gefühle einfach aus Fanatismus erwachsen. Eher könnten sie mit einer inneren Ablehnung des Andersseins zu tun haben – die alte Fremdenfeindlichkeit, die wir von jeder Zelle auf der Erde gelernt haben. Gaspare Tagliacozzis »Kraft und Macht der Individualität« war der Grund, daß Anthony Cretella sich mit dem »anderen Stoff« quälte, den man in seine Brust eingepflanzt hatte. Es quälte auch mich, denn ich machte mir Sorgen, daß die seelische Form der Furch vor dem Fremden möglicherweise zur Abstoßung seines Herzens beitragen könnte.

Als ich nach New Haven zurückfuhr, dachte ich an das Herz selbst und an die Fähigkeiten der Chirurgen, die es operieren. Ich dachte auch an die Angst vor dem Fremden und an die Spuren der allerältesten Lebensformen, die in unseren Zellen in den Jahrmilliarden der Evolution erhalten geblieben sind. Ich dachte an meine wachsende Überzeugung – eine Überzeugung, die mich so oft überkam, seit ich mich zum ersten Mal mit den neuen Entdeckungen der Zellbiologie beschäftigte –, daß es eine »Wahrnehmung« gibt, die eine Verbindung zwischen den Vorgängen in den Zellen und den Ereignissen in unserem Leben, ja vielleicht sogar in unseren Gedanken herstellt.

Aber mehr als alles andere beunruhigte mich meine neue Sorge um Anthony Cretellas Zukunft. Und mir fiel auch etwas ein, das Dr. Cohen zu mir gesagt hatte: »Nach einer Herztransplantation denken die Menschen manchmal, sie könnten die Tatsache, daß sie nun ein junges Herz haben, auch auf viele andere Bereiche ihres Lebens übertragen. Ich muß mich also wie fünfundzwanzig fühlen; jetzt kann ich laufen und sexuell aktiv sein wie mit fünfundzwanzig. Es ist, als wäre das Herz ihr gesamtes Leben und ihr ganzer Körper. Daß die Leber fünfzig ist, daß das Gehirn und die Beine fünfzig sind, ist uninteressant – sie haben das Herz eines jungen Menschen.« Etwas vom aristotelischen Denken ist immer noch in uns und läßt uns im Herzen mehr sehen als nur die Funktion – mehr als die Sonne des Mikrokosmos. Es ist ein Zauber darum. Für die Nachkommen von Adam und Eva wird keine Entdeckung der Zellbiologie auch nur eine einzige Zeile von der Lyrik des mystischen Glaubens wegnehmen, daß dieses hüpfende Ding in unserer Brust die zentrale Stelle ist, von der aus unser Leben gesteuert wird. Und nach dieser Idee ist ein neues Herz auch neue Jugend.

Solche falschen Vorstellungen können ebenso tödlich sein wie Zigaretten, Cholesterin oder Abstoßungsreaktionen. Damit Cretella seine Lebenserwartung ausschöpfen konnte, mußte er Cohens Vertrauen in seine Fähigkeit, ein anderer zu werden, rechtfertigen. Und er schaffte es. Er fand in sich selbst die Kraft, »einen Schritt über sich hinauszuwachsen«, und überwand den unbändigen Kobold des Neunmalklugen, der »ganz wild darauf war, sich zugrunde zu richten«. Er griff nie wieder zur Zigarette und ließ das beunruhigende Grübeln über das Fremde. Und durch den »Schritt über sich hinaus« entstand der Anthony Cretella von heute. Aristoteles würde sicher sagen, seine Beharrlichkeit habe ihren Ursprung in dem Organ, das man ihm an jenem Julimorgen 1989 eingepflanzt hatte. Zumindest in diesem Sinn ist er also im Herzen jung, und er hat die Entschlossenheit – wenn auch nicht die Leber oder das Gehirn – eines Fünfundzwanzigjährigen.

An dem Morgen, als Cretella entlassen wurde, war ich zum letzten Mal in seinem Zimmer gewesen, um mich zu verabschieden und ihm vor allem gute Gesundheit zu wünschen. Er stand vor dem Spiegel und rasierte sich, und dabei war er wirklich fröhlich. Wir unterhielten uns ein paar Minuten, und dann wollte ich gehen. Da ereignete sich einer jener kleinen Vorfälle, die mir zeigen, daß die Herztransplantation zumindest in den Augen derer, die sie ausführen, vielleicht noch nicht gang und gäbe, aber doch bei weitem keine Pionierleistung mehr ist. Die Tür des Zimmers öffnete sich, und dort stand Dr. Kenneth Franco, einer von Baldwins Mitarbeitern. Cretella ging ein paar Schritte auf ihn zu, aber Franco hielt die Handfläche hoch wie ein Verkehrspolizist, um anzudeuten, Cretella brauche sich die schaumbedeckten Hände nicht abzutrocknen oder auch nur einen Zentimeter weiterzugehen. »Na gut«, sagte Cretella, »vielen Dank für alles.« Genauso hätte er sich für ein Papiertaschentuch bedanken können. Francos Antwort kam in dem knappen, nüchternen Ton, der für Baldwins ganzes Team typisch war: »Schon gut.« Die Tür schloß sich, und weg war er.

X
Blut ist Leben

In meiner Erinnerung fließen bestimmte, immer wiederkehrende Kindheitserlebnisse zu einem einzigen Bild zusammen. Wenn man viele hundertmal das gleiche erlebt hat, wobei ein Mal wie das andere ist, erinnert man sich daran in der Regel so, als sei es nur einmal geschehen. Diese Ereignisse gab es schon so früh in meinem Leben – eigentlich sogar schon bevor ich geboren wurde –, daß es sie schon immer gegeben zu haben schien; deshalb ragt kein einzelnes so als eigenständige Erfahrung heraus, daß ich mich daran in allen Einzelheiten erinnern könnte.

So geht es mir, wenn ich mir in Erinnerung rufen will, wie meine Mutter – oder meine Großmutter oder meine Tante – in einem 2000 Jahre alten Ritual koscheres Fleisch zubereitete: Ich sehe keine einzelnen Vorkommnisse, sondern nur ein Stilleben auf der Leinwand meines Geistes. Ich sehe nicht die Frau, sondern die unbelebten Gegenstände, die sie an ihren Platz stellt. Vor meinem inneren Auge erscheint ein dickes, flaches Quadrat aus Holz, dessen Seiten vielleicht 25 Zentimeter messen und das so auf den Rand des Spülbeckens gelegt wird, daß es nicht wegrutschen kann, obwohl es um etwa zehn Grad geneigt ist. Unter seiner Kante lag vermutlich irgend etwas als Stütze, aber ich weiß nicht mehr, was es gewesen sein könnte. Dafür erinnere ich mich genau daran, daß stets Körner aus grobem Salz an den Rändern des Holzbretts verteilt waren.

Den größten Teil des Bretts nimmt eine große, frische Scheibe rohen Fleisches ein, aus dessen Unterkante ein kaum wahrnehmbares Rinnsal einer wäßrig-roten Flüssigkeit austritt. Im Neonlicht der Küchenlampe glitzern die winzigen Fettkügelchen auf der feuchten Schicht wie kleine Glimmerstückchen, die zum unteren Ende des Brettes fließen. Mit einem köstlich trägen »Tropf, tropf, tropf« fällt die Flüssigkeit in des Spülbecken, wo sie sich in einem dünnen Rinnsal zum Abfluß bewegt. Auf diese Weise wird der alte Befehl erfüllt (5. Mose 12, 23): »Allein achte darauf, daß du das Blut nicht ißt; denn das Blut ist das Leben; darum sollst du nicht zugleich mit dem Fleisch das Leben essen.«

Diese Verpflichtung wurde so ernst genommen, daß man das Fleisch von einem gesunden Tier schnitt, das im Schlachthof mit einem einzigen Schnitt eines rasiermesserscharfen Schlachtermessers getötet worden war, und zwar von einem Spezialisten, der von Rabbinern ausgebildet war. Mit dem schnellen Durchschneiden der Halsschlagader erfüllte der rituelle Schlachter seine Doppelaufgabe: Das Tier mußte nicht leiden, und aus seinem Körper lief möglichst viel Blut ab.

Wenn das Fleisch dann gegessen werden sollte, wurden alle sichtbaren Blutgefäße entfernt; dann wurde das Stück eine halbe Stunde in Wasser gelegt und auf dem Brett, das sich so tief in mein Gedächtnis eingeprägt hat, getrocknet. Zuletzt wurde es reichlich mit den groben Körnern bestreut, die in modernen Supermärkten »koscheres Salz« heißen (gemeint ist »koscher machendes« Salz) und die noch mehr Blut herausziehen. Nachdem die so entstehende geschmackszerstörende Lake eine Stunde eingewirkt hatte, wurde das Fleisch nochmals gewaschen und wieder auf das schräge Brett gelegt, das ich noch so klar vor mir sehe. So bereiten orthodoxe Juden das Fleisch zu, das sie essen wollen. Bis zu meinem vierundzwanzigsten Lebensjahr hatte ich keine Ahnung, wie köstlich ein Stück Rindfleisch schmecken kann.

Den mystischen Eigenschaften des Blutes zollt man also auch heute noch Respekt; die gleiche heilige Scheu müssen sie schon ausgelöst haben, als die Menschen zum ersten Mal beobachteten, daß mit dem Blut, das aus einem Schwerverletzten strömt, in der Regel auch das Leben dahingeht. Nach der geradlinigen Logik des Beobachtens war unseren Vorfahren klar: Das Blut ist das Leben.

Die sagenhaften Kräfte des Blutes sind ein Thema, das sich wie ein roter Faden durch die Geschichte und Kultur der Völker zieht, als wolle es die Menschen in einem jener Symbole vereinigen, in denen sich unser aller Menschsein ausdrückt. »Jesus sprach zu ihnen: Wahrlich, wahrlich, ich sage euch: Wenn ihr nicht das Fleisch des Menschensohns eßt und sein Blut trinkt, so habt ihr kein Leben in euch.« (Johannes 6, 53)

Durch die Verschiebung der Metaphern und Symbole, die in einer aufgeklärten Gesellschaft das Brechen von Tabus erlaubt, wird Blut in der christlichen Tradition zu Wein, und Fleisch wird zu Brot – und beide spenden Leben. Denn obwohl rohere Menschen in einer roheren Umgebung das frische Blut ihrer Feinde oder geopferter Stammesgenossen tranken, erwächst bei zivilisierteren Völkern aus den Tiefen der Seele ein Entsetzen vor solchen Handlungen, und sie sind verboten. Der Talmud zitiert den Rabbi Simeon bar Rabbi: »Die Seele des Menschen hat einen Widerwillen gegen Blut.«

Wenn es so wirksame Verbote und ebenso wirksame Verschiebungen von Metaphern gibt, sind sie sicherlich notwendig, um Anziehungskräfte zu überwinden. Ob das Verbot nun von innen – aus der »Seele des Menschen« – stammt oder durch Gesetze festgeschrieben wird: es existiert, weil eine übermächtige Faszination unter Kontrolle gebracht werden muß. Im Blut sah man nicht nur die Essenz unseres Seins verkörpert, sondern auch dessen Unendlichkeit. Der Strom des Blutes ist der Strom unseres Erbes, die Verbindung zwischen den Generationen. Man braucht nur daran zu denken, in welch vielfältiger Form unsere Sprache sich des Blutes bedient, um etwas über einen Menschen oder seine Herkunft auszusagen. Wir benutzen es mehr als jedes andere Gewebe, um unserem Urteil über Mitmenschen Ausdruck zu verleihen.

Das Blut war im Bewußtsein der Menschen offenbar immer mit dem Herzen verbunden. Schon 15 000 bis 20 000 Jahre bevor William Harvey den Kreislauf beschrieb, malte ein unbekannter Steinzeitmensch mit Ocker ein rotes Herz in das Bild eines Mammuts, das er an die Wand der Pindal-Höhle in der Nähe des nordspanischen Altamira gezeichnet hatte. Von jener Zeit bis zur klassischen Antike flossen viele Vorstellungen über Leben und Seele zusammen, wie sie Hippokrates und seine Schüler quasi-naturwissenschaftlich formulierten: Sie verbanden Herz und Blut durch ihre Lehre, das eine sei die Quelle der angeborenen Wärme, die auf das andere übergehe. Erst 2000 Jahre später wurden solche Ideen durch Forschung und Experimente widerlegt. Aber jahrhundertelange Neugier und alle Untersuchungen, insbesondere die der hochentwickelten Naturwissenschaft, haben nur bestätigt, was Goethe seinen Mephistopheles zu Faust sagen läßt: »Blut ist ein ganz besonderer Saft.«

Die besonderen Eigenschaften des Blutes gehen weit über die mystischen Vorstellungen hinaus, die unsere Kultur damit verbindet. Die Mystik hat sogar eine Grundlage in der biologischen Wirklichkeit, denn Blut bringt den Geweben tatsächlich das Leben in Form von Nährstoffen und Sauerstoff. Und es bringt nicht nur Leben, sondern auch Nachrichten und Anweisungen. Zusammen mit dem Nervensystem ist es das Mittel der Kommunikation zwischen den weit auseinanderliegenden Teilen unseres Körpers. Blut erneuert und erhält das *milieu intérieur*, und es transportiert die Hormone, die den Geweben und Zellgemeinschaften mitteilen, durch welche Tätigkeiten sie zum Wohlergehen des Gesamtorganismus beitragen sollen. Wenn der Körper eine ideale Gesellschaft aus Gruppen von Spezialisten ist, sorgen Nervenimpulse und die vom Blut transportierten Hormone für die ständige Information aller Beteiligten, so daß sie wissen, wie sie zum gemeinsamen Ziel der Lebenserhaltung beitragen können. Bis vor etwa 100 Jahren war für alle Vorgänge in diesem Gemeinschaftsunternehmen der Sammelbegriff »tierische

Ökonomie« üblich. Nachdem sich im 19. Jahrhundert die Vorstellung vom Stoffwechsel durchgesetzt hatte, wurde dieser ältere Ausdruck verdrängt; die beiden Begriffe haben allerdings ganz unterschiedliche Bedeutungen.

Stoffwechsel ist definiert als die Gesamtheit aller molekularen Wechselwirkungen in einem Organismus, durch die Substanzen, die für die notwendigen Körperfunktionen erforderlich sind, aufgebaut (diesen Teil des Stoffwechsels nennt man Anabolismus) oder unter Freisetzung von Energie abgebaut werden (Katabolismus). »Stoffwechsel« ist also ein sehr genau definierter Begriff. Man kann die vielfältigen chemischen Details im menschlichen Stoffwechsel einzeln untersuchen und im Labor mit wissenschaftlichen Methoden bestimmen. Zu der Vorstellung vom Stoffwechsel gelangten die Wissenschaftler durch die Erkenntnis, daß Lebewesen aus chemischen Verbindungen und deren Reaktionen in veränderten Umgebungen bestehen. Damit ist er der Inbegriff der mechanistischen Betrachtungsweise unseres Daseins, die das Leben in voller Absicht auf ein Arsenal von Molekülen und meßbaren Vorgängen reduziert. Ohne diese reduktionistische Grundlage hätten wir keinen festen Ausgangspunkt, um Geist und Seele zu verstehen. Aber sie ist offenbar nicht das Ganze.

Wie in allen Sprachen, so entstehen auch in der Sprache der Wissenschaft ständig neue Begriffe, während andere aufgegeben werden. Und nicht nur das: Vorhandene Wörter verlieren immer wieder ihre alte Bedeutung und nehmen eine neue an; ein Ausdruck, der in einer Generation allgemein üblich war, kann in der nächsten etwas ganz anderes besagen. Anders als die biologische Evolution spielt sich die Evolution der Sprache nicht nach dem Prinzip der natürlichen Selektion ab, das heißt, die geeignetste Terminologie ist nicht unbedingt diejenige, die überlebt. Wie in allen anderen Bereichen, so sind auch in der Wissenschaft wertvolle Ausdrücke verlorengegangen.

Einer davon ist der Begriff »tierische Ökonomie«. Er war für die

Biologen und Physiker mehrere hundert Jahre lang sehr nützlich, bis er um die Wende zum 20. Jahrhundert verschwand. Der Terminus »Ökonomie« wird hier im ursprünglichen, grundlegenden Sinn gebraucht, fast gleichbedeutend mit »Hauswirtschaft« oder »Verwaltung«; er bezeichnete (wie in der Gesellschaft) die Gesamtheit aller Produktions- und Verbrauchsvorgänge im Körper einschließlich der Gesetzmäßigkeiten, nach denen sie ablaufen. Da ich dem Begriff (außer in historischem Zusammenhang) in den Werken heutiger Autoren nie begegnet bin, war ich überrascht, daß er noch in meinem hochmodernen medizinischen Wörterbuch aufgeführt ist; er wird dort definiert als »System der Vorgänge in organischen Körpern; auch der Körper als organisiertes Ganzes«.

Der Begriff »tierische Ökonomie« bezeichnet also die Summe aller Vorgänge, durch die ein Lebewesen lebendig bleibt, ob sie sich nun auf der Ebene der Moleküle oder des willentlichen Verhaltens abspielen – die Ansammlung der vielfältigen Reaktionen und Anpassungen, die für die Erhaltung des Organismus sorgen. Ihr Produkt ist ein stabiles Gleichgewicht, zu dem eine Zelle oder ein ganzer Mensch zurückkehrt, wenn die Anpassung an die sich ständig wandelnden inneren und äußeren Umstände erfolgt ist. Die tierische Ökonomie ist der Ausdruck aller inneren Kräfte, die das Leben auf allen Ebenen und in allen seinen Bedeutungen aufrechterhalten – und ihr Vehikel ist das Blut. Blut erhält die sich wandelnde Konstanz des *milieu intérieur* und ermöglicht das Leben mit allem, was dieses Wort einschließt.

Keine Zelle und kein Gewebe kann ohne Blut leben. Kommt die Blutversorgung in bestimmten Körperbereichen zum Erliegen, sind Schlaganfälle, Herzinfarkte, Gangrän an den Gliedmaßen, Nierenversagen und verschiedene andere tödliche Störungen die Folge. Der Tod ist in den Gesetzen der meisten Länder als Gehirntod definiert, und dieser tritt außer durch Kopfverletzungen fast immer durch Blutmangel ein.

Der Hauptgrund für das Absterben nicht durchbluteten Gewebes ist der Sauerstoffmangel. Das Blut transportiert Sauerstoff, Kohlendioxid, Nähr- und Abfallstoffe, Wasser, Hormone und bestimmte Zellen, die für die tierische Ökonomie wichtig sind; es sorgt für eine gleichbleibende Konzentration der vom Körper produzierten Säuren (pH-Wert); es hält die Körpertemperatur konstant, indem es Wärme aus sehr aktiven Bereichen wie der Skelettmuskulatur abtransportiert und neu verteilt oder zur Haut bringt, so daß sie abgegeben werden kann; und seine weißen Zellen bekämpfen Infektionen.

Physikalisch beschreibt man das menschliche Blut am besten als Suspension von Zellen mehrerer Typen in Plasma, einer proteinhaltigen Flüssigkeit, die 55 bis 60 Prozent seines Volumens ausmacht. Im Plasma befinden sich ungefähr sechzig verschiedene Proteine mit unterschiedlichen Aufgaben: Sie bekämpfen beispielsweise Infektionen, lassen das Blut gerinnen und transportieren Fettsubstanzen. Am wichtigsten sind aber drei Gruppen: Albumine, Globuline und Fibrinogen. Wegen der vielen Zellen und Proteine ist das Blut zähflüssig und klebrig – eine dünnblütige Spezies sind wir nicht. Oder wie unsere Mutter uns jedesmal ermahnte, wenn wir mit Freunden weggingen und die kleine Schwester nicht mitnehmen wollten: »Eines Tages wird es dir leid tun. Weißt du, Blut ist dicker als Wasser!« Tatsächlich ist es drei- bis viermal so »dick«.

Das Blut macht 7 bis 8 Prozent unseres Körpergewichts aus – bei einem Menschen von 80 Kilogramm sind das etwa 6 Liter, bei 50 Kilogramm nur 4. Nur 10 Prozent davon befinden sich in den Kapillaren, und 15 Prozent fließen durch die Arterien. Die großen, dehnbaren Venen dagegen nehmen 70 Prozent des Gesamtvolumens auf.

Die Wände der Kapillaren sind so gebaut, daß das Wasser aus dem Plasma sie leicht durchdringen kann; die meisten größeren Moleküle sind dazu jedoch nicht in der Lage. Diese einfache Hin- und Herbewegung des Wassers ist ein wichtiges Kennzeichen des Kreislaufsystems, denn mit ihrer Hilfe kann Flüssigkeit schnell zwischen Kapillaren und Gewebe verschoben werden, was für die Aufrechterhaltung der Stabilität im Blut und in der Umgebung der Zellen sehr wichtig ist. Der Umfang dieser Verschiebung wird zu einem großen Teil durch die Konzentration der in der Flüssigkeit gelösten Moleküle bestimmt. Wenn Wasser eine Membran passiert, die keine anderen Moleküle durchläßt (eine solche Membran nennt man semipermeabel), kann es Konzentrationsunterschiede auf den beiden Seiten der Membran ausgleichen: Es wandert von der niedrigeren zur höheren Konzentration, bis sich ein Gleichgewicht einstellt. Diesen Durchgang einer Flüssigkeit durch eine semipermeable Membran, der zum Ausgleich zwischen den beiden Seiten führt, nennt man »Osmose«.

Das Plasma besteht zu über 90 Prozent aus Wasser. Die in ihm gelösten Proteinmoleküle (auch Plasmaproteine genannt) sind unter anderem deshalb wichtig, weil sie verhindern, daß das Wasser unkontrolliert durch die Kapillarwand in die interstitielle Flüssigkeit mit ihrer hohen Konzentration gelöster Substanzen sickert. (Verstärkt wird diese Neigung zum Durchsickern durch den Druck an der Verbindungsstelle von Arterie und Kapillare, der das Wasser ebenfalls hinauspreßt.) Mit ihrer hohen Konzentration im Plasma gleichen die Proteine die Tendenz zum Wasserverlust aus, obwohl sie weder aktive Anziehungskräfte noch einen negativen Druck ausüben. Da diese »Kraft« das Wasser in der Kapillare festhält, nennt man sie auch osmotischen Druck. Der Begriff bezeichnet ganz allgemein den Effekt, durch den eine Flüssigkeit aufgrund der Konzentration gelöster Moleküle auf einer Seite einer Membran festgehalten wird.

Unter den vielen Proteinen im Blutplasma ist für die Aufrechterhaltung des osmotischen Druckes das Albumin am wichtigsten; es macht bis zu 60 Prozent aller Proteinmoleküle im Blut aus. Der Albuminspiegel hängt zu einem großen Teil vom Ernährungszustand ab. Während der Verdauung werden die Proteine der Nahrung zu Aminosäuren abgebaut, und diese kreisen dann mit dem Blut durch den ganzen Körper, so daß die Zellen sie aufnehmen und je nach Bedarf in die verschiedensten Proteine einbauen können. Viele dieser Proteine werden für den ganzen Organismus in der Leber hergestellt und dann ins Blutplasma entlassen. Die wichtigste Aufgabe des auf diese Weise erzeugten Albumins besteht darin, das Wasser im Blut festzuhalten, aber es bindet auch an andere Substanzen und trägt dazu bei, sie im Blutplasma zu transportieren.

Bei unterernährten Menschen geht der Albuminspiegel deutlich zurück; das hat zur Folge, daß der osmotische Druck absinkt, so daß die Kapillaren das Wasser nicht mehr festhalten können; ein Teil sickert in die interstitielle Flüssigkeit ein, so daß das Gewebe anschwillt. Das ist die Ursache der geschwollenen Gliedmaßen bei krebskranken und hungernden Menschen; manchmal ist auch der Bauch deutlich aufgetrieben, ein Zustand, den man früher als Wassersucht bezeichnete. Die Gewebeschwellung nennt man Ödem; besonders häufig sind davon die unteren Extremitäten betroffen, denn die Schwerkraft verstärkt den Vorgang. Die kleinen Kinder in hungergeplagten Drittweltländern mit Schwellungen an Armen und Beinen sowie gewaltig vorstehendem Bauch, die wir von bewegenden Fotos kennen, leiden an einem dramatisch niedrigen Plasmaalbuminspiegel. Bei ihnen sickert die Flüssigkeit in großen Mengen nicht nur ins Gewebe, sondern auch in die Bauchhöhle. Die geschwächten Bauchmuskeln können sie nicht eindämmen, so daß sich eine riesige Flüssigkeitsmenge im Bauch dieser schrecklich leidenden kleinen Menschen sammelt. Wird der Zustand nicht durch bessere Ernährung behoben, müssen diese Kinder sterben.

Die zweitgrößte Gruppe der Proteine nach dem Albumin sind die Globuline. Es gibt drei Arten von ihnen: Alpha-, Beta- und Gamma-Globulin. Die Typen Alpha und Beta transportieren Fettsubstanzen und fettlösliche Vitamine (A, D, E und K). Von der Bedeutung der Gamma-Globuline für die Immunabwehr wird noch genauer die Rede sein.

Außer den Proteinen enthält das Plasma viele andere Substanzen:

Zucker in Form von Glucose (Traubenzucker); Fettsubstanzen, auch Lipide genannt, darunter Cholesterin, Triglyzeride und Fettsäuren; Vitamine; Hormone; Aminosäuren; Salze von Natrium, Kalium, Calcium und anderen Elementen; kleine Mengen Eisen, Kupfer und Zink; ein wenig Sauerstoff, Kohlendioxid und Stickstoff in gelöster Form; und schließlich Abfallprodukte des Stoffwechsels wie Harnstoff, Harnsäure und Kreatinin.

Die Farbe des Blutes ist die Farbe des Hämoglobins – hellrot im sauerstoffreichen, ein wenig dunkler im sauerstoffarmen Zustand. In den Blutgefäßen dicht unter der Haut sieht es blau aus, denn diese Gefäße sind Venen, deren dünne Wände eine bläulichviolette Färbung haben. Der Begriff »blaublütig« entstand übrigens wahrscheinlich während der maurischen Herrschaft in Spanien; damals rühmten sich die Mitglieder der alten kastilischen Familien ihrer reinen Rasse, indem sie auf das blaue, durch die Haut sichtbare Blut hinwiesen, das sie *sangre azul* nannten. Es war ein klassisches Beispiel voreingenommener Beobachtung: Daß das Blut von Kastiliern und Mauren nach einer Verletzung in der gleichen Farbe zum Vorschein kam, wurde geflissentlich übersehen. Die katholischen Kastilier ignorierten offenbar auch Paulus' Botschaft an die Athener, in der er (einer Lesart zufolge) erklärte, Gott habe »aus einem Blute das ganze Menschengeschlecht gemacht, damit sie auf dem ganzen Erdboden wohnen« (Apostelgeschichte 17, 26).

Die roten Blutzellen nennt man nach den griechischen Wörtern für »rot« und »Zelle« auch Erythrozyten. Sie stammen wie alle festen Bestandteile des Blutes von Vorläufern im Knochenmark ab, den Stammzellen. Wenn eine Stammzelle sich zum Erythrozyten differenziert, verliert sie den Zellkern – scheinbar ein Mangel, der aber den Vorteil hat, daß die Zelle nun mehr Platz für Hämoglobinmoleküle bietet. Den Zellkern brauchen die roten Blutzellen nicht. Wenn sie ausgereift sind, benötigen sie keine Anweisungen zum Aufbau von Proteinen mehr, denn dann haben sie für ihre Lebensdauer von etwa 120 Tagen bereits genügend Enzyme und andere

Proteine hergestellt. Ohne Zellkern können sie sich aber auch nicht mehr fortpflanzen, das heißt, sie können nur durch die Stammzellen im Knochenmark ersetzt werden. Deshalb bezeichnet man die Erythrozyten auch als »endgültig differenziert«.

Eine ausgereifte rote Blutzelle ist bikonkav. Einfacher kann man auch sagen: Sie sieht aus wie ein Teigkringel, dessen Loch in der Mitte durch eine dünne Teigschicht verschlossen ist. Diese Form hat den Vorteil, daß das Hämoglobin dicht unter der Zellmembran liegt und den Sauerstoff besonders wirksam freisetzen kann. Da die Zelle außerdem weich und elastisch ist, kann sie sich leicht biegen oder verformen und sich so durch die engen Kapillaren zwängen. Sobald sie die Engstelle hinter sich hat, nimmt sie wieder ihre normale Gestalt an.

Die Entstehung der Erythrozyten wird, wie bereits erwähnt, von dem Hormon Erythropoietin beeinflußt, und zwar durch eine Art negativen Rückkopplungsmechanismus. Wenn in den Nieren (und in geringerem Ausmaß auch in der Leber) Sauerstoffmangel auftritt, verstärkt sich dort die Erythropoietin-Produktion. Das Hormon gelangt mit dem Blut ins Knochenmark und sorgt dort für eine verstärkte Produktion roter Blutzellen. Dieser Effekt tritt bei chronischer Anämie, manchen Lungenkrankheiten und auch bei einem Aufenthalt in großen Höhen auf.

Wie der ganze Mensch, so werden auch die roten Blutzellen mit zunehmendem Alter empfindlicher. Sie nehmen leichter Schaden, wenn sie sich durch die Kapillaren quetschen oder durch das schwammartige Gefäßgeflecht der Milz geschleust werden. Geschädigte Erythrozyten werden von Makrophagen (wörtlich »große Esser«) eingeschlossen, Freßzellen, die in der Innenwand der Blutgefäße von Milz, Leber und Knochenmark liegen. Die Makrophagen bauen die roten Blutzellen ab und führen deren Bestandteile der Wiederverwertung zu. Jeden Tag wird auf diese Weise etwa ein Prozent der roten Blutzellen beseitigt. Da die Erythrozyten mehr als 40 Prozent des gesamten Blutvolumens ausmachen, muß ihre Erneuerung schnell und ununterbrochen ablaufen. François Rabelais, der Arzt war, bevor er zu einem der berühmtesten Schriftsteller des 16. Jahrhunderts wurde, sagt in *Gargantua und Pantagruel*: »Leben bestehet aus Blut; Blut ist das Innerste der Seele; deshalb ist es die vornehmste Aufgabe des Kosmos, ununterbrochen Blut herzustellen.« Das ununterbrochen tätige Knochenmark ersetzt im Normalfall jede Woche eine Menge von roten Blutzellen, die etwa einem halben Liter Blut entspricht, aber je nachdem, wieviel Erythropoietin die Nieren herstellen, kann es seine Produktion auch auf ein Mehrfaches dieser Menge steigern, wenn eine schwere Anämie den Ausgleich des Mangels verlangt. Anämie ist das Absinken der Hämoglobin- oder Erythrozytenmenge unter den Normalwert. Es führt zu einem verstärkten Abbau roter Blutzellen und/oder zu einer verminderten Neuproduktion. Es gibt über hundert verschiedene Formen der Anämie, aber am häufigsten entsteht sie durch plötzlichen oder chronischen Blutverlust. Gäbe es im Blut keine Faktoren, die für die Gerinnung sorgen, würden wir alle verbluten. Der hohe Blutdruck in den Arterien, der das Blut aus jeder kleinen Hautwunde preßt, würde praktisch immer für tödliche Blutungen sorgen, wenn wir keine Mechanismen besäßen, die dem entgegenwirken. Selbst verletzte kleine Venen und Arterien würden immer weiter bluten, wenn es nicht die Blutgerinnung gäbe.

Zu den verschiedenen differenzierten Nachkommen der Stammzellen gehören auch die Blutplättchen oder Thrombozyten, kleine Gebilde, die wesentlich zur Gerinnungsfähigkeit des Blutes beitragen. Blutplättchen sind runde oder ovale Scheibchen, die etwa ein Viertel bis halb so groß sind wie die roten Blutzellen. Wird ein Blutgefäß verletzt, ragen aus den Bruchrändern Bindegewebsfasern heraus, an denen die Blutplättchen hängenbleiben; sie verklumpen und verschließen die Öffnung, wenn sie nicht zu groß ist. Außerdem setzen sie Substanzen frei, die weitere Blutplättchen anziehen, und sie produzieren Serotonin, ein Hormon, das in dem Blutgefäß eine reflexartige Verengung auslöst. Bei sehr kleinen Gefäßen reichen der Pfropfen aus Blutplättchen und die Verengung des Gefäßes unter Umständen schon aus, um die Blutung zum Stillstand zu bringen. Selbst eine recht große Arterie, die man völlig durchschneidet, kann sich so stark zusammenziehen, daß kein Blut mehr austritt.

Zu den eindrücklichsten Erlebnissen meiner Zeit als Medizinstudent gehörte ein aufschlußreicher Moment, der mit dieser bemerkenswerten Fähigkeit einer Arterie zu tun hatte. An einem meiner ersten Tage als chirurgischer Assistent wurde morgens ein hysterisch weinender Arbeiter am Aufnahmeschalter der Notambulanz vorbeigeschoben; wenige Minuten zuvor hatte ihm eine schlecht geschützte Kreissäge auf einem nahe gelegenen Holzplatz den rechten Arm knapp unter dem Ellenbogen abgetrennt. Als der diensthabende Arzt Charlie Harris und ich den blutdurchtränkten Verband abnahmen, den sein Vorarbeiter eilig angelegt hatte, sahen wir die verschlossenen, abgeschnittenen Enden der Ellen- und Speichenarterie, der beiden großen Schlagadern, die zur Hand führen. Bei genauerem Hinsehen erkannten wir, daß beide Gefäße, jedes mit einem Durchmesser von etwa einem halben Zentimeter, sich so stark verkrampft hatten, daß sie praktisch verschlossen waren. Aus einigen größeren Venen sickerte ein wenig Blut, aber ansonsten war der Armstumpf kaum mehr als feucht.

In unserer Eile und Unerfahrenheit vergaßen wir, am Oberarm ein Stauband anzulegen; das hätten normalerweise schon die Sanitäter getan, wäre der Patient nicht die vier Häuserblocks vom Holzplatz bis ins Krankenhaus gelaufen. Zweifellos angestachelt durch sein eigenes Adrenalin und Serotonin, vergeudete Charlie keine Zeit damit, ungläubig den Kopf zu schütteln. Anders als ich, der verblüffte Medizinstudent, der mit offenem Mund neben ihm stand, wußte er genau, was er zu tun hatte, oder zumindest glaubte er das. »Legen wir an die Dinger lieber ein paar Klemmen, bevor sie es sich anders überlegen und uns mit Blut vollspritzen«, rief er in seiner

Aufregung aus. Während er sich Gummihandschuhe über seine eifrigen (aber immer noch zitternden) Hände streifte und Anweisung gab, eine Packung mit keimfreien Instrumenten zu öffnen, legte die Oberschwester in aller Stille oberhalb des Ellbogens eine Blutdruckmanschette an und pumpte sie so weit auf, daß die Blutzufuhr des Armes abgeschnitten war und die zu erwartende Blutung verhindert wurde. Damit rettete sie den terrorisierten Patienten vor dem zusätzlichen Trauma, daß zwei unbeholfene Amateure in dem offenen, nicht betäubten Stumpf herumstocherten; Charlie und mir ersparte sie ebenfalls ein traumatisches Erlebnis, das uns sicher gewesen wäre, als wenige Minuten später ein Chirurg erschien und sah, was wir angerichtet hatten.

Nachdem die Chirurgen eingetroffen waren und den Patienten rasch in den Operationssaal gebracht hatten, ging ich in die kleine Kammer, in der das Schwarze Brett der Notambulanz hing, und ließ mich direkt davor auf einen Stuhl fallen. Lange Zeit betrachtete ich ein Pappschild, das den größten Teil der Korkfläche einnahm; darauf hatte ein kluger Assistent aus der Inneren in Schönschrift einen prägnanten Ausspruch von Schiller geschrieben, der genau auf Fälle wie diesen zutraf: »Gegen Dummheit kämpfen Götter selbst vergebens.« Und was Charlie Harris anging – er gab die Chirurgenausbildung nach der Assistentenzeit auf und ging in die Psychiatrie. Heute hat er einen (auch für die Patienten) sicheren Arbeitsplatz bei einer großen Krankenversicherung an der Westküste.

Die starke Gefäßverengung wie bei unserem Notfallpatienten beobachtet man zwar häufig, aber sie reicht zusammen mit den Blutplättchen in der Regel nicht aus, um einen anhaltenden Blutverlust zu verhindern. Deshalb muß der Gerinnungsmechanismus eingreifen. Die Blutungshemmung oder Hämostase ist ein höchst komplizierter Vorgang, an dem nicht nur Blutplättchen und Gefäßverengung beteiligt sind, sondern auch zahlreiche andere Faktoren und chemische Substanzen, die wie ein guttrainiertes Ölbohrteam koordiniert zusammenwirken. Wenn die Blutgerinnung nicht aus so vielen untereinander verflochtenen Einzelschritten bestünde, könnte das Blut in den Gefäßen wahrscheinlich kaum flüssig bleiben.

Die chemischen Substanzen, die bei der Blutgerinnung mitwirken, bezeichnet man als Gerinnungsfaktoren. Die Faktoren I und II sind die Plasmaproteine Fibrinogen und Prothrombin (ein »Thrombus« ist ein Blutgerinnsel). In Gegenwart von Calcium und anderen Substanzen, die von verletztem Gewebe ausgeschüttet werden, verwandelt sich das Prothrombin in Thrombin, das seinerseits als Enzym wirkt und aus dem Fibrinogen die langen Fäden des Fibrins macht. Die Fibrinfäden haften wie die Blutplättchen an verletzten Stellen der Gefäße und bilden ein verfilztes Geflecht, in dem rote und weiße Blutzellen sowie weitere Blutplättchen hängenbleiben. Die so entstehende geleeartige Masse ist das Blutgerinnsel. Alle anderen Gerinnungsfaktoren sind ebenfalls an dem Vorgang beteiligt, und ein richtiger Pfropfen kann sich nur dann bilden, wenn eine ganze Palette biochemischer Vorgänge abläuft.

Wenn das Blutgerinnsel fertig ist, heften sich winzige Aussstülpungen, die mittlerweile an den Membranen der Blutplättchen entstanden sind, an die Fibrinfäden. Damit beginnt ein Vorgang, den man als Retraktion bezeichnet: Das Gerinnsel wird kleiner und härter; es zieht die Ränder des geschädigten Blutgefäßes zusammen und läßt das gelbliche Serum (Blutplasma ohne die Gerinnungsfaktoren) austreten.

Aber das ist noch nicht alles. Die Blutplättchen setzen noch weitere Substanzen frei, die bei der Reparatur der geschädigten Gefäßwände mitwirken. Kurz darauf wandern Zellen aus der Nachbarschaft, die Fibroblasten, in das Gerinnsel ein und bauen ein narbenähnliches Bindegewebe auf, so daß die Heilung vollendet wird.

Das alles geschieht zum Beispiel jedesmal, wenn wir uns beim Rasieren schneiden, ja sogar bei winzigen Verletzungen wie einem Nadelstich. Dieser bemerkenswerte Vorgang verhindert, daß wir an einem Schnitt in den Finger verbluten. Zwar ist eine ganze Reihe von Krankheiten auf das Fehlen oder die mangelhafte Funktion des einen oder anderen Gerinnungsbestandteils zurückzuführen, aber das eigentlich Bemerkenswerte daran ist die Seltenheit solcher Störungen. Die häufigste Gerinnungsstörung ist die klassische Bluterkrankheit oder Hämophilie, die durch einen Defekt des Blutgerinnungsfaktors VIII entsteht, aber selbst sie kommt nur bei einem von 10 000 Männern und bei Frauen praktisch überhaupt nicht vor.

Ein Patient mit einer Gerinnungsstörung bescherte mir eines der demütigendsten Erlebnisse in meiner dreißigjährigen Laufbahn als Chirurg. Man kann aus der Geschichte mehrere Lehren ziehen, aber es waren Lehren, die ich eigentlich nicht nötig haben sollte. Ich hatte lange zuvor gelernt, wie man in Situationen wie diesen der Gefahr aus dem Weg geht, aber das verhinderte nicht, daß ich in die Falle ging und das Leben meines Patienten gefährdete.

Wie ich die Ereignisse jenes Tages auch betrachte: ich gelange immer wieder zu der Gewißheit, daß die Katastrophe ebenso von mir ausging wie von meinem unglücklichen Patienten. Sie kam zustande, weil ich einige eiserne Regeln brach, die ich mir selbst auferlegt hatte.

In meinen Berufsjahren habe ich zahlreiche Darmspiegelungen durchgeführt. Bei diesem diagnostischen Verfahren schiebt man ein beleuchtetes Rohr (das Endoskop) in den Darmausgang des Patienten, so daß der Arzt den letzten Abschnitt des Verdauungstraktes mit dem Enddarm und den letzten Zentimetern des Dickdarms untersuchen kann. Während des größten Teils meiner Berufsjahre war das Endoskop ein starrer, etwa 25 Zentimeter langer Stahlzylinder. Seitdem es die Faseroptik gibt, hat man ein biegsames, schlangenähnliches Instrument, mit dem man 40 Zentimeter und mehr in den Darm eindringen kann. Die folgende Geschichte ereignete sich 1980, als man noch die starren Endoskope benutzte. Der Patient war ein gesunder, unverheirateter Mann von 50 Jahren. Er war zu mir gekommen, weil er auf seinem Stuhl Streifen hellroten Bluts bemerkt hatte. Ansonsten war seine Vorgeschichte unauffällig, und bei der körperlichen Untersuchung ergab sich nichts Beunruhigendes außer ein wenig Blut auf der Spitze meines behandschuhten Fingers, den ich in seinen After eingeführt hatte. Als ich ihm sagte, ich müsse mir den soeben untersuchten Bereich mit einer Darmspiegelung ansehen, reagierte er, als hätte ich gesagt, ich müsse ihm sofort im Sprechzimmer und ohne Narkose die Gallenblase herausnehmen. Er wurde nervös und ärgerlich und wollte mich nicht weitermachen lassen. »Erst einmal«, so sagte er, »habe ich sowieso schreckliche Angst, wenn jemand mich da unten anfaßt, und ich habe schon die Untersuchung mit dem Finger kaum ertragen. Und jetzt wollen Sie mir ein Stahlrohr in den Arsch rammen? Nie im Leben!«

Patienten bedienen sich beim Arzt nur selten einer schlüpfrigen Sprache, und insbesondere dieser Mann war eigentlich nicht der Typ, der auch nur einen so relativ harmlosen Ausdruck wie »Arsch« benutzte. Er war gebildet und höflich – ein Mann von Welt, in einer Führungsposition tätig. Bis zu diesem Augenblick war er sehr beherrscht gewesen, abgesehen von einem Unangenehm-Berührtsein, als ich meinen Finger in seinen Darm einführte – eine durchaus nicht ungewöhnliche Reaktion. Jetzt aber brachte ihn der Gedanke an weitere Prozeduren derart in Rage, daß er sein Beherrschung zum Teil verlor. Von einer Fortsetzung der Untersuchungen wollte er nichts wissen.

In einer solchen Situation ist es kaum am Platz, wenn der Chirurg sich auf eine Diskussion über Psychodynamik und die unterbewußte Bedeutung des Anus für das Gefühlsleben einläßt, aber ich fühlte mich gezwungen, meinem widerwilligen Patienten so diplomatisch wie möglich mitzuteilen, daß er eine Krebserkrankung riskierte, wenn er mich die Untersuchung nicht fortsetzen ließ. Und wie so oft brachte allein das gefürchtete Wort seinen Protest zum Verstummen. Die Wirkung ähnelt nicht ohne Grund der, die Samuel Johnson bei einem Mann beschreibt, der gehängt werden soll:

Die Möglichkeit von Krebs »konzentriert seinen Geist ganz hervorragend«. Schnell willigte mein Patient in die Darmspiegelung ein, und während er auf den Untersuchungstisch stieg, herrschte er mich über die Schulter an: Ich sollte nicht vergessen, daß er Angst hatte, empfindlich war und alles, was er erdulden mußte, ganz entsetzlich fand.
Mit größtmöglicher Vorsicht (und auch möglichst schnell) strich ich ein Gleitmittel in den Darmausgang und führte das Endoskop ein. Auf der Vorderseite der Darmwand, etwa zwölf Zentimeter vom Ausgang entfernt, war deutlich ein kleiner Polyp zu erkennen. Eine solche Gewebewucherung sieht aus wie ein kleiner Baum mit kurzem, dünnem Stamm und einer verdickten Spitze. Mit bloßem Auge erschien er nicht krebsartig, aber er mußte dennoch entfernt werden, nicht nur um die Blutungen zu beseitigen, sondern auch weil Polypen eine Vorstufe zum Krebs sind. Ich zog das Endoskop heraus und sagte meinem Patienten, was ich gesehen hatte.
»Warum machen Sie nicht einfach weiter und nehmen es raus?« war seine verärgerte, aber durchaus angebrachte Antwort. Ich erklärte ihm, ich sei der Meinung, daß man Polypen nur unter kontrollierten Bedingungen entfernen sollte. Die sogenannte Polypektomie gehört zwar zu den kleinsten chirurgischen Eingriffen, aber sie ist immerhin eine Operation, die man indirekt mit dem Endoskop ausführt, und in der Regel kann der Chirurg dort auch nicht nähen. Deshalb kann es – allerdings nur in sehr seltenen Fällen – zu Komplikationen kommen.
»Zum Beispiel?« forschte er weiter. »Zum Beispiel stärkere Blutungen«, erklärte ich, »die dann sehr schwer zu kontrollieren sind.« Außerdem wies ich darauf hin, daß Polypen scheinbar so einfach zu behandeln sind, so daß man leicht in Versuchung gerät, einfach weiterzumachen und sie abzuschneiden. Aber meine Praxis ist nicht vollständig für Eingriffe am Magen-Darm-Trakt und die Beherrschung aller Notfälle eingerichtet, und deshalb widerstehe ich der Versuchung; noch viel weniger besitze ich eines jener lang-

stieligen Instrumente, die man Biopsiezangen nennt. Gewöhnlich entferne ich Polypen in der Ambulanz meines Krankenhauses, wo alles bereitsteht, falls etwas schiefgehen sollte – was mir allerdings noch nie passiert war.

Mein Patient – ich möchte ihn Mr. Sorge nennen – hörte sich genau an, was ich zu sagen hatte, und verkündete dann, er habe es sich überlegt. In die Ambulanz würde er auf keinen Fall gehen, aber wenn ich es an einem anderen Tag in meiner Praxis tun würde, wäre er dazu bereit. Und nicht nur das: Von einer Überweisung zu einem anderen Arzt, der die Beseitigung von Polypen in der Praxis nicht so hartnäckig ablehnte wie ich, wollte er ebenfalls nichts hören. »Ich bin an der Stelle so empfindlich, da kann ich nicht noch einmal von vorn anfangen. Ich werde es nicht tun, und Sie werden es nicht schaffen, mich zu überreden.« Genau in diesem Augenblick machte ich meinen bedauerlichen Fehler. Ich wußte genau, daß er meinte, was er sagte, und da ich Angst hatte, meine Pflicht gegenüber Mr. Sorge nicht zu erfüllen, wenn der Polyp in seinem Darm blieb, gab ich nach. Ich wollte es genauso machen, wie er es verlangte, und zwar hier in meiner Praxis.

Aber zunächst stellte ich Mr. Sorge ein paar Fragen. F: Hatte jemand in Ihrer Familie ein Problem mit Blutungen? A: Ich bin adoptiert worden. F: Bluten Sie stark, wenn Sie sich beim Rasieren schneiden? A: Ich rasiere mich elektrisch. F: Wie steht es, wenn Sie sich in den Finger schneiden? A: Da hatte ich noch nie Schwierigkeiten. F: Hat man Ihnen die Mandeln herausgenommen, oder hatten Sie eine andere Operation, bei der Sie stark geblutet haben? A: Ich bin noch nie operiert worden. F: Blutet Ihr Zahnfleisch beim Zähneputzen? A: Nein. F: Bekommen Sie leicht blaue Flekken? A: Nicht mehr als jeder andere.

Als ich Mr. Sorge untersuchte, hatte ich an Gliedmaßen und Rumpf keine Blutergüsse bemerkt. Ohne Anzeichen auf der Haut und mit solchen Antworten schien die Möglichkeit einer Gerinnungsstörung sehr fernzuliegen.

Als ich am nächsten Vormittag den Operationssaal des Krankenhauses verließ, lieh mir die Oberschwester mit Vergnügen eine Biopsiezange. Ich prüfte sehr genau ihre Schneiden, denn ich wollte mich überzeugen, daß sie scharf genug waren und den Polypen am Ansatz sauber und mit möglichst wenig Schäden am umgebenden Gewebe abschneiden konnten. Ich hatte schon viele Polypen entfernt und rechnete nicht mit Schwierigkeiten, obwohl ich immer noch Zweifel hatte, ob mein Vorhaben klug war.
Am folgenden Nachmittag lag mein Patient vor mir. Ich führte das Endoskop zwölf Zentimeter weit ein und richtete den Lichtstrahl direkt auf den Polypen. Dann schob ich die Zange durch den Hohlraum des Rohrs und brachte die geöffneten Schneiden an die Stelle, wo der Polyp an der Darmwand verwachsen war. Nun betätigte ich den Handgriff und schnitt das kleine Gebilde sauber ab. Mit dem Polypen zwischen den Schneiden zog ich die Zange zurück. Das Endoskop ließ ich an seinem Platz, um mich zu vergewissern, daß nichts blutete.
In meinem Gesichtsfeld war kein einziger Tropfen Blut zu sehen. Die Darminnenwand sah aus, als hätte man einen kleinen Kreis ausgestanzt, mit einem Durchmesser von etwa einem halben Zentimeter. Er wirkte rundherum sauber und gesund. Ich beobachtete ihn etwa eine Minute lang und zog dann das Endoskop heraus.
Wenn ich heute, nach über fünfzehn Jahren, an diesen Augenblick zurückdenke, erinnere ich mich noch genau, welche Gedanken mir damals durch den Kopf gingen: »Du bist wirklich viel zu zwanghaft, Junge. Da siehst du, wie einfach es war. Deine Vorsichtsmaßnahmen wären wirklich nicht nötig gewesen – der ganze Aufwand, um den Eingriff im Krankenhaus durchzuführen; die Ortsveränderung, die du dem Patienten und auch dir selbst zumutest; die tagelangen unnötigen Sorgen bei den Leuten, die glauben, sie hätten etwas Gefährliches vor sich. Und denk nur an die Kosten. Vielleicht solltest du dir eine Biopsiezange kaufen und dich nicht mehr wegen Dingen aufregen, die sowieso nie passieren.«

Mr. Sorge war glücklich, und ich auch. Der Polyp war offensichtlich gutartig und mit ziemlicher Sicherheit die Ursache der Blutungen. Zu einem späteren Zeitpunkt sollte der ganze Dickdarm einer sogenannten Kolonoskopie unterzogen werden, aber er hatte mir schon versichert, das würde er ablehnen. Und er würde auch keine Röntgenuntersuchung mit einem Bariumeinlauf über sich ergehen lassen. »Ich hatte einmal das Ding in mir, Doktor«, sagte er. »Das reicht. Nein, danke.«

Ich war mit meinem Kompromiß zufrieden. Ohne die Möglichkeit der Vollnarkose hätte ich den Polypen auf keine andere Weise entfernen können, und alles war gutgegangen. Das Ganze hatte sogar so gut geklappt, daß ich mich unlogischerweise fragte, ob ich in den zwanzig Jahren zuvor übermäßig vorsichtig gewesen war, weil ich mich geweigert hatte, Abstriche von der in meinen Augen bestmöglichen klinischen Versorgung zu machen. Natürlich waren das törichte Gedanken, die sich für einen erfahrenen Arzt nicht schickten. Ich hatte Skrupel gehabt, weil ich die eine unter hundert oder tausend möglichen Komplikationen vermeiden wollte, die das Leben des Patienten hätte in Gefahr bringen können. Eine solche Handlungsweise hatte ich immer für gut gehalten, und angesichts meines einzelnen Erfolges mit Mr. Sorge etwas anderes zu denken war unlogisch.

Aber wie sich herausstellen sollte, war ich mitten in der Neuauflage einer alten Geschichte: Weiche ein einziges Mal von deinen Prinzipien ab, mach ein einziges Mal Abstriche, und genau dann geschieht eine unvorhersehbare Katastrophe. Am Spätnachmittag, etwa drei Stunden nachdem Mr. Sorge – höchst zufrieden mit sich selbst – meine Praxis verlassen hatte, meldete sich mein Rufgerät. »Rufen Sie sofort Mr. Sorge an«, sagte die Dame vom Telefonservice. »Er sagt, er blutet.«

Sorge war am Telefon, bevor das erste Klingelzeichen zu Ende war. »Ich mußte zur Toilette, und da kam eine Riesenmenge Blut heraus. Und jetzt muß ich schon wieder.« Ich versuchte meinen aufgeregten Patienten zu beruhigen und sagte, die Blutung sei wahrscheinlich geringer, als es den Anschein habe – ein wenig Blut in der Toilette färbt das Wasser dunkelrot, und dann sieht es nach viel mehr aus, als es ist. Jedenfalls kann man es leicht zum Stillstand bringen. Aber das hier war Mr. Sorge – nichts konnte ihn davon überzeugen, daß er nicht in den nächsten zehn Minuten sterben würde. Ich sagte ihm, er solle sich ins Bett legen und ich würde ihm sofort einen Krankenwagen schicken. Er solle aufstehen und den Darm entleeren, wenn der Drang zu groß würde, aber ansonsten lautete die Anweisung, ruhig zu liegen.

Nachdem ich den Krankenwagen gerufen hatte, beendete ich schnell das Gespräch mit dem Patienten, den ich auf meiner abendlichen Visite gerade besucht hatte; dann eilte ich in die Notambulanz, um auf Mr. Sorge zu warten. Als man ihn auf der fahrbaren Trage hereinbrachte, war er höchst nervös und fast außer sich. Ich sprach so sanft wie möglich mit ihm, aber das war umsonst. Seine Stimme wechselte zwischen einem leisen Murmeln und einem fast schreienden Ton, und man konnte auch leicht erkennen, warum. Es war keine kleine Blutung. Hose und Unterhose waren mit frischem Blut getränkt, die Rückseite der Hosenbeine war durchgeweicht. Obwohl die Infusion, die man ihm im Krankenwagen angelegt hatte, mit voller Geschwindigkeit lief, klagte er über entsetzlichen Durst.

Durst ist ein normales Symptom, wenn jemand viel Blut verloren hat. Unter anderem versucht der Organismus den Verlust auszugleichen, indem er Wasser aus der interstitiellen Flüssigkeit in die Kapillaren verschiebt, um das Volumen aufrechtzuerhalten (siehe Kapitel 2); dabei wird das Blut verdünnt, und die interstitielle Flüssigkeit wird konzentrierter, so daß ihr osmotischer Druck steigt. Sensoren für den osmotischen Druck befinden sich im Durstzentrum, einer Gruppe von Zellen im Hypothalamus des Gehirns. Bemerken diese sogenannten Osmorezeptoren einen Anstieg des osmotischen Drucks, verursachen sie das Durstgefühl. Verstärkt wird der Durst durch die verringerte Speichelproduktion, eine Folge der geringeren Wassermenge im Gewebe. Durstgefühl und der trockene Mund addieren sich zu einem verzweifelten Drang, etwas zu trinken – eine lebensrettende Anpassung, wie man sie sich besser nicht vorstellen kann, denn sie sorgt für Wassernachschub zum Auffüllen des Kreislaufs.

Da Sorge so starken Durst hatte, war es nicht verwunderlich, daß der Blutdruck sank und der Puls auf 120 gestiegen war, nicht nur wegen des Blutverlustes, sondern auch durch die Aufregung. Zweifellos war das ganze Arsenal seiner Flüchten-oder-kämpfen-Reaktionen in Aktion getreten. Sein sympathisches Nervensystem feuerte wie ein Marinekorps beim Sturmangriff.

Ein schnell wirkendes Beruhigungsmittel, das ich injizierte, ließ die Aufregung rasch abklingen, so daß man ihn auf die Seite drehen und ich ein Endoskop in den Darm einführen konnte. Sobald es an seinem Platz war, floß eine große Menge übelriechenden Blutes durch das Rohr auf den Fußboden; es spritzte auf meine Hose und auf die Schuhe eines Assistenzarztes und der neben mir stehenden Schwester. Obwohl sich darin große, weiche Gerinnsel befanden, schöpfte ich Verdacht.

Trotz der Blutklumpen machte ich mir Sorgen, es könne eine Gerinnungsstörung vorliegen. Die Arterie in der Mitte eines kleinen Polypen ist winzig, und auch wenn sie lange nach dem Schnitt zu bluten begonnen hatte, hätte sie sich durch die normalen Mechanismen längst schließen müssen. Ich vermutete eine Gerinnungsstörung, bei der die Blutplättchen sich nicht an die Ränder verletzter Gefäße anheften können und deshalb keinen Verschluß bilden. Wenn sich dieser Verdacht bestätigte, waren die Gerinnsel in dem ausgetretenen Blut leicht zu erklären: Das Blut, das aus der Arterie austrat, vermischte sich mit den Darmsäften, die dann die Gerinnung in Gang setzten, aber so, daß sie nicht mehr zum Schließen des Gefäßes beitragen konnten. Unter solchen Umständen blutet der Patient weiter, obwohl das Blut außerhalb des Gefäßes gerinnt.

Aus einer Armvene wurde Blut entnommen, aber am wichtigsten war mir, die Stelle der Biopsie noch einmal zu untersuchen und die Blutung zum Stehen zu bringen. Parallel dazu wurde die Kreuzprobe für eine Transfusion vorgenommen.
Ich schob ein dünnes Absauggerät durch das Endoskop, und es gelang mir, das Blut aus dem Darm zu entfernen. Wenige Minuten später starrte ich auf den ausgestanzten Bereich, der Stunden zuvor so beruhigend ausgesehen hatte. Genau in seiner Mitte schoß mit jedem Herzschlag eine winzige Blutfontäne heraus wie ein kleiner, pulsierender Springbrunnen. Die ganze Umgebung sah genauso sauber aus wie bei der Untersuchung zuvor.
Ich wickelte ein Stück Verbandmull um einen langen Kunststoffstab, schob ihn durch das Endoskop und drückte ihn fest gegen die Verletzung. Das brachte die Blutung zum Stehen. Drei Minuten erhielt ich den Druck aufrecht, aber sobald ich lockerließ, pulsierte die rote Fontäne von neuem. Nun gab ich Anweisung, das nächste Mullpäckchen mit Adrenalinlösung zu tränken, damit das winzige Gefäß sich zusammenzog. Auch das blieb ohne Wirkung, selbst beim zweiten und dritten Versuch, wobei ich den Druckverband jedesmal ein wenig länger auf der Wunde festhielt. Sorges Blutdruck war um zehn Millimeter Quecksilbersäule gestiegen und lag jetzt bei 90; der Puls war auf 110 gesunken, zweifellos wegen der großen Infusion, die er bekommen hatte. Jetzt traf die erste Blutkonserve ein, und das Transfusionsblut tropfte in seine Vene.
Es war deutlich zu erkennen, daß die Blutung nur mit einer Naht gestillt werden konnte. Um zwölf Zentimeter tief in seinem Enddarm arbeiten zu können, mußten wir die Analöffnung stark erweitern, so daß ich die Finger mit dem Nadelhalter und dem Faden hineinstecken konnte. Das war nur unter Narkose möglich. Die beste Möglichkeit war eine Spinalanästhesie, bei der alle motorischen und sensorischen Nerven unterhalb der Gürtellinie gelähmt werden.

Schon kurz nachdem Mr. Sorge im Krankenhaus eingetroffen war, hatte man den Operationssaal alarmiert. Das Personal wußte Bescheid, daß man es brauchen würde, und die Operationsschwestern erklärten, sie seien in zwanzig Minuten soweit. In dieser Zeit saß ich matt auf einem Stuhl neben der Liege und legte meinen schweren Kopf auf das Gesäß des Patienten. Während die quälend langen Minuten verrannen, schien es meinem niedergeschlagenen Geist, als könnte kein Alptraum schlimmer sein als diese faulig riechende, blutige Realität, in der ich gefangen war. Mit einer Hand hielt ich das Endoskop, und mit der anderen drückte ich ein aufgespießtes Mullpäckchen fest auf die mörderische kleine Stelle an der Darminnenwand meines Patienten. Meine Hose war mit einer Mischung aus Stuhl und Blut getränkt, und eine stinkende Pfütze hatte sich auf dem Fußboden gebildet. Sehnsüchtig wartete ich, bis die Bühne für den nächsten Akt dieses abscheulichen Dramas vorbereitet war. Dem allgemeinen Bild vom zuversichtlichen, heldenhaften Chirurgen entsprach ich kaum.

Meine Müdigkeit hatte nur zum Teil körperliche Gründe – es war das Ende eines langen Tags, der elf Stunden zuvor mit zwei Operationen begonnen hatte. Vor allem war es eine Müdigkeit der Seele. Ich machte mir Vorwürfe, und das mit gutem Grund. Hätte ich nicht dieses eine Mal gegen besseres Wissen den Wünschen des Patienten nachgegeben, wäre das alles nicht geschehen. Im Rückblick warf ich mir vor, daß ich nicht hartnäckig genug gewesen war und nicht versucht hatte, Mr. Sorge zum Mitmachen zu überreden; ich warf mir sogar vor, daß ich nach der scheinbar harmlosen Biopsie gedacht hatte, ich sei in der Vergangenheit zu vorsichtig gewesen und solle es jetzt nicht mehr sein; ich warf mir vor, daß ich mich nicht auf die Hinterbeine gestellt und mich geweigert hatte, Mr. Sorges Bitten zu entsprechen.

Und ich machte mir sehr große Sorgen. Noch wußte ich nicht, um was für eine Gerinnungsstörung es sich handelte, und bis ich diesen Befund bekam, konnten noch Stunden vergehen. Eine Blutplättchentransfusion wurde vorbereitet, und über einen zweiten Venenzugang wurde Plasma gegeben, um einen Vorrat an Gerinnungsfaktoren zu schaffen, aber solche Versuche zur Wiederherstellung der Gerinnungsfähigkeit ähneln einer Artilleriesalve in einer Situation, in der eigentlich ein genau gezielter Gewehrschuß notwendig ist. Blutplättchen und Plasma boten keineswegs die Gewähr, daß die Naht in der Darmwand nicht mehr Blutungen erzeugen würde, als sie zum Stehen brachte. Ich konnte mir die bedrohliche Szene genau vorstellen: Ich ging in der Operationssaal, fing an zu nähen, und plötzlich setzte zwölf Zentimeter tief im Darm, wo ich sie mit den Fingern kaum erreichen konnte, eine unkontrollierbare Blutung ein. Und das alles ohne Einwilligungserklärung meines Patienten, der unter starken Beruhigungsmitteln stand.

Teilweise konnte ich diese Gedanken verscheuchen, indem ich mir sagte, daß eine solche Katastrophe sehr unwahrscheinlich war. Es half mir auch, mir selbst einen Verweis für die egozentrische Neigung des Chirurgen zu erteilen, das Unglück des Patienten unter dem Gesichtspunkt seiner Wirkung auf den Arzt zu betrachten – auf sein Gewissen, sein Selbstbewußtsein und vielleicht seine Stellung in den Augen der Kollegen. Nicht ich war das Opfer der unerwarteten Komplikationen, sondern Mr. Sorge. Mir selbst das Unglück eines anderen anzumaßen, insbesondere wenn er von meiner Hand leiden mußte, war der Gipfel jener Selbstverliebtheit, die ich bei anderen so oft angeprangert hatte, und jetzt machte ich mich selbst ihrer schuldig. Es half, mich daran zu erinnern und mich deswegen zu schämen. Mein Patient war in Gefahr, nicht ich. Nachdem ich mich zumindest teilweise von solchen Grübeleien freigemacht hatte, konnte ich mich besser und wesentlich weniger aufgeregt auf die bevorstehende Aufgabe konzentrieren.

Und diese Aufgabe wurde auch nicht gerade einfacher, als die Anästhesistin es ablehnte, eine Spinalanästhesie vorzunehmen. Die Entscheidung war sicher richtig, und ich hatte damit gerechnet. Eine Kanüle in den Rückenmarkskanal eines Patienten zu stechen, der an einer nicht genau diagnostizierten Blutkrankheit leidet, heißt nicht nur, weitere Komplikationen heraufzubeschwören – es wäre tollkühn, und ich hatte eigentlich nicht erwartet, daß sie es tun würde.

Wir mußten eine Vollnarkose vornehmen. Ein großes Problem war, daß Mr. Sorge eine kräftige Mahlzeit zu sich genommen hatte, kurz bevor sich die erste große Blutung entleert hatte; er war voll halbverdauter Nahrung, und hatte zur einsamen Feier der Entfernung seines Polypen mehrere Gläser Wein getrunken. Der üble Geruch seines Mageninhalts kämpfte mit dem Gestank des Blutes aus dem Darm um die Vorherrschaft – und die Operationsschwestern waren alles andere als begeistert, als ich ihn in ihre keimfreien Räume brachte. Es würde von der Anästhesistin erhebliches Können erfordern, ihn in tiefen Schlaf zu versetzen, ohne daß eine Welle von Erbrochenem sich in seine Luftröhre und Lunge ergoß, vom Operationstisch gar nicht zu reden. Das gesamte Operationsteam war sichtlich erleichtert, als meine Kollegin diese Aufgabe perfekt bewerkstelligt hatte.

Anders als die Spinalanästhesie erzeugt die Vollnarkose allein keine Lähmung der Muskulatur. Zusätzlich mußten wir eine hohe Dosis eines muskelentspannenden Medikaments geben, um den kräftigen, ringförmigen Schließmuskel an Sorges Darmausgang (er heißt auch Musculus sphincter nach der Sphinx der griechischen Mythologie, die Menschen durch Zusammenquetschen erstickte, wenn sie ihre Rätsel nicht lösen konnten) so weit zu dehnen, daß ich meine Instrumente einführen und meine Aufgabe erledigen konnte.

Als die Assistenten den Darmausgang mit Spreizinstrumenten offenhielten, konnte ich die blutende Arterie unmittelbar sehen. Sie lag fast – aber nicht ganz – außerhalb der Reichweite meines Nadelhalters. Ich schaffte es gerade eben, mit Nahtmaterial einen kräftigen Stich in der Darmwand anzubringen. Um ihn zu befestigen, mußte ich die Finger gewaltig strecken, aber beim dritten Versuch gelang es mir schließlich. Die Blutung hörte auf. Zu meiner großen Erleichterung sickerte nichts aus dem Einstich der Nadel oder aus dem Gewebe, das ich mit dem Stich zusammengezogen hatte. Mr. Sorge war seine Sorgen los. Ich starrte vier oder fünf Minuten lang auf das Operationsgebiet; erst dann fiel mir der sprichwörtliche Stein vom Herzen.

Eineinhalb Liter Blut waren notwendig, um bei meinem Patienten die normale Menge annähernd wiederherzustellen. Als alle Befunde vorlagen und ein Facharzt für Hämatologie ihn untersucht hatte, stellte sich heraus, daß Sorge an der Von-Willebrand-Krankheit litt, einer seltenen Gerinnungsstörung; ihre Ursache ist das Fehlen eines Plasmaproteins, ohne das die Blutplättchen nicht an verletzten Stellen der Blutgefäße haftenbleiben. Das Protein kreist im Plasma in Verbindung mit dem Faktor VIII, einem anderen Gerinnungsfaktor, der bei den Patienten mit der klassischen Bluterkrankheit defekt ist. Zusammen bilden sie eine komplizierte Struktur, das Faktor-VIII-von-Willebrand-Protein.

Die Von-Willebrand-Krankheit hat genetische Ursachen, aber ernste Probleme mit starken Blutungen kommen nur bei Patienten vor, die das betreffende Gen von beiden Eltern geerbt haben. Wer es nur von einem Elternteil bekommt, hat in der Regel keinerlei Schwierigkeiten; dann treten starke Blutungen, wenn überhaupt, höchstens bei schweren Verletzungen oder Operationen auf. So war es offenbar bei meinem Patienten.

Als ich die Ereignisse bei der Biopsie rekonstruierte, sah es so aus, als habe die kleine durchtrennte Arterie sich anfangs sofort zusammengezogen, so daß kein Blut austreten konnte. Vielleicht zehn oder fünfzehn Minuten später ließ die Kontraktion nach, das Gefäß öffnete sich, und Blut begann zu spritzen. Da die Blutplättchen sich nicht an sein verletztes Ende heften konnten, bildete sich kein Gerinnsel, und die Arterie wurde nicht abgedichtet. Das Blut sammelte sich in dem großen Hohlraum des Darms, bis Mr. Sorge den Drang spürte, sich zu erleichtern.

In den Tagen nach der Operation und auch später erwies Mr. Sorge sich als Musterbeispiel für ein Phänomen, das erfahrenen Ärzten wohlbekannt ist: Manchmal zeigen diejenigen, für die wir am meisten tun, keinerlei Dankbarkeit oder Wertschätzung; das kann so weit gehen, daß sie medizinische Glanzleistungen geradezu verunglimpfen. Und andererseits betrachten uns manche anderen auch dann, wenn wir sie – durch Fehleinschätzungen, Dummheit oder Pech – in eine Notlage gebracht haben, hinterher mit Bewunderung oder sogar Ehrfurcht, als beweise ihre Rettung, daß wir eine Art Halbgötter und Wundertäter sind. Als ich Mr. Sorge meine falsche Beurteilung und seine Blutung in allen Einzelheiten geschildert hatte, ergriff er meine Hand und küßte sie. Trotz allem hielt er mich für seinen Retter.
In Wirklichkeit aber wurde Mr. Sorge von der »tierischen Ökonomie« seines Organismus gerettet. Hätte er keine funktionierenden Stabilisierungsmechanismen besessen, hätte der starke Blutverlust zur Schädigung oder sogar zum Versagen von Herz oder Gehirn geführt, bevor ich die Chance hatte, den Übeltäter in seinem Darm zusammenzunähen. Wie fast immer in solchen Fällen wurden die Signale richtig zu den Steuerungszentren übertragen, die Angriffe auf die Gewebe neutralisieren sollen, und von dort kamen dann die Befehle zum Handeln: Gefäße zogen sich zusammen, das Blut wurde umgeleitet, Flüssigkeit wanderte in die Kapillaren, Geschwindigkeit und Kraft der Pumptätigkeit nahmen zu, und alles war so koordiniert, daß der Transport des sauerstofftransportierenden Hämoglobins zu lebenswichtigen Körperteilen trotz des insgesamt wesentlich niedrigeren Blutvolumens gewährleistet war. In abgeschwächter Form war es wieder einmal dasselbe wie bei Marge Hansen: Ein kluger Organismus gleicht seine eigenen Unzulänglichkeiten aus.
Aber bei aller Zuverlässigkeit sind die Fehlerbehebungsmechanismen nicht perfekt. Nicht jede Verletzung und jeder Verlust kann kompensiert werden. Manchmal reichen die Kräfte nicht aus, um

eine Katastrophe abzuwenden. Aber ein solches Versagen ist selten, und seine Ursache ist in der Regel die Alterung oder Zerstörung entscheidender Bestandteile in den Abwehr- und Reaktionsmechanismen des Organismus. Solange der Angriff nicht zu stark ist, wie bei großen Verletzungen, umfangreichen Infektionen oder der Erschöpfung der natürlichen Reserven, kommt die körpereigene Ökonomie immer wieder auf die Beine; in ihrem großen Arsenal von Selbstheilungskräften findet sie die Mittel, um durchzuhalten und zu siegen. Neuregulierungen können vorübergehend oder von Dauer sein, aber fast immer kann man damit rechnen, daß die Gefahr beseitigt wird.

In vielen solchen Fällen ist Blut das Mittel des Durchhaltens. Ob durch einen seiner eigenen Bestandteile oder als Transportmittel für Signale und Korrekturen, die von ihrem Ursprung zum Einsatzort wandern: Blut steht im Zentrum der Homöostase. Das Blut der Wirbeltiere, in Jahrmilliarden durch das Herumtasten der Natur entstanden, ist der besondere Saft, der die vielfältigen Elemente des Lebens ernährt und verbindet.

Wie besonders der Saft ist, zeigt sich an allen seinen Tätigkeiten. Wie er Fehler beseitigt, die eine feindliche Umwelt dem Organismus zufügt, wird nirgendwo so deutlich wie bei der Infektionsbekämpfung; für diese Aufgabe sind vor allem die weißen Blutzellen zuständig, die man auch Leukozyten nennt (von griech. *leukos*, »weiß«, auch »hell« oder »klar«).

Die Leukozyten stammen wie Erythrozyten und Blutplättchen von den Stammzellen im Knochenmark ab. Zum größten Teil erfüllen sie ihre Aufgabe erst dann, wenn sie die Kapillaren verlassen haben und ins Gewebe eingedrungen sind. Wie viele andere Bestandteile unseres Körpers sind sie ständig mit Routineaufgaben beschäftigt, aber wenn sie bei einem dringenden Problem zu Hilfe gerufen werden, können sie sich zu einer eindrucksvollen Streitmacht zusammenschließen. Solche größeren Probleme sind meist von außen eingedrungene Bakterien, Viren, Pilze oder andere

Fremdstoffe. Und die Streitmacht dient dazu, diese fremden Kräfte zu zerstören.
Es gibt drei Arten weißen Blutzellen: Granulozyten, Monozyten und Lymphozyten. Die Granulozyten sind etwa doppelt so groß wie die roten Blutzellen und tragen ihren Namen, weil ihr Zytoplasma zahlreiche kleine Körnchen (lat. *granulum*) enthält. Die Granulozyten lasen sich wiederum in drei Kategorien einteilen, je nachdem, welche Farbe die Körnchen im Labor bei der Behandlung mit bestimmten Farbstoffen annehmen: neutrophile (rötlich oder neutral), eosinophile (dunkelrot) und basophile (blau). Am häufigsten sind die Neutrophilen: Sie machen etwa 60 Prozent aller weißen Blutzellen aus und werden von den Granulozyten auf den folgenden Seiten im Mittelpunkt stehen.
Die Neutrophilen werden zwar vom Blut durch den Körper transportiert, aber sie sind durchaus in der Lage, die Kapillaren zu verlassen und mit einer amöbenähnlichen Bewegung selbst kurze Strecken durch das Gewebe zu wandern. Dabei strecken sie an ihrer Vorderseite lange »Füße« aus, in die das Zytoplasma hineinfließt. Neutrophile werden von chemischen Substanzen angezogen, die in verletztem oder mit Krankheitserregern infiziertem Gewebe entstehen. Am Ort des Geschehens angekommen, umschließen sie die Bakterien oder andere Fremdkörper. Die Körnchen enthalten Verdauungsenzyme, so daß die lebenden oder toten Teilchen aufgefressen und zerstört werden.
Das Knochenmark enthält ständig einen großen Vorrat an Granulozyten – etwa zwölfmal so viele wie im Blut. Bei Bedarf wird eine Welle von ihnen in den Kreislauf abgegeben. Das ist der Grund, warum die Blutuntersuchung während einer akuten Infektion eine erhöhte Zahl weißer Blutzellen zeigt. Aus dem Kreislauf wandern die Granulozyten ins Gewebe, wobei sie sich zwischen den Zellen der Kapillarwand hindurchquetschen. Auf diese Weise können sich die Neutrophilen und ihre Granulozytenvettern an einer Infektions- oder Verletzungsstelle sehr schnell in riesiger Zahl sammeln.

Zellen, die wie die Neutrophilen andere Teilchen umschließen und verdauen, nennt man auch Phagozyten oder Freßzellen; der Vorgang selbst heißt Phagozytose. Auch die Eosinophilen und Basophilen, die zusammen nur drei Prozent der weißen Blutzellen ausmachen, sind zur Phagozytose in der Lage, allerdings in geringerem Umfang. Eosinophile töten besonders wirksam bestimmte einzellige Parasiten ab und sind auch von Bedeutung für die Abmilderung allergischer Reaktionen. Mehr möchte ich in diesem Kapitel nicht über sie sagen.

Die größten Zellen im Blut sind die Monozyten, die etwa 7 Prozent der Leukozyten ausmachen; sie sind etwa dreimal so groß wie ein Erythrozyt. Auch sie sind zur Phagozytose in der Lage. Wenn die Monozyten ihren Entstehungsort im Knochenmark verlassen haben, kreisen sie ein paar Stunden lang durch die Blutbahnen, und dann teilen sie sich immer wieder. Ihre Nachkommen sind die Makrophagen (wörtlich »große Fresser«), die unter anderem verbrauchte rote Blutzellen aufnehmen. Im Gegensatz zu den Granulozyten, die nur eine kurze Lebensdauer haben und schon nach wenigen Stunden zerfallen oder ihr Wirkungsgebiet verlassen, können Makrophagen bis zu 75 Tage alt werden. Aus diesem Grund und weil sie besonders wirksam fressen können, sind sie ideale Mitglieder des körpereigenen Säuberungsdienstes. Die Monozyten und ihre Nachkommen, die Makrophagen, arbeiten wie Straßenfeger: Sie treffen nach den Neutrophilen an einer Verletzungs- oder Infektionsstelle ein und räumen gründlich auf.

Monozyten sind relativ unbeweglich. Die Makrophagen, die sich durch ihre Zellteilung bilden, sammeln sich in bestimmten Bereichen, die über den ganzen Körper verstreut sind, so in Milz, Lymphknoten, Leber, Lunge, Verdauungstrakt und Rachenmandeln. Zusammenfassend bezeichnet man diese Orte als retikuloendotheliales Gewebe oder retikuloendotheliales System. Ein Retikulum ist ein feines Geflecht, und das retikuloendotheliale Gewebe ist ein Geflecht feiner Fasern und kapillarähnlicher Gefäße, in de-

nen sich die verschiedenartigen Zellen, die an der Infektionsabwehr des Organismus beteiligt sind, in großer Zahl niederlassen. Das im Körper verteilte retikuloendotheliale Gewebe sorgt dafür, daß Fremdstoffe aus der Lymphe beseitigt werden. Teilchen, die seinen Zellen entgehen, gelangen wieder ins Blut, wenn die Lymphe über die Unterschlüsselbeinvene in den Kreislauf zurückfließt. Dort werden sie das Opfer der Phagozyten in den Gefäßen und im Gewebe der offenen, schwammartigen Organe, die das Blut durchquert: Milz, Leber und Knochenmark. Wer sich schon einmal gefragt hat, warum man bei einer Erkältung Schwellungen am Hals bekommt: das sind die Lymphknoten, kleine, nußförmige Ansammlungen von retikuloendothelialem Gewebe, die sich vergrößern, weil in ihnen eine Riesenzahl von Phagozyten aktiv ist. Sie fressen die Bakterien, die sich in ihrem Filtergeflecht verfangen haben, und sind immer bereit, uns vor den zerstörerischen Wirkungen fremder Kräfte zu schützen.
Von den etwa 74 Billionen Zellen unseres Körpers ist etwa jede hundertste ein Lymphozyt; das vermittelt uns einen Eindruck von der riesigen Zahl dieser Zellen und ihrer verantwortungsvollen Aufgabe. Die unausgereiften Lymphozyten gelangen nach der Differenzierung aus den Stammzellen schon früh vom Knochenmark ins Blut und mit ihm in das retikuloendotheliale Gewebe überall im Körper. Etwa zur Hälfte siedeln sie sich in der Thymusdrüse an, einem großen, flachen, grauen Gebilde, das vorn im Brustkorb zwischen Brustbein und Herz liegt. Diese Zellen, die sich im Thymus weiter differenzieren und heranreifen, bevor sie ins Blut zurückkehren, nennt man T-Lymphozyten oder einfach T-Zellen. (Eine Untergruppe der T-Zellen, die T4- oder CD4-Zellen, werden bei Aids-Patienten von HIV angegriffen, dem Immunschwächevirus. Die CD4-Zellen sind für die Immunabwehr von zentraler Bedeutung.)
Die zweite Hälfte der Lymphozyten reift an anderen Stellen heran und differenziert sich zu den sogenannten B-Lymphozyten. Sie

stammen aus dem Knochenmark. Wenn der Reifungsvorgang abgeschlossen ist, besteht die gesamte Lymphozytenpopulation im Blut zu 20 bis 30 Prozent aus B- und zu 70 bis 80 Prozent aus T-Zellen. Beide Typen kommen im Blut in großer Anzahl vor, doch ist das retikuloendotheliale Gewebe ihre eigentliche Heimat.

Die Natur hat das retikuloendotheliale Gewebe im Organismus auf zweierlei Weise verteilt: zum einen – wie erwähnt – in Form großer, schwammiger Strukturen wie Milz, Lymphknoten und Rachenmandeln, die es vor allem umschließen; und zum anderen verstreut in Organen und an anderen Stellen, die vorwiegend einer anderen Funktion dienen, wie Leber, Lunge, Verdauungsorgane, Knochenmark und andere, kleinere Gewebeabschnitte.

Das Filter- und Infektionsbekämpfungssystem des retikuloendothelialen Gewebes wirkt überall: Seine Leukozyten umschließen und zerstören ständig Zellen und fremde Partikel, die den Organismus gefährden könnten. Wenn es nicht überwältigt oder geschwächt wird, können die winzigen Lebewesen, auf die es zielt, seiner allgegenwärtigen Wirkung nicht entgehen; das gleiche gilt für die winzigen Teilchen des schädlichen biologischen Treibguts, die in Blut und Lymphe schwimmen. Im retikuloendothelialen Gewebe liegen Mengen von Makrophagen sowie von B- und T-Lymphozyten bereit, den Körper gegen ungebetene Eindringlinge zu verteidigen und sie zu zerstören, einschließlich der Krebszellen, die ebenfalls als fremd erkannt werden. Die Zellen vieler bösartiger Gewebe tragen nämlich Antigene, die sie als »fremd« kennzeichnen, so daß das Immunsystem auf sie anspricht. Diese Mechanismen sind bisher noch kaum aufgeklärt, aber man versucht, derartige Reaktionen des Organismus für die Krebstherapie nutzbar zu machen. Genauer wird die Krebsabwehr des Organismus in Kapitel 2 beschrieben.

Die Lymphozyten tragen zur Immunabwehr bei, indem sie Substanzen erkennen, die nicht zum eigenen Organismus gehören. Durch einen nicht vollständig geklärten Mechanismus legen die

Zellen des Embryos eine Art Verzeichnis aller Proteine und bestimmter großer Fett- und Kohlenhydratmoleküle des Körpers an, und dann »wissen« sie, daß nur diese Moleküle dazugehören – sie sind »Selbst«, und alle anderen sind »fremd« oder »Nichtselbst«. Auch die eigenen Zellen werden vom Immunsystem erkannt, denn sie tragen auf ihrer Oberfläche ein Protein, das für jedes Individuum charakteristisch ist und als »Selbst-Markierung« dient. Wenn die B- und T-Zellen heranreifen, bilden sich auf ihrer Oberfläche Rezeptoren, die fremde Moleküle erkennen können. Trifft der Lymphozyt auf eine solche Struktur, reagiert er mit einer Immunantwort. Ein Molekül, das als fremd erkannt wird und auf das ein Lymphozyt abweisend reagiert, nennt man Antigen.

B- und T-Zellen reagieren unterschiedlich auf ein Antigen. Die B-Zellen produzieren Immunglobuline, auch Gammaglobuline oder Antikörper genannt. Die Antikörperproduktion wird wie die Synthese aller Proteine von Genen gesteuert, die in der jeweiligen Zelle – in diesem Fall im B-Lymphozyten – aktiv sind. Eine einzelne B-Zelle kann nur auf ein einziges Antigen ansprechen und nur einen Antikörpertyp produzieren. Deshalb reagiert jeder Antikörper nur mit einem ganz bestimmten Antigen. Kommt ein Antigen mit einer geeigneten B-Zelle in Berührung, beginnt diese mit der Zellteilung; die dabei entstehenden Nachkommen, Plasmazellen genannt, produzieren den betreffenden Antikörper in Riesenmengen – etwa 2000 Moleküle in der Sekunde. Ein Antikörpermolekül heftet sich an das Antigen wie ein Etikett, das die Fremdsubstanz markiert, und den Rest erledigen dann die Makrophagen. Oder aber das Antigen wird von weiteren Proteinen eingehüllt, die man als Komplement bezeichnet; sie ziehen entweder Phagozyten an, oder sie lösen die Membran einer fremden Zelle auf. Den Vorgang, den die B-Zellen in Gang setzen, nennt man antikörpervermittelte oder humorale Immunität. Sie wirkt vorwiegend gegen Bakterien und auch gegen Viren in der Phase, in der sie sich nicht in den Zellen befinden.

Die T-Zellen dagegen sind an der sogenannten zellvermittelten Immunität beteiligt; sie zielt auf Viren und andere Fremdsubstanzen, die in die Körperzellen eingedrungen und deshalb für die Antikörper unerreichbar sind.
Ein Virus, das in eine Körperzelle eindringt, verbindet sich dort mit der »Selbst«-Markierung auf der Zellmembran. Eine Untergruppe der T-Zellen, die zytotoxischen oder Killer-T-Zellen, besitzt Oberflächenrezeptoren, die diese Kombination mit etwas Fremden erkennen und sich daran festheften. Anschließend scheidet die Killerzelle Proteine aus, die ein Loch in die geschädigte Zelle reißen und sie auf diese Weise zerstören. Durch diesen Vorgang werden transplantierte Organe abgestoßen, wenn man nicht besondere Maßnahmen ergreift, um die Immunantwort zu unterdrücken.
Andere T-Zellen unterstützen oder unterdrücken verschiedene Schritte der Immunantwort. Die T-Helferzellen regen die gerade beschriebene schnelle Reaktion der B-Zellen an, was zu einer schnellen Vermehrung bestimmter Antikörper führt; T-Suppressorzellen scheiden Substanzen aus, welche die Immunantwort abschwächen, wenn der Angriff abgewehrt ist. Wieder andere Lymphozyten dienen als »Gedächtniszellen«. Diese B- und T-Zellen werden während einer Infektion gebildet, aber nicht verbraucht. Sie bleiben im Blut, und wenn nach Jahrzehnten noch das gleiche Antigen erneut auftaucht, können sie sehr schnell darauf reagieren. Das ist einer der Gründe, warum man nicht zweimal Windpocken bekommt. Auch eine Impfung gegen Viruskrankheiten wäre ohne Gedächtniszellen nicht möglich.
Wie viele zuvor beschriebene Vorgänge, so besteht auch die Immunantwort aus viel mehr Einzelschritten (und Unter- und Unter-Unter-Schritten) und Wechselwirkungen zwischen ihren Bestandteilen, als man sie in einem Buch wie diesem darstellen kann. Wie für andere verwickelte Balanceakte des Organismus, so ist auch hier die Signalübertragung der Schlüssel zu allem. An der Immunantwort sind alle möglichen Moleküle beteiligt: Sie koordinie-

ren den Ablauf, erteilen den Zellen Anweisungen und schalten verschiedene Teile des vielschichtigen Mechanismus an und ab.
Ein besonders eindringliches Beispiel für die Reaktion des Organismus auf Verletzungen ist die Entstehung von Entzündungen. Wir jammern und stöhnen, wenn ein verletzter Finger anschwillt, heiß und rot wird und Schmerzen verursacht, doch sind diese lästigen Symptome ein Zeichen, daß das umgebende Gewebe den Schaden wirksam bekämpft. Schon im ersten Jahrhundert n. Chr. bezeichnete der römische Gelehrte Celsus diese vier Symptome als wichtigste Zeichen einer Entzündung. Er nannte sie *rubor, tumor, calor* und *dolor*. Aber erst fast zwei Jahrtausende später konnte man ihre Entstehung aufklären und feststellen, ob sie für die betroffene Person gut oder schlecht sind.
Stellen wir uns einmal einen Splitter in der Haut, einen Hammerschlag auf den Daumen, eine Verbrennung oder ein erfrorenes Ohr vor. Oder denken wir an ernstere Gesundheitsstörungen wie Lungen- und Bauchfellentzündung oder eine Schußwunde. Die bei weitem häufigste Form von Verletzungen, die mir in meiner langen Medizinerlaufbahn begegnet ist, waren diejenigen, die ich tagtäglich mit meinem Skalpell verursachte. Chirurgische Eingriffe dienen zwar letztlich dem Wohl des Patienten, aber sie stellen erst einmal eine Verletzung dar, wenn auch eine genau kontrollierte. Die Untersuchungen, die Tausende von Labors in den letzten hundert Jahren über die Heilung von Operationswunden angestellt haben, erbrachten nützliche neue Erkenntnisse über die körpereigene Abwehr von Verletzungen.
Die sogenannte »Entzündungsreaktion« besteht aus einer Reihe einzelner Vorgänge, die verschiedenen Zwecken dienen: Sie lindern die örtliche Schädigung, beseitigen das verletzte oder abgestorbene Gewebe, das Ursache oder Folge des Schadens ist, schirmen den betroffenen Bereich vom übrigen Körper ab und setzen den Heilungsprozeß in Gang. Unmittelbar nach der Verletzung werden die Kapillaren weiter und durchlässiger, so daß Proteinmoleküle ihre

Wände durchdringen können. Auf diese Weise kann neben dem Blut, das aus zerstörten Blutgefäßen austritt, auch proteinreiches Plasma ins Gewebe gelangen. Weiße Blutzellen wandern durch die Kapillarwände, und Antikörper werden gebildet; Phagozyten, die aus umliegendem Gewebe und Blut hinzukommen, umschließen geschädigte Zellen und Bakterien, die an der Verletzungsstelle eingedrungen sind, um sie zu verdauen. Gleichzeitig wandeln chemische Faktoren im Gewebe das Fibrinogen in Fibrin um, dessen Stränge ein dichtes Geflecht bilden; auf diese Weise werden die verletzten Gefäße verschlossen, der ganze Bereich wird abgegrenzt, und der Reparaturprozeß kommt in Gang. Begünstigt wird das alles durch Histamin, das die Basophilen in dem betroffenen Bereich ausscheiden, und vermutlich auch durch andere Hormone. Das Histamin verstärkt die Erweiterung und Durchlässigkeit der Kapillaren. Später kommen Makrophagen hinzu, um Trümmer und Abfälle zu beseitigen, und allmählich wandern Fibroblasten ein, unausgereifte Zellen, die später das Narbengewebe bilden. Rötung und Wärme (*rubor* und *calor*) entstehen durch die Erweiterung der Kapillaren; zu Schwellungen (*tumor*) kommt es, weil Flüssigkeit ins Gewebe sickert, und die Reizung der Nerven in dem betreffenden Bereich führt zu Schmerzen (*dolor*).

Wenn alles klappt, steht am Ende eine einwandfreie Heilung, bei kleineren Wunden ohne sichtbare Spuren, bei größeren mit einer Narbe. Von bestimmten Geweben wie dem Nervensystem abgesehen, teilen sich die überlebenden Zellen immer wieder, um den verletzten Bereich wiederherzustellen, und aus den benachbarten Arterien und Venen wachsen neue Blutgefäße ein, die das Gebiet versorgen. Mit Unterstützung des Narbengewebes wird der Reparaturvorgang auf diese Weise abgeschlossen.

Aber nicht immer klappt alles. Manchmal ist zuviel Gewebe beschädigt, oder die Wunde ist so verunreinigt, daß Bakterien in unüberwindlicher Zahl eindringen. Und manchmal kann das Gemisch aus Plasma, Blutzellen und Gewebetrümmern vom umgebenden

Gewebe nicht mehr aufgenommen werden. In solchen Fällen verschlimmert sich die Infektion, und die Flüssigkeitsansammlung wird zu Eiter, einer dickflüssigen Mischung aus verflüssigtem Gewebe, Bakterien, Plasmaresten und weißen Blutzellen in verschiedenen Stadien der Auflösung. Gelangt er von selbst oder durch einen chirurgischen Einschnitt an die Oberfläche, fließt er ab, und die darunterliegenden Strukturen können heilen. Ansonsten bildet sich ein Abszeß, den der Organismus mit einer dicken Schicht aus Fibrin und Fasermaterial einschließt. Häufig hat das zur Folge, daß Bakterien ins Blut gelangen und zu allen anderen Körperteilen transportiert werden. Eine solche allgemeine Infektion nennt man Sepsis (im Volksmund auch Blutvergiftung); sie ist tödlich, wenn man sie nicht energisch mit Antibiotika und anderen Maßnahmen behandelt, die den überforderten Abwehrmechanismen des Körpers zu Hilfe kommen.

Aber jede Behandlung hat nur zum Ziel, das natürliche Gleichgewicht wiederherzustellen. Genesung muß aus den eigenen Kräften des Gewebes kommen. Der Arzt spielt dabei nur die Rolle des Unterstützers – er näht die Wunden, legt die lindernde Salbe auf, fördert die besonderen Fähigkeiten der Abwehrmechanismen, sagt das Richtige – und stärkt mit alledem den eigentlichen Kämpfer: den bedrängten Organismus. Wir Mediziner können nicht mehr tun, als Hindernisse für die Genesung aus dem Weg zu räumen und alle Organe und Zellen dazu anzuregen, ihre eigenen, natürlichen Heilungskräfte einzusetzen.

Das wissen wir seit jeher. Alle Systeme der sogenannten primitiven Medizin, mit denen ich mich jemals befaßt habe, sehen in der Krankheit ein Ungleichgewicht bestimmter Faktoren, deren Wechselbeziehungen man in Ordnung bringen muß, damit der Patient gesund wird. Nicht anders ist das antike Erbe der abendländischen Medizin. Hippokrates und seine Nachfolger übernahmen von den Heilern früherer Zeiten den Glauben an die vier Körpersäfte, deren Gleichgewicht Gesundheit bedeutet: Blut, gelbe Galle, schwarze

Galle und Schleim. Zwar haben wir diese teils phantasievollen Begriffe seit langem fallenlassen, aber ihre Symbolkraft bleibt bestehen, und manchmal fragt man sich, ob sich nach all den Jahrhunderten nicht doch herausstellen wird, daß sie mehr als nur Symbole sind. Heutzutage sprechen wir von Hormonen, Transmittern und Gewebefaktoren, die durch unseren Körper schwimmen, und wir haben sogar einen seltsam vertrauten Begriff eingeführt, der aus einem entfernten Winkel des Kellers unserer Vergangenheit stammen könnte: die humorale Immunität (lat. *humor*, »Flüssigkeit«, »Körpersaft«).

Ich habe mein ganzes Erwachsenenleben als Unterstützer der Natur gearbeitet. Ich habe ihr den Anschub gegeben, wenn es nötig war, habe sie angestachelt und dann die Begeisterung gespürt, wenn ihre Kräfte zum Tragen kamen, nachdem ich die Hindernisse beseitigt hatte. Man nimmt ein entzündetes Organ heraus, umgeht eine Blockade, vermindert einen zu hohen Hormonspiegel, säubert einen krebsbefallenen Bereich von Tumorgewebe – und schon sind die Defekte beseitigt, so daß Zellen und Gewebe ans Werk gehen und das Gleichgewicht wiederherstellen können. Der Chirurg trägt nur dazu bei, einen schädlichen Einfluß so weit im Zaum zu halten, daß die Natur ihrem Bestreben folgen und die Gesundheit wiederherstellen kann. Für mich war Chirurgie in Reinkultur das, was W. H. Auden als das Wesen aller Medizin bezeichnete: »Heilen«, sagt der Dichter, »ist keine Wissenschaft, sondern die intuitive Kunst, die Natur zu umwerben.«

XI

Eine Reise durch den Verdauungsapparat

Schon lange bevor Louis Pasteur 1854 seinen berühmten Satz äußerte: »Wenn es um Beobachtung geht, begünstigt das Schicksal den vorbereiteten Geist«, waren in den Annalen der Wissenschaft Hunderte, wenn nicht Tausende von Beispielen für diesen denkwürdigen Ausspruch verzeichnet. Pasteur meinte damit einen Kopf, der so gut ausgebildet und so erfahren ist, daß er aus jedem glücklichen Zufall Nutzen ziehen kann. Aber er kannte auch die folgenreichen Fälle, die seinem Aphorismus widersprachen. Die Gelegenheit, eine einzigartige Eigenschaft der Natur zu studieren, ergibt sich von Zeit zu Zeit ganz zufällig auch für jemanden, in dessen Vergangenheit nichts für eine gute Nutzung spricht, und dennoch wird eine großartige Entdeckung gemacht. Als Chemiker wußte Pasteur zum Beispiel, daß praktisch alles, was man damals über die Verdauung im Magen wußte, von einem einfachen Militärarzt entdeckt worden war, der seine Ausbildung als Arztgehilfe erhalten hatte; er hatte weder jemals ein Labor von innen gesehen noch systematische wissenschaftliche Studien betrieben.

Der glückliche Zufall war ein Schuß. Er wurde am Morgen des 6. Juni 1822 in einem Handelsstützpunkt der American Fur Trading Company von John Jacob Astor auf der Insel Mackinac im Michigansee abgegeben. Jemand schoß versehentlich eine Muskete ab und traf den achtzehnjährigen Frankokanadier Alexis St. Martin

in den Bauch; der Matrose hatte das Pech, daß das Gewehr nur einen knappen Meter von ihm entfernt war. Pulver und Schrot rissen auf der linken Seite ein großes Loch zwischen seiner fünften und sechsten Rippe. Auf ihrem weiteren Weg zerfetzte die Ladung den unteren Teil der Lunge und einen großen Abschnitt des Zwerchfells, um dann durch die Vorderwand in den Magen einzudringen, so daß das halbverdaute Frühstück herausfloß.
Als wenige Minuten später der siebenunddreißigjährige Dr. William Beaumont eintraf, konnte er nicht viel mehr tun, als Kleidungs- und Schrotstücke aus den sichtbaren Teilen des zerstörten Gewebes zu entfernen. So gut es ging, beseitigte er die dicke Masse aus zersetzter Nahrung und den blutigen Schleim aus der verletzten Lunge, und forsch entfernte er auch die umliegenden Stücke der zerstörten Muskulatur und Haut. Als er fertig war, bedeckte er die Wunde mit Stoff, den er in eine kohlensäurehaltige Flüssigkeit getaucht hatte, und hielt den Verband die nächsten 24 Stunden feucht, indem er ihn immer wieder mit einer adstringierenden Lösung aus Ammoniumchlorid und Essig tränkte. Als Beaumont den kaum noch ansprechbaren Patienten nach dem ersten Verbinden allein ließ, meinte er, der junge Mann würde innerhalb der nächsten 36 Stunden sterben.
Mit den verschiedenen chemischen Reizstoffen wollte Beaumont am ersten Tag eine möglichst starke Entzündungsreaktion auslösen. Zwar wußte man damals so gut wie nichts über Neutrophile, Fibrin oder Monozyten, aber es war durchaus bekannt, daß es für einen so schwer verwundeten Menschen nur eine Hoffnung gab: Man mußte alles Erdenkliche tun, um die körpereigene Abwehr so stark wie möglich zu unterstützen und anzuregen, damit als Gegenangriff gegen die Schäden eine heftige Entzündungsreaktion einsetzte. Wie anderswo, so ist auch in der Medizin der Angriff manchmal die beste Verteidigung. Obwohl Beaumont nicht an einen Erfolg glaubte, wollte er alles in seiner Macht Stehende tun und der Natur helfen, den scheinbar sicheren Tod abzuwenden.

Je öfter der Arzt kam, um nach seinem schwerverletzten Patienten zu sehen, desto zuversichtlicher wurde er: Bei dem jungen Mann stellte sich eine gewaltige Entzündungsreaktion ein. Der Krankheitsverlauf war stürmisch – St. Martins kräftige Konstitution kämpfte gegen den massiven Eingriff in seine Unversehrtheit. Zehn Tage lang währte das Fieber; zerschmetterte Rippen- und Gewebestücke wurden abgestoßen, faulig riechender Eiter sammelte sich und floß bei jedem Verbandwechsel von selbst ab – und nach der fünften Woche waren in den Tiefen der Wunde die ersten Anzeichen zu erkennen, daß sich das Gewebe regenerierte. Jetzt verlief alles ordnungsgemäß: Abgestorbene Fleisch- und Rippenstücke waren beseitigt, die Makrophagen waren bei der Arbeit, und eine Schranke aus Fibrin trennte die Wunde von den umgebenden Strukturen. Die Heilung konnte beginnen.
Allmählich tauchte neues Gewebe auf, in das Fibroblasten und Gefäße einwuchsen. Nach und nach vernarbte das ganze Gebiet, und schließlich bildete sich ein großer Gewebeblock, in dem die genesenden Teile neben benachbarten, unversehrten Strukturen lagen. Die Ränder der klaffenden Öffnung im Magen wurden säuberlich zu der heilenden Brustkorbwand gezogen. Schließlich war von außen nur noch eine etwa 30 Zentimeter große Narbe zu erkennen, die sich über eine unregelmäßige, verdickte, fasrige Muskelmasse spannte.
In der Mitte des zusammengezogenen und verformten, aber immerhin verheilten Bereichs von Brustkorb und Oberbauch ragte ein rundes rotes Gebilde mit einem Durchmesser von etwas sechs Zentimetern heraus wie eine weiche, geöffnete Rosenknospe, die ungefähr zwei Fingerbreit unter der verformten linken Brustwarze lag. Und wenn man zwischen den Wülsten hindurchblickte, die sich um die Öffnung zogen, konnte man unmittelbar in Alexis St. Martins Magen sehen.
Die Öffnung in der Magenwand war während der heftigen Entzündung und der nachfolgenden Verkleinerung der Wunde so stark

verwachsen, daß ihre Ränder durch ein Loch in dem vernarbten Haut- und Muskelgewebe ragten; sie wurde von dem ätzenden Mageninhalt offengehalten, der immer heraussickerte. Die knospenförmige Öffnung mußte man ständig abdecken oder verstopfen, damit die umgebende Haut nicht verdaut wurde.
Ein aufschlußreicheres Beispiel für die Fähigkeit des Organismus, einen verletzten Bereich abzukapseln und anschließend zu heilen, kann man sich kaum vorstellen. Der ganze Vorgang hatte ein Jahr gedauert. Während dieser Zeit ließen *rubor, tumor, calor* und *dolor* allmählich nach; St. Martins Körper vollbrachte mit dem natürlichen Genesungs- und Regenerationsprozeß eine gewaltige Leistung. Für Beaumont war es ein Jahr des Staunens und Sich-Wunderns: Er konnte zusehen, wie die Gewebe seines Patienten nach und nach den ganzen Ablauf durchmachten, den er so oft bei kleineren Wunden beobachtet hatte; aber das hier übertraf alles, was er je erlebt oder erwartet hatte.
Vielleicht lag es an Beaumonts Ehrfurcht vor den offenkundigen Kräften der Natur, daß er sich entschloß, diese einzigartige Gelegenheit zu nutzen und weiter in ihre Geheimnisse einzudringen. Neugier, intensives Literaturstudium und unendliche Geduld mußten dabei seinen Mangel an regelrechter Ausbildung wettmachen. Acht Jahre später veröffentlichte er ein kleines Buch mit dem Titel *Experiments and Observations on the Gastric Juice and the Physiology of Digestion* (»Experimente und Beobachtungen über den Magensaft und die Physiologie der Verdauung«), in dem er seinen Lesern nicht genau verrät, was ihn im Mai 1825 veranlaßte, mit seiner Versuchsreihe zu beginnen. Er war bei seinen Studien sehr hartnäckig: Nicht einmal die Tatsache, daß er fünf Monate später nach Fort Niagara im Staat New York versetzt wurde, konnte ihn an ihrer Fortsetzung hindern – er nahm St. Martin einfach mit.
Bald nach Antritt seiner neuen Stelle, flüchtete der Bootsmann, der weder damals noch später ein gefügiges Untersuchungsobjekt war, nach Kanada, wo Beaumont ihn erst nach vier Jahren wiederfand.

Er hatte in dieser Zeit geheiratet und war jetzt der Vater zweier Kinder. Bei seinen Kameraden war er mittlerweile als »der Mann mit dem Deckel auf dem Magen« bekannt.
Die Untersuchungen wurden 1829 wiederaufgenommen und setzten sich zwei Jahre lang fort. St. Martin arbeitete in dieser Zeit als Diener bei Beaumont und fand zwischen den Experimenten noch genügend Zeit, um zwei weitere Kinder zu zeugen. Dann verschwand er erneut, und von nun an war es eine wechselvolle Beziehung: Der Arzt mußte seine widerspenstige Versuchsperson immer wieder überreden oder bestechen, so daß St. Martin eine Zeitlang blieb und weitere Untersuchungen über sich ergehen ließ.
Der stets brummige Kanadier wurde 83 Jahre alt und überlebte damit seinen eifrigen wissenschaftlichen Verfolger ganz erheblich. Als er im Juni 1880 starb, war seine Witwe wild entschlossen, den verschrumpelten kleinen Körper nicht den Ärzten zu überlassen, und behielt ihn trotz einer Hitzewelle im Haus der Familie, bis er stark zersetzt war und stank. Aber auch damit war die zu allem entschlossene Witwe noch nicht zufrieden, und schließlich sorgte sie dafür, daß die verwesten Überreste zweieinhalb Meter tief in die Erde versenkt wurden. Später machte sich niemand mehr die Mühe, sie wieder auszugraben. Alexis St. Martin ruht bis heute ungestört – im Leben war er ein Sklave der Wissenschaft gewesen und hatte so dafür bezahlt, daß er von einem der erstaunlichsten Wunder der Natur profitiert hatte.
Eine unnatürliche Verbindung zwischen zwei inneren Organen oder zwischen einem Organ und der Körperoberfläche bezeichnet man als Fistel (vom lateinischen *fistula*, »Rohr«, »Schlauch«). Das Faszinierende an Alexis St. Martin war die Magenfistel, ein Loch, das im geöffneten Zustand einen klaren Blick auf die Magenwand und die Entnahme von Verdauungssäften ermöglichte. Beaumont schrieb 1833 in seinem Buch: »Ich hatte die Gelegenheit, das Mageninnere und seine Absonderungen zu untersuchen, wie sie sich zuvor noch nie jemandem in diesem Umfang geboten hat.«

Beaumont lernte während seiner Untersuchungen ständig hinzu und führte mit Hilfe der Magenfistel Hunderte von Experimenten durch. Er untersuchte unter Bedingungen von Durst, Hunger und Sättigung, bei emotionaler Anspannung und Ausgeglichenheit, nach dem Genuß von Anregungsmitteln und Alkohol, leer und mit den unterschiedlichsten Lebensmitteln gefüllt, am Morgen, am Abend und über Tag, während verschiedener Zustände von St. Martins manchmal sehr wechselndem Temperament, bei Fieber und normaler Körpertemperatur, bei schönem und schlechtem Wetter, bei Krankheit und Gesundheit – und er erreichte sein Ziel, das er in seinem Buch so eindeutig formuliert: »direkt oder indirekt das Mittel zu sein, um die Enthüllung der Wahrheit zu befördern und den Zustand der leidenden Menschheit zu verbessern«. Wenn es in dem veröffentlichten Ergebnis von Beaumonts vielfältigen Experimenten ein Hauptthema gibt, dann dieses: Der Magen reagiert je nach den Umständen immer wieder anders, und jede Reaktion hat einen Zweck.

William Beaumont gilt allgemein als Begründer der Verdauungsphysiologie; gleichzeitig ist er der erste Amerikaner auf der langen Liste derer, die dauerhafte Beiträge zur medizinischen Wissenschaft geleistet haben. Seine Untersuchungen wurden zur Grundlage aller weiteren Studien zur Funktion des Magens. Praktisch alles, was ich auf den folgenden Seiten über den Magen berichten werde, ist in irgendeiner Form die Fortsetzung von Beaumonts Arbeiten. Nie hat sich eines seiner Beobachtungsprotokolle als falsch erwiesen, und auch seine Deutungen und Ansichten wurden in ihrer Mehrzahl durch spätere Forschungen bestätigt. Er hatte recht mit seiner Prophezeiung, ihr Wert werde »sich am besten auf der Grundlage feststellen lassen, auf der sie ruhen – durch unbestreitbare Tatsachen«.

Am besten betrachtet man den Magen als große Tasche nahe am Vorderende eines hohlen Muskelschlauches, der vom Mund bis zum After etwa acht Meter lang ist und dessen vielfach verschlun-

gener Mittelabschnitt im Bauch liegt. Von Mund und Anus abgesehen, besteht die Wand des Schlauchs aus vier konzentrischen Schichten, die sich in Struktur und Funktion auf der Länge des Kanals ein wenig unterscheiden. Der ganze Schlauch, in der Regel Verdauungstrakt genannt, besteht von oben nach unten aus Rachen, Speiseröhre, Magen, Dünndarm, Dickdarm und Enddarm.
Die vier Schichten sind von innen nach außen folgende:

1. Die Darmschleimhaut oder Mukosa besteht aus einer Epitheloberfläche und einer darunterliegenden Bindegewebsschicht. Verschiedenartige Zellen im Epithel sind darauf spezialisiert, Schleim (daher die Bezeichnung »Schleimhaut«), Enzyme und andere Substanzen in den Darminnenraum abzugeben. Andere Zellen produzieren Hormone, die ins Blut gelangen.
2. Unmittelbar unter der Mukosa liegt die Submukosa; sie enthält Blutgefäße, ein Geflecht aus autonomen und lokalen Nervenfasern sowie Lymphgefäße. Hier befindet sich der größte Teil des im Darm angesiedelten retikuloendothelialen Gewebes.
3. Die Muskelschicht des Darms hat zwei Teile: einen inneren, ringförmigen, und einen äußeren, der sich längs am Darm entlangzieht. Der Magen, der die Nahrung gut vermischen muß, ist zu diesem Zweck zusätzlich mit einer schräg verlaufenden Muskelschicht ausgestattet.
4. Die Serosa schließlich ist eine dünne, glatte Außenschicht; sie ist so glitschig, daß die verschiedenen Darmabschnitte aneinander und am Bauchfell (Peritoneum), der inneren Auskleidung der Bauchhöhle, entlanggleiten können. Rachen, Speiseröhre und Enddarm besitzen keine Serosa, denn sie liegen außerhalb der vom Bauchfell ausgekleideten Bauchhöhle. Die Natur ist zwar nicht unbedingt enthaltsam, aber in der Regel verschwendet sie keine Reserven, wenn sie keinem Zweck dienen.

Die Zellen von Mukosa, Submukosa und Muskelschicht reagieren auf Signale aus dem autonomen Nervensystem, auf Impulse von lokalen, motorischen und sensorischen Nervenfasern sowie auf Hormone. Gesteuert werden diese Signale in der Regel vom Volumen, der chemischen Zusammensetzung und anderen Eigenschaften der durch den Darm wandernden Stoffe. Wie beim Herzen, so ist auch hier ein durch wechselnde Bedürfnisse beeinflußter Automatismus die Regel.

Der Darm reagiert so selbständig, daß man manchmal sogar vom »Darmnervensystem« spricht. Es besteht aus den 100 Millionen Nervenzellen des Verdauungstrakts (etwa ebenso viele wie im Rückenmark!), ihren Neurotransmittern und vielfältigen Proteinmolekülen, die Signale über kurze und lange Entfernungen übermitteln. Dieser umfangreiche, sehr eigenständige Komplex aus Schaltkreisen und chemischen Substanzen wird manchmal auch als »Gehirn des Darms« bezeichnet. Das eigentliche Gehirn und das Gehirn des Darms stehen nicht nur über das autonome Nervensystem ständig in Verbindung, sondern auch über Hormone und andere Signalmoleküle, die in verschiedenen Abschnitten des Verdauungstrakts gebildet werden und Reaktionen in unterschiedlichen Teilen des Zentralnervensystems hervorrufen.

Schon lange vor der Entstehung des *Homo sapiens* kontrollierte ein Darmnervensystem bei Würmern und anderen Lebewesen ohne Gehirn die Verdauung. Im weiteren Verlauf der Evolution tauchten bei den Tieren immer kompliziertere Nervensysteme auf, die mit dem älteren »Gehirn des Darms« in Verbindung standen; beim Menschen schließlich beeinflussen bewußtes Denken und autonome Nerventätigkeit den Verdauungstrakt, und umgekehrt wirken Signalmoleküle und Nervenimpulse aus dem Darm auf Gehirn und Rückenmark. Das alles trägt zu einer teilweise unbewußten Wahrnehmungsaktivität im Körperinneren bei, und deshalb ist es kein Wunder, daß unser Bauch manchmal auf jeden emotionalen Gegenwind reagiert.

Manche Signale, mit denen der Verdauungskanal sich selbst steuert, sind Bestandteile von Reflexen. Meist verwenden wir – die Ärzte eingeschlossen – den Begriff »Reflex« recht nachlässig, als gehörte er zum Alltagswortschatz; wenn es aber darauf ankommt, können wir ihn nur schwer genau definieren. In diesem Buch bezeichnet er eine unbewußte, sehr gezielte Reaktion, die automatisch auf einen bestimmten Reiz folgt. Manchmal sind wir uns dieses automatischen Ablaufs zwar bewußt, aber er ist so programmiert, daß wir ihn nicht steuern können: Er läuft vom Reiz bis zur Reaktion ab, ohne das Bewußtsein im Gehirn zu passieren. Einen solchen Weg nennt man Reflexbogen.

Ein sehr bekanntes Beispiel ist der Kniesehnenreflex. Er gehört zur Gruppe der Dehnungsreflexe und stellt sich ein, wenn man mit einem Gummihämmerchen auf die Kniesehne klopft und sie dadurch leicht dehnt. Spezialisierte Rezeptoren in der Sehne nehmen die geringfügige Dehnung wahr und schicken Impulse über sensorische Nerven zum Rückenmark. Diese Nervenzellen (Neuronen) sind mit anderen Neuronen im Rückenmark verbunden, und diese schicken nun motorische Signale an die Oberschenkelmuskeln, die sich daraufhin zusammenziehen. Das hat zur Folge, daß der Unterschenkel nach vorn schnellt, ohne daß das Gehirn daran mitgewirkt hätte. Solche Sehnenreflexe haben den Zweck, eine unangebrachte Muskeldehnung zu verhindern, die sonst die Koordination der mechanischen Kräfte durcheinanderbringen und so die Körperhaltung beeinträchtigen könnte. Es gibt im Organismus unzählige Reflexe, und alle Wirkungen, die sie auslösen, sind Teil der allgemeinen Körperökonomie. Manche Reflexbögen verlaufen durch das Rükkenmark oder noch höhere Bereiche des Nervensystems, andere beschränken sich auf das Gewebe, das sie beeinflussen.

Bevor Nahrung in die Speiseröhre gelangt, wird sie von den Schneide-, Eck- und Backenzähnen, die jeweils auf eine bestimmte Aufgabe spezialisiert sind, zerkleinert und zermahlen. Gleichzeitig mischt sie sich mit dem Speichel, der neben Schleimsubstanzen auch ein Enzym enthält, das Stärke und Zucker aufspaltet und so die Verdauung in Gang setzt. Das hat zur Folge, daß ein schmackhafter Bissen zu einer schleimig-breiigen Masse wird. Ihr Anblick würde Übelkeit erzeugen, aber so ist das Zeug eben, das am Hinterende der Zunge ankommt und geschluckt wird.

An dieser Stelle sollten wir uns mit der Steuerung der Speichelproduktion ein wenig näher befassen, denn sie gibt uns eine Vorstellung davon, was für Vorgänge je nach den wechselnden Anforderungen auch im Darm ablaufen. Der Speichel wird von mehreren Drüsen gebildet, deren Ausführungsgänge an verschiedenen Stellen in die Mundhöhle müden. Die Drüsen werden von sympathischen und parasympathischen Nervenfasern gesteuert. Sympathische Reize lassen nur geringe Mengen eines dickflüssigen Sekrets entstehen – das weiß jeder, der schon einmal aus Angst oder Besorgnis einen trockenen Mund bekommen hat. Die parasympathischen Reize dagegen, die auf vegetative Funktionen abgestimmt sind, führen zur Produktion großer Mengen dünnflüssigen Speichels, insbesondere als Reaktion auf angenehme Düfte oder auf Gedanken an kulinarische Genüsse. Parasympathische Impulse sind die Ursache, wenn uns buchstäblich das Wasser im Mund zusammenläuft.

Das Schlucken ist ein bewußter Vorgang: Die Zunge drückt den Nahrungsbrei nach hinten in den kurzen, muskulösen Hohlraum des Rachens. Vom Beginn des Schluckens an wird der gesamte weitere Weg der Nahrung bis zum After von sensorischen Rezeptoren in der Wand des Verdauungstrakts gesteuert, die auf chemische und physikalische Reize aus der vorüberfließenden Nahrung reagieren. Wenn Rezeptorzellen im Rachen den Nahrungsbrei wahrnehmen, ziehen sich dort die Muskelzellen zusammen, und die Nahrung wird in die Speiseröhre geschoben, die sie durch wellenförmige Bewegungen bis in den Magen weiterbefördert. Rachen und Speiseröhre haben nur die Aufgabe, die Nahrung weiterzuschieben; an der Verdauung sind sie nicht beteiligt.

Der hintere Teil des Rachens ist zwar mit der Speiseröhre verbunden, aber in den vorderen Abschnitt mündet auch die Luftröhre. Fast immer gleitet der Nahrungsbrei unbeirrt in die Speiseröhre, denn zum Schlucken gehört eine Reihe von Bewegungen, durch die sich der Eingang zur Speiseröhre öffnet, während der Kehldeckel, eine Art Ventil, sich über die Luftröhre legt. Wenn man aber beim Essen lachen muß, Angst bekommt oder anderweitig abgelenkt wird, gerät dieser Reflex manchmal so aus dem Tritt, daß der Speisebrei in die »falsche Kehle« gerät. Dort reizt er die empfindliche Schleimhaut der Luftröhre, und der dadurch einsetzende Hustenreflex befördert das Material zurück in den Rachen oder in den Mund – manchmal sogar noch weiter.
Die Speiseröhre ist ein gerader Schlauch, der vom Rachen hinter dem Kehlkopf und weiter durch den Brustkorb unmittelbar vor der Wirbelsäule abwärts führt. Von der Höhe der Aorta an verläuft sie parallel zu diesem großen Blutgefäß, und schließlich führen beide durch getrennte Öffnungen des Zwerchfells in die Bauchhöhle. Sie stehen in so engem Kontakt, daß ich schon Krebserkrankungen gesehen habe, bei denen ein Speiseröhrentumor in die Aorta hineinwuchs und ihre Wand schließlich durchlöcherte. Wenn dieser Vorgang einen plötzlichen, unaufhaltsamen Höhepunkt erreicht, ertrinkt der Patient an seinem eigenen Blut, das durch die Speiseröhre in den Rachen und von dort in die Luftröhre fließt.
Etwa zweieinhalb Zentimeter unter dem Zwerchfell mündet die Speiseröhre in den Magen; unmittelbar über dieser Stelle bilden ihre verdickten Muskeln einen Schließmechanismus. Er verhindert zusammen mit der Biegung, mit der die Speiseröhre in den Magen übergeht, daß Speisebrei und ätzender Magensaft nach oben gewürgt werden. Funktioniert der Mechanismus nicht richtig (zum Beispiel wegen einer Zwerchfellhernie, bei der sich der Magen in den Brustkorb verschiebt, so daß die Biegung nicht mehr vorhanden ist), kommt es zum Sodbrennen, denn die Schleimhaut der

Speiseröhre ist im Gegensatz zu der des Magens nicht gegen die ätzende Wirkung der Magensäure geschützt.
Die rhythmischen Wellen, in denen sich die Muskelschichten der Speiseröhre zusammenziehen und wieder entspannen, befördern den Speisebrei in den oberen Teil des Magens, der hinter dem vorderen Abschnitt der fünften, sechsten und siebten Rippe liegt. (Deshalb konnte die Verletzung des vorderen Teils von Alexis St. Martins Brustkorb ein Loch in seinen Magen reißen.) Diese Bewegung nennt man Peristaltik, von griechisch *peri*, »ringsherum«, und *stellesthai*, »sich in Bewegung setzen«. Die Peristaltik treibt die Nahrung im Laufe der Verdauung durch die ganze Länge des Darmes, bis sie schließlich als Stuhl wieder zum Vorschein kommt. Zu einem großen Teil kommt die Peristaltik durch automatische Regulationsmechanismen in der Darmwand zustande, die auf die Dehnung durch die Nahrung im Inneren des Verdauungskanals reagieren, aber sie wird auch von sympathischen und parasympathischen Impulsen beeinflußt. Diese Impulse sind die Reaktion auf den allgemeinen Zustand des ganzen Körpers, wozu auch die Gefühle und der Gesundheitszustand gehören.
Auf der ganzen Länge des Verdauungstrakts wird die Nahrung in immer kleinere Teile und Flüssigkeiten zerlegt, und diese werden dann zu einzelnen Molekülen abgebaut, die von der Darmschleimhaut absorbiert werden. Von dort gelangen sie in die Lymphgefäße und die kleinsten Blutbahnen der Darmwand und damit in den Kreislauf. Ein Großteil des ganzen Prozesses beginnt im Magen. In diesem sehr dehnbaren Organ wird die Nahrung durch kraftvolle Kontraktionen der drei Muskelschichten zerkleinert und vermischt. Der Gedanke an Essen, dessen Duft oder Geschmack lösen Signale aus, die vorwiegend über den Vagusnerv (der zum parasympathischen System gehört) und seinen Neurotransmitter Acetylcholin zu spezialisierten Zellen in der Darmschleimhaut übermittelt werden; diese steigern daraufhin ihre Produktion von Säure, Schleim und Verdauungsenzymen, die die Proteine im

Nahrungsbrei abbauen. Das wichtigste derartige Enzym ist das Pepsin (griechisch *peptos*, »gekocht« oder »verdaut«). Daß es sich bei der Magensäure um Salzsäure handelt, wissen wir, seit William Beaumont Proben der Flüssigkeit zur Analyse an Chemieprofessoren der Yale University und der University of Virginia schickte.

Wie Beaumont außerdem feststellte, wird die Magensäuresekretion nicht nur durch die bewußte Wahrnehmung angeregt, sondern auch durch Nahrung, welche die Magenwand dehnt, oder durch chemische Einflüsse wie Kaffee, Alkohol und bestimmte teilweise verdaute Proteine. Aminosäuren und andere Proteinverbindungen veranlassen bestimmte Zellen in der Schleimhaut zur Ausschüttung des Hormons Gastrin, das ins Blut gelangt und für die Produktion weiterer Säure sorgt. Daneben scheiden manche Zellen der Magenschleimhaut auch Histamin aus, das die Säureausschüttung in Verbindung mit Gastrin und Acetylcholin weiter verstärkt.

Die Frage, warum der Magen sich nicht selbst verdaut, beschäftigte die Forscher schon, lange bevor Beaumont aufzuklären begann, warum er so vieles andere verdauen kann. Die Ursache sind offenbar eine dünne Schutzschicht aus seinem eigenen Schleim und alkalische Substanzen, die von den Epithelzellen abgegeben werden. Natürlich ist der Schutz gegen Verletzungen nicht immer vollständig. Wäre das der Fall, würde nie jemand an Magengeschwüren leiden; bei dieser Krankheit ätzt die Säure ein kleines Loch in die Wand des Magens oder des Zwölffingerdarms, der den ersten Darmabschnitt bildet. Die Magensäure tötet zwar fast alle mit der Nahrung ankommenden Kleinstlebewesen ab, aber manche Menschen haben im Magen ein Bakterium namens *Helicobacter pylori*, das die Anfälligkeit für Magengeschwüre erheblich steigen läßt. Das ist der Grund, warum Antibiotika und Antihistaminika (H_2-Blocker) so gut gegen Magengeschwüre wirken.

Die Schleimhautzellen von Magen und Zwölffingerdarm produzieren nicht nur aktivierende Substanzen, sondern auch Hemmstoffe.

Insgesamt regulieren sie die Verdauung, indem sie nicht nur die bereits erwähnten Substanzen in der richtigen Menge fließen lassen, sondern auch Galle und Pankreassaft. Die in der Leber gebildete Galle wird in der Gallenblase angereichert und gespeichert. Die Gallenblase ist schlicht ein Vorratsbehälter am Lebergallengang, der von der Leber zum Zwölffingerdarm führt. Die durchsichtige, gelbliche Flüssigkeit fließt zwar ständig durch den Gang in den Darm, aber wenn fette Lebensmittel in den Verdauungskanal gelangen, zu deren Abbau viel Galle erforderlich ist, wird die Gallenblase aktiviert: Dann ziehen sich die Muskeln in ihrer Wand zusammen, so daß sie eine zusätzliche Menge aus ihrem Vorrat in den Zwölffingerdarm preßt.

Die Beschreibung der Kontraktion der Gallenblase dürfte vertraut klingen, denn sie ähnelt vielen anderen bereits erörterten Hormontätigkeiten. Wenn im Vorderabschnitt des Darms Fette ankommen, scheiden die Zellen in seiner Schleimhaut das Cholecystokinin (wörtlich »Gallenblasenbeweger«) ins Blut aus, ein Hormon, das nicht nur für die Kontraktion der Gallenblase, sondern auch für die Ausscheidung von Enzymen aus der Bauchspeicheldrüse sorgt. Diese Enzyme fließen durch den kurzen Pankreasgang in den Zwölffingerdarm. Da die Ausschüttung von Cholecystokinin nur durch Nahrung im Darm angeregt wird, muß diese den Magen zum Teil schon verlassen haben, und das bedeutet, daß der Magen weniger heftig arbeiten muß. Entsprechend hat Cholecystokinin unter anderem die Wirkung, die Bewegungen des Magens zu vermindern.

Auch andere Mechanismen senken die Aktivität des Magens, so zum Beispiel ein sympathischer Reflex, der im oberen Darmabschnitt ausgelöst wird, wenn die Säure dort eintrifft; der Reflex sorgt dafür, daß weniger Magensaft produziert wird. In diesem Buch mögen solche kleinen Raffinessen, mit denen unser Organismus sein Gleichgewicht aufrechterhält, mittlerweile als selbstverständlich erscheinen, aber nur weil sie allgegenwärtig sind, sind sie in ihrer Rolle in der tierischen Ökonomie nicht weniger bewundernswert.

Wie aus dem Gesagten deutlich wird, stellen die Gastroenterologen (die Spezialisten für Magen und Darm) sich drei Phasen der Magensaftproduktion vor. In der ersten, kephale Phase oder Gehirnphase genannt, ist der Gedanke an Essen der Auslöser; danach folgt die gastrale Phase, in der die Nahrung im Magen die Ausschüttung des Gastrins und anderer Bestandteile des Magensaftes auslöst; als drittes schließlich folgt die intestinale Phase, die in der gerade beschriebenen Form beginnt, wenn die Nahrung den oberen Darmabschnitt erreicht.

Besonders interessant ist die kephale Phase, denn sie ist ein Beispiel, wie bewußte Wahrnehmung in einem höheren Gehirnzentrum ein Signal entstehen läßt, das dann zu primitiveren Gehirnteilen gelangt und schließlich dafür sorgt, daß Nerven automatisch (und anscheinend autonom) einen Impuls an ein inneres Organ weiterleiten. Oder mit anderen Worten: Die kephale Phase der Magensaftsekretion weist auf eine Verbindung zwischen dem denkenden Geist und einem geistlosen Organ hin. Verfolgt man den Weg dieser Verbindung, erkennt man das Prinzip: Was angeblich denkt (die Hirnrinde), denkt in Wirklichkeit weniger, als man denkt, und was angeblich nicht denkt (die Magenschleimhaut), steht viel mehr unter dem Einfluß des Denkens, als man meist denkt.

Aber im Ernst: Die bewußt wahrnehmende Gehirnrinde (der denkende Teil des Gehirns) reagiert auf erkennbare Reize wie Gerüche oder die Erwartung eines wohlschmeckenden Bissens und beeinflußt dann automatisch Nervenzellen in der Medulla (also unten im »primitiven« Hirnstamm); diese schicken daraufhin Impulse über den zum parasympathischen System gehörenden Vagusnerv, so daß der Magen mit der Sekretion beginnt. Dazu ist die Medulla in der Lage, weil dort die Zellen liegen, aus denen der Vagusnerv entspringt. Die »geistlose« Magensaftproduktion hat also mit dem denkenden Teil unseres Gehirns mehr zu tun, als man annehmen sollte, und das autonome Nervensystem fungiert dabei wie so oft als Zwischenstation. Ein noch offenkundigeres Beispiel für dieses Prinzip haben wir in Kapitel 7 im Zusammenhang mit dem Geschlechtsakt kennengelernt.

Auf jeder Ebene der Wahrnehmung der Welt in uns und um uns fließen bedeutsame Signale hin und her. Sie transportieren Nachrichten aus der Umwelt in alle Winkel unseres Körpers und sorgen gleichzeitig dafür, daß unser Bewußtsein direkt oder indirekt etwas über die Bedürfnisse der Zellen erfährt. Das Zusammenwirken dieser vielen Einzelteile in einem einheitlichen Ganzen ist das entscheidende Merkmal der »Weisheit« unseres Körpers.

Der Düfte oder Gedanken, welche die kephale Phase der Magensaftsekretion in Gang setzen, sind wir uns zwar nachdrücklich bewußt, aber der ganze Vorgang läuft ab, ohne daß wir bewußt eingreifen müßten – offenbar haben wir keine unmittelbare Kontrolle über das Geschehen. Und doch weiß man sehr wohl, daß der Appetit sich im Lauf der Jahre ändert; ein einziges angenehmes oder unangenehmes Erlebnis mit einem Lebensmittel kann sich stark darauf auswirken, was wir köstlich oder widerwärtig finden – es ist eine Art geistiger Umerziehung, die manchmal geplant ist, meist aber von selbst abläuft. Eine solche Anpassung an Erfahrungen ist charakteristisch für ein ganzes Spektrum von Reaktionen in allen Systemen unseres Körpers.

In ihrer geplanten Form ist derartige Umerziehung die Grundlage bestimmter Arten der Psychotherapie: Man sucht eine neue Einstellung zu einem Reiz, der dem Patienten Probleme bereitet, weil er eine Reihe unangenehmer Reaktionen in Gang setzt, auch körperliche wie Herzrasen oder Ausschlag. Aufgrund der Erfahrungen mit Tausenden von Patienten (von belegten Fällen wie den indischen Jogis, die Puls oder Blutdruck mit dem Willen beeinflussen können, gar nicht zu reden) kann man mit Sicherheit sagen, daß autonome und vielleicht sogar zelluläre Reaktionen sich unter bestimmten, noch kaum erforschten Bedingungen mit dem bewußten

Denken beeinflussen lassen. Und wenn das für *absichtliche* Gedanken gilt, muß es um so mehr auch für den Strom geistiger Vorgänge gelten, der ständig durch unser Gehirn fließt und zum größten Teil im Bereich des sogenannten Unbewußten liegt. Solche Vorgänge werden durch ständige Wiederholung und Verstärkung zu wichtigen Themen im Innenleben unserer Seele. In dieser Grauzone, in der das autonome Nervensystem zwischen dem Denken und der Zelltätigkeit vermittelt, schaffen die grenzüberschreitenden Kräfte des menschlichen Geistes jene Fähigkeiten, mit denen wir seit mindestens hundert Jahrtausenden unser tiefstes Inneres mit der Welt um uns verbinden.

Die Medulla enthält übrigens auch die Zellen, aus denen die Nerven zu den Speicheldrüsen entspringen. Deshalb produzierten Pawlows Hunde Speichel, wenn sie die Klingel hörten, auch wenn sie nichts zu fressen bekamen. In ihrem bewußten Geist hatte das Klingeln den Platz anderer ankündigender Reize eingenommen, und deshalb liefen die entsprechenden Signale zum Gehirnstamm und von dort zu ihrem Bestimmungsort. Und mit Sicherheit produzierte ihr Magen ebenso eifrig Säfte wie das Maul.

Aber Hunde sind nur sehr beschränkt in der Lage, Signale zu begreifen und aus freiem Willen darauf zu reagieren. Sie können mit ihrem Wunsch nach Nahrung nicht so umgehen, daß sie über den Status als Sklaven ihres Überlebenstriebs hinauskämen. Zwar besitzen sie einen Geschmackssinn, der unserem in vielerlei Hinsicht überlegen ist, aber sie sind nicht zu jener anderen raffinierten Empfindung in der Lage, die ebenfalls unter dem Etikett des Geschmacks läuft und von anspruchsvollen Gaumen und gastronomischen Autoritäten von Anthelme Brillat-Savarin bis Eckart Witzigmann ausgenutzt wird. Ausgehend von dem einfachen Bedürfnis nach Nahrung, hat der Mensch absichtlich und auch unbewußt rund um das Essen eine ganze Kultur geschaffen, ganz ähnlich wie er es auch mit so vielen anderen grundlegenden Selbsterhaltungstrieben vielzelliger Lebewesen getan hat.

Zurück zu den Grundlagen: Die Bauchspeicheldrüse, die in der Geschichte von Marge Hansen eine so bedeutsame Rolle spielte, ist für mehrere Phasen der Verdauung von großer Bedeutung. Sie besteht eigentlich aus zwei Drüsen, einer exokrinen und einer endokrinen; das heißt, sie produziert einerseits Substanzen, die über einen Ausführungsgang unmittelbar zum Ort ihrer Wirkung gelangen, und andererseits mehrere Hormone, die sie ins Blut abgibt, so daß sie an weit entfernte Bestimmungsorte transportiert werden. Der exokrine Teil des Pankreas erzeugt Enzyme, die zur Verdauung von Fetten, Kohlenhydraten, Proteinen und Nukleinsäuren beitragen. Die Zellen, die diese Enzyme produzieren, bilden die innere Auskleidung winziger Röhren, die in immer größere Gefäße münden; diese vereinigen sich schließlich zum Pankreasgang, der in den Zwölffingerdarm führt. Zur Sekretion angeregt werden die Zellen von dem ersten Hormon, das man überhaupt als solches identifizierte, dem von Bayliss und Starling entdeckten Sekretin (siehe Kapitel 2); die Schleimhaut des Zwölffingerdarms gibt es ins Blut ab, sobald sie den sauren Speisebrei wahrnimmt, der durch den Magenpförtner aus dem Magen kommt. Schon vorher, während der kephalen und gastralen Phase der Magentätigkeit, haben parasympathische Impulse die Bauchspeicheldrüse erreicht und sie zur Ausschüttung einer Flüssigkeit angeregt, die viel Bikarbonat enthält und so einen Teil der Säure neutralisiert, damit sie die Darmwand nicht angreift.

Der endokrine Teil der Bauchspeicheldrüse besteht aus kleinen Ansammlungen spezialisierter Zellen, die wie Inseln über die Drüse verteilt sind. Sie scheiden drei Hormone aus: Insulin, Glucagon und Somatostatin. Um die Funktion dieser Hormone zu verstehen, müssen wir zunächst das Glykogen beschreiben, ein Kohlenhydrat. Glykogen ist die wichtigste Form, in der Kohlenhydrate in der Leber und in geringerem Umfang auch in der Skelettmuskulatur gespeichert werden.

Es gibt sehr unterschiedlich komplexe Kohlenhydrate, von den

Einfachzuckern oder Monosacchariden bis hin zu den Polysacchariden, großen Molekülen aus vielen verknüpften Zuckerbausteinen. Glucose ist ein Monosaccharid, Glykogen ein Polysaccharid. In den Zellen dienen Kohlenhydrate nicht nur als Strukturbestandteile, sondern auch als Energielieferanten und als Mittel der Energiespeicherung. Die unmittelbare Energiequelle ist die Glucose, und deshalb ist es für Homöostase und Überleben unabdingbar, daß sie zuverlässig und in konstanter Menge im Blut zur Verfügung steht.

Wenn der Glucosespiegel im Blut (auch Blutzuckerspiegel genannt) nach einer Mahlzeit ansteigt, nimmt die Bauchspeicheldrüse diese Veränderung wahr und reagiert darauf mit der Ausschüttung von Insulin. Das Hormon erleichtert den Übergang der Glucose in bestimmte Zellen, die den Zucker als unmittelbare Energiequelle dringend brauchen, beispielsweise in willkürlicher Muskulatur und Herzmuskel. Außerdem veranlaßt es die Leber, Glykogen aufzubauen, das als Energiequelle zur späteren Verwendung gespeichert werden kann. Wirkt dagegen Glucagon auf die Leber ein, verwandelt diese das Glykogen wieder in Glucose; außerdem stellt sie Glucose aus Aminosäuren her, ein Vorgang, den man als Gluconeogenese (Glucose-Neubildung) bezeichnet. Insgesamt läßt Insulin also den Blutzuckerspiegel sinken, und Glucagon steigert ihn, alles je nach Nahrungszufuhr und dem augenblicklichen Bedarf des Organismus. Durch die Hormonausschüttung wird der Blutzuckerspiegel stets auf gleicher Höhe gehalten, und gleichzeitig wird der ständig wechselnde Bedarf der Gewebe befriedigt.

In den Zellen wird die Glucose zu Wasser und Kohlendioxid abgebaut, und die dabei freiwerdende Energie wird auf ATP übertragen und steht so für chemische Reaktionen zur Verfügung. Da Glucose dem ATP die Energie liefert, ist sie die wichtigste Energiequelle unseres Organismus (siehe Seite 176 f.), und deshalb sind Insulin und Glucagon sehr wichtige Hormone. Störungen der normalen Insulinfunktion führen zur Zuckerkrankheit (Diabetes mellitus); ihre

Ursache ist in der Regel eine unzureichende Aktivität der Inselzellen in der Bauchspeicheldrüse. Somatostatin, das dritte Hormon, hat mehrere Funktionen; unter anderem hemmt es die Glucagonausschüttung.
In diesem und vorangegangenen Kapiteln habe ich bereits mehrmals die verschiedenen Funktionen der Leber erwähnt. Es war davon die Rede, wie sie am Glykogenstoffwechsel und der Produktion von Gallensaft beteiligt ist, wie sie viele schädliche Nebenprodukte der Körperfunktionen beseitigt und wie sie einen Teil des Filter- und Infektionsbekämpfungsgewebes (retikuloendotheliale Gewebe) beherbergt. Und das ist noch nicht alles: Dieses große, aus verschiedenen Geweben zusammengesetzte Vielzweckorgan stellt bestimmte Proteine her, wirkt beim Fettstoffwechsel mit und beseitigt überschüssigen Stickstoff, der aus dem Proteinstoffwechsel stammt und in Harnstoff umgewandelt wird, so daß die Nieren ihn ausscheiden können. Die Leber ist, wie man sieht, wirklich ein höchst vielseitiges Organ.
Damit sind wir beim Darm. Der Magen ist zwar zu Beginn der Verdauung wichtig, aber seine Schleimhaut eignet sich nicht zur Resorption von Nährstoffen; sie nimmt nur Glucose, einige Salze, Wasser und Alkohol in geringen Mengen auf. Die eigentliche Aufgabe, die bei der Verdauung freiwerdenden Moleküle zu resorbieren, übernimmt der Dünndarm, ein enger, etwa sechs Meter langer Schlauch, der mit Ausnahme der ersten 25 Zentimeter locker zusammengerollt in der Bauchhöhle liegt; auf der Rückseite ist er mit dem Bauchfell über das Mesenterium verbunden, eine dünne, doppelte Gewebeschicht, in der alle seine Arterien, Venen, Lymphgefäße und autonomen Nerven liegen.
Die ersten 25 Zentimeter des Dünndarms bilden den Zwölffingerdarm (Duodenum); er ist an der Rückwand des Oberbauchs befestigt und ähnelt einem C mit stark verlängertem unterem Bogen. Das C beginnt rechts von der Wirbelsäule, beschreibt einen Bogen nach unten, wendet sich nach links, kreuzt die Mittellinie und

steigt am Ende des Buchstabens wieder ein wenig an. Dann geht es in den nächsten Abschnitt des Dünndarms über, den Leerdarm oder Jejunum. In die vom Zwölffingerdarm gebildete C-förmige Schleife schmiegt sich quer die Bauchspeicheldrüse.

Bevor die halbverdaute Nahrung in den Zwölffingerdarm gelangt, muß sie einen engen Durchgang passieren, den ein dicker Muskelring am Ende des Magens umschließt. Dieser kräftige Muskel, der Magenpförtner oder Pylorus, kann den Magenausgang dicht verschließen, so daß die Nahrung so gut wie möglich zerkleinert und durchmischt wird, und gleichzeitig verhindert er, daß das verdaute Material aus dem Zwölffingerdarm in den Magen zurückfließt. Wenn die Wellen der Peristaltik den jetzt dünnflüssigen Speisebrei gegen den Magenpförtner drücken, entspannt sich der Ringmuskel ein wenig, so daß kleine Mengen hindurchtreten können. Er ermöglicht nicht nur den Durchgang, sondern unterstützt ihn sogar mit rhythmischen Kontraktionen, die nochmals eine geringe Pumpwirkung erzeugen.

Hin und wieder kommt der Speisebrei auch durch Erbrechen wieder zum Vorschein. Dieser manchmal lebensrettende Vorgang entsteht durch eine komplizierte Reflexfolge, die durch alle möglichen Unannehmlichkeiten ausgelöst werden kann, so durch chemische Reizstoffe im Magen, einen überfüllten Darm oder durch sensorische Reize aus dem Innenohr, wie sie beispielsweise im Auto oder auf einem Schiff durch die Lageveränderung entstehen – aber vielleicht auch durch den Anblick gut durchgekauter Fettucini Alfredo im offenen Mund eines Tischgenosssen. Und wie jeder ungezogene Drittkläßler weiß, kann man das gleiche auch erreichen, wenn man sich ein wenig im Rachen kitzelt – zumindest reicht das so erzeugte Würgen, um Aufmerksamkeit zu erregen.

Solche Reize laufen zu einem Brechzentrum in der Medulla des Gehirns, und dort wird die ganze Gruppe der Reflexreaktionen in Gang gesetzt. Es beginnt mit einem Übelkeitsgefühl und nachlassenden Bewegungen der Magenmuskulatur. Dann folgt ein tiefer

Atemzug, der die Lunge füllt und das Zwerchfell nach unten bewegt, so daß es auf den Magen drückt. Der Kehldeckel verschließt die Luftröhre, der weiche Gaumen hebt sich und riegelt den hinteren Eingang der Nasenhöhle ab, und das arme Opfer dieser unkontrollierbaren Verkettung von Ereignissen stellt plötzlich fest, daß es die Bauchmuskulatur unwillkürlich nach unten preßt. Das Ganze ist mit einer kräftigen Welle umgekehrter Magenperistaltik und einem Krampf im oberen Darmabschnitt verbunden. Der plötzliche Druckanstieg im Bauch verstärkt die Peristaltik nochmals, so daß der Speisebrei kraftvoll in die Speiseröhre gedrückt wird, deren Schließmuskel mittlerweile nachgegeben und sich entspannt hat.

Wie man daran erkennt, ist am Erbrechen nicht nur der Magen beteiligt. Je nach der Stärke des Reizes kann der Vorgang sich bis zum Leerdarm (Jejunum) fortsetzen, der 40 Prozent des Dünndarms ausmacht; der Rest ist der Krummdarm oder Ileum.

Zwölffingerdarm, Leerdarm und Krummdarm sind ein Triumph der Körperarchitektur. Das gleiche kann man natürlich auch über jedes andere Organ sagen, aber der bescheidene Darm wird so selten gelobt, daß er im Pantheon von Meisterwerken der Natur immer übersehen wird. Aber ich bin einer seiner größten Bewunderer und fühle mich deshalb aufgerufen, diesen bedauernswerten Fehler ein wenig auszubügeln. Allein der Aufbau seiner Wände ist ein überzeugender Beleg, daß der Dünndarm sich hervorragend für seine Funktion in der Ökonomie des Körpers eignet.

In den seltenen Fällen, in denen man in Gegenwart von Nichtmedizinern im Operationssaal den Darm öffnen muß (meist handelt es sich dabei um Kameraleute, frischgebackene Schwesternschülerinnen oder auch einen Medizintechniker), sind diese Beobachter meist überrascht, daß seine Innenseite nicht glatt aussieht. Sie ist vielmehr mit Tausenden von empfindlichen und sehr schönen ringförmigen Falten besetzt (in der Fachsprache heißen sie *plicae circulares*, was einfach »ringförmige Falten« bedeutet); es sieht

aus, als wäre der Darm innen mit einer Reihe feiner, von Schleimhaut überzogener Girlanden ausgestattet oder – wenn man weniger ästhetische Neigungen hat – vielleicht auch mit weichen, rosaroten Dichtungsringen. Die Schleimhaut auf den Girlanden sieht fast wie Samt aus, und warum das so ist, zeigt sich bei geringer Vergrößerung unter dem Mikroskop: Sie ist mit Millionen fingerähnlichen Ausstülpungen besetzt, den Darmzotten oder Villi. Durch jede Zotte laufen in der Mitte eine Kapillare, eine kleine Vene und ein Lymphgefäß, und dieser winzige Lymphkanal nimmt die Nährstoffe auf. Wegen der vielen ringförmigen Falten und der astronomischen Zahl von Darmzotten ist die resorbierende Oberfläche im Darm weitaus größer, als wenn die Innenwand des Darms so glatt wäre wie die Schleimhaut auf der Innenseite der Wangen.
Besondere Zellen in der Zottenschleimhaut scheiden neben Schleim auch verschiedene Enzyme aus, die Proteine, Fette und Kohlenhydrate in einfachere Moleküle wie Glucose und Aminosäuren spalten, so daß sie resorbiert werden können. Die chemischen und mechanischen Reize des Speisebreis sowie die Dehnung der Darmwand aktivieren lokale Reflexe und das parasympathische Nervensystem, die gemeinsam die Sekretion und die Peristaltik steuern.
Wie bereits erwähnt wurde, beginnt die Verdauung der Kohlenhydrate im Mund und die der Proteine im Magen; Fette werden dagegen erst im Zwölffingerdarm abgebaut. Im Leer- und Krummdarm werden die Verbindungen aller drei Gruppen vollständig in resorbierbare Moleküle zerlegt, die dann zusammen mit Wasser und Substanzen wie Kalium, Natrium, Chlorid, Nitrat, Bikarbonat, Calcium, Magnesium und Sulfat von den Zotten aufgenommen werden. Die ersten fünf genannten Stoffe werden sehr leicht resorbiert, die drei anderen sehr viel schwächer. Die Produkte der Fettverdauung gelangen in die Lymphgefäße, die Abbauprodukte von Proteinen und Kohlenhydraten dagegen wandern unmittelbar in die winzigen Kapillaren in der Mitte der Zotten. Die kleinen Venen

des Darms münden in die Pfortader, ein großes Blutgefäß, das die Verdauungsprodukte zur chemischen Weiterverarbeitung in die Leber transportiert; dort entstehen Produkte, welche die Zellen überall im Körper nutzen können. Gleichzeitig werden die neu aufgenommenen Substanzen vom retikuloendothelialen Gewebe der Leber gefiltert und gereinigt. Nachdem die Leber mit ihnen fertig ist, fließen das Blut und die darin enthaltenen, gereinigten und umgewandelten Nährstoffe über die Lebervenen zur unteren Hohlvene, die unmittelbar ins Herz mündet.

Den ganzen durchmischten Darminhalt aus Flüssigkeiten, Speisebrei, Enzymen und Schleim nennt man auch *succus entericus* (»Darmsaft«). Die Peristaltik bewegt ihn nur langsam vorwärts, damit möglichst viel Zeit für eine vollständige Verdauung und Resorption bleibt. Nach etwa acht bis zehn Stunden hat er den letzten Abschnitt des Krummdarms erreicht, der im unteren rechten Teil der Bauchhöhle in den Dickdarm mündet. Vielleicht dachte Friedrich Nietzsche an seinen eigenen Verdauungsapparat, als er schrieb: Der Unterleib ist das, was uns von den Göttern unterscheidet. Mit seinen allgegenwärtigen Blähungen und dem Stuhl war der Dickdarm in den Augen des Philosophen wohl das eindringlichste Symbol des Anti-Übermenschen.

Dieser geräumige, anrüchige Hohlraum beginnt mit einer blind endenden Tasche, dem Blinddarm oder Caecum, aus dem nach unten der Wurmfortsatz (Appendix) herausragt. Soweit man weiß, hat der Wurmfortsatz keine Funktion; manchen Hinweisen zufolge könnte er eine untergeordnete Rolle in der Immunabwehr spielen, denn er enthält eine geringe Menge retikuloendotheliales Gewebe. Von hier aus steigt der rechte Teil des Dickdarms nach oben bis zum Unterrand der Leber, beschreibt dann eine rechtwinklige Biegung nach links und zieht sich quer auf die andere Bauchseite. Knapp unter der Milz (unterhalb des Brustkorbs auf der linken Körperseite) macht er erneut eine plötzliche Biegung; der nun folgende absteigende Dickdarm verläuft etwa 30 Zentimeter tiefer in

einer S-Kurve ins Becken und geht dort in den erweiterten, etwa 15 Zentimeter langen Enddarm über.
Der Enddarm liegt unmittelbar vor dem Kreuzbein, das den vorletzten Teil der Wirbelsäule über dem kleinen Steißbein bildet. Der letzte Abschnitt des Enddarms ist der enge, drei bis fünf Zentimeter lange Analkanal, der im Anus endet. Der unterste Teil des Enddarms und der Anus sind von den drei kräftigen Muskelschichten des Schließmuskels umgeben. Seine innerste Lage besteht aus unwillkürlicher Muskulatur, die beiden anderen sind dem Willen unterworfen. Die Wahrnehmungsfähigkeit im Schließmuskel ist so empfindlich, daß ich zwischen Luft und Stuhlgang unterscheiden und mich entschließen kann, die erstere durchzulassen und den zweiten zurückzuhalten, bis Zeit und Ort geeignet sind. Der willkürliche Teil versetzt uns in der Regel in die Lage, beides zurückzuhalten, obwohl die parasympathischen Nerven der innersten Schicht uns drängen, dem Bedürfnis sofort nachzugeben. Natürlich nehmen wir bei unseren Bemühungen manchmal auch die Gesäßmuskeln zu Hilfe, und dann hoffen wir, daß niemand die körperlichen Anzeichen unserer Zwangslage bemerkt. Es ist eine der Situationen, in denen man die vernunftlosen Anforderungen des Körpers mit brutaler Gewalt in den Griff bekommen muß.
Wenn der Darmsaft den Dickdarm erreicht, sind alle Nährstoffe bereits ins Blut und in die Lymphgefäße übergegangen, aber er enthält noch viel Wasser. Es zurückzugewinnen ist die Aufgabe des Dickdarms. Während der Darmsaft sich in Richtung des Darmausganges bewegt, wird ihm das Wasser entzogen, und er wird zu dem sehr viel trockeneren Stuhl. Gelangt er in den Enddarm, entsteht durch einen Reflex der Drang, ihn zu entleeren.
Mancher hat sich vielleicht schon gefragt, warum man so oft unmittelbar nach einer Mahlzeit den Drang hat, die Toilette aufzusuchen. Die Antwort: Der vergrößerte Magen setzt den sogenannten gastrokolischen Reflex in Gang, und dieser äußert sich in dem

heftigen Wunsch, sich zu entschuldigen, wenn man bei Cognac und Zigarren angelangt ist.

Der Vorgang des Stuhlgangs selbst ist das Ergebnis eines anderen Reflexes; er gehört zu den wenigen, die wir bewußt auslösen oder unterdrücken können. Wenn wir uns niederlassen, läuft eine kräftige Welle der Peristaltik durch den Enddarm, der Schließmuskel entspannt sich, und der Stuhl, im besten Fall eine zylinderförmige Masse aus unverdauter oder unverdaulicher Nahrung, Schleim, Bakterien und Wasser, wird herausgedrückt. Die braune Farbe verdankt er den Gallenfarbstoffen, und den Geruch tragen Abbauprodukte der Bakterien bei.

Darmentzündungen können eine Reaktion auslösen, die dem gastrokolischen Reflex ähnelt, und zusätzlich kann sich dabei die Peristaltik erheblich verstärken. Insgesamt hat das zur Folge, daß der Darmsaft viel schneller transportiert wird, so daß Durchfall entsteht. Eine der häufigsten Ursachen für akute Darmentzündungen sind Bakterien. In der Regel handelt es sich dabei um Arten, die normalerweise nicht im Darm leben, aber manchmal können auch seine regulären Bewohner die Beschwerden verursachen. Anders als Magen und Dünndarm beherbergt der Dickdarm viele Millionen Bakterien verschiedener Arten. Daß sie dort leben, ist völlig normal, und sie tragen zum Abbau mancher schwerverdaulicher Nahrungsbestandteile bei. Der Preis, den wir dafür bezahlen, ist eine Vermehrung der Darmgase: Sie bestehen zum Teil aus verschluckter Luft, zum Teil sind sie aber auch Produkte der vielen Vorgänge im Darm.

Vor einigen Jahren war ich an der Behandlung einer junger Frau beteiligt, deren Darmbakterien sich auf so bizarre, übermächtige Weise gegen sie gewandt hatten, daß sie fast daran gestorben wäre. Von einer langen Operationsnarbe und einem kaum wahrnehmbaren Schleppen in ihrem Gang abgesehen, stört an Hope Kuziels körperlicher Erscheinung heute nichts mehr das Bild strahlender Gesundheit. Es war nicht verwunderlich, daß sie ein Jahr vor der

Beinahe-Katastrophe, die ich hier beschreiben möchte, den dritten Preis in einer Schönheitskonkurrenz gewonnen hatte. Selbst wenn man weiß, daß sie seit ihrem achten Lebensjahr jeden Tag zwei Insulininjektionen brauchte, um ihren Diabetes unter Kontrolle zu halten, kann man sie sich leichter als gesunde, lächelnde Teilnehmerin an der Mißwahl vorstellen denn als die fleckige, aufgeschwollene Patientin im Fieberdelirium, die, dem Tode nah, an einem Frühlingsnachmittag vor sechs Jahren eilig in den Operationssaal geschoben wurde. Was das Narkoserisiko anging, hatten alle behandelnden Ärzte sie in die Klasse 5 eingeordnet: Bis heute weiß sie nicht sicher, ob sie ihr Leben den atemberaubenden Wundern der modernen Medizin oder dem Eingreifen ihres seit langem verstorbenen Vaters verdankt, und auch manche ihrer Ärzte stellen sich gelegentlich diese Frage. So oder so war es ein Wunder, daß ihr Leben gerettet wurde.

Die Amerikanische Gesellschaft für Anästhesiologie definiert eine Person in der Klasse 5 als »moribunden Patienten, der wahrscheinlich ohne Operation nicht überleben wird«. Niemand, weder Ärzte noch sonstjemand, der Hope Kuziel unmittelbar vor dem Eingriff sah, hatte Anlaß, an dieser Beschreibung zu zweifeln, und die meisten Beobachter hätten ihre Überlebenszeit nicht nach Tagen, sondern nach Stunden geschätzt. Ich war der Chirurg, und ich hatte seither viel Zeit, über den Vorfall nachzudenken. Ich bin ganz und gar überzeugt, daß ich nie einen so schwer erkrankten Patienten in den Operationssaal bekommen habe, selbst wenn ich in meine Erinnerungen die wenigen einschließe, die ihn nicht lebend verlassen haben.

Der Grund, warum Hope überlebte, ist ebenso schwer dingfest zu machen wie die Ursache ihrer plötzlichen katastrophalen Erkrankung. Im Krankenhaus konnten wir zwar später den Vorgang, durch den sie krank geworden war, in allen Einzelheiten nachvollziehen, aber das Warum blieb ein Rätsel. Wir kennen den Schuldigen, aber wir haben keine Ahnung, wie er soviel Unheil anrichten konnte. Sogar die Anweisungen, die wir Hope nach ihrer Genesung gaben, beruhten auf Vermutungen: Wir sagten ihr, sie solle nie wieder Schweinefleisch essen, aber dieser Rat hatte keine wissenschaftliche Grundlage. Eigentlich war es nicht mehr als eine Art klinischer Talisman, den keiner von uns wegwerfen wollte, vermutlich weil es der einzige Ratschlag war, den wir uns ausdenken konnten. Hope teilte unsere Bedenken nie; wie ich kürzlich feststellte, ißt sie heute Schweinefleisch, wie es ihr beliebt.

Eigentlich hatte unsere Patientin auch in der Zeit vor ihrer Erkrankung nicht so viel Schweinefleisch verzehrt, daß man ihr daraus einen Vorwurf hätte machen können. Etwa 40 Stunden vor den ersten Symptomen hatte sie chinesisch gegessen, unter anderem gebratenen Reis mit Schweinefleisch und Spareribs. Außerdem hatte sie, soweit sie sich erinnern kann, nichts zu sich genommen, was nicht auch sonst auf ihrem Speisezettel gestanden hatte.

Hopes medizinischer Leidensweg begann im Mai, an dem Montag der Woche mit den letzten Examina an der Universität, mit denen sie ihr zweites Jahr in Erziehungswissenschaft abschloß. Sie hatte gerade die Prüfung in einem Tanzkurs gemacht, den sie in diesem Semester belegt hatte. Gegen drei Uhr nachmittags ging sie über das Universitätsgelände, freute sich über ihr gutes Abschneiden und dachte an die bevorstehende Reihe der Abschlußprüfungen.

> Plötzlich lag ich auf der Erde – ich hatte keine Ahnung, wie ich da hingekommen war. Ich stand schnell auf, denn natürlich waren eine Menge Leute um mich herum, und ich dachte, o Gott, hoffentlich hat keiner gesehen, wie du hingefallen bist. Ich sah mich um, aber da waren keine Steine, keine Stöcke, kein Riß im Asphalt – absolut nichts, worüber ich hätte stolpern können. Es war, als hätten die Beine nachgegeben, und ich dachte, so müsse es auch gewesen sein, denn ich hatte gerade eine Stunde lang getanzt. Meine Zimmergenossinnen sagten später, ich müsse ganz schön blöd sein, daß ich über meine eigenen Füße gestolpert war.

Als Hope am nächsten Morgen aufwachte, fühlte sie sich krank.

> Ich mußte mich übergeben, ich lief mit Durchfall zur Toilette, und ich schwitzte. Ich dachte: Na toll, jetzt bekomme ich eine Grippe. Ich legte mich ins Bett, aber ich stand auch immer wieder auf. Schließlich machten meine Zimmergenossinnen sich Sorgen, denn ich hatte früher schon manchmal unter Flüssigkeitsmangel gelitten, und dann mußte ich ins Krankenhaus, weil der Diabetes außer Kontrolle geriet. Aber als ich jetzt meinen Zucker testete, war er nicht höher als normal.
>
> Schließlich hatten die Mädchen richtig Angst. Sie riefen meine Mutter in der Firma an, und die brachte mich dann nach Hause. Den Rest des Tages trank ich jede Menge zuckerfreies Ginger Ale, und um nicht zu erbrechen, nahm ich Zäpfchen. Mir war die ganze Nacht schwindelig und übel – ich trank Wasser, und dann mußte ich wieder erbrechen. Am nächsten Morgen hatte ich Bauchschmerzen, und Arme und Beine waren taub. Ich versuchte, mit den Armen zu wedeln, aber ich spürte sie nicht mehr. Auch wenn ich früher schon manchmal schwach war – so etwas hatte ich noch nicht erlebt. Ich wurde richtig hysterisch – es war wie ein Alptraum.

Joan Kuziel, Hopes Mutter, war seit über 20 Jahren Grundschullehrerin. Tony, ihr Mann, war ganz plötzlich an einem Herzinfarkt gestorben, als die Tochter erst zehn war, und von da an war Joan nicht nur die alleinige Ernährerin der Familie, sondern auch Hopes einzige seelische Stütze. Nachdem man 1978 Hopes Jugenddiabetes diagnostiziert hatte, machte Joan sich die Mühe, alles über die Krankheit in Erfahrung zu bringen; so wurde sie zu einer Art Expertin für die verschiedenen Ausprägungsformen des Leidens bei ihrer Tochter. Es war nicht immer einfach.
Wie viele zuckerkranke Kinder, so mißachtete auch Hope immer wieder die Vorschriften, und manchmal mußte Joan ihre ganze Schlauheit aufwenden, um ihr Kind vor den Folgen zu bewahren.

Hin und wieder gelang es ihr nicht, und dann mußte sie das Mädchen mit Wassermangelerscheinungen in die Notambulanz des Yale-New Haven Hospital bringen. Im Laufe der Jahre hatte man sie mehrmals stationär aufnehmen müssen, jedesmal zur Behandlung einer Azidose, der schnellen Anhäufung saurer Stoffwechselprodukte im Blut, die bei Diabetikern zu Atemnot, Koma und ohne Behandlung zum Tod führen kann. Ihr letzter Krankenhausaufenthalt lag erst sechs Wochen zurück.

Das griechische Wort *diabetes* bedeutet »Hindurchgehen«. Patienten mit Diabetes mellitus, der häufigsten Form, scheiden so viel Urin aus, daß das Wasser wirklich geradewegs aus ihnen zu strömen scheint. Die Ursache ist eine Störung der Insulinfunktion, die zu einer geringeren Glucoseaufnahme in den Zellen und zu einer verringerten Glykogenproduktion führt. Zusammen sorgen diese beiden Faktoren dafür, daß der Blutzuckerspiegel ansteigt, und dieser Zustand verstärkt sich bei akuter Belastung, zum Beispiel während einer Infektion. Erreicht der Blutzuckerspiegel eine bestimmte Höhe, scheiden die Nieren Zucker in den Urin aus, so daß der osmotische Druck des Urins größer wird. Daß der Urin dann süß schmeckt, wußte man schon lange, bevor römische Ärzte das Wort *mellitus* (»mit Honig gesüßt«) zum Namen der Krankheit hinzufügten. Der höhere osmotische Druck zieht mehr Wasser in den Urin, so daß die von den Nieren ausgeschiedene Menge steigt. Der so entstehende Wasserverlust ist die Ursache für den Flüssigkeitsmangel.

Joan, die über Hopes Krankheit so gut Bescheid wußte, stand an jenem Maimorgen vor einem völlig neuen Symptom. »Als sie mich um halb sechs weckte und sagte, sie spüre ihre Arme und Beine nicht mehr, wußte ich, daß ich sie sofort ins Krankenhaus bringen mußte. Als ich mit ihr zum Auto ging, sagte sie, sie könne nicht einmal mehr die Berührung der Füße auf dem Boden fühlen.« Als die beiden Frauen um 6 Uhr 19 in der Notambulanz ankamen, gab es kein langes Zögern. Kürzlich sagte Hope zu mir: »Normalerweise kann man mit dem Kopf unter dem Arm ankommen, und sie sagen, man solle warten. Aber wenn man Diabetiker ist, nehmen sie einen sofort dran.« Man nahm ihr ohne Verzögerung Blut ab und legte eine Infusion an. Etwa eineinhalb Stunden nachdem sie eingetroffen war, erfuhr Hope, die Blutuntersuchung habe recht vernünftige Werte ergeben. Aber sie ließ sich nicht beruhigen, sondern geriet zunehmend in Panik. Schon bald schrie sie nur noch.

> Nichts fühlte sich richtig an. Ärzte und Schwestern hatten gerade Schichtwechsel, und niemand kümmerte sich um diese schreiende Person. Ich rief: »Hört mir denn keiner zu? Mit mir stimmt was nicht!« Mein Bauch tat wirklich sehr weh, es war wie ein ganz starker Muskelkrampf, und alles wurde zusammengepreßt. Das machte mir angst, aber ich schob es auf die 24 Stunden mit Erbrechen. Was mich wirklich erschreckte, war die fehlende Körperwahrnehmung. Ich spürte nicht, daß ich da war. Das gleiche leere Gefühl hatte ich, als mir ein Zahn gefüllt wurde und ich Lachgas bekam. Mir war, als hätte ich überhaupt keinen Körper.
>
> Meine Mutter redete mir die ganze Zeit gut zu und versuchte mich zu beruhigen, denn ich schrie nur und rannte herum. Dann fragte sie mich, ob ich wüßte, daß ich auf der Toilette war – ich wußte es nicht. Und dann hörte ich sie schreien: »Mein Gott, es ist Blut!« Die Schwester kam sofort, und dann erinnere ich mich nur noch an ein paar Gesichter von Ärzten und Schwestern.

In Wirklichkeit waren Hopes Blutwerte überhaupt nicht normal. Die auffälligste Abweichung war eine deutlich erhöhte Zahl der weißen Blutzellen: Sie lag bei 28 500 je Kubikmillimeter (normal sind 5000 bis 10 000) und zeigte eine sogenannte Linksverschiebung, das heißt, die reifen und unreifen Granulozyten waren vermehrt – ein Hinweis auf eine akute Infektion, die sie bekämpfen. Der Blutzuckerspiegel war mit 654 Milligramm pro Deziliter etwa siebenmal so hoch wie der Normalwert, und eine mäßige Azidose war ebenfalls vorhanden. Die Zellen brauchen zur Infektionsbekämpfung mehr Energie, die ihnen aber wegen des Insulinmangels fehlt. Da sie die Energie nicht aus Glucose gewinnen können, bauen sie statt dessen verstärkt Fette und Proteine ab. Ein Produkt des Fettabbaus sind Säuren, die man als Ketone bezeichnet und die schnell eine Azidose hervorrufen; wird dieser Zustand nicht rasch behandelt, führt er zum Tode.

Im ganzen zeigte sich das charakteristische Bild der Anomalien, die sich schnell entwickeln, wenn ein Diabetiker eine schwere Infektionskrankheit bekommt. Nachdem man die notwendigen Blutkulturen angelegt hatte, gaben die Ärzte der Ambulanz Hope eine Infusion mit mehreren Antibiotika. Zuvor hatten sie bereits Insulin verabreicht.

Das ungewöhnlichste an den Blutwerten war die sehr hohe Zahl weißer Blutzellen – sie lag etwa doppelt so hoch, wie man es bei einer gewöhnlichen Infektion erwartet hätte. Weitaus beunruhigender als die Laborbefunde aber war Hopes äußeres Erscheinungsbild. Sie warf sich auf der fahrbaren Trage hin und her, schrie um Hilfe und war sich offenbar nicht vollkommen bewußt, was sie tat oder daß sie gerade einen halben Liter blutigen Stuhl von sich gegeben hatte. Die Haut bekam überall purpurgraue Flecken, die durch völlig weiße Bereiche getrennt waren. Die Körpertemperatur lag ein ganzes Grad unter dem Normalwert, und jetzt sank auch der Blutdruck allmählich ab.

Alles zusammen verdichtete sich zum klinischen Bild der Sepsis oder des septischen Schocks, einer umfangreichen Infektion des Bluts, die schnell zum Kreislaufversagen führt; oft versagen anschließend auch die Organe, und der Tod tritt ein.

Da die diensthabenden Ärzte davon ausgingen, daß der blutige Stuhl und die Bauchschmerzen ein Hinweis auf den Infektionsherd waren, aus dem die Bakterien in den Kreislauf gelangt waren, fragten sie Suzanne Lagarde um Rat, eine Gastroenterologin des Krankenhauses. Als sie mit Murray Brodoff telefonierten, dem Hausarzt der Patientin, und ihm ihren Plan mitteilten, erklärte dieser, er werde auch einen Chirurgen benachrichtigen – für den Fall, daß eine behandelbare Störung im Bauchraum die Ursache der seltsamen Symptome war. Ich deckte gerade einen Mann ab, dessen Leistenbruch ich operieren wollte, als Brodoffs Nachricht mich erreichte. Da ich keimfrei gekleidet war, hielt die Schwester mir das Telefon ans Ohr, und Brodoff beschrieb mir, was man ihm berichtet hatte. Ich wollte gerade mit der Operation beginnen, also sagte ich der Schwester, sie solle einen Assistenzarzt in die Intensivstation rufen, wohin man Hope gebracht hatte.

Sue Lagarde ist eine schlanke, bebrillte Frau Ende Dreißig, deren geschmackvolle modische Kleidung sich angenehm von ihrem gelehrtenhaften Gesicht abhebt. Sie ist eine begabte Ärztin und geht ihrer Arbeit mit so viel Begeisterung nach, daß sie Diagnosen mit einer gewissen fröhlichen Überschwenglichkeit stellt; am deutlichsten zeigt sich das an ihrem schnellen Redefluß: Die Worte sprudeln so dicht hintereinander heraus, daß sie immer am Rande des Stotterns zu stehen scheint. Als sie Hope untersuchte, hatte sie eine junge Frau mit einer in ihren Augen hysterischen Persönlichkeit vor sich, die sich im Bett der Intensivstation herumwarf und sich lautstark, manchmal auch unzusammenhängend über diffuse Schmerzen im Körper beklagte. Die Haut des Mädchens war kalt und mit dunkelroten Flecken übersät, eine Erscheinung, die bei Ärzten *Livedo reticularis* heißt. Obwohl sie heftig und vor allem wegen der Bauchschmerzen schrie, war der Bauch bei Lagardes Untersuchung nicht berührungsempfindlich und nur mäßig gebläht.

Am beunruhigendsten unter allen verwirrenden, unbestimmten Befunden war die Azidose – sie verschlimmerte sich trotz energischer Behandlung. Als was sich dieses rätselhafte Krankheitsbild auch erweisen würde, in jedem Fall war es für Lagarde klar, daß sie es mit einer todkranken jungen Frau zu tun hatte, deren Zustand sich rapide verschlechterte. Die Situation war nicht nur entsetzlich;

sie entzog sich auch der Diagnose. Lagarde empfahl etwas, das sie als Angelexpedition bezeichnete: Unter anderem sollten eine Computertomographie und neurologische Untersuchungen vorgenommen werden, damit sich eine diagnostische Richtung zeigte. Wenn hinter Hopes verwirrenden Symptomen kein Sinn zu erkennen war, würde sie bald den Punkt erreichen, an dem keine Rettung mehr möglich war.

Ich war zu dieser Zeit gerade mit der Leistenbruchoperation fertig. Sobald der Verband angelegt war, ließ ich den diensthabenden Chirurgen rufen. Er meldete sich nach knapp einer Minute und versicherte mir, die junge Frau habe »kein chirurgisches Problem«. Seine Untersuchung des Bauchs habe keinen Befund ergeben, der auf die Notwendigkeit einer Operation hindeutete. »Sie ist ein hysterisches Mädchen«, sagte er, »und sie hat etwas Internistisches, aber nichts Chirurgisches. Sie brauchen nicht zu ihr zu gehen.« Anschließend schilderte er Hopes bizarres Verhalten, die fleckige Haut und die Laborbefunde. Offensichtlich war er ein wenig gereizt, weil ich ihn um die Untersuchung einer Patientin gebeten hatte, die so offensichtlich keinen Chirurgen brauchte.

Ich ging kurz in das Wartezimmer, um ein paar Worte mit der Frau meines Patienten zu wechseln, und begab mich dann in die Intensivstation. Eine Schwester informierte mich kurz über Hopes Zustand; er war schon zuvor, als Lagarde sie untersucht hatte, sehr schlecht gewesen, aber jetzt verschlimmerte er sich immer schneller. Obwohl die Schwester versuchte, bei ihrer Beschreibung die ärztliche Distanz zu wahren, merkte ich ihr deutlich an, daß sie verwirrt und sogar regelrecht entsetzt war. Die besten Schwestern auf den Intensivstationen gewöhnen sich nie an die Tragödien, die sie jeden Tag miterleben, und Hilflosigkeit angesichts einer drohenden Katastrophe, insbesondere wenn der Patient nicht viel jünger ist als man selbst, ist auch für altgediente Klinikangestellte nicht zu ertragen.

Nach diesem kurzen Gespräch nahm ich Hopes Krankenakte und

überflog die Laborbefunde sowie die bisherigen Notizen der Ärzte und Schwestern. Als ich den dreiseitigen neurologischen Untersuchungsbericht durchsah, blieb mein Blick an dem Wort »hysterisch« hängen; es diente diesmal zur Beschreibung der Symptome an Armen und Beinen, die in kein plausibles klinisches Bild paßten. Insgesamt hatte der Neurologe den Eindruck, daß die Symptome eine Wirkung der diabetischen Azidose waren. Sein Bericht schloß mit der Empfehlung: »Schlage genaue klinische Beobachtung vor. Falls die Symptome bestehenbleiben, eventuell Computertomographie der Lendenwirbelsäule.«

Auf der nächsten Seite fand ich die Anmerkungen des chirurgischen Assistenzarztes über seine Befunde. Am Ende, unter »Eindrücke und Behandlungsplan«, hatte er geschrieben: »Gutartiger Bauch in Verbindung mit akutem neurologischem Geschehen und Darmblutungen weist auf eine mögliche Vaskulitis durch die Sepsis hin ... Möglicherweise Meningokokken. Keine Anzeichen für akutes Geschehen im Bauch.« Die Notiz hatte den Unterton von etwas Endgültigem. Selbst die üblichen Schlußworte einer chirurgischen Untersuchung, »wird weiterverfolgt«, fehlten. Statt dessen stand dort: »Werde mit Dr. Nuland sprechen.«

Ich blieb einen Augenblick lang am Eingang des mit Glaswänden abgeteilten Raumes stehen, in dem Hope lag – angeschlossen an elektronische Monitore, einen Sauerstoffschlauch in der Nase und mit einem Gewirr von Infusionsschläuchen. Als ich am Fußende ihres Bettes stand, bat ich eine Schwester, die Decken wegzunehmen, so daß ich den ganzen Körper aus diesem Blickwinkel sehen konnte. Selbst für mich, einen abgehärteten medizinischen Veteranen, war es ein schrecklicher Anblick. Das gefleckte Etwas in dem Bett sah aus wie eine aufgeblähte Leiche, die wider die Natur von der Angst vor der ewigen Stille am Leben erhalten wurde. Der bebende Brustkorb quälte sich auf und ab wie ein Blasebalg, der Luft ansaugt, während der Kopf und alle vier Gliedmaßen im Wahn eines Fluchtversuchs hin und her schlugen. Die Haut sah im gleißen-

den Neonlicht der Intensivstation fast gespenstisch aus. Ich hatte zwar schon von der Livedo reticularis gehört, aber mit so großen und zahlreichen tiefroten Verfärbungen hatte ich nicht gerechnet, insbesondere weil sie in dem blendenden Licht so erbarmungslos bloßgelegt wurden. Das Muster aus Dunkel und Hell erstreckte sich über jeden Zentimeter der sichtbaren Körperbereiche, und das Violett war viel dunkler, als ich es jemals gesehen hatte, außer bei gerade Verstorbenen. Die Beine waren von den Knien abwärts angeschwollen, und sogar das Gesicht sah aufgedunsen aus. Es war fast paradox: Die geschwollenen Lider vermittelten den Eindruck, als träten die geöffneten, verängstigten Augen hervor – höchstwahrscheinlich war das hinter ihnen liegende Gewebe ebenfalls verdickt.
Der Bauch war so stark gebläht, daß er den Blick auf den ächzenden Brustkorb zum Teil versperrte. Auf meine Frage hin erklärte die Schwester, die Bauchschwellung habe erst während der letzten zwei Stunden so an Größe zugenomen. Als ich ans Bett trat und den Bauch abklopfte, füllte sich der kleine Raum mit dem Widerhall eines Geräusches, wie man es mit einem Filzschlegel auf einer Kesselpauke erzeugen kann. Mit gutem Grund bezeichnen Mediziner solche Töne als »tympanisch«. Sie sagten mir, daß Hopes Darm von Gasen aufgebläht war, und da ich mit dem Stethoskop kein Gurgeln hören konnte, wußte ich auch, daß die Peristaltik nicht funktionierte und der Darminhalt nicht mehr durch rhythmische Kontraktionen weitergeschoben wurde. Das gleiche beobachtet man, wenn der Darm durch chemische oder physikalische Einflüsse schwer geschädigt ist. Der wichtigste Auslöser für die Peristaltikbewegungen sind die Nervenschaltkreise in der Darmwand, und bei einer Verletzung stellen sie ihre Tätigkeit ein. Zusätzlich reagiert das sympathische Nervensystem auf den Alarm, indem es die Darmmuskulatur noch stärker hemmt, und auch die Anregung durch das parasympathische System verschwindet. Die Folge ist ein bewegungsloser Darm.

Als ich vorsichtig auf den Bauch drückte, erkannte ich an Hopes aufgedunsenem Gesicht, daß ich ihr weh tat. Seit einiger Zeit sprach sie nicht mehr, aber ihre hervorquellenden, verständnislosen Augen starrten mich ängstlich an.
Wenn der Bauch durch große Gasmengen im Darm aufgetrieben wird, geht er auf wie ein Laib Brot mit zuviel Hefe. Die Mediziner bezeichnen eine solche Aufblähung des Bauchs, die nur unter ganz besonderen Umständen eintritt, als Meteorismus.
Es bedeutet fast immer, daß in dem Bauch ein toter Darm liegt: Der leblose Teil hat seine Elastizität verloren, und der Rest hat seine Muskeltätigkeit so vollständig eingestellt, daß er dem Gas, das ihn wie einen Ballon aufbläht, keinen Widerstand mehr entgegensetzt. Nach meiner klinischen Erfahrung läßt kaum eine andere akute Baucherkrankung die Zahl der weißen Blutzellen so stark ansteigen wie ein absterbender Darm. Ein Patient mit drastisch erhöhter Leukozytenzahl und drastisch geblähtem Bauch braucht durchaus einen Chirurgen. Wenn nicht schnell etwas unternommen wird, stirbt der Patient.
Der tote Darm war eine logische Erklärung für Hopes Sepsis, und nun war auch klar, warum sich ihre Azidose trotz aller energischen Maßnahmen nicht besserte. Solange ein großer Infektionsherd nicht behandelt wird, kann nichts den Verfall aufhalten. Hope brauchte ganz offensichtlich eine Operation – und zwar sofort.
Während ich schnell meinen Untersuchungsbericht schrieb, kam Mike Bennick eilig in die Intensivstation. Mike ist ein lebhafter, aufgeweckter junger Gastroenterologe, der zusammen mit Sue Lagarde studiert hatte und jetzt ihr Partner in der Praxis war. Er hatte Hope noch nicht gesehen, aber Lagarde hatte ihm ihren Zustand geschildert. Er erkannte sofort, wieviel sich in den paar Stunden seit der Untersuchung durch seine Partnerin geändert hatte, und stimmte mir zu, daß sofort eine Operation notwendig war. In jenem Ton emotionsloser Distanz, den auch die mitfühlendsten Ärzte in Krankenakten verwenden, schrieb er: »Notoperation ist ein-

zige aussichtsreiche Option für die Patientin; Gefahr des Ablebens ist groß.«

Als Bennick seinen Bericht fertig hatte, gingen wir gemeinsam zur Mutter unserer Patientin. Joan Kuziel stand mit zwei Tanten und einem Onkel unmittelbar vor dem Eingang zur Intensivstation. Bennick hatte Joans Mutter vor kurzem behandelt und wußte, daß sie seinen Empfehlungen vertraute. Aber er wußte auch, daß diese ehrliche Frau trotz aller Angst sehr ungeduldig werden würde, wenn seine Erklärungen nach Aktenjargon rochen oder sich auch nur im geringsten nach Ausflüchten anhörten. Wie ich in den folgenden Wochen zunehmend zu schätzen lernte, wollte sie die ganze Wahrheit hören, und Bennick sagte sie ihr so direkt wie möglich, wobei er seine grausamen Nachrichten mit einem sanften Tonfall zu mildern versuchte: »Joan, Hope liegt im Sterben, und wir wissen nicht, warum. Wir müssen in sie hineinsehen – es ist die einzige Chance.«

In den wenigen Sekunden, während Bennick ihr das sagte und mich dann vorstellte, sah ich mir die Mutter meiner neuen Patientin genau an; ich versuchte einzuschätzen, wie sie auf die Einzelheiten reagieren würde, die ich ihr jetzt auseinandersetzen mußte. Selbst wenn Optimismus nicht möglich ist, muß man ein gewisses Maß an Hoffnung haben und es denen vermitteln, die zum Warten verdammt sind. Wenn ein Chirurg in einer verzweifelten Lage mit den Angehörigen spricht, denen ein schmerzlicher Verlust bevorsteht, kann er gewöhnlich darauf hinweisen, er habe schon Patienten gesehen, die noch schwerer erkrankt waren und überlebt hatten, aber zu Joan konnte ich guten Gewissens nicht einmal das sagen. In der Atmosphäre der Vergeblichkeit, die Hopes schnellen Verfall umgab, und angesichts der offenkundigen Hilflosigkeit der Medizin brauchte ich jetzt ein gewisses Gefühl der Ausgeglichenheit und vielleicht sogar der Kontrolle. Ich habe Kinder in Hopes Alter, und ohne daß Joan etwas sagte, wußte ich genau, was sie von mir erwartete. Auch wenn ich sonst machtlos war, konnte ich mich zumindest in die Aura der ruhigen Sicherheit kleiden, mit der ein Chirurg sich gegen bevorstehendes Unheil wappnet.

Joan ist eine kräftige Frau – nicht besonders groß, aber rundlich und stämmig. Selbst wenn sie Angst hat, geht von ihr etwas Unerschütterliches, Entschlossenes aus. Sie hörte mir genau zu, ohne daß ihr Gesicht etwas verraten hätte. Ihr Blick war unverwandt auf mich gerichtet, und wenn sie hin und wieder blinzelte, tat sie es sehr langsam, als wolle sie kurz die Augen schließen, damit niemand ihre Gedanken lesen konnte. Es schien, als würde sie sich mit Willenskraft von ihrer Angst lösen, um ihre ganze Aufmerksamkeit auf alle Einzelheiten zu richten, die ich ihr mitteilte. Irgendwie schloß sie mit jedem dieser langen Lidschläge eine Akte voller neu gewonnener Informationen und verstaute sie in ihrem geistigen Speicher. Sie blickte nie zur Seite, nicht einmal, als ich ihr sagte, ihre Tochter würde an der Operation sterben, falls wir uns irrten – falls wir also den Herd der Sepsis nicht in Hopes Bauch fanden. Als sie mich zu Ende angehört hatte, nickte sie nur, und die leichte Abwärtsbewegung ihres Kopfes setzte den Punkt hinter meine letzten Worte. Dann sagte sie: »Bitte operieren Sie sofort.«

Ich rief im Operationstrakt an und fragte nach dem nächsten freien Saal. Wenige Minuten später stand der Anästhesist an Hopes Bett und versuchte herauszufinden, ob sie Beatmung und Medikamente noch vertragen konnte. Der letzte Absatz seines hingekritzelten Untersuchungsberichts faßte den Pessimismus zusammen, den wir alle spürten: »Klasse 5. Kritischer Zustand, lebenserhaltende Maßnahmen – Insulin, Flüssigkeit, Sauerstoff. Schnelle Intubation geplant. Schlechte Prognose – letzter Versuch, das Leben zu retten.«

Glücklicherweise war einer der achtzehn Operationssäle der Klinik gerade frei geworden, und die Schwestern machten ihn schnell für uns fertig. Hope hatte zu dieser Zeit nur noch wenige klare Momente, aber sie erinnert sich noch deutlich an den kurzen Aufenthalt im Vorbereitungsraum, bevor sie in den OP geschoben wurde.

Sie schlug weiterhin um sich und versuchte, auf der Liege eine bequeme Position zu finden.

Ich wollte auf der Seite liegen, denn ich dachte, das würde die Schmerzen ein wenig lindern. Ich dachte, jetzt muß ich sterben – ich bin zwanzig, und ich muß sterben. Ein Priester kam und betete. Er machte das Kreuzzeichen, und ich dachte, o Gott, das ist die Letzte Ölung – es ist das sichere Zeichen, daß du auf dem Weg bist, wissen Sie. Ich sagte das zu meiner Mutter, und sie weinte – und auch mein Onkel und meine Tanten weinten, und sie versuchten mir zu sagen, alles würde gut, obwohl sie weinten.
Ich glaube an die Macht Gottes, und ich hatte immer eine Art Beziehung zu meinem Vater, obwohl er nicht mehr hier auf Erden ist – ich spüre seine Gegenwart, und ich weiß, wenn er da ist. Mein Onkel Ray ging von uns, als ich fünf war. Ich habe immer geglaubt, daß mein Vater und mein Onkel Ray im Himmel sind. Ich habe auch immer geglaubt, daß ich eines Tages, wenn ich sterben muß, zu ihnen komme, genau wie ich glaube, daß das Lächeln auf dem Gesicht meines Vaters, als wir ihn tot fanden, für meine Mutter bestimmt war – ich glaube, seine Eltern haben ihn im Himmel begrüßt. Das bedeutete für mich, daß es da drüben etwas Gutes gibt und daß seine Eltern zu ihm gekommen sind. Und jetzt lag ich da und spürte, wie mein Körper weggezogen wurde. Wissen Sie, wenn man einen Teppich saugt, und man legt die Hand auf die Öffnung, weil man wissen will, ob der Staubsauger funktioniert, und dann spürt man, wie es zieht – es fühlte sich an, als würde mein ganzer Körper vorwärts gezogen. Ich dachte: Hier komme ich; es ist soweit – ich sterbe.
Und dann sah ich meinen Vater und meinen Onkel. Sie standen einfach da, und ich dachte, na gut, lieber Gott, jetzt bin ich tot. Es gab keine Lichter – ich habe immer gedacht, man muß ins Licht gehen. Nun ja, ich glaube wirklich, entweder sind sie zu mir gekommen, oder ich bin zu ihnen gegangen, und meine Mutter hat mir erzählt, ich hätte »Tony! Ray!« gerufen. Natürlich habe ich meinen Vater nie-

> mals Tony und meinen Onkel niemals Ray genannt, als sie noch am Leben waren, und deshalb denke ich, im Jenseits muß es anders sein. Aber ich sagte »Tony, Ray«, und mein Vater hob die Hand und sagte: »Nein, noch nicht.« Da lehnte ich mich zurück. Und dann sah ich meine Mutter an und sagte: »Ich werde leben.« Das waren meine letzten Worte.

Wie geplant, ließ das Anästhesieteam Hope sehr schnell einschlafen. Der junge Chirurg und ein Medizinstudent assistierten mir. Ich führte einen langen Schnitt in der Mitte des aufgetriebenen Bauches von oben nach unten. Als ich das Bauchfell öffnete, die innerste Schicht, ergoß sich ein Schwall übelriechender gelber Flüssigkeit über die Abdeckungen. Nachdem wir sie in mehrere große Flaschen abgesaugt hatten, sagte uns die Schwester, es seien insgesamt drei Liter. Da Hope auf dem Rücken lag, war der gasgefüllte Darm auf der Flüssigkeit geschwommen, und das war der Grund für den paukenähnlichen Widerhall beim Abklopfen.

Wir untersuchten den Dünndarm. Er war zwar zum größten Teil noch lebendig, aber ein Abschnitt von etwa 40 Zentimetern unmittelbar hinter dem Übergang vom Zwölffingerdarm zum Leerdarm war entweder tot oder kaum noch lebensfähig. Er war dunkelblau verfärbt und zeigte keinerlei Peristaltik, selbst als ich versuchte, ihn zu irgendeiner Tätigkeit anzuregen. Die Verfärbung verlor sich am Vorder- und Hinterende des betroffenen Abschnitts allmählich, das heißt, es gab keine klare Grenze zwischen krankem und gesundem Gewebe. Die Blutgefäße, die zu dem dunklen Darmteil führten, sahen normal aus, und die Arterien pulsierten heftig. Als wir den Doppler-Sonographen anlegten, ein elektronisches Schallmeßgerät, hörten wir die gesunden Strömungsgeräusche eines guten Kreislaufs. Dennoch sah der Darm aus, als sei er erstickt.

Ich untersuchte alle Teile der Bauchhöhle und suchte nach dem Auslöser des drohenden Darmgangräns, aber als ich alles betastet und betrachtet hatte, war ich nicht schlauer als zuvor. Es zeigte sich keine offenkundige Ursache für das schnelle Absterben eines ansonsten normal aussehenden Darmabschnitts in einer jugendlichen, unversehrt erscheinenden Bauchhöhle. Der Darm schien hervorragend durchblutet zu sein, es gab keine Verwachsungen oder andere Bindegewebsstreifen, die den betroffenen Abschnitt hätten abschnüren können, und die Darmwand als solche zeigte keine Krankheitszeichen – und doch war sie fast tot. Meine Verblüffung zeigt sich in geraffter Form in einem Satz des Operationsberichts, den ich nach dem Eingriff diktierte: »Die Ursache dieses ischämischen [von mangelnder Durchblutung geprägten] Krankheitsbildes ist sehr schwer zu ermitteln; ein solches Bild hat kein Mitglied des Operationsteams schon einmal gesehen.«

Man hat nicht viel Zeit zum Grübeln, wenn der Bauch einer todkranken Patientin weit geöffnet ist und danach schreit, daß man etwas unternimmt. Ich brachte zwei Zentimeter unter und über dem sterbenden Darmabschnitt jeweils eine chirurgische Klammer an, trennte die Blutgefäße ab, entfernte das Stück und gab es dem Assistenten aus der Pathologie, den ich in der vagen Hoffnung, er könne etwas Nützliches beitragen, in den OP gerufen hatte. Er sah sich das Stück Darm an, schnitt ein paarmal hinein und zeigte sich genauso ratlos wie wir.

Jetzt blieb uns nichts anderes mehr übrig, als Hopes Verdauungstrakt wieder zusammenzufügen. In einer kurzen Abfolge von Handgriffen stellten der Assistent und ich den Darm wieder her, ebenfalls mit Klammern. Die ganze Prozedur mit Entfernen und Zusammenfügen dauerte etwa 15 Minuten. Bevor das Klammern sich vor etwa zwölf Jahren durchsetzte, mußte man diesen Teil der Operation von Hand durchführen, und das nahm mindestens dreimal soviel Zeit in Anspruch. Ich bevorzuge immer noch das altmodische Schneiden und Nähen, nicht nur weil es mir zwei Jahrzehnte lang gute Dienste leistete, bevor das moderne mechanische Zeitalter anbrach, sondern auch einfach deshalb, weil ich das Gefühl der feinen Stahlinstrumente zwischen meinen Fingern schätze. Der technische Ablauf des Schneidens, Nähens und Verbindens ist für mich ästhetisch so befriedigend, daß ich ihn nur ungern aufgab. Aber das Klammern liefert die gleichen Ergebnisse und geht viel schneller. Hopes kritischer Zustand erforderte neben der technischen Präzision auch Schnelligkeit, und in solchen Fällen muß die Ästhetik hinter der raschen Vollendung zurückstehen.

Sobald ich überzeugt war, daß ich den Darm und seine Blutversorgung gut wiederhergestellt hatte, spülte ich die Bauchhöhle mit mindestens zehn Litern angewärmter, antibiotikahaltiger Salzlösung, um möglichst viele Bakterien und andere schädliche Stoffe herauszuwaschen. Wir saugten sie sauber ab und vergewisserten uns, daß alle kleinen Blutungen gestillt waren. Dann entfernten wir alle Tupfer und Instrumente und machten uns ans Zunähen. Ich zog einen dicken Kunststoffaden durch alle Schichten unter der obersten Hautschicht und verschloß die Wunde anschließend von oben bis unten. Dann trat ich vom Tisch zurück, und der Assistent brachte in der Haut eine Reihe von etwa dreißig Klammern an.

Ich ging hinaus ins Wartezimmer und teilte Joan mit, daß die Operation zumindest in technischer Hinsicht gut verlaufen war. Hope hatte immer noch eine Sepsis und war vom Tod nicht viel weiter entfernt als in dem Augenblick, als wir sie in den OP geschoben hatten, aber zumindest war der Infektionsherd beseitigt, und sie hatte jetzt eine gewisse Aussicht auf Besserung. Als ich geendet hatte, stellte Joan mir die naheliegende Frage, aber ich hatte darauf keine Antwort. »Nein«, sagte ich, »wir haben keine Ahnung, warum das mit ihrem Darm passiert ist. Vielleicht kann der Pathologe uns etwas sagen, wenn er es unter dem Mikroskop untersucht hat.«

Das Stück des Leerdarms, das ich dem Pathologieassistenten gegeben hatte, sah aus wie ein Organteil, der nicht mehr mit Blut versorgt wurde, aber ich wußte, daß die ganze Darmwand normal durchblutet war. Ich rechnete damit, daß die Ursache in den mikroskopisch kleinen Gefäßen liegen würde, die quer durch die Darmwand verlaufen. Diese winzigen Arterien, so meine Vermutung, mußten sich aus bisher rätselhaften Gründen (die vielleicht irgendwie mit Hopes Zuckerkrankheit zu tun hatten) durch eine akute Gefäßentzündung (Vaskulitis) verschlossen haben. Diese Diagnose hätte auch eine Erklärung für die Livedo reticularis und die neurologischen Symptome geboten. Wenn die Gefäße, die zur Haut und zum Zentralnervensystem führten, ähnlich betroffen waren, ergaben alle Beobachtungen einen Sinn. Hätten wir bei unserer Patientin eine Gefäßentzündung nachweisen können, hätte der chirurgische Assistent sein Gesicht bis zu einem gewissen Grade gewahrt, obwohl er den absterbenden Darm völlig übersehen hatte. Während der nächsten vierundzwanzig Stunden war die Vaskulitis oder ein verwandtes Leiden die naheliegende Diagnose, darin waren sich fast alle Ärzte einig, die in der Intensivstation um Hopes Bett herumschwirrten.

Am nächsten Morgen wurde der Chefarzt der dermatologischen Abteilung hinzugezogen, denn die Livedo reticularis war nicht so stark zurückgegangen, wie wir es uns gewünscht hatten. Seine Liste möglicher Diagnosen las sich wie eine Sammlung exotischer Krankheiten, die mir in meiner ganzen Berufslaufbahn fast noch nie begegnet waren: Livedo-Vaskulitis, Polyarteriitis nodosa, Wegener-Granulomatose, Kryoglobulinämie. Am Ende fügte er etwas Bekannteres hinzu – die Gefäßkollagenose –, aber dann überforderte er meine Kenntnisse schon wieder mit der beiläufigen Bemerkung »einschließlich Snedon-Syndrom«; offenbar erwartete er, daß auch jemand außer seinen eigenen Mitarbeitern verstand, was er meinte. Wie wir alle, so suchte auch der Professor nach einer seltenen Krankheit, mit der sich Hopes seltene Symptome erklären ließen.

Die wirkliche Diagnose, die sich schließlich herauskristallisierte, war noch viel exotischer, als selbst der Hautarzt erwartet hatte. Am gleichen Nachmittag, während ich bei der Visite war, erreichte mich ein Anruf des Pathologen Brian West, der sich in unserem Krankenhaus auf Erkrankungen des Magen-Darm-Traktes spezialisiert hatte. West war noch keine vier Jahre an unserer Klinik, aber in dieser relativ kurzen Zeit hatte er die Leistungsfähigkeit der Abteilung auf seinem Fachgebiet wesentlich verbessert. Nachdem er vom Trinity College in Dublin zu uns gekommen war, galt die gastrointestinale Pathologie von Yale bei seinen Kollegen als Weltklasse.

Für mich ist das fröhliche Auf und Ab von Wests weichem irischem Akzent einer der beruhigendsten Klänge, die ich in der mißtönenden Geräuschkulisse einer modernen Universitätsklinik jemals gehört habe. Könnte man Gehörtes irgendwie in Bilder umsetzen, würde man sagen: West spricht mit einem sanften Lächeln. Zum erstenmal *sah* ich seine Stimme am Telefon, und ich weiß noch genau, wie ich nicht nur das Lächeln vor Augen hatte, sondern auch seine blauen Augen und den rötlichen Bart, der sein eigentlich junges Gesicht wissend und klug aussehen ließ. Aber bei aller Weichheit hat Wests lächelnde Stimme auch eine Überzeugungskraft und Autorität, die seiner eindrucksvollen Fähigkeit entstammt, winzigste, im Darm von seltsamen Krankheiten zurückgelassene Indizien zu deuten. »Kannst du mal kurz ins Labor rüberkommen?« fragte er, und in seinem ansteigenden Tonfall lag eine vielversprechende Erwartung, als wolle er mich zum ersten Glas einer lang ersehnten und nun endlich eingetroffenen Biersorte einladen. »Ich möchte dir zeigen, was ich in deiner Gewebeprobe gefunden habe.« In Erwartung seiner Entdeckung platzte ich heraus, bevor er fortfahren konnte: »Wie sehen die kleinen Gefäße aus?« Seine Antwort überraschte mich. »Die Gefäße sind in Ordnung. Ich glaube, sie hat Enteritis necroticans – was die Leute auch Darmbrand nennen.«

Es war ein peinlicher Moment, und ich war froh, daß ich an einem entfernten Ende unseres ausgedehnten Klinikgeländes am Telefon saß. Ich muß verwirrt dreingeblickt haben und hielt einen Augenblick inne, weil ich nicht wußte, was ich erwidern sollte. Aber ich wußte genau: Ich würde mir im Gespräch mit West die Zunge verknoten, wenn ich so tat, als sei ich mit diesen absonderlichen Begriffen vertraut, und deshalb gestand ich mein Unwissen ein. »Aha, Brian, was ist das?« Er erklärte mir die Krankheit kurz, aber erst als ich zehn Minuten später in seinem Labor stand, begriff ich allmählich, wovon er redete.

Durch das Doppelokular von Wests Mikroskop sah ich, daß die Darmschleimhaut fast völlig abgestorben war; die dicken Schichten der Ring- und Längsmuskulatur dagegen konnte man noch als lebensfähig bezeichnen. Das verblüffendste auf dem Präparat waren Tausende und aber Tausende stäbchenförmiger Bakterien, die auf der Schleimhaut aufgereiht standen wie eine unregelmäßige Linie von Soldaten in Habtachtstellung. Ihr Aussehen und später auch die Labortests zeigten, daß es sich um eine Bakteriengattung namens *Clostridium* handelte, zu denen auch die Erreger von Botulismus, Tetanus und Gasbrand gehören. Und tatsächlich waren zwischen den Schichten der Darmwand auch mikroskopisch kleine gasgefüllte Hohlräume zu erkennen. Die von diesen Mikroorganismen erzeugten Toxine verursachen Entzündungen und Nekrosen (Absterben von Gewebe) der Darmwand – deshalb bezeichnet man den ganzen Vorgang auch als *Enteritis necroticans.* Hopes Sepsis war von den Clostridien ausgelöst worden, und alle Symptome von Darm, Nerven und Haut waren auf diese Bakterien und ihr Toxin zurückzuführen.

Mittlerweile wußte ich, daß bei Hope erste Anzeichen auf eine Zerstörung von Zellen in der willkürlichen Muskulatur hinwiesen, ein Vorgang, den man als Rhabdomyolyse bezeichnet. Auch das war eine Wirkung des Toxins. Die Kombination aus umfangreicher Vermehrung der Clostridien im Darm, Sepsis, Rhabdomyolyse und dem daraus entstehenden Chaos im Zuckerhaushalt war die Erklärung für die ganze Palette von Zerstörungsvorgängen, die unsere Patientin erlebt hatte. Wir konnten nur hoffen, daß die Entfernung des abgestorbenen Darmabschnitts und die damit erreichte Verminderung der Bakterienbelastung uns ermöglichen würden, den

Verfall mit Antibiotika und anderen Therapiemethoden aufzuhalten.
Clostridien gehören, in bescheidener Zahl, zu den normalen Bewohnern unseres Darms. Gewöhnlich leben sie mit der übrigen Darmflora ebenso einträchtig zusammen wie mit den physiologischen Substanzen, mit denen sie in Kontakt kommen. Solange nicht irgend etwas das Gleichgewicht zwischen den Mikroorganismen im Körper und den chemischen Substanzen durcheinanderbringt, vermehren sich die Clostridien nicht so stark, daß sie zur Gefahr werden. Bei Hope bestand unsere klinische Herausforderung nun darin, sie durchzubringen; die intellektuelle Herausforderung war jedoch die Frage, was die Homöostase im Darm so durcheinandergebracht hatte, daß die Clostridien sich übermäßig vermehren konnten. Brian West hatte darauf keine eindeutige Antwort, aber er fand einen Fall, der dem von Hope so sehr ähnelte, daß es sich nach meiner Überzeugung um ein und dieselbe Krankheit handelte. Wenige Tage später, und insbesondere nachdem ein Spezialist im englischen Southampton Wests Diagnose bestätigt hatte, wurde die Vermutung zur Gewißheit.
In unserem Gespräch an diesem Nachmittag beantwortete West eine wichtige Frage, ohne daß ich sie gestellt hatte: Woher wußte er, daß die Clostridien sich nicht erst so gewaltig vermehrt hatten, nachdem ich den Darm am Nachmittag zuvor herausgenommen hatte und bevor er in das keimtötende Konservierungsmittel gelegt wurde, was vielleicht erst am nächsten Morgen geschehen war? Genau das geht nämlich in einer frischen Leiche vor sich: Die Zahl dieser und anderer Mikroorganismen steht nicht mehr im Gleichgewicht mit den lebenserhaltenden Mechanismen des Organismus und nimmt deshalb rapide zu. Das hat zur Folge, daß die Leiche verwest und zerfällt, und dabei bläht sie sich mit Gasen auf – genau in diesem Zustand war Hopes Leerdarm gewesen, als wir ihn entfernten.
»Der Pathologieassistent hatte es eilig. Er war mit seiner Verlobten

zum Abendessen und anschließend zum Theater verabredet, und deshalb mußte er schnell mit seiner Arbeit fertig werden, damit er sie pünktlich abholen konnte. Sobald er aus dem OP zurückkam, ließ er den Darm in ein Gefäß mit Formalin fallen. Hätte er das nicht getan, wäre die Probe vielleicht über Nacht in Verwesung übergegangen, und dann hätten die Clostridien nichts bedeutet. Aber so können wir sicher sein, daß das Stück genau in dem Zustand war, in dem du es aus der Patientin herausgeschnitten hast. Dieser Darm zeigt tatsächlich alle Anzeichen von Enteritis necroticans.«

Es ist nicht leicht, der Mutter einer attraktiven jungen Frau zu sagen, daß ihre Tochter an »Darmbrand« leidet, aber in all den Jahren, seit Hope so knapp dem Tod entronnen ist, haben wir keine wahrscheinlichere Diagnose gefunden. Von den zusätzlichen Komplikationen durch die Zuckerkrankheit abgesehen, glichen der Krankheitsverlauf und das mikroskopische Aussehen des Gewebes genau den Befunden bei Tausenden von Stammesangehörigen in Neuguinea, die an dieser Krankheit schon gestorben sind. Der akute Darmbrand ist im Hochland dieser Insel die häufigste Ursache frühzeitiger Todesfälle – die Sterblichkeit liegt bei denen, die sich die Krankheit zuziehen, bei fast 85 Prozent. Bei Kindern ist sie in diesem Gebiet nach den Atemwegserkrankungen die zweithäufigste Todesursache. Am häufigsten kommt sie in der Jahreszeit der traditionellen Schweinefeste vor, und die Krankheit wurde dort so genau untersucht, daß man ihre Entwicklung mit ziemlicher Sicherheit beschreiben kann.

Das Schweinefest ist im Hochland Neuguineas ein fester Bestandteil verschiedener Rituale und Feierlichkeiten. Das Essen wird dabei immer auf traditionelle Weise zubereitet: Man schlägt die Tiere mit Knüppeln tot, nimmt den Darm heraus, wäscht ihn und wickelt ihn in Blätter. In Erdlöcher legt man nun abwechselnd Schichten aus Fleisch, Darm, Farnwedeln, Bananenblättern und Brotfrüchten, und dazu kommen Süßkartoffeln oder Bananen, gehacktes Gemüse und vorgewärmte Steine. Schicht für Schicht baut man aus diesen Zutaten einen Hügel, und als äußere Isolierung dient eine letzte Lage Schweineviertel und -seiten. Nachdem man auf die dampfende Masse große Mengen Wasser geschüttet hat, wird alles mit Blättern und Erde bedeckt. Auf diese Weise entsteht ein großer Dampfofen, dessen Innentemperatur nach Messungen von Gesundheitsbeamten durchschnittlich bei 78 °C liegt.

Ein solches Verfahren führt nicht nur zu unvollständigem Durchgaren, sondern bietet auch jede Menge Gelegenheiten für Verunreinigungen durch Bakterien. Wenn das Festessen fertig ist, findet das Gelage unter Bedingungen statt, die jedem Hygienebeamten die Haare zu Berge stehen lassen würden. Es sind ideale Umstände für die Vermehrung gefährlicher Erreger, insbesondere der Clostridien.

Normalerweise wird das Clostridientoxin im Darm vom Trypsin abgebaut, einem proteinspaltenden Enzym der Bauchspeicheldrüse, von dem das Gift leicht angegriffen wird. Leider enthalten Süßkartoffeln aber einen Wirkstoff, der das Trypsin hemmt, und dieses Gemüse ist ein wichtiger Bestandteil nicht nur des Schweinefestes, sondern der Ernährung der Hochlandbevölkerung überhaupt. So wird der Abwehrversuch des Organismus vereitelt. Große Mengen clostridienverseuchtes Fleisch in Verbindung mit einer hohen Dosis Trypsinhemmer sind die ideale Zusammenstellung für die Entstehung von Darmbrand. Noch prekärer wird die Situation, weil die Kinder dieser Gegend häufig von *Ascaris lumbricoides* befallen sind, einem Spulwurm, der nochmals einen eigenen Trypsin-Hemmstoff erzeugt und so die Wirkung der vergifteten Nahrung verstärkt.

Und das klinische Bild der Krankheit ist genau das gleiche, das wir 15 000 Kilometer entfernt, in New Haven, Connecticut, bei Hope Kuziel beobachteten, nur fehlen in Neuguinea natürlich die Bestandteile, die auf den Diabetes zurückzuführen sind.

Wenn starke Vermehrung von Clostridien die Ursache der Enteritis necroticans ist, sollte man annehmen, daß die Krankheit nicht nur in Neuguinea vorkommt, und der Auslöser muß dann auch nicht unbedingt ein Mahl sein, wie es beim Schweinefest üblich ist. Und so ist es auch. Eine Epidemie der gleichen Krankheit gab es kurz nach dem Zweiten Weltkrieg in Norddeutschland, und die Ärzte, die sich damit befaßten, führten sie auf die Aufnahme ungewohnt großer Proteinmengen durch die unterernährte Bevölkerung zurück. Über ähnliche Epidemien wurde vereinzelt auch aus afrikanischen Ländern, China, Bangladesch, den Salomoninseln und einem Flüchtlingslager für Khmer-Kinder in Thailand berichtet.

In solchen Gebieten kommt noch hinzu, daß chronisch unterernährte Menschen nicht genügend Aminosäurebausteine für die Herstellung von Trypsin besitzen. Wenn sie dann plötzlich viel Fleisch essen und wenn dieses Fleisch aus irgendeinem Grund verunreinigt ist, steigt die Menge des Clostridientoxins im Organismus der Menschen stark an, ohne daß genügend Trypsin als Gegengewicht zur Verfügung steht. Entsprechende Beobachtungen machte man bei den ersten Untersuchungen des Darmbrands in Deutschland: Er trat offenbar auf, wenn die Ernährung sich plötzlich veränderte. Die Patienten waren in der Endphase des Krieges und in der Nachkriegszeit tatsächlich unterernährt, und die Krankheit trat offenbar auf, wenn jemand plötzlich große Mengen des möglicherweise verunreinigten Fleisches zur Verfügung hatte.

Vereinzelte Berichte über Todesfälle durch Enteritis necroticans gab es zwar auch aus wohlhabenden Industrieländern, aber richtige Epidemien kommen in Gebieten mit guten hygienischen Verhältnissen nicht vor. Einige dieser Einzelfälle sind aber aufschlußreich, denn an ihnen wird eine besonders dramatische Eigenschaft der Krankheit deutlich. So beschrieb zum Beispiel ein Chirurg und Pathologe des Royal Liverpool Hospital in England 1983 in der Fachzeitschrift *Gut* (»Darm«; die Briten haben eine sehr unverblümte medizinische Ausdrucksweise, und dies ist der Name ihrer angesehensten Fachzeitschrift für Gastroenterologie) den Fall eines dreiundzwanzigjährigen Fotomodells. Die junge Frau kam an einem Sonntagmorgen um acht Uhr in die Notambulanz des Krankenhauses und klagte über Bauchschmerzen und Blähungen. Sie sagte dem diensthabenden Arzt, sie versuche normalerweise, sehr schlank zu bleiben, bekomme aber gelegentlich Anfälle von Eßsucht. In dieser Nacht hatte sie zwischen Mitternacht und vier Uhr morgens folgendes zu sich genommen: ein knappes Kilo Nieren, 700 Gramm nicht durchgebratene Leber, ein Steak von 250 Gramm, zwei Eier, 200 Gramm Käse, zwei große Scheiben Brot, einen ganzen Kopf Blumenkohl, ein Pfund Pilze, ein Kilo Möhren, zehn Pfirsiche, vier Birnen, zwei Äpfel, vier Bananen, ein Kilo Pflaumen und ein Kilo Weintrauben. Dann hatte sie ein paar Stunden geschlafen, und beim Aufwachen hatte sie Bauchschmerzen.

Als die Ärzte vergeblich versuchten, den Magen der jungen Frau auszupumpen, verschlechterte sich ihr Zustand rapide, und man mußte sie schnell in den Operationssaal bringen. Als man den Bauch öffnete, zeigte sich, daß ein Abschnitt des vorderen Dünndarms offenbar nicht mehr durchblutet wurde. Unter den Augen des zweifellos entsetzten Operationsteams dehnte sich der ischämische Bereich aus, bis er fast den ganzen Darm umfaßte. Kurz darauf waren in der Darmwand erste Gasbläschen zu erkennen, und wenig später starb die Patientin. In der Obduktion zeigten sich gewaltige Clostridienmengen in Speiseröhre, Magen und dem vorderen Abschnitt des Dünndarms.

Das mikroskopische Erscheinungsbild der Verdauungsorgane dieses Fotomodells paßte genau zur Beschreibung der Enteritis necroticans. Die Autoren des Berichtes stellen in ihrer Beschreibung fest: »Die Merkmale dieses Falles ähneln verblüffend dem Darmbrand.« Sie nahmen an, daß die Patientin an Bulimie litt, und durch die chronische Unterernährung war die Trypsinmenge wahrscheinlich zurückgegangen; als sie dann plötzlich eine gewaltige Proteinmenge zu sich nahm, und das in schlecht gegarter und möglicherweise verunreinigter Form, hatte sie den Erregern nichts entgegenzusetzen.

Bei Hope Kuziel stellte sich nicht die Frage, ob sie an Enteritis necroticans litt – das war mit ziemlicher Sicherheit der Fall. Ungeklärt blieb jedoch der Grund für die starke Vermehrung der Clostridien in ihrem Darm. Sie hatte vor den ersten Symptomen keine übermäßig großen Fleischmengen gegessen; sie war nicht unterernährt; und sie hatte nicht in nennenswertem Ausmaß Lebensmittel zu sich genommen, die Trypsin-Hemmstoffe enthalten. Der einzige Anhaltspunkt ist ihr Diabetes; diese Krankheit kann bekanntermaßen eine gewisse Immunschwäche verursachen – das ist einer der Gründe, warum Diabetiker für Infektionskrankheiten anfälliger sind. Gegen die Vermutung der diabetischen Immunschwäche spricht aber die Tatsache, daß es weder vorher noch später Hinweise auf eine besondere Anfälligkeit für Abszesse, Entzündungen oder andere Folgen einer verminderten Widerstandskraft gegen Bakterien gab. Was die Ursachenforschung anging, blieb es bei dem knappen Kommentar, den Ann Camp, eine ihrer ärztlichen Betreuerinnen in der Intensivstation, in Hopes Krankenakte schrieb: Sie bezeichnete die Krankheit ihrer Patientin als »interessant und rätselhaft«.

Ein anderer der wenigen Fallberichte von Darmbrand beschreibt einen vierundzwanzigjährigen, zuckerkranken Krankenpfleger in den Niederlanden, der 1984 starb, vierundzwanzig Stunden nachdem man ihn mit den charakteristischen Symptomen eingeliefert hatte. Er hatte am Tag vor der Erkrankung auf einer Party eine nicht näher beschriebene Menge Schweinefleisch gegessen, aber von den anderen Gästen war keiner betroffen. Die Autoren des Berichtes stellen fest: »Es ist wohlbekannt, daß Diabetiker eine verminderte Widerstandskraft gegen Infektionen haben. Man ist deshalb versucht zu spekulieren, daß dies eine Mitursache sein könnte.« Genaueres konnten weder die niederländischen Ärzte noch wir sagen, die wir Hope zu behandeln hatten.

In den Stunden nach der Operation ging es Hope etwas besser, aber nur vorübergehend. Die Azidose sprach zunächst auf die Behandlung an, und der Blutdruck stabilisierte sich. Aufgrund der Sepsis entwickelte sich eine Blutgerinnungsstörung, die man als Verbrauchskoagulopathie bezeichnet, aber sie war nicht so stark, daß sie ernste Probleme verursacht hätte. Die zuvor zu niedrige Temperatur stieg auf 39,4 °C, was auf eine stärkere Immunreaktion hindeutete. Am Morgen nach der Operation schöpften wir vorsichtig Hoffnung, obwohl die Flecken auf der Haut nur geringfügig zurückgegangen waren und die Blutuntersuchungen weiterhin auf eine Rhabdomyolyse hindeuteten. Allerdings wurde es immer schwieriger, das Mineralstoff- und Flüssigkeitsgleichgewicht aufrechtzuerhalten, und die allgemeine Schwellung nahm zu, weil allmählich die Nieren versagten. Noch am gleichen Tag, kurz nachdem Brian West mir seine Diagnose mitgeteilt hatte, wurde Hope an die Dialyse angeschlossen.

Die Zahl der ärztlichen Berater nahm zu. Bis zum Abend waren Spezialisten für Infektionskrankheiten, Dermatologie, Neurologie, Urologie, Gastroenterologie, Chirurgie und Anästhesie bei ihr gewesen, und alle überwachten sehr genau ihren Zustand. Neben den Mineralstoffen in ihren Infusionen erhielt sie fünf Medikamente, darunter drei Antibiotika. Der Bericht des Stationsartzes, sieben engbeschriebene Seiten stark, nennt vierzehn verschiedene Problembereiche: Sepsis, neue Darmnekrosen, Blutdruck, Nierenversagen, Atembeschwerden, Rhabdomyolyse, Calciummangel, Magnesiummangel, Auswirkungen des Schocks auf die Leber, Verbrauchskoagulopathie, Diabetes, Schmerzbekämpfung, Hautausschlag und Ernährung. Die Zahl der weißen Blutzellen, die unmittelbar nach der Operation auf 16 000 gesunken war, stieg wieder bis auf 21 000 an. Am nächsten Morgen vermehrten sich die Anzeichen für eine Verschlimmerung der Sepsis. Die Darmerkrankung hatte sich mit ziemlicher Sicherheit auf den Bereich ausgedehnt, der zwei Tage zuvor noch nicht betroffen war. Als ich mich entschloß,

noch einmal zu operieren, gab es allgemeine Zustimmung. Der Bauch hatte sich wieder aufzublähen begonnen.
Mittlerweile versagten die Nieren immer mehr, so daß der Albuminspiegel, der wegen der schlechten Ernährung und trotz aller Gegenmaßnahmen ohnehin niedrig war, weiter absank. Durch das Nierenversagen und den niedrigen osmotischen Druck in den Kapillaren blieb immer mehr Wasser in Hopes Körper: Ihr Gewicht, vor der Erkrankung 56 Kilogramm, war auf 83 Kilogramm gestiegen – der ganze Körper war aufgedunsen und angeschwollen. Wir entschlossen uns, sie nochmals mit Dialyse zu behandeln und dann sofort in den Operationssaal zu bringen.
Wieder sprach ich mit der Mutter meiner Patientin, und wieder schilderte ich die Lage genau so, wie ich sie einschätzte. Joan hatte das Krankenhaus seit Hopes Aufnahme nicht mehr verlassen; sie schlief im Wartezimmer der Intensivstation und aß in der Cafeteria. Wenn es ihr gestattet wurde, stand sie am Bett ihrer Tochter, hielt ihre Hand und streichelte ihr das Gesicht – und sie sprach ruhig und ermutigend zu ihr, obwohl Hope gar nicht merkte, daß sie da war. In ihrer nachdenklichen, analytischen Art hörte sie allen Fachärzten zu, und immer gelangte sie zu den richtigen Schlußfolgerungen. Joan hatte eins und eins zusammengezählt, und bevor ich etwas sagen konnte, wußte sie, warum ich gekommen war. Unser Gespräch war eine Wiederholung dessen, was wir vor zwei Tagen gesagt hatten, aber die Aussichten waren jetzt noch schlechter. Ich hatte nicht geglaubt, daß die Krankheit noch schlimmer werden könnte als vor der ersten Operation, und doch war das Unmögliche eingetreten. Joan unterschrieb die Einverständniserklärung und nahm meine Hände einen Augenblick lang in die ihren. Diesmal waren Worte überflüssig.
Nachdem der Bauch desinfiziert und abgedeckt war, versammelten wir uns um Hope, wie wir es 48 Stunden zuvor getan hatten, aber um das Kopfende des Tisches stand diesmal eine größere Gruppe. Wenn ein Patient sehr schwer krank ist, kommen mehrere Anäs-

thesisten und versuchen, einander so gut wie möglich zu helfen. In den 30 Jahren meiner Chirurgenlaufbahn habe ich – und das meine ich durchaus nicht ironisch – immer die gleiche Beobachtung gemacht: Die Überlebenschancen eines Patienten sind umgekehrt proportional zur Zahl der Anästhesisten, die für die Operation gebraucht werden; sind es sechs oder mehr, ist der Tod so gut wie sicher. Als ich mir die Versammlung ansah, zählte ich sechs Personen. Ich machte eine gequälte Bemerkung, die sie offenbar nicht schätzten, und ging an die Arbeit.

Hopes Bauch war so aufgebläht, daß die Nähte unter Spannung standen. Sobald ich die Fäden entfernt hatte, ergoß sich Flüssigkeit auf die Abdeckungen, und der Darm trat heraus. Zusammen mit dem Chirurgieassistenten brachte ich alles schnell einigermaßen in Ordnung, und dann beurteilten wir den Befund. Kurz hinter der Stelle, wo wir den Darm geklammert hatten, ein Stück unterhalb des Übergangs vom Zwölffinger- zum Leerdarm, sahen die nächsten 45 Zentimeter des Darms genauso aus wie das Stück, das wir zwei Tage zuvor herausgenommen hatten. Wir hatten vor der Operation den richtigen Eindruck gehabt: Die Nekrose und das Clostridienwachstum hatten sich fortgesetzt, so daß wir nochmals schneiden mußten. Diesmal war Brian West selbst in den Operationssaal gekommen, und ich übergab ihm sofort den entnommenen Darmabschnitt. Schweigend begutachtete er ihn einige Minuten lang; bevor er ihn zur weiteren Untersuchung in sein Labor brachte, sprachen wir kurz über sein Aussehen.

Die weitere Operation verlief im wesentlichen wie beim ersten Mal, nur verschloß ich die Wunde diesmal mit einzelnen Stichen und dickem Nylonfaden; ich setzte sie so, daß sie wie ein Flaschenzug wirkten – wenn der Bauch sich aufblähte, wurden die Wundränder enger zusammengezogen. Es ist eine zeitaufwendige Methode, und die Naht sieht nicht besonders schön aus, aber es ist die kräftigste, die ich kenne, und ich wollte nicht riskieren, daß die Operationswunde aufplatzte.

Diesmal war die Besserung dauerhafter. Innerhalb der nächsten 24 Stunden ging die Rhabdomyolyse zurück, und die Nieren funktionierten wieder besser – die Urinproduktion stieg von fast Null auf eine einigermaßen vernünftige Menge. Außerdem war die Blutgerinnung zufriedenstellend, die Zahl der weißen Blutzellen sank auf 15 000, und der Säuregehalt des Blutes lag im Normbereich. Die Symptome der Sepsis waren geringer, und die Livedo reticularis verminderte sich; nach einem weiteren Tag war sie völlig verschwunden. Mike Bennick schrieb 24 Stunden nach der Operation in seinen Bericht: »Entspannung an allen Fronten.« Zum erstenmal sah es so aus, als könnten wir den Kampf gewinnen.

Aber einige Tage später gab es noch einmal Alarm. Das Fieber stieg in immer stärkeren Schüben, und die Zahl der weißen Blutzellen stieg am vierten Tag nach der Operation auf 33 000. Ich dachte an eine Infektion eines der vielen Venenzugänge, aber dafür fand ich keinerlei Anzeichen. Dann befürchtete ich, Darminhalt könnte ausgetreten sein und die Operationswunde verunreinigt haben, aber auch dafür fand ich keinen Beleg. Am beängstigendsten war die Möglichkeit, daß die Clostridieninfektion sich erneut auf den verbliebenen Teil des Darms ausgeweitet hatte. Um das zu untersuchen, führten wir einen Radioisotopenscan durch, der auf den Nachweis von Infektionen und Nekrosen ausgerichtet war. Ich rechnete damit, daß sich nichts Besorgniserregendes fand und daß meine Sorgen damit zerstreut würden, aber als ich mir zusammen mit dem Spezialisten, der die Untersuchung vorgenommen hatte, die Befunde ansah, bekam ich weiche Knie. Der gesamte verbliebene Dünndarm zeigte in einem unregelmäßigen Muster den gleichen Befall, den ich schon an den zwei entfernten Abschnitten gesehen hatte. Vor meinem geistigen Auge erschien der mittlerweile vertraute Teppich aus Clostridien auf der Darmwand.

Aber die Untersuchung stand bei aller wissenschaftlichen Genauigkeit in einem seltsamen Widerspruch zu meinen Beobachtungen, wenn ich Hopes Bauch untersuchte, und das tat ich immer und immer wieder. Obwohl die Radiographie Nekrosen zeigte, war der Bauch flach, und wenn ich ihn tief eindrückte, zeigte weder ein Verziehen des Gesichts noch irgendein anderes Indiz, daß sie Schmerzen hatte. Mit dem Stethoskop hörte ich die unverkennbaren und höchst beruhigenden Geräusche der Peristaltik. Und das Wichtigste: Zwar war Hope immer noch sehr krank, doch verbesserte sich ihr Allgemeinzustand von Tag zu Tag. Sie hatte jetzt kaum noch etwas mit dem todkranken Mädchen gemeinsam, das ich zweimal eilig in den Operationssaal gebracht hatte.

Ich fühlte mich erheblich unter Druck, Hopes Bauch ein drittes Mal zu öffnen. Junge Ärzte lassen sich stark von der Apparatemedizin beeindrucken, und bei vielen hat sie seit langem den ehrwürdigen Platz eingenommen, der früher für die ärztlichen Fähigkeiten der Befunderhebung und körperlichen Untersuchung reserviert war. Von einem Spezialisten für Infektionskrankheiten abgesehen, war ich etwa zwanzig Jahre älter als Hopes zahlreiche ärztliche Betreuer, und jetzt war es an der Zeit, meiner Stellung Geltung zu verschaffen. Ich ging nach oben in die Intensivstation und schrieb eine lange Anmerkung in Hopes Krankenakte; ihre Quintessenz faßte ich in zwei Sätzen zusammen: »Ihr Bauch ist einfach nicht der Bauch einer Person mit Darmnekrosen. Ich halte eine Operation nicht für angebracht.« Dann stand ich auf, um es Joan zu sagen. Sie stand am Eingang zu Hopes Glasgehäuse und war in ein Gespräch mit Mike Bennick vertieft.

An die Ereignisse dieses Vormittags kann Joan sich noch gut erinnern. Sie hatte die Untersuchungen am Vortag genau verfolgt und wußte, daß die Ärzte über eine weitere Operation redeten. Sie wußte auch, daß der Operateur (wie sie mir später erzählte, hatten sie und die Angehörigen mich am ersten hektischen Tag in der Klinik so genannt) offenbar etwas dagegen hatte. Und jetzt führte der Operateur sie und Bennick in den einzigen leeren Glaswürfel der Intensivstation.

Ich weiß nicht mehr genau, was ich sagte, aber Joan erinnert sich an jedes meiner Worte. Wenn ich heute daran zurückdenke, klingen sie unnötig oberlehrerhaft, aber vielleicht war es damals notwendig. Wie Joan mir berichtet, sah ich sie geradeheraus an und sagte: »Ich werde eine verbindliche Entscheidung treffen«, und dann zu Bennick: »Mike, komm mit!« Mir ist aber im Gedächtnis geblieben, daß Bennick und ich an Hopes Bett gingen und ihren Bauch noch einmal genau untersuchten. Joan sagt mir, es habe sehr lange gedauert, aber als wir aus dem Glaswürfel herauskamen, waren wir einer Meinung. Bennick hatte zugestimmt, daß wir nichts unternehmen würden.

Bennick und ich spielten weniger mit Hopes Leben, als es vielleicht den Anschein hat. Sie hätte eine dritte Operation mit ziemlicher Sicherheit nicht überlebt, und ich hätte den gesamten verbliebenen Dünndarm entfernen müssen. Ich hätte wetten mögen, daß nur die Schleimhaut von der Nekrose befallen war; das gute Untersuchungsergebnis bedeutete, daß die Abwehrkräfte bereits dabei waren, die Infektion zu beseitigen und diese Hautschicht zu heilen. Zum Glück für uns alle erwies sich meine Vermutung als richtig. Am nächsten Tag hatte Hope sich so weit erholt, daß wir den Tubus vom Beatmungsgerät trennen konnten. Nach weiteren 24 Stunden, im ersten klaren Augenblick seit ihrer Einlieferung, öffnete sie die Augen. Minuten später sah sie ihre Mutter; Joan hielt ihr ein großes Pappschild mit den Buchstaben des Alphabets vor das Gesicht, das sie für diese Gelegenheit vorbereitet hatte. Hope deutete auf das Schild, und indem sie langsam auf die einzelnen Lettern zeigte, buchstabierte sie: »Ich habe am Freitag eine Geschichtsklausur.« Seit der ersten Operation waren elf Tage vergangen, und sie hatte an diese Zeit keinerlei Erinnerung.

»Meine Mutter sagte: ›Nein, mein Schatz, das war vor zwei Wochen.‹ Ich hatte ein Gefühl wie, du liebe Güte – wissen Sie, die völlige Verblüffung. Dann fragte sie: ›Wie hast du das geschafft? Wir haben nicht damit gerechnet.‹ Und ich buchstabierte: ›Ich habe meine Kraft von Papa.‹«

Die Besserung setzte sich fort, allerdings nur langsam. Hope mußte noch fast drei Wochen in der Intensivstation bleiben – erst dann konnten wir sie auf eine andere Etage verlegen. Dort verbrachte sie weitere zwei Monate, und dann kam sie in die Rehabilitationsabteilung der Klinik. Sie hatte stark abgenommen und in den Beinen viel Muskelmasse verloren, aber sie wußte, daß das alles in Ordnung zu bringen war, wenn sie sich Mühe gab. Schließlich, 18 Wochen nachdem sie ins Krankenhaus gekommen war, konnte sie entlassen werden.

Vier weitere Monate vergingen, bis Hope wieder so kräftig war, daß sie ans College zurückkehren konnte. Das Examen, das sie zwei Jahre später ablegte, war für ihre Mutter der endgültige Triumph – nicht nur der Ausdauer und des Glücks, sondern auch des schützenden Geistes von Tony. Wenige Stunden nachdem Hope an jenem glücklichen Morgen vor sechs Jahren wieder erwacht war, erschien ein Regenbogen am Himmel, obwohl es gar nicht geregnet hatte. Joan erinnert sich genau, wie sie ihn ansah und wußte, daß er ein gutes Omen war.

XII

Geistes-Gaben: Das Gehirn und die menschliche Natur

Ich bin nicht der erste Arzt, der einem Laienpublikum erklären will, wie der menschliche Organismus funktioniert. Einen sehr erfolgreichen Versuch unternahm Dr. Logan Clendening, ein wortgewaltiger, selbstbewußter Medizinprofessor der University of Kansas; er schrieb 1927 das Buch *The Human Body*, eine ausgezeichnet verständliche Beschreibung der Anatomie und Physiologie. Aber schon damals, als es (viel) weniger zu schreiben gab und die bekannten Tatsachen (viel) weniger kompliziert waren als heute, schreckte er vor der Aufgabe zurück, das Zentralnervensystem in seinen Einzelheiten darzustellen. Er schob das Thema 223 Seiten lang vor sich her, und die Worte, mit denen er dann seine Beschreibung beginnt, drücken genau meine eigenen Gedanken aus, als ich mich an diese entmutigende Aufgabe machte: »Nur ein unerschrockener Geist kann es unternehmen, in einem Buch dieses Umfangs einen Bericht über das Zentralnervensystem zu geben.«
Seit dieser Satz geschrieben wurde, ist das Wissen über alle biologischen Systeme und ganz besonders über das Nervensystem explosionsartig gewachsen und viel komplizierter geworden. Der Geist, der sich heute daranmacht, es zu durchleuchten, muß noch unerschrockener sein als früher. Aber unabhängig von aller Komplexität und der wachsenden Notwendigkeit, auch andere Wissen-

schaften detailliert mit einzubeziehen, gilt eine Aussage von Clendening nach wie vor, und sie wird auch immer gelten. Es gelang ihm, in zwei prägnanten Sätzen das Wesentliche zusammenzufassen: »Das Zentralnervensystem ist im wesentlichen eine Anzahl von Massen aus Nervenzellen, die untereinander über ein kompliziertes Fasergeflecht verbunden sind. Eine Nervenzelle hat die Funktion, den von der Nervenfaser herantransportierten Impuls zu interpretieren und neue Nervenimpulse in Gang zu setzen, die über andere Nervenfasern weitergeleitet werden.«

Vieles von dem, was ich bis hierher erörtert habe, trifft genauso auf die Physiologie aller anderen Säugetiere zu. Das gleiche kann man mit Fug und Recht auch über die nun folgende Beschreibung der Struktur und Funktion des menschlichen Gehirns sagen. Aber andererseits ist vieles an Struktur und Funktion des Gehirns bei unserer Spezies einzigartig, und darin liegt der Ursprung unseres Menschseins. Das Gehirn ist der Schlüssel zu diesem Allerheiligsten des Verstehens, in dem wir das Geheimnis des menschlichen Geistes sehen können.

Wie ich bereits deutlich gemacht habe, besteht das Zentralnervensystem aus einer hierarchischen, miteinander verknüpften Abstufung von den unteren Zentren im Rückenmark bis zu den raffiniertesten, spezifisch menschlichen Bereichen in den oberen Gehirnteilen. Das gilt nicht nur für unsere sensorischen und motorischen Fähigkeiten, sondern insbesondere für die sogenannten Assoziationsfelder, in denen die Nachrichten interpretiert, zusammengeführt und koordiniert werden, so daß die verschiedenen, untereinander in Verbindung stehenden Teile zu einem Gesamtergebnis integriert werden.

Fassen wir einige Kernaussagen aus den vorangegangenen Kapiteln noch einmal zusammen: Sämtliche Tätigkeiten des Nervensystems werden von Neuronen verschiedener Typen ausgeführt, und zwar mit Hilfe von Signalen, die durch Axone und Dendriten sowie über die Synapsen hinweg weitergeleitet werden. Da diese verlängerten

Zellfortsätze stark verzweigt sind, kann jede Nervenzelle mit vielen anderen in Verbindung stehen. Ein einzelnes Neuron kann zwischen einigen hundert und 10 000 synaptische Verbindungen haben – der Durchschnittswert liegt ungefähr bei 1000. Da Axone mit gleicher Funktion häufig Bündel bilden, die sich wieder in verschiedene Richtungen aufteilen, können Nervenimpulse über große Entfernungen und praktisch gleichzeitig zu mehreren Zentren geleitet werden. Das hat zur Folge, daß ein einziger äußerer Reiz sich beispielsweise über einfache Schaltkreise wie den Rückenmarks-Reflexbogen bewegt und gleichzeitig nicht nur zu mehreren Zentren für automatische Steuerung weitergeleitet wird, sondern auch zu jenen Gehirnbereichen, in denen bewußtes Überlegen, Urteilsvermögen und Gedächtnis angesiedelt sind – also an die Stellen, die Hamlet als »Buch und Band meines Gehirns« bezeichnet. Dieses Buch und alle anderen Teile des Gehirns nehmen zusammen ein Volumen von etwas über einem Liter ein und wiegen etwa 1400 Gramm. Das sind bei einem Menschen von 70 Kilo zwar nur zwei Prozent des Körpergewichts, aber im Gehirn läuft ein so intensiver Stoffwechsel ab, daß es 20 Prozent des über die Lunge eingeatmeten Sauerstoffs verbraucht. Um ihn zu liefern, ist eine starke Durchblutung notwendig. Volle 15 Prozent des Bluts, das die linke Herzkammer mit jeder Kontraktion in die Aorta drückt, fließen unmittelbar zum Gehirn. Es ist aber nicht nur ein Großabnehmer in der Blut- und Sauerstoffversorgung, sondern auch sein Anteil an den Genen muß vergleichbar groß sein, damit es sich entwickeln kann. Von den 50 000 bis 100 000 Genen des *Homo sapiens* enthalten etwa 30 000 die Baupläne für die diversen Bestandteile des Gehirns. Sein Aufbau erfordert natürlich eine Riesenmenge an genetischer Information; das eine Prozent der DNA, in dem wir uns von den Schimpansen unterscheiden, stellt ein gewaltiges genetisches Potential dar.

Beim Menschen konnte sich das Gehirn in der Evolution bis zu seinem heutigen Zustand entwickeln, weil seine Denkfähigkeit uns in die Lage versetzt, auf einzigartige Weise mit den allgegenwärtigen Gefahren unserer Umwelt fertig zu werden. Ausgehend von den Nervenzentren einfacher Tiere, die auf äußere Reize nur mit Reflexen reagieren können, entwickelten sich im Gehirn allmählich immer höhere Zentren. So wurde aus dem rudimentären Gehirn der niederen Lebensformen schließlich ein Gebilde mit der Hirnrinde, einer äußeren Schicht, in der die Fähigkeiten des bewußten Denkens, Lernens und Sich-Erinnerns angesiedelt sind. Diese Hirnrinde und ihre Verknüpfungen, insbesondere der am höchsten entwickelte Teil, den man auch Neocortex nennt, unterscheiden den Menschen vom Tier.

Das gesamte Gehirn kann man unter Funktionsgesichtspunkten ein wenig willkürlich in drei Bereiche unterteilen: das Großhirn, das den am höchsten entwickelten Teil darstellt, den Hirnstamm mit einigen weiteren Strukturen und das limbische System.

Das Großhirn ist der Sitz höherer motorischer Tätigkeiten und geistiger Fähigkeiten, die mit dem Denken zu tun haben. Es macht 85 Prozent der Gehirnmasse aus und hat eine relativ weiche Konsistenz. Der unterste Gehirnabschnitt (der Hirnstamm und einige andere Strukturen) steuert automatische Abläufe wie Kreislauf, Atmung und Verdauung; der dazwischen liegende dritte Teil ist für Gefühle und Instinkte zuständig.

Das Großhirn besteht aus einer rechten und einer linken Hirnhälfte oder Hemisphäre, die durch eine tiefe Furche getrennt sind. Am Boden dieser Furche sind die Gehirnhälften durch eine Brücke (Corpus callosum) aus Nervenfasern verbunden. Da die Stränge dieser Nervenfasern sich in der Medulla und zu einem kleineren Teil auch im Rückenmark überkreuzen, ist jede Hirnhälfte für die Tätigkeiten der gegenüberliegenden Körperhälfte zuständig, aber die Signale werden durch Impulse koordiniert, die durch die Gehirnbrücke hin- und herlaufen. Bei mehr als 90 Prozent aller Menschen liegen die Gehirnbereiche für gesprochene und geschriebene Sprache sowie für geistige Funktionen vorwiegend in der linken

Hemisphäre. Nichtverbale Fähigkeiten wie abstraktes und räumliches Denken (und damit auch künstlerische Begabungen) sind dagegen vorwiegend rechts angesiedelt. Diese Einteilung ist aber keineswegs absolut: Jede Gehirnhälfte beteiligt sich auch an Tätigkeiten, für die vorwiegend ihr Gegenüber zuständig ist.
Die Großhirnrinde, eine etwa fünf Millimeter dicke Schicht aus Zellen, umhüllt eine große Masse aus Nervenfasern. Da dicht an dicht liegende Nervenzellen grau gefärbt erscheinen, während die Fasern weiß aussehen, bezeichnet man diese beiden Bereiche auch als graue und weiße Gehirnmasse. Die graue Gehirnmasse hat eine viel größere Oberfläche, als die knöcherne Schädelkapsel zulassen würde, und deshalb ist sie zu zahlreichen, von Furchen getrennten Gehirnwindungen gefaltet. Diese Faltung ist so wirksam, daß die Hirnrinde insgesamt eine Oberfläche von fast 2500 Quadratzentimetern besitzt, von denen sich etwa die Hälfte in den Furchen verbirgt. In diesen 2500 Quadratzentimetern befinden sich zehn Milliarden Neuronen und 60 Billionen Synapsen.
Jede Gehirnhälfte ist in vier Lappen unterteilt, die man nach ihrer Lage als Stirn-, Hinterhaupts-, Scheitel- und Schläfenlappen bezeichnet. Ich möchte einfach aufzählen, welche Funktionen in der Regel von den Zellen in den einzelnen Lappen gesteuert werden:

Stirnlappen: Lernen; höhere seelische Vorgänge; motorische Steuerung der willkürlichen Muskulatur; Koordination von Mund, Zunge und Kehlkopf beim Sprechen; willkürliche Bewegungen von Kopf, Augen, Augenlidern, Händen und Fingern

Hinterhauptslappen: Sehen

Scheitellappen: Sinneswahrnehmungen der Haut, wie Tastsinn, Schmerz-, Temperaturwahrnehmung; bestimmte kognitive und intellektuelle Vorgänge

Schläfenlappen: Hören; manche Sprachfunktionen; Gedächtnis; Geruch

In allen Lappen gibt es außerdem die sogenannten Assoziationsfelder, in denen die Sinneswahrnehmungen analysiert, interpretiert und koordiniert werden. Da die Teile der Hirnhälften durch Nervenfaserbündel in der weißen Gehirnmasse verknüpft sind, kann die Gehirnrinde als einheitliches Ganzes funktionieren. Aus diesen integrierten Funktionen erwachsen Gedächtnis, logisches Denken, Urteilsvermögen, sprachlicher Ausdruck und manche Teile des Gefühlslebens. Die Assoziationsfelder in den Stirnlappen haben mit höheren geistigen Vorgängen zu tun: Sie sind dafür verantwortlich, daß wir uns der möglichen Folgen unserer Handlungen bewußt werden.

Assoziationsfelder in den Scheitellappen sorgen dafür, daß wir sensorische Informationen verstehen, so auch die Sprache, die wir hören und äußern. Dieser Bereich der Hirnrinde erlaubt mir, genau die richtigen Worte für die vorliegende Beschreibung des Gehirns zu wählen, oder zumindest diejenigen, von denen ich hoffe, daß es die richtigen Worte sind.

In den Schläfenlappen liegen die Assoziationsfelder zur Interpretation komplexer Signalgruppen, wie man sie beispielsweise zum Verstehen gesprochener und geschriebener Worte braucht. Mit Hilfe der Schläfenlappen kann man lesen, was ich geschrieben habe, und einen Sinn darin finden. Außerdem werden dort optische und akustische Erinnerungen weiterverarbeitet. Immerhin ist das Gedächtnis nach den Worten von Lady Macbeth »der Wächter des Gehirns«, und der Ort seiner Aufsichtstätigkeit sind die Schläfenlappen.

In den Hinterhauptslappen liegen die Assoziationsfelder in der Nähe der Sehzentren, die mit den Sehnerven der Augen verbunden sind; sie analysieren das Gesehene und helfen bei seiner Interpretation.

Demnach haben also große Bereiche der Großhirnrinde weder sensorische noch motorische Funktionen. Tatsächlich ist sogar der größte Teil der menschlichen Hirnrinde mit Assoziations-, Interpretations- und Integrationstätigkeiten höherer Ordnung beschäftigt. Für wichtige Teile dieser Bereiche findet man bei anderen Tieren keine Entsprechung, auch nicht bei unseren engsten Verwandten unter den Primaten. »Der Mensch trägt die Welt im Kopf«, schrieb Ralph Waldo Emerson, »die ganze Astronomie und Chemie, aufgehängt an einem Gedanken. Da die Naturgeschichte in seinem Gehirn eingegraben ist, ist er der Prophet und Entdecker ihrer Geheimnisse.«

Während also der Inhalt der Großhirnhälften die höchsten Fähigkeiten des Gehirns verkörpert, beinhalten Kleinhirn und Hirnstamm die einfachsten. Das Kleinhirn enthält Reflexzentren zur Koordination der willkürlichen Muskulatur und liegt unter dem hinteren Teil des Großhirns. Es führt Signale von Augen, Muskeln und Haut zusammen und dirigiert mit ihrer Hilfe die Bewegungen von Rumpf und Gliedmaßen. Gleichzeitig sendet es Nachrichten an andere Gehirnbereiche und setzt sie über seine Tätigkeit in Kenntnis. In seine Aktivität fließen auch die Impulse der Propriozeption (der Körperwahrnehmung) aus dem Rückenmark ein. Der

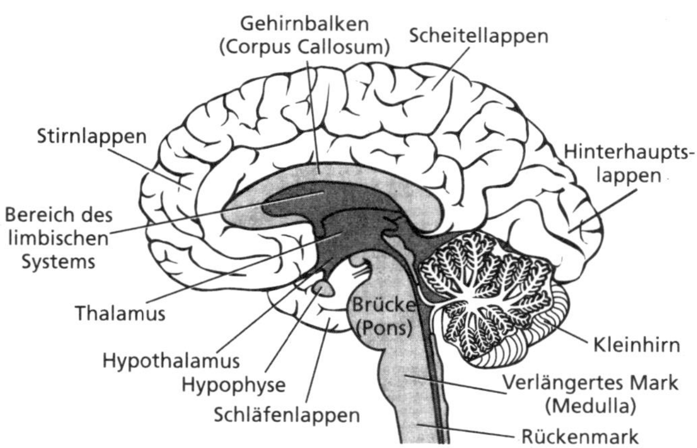

Längsschnitt durch die Mitte des Gehirns. Man erkennt die wichtigsten Gehirnteile.

große englische Physiologe Sir Charles Sherrington nannte das Kleinhirn »das Oberganglion des Propriozeptionssystems«.
Der Hirnstamm ist die Verbindung zwischen dem Großhirn und dem oberen Teil des Rückenmarks. Er enthält zahlreiche Nervenstränge und mehrere Neuronenansammlungen, die man auch Kerne nennt. Jeder Kern steuert eine eigene neurologische Funktion bei. Von drei Teilen des Hirnstamms – Thalamus, Hypothalamus und Medulla – war in diesem Buch bereits mehrmals die Rede.
Die Medulla, auch »verlängertes Mark« genannt, sieht wie eine verdickte Fortsetzung des Rückenmarks aus; durch sie verlaufen alle auf- und absteigenden Nervenfasern vom Gehirn zum Rückenmark. Ihre wichtigsten Kerne sind das Herzzentrum, das den Herzschlag beschleunigen oder verlangsamen kann, das vasomotorische Zentrum, das die Verengung der Blutgefäße steuert, und das Atemzentrum zur Regulation der Atmung. Weitere Kerne in der Medulla sind für Schlucken, Erbrechen, Husten und Niesen verantwortlich.
Ein weiterer wichtiger Teil des Gehirns ist die sogenannte Formatio reticularis, ein langes, dünnes Geflecht aus Nervenfasern und kleinen Ansammlungen grauer Gehirnmasse, das Verbindungen zwischen auf- und absteigenden Nervenbahnen sowie zwischen Hypothalamus, Klein- und Großhirn herstellt. Die Aktivität der Formatio reticularis reicht nicht nur bis in die Großhirnrinde, sondern regt diese sogar zu verstärkter Wachsamkeit an. Läßt die Aktivität nach, schlafen wir ein. Auf diese Weise bestimmt das Ausmaß äußerer Reize darüber, wie gut wir schlafen können. Die Formatio reticularis sendet aber nicht nur Nachrichten zur Hirnrinde, sondern sie hat auch eine Auswahlfunktion: Sie läßt nur lebenswichtige Signale durch, die den oberen Teil des Gehirns unbedingt erreichen müssen.
Über dem Hirnstamm (zu dem sie nach Ansicht vieler Neurologen gehören) und unter den Großhirnhälften liegen Thalamus und Hy-

pothalamus. Der Thalamus befindet sich an der Unterseite des Großhirns und dient als Relaisstation: Er verbindet die Hirnrinde mit verschiedenen niederen Teilen des Gehirns, insbesondere mit der Medulla. Neueren Forschungsergebnissen zufolge dürften die Schaltkreise, die den Thalamus mit der Hirnrinde verknüpfen, für das Bewußtsein von entscheidender Bedeutung sein.
Der Hypothalamus erfüllt mehrere mittlerweile gut bekannte Aufgaben als Kommandozentrale des autonomen Nervensystems und bei der unmittelbaren Überwachung der Homöostase. Er beeinflußt den Herzschlag, den Blutdruck, das Wasser- und Salzgleichgewicht, die Drüsentätigkeit, das Hungergefühl, die Peristaltik, den Schlaf und die Produktion von Hormonen, die ihrerseits auf die unmittelbar darunter liegende Hypophyse einwirken. Außerdem sorgt der Hypothalamus wie ein Thermostat für eine konstante Körpertemperatur; zu diesem Zweck reguliert er einerseits den Durchmesser der Hautblutgefäße und das Schwitzen (die Haut eines Menschen enthält mindestens 2,5 Millionen Schweißdrüsen), andererseits beeinflußt er die Produktion des Schilddrüsenhormons und damit die Stoffwechselgeschwindigkeit.
Wie man an alledem erkennt, gibt es im menschlichen Gehirn unzählige Verbindungen, Überschneidungen, Verdoppelungen und einander ergänzende Funktionen – an jeder Tätigkeit sind viele Komponenten beteiligt. Zusammengeführte Signale laufen hierhin und dorthin, vereinigen Automatisches und Absichtliches, Willkürliches und Unwillkürliches, Unentbehrliches und Entbehrliches, Höheres und Niederes, Emotionales und Körperliches – wobei wir manchmal die Wahl haben und manchmal nicht. Die Rinde hier spricht zur Rinde dort und ruft tiefer gelegene Stellen, während gleichzeitig Signale nach oben geschickt werden. Kein Teil des Gehirns hat vor den anderen irgendwelche Geheimnisse. Auf jeden bewußten Gedanken, der von den Zellen des Großhirns hervorgebracht und von seinen Fasern weitergetragen wird, wirken zahllose Faktoren, die aus den prähistorischen Tiefen der Menschheitsent-

stehung aufsteigen und von den Ereignissen auf der langen Reise in die Gegenwart abgewandelt wurden. Tennyson sprach vom Gehirn, als er schrieb: »Ich bin der Erbe aller Zeiten an der vordersten Front der Gegenwart.«

Im Vergleich zu den untersten Gehirnabschnitten repräsentiert der mittlere Teil das Erbe des Menschen aus prähistorischer Zeit auf seine eigene Art. Diese kleine Gruppe von Strukturen, limbisches System genannt, hat vor allem mit Gefühlen und Instinkten zu tun. Wie sich herausgestellt hat, wurden viele instinktive Verhaltensweisen in der Evolution der Wirbeltiere vom Geruchssinn ausgelöst. Durch die engen Verbindungen zwischen den Geruchsfeldern und dem limbischen System ist diese Wirkung so direkt, daß die Anatomen das limbische System niederer Wirbeltiere auch als »Riechhirn« bezeichnen.

Als sich die höheren Tiere entwickelten, wurden die Funktionen und Verbindungen des limbischen Systems komplizierter, bis es bei uns Menschen schließlich die Rolle eines Vermittlers zwischen Hirnstamm und Großhirn übernahm, der an der zentralen Steuerung von Instinkten, Motivation und Gefühlen beteiligt ist. Aber seine alten Verbindungen zum Geruch und den Reaktionen, die er auslösen kann, hat es nie verloren. Wie Marcel Proust sehr genau wußte, kann unter dem Einfluß eines lange vergessenen Geruchs oder Geschmacks eine ganze Welt von Kindheitserinnerungen aus dem Unterbewußten aufsteigen. Als Leser werden wir durch unsere angeborenen Wahrnehmungsfähigkeiten und durch die Erfahrung, daß Ähnliches – wenn auch in geringerem Umfang – jedem von uns widerfährt, sofort in seine *Suche nach der verlorenen Zeit* hineingezogen. Meine Mutter puderte sich das Gesicht nur an jenen seltenen Abenden, wenn sie mit meinem Vater zu einer Gesellschaft ging. Bevor sie aus dem Haus ging, beugte sie sich immer über mein Bett und gab mir einen Kuß. Der charakteristische, kaum merkliche Duft ist mir in den über fünfzig Jahren seit ihrem Tod nur ein- oder zweimal begegnet, aber er blieb in der Erinnerung an diese Zeiten umsorgter Geborgenheit erhalten. Die Erinnerung an den Duft rief in mir das Gefühl ihrer Liebe und der Sicherheit wieder wach, die man nie wieder spüren wird.

Prousts und meine Erlebnisse sind charakteristisch für die Art, wie das Gehirn Erinnerungen abruft. Sie sind als Teile eines großen Musters gespeichert, die ursprünglich als Ganzes wahrgenommen wurden. Eine kleine Erinnerung durch einen Geruch, einen Anblick oder einen anderen Reiz kann das ganze Muster oder große Teile davon wiederauftauchen lassen, und ebenso gibt es Verbindungen zu anderen Erinnerungen, deren Zusammenhang mit der ersten unter Umständen nicht oder nicht sofort zu erkennen ist. Das ist der Grund, warum man in der Psychoanalyse durch freies Assoziieren scheinbar längst vergessene Erfahrungen wieder hervorholen kann. Das alles hängt von molekularen Vorgängen an ganz bestimmten Stellen im System der Nervenzellen ab.

Die anatomischen Elemente des limbischen Systems liegen im tiefsten Teil der Großhirnhälften. Zu ihnen gehören der Mandelkern (Amygdala) und der Hippokampus (Seepferdchen) – beide nach ihrer Form mit den griechischen Wörtern benannt – sowie mehrere mit ihnen verbundene Strukturen. Wegen seiner zahlreichen Verbindungen zu den darunter liegenden älteren Teilen des Gehirns und den über ihnen angeordneten höheren Zentren spielt das limbische System eine zentrale Rolle für Lernen, Gedächtnis und Gefühlsleben. Es verknüpft die für Instinkte zuständigen Gehirnteile mit denen, die bewußt auf Reize reagieren. Das limbische System erhält sensorische Signale von willkürlichen und unwillkürlichen Zentren und schickt motorische Impulse an Stellen, wo sie weiterverarbeitet werden. Die Verbindungen zwischen Hippokampus und Hirnrinde sind vor allem für das Gedächtnis unentbehrlich.

Das limbische System, das tief im Inneren der Gehirnhälften liegt, kann man sich anatomisch und funktionell als Zentrum des Gehirns vorstellen, denn es ist der Vermittler zwischen Niederem und Höherem. Sollte man Verbindungen und Funktionen des limbischen Systems in einer schematischen Zeichnung darstellen, wäre sie voller Pfeile, die direkt oder indirekt zu ihm hin und von ihm weg weisen und es mit allen anderen Gehirnteilen verbinden. Anatomisch und in seinen Funktionen ist es so eng mit den autonomen Tätigkeiten verknüpft, daß manche Neurologen den Hypothalamus als seinen Bestandteil oder zumindest als seinen Pförtner ansehen. Man kann sich den Hypothalamus als obersten Teil des Hirnstammes oder als untersten Teil des limbischen Systems vorstellen.

Die für Emotionen zuständigen Kerne des Hypothalamus stehen in sehr enger Verbindung mit bestimmten »primitiven« (das heißt vor der Evolution der Großhirnrinde entstandenen) Nervenzellen, die zu dem an den Hirnstamm angrenzenden limbischen System gehören. Das ist vermutlich der Grund, warum manche Menschen nach entsprechendem Training diese Zellen im limbischen System so beeinflussen können, daß sich über die entsprechenden Neuronen im Hypothalamus auch der Herzschlag oder andere autonome Körperfunktionen verändern. In Kapitel IV habe ich solche Menschen als »Großmeister der Meditation« bezeichnet. Durch Untersuchung ihrer Fähigkeiten findet man die Verbindungen, über die man das bewußte Denken in den Dienst der seelischen Ausgeglichenheit und vielleicht sogar der körperlichen Gesundheit stellen kann.

Es gibt zahlreiche belegte Fälle von Fakiren, Jogis und anderen, die in den einschlägigen Techniken geübt waren und Herzschlag, Blutdruck oder Darmperistaltik mit verschiedenen Formen der Meditation beeinflussen konnten. Aus zuverlässiger Quelle weiß ich von einem Esoteriker, der sich selbst einen Einlauf verabreichen konnte, indem er in der Badewanne sitzend Wasser in den Enddarm saugte, vermutlich durch Umkehrung der Peristaltik. Aber das eindrucksvollste Beispiel für die offenbar bewußte Kontrolle vegetativer Funktionen, von dem ich jemals gehört habe, erlebten junge Ärzte Ende der fünfziger Jahre während ihrer Ausbildung an einer berühmten Universitätsklinik im Nordosten der USA. Ich erfuhr die Geschichte von einem Kollegen, der damals dort Assistenzarzt für innere Medizin war. Ein Mann in den Vierzigern kam in regelmäßigen Abständen in die Ambulanz und klagte über diese oder jene Beschwerden. Nachdem er sich am Empfang angemeldet hatte, setzte er sich an eine auffällige Stelle des Wartebereiches, und kurz darauf fiel er bewußtlos zu Boden. Die herbeieilenden Ärzte konnten regelmäßig weder Puls noch Atmung feststellen – der Mann hatte einen völligen Herzstillstand und wurde von einer Sekunde zur anderen blau. Wiederbelebungsversuche hatten stets in weniger als einer Minute Erfolg, so daß man das Herz nie mit Elektroschocks oder dem damaligen Vorläufer der Herz-Lungen-Wiederbelebung behandeln mußte; er hatte zwar mehrere Operationsnarben an verschiedenen Körperteilen, aber keine davon konnte von einer Öffnung des Brustkorbs stammen, wie sie für die Herzmassage notwendig ist.

Den jungen Ärzten, die in wilder Hast herbeigeeilt kamen, um dem armen Mann zu helfen, fiel kein einziges Mal auf, daß die beteiligten Krankenschwestern von dem lebensbedrohlichen Drama, das sich vor ihren Augen abspielte, nicht sonderlich beunruhigt waren. Sie amüsierten sich höchstens über die plötzliche Abreise ihres Patienten in Richtung Jenseits und seine Rückkehr, vor allem aber über die hektischen Ärzte, die sich fieberhaft an dem leblosen Körper zu schaffen machten. Der Grund für die Sorglosigkeit der Schwestern wurde bald deutlich, und sobald das Herz wieder zu schlagen begann und der Blutdruck meßbar war, brachen sie in Gelächter aus: Sie hatten den gleichen Schwindel schon viele Male miterlebt.

Der Patient wußte offenbar genau, wann eine neue Gruppe angehender Ärzte mit dem vier- bis sechswöchigen Praktikum in der Notambulanz begann, und legte seine Vorstellung immer auf einen der ersten Tage, nachdem sie angefangen hatten. Das Geheimnis, wie er seinen Herzschlag anhalten konnte, lüftete er zwar nie, aber aller Wahrscheinlichkeit nach war es ein willentlicher Entschluß, durch den der Puls sich immer stärker verlangsamte, bis die Abstände zwischen den Schlägen zumindest so lang wurden, daß das Gehirn nicht mehr genügend Sauerstoff erhielt. Trotz aller Untersuchungen fand sich nie ein Indiz, daß er zu diesem Zweck irgendein Medikament eingenommen hätte; wäre das der Fall gewesen, hätte er sich auch nicht jedesmal so schnell wieder erholt, und wahrscheinlich hätte er dann seine Vorstellung nicht so viele Male geben können, ohne sich irgendwann versehentlich umzubringen. Außerdem konnten die wachsamen Schwestern nie beobachten, daß er im Wartezimmer den Atem anhielt oder sonst irgend etwas Körperliches tat, um den Zustand auszulösen. Natürlich könnte er irgendeine nie entdeckte Methode angewandt und immer geheimgehalten haben, aber niemand konnte sich vorstellen, wie sie ausgesehen haben sollte. Mit ziemlicher Sicherheit hatte er irgendwie gelernt, autonome Körperfunktionen mit dem Willen zu beeinflussen; die seltsamen Verhaltensweisen, zu denen er diese Fähigkeit nutzte, bezeichnet man als Münchhausen-Syndrom, seit Dr. Richard Alter sie in der englischen Fachzeitschrift *The Lancet* zum erstenmal beschrieb.

Der von Alter gewählte Name erinnert an den »Lügenbaron« Karl Friedrich Hieronymus von Münchhausen (1720–1797), dessen buntschillernde Berichte über atemberaubende, groteske Erlebnisse der deutsche Schriftsteller Rudolf Erich Raspe 1785 auf englisch veröffentlichte.* Wie es Alter beschrieb und Tausende oder sogar Zehntausende von Ärzten in aller Welt bestätigten, gehören zu dem Syndrom wiederholte Anfälle mit alarmierenden Krankheitszeichen, Narben und andere Spuren früherer größerer medizinischer Eingriffe sowie eine auffällige Toleranz für »die eher brutalen klinischen Maßnahmen zur Diagnose und Therapie«, wie Alter es for-

* Auf deutsch erschien die Sammlung, übersetzt und ergänzt von G. A. Bürger, im Jahr 1786 (Anm. d. Übers.).

mulierte. Typische Ausprägungsformen sind plötzliche heftige Bauchschmerzen, Blutungen aus Lunge, Magen oder Harnwegen, Bewußtlosigkeit und seltsame, höchst atypische Zuckungen. Die Fähigkeit unseres Patienten, den Herzstillstand herbeizuführen, war aber wohl einmalig.

Anders als der Simulant, der aus seinem Schwindel materielle oder andere Vorteile zieht, hat der Patient mit Münchhausen-Syndrom kein erkennbares Ziel, außer zu täuschen und Aufmerksamkeit zu erregen. Die von Alter so genannte »psychische Schrulle«, die solche Menschen antreibt, wurde noch von keinem Psychiater endgültig dingfest gemacht, aber vielfach handelt es sich offensichtlich um unreife Persönlichkeiten, die ständig nach Zuwendung suchen: »Sie zeigen manchmal eine beträchtliche Unverfrorenheit und tauchen unter Umständen viele Male in demselben Krankenhaus auf; sie hoffen dann, daß sie auf einen neuen Arzt treffen, bei dem sie ihr Täuschungsmanöver anwenden können.«

Aber das Münchhausen-Syndrom ist wohl kaum ein Beispiel dafür, wie Verbindungen zwischen bewußtem Denken und automatischen Körperfunktionen die emotionale Ausgeglichenheit oder die körperliche Gesundheit fördern können. Schon mindestens seit Hippokrates' Zeit wissen die Ärzte, daß seelische Faktoren unter bestimmten, in der Regel nicht vorhersehbaren Umständen den Verlauf einer Krankheit beeinflussen können. Die neueren Erkenntnisse über die Wechselbeziehungen verschiedener physiologischer Vorgänge waren für Wissenschaftler verschiedener Fachgebiete der Anlaß, solche Phänomene genauer zu untersuchen. Das führte zu einer wachsenden Zahl von Indizien, wonach zumindest manche Menschen unter manchen Umständen den Verlauf mancher Krankheiten so beeinflussen können, daß sich manchmal ein nützlicher Effekt ergibt. Handfeste Befunde aus den Labors glaubwürdiger Wissenschaftler weisen beispielsweise darauf hin, daß Veränderungen in der Einstellung oder Umwelt eines Patienten zu meßbaren Veränderungen in manchen Bereichen der Immunabwehr führen können. Demnach muß man sich zum Beispiel fragen, welche nicht greifbare Wirkung innere Einstellungen bei Sharon Fisher oder Kip Penn auf den Krankheitsverlauf hatten. Und inwieweit waren die langfristigen Erfolge bei Anthony Cretella auf seine Entschlossenheit zurückzuführen, »einen Schritt über mein jetziges Ich hinauszukommen«? Könnten der fröhliche Optimismus und der unerschütterliche religiöse Glaube von Marge Hansen entscheidend dazu beigetragen haben, daß ihr Körper der starken Bedrohung eine so erstaunliche Widerstandskraft entgegensetzte, obwohl sie die meiste Zeit unter Narkose stand? Und schließlich: Was brachte eigentlich das Wachstum der Clostridien im Darm der bewußtlosen und kaum noch ansprechbaren Hope Kuziel zum Stillstand? Solche Fragen lassen sich nicht beantworten, aber vor dem Hintergrund der neuen experimentellen Befunde kann man sie mit größerer Berechtigung stellen. Aus solchen Forschungen ergeben sich gewaltige Folgerungen, denn sie beschäftigen sich mit Faktoren, zwischen denen auf den ersten Blick keinerlei Verbindungen zu bestehen scheinen, wie der Immunabwehr auf der einen Seite und dem menschlichen Geist auf der anderen.

Schon seit etwa 30 Jahren gibt es das Wissenschaftsgebiet der Psychoneuroimmunologie, das sich mit den Zusammenhängen zwischen Geist, Nervensystem, Hormonen und der Reaktion auf Krankheiten beschäftigt. Aus den Laboruntersuchungen und Umfragen der Forscher in dieser fachübergreifenden Disziplin ergaben sich sehr gezielte, aufschlußreiche Erkenntnisse, und mit jedem weiteren Jahr fügen Gehirnforscher, Endokrinologen, Pathologen, Psychologen, Sozialwissenschaftler, Immunologen, Zellbiologen, Pharmakologen und Physiologen neue Befunde hinzu. In der ersten, 1981 erschienenen Auflage eines dicken Buchs, das ihren Erkenntnissen gewidmet ist, faßte Robert A. Good, ein angesehener Immunologe der Rockefeller University, die Arbeiten dieser Wissenschaftler in drei Sätzen zusammen, denen heute sicherlich jeder zustimmt: »Ich bin absolut überzeugt, daß zwischen Geist, Hormonen und Immunabwehr ein echter Zusammenhang besteht. Daran kann es keinen Zweifel geben … Es bleibt nur die Frage, *wie* diese drei Systeme – Nervensystem, endokrines System und Immunsystem – in Wechselwirkung treten und *wie* wir diese Wechselwirkungen in genaue, quantitative Begriffe fassen, so daß wir sie voraussagen und kontrollieren können.«

Ich habe mehrfach kurzerhand behauptet, das limbische System sei an unseren Gefühlen und instinktiven Trieben beteiligt, und dabei habe ich so getan, als wüßte man genau, wie das geschieht. In Wirklichkeit kann aber niemand im einzelnen sagen, wie es seine eigenen Tätigkeiten beispielsweise mit denen des Hypothalamus oder der Großhirnrinde abstimmt. In solchen Fragen gibt es zwar immer neue Erkenntnisse, aber derzeit wissen wir erst einen kleinen Bruchteil dessen, was wir zu einem umfassenden Verständnis brauchen. Tatsächlich sind Untersuchungen am limbischen System eines der aktuellsten Gebiete der Gehirnforschung. Es fasziniert ein breites Spektrum von Wissenschaftlern – von Molekularbiologen über Neuropharmakologen bis hin zu Theoretikern der Psychoanalyse. Der Grund ist einfach: Solche Forschungen könnten eines Tages nicht nur die Ursachen seelischer Krankheiten in einem neuen Licht erscheinen lassen, sondern sogar den Begriff des Bewußtseins überhaupt und das ewige Rätsel der Beziehung zwischen Leib und Seele.

Da das limbische System über seine vielen Verbindungen so unmittelbar die Tätigkeit anderer Gehirnteile in Gang setzen kann, spiegeln sich seine Störungen zunächst in Symptomen wider, die auf den ersten Blick scheinbar nichts mit dem limbischen System zu tun haben. Zu diesen Ausprägungsformen gehören unter anderem bestimmte Formen der Epilepsie.

Epilepsie ist definitionsgemäß eine anfallartig auftretende Störung der elektrischen Aktivität im Gehirn; als Folge kommt es zu vorübergehenden Anomalien der motorischen Tätigkeit, Bewußtseinsstörungen und anderen psychischen oder unbewußten Störungen.

Eine der häufigsten Formen, die psychomotorische oder Temporallappen-Epilepsie (heute auch partielle komplexe Epilepsie genannt), hat ihre Ursache in einem Schaden des limbischen Systems, beispielsweise einem kleinen vernarbten Bereich. Patienten mit dieser Krankheit erleben während der Anfälle charakteristische geistige Störungen mit automatischen, ziellosen Bewegungen. Sie haben akustische, optische oder geruchsmäßige Halluzinationen, und manchmal fallen ihnen sehr plötzlich frühere Ereignisse ein. Obwohl sie in der Regel bei Bewußtsein bleiben, können sie sich später an den Anfall nicht erinnern.

Die alten Griechen bezeichneten die Epilepsie als »heilige Krankheit« und versuchten sie mit mystischen Arzneien zu heilen, die an die Hexen in »Macbeth« denken lassen: Schildkrötenblut, Kamelhaare, Nilpferdhoden – die Liste ist lang und zeugt von den unzureichenden Behandlungsmöglichkeiten. Der berühmte römische Gelehrte Celsus schrieb im ersten Jahrhundert n. Chr., die Krankheit sei gelegentlich durch das Trinken von Gladiatorenblut geheilt worden, aber er selbst hatte eine solche Heilung nie miterlebt.

Schon der Name der Krankheit (griechisch *epilepsis*, »das Ergreifen, Festhalten«) weist darauf hin, daß die betroffene Person von einer geheimnisvollen, übernatürlichen Macht entführt wird. Vor zweieinhalb Jahrtausenden schrieb Hippokrates, die Epilepsie mit ihrem unirdischen Erscheinungsbild gleiche keiner anderen Krankheit. Deshalb ist es nicht verwunderlich, daß die Anfälle auch heute noch den meisten Menschen als etwas einzigartig Schreckliches erscheinen. Nicht nur die Krankheit selbst, sondern auch die Betroffenen werden nur allzu häufig gefürchtet und mißverstanden. Im schlimmsten Fall werden Epileptiker gemieden, als ginge von ihnen eine ansteckende, teuflische Gefahr aus; zumindest aber geraten sie im täglichen Leben in peinliche Situationen.

Eine solche Patientin war Gloria Mangual. Sie wurde wegen ihrer Epilepsie an drei Arbeitsstellen entlassen, und das trotz der Anti-Diskriminierungsgesetze in ihrem Heimatstaat Connecticut. Hohn und Spott waren ihr vertraut. Schon als Kind wurde sie gedemütigt: Klassenkameraden und Lehrer mieden sie, während eines Anfalls flüchteten sie aus dem Schulzimmer. Immer wieder wurde sie von wohlmeinenden, aber unwissenden Menschen verletzt, so von einer Nonne an ihrer Schule, die ihr sagte: »Die Epilepsie ist ein Unglück, denn du wirst wahrscheinlich eines Tages schwachsinnig werden.«

Gloria, die damals in der achten Klasse war, hatte allen Grund, der Nonne zu glauben. Die Medikamente, mit denen man erfolglos versuchte, die Anfälle unter Kontrolle zu halten, verursachten oft einen Zustand der Benommenheit, so daß sie sich nicht mehr konzentrieren konnte. Vor sechs Jahren unterhielt ich mich mit ihr im St. Francis Hospital, wo sie als Pressesprecherin arbeitete; damals berichtete sie: »An manche Jahre erinnere ich mich überhaupt nicht. Als Teenager nahm ich zwei Jahre lang ein Medikament namens Mysoline, und aus dieser Zeit weiß ich nichts mehr. Mit den Medikamenten fertig zu werden gehört zum Schwierigsten bei der Epilepsie.« Trotz aller Widrigkeiten war sie aufs College gegangen und hatte das Examen in Journalismus mit Auszeichnung bestanden.

Als ich mich damals mit der selbstbewußten, attraktiven Sechsunddreißigjährigen unterhielt, konnte ich mir kaum vorstellen, daß sie sich viele Jahren lang »nicht nur anders vorgekommen war, sondern auch irgendwie schmutzig, als sei ich nicht so gut wie alle anderen«. Ich fand keine Spur von dem Teenager, dessen emotionale Bedürftigkeit in ungesunde Beziehungen voller Abhängigkeit geführt hatte. Und ebensowenig erkannte ich die Tochter, die bis zum 18. Lebensjahr unter der übermäßigen Fürsorge der Eltern gelebt hatte – mit der Vorschrift, ihre so offensichtliche Krankheit soweit wie möglich geheimzuhalten.

Im Jahr 1983 wurde Gloria am Yale-New Haven Hospital operiert, und seitdem hatte sie keinen Anfall mehr. Als ich sie fragte, was man empfindet, wenn man nach so vielen Jahren der ständigen

Angst vor den Launen der Krankheit plötzlich frei ist, versuchte sie, nicht zu übertreiben. Aber das Staunen in ihrer Stimme war nicht zu überhören. »Ich fühle mich wie ein wandelndes Wunder«, erwiderte sie leise.

Die Ursache der Krankheit war vermutlich eine kurze Phase mit sehr hohem Fieber, als Gloria fünf Monate alt war. Die meisten Kinder, die einmal Fieberkrämpfe haben, neigen später nicht zu Epilepsie, aber in seltenen Fällen kann eine solche Kinderkrankheit eine Schwachstelle hinterlassen – eine mikroskopisch kleine Narbe (Gliose) im Gehirn. Wird diese Stelle später gereizt, erzeugt sie eine plötzliche Welle elektrischer Aktivität, die einen epileptischen Anfall auslöst.

Den ersten dieser beängstigenden Anfälle erlebte Gloria mit fünf Jahren, und bald darauf wurden sie ihr und den Eltern nur allzu vertraut. Den Krämpfen ging jedesmal die 10 bis 15 Sekunden lange »Aura« voraus; in dieser Zeit spürte sie, wie sie selbst es formuliert, »ein aufsteigendes Kitzeln im Bauch«, das von einer wachsenden Welle der Angst begleitet war. »Ich weiß nicht genau, ob etwas Körperliches die Ursache der Angst war oder das Wissen, was jetzt kommen würde«, sagt sie. »Zu wissen, daß man einen Augenblick später völlig die Kontrolle verliert, ist schrecklich.« Wenn die Aura einsetzte, hatte sie noch 10 bis 15 Sekunden Zeit, sich in Sicherheit zu bringen, am besten indem sie sich an einem ruhigen Ort allein hinlegte.

Gloria hatte komplexe partielle Anfälle. Sie stürzte nicht auf den Boden und schlug mit Armen und Beinen um sich wie die Patienten mit den bekannteren Grand-Mal-Anfällen. »Ich verdrehte den rechten Arm und rollte ein wenig mit den Augen. Wenn ich mich gerade mit jemandem unterhielt, redete ich weiter, aber es klang, als sei ich leicht geistig behindert – die Sprache verlangsamte sich und geriet durcheinander. Ich selbst merkte nichts davon, aber andere haben es mir beschrieben.« Während des eigentlichen Anfalls, der ein bis zwei Minuten dauerte, verlor sie das normale Bewußtsein.

Anschließend folgte eine Phase der Verwirrung und Teilnahmslosigkeit, die sich bis zu einer halben Stunde hinziehen konnte. Manchmal kam sie in einer Notambulanz wieder zu sich. Einmal wachte sie in einem Einkaufszentrum mit einer Sauerstoffmaske auf dem Gesicht auf. »Die Anfälle waren gar nicht so schlimm«, sagte sie mir, »das wirklich Schlimme war das Verhalten der Leute um mich herum, wenn es vorbei war.«

Die Anfälle traten gehäuft auf: Manchmal war es ein Dutzend in einer Woche, und dann verschwanden sie einige Wochen lang völlig. Bis zu ihrem 28. Lebensjahr war klar, daß die Epilepsie sich nicht behandeln ließ. Da traf Gloria, die keinen Arbeitsplatz behielt und von der Behindertenfürsorge lebte, eine wichtige Entscheidung. Sie war seit ihrer Kindheit bei den Neurologen des Yale-New Haven Hospital in Behandlung und kannte deshalb die Forschungsarbeiten des jungen Gehirnchirurgen Dr. Dennis Spencer, der sich mit der operativen Therapie der Epilepsie befaßte. Jetzt entschloß sie sich, sich für eine mögliche Opferation untersuchen zu lassen.

Die Idee, Epilepsie chirurgisch zu behandeln, ist nicht neu. Schon die alten Ägypter bohrten Löcher in den Schädel von Patienten, um böse Geister entweichen zu lassen, und später versuchte man immer wieder, den Ursprungsort der Anfälle im Gehirn zu finden. Bis vor relativ kurzer Zeit war aber die Anomalie, die solche Anfälle auslöst, kaum zu identifizieren, und es gab nur wenige Heilungserfolge. In den letzten 20 Jahren jedoch verschaffte die Revolution der Biotechnologie den Neurologen neue Möglichkeiten, den Ursprungsort der Anfälle zweifelsfrei zu identifizieren.

Bei der Mehrzahl der Patienten mit unregelmäßigen partiellen Anfällen liegt der Auslöser im limbischen System, tief im rechten oder linken Schläfenlappen. Es kann sich um einen Tumor oder eine winzige Anomalie der Blutgefäße handeln, oder aber – der häufigste Fall – um eine Narbe, wie sie nach Fieberkrämpfen in früher Kindheit manchmal zurückbleibt. Durch einen Reiz, der im allgemeinen nicht genau einzugrenzen ist (manchmal macht man blinkende Lichter oder eine bestimmte Musik verantwortlich), ändert sich dann das Umfeld der Neuronen in der Nähe des Auslösepunktes, so daß sie leichter erregbar werden. Es kommt zu übermäßiger Neuronenaktivität, die sich dann auf den normalen Nervenbahnen in andere Gehirnbereiche fortpflanzt, beispielsweise in die motorischen und sensorischen Bereiche der Hirnrinde und in die Strukturen des Hirnstammes.

Liegt der Ausgangspunkt komplexer partieller Anfälle oder anderer Formen der Epilepsie in einem Gehirnbereich, der sich ohne Schädigung lebenswichtiger Funktionen entfernen läßt, haben Operationen in erstaunlich vielen Fällen Erfolg. Spencer, der bei der Entwicklung dieser Verfahren eine entscheidende Rolle spielte, konnte mehr als 80 Prozent der sorgfältig ausgesuchten Patienten aus dieser Gruppe heilen.

Bevor die Ärzte bei Gloria eine Operation befürworteten, nahmen sie eine umfassende Untersuchung vor. Mit einer ganzen Palette von diagnostischen Verfahren, darunter Computertomographie und das Anfärben der Gehirnblutgefäße, klärte man Einzelheiten von Struktur und Funktion. (Heute verwendet man anstelle einiger dieser Methoden noch genauere bildgebende Verfahren wie Positronenemissionstomographie [PET] und Kernresonanzspektroskopie.) Zur weiteren Charakterisierung der Anfälle überwachte man sie mit audiovisueller Elektroenzephalographie (EEG): Das EEG-Gerät zeichnete die elektrischen Aktivitäten im Gehirn auf, und gleichzeitig hielt eine damit verbundene Videokamera ihr äußeres Verhalten während der Anfälle fest. Und zur genauen Lokalisierung des Auslösepunktes unterzog sie sich schließlich einer diagnostischen Operation, bei der man tief in das Gehirn eindrang: Durch kleine, in den Schädel gebohrte Löcher führte man speziell konstruierte Elektroden in die Schläfenlappen ein, die bei einem Anfall jeweils in einem ganz bestimmten Bereich starke elektrische Tätigkeit maßen. Das Verfahren arbeitet so genau, daß man den

Ausgangspunkt der Anfälle auf etwa einen Zentimeter genau eingrenzen kann.

Wie sich herausstellte, gingen Glorias Beschwerden von einem Abschnitt des sanft gebogenen Hippokampus im Inneren des linken Schläfenlappens aus. Die Anfälle nahmen ganz offensichtlich dort ihren Anfang und pflanzten sich dann in andere Bereiche des Schläfenlappens fort. Als alle Untersuchungen abgeschlossen waren, ging Spencer eines Abends in Glorias Krankenzimmer und setzte sich an ihr Bett. Er hatte ihr schon zuvor gesagt, sie eigne sich wahrscheinlich gut für die beabsichtigte Operation. Jetzt zeichnete er eine Skizze, um ihr den Eingriff zu erklären, beantwortete mit sanfter Geduld ihre Fragen, und ergriff schließlich ihre Hand, um ihr seine Zuversicht zu vermitteln.

Glorias Eltern hatten bisher hinter ihrer Tochter gestanden. Jetzt aber, als die Operation unmittelbar bevorstand, kamen ihnen auf einmal Zweifel: Jede Gehirnoperation ist mit dem Risiko verbunden, daß kognitive oder motorische Fähigkeiten geschädigt werden. Glorias Mutter flehte ihre Tochter an, es sich anders zu überlegen. Aus Angst vor einem möglichen Fehlschlag ging sie ins Krankenhaus und versuchte, Gloria von ihrem Entschluß abzubringen; die junge Frau zauderte ein wenig, blieb aber letztlich standhaft: »Ich dachte daran, wie mein Leben in den letzten Jahren ausgesehen hatte, und dann sagte ich mir: ›Es ist egal, ich lasse mich operieren.‹«

Der Eingriff begann am frühen Morgen des 15. Juli 1983. Nachdem die Narkose eingeleitet war, rasierte man die linke Kopfhälfte und desinfizierte sie mit einer jodhaltigen Tinktur. Angesichts der Tatsache, daß die Krankheit über zweieinhalbtausend Jahre lang etwas Geheimnisvolles, ja sogar Mystisches hatte, war es durchaus angebracht, daß Spencers Hautschnitt die Form eines Fragezeichens hatte. Er begann vor dem Ohr, beschrieb einen Bogen zum Hinterkopf, zog sich in der Mitte der Kopfhaut nach vorn und endete knapp über dem Haaransatz. Dann klappten Spencers Mitarbeiter

Haut und Muskeln zurück, so daß der Schädelknochen über dem Schläfenlappen freilag. Mit sechs Löchern, die man in regelmäßigen Abständen in den dicken Knochen bohrte, wurde ein Rechteck markiert, und nachdem man die Löcher durch Schnitte mit einer feingezahnten Säge verbunden hatte, konnte man das Knochenviereck herausheben; darunter wurde nun die harte Hirnhaut (Dura mater) sichtbar, eine widerstandsfähige, fasrige Membran, die das Gehirn einhüllt.

Die Dura mater (so benannt, weil sie das Gehirn wie eine starke, schützende Mutter umgibt) wurde geöffnet, so daß der vordere Teil des Schläfenlappens zu erkennen war. Vorsichtig und mit Hilfe eines Präparationsmikroskops umriß Spencer einen winzigen Block entbehrlichen Gewebes, das er aus der Spitze des Lappens herausschneiden wollte, um den darunter liegenden Hippokampus freizulegen. Das Gehirn ist so stark durchblutet, daß der Chirurg nicht mit einem Skalpell hineinschneiden kann wie in andere Gewebe. Statt dessen benutzt man ein Instrument, das sich mit einer Kombination aus elektrischer Kauterisierung, Ultraschall und kontrolliertem Absaugen vorsichtig hindurchbrennt und winzige Gewebeabschnitte entfernt. Der bezeichnete Bereich wurde mit derart fehlerloser Genauigkeit herausgetrennt, daß Spencers Vorgehensweise für einen Zaungast wie mich – den Chirurgen, dessen Operationen sich meist in der schwammigen, roten Nässe des Bauchraums abgespielt hatten – wie das achte Weltwunder aussah.

Nachdem dieser Gewebebereich schließlich nicht mehr im Weg stand, wurde der Hippokampus sichtbar. Die Operation dauerte jetzt schon drei Stunden, aber Spencer und seine Kollegen arbeiteten sich vorwärts, als gäbe es weder Zeit noch Müdigkeit. Spencer, ein großer, bärtiger Mann, stammt aus Iowa, und seine Stimme hat den weichen Klang des spätsommerlichen Windes über der Prärie. Die Füße in großen Holzschuhen und den Kopf bedeckt mit einer Chirurgenhaube, die unter dem langen, keimfreien Kittel verschwand, stand er bewegungslos wie ein verhülltes Denkmal und spähte durch die Okulare seines Operationsmikroskops. Nur kleine Fingerbewegungen und die ruhigen Anweisungen an seine Mitarbeiter ließen erkennen, daß diese hoch aufragende, grüngekleidete Gestalt mit einer der anspruchsvollsten Operationen beschäftigt war, die ein Chirurg vornehmen kann.

Schließlich, nachdem die Chirurgen jede Verletzung der lebenswichtigen Nervenstrukturen vermieden hatten, die buchstäblich um Haaresbreite neben dem Operationsgebiet lagen, nahmen sie den heimtückischen Teil des Hippokampus heraus. Damit hatten sie ihr Ziel erreicht. Sie schlossen die Dura mater mit einer Naht und setzten die Knochenplatte wieder an den Platz, von dem sie sie fünf Stunden zuvor entfernt hatten. Zum Schluß klappten sie die Haut wieder über den Knochen und schlossen den Schnitt mit Metallklammern. Wenig später erwachte Gloria, und ihr neues Leben begann.

Die beiden kleinen Stücke, die Spencer aus dem Gehirngewebe entfernt hatte, maßen zusammen nicht mehr als fünf Zentimeter. Das war genug – der Ausgangspunkt ihrer epileptischen Anfälle war beseitigt. Dennoch war sich Gloria des Operationserfolgs erst sicher, nachdem ungefähr sechs Jahre vergangen waren. Erst dann gestatteten ihre vorsichtigen Ärzte, die Medikamente ganz abzusetzen. Sie hatte seitdem keine Anfälle mehr und führt ein zufriedenes Leben.

Für Gloria galt das gleiche wie für alle geheilten Epileptiker: Die erfolgreiche Behandlung hatte nicht nur auf sie Auswirkungen. Aber die Liste derer, die davon profitierten, ist mit den Personen, die sie vor der Operation kannten, nicht zu Ende, und auch nicht mit denen, die zu jener Zeit überhaupt am Leben waren. Vor etwa vier Jahren erfuhr sie von ihrem Frauenarzt, sie mache offenbar die charakteristischen Veränderungen einer frühen Menopause durch. Gloria, die damals sechsunddreißig und unverheiratet war, wollte aber ihren lebenslangen Traum, Mutter zu werden, nicht aufgeben. Da sie eine ausgezeichnete Stellung als Pressesprecherin der Hartfort Visiting Nurse Association in Connecticut hatte und seit elf Jahren ein gesundes, anfallsfreies Leben führte, sah sie keinen Anlaß mehr, ihre Wünsche zu leugnen – sie ging zu einer Samenbank, prüfte die Qualitäten möglicher Väter und traf ihre Wahl. Die künstliche Befruchtung klappte, und 1994 wurde, zur großen Freude der Großeltern und der strahlenden Mutter, Samantha Mangual geboren. Wenn jemals eine medizinische Fallgeschichte alle Eigenschaften eines Und-wenn-sie-nicht-gestorben-sind-Märchens hatte, dann war es sicher die von Gloria und Samantha.

Glorias komplexe partielle Anfälle gingen von einem winzigen krankhaft veränderten Gehirnbereich aus, und die Signale pflanzten sich dann über völlig normale Nervenbahnen in andere Gebiete fort. So wurde ein Nachrichtensystem, das ihr eigentlich nützen sollte, zur Ursache ihrer Beschwerden. Die erstaunliche Fähigkeit des Gehirns, unterschiedliche Abläufe in weit entfernten Bereichen zu koordinieren, wurde zur Ursache einer Krankheit, die ihr ganzes Leben bedrohte. Wie das Aneurysma in Marge Hansens Milzarterie, so ist auch Glorias Epilepsie ein Beispiel dafür, wie gerade die Mechanismen, die sich zur Bewältigung alltäglicher Aufgaben entwickelt haben, zu Behinderungen führen. Ohne die reichhaltigen Verbindungen, über die unsere Gehirnbereiche untereinander in Verbindung stehen, gäbe es keine Schläfenlappen-Epilepsie. So gesehen, betrügt unser Körper uns manchmal; wir sind ein Wunder mit eingebauten Schwachstellen.

Aber gerade diese Reichhaltigkeit und die vielfältigen Möglichkeiten, die sie beinhaltet, sind das charakteristische Kennzeichen des Menschseins, auch wenn ihr Umfang da und dort Probleme mit sich bringt. Das Gehirn des *Homo sapiens* ist gewissermaßen ein Angebot der Natur an unsere Spezies, und es soll uns ermutigen, soviel wie möglich aus dieser unserer ureigenen biologischen Gabe zu machen. Es ist ein Angebot, das eine Fülle von Gelegenheiten bietet, einen Überfluß an Möglichkeiten: unzählige Zellen und

Nervenbahnen, und eine Riesenzahl von Verbindungen. Die elektrischen Signale können alle möglichen Wege einschlagen: Manchmal treffen sie aus verschiedenen Richtungen an einer Verbindungsstelle zusammen; manchmal sind ihre Verbindungen die Ausgangspunkte, von denen Nachrichten in verschiedene Richtungen und zu unterschiedlichen Zielen laufen. Signale aus vielfältigen Quellen vereinigen sich und wandern gemeinsam weiter; andere gehen von der gleichen Stelle aus, trennen sich und gelangen in unterschiedliche Bereiche. Signale kehren in einer Schleife zu ihrem Ausgangspunkt zurück; Signale durchlaufen immer und immer wieder denselben Schaltkreis und verstärken ihre Wirkung. Das Gehirn ist ein riesiges Zentrum, das Informationen aus allen Richtungen verarbeitet und die entscheidenden Anordnungen für unser Dasein trifft.

Aus alledem erwächst die übergeordnete Verantwortung des Gehirns – es ist die Schaltzentrale, die die Tätigkeiten unseres Organismus koordiniert und lenkt. Viele Tiere wären ohne das Gehirn und seine einzigartigen Steuerungsfähigkeiten nur eine Anhäufung von Zellen und Geweben, die nicht lange überleben könnte. Erst die Gesamtheit aller Körpervorgänge unter der Oberaufsicht des Gehirns macht höhere Tiere zu dem, was sie sind. Und ohne die besonderen Fähigkeiten *seines* Gehirns wäre der *Homo sapiens* nur eines dieser höheren Tiere.

Aber die vollständige Integration schließt mehr ein, als das Gehirn allein leisten kann. Nervenimpulse sind nicht die einzigen Signale, auf die unsere Zellen reagieren. Zu einem großen Teil erfolgt die Koordination der Körpervorgänge durch Signalmoleküle, Hormone und andere chemische Substanzen, für es auf der Membran bestimmter Zellen besondere Rezeptoren gibt. Die Signalmoleküle binden an die Rezeptoren und veranlassen damit die Zelle zu einer bestimmten Reaktion.

Solche chemischen Substanzen sind die Neurotransmitter Acetylcholin und Noradrenalin. Eine andere Gruppe sind die lokalen

Signalmoleküle, die manche Zellen auf eine Veränderung in ihrer unmittelbaren Umgebung hin ausschütten, um im benachbarten Gewebe eine notwendige Wirkung zu erzielen. In diese Kategorie gehören die Prostaglandine, von denen es etwa zwanzig Typen gibt; sie beeinflussen beispielsweise die Durchblutung kleiner Bereiche und sorgen für eine Verengung oder Erweiterung der winzigen Luftwege, die zu den Lungenbläschen in einem bestimmten Abschnitt der Lunge führen. Andere Substanzen aus dem riesigen Arsenal der körpereigenen Signalmoleküle steuern beispielsweise die Teilungshäufigkeit benachbarter Zellen und beeinflussen so das lokale Gewebewachstum.

Eine eigene Kategorie von Signalmolekülen sind diejenigen, die von den neurosekretorischen Zellen ausgeschieden werden, besonderen Neuronen in Gehirn und Rückenmark. Neurosekretorische Zellen funktionieren nicht nur wie normale Neuronen, sondern zusätzlich auch wie endokrine Zellen: Sie produzieren Proteine oder Polypeptide, die man als Neurohormone bezeichnet, weil sie in die kleinsten Blutgefäße übergehen und so zu weiter entfernten Strukturen transportiert werden. In der Hirnrinde des Menschen hat man bisher über sechzig Neuropeptide nachgewiesen, und in einigen Fällen kennt man auch ihre Funktion sehr genau. Das gilt beispielsweise für die Endorphine, morphiumähnliche Verbindungen, die Schmerzen lindern und einen Zustand der inneren Ruhe oder sogar der Euphorie hervorrufen. (Es gibt übrigens neben den Neurohormonen auch andere Peptide mit Signalfunktion. Solche aktiven Peptide werden zum Beispiel im Verdauungstrakt ausgeschieden – darüber mehr in Kapitel XI).

Viele Neurohormone veranlassen endokrine Drüsen zur Ausschüttung von Hormonen, das heißt, die neurosekretorischen Zellen ermöglichen die direkte Kommunikation zwischen Nerven- und Hormonsystem. Auf diese Weise kann ein Reiz, der ein Neuron erreicht, in eine Hormonwirkung umgesetzt werden. Nach allem, was in den vorangegangenen Kapiteln gesagt wurde, sind uns solche wechselseitigen Verbindungen zwischen den Körpersystemen mittlerweile vertraut: Sie sind das charakteristische Hilfsmittel, mit dem unser Organismus seine Aufgaben erfüllt.

Besonders wichtig ist in dieser Hinsicht die Beziehung zwischen Hypothalamus und Hypophyse, insbesondere weil der Hypothalamus mit der Regulation des autonomen Nervensystems und den Gefühlszuständen zu tun hat. Die Wechselwirkung der beiden Strukturen wird durch ihre anatomische Nachbarschaft (der Hypothalamus liegt unmittelbar über der Hypophyse) an der Gehirnunterseite erleichtert.

Die Hypophyse, manchmal auch Hirnanhangdrüse genannt, besteht aus zwei Teilen. Ihr Vorderlappen ist eine endokrine Drüse. Angeregt von Neurohormonen aus dem Hypothalamus, produziert er FSH und LH (siehe Kapitel VII), Thyreotropin, Wachstumshormon und das adrenocorticotrope Hormon (ACTH), das die Nebennierenrinde stimuliert. Die wechselseitigen Beziehungen zwischen Hypothalamus, Hypophyse und Nebennierenrinde beeinflussen nachgewiesenermaßen die Reaktionen des Organismus auf Streß und die Ausschüttung bestimmter Neurohormone, die auf das Immunsystem einwirken. Solche Befunde aus dem Gebiet der Psychoneuroimmunologie liefern neue Aufschlüsse darüber, wie das Gehirn und vielleicht sogar das bewußte Denken für die Immunantwort von Bedeutung sein könnten, so auch bei Krebs und anderen Krankheiten, an deren Entstehung das Immunsystem beteiligt ist.

Der Hinterlappen der Hypophyse besteht nicht aus endokrinen Zellen, sondern vorwiegend aus Gliagewebe und Nervenfasern, die von den neurosekretorischen Zellen im unmittelbar darüber liegenden Hypothalamus ausgehen. Die Axone dieser Zellen erstrecken sich bis in den hinteren Teil der Hypophyse und transportieren die Neurohormone Oxytocin (siehe Kapitel VIII) und Vasopressin (Kapitel II).

Diese Beschreibung der Signalmoleküle muß zwangsläufig skizzenhaft und unvollständig bleiben, aber auch viele weitere Einzelheiten würden zu immer der gleichen Feststellung beitragen: Verhalten und Reaktionen der 75 Billionen Körperzellen werden zu einem wesentlichen Teil von Signalmolekülen bestimmt, ob sie nun vom Blut über große Entfernungen transportiert werden oder lokal aktiv sind. Ihre Wirkungen, die mit den erstaunlich vielfältigen Reaktionen des Nervensystems auf komplizierte Weise koordiniert sind und sie ergänzen, dienen der Aufrechterhaltung jeder dynamischen Stabilität, die das Wesentliche des menschlichen Lebens darstellt.

Durch die Wechselwirkungen der elektrischen und chemischen Signale weiß jeder Teil des Organismus, was jeder andere Teil tut und braucht. In uns gibt es ein Gespür, das man vielleicht am besten als Wahrnehmung des inneren Ich bezeichnet und das offensichtlich über viele Ebenen gleichzeitig auf- und absteigt. Von der Körperwahrnehmung, die uns bewußt wird, wenn uns ein verdorbener Magen zu schaffen macht, bis zur Anpassung jeder einzelnen Zelle an die Bedürfnisse des ganzen Organismus gibt es verwickelte Wechselbeziehungen, die von einer Ebene zur nächsten reichen. Dieses innere Wahrnehmungsvermögen, das weit über die Fähigkeiten aller anderen Tiere hinausgeht, bestimmt stärker über unser erkennbares und unbewußtes Verhalten, als wir vielleicht ahnen.

Wir reagieren nicht nur biologisch, sondern auch emotional, geistig und kulturell auf die Rhythmen und Bedürfnisse in den tiefsten Geweben unseres Körpers. Was der *Homo sapiens* geschaffen hat – in der Welt um ihn herum und auch in jener anderen Welt des Geistes, die sich nach innen und außen zugleich richtet –, ist eine harmonische Antwort auf die unaufhörliche Suche seiner Zellen nach Homöostase und Lebenserhaltung. Das Gleichgewicht und die Harmonie allen Strebens nach Stetigkeit in unserer Biologie liefern die steigende, fallende und sich ständig anpassende Melodie, die das menschliche Gehirn hört, jene physikalisch-chemische Ansammlung von Empfinden, Weiterverarbeiten und Handeln. Und das Gehirn antwortet mit dem riesigen Spektrum der Möglichkeiten, die aus der Tätigkeit seiner Zellen und Moleküle erwachsen. Eine dieser vielen Ausdrucksformen seiner Antwort ist das, was wir Geist nennen.

Geist ist ein von Menschen erschaffener Begriff, ein Hilfsmittel zum Einordnen und Untersuchen der Ausdrucksformen bestimmter physikalischer und chemischer Vorgänge, die sich vorwiegend im Gehirn abspielen. Er ist ein Produkt anatomischer Entwicklung und physiologischer Funktionen. Was wir Geist nennen, ist die Gesamtheit zahlloser Einzelaktivitäten, die das Gehirn bewußt macht. Das Gehirn ist das wichtigste Organ des Geistes, aber nicht das einzige. In einem gewissen Sinn ist jede Zelle und jedes Molekül in unserem Körper ein Teil des Geistes, und jedes Organ trägt zu ihm bei. Der lebende Körper und sein Geist sind ein und dasselbe – der Geist ist eine Eigenschaft des Körpers.

Wenn der Geist ein Rahmen ist, innerhalb dessen man bestimmte Ausdrucksformen der Gehirntätigkeit und des Ich unserer Zellen verstehen kann; wenn das Gehirn im Interesse der Homöostase die Oberaufsicht über die Reaktionen der Nerven führt; und wenn die körperlichen Reaktionen von den physikalischen und chemischen Eigenschaften der Moleküle abhängen, dann ist der Geist letztlich ein – und sei es nur sehr entferntes – Produkt molekularer Wechselwirkungen. Aber was für ein Produkt! Es ist ein Produkt von unvorstellbarer Pracht, das sich Jahrtausend um Jahrtausend weiter aufgebaut hat; die so geschaffene geistige Struktur hat in einem gewissen Sinn ein Eigenleben entwickelt und bleibt doch gleichzeitig allen Vorgängen unterworfen, die ihre organischen Wirkungen aufrechterhalten. So ist meine Behauptung zu verstehen, daß sie eine andere Qualität hat als die Summe ihrer Teile.

Werden wir den Geist jemals ganz und gar verstehen? Werden wir jemals zu einer einhelligen Meinung über seine Ursprünge, seine Bedeutung und seine Ziele gelangen? Werden wir Einigkeit darüber erzielen, ob er überhaupt eine Bedeutung oder ein Ziel hat? Ich bin zuversichtlich, aber ich muß meinem Optimismus ein Zitat von Ambrose Bierce entgegensetzen, der den Geist in seinem 1911 erschienenen *The Devil's Dictionary*, einem Katalog des Zynismus, folgendermaßen definierte: »Geist, *subst. masc.* Eine geheimnisvolle, vom Gehirn sekretierte Substanz. Ihre Hauptbeschäftigung besteht in dem Versuch, ihre eigene Natur zu erkunden; die Vergeblichkeit des Versuchs ist auf den Umstand zurückzuführen, daß sie nur sich selbst hat, um sich zu erkennen.«*

Trotz Bierces Pessimismus wissen wir heute einiges, das zu der Zeit, als er seine bedrückenden Ansichten niederschrieb, jenseits aller Kenntnisse lag. Fangen wir mit dem an, was zu seiner Zeit bereits bekannt war: Damit sich die Qualität entwickeln konnte, die wir als menschlichen Geist bezeichnen, mußte in der Evolution der Primaten ein neuer Gehirnteil entstehen, der zu vorausschauendem Denken, Analysen, abstraktem Überlegen und Sprache fähig ist. Der *Homo sapiens* entstand in einer relativ kurzen Evolutionsphase, ausgestattet mit einer riesig vergrößerten Hirnrinde und dem Synapsenpotential, das den Erfordernissen des Geistes gewachsen war. Aber erst in den letzten Jahrzehnten konnten Wissenschaftler der verschiedensten Fachrichtungen mit ihren Untersuchungen erstes Licht in die Frage bringen, wie Gehirn und Geist eigentlich funktionieren.

Die Ergebnisse dieser neuen neurowissenschaftlichen Forschungen erforderten eine umfassende Neubewertung der früheren, lange Zeit geltenden Theorien über die Gehirnfunktion. Wie nicht anders zu erwarten, bestehen in den Details beträchtliche Meinungsverschiedenheiten, aber nach medizinischen Kriterien kann man eine Synthese herstellen, die in der Praxis nützlich und in sich stimmig ist. Wer die Schriften von Donald Alkon, Francis Crick, Antonio Damasio, Gerald Edelman, Walter Freeman, Donald Hebb, Ronald

* Ambrose Bierce, *Aus dem Wörterbuch des Teufels.* Auswahl, Übersetzung und Nachwort von Dieter E. Zimmer. Frankfurt a. M. 1966.

Kalil, Paul McLean, Israel Rosenfield und Gordon Sheperd kennt, wird im folgenden ihren Einfluß wiedererkennen. Die Arbeiten dieser und anderer Wissenschaftler, die sich mit dem Bewußtsein und dem Denken des Menschen beschäftigt haben, repräsentieren die beste Form jener Kombination aus nachvollziehbarer Laborforschung und begründeter Spekulation, die seit eh und je der nützlichste Beitrag der Wissenschaft zu unserem Wissen von der Natur ist.

Mit ziemlicher Sicherheit bleiben die Schaltkreise im größten Teil des Gehirns während des ganzen Lebens formbar. Diese Eigenschaft vermindert sich zwar mit fortschreitendem Alter, aber es findet eine ständige Neuorganisation der Funktionen statt, die dazu dient, manche Formen synaptischer Verbindungen zu verstärken und andere abzuschwächen. Welcher Teil der grundlegenden Strukturen genetisch festgelegt ist, hängt offenbar von der anatomischen Ebene ab. Die unteren Gehirnteile, die grundlegende, lebensnotwendige Homöostasemechanismen regulieren – also Hirnstamm und Hypothalamus –, sind anscheinend »fest verdrahtet«, das heißt, es gibt von Mensch zu Mensch keine nennenswerten Abweichungen. Sie sind vermutlich ebenso stabil wie die Länge der Nase, weil sie vom Genom festgelegt werden und schon vor der Geburt vorhanden sind. Die anderen Gehirnteile behalten in unterschiedlichem Ausmaß ihre Wandelbarkeit und passen sich ständig an die Signale an, die sie empfangen. Für die Großhirnhälften gilt das offenbar stärker als für das limbische System.

Demnach sieht es so aus, als seien die Gehirnteile gegenüber neuen Einflüssen um so anpassungsfähiger, je höher sie liegen. Die Anpassung erfolgt durch die Ausbildung neuer und die Verstärkung bestehender Synapsen sowie durch eine veränderte Wirksamkeit der Wechselbeziehungen zwischen den Neurotransmittern. Je mehr eine bestimmte Verbindung benutzt wird, desto mehr verstärkt sie sich. Das heißt, daß Nervenbahnen, die viele Signale übertragen, spätere Signale leichter weiterleiten. Und Synapsen, die nicht benutzt werden, stellen aus ganz ähnlichen Gründen die Funktion ein oder verschwinden ganz.

Die entwicklungsgeschichtlich jüngeren Gehirnteile stehen also offenbar viel weniger unter dem Einfluß genetischer Festlegungen als die einfacheren, tiefer gelegenen Abschnitte. Deshalb wird die Funktion der höheren Gehirnteile in jedem einzelnen Augenblick im wesentlichen durch Erfahrungen bestimmt. Die jüngsten Teile der Großhirnrinde passen sich in jedem Augenblick neu an Reize an und machen daneben auch langfristige Veränderungen durch, und das alles nicht nur als Reaktion auf Signale aus der Umwelt, sondern auch aufgrund der Nachrichten aus dem Körperinneren. Solche Nachrichten werden als Nervenimpulse oder in Form der Neuropeptide und anderer Signalmoleküle übertragen.

Vielleicht die einflußreichsten Signale aus der Umwelt sind diejenigen, die in Form der gesprochenen Sprache eintreffen. Die frühesten Vertreter der Spezies *Homo sapiens*, die vor etwa 100 000 bis 250 000 Jahren lebten, besaßen als erste unserer entwicklungsgeschichtlichen Vorfahren einen Kehlkopf, der artikulierte Sprachlaute hervorbringen konnte. Im Laufe der Jahrtausende kamen winzige, raffinierte Verbesserungen hinzu, so daß die heutigen Menschen zu einer höchst komplexen Kommunikation fähig sind. Als sich Wörter und Sprachen entwickelten, nahm das Gehirn die neuen Eindrücke auf und reagierte mit der Bildung neuer synaptischer Verbindungen, die ihrerseits wieder zu einer immer komplexeren Sprache und zu dem typisch menschlichen begrifflichen Denken führten. Die zunehmende Komplexität des Gehörten und die der synaptischen Verbindungen verstärkten einander gegenseitig, und die Folge war ein immer größeres Gehirn. In der Zeit vor 200 000 bis 20 000 Jahren entstand die heutige hohe Stirn, das äußere Anzeichen der Fähigkeit, sich neuer Errungenschaften zu bedienen. Vor 20 000 bis 30 000 Jahren hatten die Menschen das Gehirn, das wir auch heute für alle unsere Tätigkeiten brauchen.

Aber nicht nur Geräusche, Bilder und ähnliche Eindrücke beeinflussen die Entwicklung und Veränderungen der Schaltkreise; auch die Gefühle sind von großer Bedeutung. Die höheren Gehirnbereiche ordnen Eindrücke, Wahrnehmungen, Erinnerungen und Reaktionen ständig um, und ebenso organisieren sie unter dem Einfluß dieser Faktoren auch die Funktionen ihrer eigenen Schaltkreise ständig neu. Das alles führt zu einem ununterbrochenen Lernprozeß: Pausenlos werden neue synaptische Verbindungen geknüpft, andere werden verstärkt, und solche, die nur selten benutzt werden, schwächen sich ab oder verschwinden ganz. Dieser ständige Umbau der Schaltkreise hört nie auf, auch nicht, wenn wir älter werden. Oder, wie Oliver Wendell Holmes es so treffend formulierte: »Die Menschen hören nicht auf zu spielen, weil sie älter werden; sie werden älter, weil sie aufhören zu spielen.« Wir lernen, indem wir leben.

Das alles steht im Einklang mit unseren alltäglichen Erfahrungen – es erklärt, wie wir lernen und vergessen. Aber dieser Mechanismus besteht nicht nur aus dem Teil, dessen wir uns bewußt sind. Die Signale, die im Großhirn eintreffen, kommen von irgendwoher, unter anderem aus so unterschiedlichen Strukturen wie der Muskulatur, der Lunge oder dem Darm; alle Orte, an denen Zellen leben, tauschen chemische oder elektrische Signale mit der Koordinations- und Steuerungszentrale im Gehirn aus. Als Sir Charles Sherrington den Begriff »integrierte Tätigkeit des Nervensystems« prägte, den er 1906 auch als Titel eines Buches wählte *(The Integrative Action of the Nervous System)*, konnte er nicht ahnen, welche weitreichenden Folgerungen sich daraus ergeben würden.

Es geht hier um die Wahrnehmung. Wie ich in den vorangegangenen Kapiteln dargelegt habe, sind die Zellen der Hirnrinde nach meiner Überzeugung durch abgestufte Ebenen der Wahrnehmung, die über das Medium der Nervenimpulse und chemischen Substanzen aufsteigen, mit allen anderen Körperzellen verbunden. Die vielen Abschnitte des weitläufigen Herrschaftsbereiches unseres Gehirns stehen ständig in vielfältigen, direkten und indirekten Wechselwirkungen.

Der Körper liefert der Hirnrinde ununterbrochen Signale, und gleichzeitig sendet die Hirnrinde ständig Signale zu weit entfernten Zellgruppen. Der Organismus ist eine Einheit, dessen Einzelteile untereinander zwar manchmal indirekt, aber immer ununterbrochen in Verbindung stehen. So gesehen, erwächst der Geist aus allen diesen Wechselwirkungen, die auf den verwickelten Wegen der Hirnrinde koordiniert und interpretiert werden. Die Hirnrinde hat gewissermaßen ein »Gespür« für sich selbst und für die Gesamtheit des Körpers, zu dem sie gehört. Die Zahl der Wechselwirkungen ist so riesig, daß man sie nicht berechnen kann.

So wie das Gehirn auch auf weit entfernte Gewebe einwirkt, wird es selbst mit seinen Funktionen und seiner ultramikroskopischen Struktur von den Signalen aller Zellbausteine beeinflußt. Es übergeht keines davon, sondern reagiert auf alles, was es empfängt.

Wenn ein Signal die Ebene der Hirnrinde erreicht, hat es bereits die Zentren der unteren Gehirnbereiche durchlaufen, die ebenfalls ihren Beitrag zu der Gesamtreaktion leisten. In der Hirnrinde angekommen, werden die einzelnen Nachrichten von unterschiedlichen Neuronengruppen weiterverarbeitet; es dürfte bis zu 100 Millionen solche Gruppen geben, jede mit 50 bis 10 000 Zellen. Diese neuralen Gruppen, die über das ganze Gehirn verteilt sind, schicken Signale, Reaktionen, neue Nachrichten und Reaktionen auf Reaktionen ab, die hin- und herlaufen, ankommen und erneut ankommen, einander verstärken oder abschwächen, aufwärts und abwärts und in jede nur denkbare Richtung übermittelt werden und sich zu Bildern, Wahrnehmungen und Gedanken zusammenfinden. Die endlose Zahl der Möglichkeiten ergibt sich aus den vielfältigen Axon- und Dendritenverbindungen der Neuronen. Schon der einfachste visuelle Eindruck besteht zum Beispiel aus einem großen Komplex von Einzelbestandteilen; sie alle werden wahrgenommen, verarbeitet und über vielfältige Axonbündel weitergeleitet, bis sie schließlich und gleichsam in einem Augenblick zu einem einheitlichen Bild zusammengefaßt werden, das dann ins Bewußtsein gelangt.

Zu den Signalen, die zusammenfließen und eine Wahrnehmung bilden, gehören auch diejenigen, die ihren Ursprung in den Gefühlen, in Erinnerungen oder im Hintergrund und Zusammenhang des ursprünglichen Reizes haben. Die neuronalen Gruppen bewerten verschiedenartige Nachrichten offenbar unterschiedlich, und auch das beeinflußt die Stärke der Übertragung sowie das Endergebnis der bewußten Erkenntnis.

Alle diese Aktivitäten formen auch die Übertragungswege, in denen sie stattfinden. Die Wandelbarkeit unseres Gehirns, die nicht nur auf den von Rezeptoren ausgehenden Reizen beruht, sondern auch auf Erinnerungen, Erfahrung, Zusammenhängen, emotionalen Inhalten und Bewertungen, ist eine einzigartige Eigenschaft des Menschen. Sie ist die physiologische Grundlage, auf der wir den menschlichen Charakter geschaffen haben.

So wie der Geist eine Qualität der physikalisch-chemischen Substanz unseres gesamten Körpers darstellt, ist die Seele eine Qualität des menschlichen Geistes. Die Seele ist die moralische Kraft des Geistes, ein Produkt vielfältiger Wahrnehmungsebenen, und strebt stets nach geistiger Übereinstimmung mit der Neigung zu Stabilität und Harmonie, die für ihren physikalisch-chemischen Ursprung charakteristisch ist. Nach meiner Überzeugung sind wir mit allen unseren Eigenschaften das Ergebnis eines riesigen Wirbels der Instabilität in unserem Inneren, der sich unaufhörlich an alle Herausforderungen des Lebens anpaßt. Von den Tieren unterscheiden wir uns durch die Kräfte unseres Gehirns und seine Verständnisfähigkeit für die Signale, die es empfängt; sie verleihen ihm eine einzigartige Reaktionsfähigkeit und ein einzigartiges Bewußtsein für das Auf und Ab der Rhythmen in unserem Inneren.

Trotz des *Wörterbuchs des Teufels* war das Vorhaben, das Wesen des Geistes zu ergründen, nicht ganz umsonst. Mit den vereinten

Kräften des menschlichen Denkens überwinden wir mittlerweile das theoretische Hindernis, »daß sie [die Substanz des Geistes] nur sich selbst hat, um sich zu erkennen«. In Wirklichkeit haben die Kräfte des Geistes, der sich nach innen und auf sich selbst richtete, über das Unwissen triumphiert; er hat etwas an sich, das die Herausforderung annimmt – mit der sicheren Zuversicht, daß er mit seinem eigenen Wesen Wunder wirken kann. Das menschliche Denken reicht aus, um die Geheimnisse des menschlichen Denkens zu lüften. Seine eigenen, einzigartigen Fähigkeiten machen die Lösung des Problems möglich. Schon lange bevor es die moderne Neurowissenschaft gab, wußte Aristoteles darüber Bescheid. In seiner *Metaphysik* schrieb er: »Es kommt von selbst, daß der göttliche Verstand denkt (denn er ist das hervorragendste aller Dinge), und sein Denken ist ein Denken über das Denken.« Und dieses Denken hat Erfolg. Selbst ein Zyniker wie Ambrose Bierce müßte einräumen, daß wir auf dem Weg zum Verstehen des Geistes ein ganzes Stück vorangekommen sind.

Epilog

Die Wunderwelt der Kindheit da und dort wieder aufleben zu lassen, dies bewahrt eine Triebkraft für so manchen Gedanken des Erwachsenen. Unter den Hervorbringungen unseres Planeten gibt es eine Glanzleistung – wenn ein solcher Ausdruck für die Hervorbringungen eines Planeten angemessen ist. Für den Augenblick möchte ich darum bitten, sich ihr mit Staunen zu nähern.

Sir Charles Sherrington
The Wisdom of the Body, 1937

Die Glanzleistung, von der Sherrington sprach, ist der Körper des Menschen – und man kann nur staunen, wenn man ihn näher betrachtet. Seine physikalischen und chemischen Grundlagen zu kennen macht das Staunen nur noch größer. Es erscheint paradox: Die sich selbst regulierende Organisation in uns erreicht ihre Stabilität gerade durch ihre Instabilität. Ihre Bereitschaft, augenblicklich zu reagieren und die grundlegende Konstanz wiederherzustellen, ermöglicht immer aufs neue die Rückkehr zum empfindlichen Gleichgewicht der Homöostase, auf die sich unser Leben gründet.

Der tierische Organismus, der gegenüber den allgegenwärtigen Gefahren von innen und außen immer alarmbereit ist und unaufhörlich Signale durch seine vielfältigen Gewebe, Flüssigkeiten und Zellen schickt, ist ein dynamisches Gebilde von zuverlässiger Einheitlichkeit. Unzählige, von Energie in Gang gehaltene Korrekturvorgänge gleichen negative Abweichungen aus, Veränderungen werden entweder einbezogen oder rückgängig gemacht – und das alles im Interesse jenes steten Gleichgewichts, das eine Grundvoraussetzung für die Ordnung und Harmonie komplexer Lebewesen ist.

Die Fähigkeit, mit dem eigenen Inneren und mit der Umwelt zu kommunizieren, ist angesichts der unbarmherzigen Kräfte, die das Leben unaufhörlich bedrohen, die Grundlage der Lebensfähigkeit von Tieren und Menschen. Übertragung und Aufnahme von Nachrichten sowie die Reaktion auf ihre Erfordernisse sind die grundlegenden Qualitäten, die das Leben aufrechterhalten. Von den einfachsten Tieren zu den Primaten aufsteigend, tauchen immer vielseitigere Empfangsstrukturen und Signalmoleküle auf, die in Übereinstimmung mit dem immer komplexeren, sich weiterentwickelnden Zentralnervensystem tätig werden. Mit der ihr eigenen Blindheit hat die Natur im Laufe der Jahrmillionen ein Wesen geschaffen, das so fehlerlos reagiert, daß es mit allen Gefahren für seine Zellen und das Ganze fertig wird, ob diese Gefahren nun aus der Welt außerhalb seiner Haut stammen oder aus derjenigen innerhalb seiner Haut.

Aber Reaktionsfähigkeit allein ist nicht genug. Selbständigkeit erfordert auch, daß man Gefahren *vorhersehen* und verhüten kann; es ist die Fähigkeit, aus einer reaktiven Beziehung zur Umwelt eine kreative zu machen. Würden einem Tier die Gefahren und Notwendigkeiten seiner Umgebung genommen, wäre es befreit, und der ihm eigene Trieb, Befriedigung und Genuß zu finden, würde nur von seinem eigenen Erfindungsreichtum begrenzt. Nimmt man zu dieser Gabe noch emotionale Empfindsamkeit, einen Kehlkopf mit der Fähigkeit, die notwendigen Geräusche sprachlicher Kommunikation hervorzubringen, und einen Gemeinschaftssinn hinzu, eröffnet sich ein gewaltiges Spektrum von Möglichkeiten. Diesem

Bild kommen wir – die Spezies Mensch – auf der Erde bisher näher als jedes andere Tier.

Mit unserer Technik und einem ständig wachsenden Wissen, das wir unseren Nachkommen weitergeben, haben wir uns von unserer Umgebung offenbar so weit unabhängig gemacht, daß wenig Anreize für eine weitere Evolution bestehen, außer als Reaktion auf verhältnismäßig kleine Veränderungen der Umwelt. Wir haben eine Tradition geschaffen, die in jeder Generation ausgebaut und an die nächste weitergegeben wird. Mit unserer Technik, Architektur, Medizin und Wissenschaft haben wir uns zwar nicht vollständig, aber doch mit beträchtlichem Erfolg vor den Launen der Natur geschützt; und mit unseren Gesellschaftsformen, juristischen Systemen und religiösen Institutionen haben wir uns zwar nicht vollständig, aber doch mit beträchtlichem Erfolg vor den Launen anderer Menschen geschützt. An die Stelle der biologischen Evolution ist offenbar in großem Umfang die kulturelle Evolution getreten, die Vererbung durch Erziehung.

Wir sind über das reine Überleben und die Notwendigkeit, uns vor den Unbilden unserer Umwelt zu schützen, hinausgewachsen; und wir stehen weit jenseits der Befriedigung jenes grundlegenden Bedürfnisses, unsere Spezies fortzupflanzen. Aus den Resten unserer Instinkte haben wir ein großes Gebäude geschaffen. Die schlichte Notwendigkeit, am Leben zu bleiben und die DNA weiterzugeben, wurde in die immer üppigeren Gewänder von Kultur, Ästhetik und spirituellem Sinn gekleidet.

Nehmen wir beispielsweise das Wohnen. Ein Gebilde, das eigentlich nur Wind und Regen abhalten soll, wird unter unseren Händen zu einem Wunder der Architektur – konstruiert, gestaltet, verziert, möbliert und ausgestattet mit den Symbolen und Werten, die unsere Zivilisation und unsere persönlichen Vorlieben widerspiegeln. Was als schlichte Unterkunft begann, wurde zum Ausdruck einer hochentwickelten Gesellschaft: zu einem Privatbereich, in dem wir die Gemeinschaft mit anderen und uns selbst pflegen, ein Forum,

auf dem der menschliche Geist sich in die Höhen gesprochener Worte, eines musikalischen Genusses oder der Schönheit der Malerei erheben kann.
Oder betrachten wir die sexuelle Fortpflanzung. Ein Mittel zur Weitergabe der DNA wird unter unseren Händen zum vielschichtigen Ausdruck unserer tiefsten Gefühle. Was als schlichte Fortpflanzung begann, verwandelte sich in den Ausdruck einer hochentwickelten Sexualität – einen ständigen Begleiter der Liebe, eine Grundlage der Familie und damit wiederum der Gesellschaft als Ganzes.
Was wir geworden sind, hat seine Ursache nach meiner Überzeugung zu einem großen Teil in der Wahrnehmung unseres inneren Ich, in der Reaktion auf die Organisation und das gesamte Verhalten aller Zellen und chemischen Vorgänge in unserem Inneren. Wir nehmen auf vielen Ebenen wahr, von den Signalen zwischen den Molekülen bis zu dem Bewußtsein, das uns antreibt, die Rätsel des Universums zu lösen. Ich nehme an, daß unsere Wahrnehmung fein und bruchlos abgestuft ist, das heißt, es gibt keine Grenze zwischen dem Bewußten und der Ebene unmittelbar darunter oder zu der nochmals darunterliegenden Ebene, und so weiter, bis hinab ins Innenleben unserer Zellen. Indem wir auf die Nachrichten aus unserem Inneren reagierten, haben wir nach und nach gelernt, mit der Außenwelt so umzugehen, wie nur Menschen es können. Ohne unser machtvolles Gehirn hätten wir die letzte Ebene der Wahrnehmung, die mit allen darunterliegenden Ebenen bruchlos verbunden ist, nicht erreichen können.
Nach meiner Ansicht schafft das drohende, zerstörerische Chaos, gegen das wir einen nie endenden Kampf führen, einen instinktiven Wunsch nach Ordnung, und dieses Wunsches sind wir uns mit jeder Faser unseres Wesens bewußt. Die Zellen in unserem Innersten sprechen mit einer Stimme, die keinen Widerspruch duldet, zu den Tiefen unseres Bewußtseins und vermitteln ihm das unausgesprochene Wissen, daß wir nur dann überleben können, wenn wir die

Billionen und aber Billionen Stoffwechselvorgänge zu einer Einheit machen. Alles andere wäre tödlich. Das angeborene Gespür für die Unsicherheit unseres Daseins und die Art, wie unsere Physiologie ihre eigene Instabilität in den Dienst der Selbsterhaltung stellt – solcher Phänomene sind wir uns nach meiner Überzeugung auf verschiedenen Ebenen bewußt. Wir wissen Dinge, von denen wir nicht wissen, daß wir sie wissen. »Das Herz hat einen Verstand«, schrieb Blaise Pascal vor über 300 Jahren, »von dem der Verstand nichts weiß.«

Denken wir nur einmal an ein so gleichmäßiges und spontanes Verhalten wie das regelmäßige Atmen, dem wir keine Beachtung schenken, solange unsere Aufmerksamkeit nicht darauf gelenkt wird; denken wir an die Bilder an den äußersten Rändern unseres Gesichtsfeldes, die wir unwissentlich in uns aufnehmen; denken wir an die Geräusche, die wir hören, ohne hinzuhören, weil sie unsere Gehörknöchelchen mit Frequenzen schwingen lassen, auf die sich unser Geist nicht gezielt einstellt.

Der Komponist John Cage berichtete einmal, wie er an der Harvard University einen schalltoten Raum besuchte, einen Raum, in den absolut kein Geräusch eindringen konnte. Er hörte dennoch zwei Töne, einen hohen und einen tiefen. Als er den Techniker danach fragte, erfuhr er, »der hohe komme von meinem Nervensystem und der tiefe vom Blut in meinem Kreislauf«. Ich habe nie jemanden kennengelernt, der bewußt eine solche Erfahrung gemacht hätte, und neige dazu, diese Interpretation zu bezweifeln, aber ihr liegt etwas Wahres zugrunde. Wir spüren, daß sich in uns etwas abspielt, und suchen offenkundige Belege dafür, als wollten wir bestätigen, was unsere tiefere Wahrnehmung bereits gefunden hat.

Manche unterschwelligen Botschaften, die unser Gehirn erreichen und dort einen Eindruck hinterlassen, kann man sich bei entsprechender Übung manchmal zu Bewußtsein bringen. Aber nach meiner Überzeugung gibt es auch kleinere Impulse, die von unseren

Geweben und Organen ausgehen. Unser Gehirn empfängt auch über die bewußte Wahrnehmung hinaus so viel Information, daß es sie auf Wegen, die dem bewußten Denken nicht zugänglich sind, aufnehmen und weiterverarbeiten muß. Aber wegen der vielfältigen verknüpften Schaltkreise im menschlichen Gehirn weiß irgend etwas in uns darüber Bescheid.

Wir spüren – wissentlich oder nicht – die ständige Nähe des Todes und haben deshalb den instinktiven Drang, uns ihm zu widersetzen; dazu beseitigen wir die Folgen jeder Abweichung, damit bei allen Wandlungen im Leben der Zellen stets die Gleichmäßigkeit gewahrt bleibt. Deshalb muß die Harmonie der unendlich vielfältigen Stoffwechselprozesse aufrechterhalten werden. Unser Leben ist auf Harmonie und Ordnung angewiesen, und die Großhirnrinde des Menschen wird diesem Grundbedürfnis gerecht, indem sie Harmonie und Ordnung ganz oben auf ihre Prioritätenliste setzt. Harmonie und Ordnung sind nicht nur die Elemente des Überlebens, sondern auch zuverlässige Quellen für Zufriedenheit und Freude. Sie sind die Grundlage unserer Suche nach Schönheit und nach verläßlichen zwischenmenschlichen Beziehungen. Sie sind die Grundlage für Tiefe und Reichtum der Liebe – jener einzigartigen Liebe, zu der nur Menschen fähig sind.

Wir schicken Kundschafter in Form elektrischer Impulse über die Nervenbahnen des Gehirns und bis zu entfernten Verbindungen, Wegen und Zwischenstationen. Sie kehren zurück, nachdem sie unterwegs Verknüpfungen und Bahnen gefunden oder geschaffen haben, die uns, wenn wir sie dann benutzen, die einzigartigen menschlichen Fähigkeiten von Gedächtnis, Voraussicht und Gefühlen verleihen. Mit Gedächtnis, Voraussicht und Gefühlen bauen wir ein logisches Muster auf, mit dem wir die Eindrücke unserer Sinne beurteilen und Entscheidungen treffen. Diese Fähigkeit mußte nicht zwangsläufig entstehen, aber die rein physischen Voraussetzungen dafür waren gegeben. Durch einen Prozeß von Versuch und Irrtum, durch Zufälle, durch Impulse und falsche Impulse zwischen den annähernd 100 Milliarden Gehirnzellen und ihren Billionen Verknüpfungen machten wir unvorhergesehene und nicht immer bewußt wahrgenommene Entdeckungen, und auf diese Weise veränderten wir die Ausrüstung, die uns die Natur ursprünglich zum Überleben und zur Fortpflanzung mitgegeben hatte.

Wir entdecken, formen und nutzen unzählige lokale elektrische Schaltkreise, die in unserem Gehirn verknüpfte Bereiche und Systeme bilden, und stellen unsere Hormonwirkungen und den Fortpflanzungstrieb in den Dienst von Zielen, die weit über das Grundbedürfnis der Weitergabe von DNA hinausgehen; damit haben wir nicht nur die Vorstellung von zwischenmenschlichen Beziehungen und Gemeinschaft entwickelt, sondern etwas noch Grundlegenderes – Hoffnung, Glaube, Altruismus, Pflichtgefühl, Nächstenliebe, Moral und auch jene Seiten der Liebe, die selbstlos sind und nicht der Fortpflanzung dienen. Wir sind so weit gegangen, daß wir sogar bereichernde Qualitäten geschaffen haben, die für das Überleben anscheinend völlig nutzlos sind, insbesondere unseren Sinn für Ästhetik, der sich in unserem Streben nach Schönheit und dem Bedürfnis nach Ordnung verkörpert. Die Fähigkeiten zur Entwicklung dieser Eigenschaften, die wir für ausschließlich menschlich halten, entstammen ursprünglich mit Sicherheit der molekularen Ausstattung, die uns die natürliche Selektion mitgegeben hat, aber erst nachdem der *Homo sapiens* mit seinem Gehirn allmählich Erkundungen und Entdeckungen machte, konnten sich die Fähigkeiten verwirklichen. Durch diesen Vorgang ist letztlich die menschliche Seele entstanden. Durch die Nutzung unserer angeborenen Physiologie und Anatomie sind wir selbst, die Angehörigen unserer eigenen Spezies, zu den wahren Schöpfern geworden. Ich spreche hier von tatsächlichen Lebensvorgängen, von Signalen, die an Nervenfasern entlanglaufen, und von Zellen, die auf die so übertragenen Impulse reagieren. Die Versuche, Gedanken und Gefühle mit zellulären und molekularen Phänomenen in Verbindung zu bringen, stecken noch in den Kinderschuhen, und obwohl man bereits Fortschritte gemacht hat, sind die Ergebnisse zwangsläufig noch viel zu bruchstückhaft, so daß sich höchstens erste Ansätze einer umfassenden Theorie abzeichnen. Aber schon das bisherige Wissen zeigt, wie vielversprechend diese Forschungsrichtung ist.

Auch wenn ich zu den biologischen Grundlagen des Geistes vorstoßen will, tue ich bestimmte Kernpunkte der Psychologie und sogar der Psychoanalyse durchaus nicht ab, sondern ich suche nach Wegen, um sie auf naturwissenschaftlicher Grundlage zu erklären. Immerhin erforschte auch der junge Sigmund Freud zu Beginn seiner Berufslaufbahn im Labor die Physiologie des Nervensystems. Auch in späteren Jahren hielt er an der Hoffnung fest, man werde seine Spekulationen über die Dynamik des Seelenlebens eines Tages als vorläufige Formulierungen verstehen, die darauf warteten, daß man sie mit strengen naturwissenschaftlichen Methoden verfeinerte und bestätigte. Ich neige zuversichtlich zu der Annahme, daß diese Hoffnung nicht vergeblich war.

Nach meiner Vermutung war (und ist) das Gehirn des *Homo sapiens* ein riesiger Vorrat an Möglichkeiten für den Aufbau angepaßter Schaltkreise und Zellstrukturen, genau wie der übrige Körper eine Riesenzahl zusätzlicher Möglichkeiten für Hormonwirkungen und anderes enthält. Die Natur stattet ihre Geschöpfe überall mit üppigen Reserven an Zellen, Geweben und sogar Organen aus – wir brauchen wirklich keine zwei Nieren, eine derart riesige Leber oder über sechs Meter Dünndarm. Warum die natürliche Selektion diesen Überfluß schafft, liegt auf der Hand. Ein verletztes Lebewesen hat größere Chancen, zu überleben und sich fortzupflanzen, wenn es auf solche Reserven zurückgreifen kann. Vielleicht ist auch die Symmetrie der Tiere, die zu paarweise angeordneten Organen und beträchtlichen zusätzlichen Gewebemengen führte, das Ergebnis einer solchen Selektion. Die Anpassung und Nutzung der zusätzlichen Fähigkeiten des Hormon- und Zentralnervensystems war nach meiner Überzeugung ein Mechanismus, der entscheidend zur Entstehung des menschlichen Charakters beigetragen hat. Als Reaktion auf die unglaublich vielfältigen Reize, die unsere organische Struktur ständig auf allen Ebenen erreichen, haben wir unsere Fähigkeiten unaufhörlich erweitert, wie es die sich ständig wandelnden Ereignisse erforderten. Daß wir dazu in der Lage waren, verdanken wir zu einem beträchtlichen Teil unseren zusätzlichen Reserven.

Wie sonst, wenn nicht mit neu entdeckten oder gebildeten Schaltkreisen, könnte man einige unserer in jüngster Zeit erworbenen Fähigkeiten erklären, die vor 20 000 Jahren, als der *Homo sapiens* offenbar seinen letzten großen genetischen Fortschritt machte, noch keinen Überlebenswert hatten? Wie schafft es zum Beispiel so mancher, ein Auto mit 100 Kilometern pro Stunde unfallfrei über eine belebte, schlechtbeleuchtete Autobahn zu steuern? Wie verstehen wir die Komplexität eines modernen Computers, oder wie können wir auch nur einen Satz mit einem Bleistift niederschreiben? Wie gelangen wir zu der Fingerfertigkeit, die das Spielen einer Violinsonate oder die Transplantation eines Herzens erfordert? Die Höhlenbewohner, die im wesentlichen bereits das gleiche Genom hatten wie wir, brauchten solche Fähigkeiten nicht, um am Leben zu bleiben. Das ganze breite Spektrum unserer heutigen geistigen Tätigkeiten bewältigen wir im wesentlichen mit den gleichen Genen, die wir bereits bei der letzten größeren Mutation in unserer Spezies besaßen.

Solche Errungenschaften des *Homo sapiens* sind mit der Wandelbarkeit der Gehirnschaltkreise leicht zu erklären, und diese Erklärung ist sicher ausreichend. Dennoch frage ich mich immer wieder, ob es nicht noch einen weiteren Faktor gibt. Vielleicht besitzen wir nicht nur viel mehr Niere, Leber und Darm, als wir brauchen, sondern auch einen genetisch bedingten Überschuß an Neuronen und synaptischen Verknüpfungen. Angesichts unserer Kenntnisse über die Fähigkeit des Gehirns, neue oder stärkere Übertragungswege zu entwickeln, ist eine solche Annahme nicht notwendig, erscheint aber dennoch plausibel. Warum sollen wir eigentlich annehmen, daß das Gehirn als einziges Körperorgan nicht über Gewebereserven verfügt? Zwischen seiner bekannten Wandelbarkeit und dieser hypothetischen Redundanz liegen sicher gewaltige Möglichkeiten. Voltaire hätte durchaus die Gehirnhälften meinen können, als er formulierte: »le superflu, chose très nécessaire« – »der Überfluß, dieses höchst notwendige Ding«.

Die Großhirnrinde ist im Gehirn der Tiere der jüngste Bestandteil. Sie wurde mit jedem Evolutionsfortschritt größer und erreichte beim *Homo sapiens* eine üppige Vielfalt von Zellen und Verknüpfungen. Unmittelbar vor dem *Homo sapiens* steht in der Evolution der *Homo erectus* mit einem Schädelvolumen von knapp 1000 Kubikzentimetern. In einer einzigen Folge von Evolutionsschritten nahm die Gehirngröße so zu, daß unser eigener Schädel ein Volumen von über 1300 Kubikzentimetern hat. Nur aufgrund des Umfangs und der Organisation der Großhirnrinde konnten wir (unter anderem) unsere geistigen und emotionalen Fähigkeiten in Art und Ausmaß so entwickeln, daß wir sie heute mit ziemlicher Sicherheit nur zu einem Teil nutzen.

Als Reaktion auf die sensorischen Reize aus dem Körper und seiner Umgebung, die über Nervenfasern und chemische Signale eintreffen, hat das menschliche Gehirn meiner Überzeugung nach in den instinktiven Kampf zwischen Stabilität und Chaos eingegriffen, der aus den Tiefen der Zellen widerhallt. Dieser Kampf drückt sich in dem seelischen Konflikt zwischen Eros und Thanatos aus – zwischen den Kräften der Liebe (und damit das Lebens) und den Kräften des Todesinstinkts. Da beide unvereinbar sind, stand das Zentralnervensystem des Menschen seit der Zeit, da es mit der Geburt des ersten *Homo sapiens* entstand, mit sich selbst im Widerstreit – es mußte verschiedene elektrische und chemische Kombinationen ausprobieren und zu diesem Zweck auf seine Reserven zurückgreifen, bis es schließlich zu dem wurde, was es heute ist: ein gewaltiger Apparat aus intellektuellen und seelischen Fähigkeiten aber auch Neurosen.

Nun könnte man zu Recht darauf hinweisen, daß das zuvor Gesagte einen Prozeß der ständigen Verbesserung voraussetzt und damit eine übermäßig optimistische Sicht auf den Geist und seine Möglichkeiten darstellt. Aber meine Definition des menschlichen Geistes beschränkt sich nicht auf die raffinierten Eigenschaften, die sich in unserer Spezies entwickelt haben. Sie schließt auch jene anderen Merkmale ein, auf die wir weniger stolz sind, grundlegende Eigenschaften, die wir ebenfalls unter der Rubrik des Menschlichen einordnen. Die gleichen Schaltkreise und molekularen Wechselwirkungen, mit deren Hilfe die Menschen geistige Höhenflüge vollführen und so ihre größten Leistungen vollbringen, sind auch die Knechte unserer niederen Instinkte. Wie alle Anpassungen, so sind auch sie manchmal Fehlanpassungen. Diese Fehlanpassungen, der Konflikt zwischen Ordnung und Chaos, die Erfordernisse eines Lebens in einer Gesellschaft, in der individualistische Bestrebungen im Interesse der Gemeinschaft eingeschränkt werden müssen – sie sind der Rohstoff für gesellschaftsfeindliches Verhalten und Neurosen. Auch das gehört zum Menschsein.

Die Instabilität der unzähligen Mechanismen, die in uns die Homöostase aufrechterhalten, spiegelt sich in unseren instabilen, zwiespältigen Ansichten über unsere Mitmenschen und das Universum wider, insbesondere aber in den Ansichten über uns selbst. Es ist der Widerhall unserer inneren Physiologie: Der Mensch kämpft ständig um die Erhaltung des Gleichgewichts, das ihm sein tägliches Leben ermöglicht. Der Widerstreit zwischen Dauer und Einheitlichkeit auf der einen Seite und Chaos und Zerstörung auf der anderen hat seine Entsprechung in dem ebenso ununterbrochenen geistig-seelischen Widerstreit zwischen dem Guten in uns und den dunklen Trieben der Anarchie. Die Vernunft, jene glänzende und von uns so hoch geschätzte Errungenschaft, steht ständig auf dem schmalen Grat zwischen Gut und Böse. Da der menschliche

Geist etwa 200 Millionen Jahre jünger ist als der Säugetierkörper, auf den er zurückgeht, ist die Eigenschaft, die wir als geistige Homöostase bezeichnen könnten, noch nicht so weit entwickelt wie ihr körperliches Gegenstück. Wir leben nicht nur körperlich, sondern auch geistig in einem Schmelztiegel widerstreitender Kräfte; ein einigermaßen stabiles Gefühlsleben haben wir nur deshalb, weil die Ethik, die von den individuellen und gesellschaftlichen Entsprechungen der Enzyme und anderer Regulationsmechanismen aufrechterhalten wird, ein gewisses Gleichgewicht erzeugt. Aber manchmal geht dieses Gleichgewicht, das wir mit so viel Mühe erreicht haben, verloren. Das führt dann zu seelischen Krankheiten, Ungerechtigkeit und der Bösartigkeit, deren Zeugen wir tagtäglich werden.

Zum erstenmal machten mich die Rabbis, die mich unterrichteten, auf die Lehre des Talmuds aufmerksam, wonach der Mensch im ewigen Konflikt zwischen *yetzer hatov* und *yetzer hara* lebt, zwischen seinen guten und bösen Neigungen. Die Zivilisation konnte beginnen und weiterbestehen, weil eine Art soziale Homöostase erhalten blieb, und deshalb kann es eine zivilisierte Gesellschaft nur dann geben, wenn die Kräfte des Gleichgewichts – das heißt die Kräfte des Guten – die Oberhand behalten. Aber die Geschichte des 20. Jahrhunderts und die tägliche Zeitungslektüre lehren uns, daß dieses Ideal nur allzu oft nicht erreicht wird. Der Kampf der Gesellschaft ist wie unser eigener nie zu Ende.

Zum Menschen werde ich durch meinen Sinn für Geistig-Seelisches. Er macht es möglich, daß ich vernünftig überlege, meine instinktiven Triebe sublimiere, für die Gesellschaft nützlich bin und Liebe so empfinde, wie es nur Angehörige unserer Spezies können; aber ich kann mit seiner Hilfe auch Schaden anrichten, den Interessen anderer entgegenarbeiten und die verbliebenen, unterbewußten und verzerrt wiederauftauchenden Traumata meiner Kindheit so fehldeuten, daß ich depressiv, ängstlich oder zu einer Gefahr für die Allgemeinheit werde. Der menschliche Geist kann der Königsweg zur Erfüllung meiner kühnsten Hoffnungen sein – oder auch der düstere Weg zur Selbstzerstörung.

Das alles läuft teilweise ohne bewußtes Denken ab: zufällige Reize, Impulse, falsche Impulse, elektrische Wege, die zum Ziel führen, abbrechen oder umgeleitet werden, und dann die allmähliche Ausbildung von Signalwegen, die sich offenbar für die Bedürfnisse des Menschen mit seinen zunehmenden geistigen Fähigkeiten am besten eignen. Aber das Ganze beinhaltet auch ein großes Element des Willens; durch bewußtes Wollen erweitern Eigenschaften wie Verantwortungsgefühl und wachsendes moralisches Empfinden die Perspektiven des produktiven Denkens. Wenn solche neu entdeckten Bahnen häufiger benutzt werden, können die Signale sie allmählich immer leichter durchlaufen, bis es praktisch von selbst geschieht, so daß die daraus erwachsenden Denk- und Verhaltensmuster zu charakteristischen Eigenschaften des betreffenden Menschen werden. Die sich ständig erweiternde Palette der Reaktionen ist nach einiger Zeit verinnerlicht; die Nachkommen lernen sie während ihrer langen Jugend von ihren Eltern und der übrigen Umwelt.

Derartige Formulierungen erscheinen mir weder blumig noch gar metaphorisch. Nach meiner Überzeugung ist es die Wirklichkeit. Auch wenn es meist unbewußt geschieht und der bewußten Verstandestätigkeit nicht zugänglich ist, erzeugt schon die Wahrnehmung der sich gleichmäßig wiederholenden, zuverlässigen physiologischen Vorgänge in unserem Körper auch einen Rhythmus der Gedanken, ein Bedürfnis nach Symmetrie und Ordnung, mit dem wir die ständige Bedrohung der zerstörerischen Unordnung und des Todes überwinden. Ob nun so offenkundige Abläufe wie Herzschlag und Atmung der Auslöser sind oder verwickeltere Vorgänge wie der Tagesrhythmus unseres Stoffwechsels: wir leben im Einklang mit ihnen, denn wir brauchen die Berechenbarkeit einer bestimmten regelmäßigen Organisation. Die Billionen und aber Billionen Reaktionen in unseren Zellen, die auf den ersten

Blick unkontrolliert und ungeregelt zu sein scheinen, wirken in Wirklichkeit im Interesse des Gesamtorganismus zusammen, so daß er fehlerlos funktioniert. Der Wirbel der molekularen Dynamik bildet auf der Ebene der Gewebe eine integrierte Gesamtfunktion, die mit dem Rhythmus des Herzschlags schwingt, sich mit der koordinierten Wellenbewegung des Darms entfaltet oder sich ähnlich zuverlässig in vielen anderen Ausprägungsformen in den Organen bemerkbar macht. Es ist kein Wunder, daß die Wörter *Organismus* und *Organisation* auf die gleiche Quelle zurückgehen. Ihre indoeuropäische Wurzel ist *uerg* (von dem sich das deutsche *Werk* ableitet), und das bedeutet »Arbeit« – ein Zeichen, daß hier nicht nur die Struktur, sondern auch die Funktion gemeint ist.

Organisation und Harmonie sind schon ganz am Anfang vorhanden – ja eigentlich sogar vor dem Anfang. Schon vor der Befruchtung der Eizelle beginnt die Oozyte, aus der sie entsteht, mit der Umverteilung ihres Zytoplasmas, und damit setzt sie den geordneten Ablauf in Gang, der die verschiedenartigen Moleküle auf die vier Quadranten der Zelle aufteilt. Vom Augenblick der Befruchtung an bestimmt eine Reihe genau abgestimmter chemischer Reaktionen, welchen Platz im entstehenden Embryo jede neue Zelle einnimmt, die aus den wiederholten Teilungen der Eizelle hervorgeht. Alles läuft in der richtigen Reihenfolge ab, nach den koordinierten Rhythmen von Prozessen, die man in der Biologie als Induktion oder Musterbildung bezeichnet. Und während dieser ganzen Zeit ereignen sich kleine Fehler, die korrigiert werden müssen, denn das Gewebe kann nur überleben, wenn es die Unstimmigkeiten beseitigt, die aus der Umwelt und aus ihm selbst stammen. Das Ergebnis ist ein Fötus und dann der glückliche Augenblick, da er als Säugling das Licht der Welt erblickt. Von nun an funktioniert die wandelbare Gleichmäßigkeit, die insgesamt zur Harmonie der biologischen Vorgänge führt, während des ganzen Lebens wie ein endlos rotierendes Gyroskop, welches das Leben aufrechterhält.

Solange die Reaktionsfähigkeit nicht durch Alterung, schwere Verletzungen oder eine verheerende Krankheit zerstört wird, stellt dieses Kreiselsystem das Gleichgewicht immer wieder her.
Ein Musterbeispiel für die koordinierte Differenzierung der Zellen und für das Wirken von Reaktions- und Anpassungsfähigkeit im Dienste der wechselnden Bedürfnisse der Gewebe ist die Entwicklung der Nervenaxone im Embryo, die zu ihrem Bestimmungsort hin wachsen. Dieses Wachstum orientiert sich im wesentlichen an chemischen Substanzen, die in genetisch vorbestimmter Reihenfolge entlang ganz bestimmten Wegen als »Spuren« ausgelegt werden und so den Vorgang lenken. Die allgemeinen anatomischen Verbindungen sind also von vornherein festgelegt, aber das sagt wenig darüber aus, wie sie genutzt werden oder wie sich ihre Verzweigungen und Verknüpfungen während des Lebens ständig neu abstimmen. Zwar bestimmen Gene darüber, wie die grundlegenden Schaltkreise des Gehirns verdrahtet werden, aber in unterschiedlichem Ausmaß sind Abwandlungen möglich, und in vielen Schaltkreisen können solche Veränderungen weiterhin unbegrenzt auftauchen. Ein Teil des Zentralnervensystems muß zwangsläufig schon früh im Leben »verdrahtet« werden, damit einheitliche Reaktionen gewährleistet sind. Aber in anderen Bereichen behalten die Verbindungen ihre Wandelbarkeit – sie können sich ändern und wieder ändern, solange wir leben.
Damit das Leben weitergehen kann, muß die Instabilität im Dienste der Stabilität stehen, und Veränderungen müssen der Gleichmäßigkeit nützen. Harmonie, das Wesentliche an unserem Sinn für Ästhetik, erwächst letztlich aus dem harmonischen Zusammenwirken der Körpervorgänge. Sie spiegelt sich nicht nur in Musik und Dichtung wider, sondern auch in dem, was wir als optisch schön empfinden. Unabhängig von den unterschiedlichen Qualitäten, die in ihre Zusammenstellung einfließen können, finden wir Dinge ästhetisch angenehm, wenn sie unserem Gefühl die gleiche Regelmäßigkeit vermitteln, die auch die tiefsten Ebenen des Ich in unse-

ren Zellen verlangen. Unser Leben folgt den molekularen Rhythmen unserer Gewebe.

Vielleicht der großartigste Aspekt der Menschwerdung ist die Empfindung des Schönen, und zwar sowohl des Schönen, das wir um uns herum finden, als auch des Schönen, das wir schaffen. Für sich betrachtet, hat Schönheit offenbar keine unmittelbaren Auswirkungen auf das Überleben der DNA (die Natur hat andere Wege gefunden, um Angehörige des anderen Geschlechts anzulocken), und schon das macht die Sensibilität für sie zu einer überragenden Leistung des menschlichen Geistes: Die Schönheit von Bildern, Klängen und Gedanken verschafft uns ein Gefühl der Bereicherung und sogar der spirituellen Erhebung, das weit über unser ständiges Streben nach Überleben und die elementarsten Formen der Befriedigung und Freude hinausgeht. Die menschliche Seele und ihre ständige Suche nach Schönheit sind die charakteristischen Merkmale des Menschseins in seiner höchsten Form.

Denken wir nur an die Lyrik. Ihr Grundelement ist der Vers, wie er auch aufgebaut sein mag; der Vers ist das Gewebe der Dichtung. Wie ein biologisches Gewebe zeigt er Wiederholung und Abwandlung. Jedes seiner Worte ist wie eine Zelle allein bedeutungslos, aber im Zusammenhang des Verses ist es unentbehrlich für die Melodie und den Sinn des Ganzen, und deshalb fordert es auch allein unsere Aufmerksamkeit.

Jedes Wort muß genau dieses Wort sein, und jede Pause genau diese Pause – ob sie nun durch das Versmaß oder die Interpunktion gekennzeichnet ist. Die Bedeutung beider Elemente ergibt sich nur aus dem gesamten Gedicht, und gleichzeitig bringen sie auch ihre Bedeutung in das ganze Gedicht ein. Das Ganze gibt jedem Einzelteil und seiner Stellung im Gesamtzusammenhang einen Sinn. Gilt das gleiche nicht auch für jeden Teil unseres Körpers, ja vielleicht sogar für jede einzelne Zelle? Es ist genau die richtige Zelle, aber allein und ohne Zusammenhang hat ihre Tätigkeit keinen Sinn. Die einzelnen Elemente eines Gedichts finden sich zusammen – werden organisiert, integriert, vereinigt – und bilden den komplexen Organismus, den wir vor uns sehen. Der lyrische Organismus lebt, weil jedes Wort und jede Pause in ihm lebendig sind. Das gilt für ein Gedicht, und es gilt für einen Menschen. Wir schaffen Gedichte nach unserem Ebenbild.

Neben dem Klang der einzelnen Worte und Verse hat jedes Gedicht auch einen eigenen Gesamtklang, den kein anderes besitzt, genau wie jeder von uns seinen eigenen »Klang« hat, ein Gesamtbild innerhalb der Gesellschaft, in der wir leben. Der Klang eines Menschen ist der Widerhall dessen, was die physiologischen und geistigen Tätigkeiten seines inneren Ich ihm sagen.

Wissenschaftler, die sich mit der Geschichte der sprachlichen Kommunikation befassen, weisen darauf hin, daß es offenbar schon in den allerersten Kulturen eine Art des Sprachgebrauchs gab, die sich vom alltäglichen Sprechen unterschied – und aus diesem Sprachgebrauch entstand mit der weiteren Entwicklung der Kultur schließlich die Lyrik. Die älteste Literatur hat Gedichtform: Jede Religion, so »primitiv« sie auch sein mag, drückt sich in dieser Form aus. Ich suche die Erklärung für solche Beobachtungen nicht in irgendeiner genetischen oder instinktiven Eigenschaft unserer Spezies, sondern in jener tiefgründigen Wahrnehmung unseres inneren Ich, auf die alle Menschen mit der für unsere physiologischen Vorgänge charakteristischen Symmetrie und Ordnung reagieren. Wir leben in Rhythmen, weil in uns Rhythmen leben.

Solche Überlegungen sind die Grundlage meiner Überzeugung, daß die menschliche Seele aus der Physiologie des menschlichen Körpers erwächst, genau wie der Geist, dessen Produkt sie ist. Zu dem, was wir sind, werden wir nach meiner Auffassung durch unsere Reaktionen auf unsere äußere und innere Umwelt sowie durch die Anpassung unserer vorhandenen biologischen Ausstattung. Geist und Seele des Menschen sind demnach das Produkt unserer angeborenen biologischen Eigenschaften, zu denen auch das molekulare Verhalten unserer Zellstrukturen gehört. Weiter braucht man nicht zu forschen. Es ist nicht notwendig, sich auf eine höhere Macht oder auf Magie zu berufen. Berufen müssen wir uns nur auf das, was in unseren Zellen steckt – auf die höchste Macht und den größten Zauber, der mit seiner Großartigkeit in jedem staunenden Beobachter die Ehrfurcht weckt.

Das alles mag gottlos erscheinen, aber es ist wohl kaum die Philosophie eines Atheisten. Sich zum Atheismus zu bekennen ist in meinen Augen unwissenschaftlich. Zu behaupten, man wüßte Bescheid, widerspricht aller Logik, allem Verstand. An anderer Stelle habe ich geschrieben, für einen Skeptiker sei Unsicherheit die richtige geistige Haltung – man stellt zwar alles um sich herum in Frage, wie ich es tue, rechnet aber gleichzeitig auch damit, daß alles möglich ist. Ein Mangel an Indizien ist kein überzeugender Beweis, daß eine Behauptung nicht stimmt – fehlende Belege sind etwas ganz anderes als ein stichhaltiger Gegenbeweis. Wir haben keinen Beweis, daß es keinen Gott gibt, und man kann sich auch nicht vorstellen, daß ein solcher Beweis jemals gefunden wird.

Keine meiner Hypothesen über die menschliche Seele schließt die Existenz Gottes zwangsläufig aus. Allein die Tatsache, daß Seine Eingriffe nach der von mir angebotenen Erklärung nicht erforderlich sind, sollte man nicht so interpretieren, als könne es nach meiner Überzeugung niemals einen Beleg geben, der auch Skeptiker von der Existenz eines Gottes überzeugt. Aber zur Zeit, Ende 1996, ist ein Hinweis, der einen objektiven Geist umstimmen könnte, nicht in Sicht. Manch einer wird weiterhin darauf hoffen, und andere werden weiterhin beten. Und wieder andere lassen lieber alles so, wie es ist.

Für die Gläubigen dürfte eine Hypothese wie meine unhaltbar sein. Oder vielleicht sieht man in ihr auch nur eine Veränderung der Rolle Gottes. Er behütet danach nicht mehr als Hirte die von Ihm unmittelbar erschaffenen Wesen, sondern die selbsterschaffenen, mit einem freien Willen ausgestatteten Produkte der molekularen Kräfte, die Er vielleicht vor Jahrmilliarden in Gang gesetzt hat. Diese Aufgabe ist größer als die Weisheit und Sicherheit, die wir von einem Gott erwarten. Vielleicht ist sie nicht durchführbar, nicht einmal für Ihn.

Für diejenigen, die unsere Welt ohne solche Überzeugungen angenehmer finden, erscheinen die zukünftigen Möglichkeiten unserer Spezies um so größer, weil die ununterbrochene Abfolge von Anpassungen, in der wir stehen, kein Ende hat. Wenn kein Gott den Vorgang beenden kann, den Er nach der Überzeugung anderer in Gang gesetzt hat, und wenn keine Katastrophe die Welt oder unsere Spezies auslöscht, werden die Schaltkreise des Gehirns und die neuroendokrinen Wechselwirkungen immer neue Wege entdecken, um mit den empfangenen Reizen umzugehen, und entsprechend wird sich unaufhörlich unsere Fähigkeit verstärken, die Rätsel der uns umgebenden physikalischen und geistigen Umwelt zu lösen.

Nach meinen Beobachtungen verlieren die wenigsten Menschen ihren Glauben aus Vernunftgründen oder aufgrund nachprüfbarer Tatsachen. Wäre es anders, würde man religiöse Überzeugungen nicht als *Glauben* bezeichnen. Ob man glaubt oder nicht, ergibt sich aus persönlichen Bedürfnissen, Erziehung, Ausbildung und psychischer Befindlichkeit – wie man es auch nennt, es läuft immer auf das gleiche hinaus: auf die Einstellung, mit der man dem Thema von Anfang an begegnet. Ich glaube nicht, daß irgendeine Aussage dieses Buches auch nur einen einzigen Leser dazu veranlassen wird, seine Ansichten über die Bedeutung eines höheren Wesens auch nur um ein Jota zu ändern. Wer gläubig ist, wird darin Unterstützung für den Glauben an Seine Erhabenheit finden; und wer nicht glaubt, wird in den Elementen der Regulation und Eigenständigkeit einen Beleg für die Überzeugung finden, daß man sich nicht auf Gott zu berufen braucht. Natürlich besteht ein großer Unterschied zwischen den Sätzen »Man braucht sich auf Gott nicht zu berufen« und »Es gibt keinen Gott«.

Ob man nun mit Wittgenstein der Ansicht ist, daß der menschliche Körper das beste Abbild der menschlichen Seele sei, oder ob man meint, der Philosoph habe es genau verkehrt herum gesehen: es kann keinen Zweifel geben, daß unserem Körper etwas Göttliches innewohnt – »eine Göttlichkeit, die unser Ende formt«, wie Shakespeares Hamlet sagt. Vielleicht war es diese ursprüngliche Göttlichkeit, die unsere indoeuropäischen Vorfahren in der Natur entdeckten; vielleicht ist es auch die Göttlichkeit, die durch die Berührung von Gottes Hand übertragen wird. So oder so gibt es etwas Göttliches, aus dem die menschliche Seele geformt ist. Wie der Weisheit des Körpers, so kann man auch der wirklichen und möglichen Größe der menschlichen Seele nicht nur mit Staunen begegnen, sondern vielleicht auch mit dem Gefühl, das bei Wordsworth eine Nonne an einem schönen Abend empfand: »Atemlos vor Ehrfurcht.«

Glossar

Acetylcholin: eine der chemischen Substanzen, die Nervenimpulse über die Synapsen hinweg weiterleiten; dient vor allem im parasympathischen Nervensystem als Neurotransmitter.

Adrenalin: Hormon der Nebenniere; *siehe* Noradrenalin.

Albumin: häufigstes Protein im Blutplasma.

Aminosäure: kleines Molekül als Baustein der Polypeptide und Proteine.

Aneurysma: Ausbeulung eines geschwächten Abschnitts der Gefäßwand.

Antigen: Substanz, die vom Immunsystem als fremd erkannt wird und deshalb eine Abwehrreaktion auslöst.

Antikörper: Globulinmolekül, das ein ganz bestimmtes Antigen bindet; wird von den B-Zellen des Immunsystems produziert.

Aorta: die größte Körperarterie; schließt sich unmittelbar an die linke Herzkammer an.

Arteriole: sehr kleines Blutgefäß mit kräftiger Muskelschicht; Arteriolen dienen als »Pförtner« zwischen Arteriensystem und Kapillaren.

Atom: kleinstes Teilchen eines chemischen Elements (Elemente sind die einfachsten chemischen Substanzen; wichtige Elemente in den Lebewesen sind z. B. Natrium, Kohlenstoff, Kalium, Wasserstoff und Sauerstoff).

ATP: Abkürzung für Adenosintriphosphat. Die Moleküle dieser Verbindung transportieren Energie in den Zellen und setzen sie an einer Stelle frei, wo eine chemische Reaktion stattfinden soll.

autonomes Nervensystem: der Teil des peripheren Nervensystems, der die autonomen, d. h. ohne bewußtes Denken ablaufenden Körpervorgänge steuert, beispielsweise die Tätigkeit der unwillkürlichen Muskulatur, des Herzens und der Drüsen. Das autonome Nervensystem besteht aus zwei Teilen, dem sympathischen und dem parasympathischen Nervensystem.

Axon: langer Fortsatz einer Nervenzelle; dient vorwiegend dazu, Impulse von der Zelle aus weiterzuleiten.

Azidose: Krankheitszustand mit erhöhtem Säuregehalt des Blutes.

Barorezeptor: sensorische Struktur, die Druckänderungen in einem Blutgefäß wahrnimmt.

Blutplättchen: scheibenförmige Gebilde, die im Blutplasma schwimmen und für die Gerinnung von entscheidender Bedeutung sind.

Chromatin: lange, fadenartige Strukturen aus DNA und einer etwa ebenso großen Menge eines Proteingerüsts.

Chromosom: eng zusammengewundenes Chromatin. Ein Chromosom ist ein kompaktes Gebilde aus einem einzigen DNA-Faden und einer ebenso großen Menge von Protein, die als Gerüst dient. Die 46 Chromosomen einer menschlichen Zelle enthalten alle unsere Gene.

Dendrit: kurzer, verzweigter Fortsatz einer Nervenzelle, der vor allem Impulse zur Zelle überträgt.

Diastole: im Schlagzyklus des Herzens die Phase, in der sich der Herzmuskel entspannt.

Differenzierung: Entwicklungsprozeß einer Zelle, in dessen Verlauf sie sich auf eine ganz bestimmte Funktion spezialisiert.

diploid: Eigenschaft einer Zelle, die mit zwei vollständigen Chromosomensätzen ausgestattet ist; alle normalen menschlichen Körperzellen mit Ausnahme der Ei- und Samenzellen sind diploid.

DNA: Kurzbezeichnung für Desoxyribonukleinsäure (engl. *desoxyribonucleic acid*); chemische Verbindung aus der Gruppe der Nukleinsäuren. Jedes DNA-Molekül ist eine lange Kette aus Einzelbausteinen, den Nukleotiden, und hat die Form einer Doppelhelix. Einzelne Abschnitte der Kette mit längeren Folgen von Nukleotidpaaren bilden die Gene. Zwischen den Genen liegen lange Bereiche, deren Funktion – falls sie überhaupt eine haben – man nicht kennt.

Eizelle: die ausgereifte weibliche Fortpflanzungszelle; oft einfach »Ei« genannt.

Embryo: Frühstadium in der Entwicklung von Tieren und Menschen. Beim Menschen bezeichnet man das ungeborene Kind von der zweiten bis zur achten Woche nach der Befruchtung als Embryo.

embryonale Induktion: chemische oder physikalische Wechselwirkungen, durch die eine Zellgruppe eine andere zu einer bestimmten Tätigkeit veranlaßt, zum Beispiel zu einem Ortswechsel oder zur Synthese eines neuen Proteins.

endokrine Drüsen: Drüsen zur Produktion der Hormone und ähnlicher Substanzen, die ins Blut gelangen und in größerer Entfernung von ihrem Entstehungsort wirken; Beispiele sind die Hypophyse, die Schilddrüse und die Nebennieren.

Endometrium: die dicke, mit Drüsen besetzte Schleimhaut in der Gebärmutter.

Enzym: Protein, das als Katalysator wirkt und eine chemische Reaktion beschleunigt, indem es die benötigte Energiemenge herabsetzt. Enzyme setzen viele Reaktionen in Gang, die ohne sie nicht stattfinden würden.

Epithel: Haut- und Schleimhautgewebe.

Erythropoietin: von den Nieren und in geringerem Umfang auch von der Leber gebildetes Protein, das im Knochenmark die Produktion roter Blutzellen anregt.

Erythrozyt: rote Blutzelle.

exokrine Drüse: Drüse für die Produktion von Substanzen, die über einen Ausführungsgang unmittelbar zum Ort ihrer Wirkung gelangen.

extrazelluläre Flüssigkeit: Alle Körperflüssigkeiten, die sich nicht in den Zellen befinden; zu ihnen gehören das Blutplasma und die interstitielle Flüssigkeit, welche die Zellen umspült.

Fibrinogen: Protein im Blutplasma, das für die Blutgerinnung von entscheidender Bedeutung ist; auch Faktor I genannt.

Fibroblast: Zelle, die sich zu einer ausgereifteren Form differenzieren kann und dann zu einem Bestandteil des Binde- und Stützgewebes wird, beispielsweise in einer verheilten Narbe.

gastro-: Magen…

Gelbkörper: auch Corpus luteum genannt; gelbliches Gebilde auf der Oberfläche eines Eierstocks, das nach dem Eisprung aus dem aufgeplatzten Follikel entsteht. Der Gelbkörper schüttet Progesteron und Östrogen aus.

Gen: Einheit der Vererbung; ein abgegrenzter Abschnitt eines DNA-Moleküls. Seine chemische Struktur, die Reihenfolge der Nukleotidbausteine, enthält eine Information, die von Generation zu Generation weitergegeben wird. Die allermeisten Gene haben die Aufgabe, die Synthese von Proteinen zu steuern.

genetischer Code: die Beziehung zwischen Genen und den von ihnen festgelegten Eigenschaften; insbesondere die Beziehung zwischen den Genen und den Proteinen oder anderen Substanzen, die sie entstehen lassen.

Genom: die Gesamtheit aller Erbfaktoren einer biologischen Art.

Genotyp: die genetische Ausstattung eines einzelnen Lebewesens. *Siehe auch* Phänotyp.

Globulin: Typ von Proteinen im Blutplasma. Manche Globuline sind wichtige Bestandteile der Immunabwehr.

Glucagon: Hormon, das von der Bauchspeicheldrüse abgegeben wird; regt die Leber dazu an, Glykogen in Glucose umzuwandeln, und sorgt auch für die Herstellung von Glucose aus Aminosäuren.

Glucose: einfacher Zucker, dessen Moleküle im Organismus zu Kohlendioxid und Wasser abgebaut werden; die freiwerdende Energie wird in Form von ATP gespeichert. Glucose ist die wichtigste Energiequelle des Organismus.

Glykogen: Kohlenhydrat, das in der Leber und in geringerem Umfang auch in der willkürlichen Muskulatur gespeichert wird; dient als Quelle für Glucose.

Gonaden: auch Keimdrüsen genannt; Eierstöcke und Hoden.

Gonadotropin: Hormon, das die Tätigkeit der Eierstöcke bzw. Hoden anregt.

Granulozyten: Gruppe weißer Blutzellen; es gibt drei Typen von Granulozyten: neutrophile, eosinophile und basophile.

Großhirn: der oberste Teil des Gehirns; Sitz differenzierter motorischer Tätigkeiten und höherer geistiger Fähigkeiten.

Großhirnrinde: der entwicklungsgeschichtlich jüngste Gehirnteil; Sitz der höchsten geistigen Funktionen.

Hämoglobin: der rote Blutfarbstoff. Seine großen, eisenhaltigen Moleküle liegen in den roten Blutzellen und transportieren den Sauerstoff zu den Körpergeweben.

Hämostase: die Beendigung einer Blutung.

haploid: Eigenschaft von Zellen, die nur einen Chromosomensatz besitzen. Samen- und Eizellen sind haploid.

Herzkammern: auch Ventrikel genannt; die beiden pumpenden Kammern des Herzens.

Hohlvenen: zwei große Venen (obere und untere Hohlvene), in denen das Blut aus dem Körper zum Herzen zurückfließt.

Homöostase: von Walter B. Cannon eingeführte Bezeichnung für einen Zustand des Gleichgewichts im Körperinneren, der für die Erhaltung des Lebens unentbehrlich ist.

Hormon: Signalsubstanz, welche die Tätigkeit eines Organs oder einer Zellgruppe steuert.

Hox-Gene: übergeordnete Regulationsgene, die den allgemeinen Körperbauplan festlegen.

Hypophyse: die Hirnanhangdrüse; übergeordnete Drüse, deren Produkte die Tätigkeit zahlreicher anderer endokriner Organe beeinflussen. Die Hypophyse liegt an der Unterseite des Gehirns.

Hypothalamus: Gehirnzentrum, das bestimmte autonome Vorgänge steuert und überwacht, insbesondere die Tätigkeit des sympathischen Nervensystems.

Instinkt: angeborene, für eine biologische Art typische Neigung zu einer bestimmten Aktivität.

Insulin: Hormon, das von der Bauchspeicheldrüse ausgeschieden wird; erleichtert den Übergang der Glucose in die Zellen und regt die Leber zur Bildung von Glykogen an.

Interneuron: Nervenzelle, die zwischen sensorische und motorische Neuronen geschaltet ist.

interstitielle Flüssigkeit: Flüssigkeit in den Zellzwischenräumen; manchmal auch *interzelluläre Flüssigkeit* genannt.

Kapillare: enges Blutgefäß, dessen dünne Wände die Diffusion von Gasen, Nährstoffen und Abfallprodukten zwischen interstitieller Flüssigkeit und Blut ermöglichen.

Katalysator: Substanz, die eine chemische Reaktion beschleunigt, ohne sich selbst dabei zu verändern.

Leukozyten: weiße Blutzellen; es gibt drei Arten von Leukozyten: Granulozyten, Monozyten und Lymphozyten.

limbisches System: Gruppe von Strukturen in Inneren des Gehirns, die zwischen Großhirn und Hirnstamm vermittelt. Zusammen mit der Großhirnrinde steuert das limbische System die Gefühle.

Lipide: Gruppe fettartiger Substanzen, die im Organismus vielfältige Aufgaben erfüllen.

Lungenarterie: großes Blutgefäß, das Blut von der rechten Herzkammer zur Lunge leitet, so daß es dort mit Sauerstoff beladen werden kann.

Lungenbläschen: dünnwandige Bläschen in der Lunge, in deren Wänden der Gasaustausch zwischen Luft und Blut stattfindet.

Lymphe: Flüssigkeit, die sich aus den Gewebeflüssigkeiten bildet und durch die Lymphgefäße fließt.

Lymphozyten: eine Gruppe der weißen Blutkörperchen, wichtiger Teil des Immunsystems.

Magenpförtner: auch Pylorus genannt; Auslaßöffnung des Magens, die ein kräftiger Ringmuskel verschließt.

Makrophage: große Freßzelle.

Medulla: auch verlängertes Mark genannt; Teil des Gehirns, der bestimmte autonome Tätigkeiten steuert und überwacht, insbesondere die des parasympathischen Nervensystems.

Meiose: abgewandelte Mitose, bei der aus einer diploiden Zelle haploide Nachkommen entstehen; insbesondere die letzte Zellteilung, aus der die Ei- und Samenzellen hervorgehen.

Metastase: Ausbreitung einer Krankheit von einem Körperteil auf einen anderen; in der Regel bezeichnet der Begriff das Verhalten bösartiger Tumore.

Milchgang: kleines Lymphgefäß, das Nährstoffe aus dem Dünndarm aufnimmt.

milieu intérieur: von dem Physiologen Claude Bernard im 19. Jahrhundert eingeführte Bezeichnung für die innere Umgebung mit der Flüssigkeit, welche die Zellen und Gewebe umspült.

Mitose: Vorgang der Zellteilung, bei der aus einer Ausgangszelle zwei gleichartige Tochterzellen entstehen.

Molekül: Teilchen aus Atomen, die durch chemische Bindungen zusammengehalten werden; kleinste Einheit einer chemischen Verbindung.

Musterbildung: Mechanismen zur Spezialisierung und räumlichen Anordnung der Gewebe in der Entwicklung des Embryos.

Myokard: der Herzmuskel.

Neuron: Nervenzelle.

Neurotransmitter: chemische Substanz, die am Ende eines Axons in den Spalt zwischen den Zellen ausgeschüttet wird und den Nervenimpuls zur nächsten Zelle überträgt.

Noradrenalin: abgewandelte Form des Adrenalins; Hormon, das von den Nebennieren und den Axonen des sympathischen Nervensystems produziert wird. Noradrenalin dient im sympathischen System als Neurotransmitter und ist von entscheidender Bedeutung für die »Flüchten-oder-kämpfen«-Reaktion.

Nukleotid: chemischer Baustein der DNA und anderer Nukleinsäuren.

Organellen: kleine Körperchen in den Zellen, die eine besondere Aufgabe erfüllen, beispielsweise Verdauung oder Energiegewinnung.

Organismus: Lebewesen, dessen Bestandteile gemeinsam für seine Einheit und Unversehrtheit sorgen.

Osmose: Durchtritt von Wasser durch eine semipermeable Membran zum Ausgleich der unterschiedlichen Konzentration von Substanzen zu beiden Seiten der Membran.

osmotischer Druck: Kraft, welche die Osmose hemmt; insbesondere der Druck, der verhindert, daß Wasser durch die Kapillarwände ins Gewebe sickert.

Östrogen: weibliches Geschlechtshormon. Östrogen regt nicht nur die Ausbildung der sekundären Geschlechtsmerkmale an, sondern es schafft auch im Körper die richtigen Bedingungen für die Befruchtung und die Einnistung der befruchteten Eizelle in die Gebärmutter; außerdem erleichtert es die Ernährung des Embryos.

Oxytocin: Hormon der Hypophyse, das die unwillkürliche Muskulatur von Gebärmutter und Brust anregt.

parasympathisches Nervensystem: Teil des autonomen Nervensystems, der die regelmäßigen, unwillkürlichen Funktionen der Lebenserhaltung steuert, beispielsweise die Darmperistaltik und die Geschwindigkeit des Herzschlags. Grundsätzlich wird das parasympathische Nervensystem von Zentren der Medulla reguliert.

Peptid: Molekül aus zwei oder mehr Aminosäuren; Teilstück eines Proteins.

peripheres Nervensystem: Alle Teile des Nervensystems außer Gehirn und Rückenmark.

Phagozyt: auch Freßzelle genannt; Zelle, die nicht mehr benötigte oder schädliche Substanzen aus Blut oder Gewebe aufnimmt und meist auch abbaut.

Phänotyp: die Gesamtheit der tatsächlichen Eigenschaften eines Lebewesens, die durch die Wechselwirkungen zwischen den Genen sowie zwischen Genotyp und Umwelt entstehen.

Plasma: der proteinhaltige flüssige Anteil des Blutes, in dem die roten und weißen Blutzellen sowie die Blutplättchen schwimmen.

Polypeptid: Peptid aus drei oder mehr Aminosäuren.

Progesteron: weibliches Hormon. Seine Hauptaufgabe besteht darin, die Gebärmutter auf die Einnistung und Weiterentwicklung der befruchteten Eizelle vorzubereiten.

Prolactin: Hormon der Hypophyse, das in der weiblichen Brust die Milchproduktion anregt.

Protein: Substanz mit komplizierten, aus Aminosäuren zusammengesetzten Molekülen. Proteine sind die wichtigsten Bestandteile des Protoplasmas in den Zellen.

Prothrombin: Protein im Blutplasma, das für die Blutgerinnung eine wichtige Rolle spielt; auch Faktor II genannt.

Protoplasma: allgemeine Bezeichnung für die Substanz aller Zellen. Seine wichtigsten Bestandteile sind Proteine, Lipide, Kohlenhydrate, Salze und Nukleinsäuren.

Reflex: unwillkürlicher, automatisch ablaufender Vorgang, in der Regel durch einen bestimmten Reiz ausgelöst.

retikuloendotheliales System: über den ganzen Körper verstreute Gewebeabschnitte, die Freßzellen enthalten und der Beseitigung von Krankheitserregern, Abfällen und Fremdstoffen dienen.

Rezeptor: (a) hochspezialisiertes Proteinmolekül in der Zellmembran, das sich mit einem Signalmolekül verbinden kann und dann in der Zelle einen ganz bestimmten Vorgang auslöst; (b) Zelle oder Zellgruppe, die Signale aus dem Körperinneren oder der Umwelt aufnimmt und in Form elektrischer Impulse an die Nerven weiterleitet.

Rinde: allgemeine Bezeichnung für die äußere Hülle eines Organs oder einer anderen anatomischen Struktur. Die Großhirnrinde ist die dünne Außenschicht der Gehirnhälften, die ankommende Impulse zusammenführt und koordiniert.

RNA: Kurzbezeichnung für Ribonukleinsäure (engl. *ribonucleic acid*); die Moleküle der RNA, für deren Synthese die DNA als Matrize dient, sind einzelne Ketten aus Nukleotiden. Die in der DNA enthaltene Information wird in RNA umgeschrieben, diese wird dann ihrerseits zur Matrize für die Herstellung von Proteinmolekülen.

Schleimhaut: Gewebeschicht, die Organsysteme innen auskleidet, beispielsweise die Atem- und Harnwege sowie den Verdauungstrakt.

Schließmuskel: Ringmuskel, der eine röhrenförmige Struktur des Körpers öffnen und schließen kann.

Sekretin: das erste Hormon, das entdeckt wurde (1920); Sekretin regt die Bauchspeicheldrüse zur Produktion von Verdauungsenzymen an.

Sinusknoten: der »natürliche Schrittmacher« des Herzens.

Stoffwechsel: auch Metabolismus genannt; die Gesamtheit aller chemischen und physikalischen Wechselwirkungen in einem Lebewesen.

sympathisches Nervensystem: Teil des autonomen Nervensystems, der mehr oder weniger dringende unwillkürliche Funktionen steuert, beispielsweise die Reaktion des »Flüchtens oder Kämpfens«. Das sympathische Nervensystem wird vorwiegend von Zentren im Hypothalamus kontrolliert.

Synapse: Verbindung zwischen zwei Nervenzellen, die der Übertragung von Impulsen dient.

Systole: im Schlagzyklus des Herzens die Phase, in der sich der Herzmuskel zusammenzieht.

Thalamus: Gehirnteil an der Unterseite des Großhirns, der als Relaisstation zwischen der Hirnrinde und den unteren Gehirnteilen (insbesondere der Medulla) dient.

Transkription: Der Aufbau eines RNA-Stranges an einer DNA-Matrize, d. h. die Übertragung der genetischen Information von der DNA auf die RNA.

Translation: Aufbau einer Polypeptidkette mit festgelegter Aminosäuresequenz an einer RNA-Matrize.

Vagusnerv: langer Nerv, der an der Medulla des Gehirns entspringt und in den Brust- und Bauchraum verläuft; enthält parasympathische Fasern zur Steuerung von Herz, Lunge und Verdauungsorganen.

Vorkammern: auch Vorhöfe genannt; die beiden oberen Herzkammern. In die rechte Vorkammer strömt das Blut aus der oberen und unteren Hohlvene, in die linke aus den Lungenvenen.

Zelle: mikroskopisch kleine Masse aus Protoplasma; Baustein aller pflanzlichen und tierischen Gewebe. Als kleinste Einheit des Lebendigen kann sie unter geeigneten Umgebungsbedingungen selbständig leben. Eine Zelle besteht aus einem Zellkern und dem ihn umgebenden Cytoplasma, das von einer hochspezialisierten Zellmembran umschlossen ist.

Zellkern: membranumhülltes Gebilde, das den Mittelpunkt aller Tätigkeiten einer Zelle bildet.

Zentralnervensystem: Gehirn und Rückenmark.

Zygote: befruchtete Eizelle.

Zytoplasma: Der gesamte Inhalt einer Zelle außer dem Zellkern.

Dank

Kein Autor schreibt allein. So einsam er auch sein mag, er steht immer unter dem Einfluß scheinbar längst vergessener Worte und unter dem Einfluß derer, die sie sprachen. Auf den vorliegenden Seiten fließen die Lektüre und die Gespräche eines ganzen Lebens zusammen.
Als ich dieses Buch schrieb, habe ich dafür gesorgt, daß sich meine verborgenen Erfahrungen offenbaren konnten, und als sie ans Licht kamen, bemerkte ich, welchen Teil davon ich in Worte fassen mußte – ohne daß ich bei diesem Vorgang eine Gesetzmäßigkeit erkennen konnte. Auch das gehört zu den Wundern des menschlichen Geistes, von denen dieses Buch handelt: Irgendwie wissen wir Bescheid, und dann handeln wir mit dem verborgenen Wissen um zahllose vergangene Augenblicke, gedachte und ungedachte, bewußte und unbewußte; irgend etwas in uns begreift die Botschaften aus dem Vorrat verborgener Erinnerungen, aus denen sich die Gegenwart formiert.
Was diese verblüffende Leistung angeht, unterscheidet sich das Gehirn des Menschen von dem aller unserer Mitgeschöpfe. In dieser Hinsicht ist jedes menschliche Gehirn etwas Einzigartiges, anders als jedes andere, das jemals war oder sein wird.
Um das Vorhaben des Autors Wirklichkeit werden zu lassen, reicht es nicht aus, daß jeder einzelne, lange Zeit ungedachte Gedanke als klar verständlicher Satz greifbar wird. Beim Schreiben spielt noch eine andere Art der Informationsgewinnung eine Rolle, die im Bewußtsein an vorderster Stelle stehen muß: die geplante, zielgerichtete Suche nach eindeutigen Aussagen, die eine bewußte Vorbereitung, Recherche und Zusammenfassung des Wissens erfordert. Vieles in diesem Buch verlangte Nachforschungen und Analysen, und somit mußte ich Neues hinzulernen oder zumindest ein neues Verständnis entwickeln. Und vieles erforderte auch den gezielten Gedankenaustausch mit anderen und die Unterstützung anderer. Wie alle Autoren habe ich mir die besten Ratgeber gesucht, die ich finden konnte, und dabei hatte ich den Vorteil, daß höchst begabte Kollegen mir bereitwillig Auskunft gaben. Große Abschnitte dieses Bu-

ches sind das Ergebnis von Gesprächen – nicht selten über verwickelte Themen von höchst unterschiedlicher Verdaulichkeit. Köstlich und sehr leicht verdaulich waren aber immer die mir gebotenen Nährstoffe, die mein Wissen wachsen ließen. Damit meine ich nicht nur das Wissen über den menschlichen Körper als ganzes, sondern auch die Kenntnisse über seine winzigsten Bestandteile und über die Art, wie die Einzelteile sich zum funktionierenden System des Organismus zusammensetzen.

Zwar wurde ich im Laufe meines Berufslebens mit diesem Organismus immer vertrauter, aber die kritischen Blicke der anderen sind unverzichtbar, insbesondere wenn sie sich fachkundig auf diesen oder jenen Einzelaspekt richten. Es ist mir eine Ehre, den Freunden an der Yale University und anderswo zu danken; sie haben einzelne Abschnitte dieses Buches, die von ihren jeweiligen Fachgebieten handeln, sehr sorgfältig geprüft und sich bemüht, mich vor Fehlern zu bewahren. Und ich brauche wohl kaum hinzuzufügen: Wenn sich herausstellt, daß ich irgendwo vom schmalen Pfad der korrekten Darstellung abgewichen bin, dann nur deshalb, weil ich mich über die genaue Prüfung meiner Kollegen hinweggesetzt und eigene Wege gesucht habe. Die Namen der folgenden Männer und Frauen werden denen, die in ihren jeweiligen Fachgebieten arbeiten, durchaus nicht unbekannt sein: Sidney Altman, Lawrence Cohen, Edmund Crelin, Alan DeCherney, Thomas Duffy, Rosemarie Fisher, Gilbert Glaser, Bernard Lytton, Margretta Seashore und William Stewart. Ich kann es nicht nachdrücklich genug betonen: An die Fachleute habe ich die Bitte gerichtet, biologische und medizinische Tatsachen zu bestätigen, soweit Einigkeit über den gegenwärtigen Wissensstand besteht; wenn in diesem Buch interpretiert oder spekuliert wird, geht dies ausschließlich auf mich zurück. Wenn ich ganz gezielt Hilfe brauchte, zögerte ich nicht, andere fachkundige Kolleginnen und Kollegen zu fragen, beispielsweise wenn es darum ging, eine Jahreszahl herauszufinden, eine Literaturstelle aufzuspüren, mir über umstrittene Befunde eine Meinung zu bilden oder eine unvoreingenommene Sichtweise zu erfahren. Bei solchen Gelegenheiten habe ich mich ein- oder mehrmals an folgende Personen gewandt: Toby Appel, Sharon Baca, Saul Benison, Jerome Bylebyl, Joseph Fruton, Paul Fry, Rafaella Elaine Grimaldi, Gail Harris, Majlen Helenius, John Hollander, Elena Rose Kagan, Katherine Landau, Robert J. Levine, Regina Kenny Marone, Peter McPhedran, Emanuel Papper, James Ponet, Gordon Sheperd, Stephen Waxman und meine stets zuverlässige Quelle für neue Erkenntnisse, Ferenc Gyorgyey. Und nicht zu vergessen Wendolyn Hill, die dankenswerterweise ihre medizinisch-künstlerischen Fähigkeiten für die Illustrationen nutzte.

Während die Hauptthemen dieses Buches Gestalt annahmen, trug ich sie zweimal meinen Kollegen am Whitney Humanities Center in Yale vor. In formellerem Rahmen präsentierte ich sie 1995 in Pittsburgh bei der Jahrestagung der American Osler Society, einer Organisation von Universitätsmedizinern, die sich der Medizinerausbildung und den Geisteswissenschaften widmet. Den Mitgliedern beider Gruppen verdanke ich lebhafte Diskussionen im Anschluß an die Veranstaltungen, deren Widerhall die Beteiligten in dem vorliegenden Text bemerken werden. Auch mehrere Bekannte und Nachbarn – keiner von ihnen Arzt oder Naturwissenschaftler – haben das vollständige Manuskript mit den Augen des allgemeinen Lesepublikums durchgesehen. Ihre Kommentare schärften mein Denken und trugen zur Klärung vieler Themen bei: Judith Cuthbertson, Alexander Sommers und Sarah Tyler.

Den, der mich diese Kunst lehrte, meinen Eltern gleich zu achten, mit ihm den Lebensunterhalt zu teilen und ihn, wenn er Not leidet, mitzuversorgen. Diese Worte aus dem Hippokratischen Eid folgen unmittelbar auf die Anrufung der Götter Apollon, Asklepios, Hygieia und Panakeia. Aber so hingebungsvoll und begabt Professoren und Kollegen auch sein mögen, jeder Arzt weiß, wer seine besten Lehrer sind: die Patienten. Durch sie lernt er, das Großartige am menschlichen Körper und die Gefahren seiner Schwächen in vollem Umfang einzuschätzen; und nur durch sie erwirbt er einen großen Teil seines Wissens über die menschliche Seele. Tausende von Männern und Frauen haben mir ihre Gesundheit und oft auch ihr Leben anvertraut. Hier scheint mir der richtige Ort oder zumindest der richtige Zeitpunkt zu sein, um ihnen zu danken, daß sie mir den Weg zu meiner Weltanschauung und auch zu der ihren gewiesen haben.

Und dann sind da wie immer noch diejenigen, die mich immer wieder an der Hand genommen haben, die sich mit mir Gedanken machten und dazu beitrugen, daß ich eine klare Vorstellung davon bekam, wie ein solches Buch aussehen kann. Damit verhalfen sie mir auch dazu, ein umfassenderes Bild von mir selbst zu gewinnen. Insbesondere drei Personen möchte ich hier erwähnen.

Schon vor über sechs Jahren lernte ich die Klugheit und Offenheit, aber auch die strenge intellektuelle Redlichkeit von Jay Katz kennen und schätzen. Er gehört zu den wenigen, in deren Gegenwart man sich unwohl fühlt, wenn auch nur ein einziger Gedanke an die Oberfläche des Bewußtseins dringt, der nicht die gleiche analytische Schärfe hat wie sein Denken, das vom Streben nach Gerechtigkeit für alle Menschen durchdrungen ist. Von Jay habe ich gelernt, daß der Weg zur Gerechtigkeit über die kompromißlose Durchleuchtung der Beweggründe führt, meiner eigenen ebenso wie der von anderen. Diese Prüfung macht man sich nicht ohne weiteres zur Gewohnheit, und das gleiche gilt für die Demut, welche die Gerechtigkeit zwangsläufig begleiten muß. Die meisten Menschen wären wohl meiner Meinung: Einen Chirurgen die Demut zu lehren gleicht der Aufgabe, den Stall das Augias auszumisten; man muß dazu ganze Ströme des Selbstbewußtseins umleiten. Aber ich habe versucht, aus dem Beispiel von Jay Katz zu lernen. *Er hat zu diesem Buch einen unschätzbaren Beitrag geleistet.*

Es ist nur teilweise scherzhaft gemeint, wenn ich Robert Massey als meinen Guru bezeichne – in vielerlei Hinsicht möchte ich sein wie er, wenn ich einmal groß bin. Wie schon bei *Wie wir sterben,* so hat er auch diesmal jedes Wort des Manuskripts gelesen. Die vielen Gedanken und Vorschläge in seinen Randbemerkungen entspringen einer einzigartigen Kombination aus Belesenheit und mitfühlender Sichtweise eines erfahrenen Arztes und Lehrers. Und daß er außerdem ein ausgezeichneter Schriftsteller ist, gereicht der Sache ebenfalls nicht zum Nachteil. Zu den lohnendsten Erlebnissen beim Verfassen beider Bücher gehörten die vielen Gelegenheiten, wenn Bob Massey und ich im Rahmen unserer langjährigen Übung, uns gemeinsam über unsere Welt Gedanken zu machen, ganz nebenher unsere Gedanken über das Geschriebene austauschten. *Er hat zu diesem Buch einen unschätzbaren Beitrag geleistet.*

Mit Vittorio Ferrero dagegen, meinem Bruder in jeder außer der biologischen Hinsicht, diskutierte ich zwar während der Entstehung dieses Buches viele Stunden lang, aber er kannte es vor dem Erscheinen nicht; dafür kennt er den Verfasser seit etwa einem Vierteljahrhundert. Gemeinsam befaßten wir uns mit Mythen, Erinnerungen und Realitäten unserer Zeit. Ich bezog Einsichten aus seinen Einsichten, Zuverlässigkeit aus seiner Zuverlässigkeit, und ich erfuhr von ihm, was man aus Geschichte lernen kann, sei es die Geschichte der klassischen Literatur und des Denkens oder meine eigene. *Auch er hat zu diesem Buch einen unschätzbaren Beitrag geleistet.*

Ein Buch mag alles mögliche sein, aber letztlich ist es ein Angebot an die potentiellen Leser, das in verständlicher, attraktiver Form präsentiert werden muß. Es ist ein geistiges, künstlerisches und lehrreiches Unterfangen, und gleichzeitig ist es empfindlich gegen alle Lüfte und Windchen, die so launisch um jeden Austausch wehen. Es kann nur jenen Männern und Frauen gelingen, die Bücher und das Verlegen von Büchern lieben. Von dieser Sorte gibt es bessere und schlechtere, und deshalb sollte ein Autor, der unter dem Verlagslogo von Alfred A. Knopf erscheint, niemals vergessen, welches Glück er gehabt hat.

Meine Erfahrungen mit Knopf waren ein Anlaß zu unendlicher Freude. Sonny Metha begriff von Anfang an intuitiv, welche Art des Schreibens ich anstrebte. Er verstand es, glaubte daran, leitete es und war mein entschiedenster Fürsprecher. Ich kann einfach nicht schlecht schreiben, wenn Sonny überzeugt ist, daß ich gut schreibe.

Der Dichter George Herbert meinte im 17. Jahrhundert: »Vernunft liegt zwischen Sporen und Zügel.« Dieser Aphorismus gilt nicht nur für das Leben, sondern auch für das Schreiben. Ein guter literarischer Reiter braucht an den Stiefeln wirksame Sporen, und meine sind die schärfsten in jedem guten Sinn des Wortes. Lynn Chu und Glen Hartley sorgten zweimal dafür, daß ich mein Vorhaben auch wirklich in Angriff nahm, und zwar mit einer Begeisterung, die selbst mich überraschte. Aber ich brauchte auch den Zügel, und ich hatte einen, der genau ins Maul des literarischen Schlachtrosses paßte: Er sorgte nicht nur auf angenehme Weise für die richtige Richtung, sondern auch für das Vertrauen, das sich einstellt, wenn Pferd und Reiter das richtige Maß der Einschränkung spüren – und diesen Zügel hielt Dan Frank, mein Lektor.

Und was die Vernunft angeht … die schönste Form der Vernunft, mit der ich gesegnet bin, ist meine Frau Sarah Peterson. Wir bestreiten den Wettkampf des Lebens nun schon seit vielen Jahren Seite an Seite, und während dieser Zeit ist kein Wort von mir auf dem Papier stehengeblieben – und keine Tat von mir ist jemals ausgeführt worden –, die nicht den Maßstäben entsprochen hätte, die sie für uns beide setzt. Sie bringt Vernunft und Sinn in mein Leben. Und was für einen Sinn! Diese Frau Peterson ist mein Sinn des Lebens.

S. B. N.

Register

Kursiv gesetzte Seitenzahlen beziehen sich auf Abbildungen.